H P Werner J. Meinhold
Kaiserstr. 2 a
6780 Pirmasens
Ruf (06331) 7 85 54

B.J.M. Diehl   Th. Miller (Hrsg.)

Moderne Suggestionsverfahren

Hypnose · Autogenes Training · Biofeedback
Neurolinguistisches Programmieren

Springer-Verlag
Berlin Heidelberg New York London
Paris Tokyo Hong Kong Barcelona

Dr. med. Bernhard J. M. Diehl
Roland-Klinik
D-4934 Horn-Bad Meinberg 2

Theres Miller
Vonwillstraße 27
CH-9001 St. Gallen

ISBN 3-540-52183-6 Springer-Verlag Berlin Heidelberg New York
ISBN 0-387-52183-6 Springer-Verlag New York Berlin Heidelberg

Druck, Einband: Kieser GmbH, 8902 Neusäß
2119/3140/543210 – Gedruckt auf säurefreiem Papier

Vorwort

Es ist riskant, wenn nicht sogar gefährlich, sich selbst Hypnotherapeut zu nennen. Und es steht zu erwarten, daß 200 Jahre nach der Aufklärung das 20. Jahrhundert zu Ende gehen wird, ohne im Hinblick auf die Hypnose und ihre therapeutische Bedeutung die unvermeidliche Aufklärung geschafft zu haben.

In der Tat sind Laien und Wissenschaftler weiterhin der Meinung, Hypnose sei etwas Mittelalterliches, was mit Alchemie, Hexen und ähnlichem zu tun hat. Aber man sollte nicht mit dem Finger auf diese unbelesenen und unwissenden Leute zeigen, nur wegen ihres ungerechtfertigten Urteils, welches im Einklang mit ihren falschen Erwartungen so unbewußt wie unrealistisch ist. Denn es waren unsere Kollegen im letzten Jahrhundert, Leute wie Charcot und seine Anhänger, die jede vorstellbare Erklärung aufgriffen, um die weiterhin unverständlichen hypnotischen Phänomene ihrem zeitgenössischen Konzept der Neurologie anzupassen. Dabei scheuten sie nicht davor zurück, Hypnose als ein besonderes Phänomen der Hysterie anzusehen, wobei sie gleichzeitig glaubten, die Hysterie stelle ein neurologisches Krankheitsbild dar.

So gibt es auch heute noch viele Kollegen in der somatischen Medizin, aber auch einige Kollegen in der Psychotherapie und in der Psychologie, die – keineswegs befreit von den Vorurteilen des letzten Jahrhunderts, wie von denen des Mittelalters – mit Hypnose nichts zu tun haben wollen. Unbewußtermaßen vernachlässigen sie die Tatsache, daß die psychosomatische Medizin, die von der Einheit von Seele und Körper bei jedem Krankheitsprozeß ausgeht, die älteste von der Menschheit praktizierte Therapie darstellt, wie Löwenfeld aufzeigt; und die Suggestion als eine vom Menschen geschaffene psychotherapeutische Maßnahme war geschätzt, lange bevor die Ägypter Medikamente einführten und lange bevor Vesal (1514–1564) seine funktionelle Anatomie des menschlichen Körpers veröffentlichte.

Es ist interessant festzustellen, daß etwa 100 Jahre nach Vesals Veröffentlichung (1543) Descartes (1596–1650) sich berufen fühlte, die Epiphysis cerebri (das Corpus pineale, die Zirbeldrüse) zum Sitz der Seele zu machen, nur weil er den Eindruck hatte, sie sei das einzige unpaare Organ innerhalb des gesamten zentralen und peripheren Nervensystems (1677). Abgesehen von dieser irrtümlichen Interpretation ist Descartes offensichtlich die Existenz der Hypophyse entgangen.

Während Forscher der medizinischen Wissenschaften liberal genug zu sein scheinen, Descartes Ansichten großmütig hinzunehmen, sind sie offensichtlich nicht bereit, die opportunistischen Interpretationen hypnotischer Phänomene, wie sie von Mesmer, Babinsky, Charcot und anderen formuliert wurden, zu entschuldigen. Und sie haben sogar recht; denn selbst Freud erlernte unglücklicherweise die Hypnose und die Hypnotherapie auf der Wissensgrundlage seiner Zeit. Wie fehlerhaft dieses Wissen war, mag er nicht gewußt haben; aber er hatte genügend andere Gründe, um schließlich von der Hypnotherapie Abstand zu nehmen.

Heute sind wir in der Hypnosepraxis recht bescheiden geworden und hüten uns davor, fragwürdige Äußerungen über ihr Wesen und ihre Effektivität zu machen. Die Zeiten, da Hypnose für etwas Übernatürliches, Spiritualistisches, Magisches oder gar Mystisches gehalten wurde, sind für immer vorbei. Aber der hypnotische Versenkungszustand, dieser „altered state of consciousness" (veränderte Bewußtseinslage), der sich vom Schlaf und vom Wachzustand grundsätzlich unterscheidet, wird weiterhin als etwas Transzendentales angesehen und bleibt in diesem Zusammenhang weiterhin etwas Unerklärtes. Dieser Zustand einer veränderten Bewußtseinslage war und ist noch immer Gegenstand psychologischer und psychophysiologischer Forschung, die dem Prozeß der Entmystifizierung dienen soll.

Der Internationale Kongreß über Hypnose, autogenes Training, Biofeedback und verwandte Therapieformen, dankenswerterweise von Theres Miller in Zürich organisiert, entwickelte sich zu einem Forum, das in angemessener Weise die verschiedenen Formen der Suggestotherapie, die wir heutzutage kennen, fördern sollte; und unter diesen sind Hypnose und Hypnotherapie nur 2 Formen von vielen anderen.

Mai 1990   BERNHARD J. M. DIEHL

Preface

It is risky, if not dangerous, to call oneself a hypnotherapist. Now, 200 years after the Age of Enlightenment, one can anticipate that the twentieth century will end without having attained the inevitable enlightenment with regard to hypnosis and its therapeutic value.

As a matter of fact, scientists as well as laymen still believe hypnosis to be something medieval, related to alchemy, witches, and the like. We can not blame these poorly informed people for their unqualified judgment, which is, in line with their false expectations, as much subconscious as it is unrealistic. It was our colleagues of the previous century, such as Charcot and his followers, who looked for every imaginable explanation to make the then unintelligible hypnotic phenomena fit their concept of neurology. They went so far as to call hypnosis a particular symptom of hysteria, which they believed to be a neurological disorder.

Neither the prejudice of the last century nor that of the Middle Ages has been overcome. For this reason many colleagues working in the field of psychotherapy and psychology still refrain from "mingling" with hypnosis. They, subconsciously, continue to disregard the fact that psychosomatic medicine, representing the perspective that both somatic and psychic disorders are involved in any pathological process, constitutes the oldest therapeutic intervention practiced by humanity, as Loewenfeld put it. The use of suggestion as a psychotherapeutic means was treasured long before drugs were introduced by the Egyptians and long before the rise of functional anatomy, as described by Vesalius (1514–1564).

It is interesting to note that some 100 years after the publication of Vesalius's great work on human anatomy (1543), Descartes (1596–1650) felt justified in calling the epiphysis cerebri (the corpus pineale, the pineal body/gland) the seat of the soul because he believed it to be the only single, i.e., nonpaired, organ of the central and peripheral nervous system. Aside from the obvious mistakenness of this conception, Descartes disregarded the existence of the hypophysis.

Whereas medical researchers appear to be bright enough to graciously excuse Descartes' views, they apparently are less prepared to exculpate the opportunistic interpretations of hypnotic phenomena put forward by Mesmer, Babinsky, Charcot, and others. And they are right in doing so, since even Freud, unfortunately, was taught hypnosis and hypnotherapy based on the limited knowledge available at the time. He may never have known how faulty this knowledge was, but he had sufficient other reasons to distance himself finally from its practice.

In practicing hypnosis today, we have become quite modest and are careful to avoid questionable statements with regard to its nature and its effectiveness. The times when hypnosis was thought of as something supernatural, spiritualistic, magic, or even mystical are gone forever. And yet the state of hypnosis, an altered state of consciousness differing fundamentally from sleep and wakefulness, is still considered to be in the realm of the transcendental, and as such inexplicable. This altered state of consciousness has been and still is being investigated psychologically and psychophysiologically, in order to further the process of demystification.

The international congress on hypnosis, autogenic training, biofeedback, and related therapies, meritoriously organized by Theres Miller at Zurich, turned out to be an appropriate forum for the promotion of the many different forms of suggestotherapy known to us today, of which hypnosis and hypnotherapy are but two.

May 1990   BERNHARD J. M. DIEHL

Inhaltsverzeichnis

II. Hypnose

III. Autogenes Training

IV. Autogenes Training mit Kindern, Tanztherapie etc.

V. Biofeedback

VI. Neurolinguistisches Programmieren (NLP)

Mitarbeiterverzeichnis

ADLER, HARSHA
  Obere Buehlstr. 25, CH-8700 Küsnacht

BINDER, HELMUT, Dr. med.
  Flurstr. 18, D-2057 Hamburg-Wentorf

BLAKESLEE, BETSY, M.S.
  16 Carpenter Court, Pleasant Hill/CA, 94523, USA

BRINKMANN-HARTMANN, MANUELA
  Hevenerstr. 60, D-4630 Bochum-Stiepel

BURRI, HANS-ULRICH, Dr. med.
  Buchenweg 10, CH-6010 Kriens

CHENAUX, GUY, Dr. med. dent.
  Steinwiesstr. 26, CH-8032 Zürich

DERRA-WIPPICH, INGRID
  Ernst-Kretschmer-Str. 12, D-7980 Ravensburg

DIEHL, BERNHARD J. M., Dr. med.
  Roland-Klinik, D-4934 Horn-Bad Meinberg 2

DOGS, WILFRIED, Dr. med.
  Ritterstr. 19, D-3260 Rinteln

EBERHARDT, ERNST-EUGEN
  Schenkenstr. 19, D-7022 Leinfeld-Echterdingen

EBERLEIN, GISELA, Dr. med.
  Driescher Hecke 19, D-5090 Leverkusen 1

EBERLEIN, MICHAEL, Dr. med.
  c/o Sylt-Sanatorium,
  Am Friedrichshain 33, D-2280 Westerland/Sylt

FEHMI, LESTER G., Ph. D.
317 Mount Lucas Road, Princeton/NJ, 08540, USA

GASTALDO, GIOVANNI, Dr. med.
Via Chiesa 8, I-31050 Treviso

GEUSS, WILLIAM G., A.C.S.W.
2805 Thayer Street, Evanston/IL, 60201, USA

HAAG, GUNTHER, Prof. Dr. med. et phil.
Schulstr. 9 d, D-7801 Mengen

HAAS, JOACHIM, Dr. med.
Clemensstr. 8, D-5400 Koblenz

HALDIMANN, CLAUDE
Bahnhofstr. 7, CH-3072 Ostermundingen

HÄNNI, HEINZ
Eugen-Wyler-Str. 6, CH-8302 Kloten

HARRINGTON, ANNE, Prof. Dr.
Dept. of the History of Science, Science Center 235,
Harvard University, Cambridge, MA02138, USA

HARTMANN, UDO
Hevenerstr. 60, D-4630 Bochum-Stiepel

HAUN-JUST, MARIANNE
Furtwänglerstr. 1, D-6900 Heidelberg

HILGER, KATHARINA
Spechtstr. 31–33, D-5400 Koblenz 1

HIRSCHMANN, MARK J., Ph.D.R.N.
Wayne State University, Detroit, Michigan

KAECHELE, WALLY
Hofstr. 16, D-4019 Monheim

KALS, KONRAD
Sarganserstraße, CH-7324 Vilters

KATAN, EDDA
Egglerstr. 3, CH-8117 Fällanden

KATAN, SERGE, Dr. med.
Egglerstr. 3, CH-8117 Fällanden

KNÖRZER, WOLFGANG
  Große Mantelgasse 3, D-6900 Heidelberg

KRAUSE, WOLF-RAINER, Dr. med.
  Westerhäuser 29, DDR-4301 Timmenrode

LANGEN, MARGARETHE
  Annabergstr. 69, D-6500 Mainz

LEUNER, HANSCARL, Prof. Dr. med.
  Eisenacher Str. 14, D-3400 Göttingen

LUBAN-PLOZZA, BORIS, Prof. Dr.
  Via Monescia 2, CH-6612 Ascona

MARTIN, ANDRÉ, Dr. med.
  Les Rosiers 23, Bld. de Chinon, F-37300 Joue les Tours

MAUERMANN, GABRIELA
  Roßbergstr. 22, D-3557 Ebsdorfergrund

MEYER, HANSJÜRGEN K., Dr. med.
  Brunnenweg 10, D-6350 Bad Nauheim

MILLER, PATRICK, NPL-Master-Practitioner
  Vonwilstr. 27, Postfach 1053, CH-9001 St. Gallen

MILLER, THERES
  Vonwilstr. 27, Postfach 1053, CH-9001 St. Gallen

MÜLLER, EBERHARD P., Prof. Dr.
  Nachtigallenweg 86, D-5300 Bonn-Venusberg

NEFFE, FRANZ-JOSEF
  Kirchstr. 2, D-7911 Holzheim

O'HAIR, DONALD E., Ph.D.
  4090 Fourth Avenue, Suite 102, San Diego/CA, 92103, USA

OSSWALD, HARTWIG, Dipl.-Ing.
  Löwenstr. 24, D-7000 Stuttgart 70

PALLADINO, LUCIANO, Dr.
  Via le Chiuse 58, I-10144 Torino

PRILL, HANS JOACHIM, Prof. Dr. med.
  Waldstr. 73, D-5300 Bonn-Bad Godesberg

RAUBER-DECOPPET, VIVIENNE
  Susenbergstr. 11, CH-8044 Zürich

RHIS-MIDDEL, MARGRET, Dr.
  Fenetta 3, CH-1752 Villars sur Glâne

RUHLEDER, ROLF, Kaufmann
  Bismarckstr. 64, D-3388 Bad Harzburg

SCHÄFGEN, CHRISTINE
  c/o Brüderkrankenhaus, D-5478 Saffig

SCHÄFGEN, EBERHARD, Dr. med.
  Brüderkrankenhaus, D-5478 Saffig

SCHMIDT, FRANK K., Ph.D.
  Lake Somerset, P.O. Box 292, Somerset/PA, 15501, USA

SCHMIERER, ALBRECHT, Dr. med. dent.
  Esslingerstr. 40, D-7000 Stuttgart 1

SCHMIERER, GUDRUN
  Esslingerstr. 40, D-7000 Stuttgart 1

SCHÖNENBERGER, SILVIA
  Kirchwegsteig 9, CH-3102 Oberengstringen

SENSENSCHMIDT, BERND
  Hermann-Löns-Str. 5, D-5902 Netphen 2

SHOR, SUSAN B., C.S.W.
  317 Mount Lucas Road, Princeton/NJ, 08540, USA

STOFFEL, FELIX
  „Zeitraum", Unterer Graben 22, CH-9000 St. Gallen

SWIERSTRA, HANS
  Kurhaus Seeblick, CH-6353 Weggis

ULSAMER, BERTOLD, DR.
  Nymphenburger Str. 122, D-8000 München 19

VOIGT, BERND, Dr. med.
  Rilkestr. 103, D-5300 Bonn 3

WALDECK, GÜNTER W. M., Dr. med.
  Bahnhofstr. 11, CH-8802 Kilchberg

WALLNÖFER, HEINRICH, Univ.-Doz. Dr. med.
  Pyrkergasse 23, A-1190 Wien

WEISS, HANSPETER, Dr. phil.
  Vonwilstr. 27, CH-9000 St. Gallen

Eberhard Schäfgen, Dr. med.
Arzt für Neurologie und Psychiatrie
– Psychotherapie –,
ehemaliger Chefarzt des Brüderkrankenhauses in Saffig

In memoriam
Prof. Dr. med. Ernst Kretschmer
und
Prof. Dr. med. Dietrich Langen

Im Rahmen des Internationalen Kongresses für Hypnose, autogenes Training und Biofeedback ist es meine besondere Ehre, auf Wunsch der Kongreßleitung zweier großer Psychiater, Psychotherapeuten und Hypnotherapeuten gedenken zu dürfen, die in diesem Jahr einen runden Geburtstag feiern würden. Es sind dies Prof. Dr. Ernst Kretschmer, der am 8. 10. 1888 in Wüstenroth bei Heilbronn zur Welt gekommen ist, und Prof. Dr. Dietrich Langen, geboren am 16.11.1913 in Apia auf Samoa.

Kretschmer wäre also in diesem Jahr 100 Jahre alt geworden, Langen 75 Jahre.

Die Universität in Tübingen hat bereits für Ende Oktober zu einer Gedenktagung zum 100. Geburtstag von Kretschmer eingeladen.

Ich möchte versuchen, mit wenigen Worten die Bedeutung dieser beiden Forscher für die Entwicklung der Psychiatrie und Psychotherapie herauszustellen. Beide habe ich noch persönlich kennengelernt, Kretschmer leider nur bei Vorträgen, mit Herrn Langen hat mich etwas verbunden, was ich mit einer väterlichen Freundschaft von ihm zu mir bezeichnen möchte. Er war es, der mir die Wege in die Psychotherapie geebnet hat, der mich insbesondere auch eingewiesen hat in die Methodik und Anwendung des AT und der Hypnose. Ich habe ihm also persönlich sehr viel zu verdanken.

Bezeichnend ist es, daß beide Forscher über die *klassische Psychiatrie* zur *Psychotherapie* gefunden haben. Langen war ein Schüler von Kretschmer in der Klinik in Tübingen. Kretschmer studierte zunächst 2 Semester Philosophie und dann Medizin in Tübingen, seiner schwäbischen Heimat, dann in München und Hamburg. Im Jahre 1913 kam er als Assistenzarzt an die Nervenklinik in Tübingen, die von Prof. Gaupp geleitet wurde.

Kretschmer war 20 Jahre (1926–1946) Direktor der Universitätsnervenklinik in Marburg, kehrte im April 1946 an die Universitätsnervenklinik Tübingen als Direktor zurück, konnte hier noch lange wirken, war hochgeehrt.

Am 8. 2. 1964 ist Kretschmer im Alter von 76 Jahren gestorben.

B.J.M. Diehl, Th. Miller (Hrsg.)
Moderne Suggestionsverfahren
© Springer-Verlag Berlin Heidelberg 1990

Ernst Kretschmer
1888–1964

Wissenschaftlicher Weg: Als junger Assistent wurde Kretschmer 1914 zum Kriegsdienst eingezogen und er wurde 1916 damit betraut, eine sog. Nervenstation für Soldaten aufzubauen. Hier wurden in erster Linie Soldaten mit sog. hysterischer Symptomatik, also mit psychogenen Körperstörungen behandelt. Das veranlaßte ihn, sich zunächst sehr eingehend mit der Entstehung der Hysterie zu beschäftigen. Hierbei stieß er auf bestimmte motorische Phänomene, die er schon als phylogenetisch vorgebildet fand, und zwar als biologisch ursprünglich zweckmäßige Schutzmechanismen, z. B. bei Tieren der Bewegungssturm, eine Überproduktion zielloser Bewegungen, Paniksyndrom, hysterischer Schütteltremor und im Gegensatz dazu der sog. Totstellreflex. Er sprach von einer Spaltung des Willens in einen rationalen Zweckwillen und eine in der Tiefenschicht verankerte Hypobulik; er sprach vom Phänomen der Schaltung, dem plötzlichen Umschlag von rationale in hypobulische Verhaltensweisen und umgekehrt.

Diese Beobachtungen führten später zu einer grundlegenden Veröffentlichung über „Hysterie, Reflex und Instinkt".

Später wandte er sich wahnhaften Reaktionen bei Hirnverletzten zu und entwickelte das Prinzip der mehrdimensionalen Diagnostik, d. h. einer Diagnostik, bei welcher gleichermaßen alle an einem Krankheitsgeschehen beteiligten Dimensionen und Kausalkomponenten erbbiologischer, konstitutionsbiologischer, hirnorganischer, pathophysiologischer, biographischer, psychisch-reaktiver und soziologischer Art berücksichtigt wurden. Diese Diagnostik eröffnete dann schließlich ganz neue Perspektiven im Sinne der sog. mehrdimensionalen Therapie.

Grundlegend für die psychiatrische Forschung waren seine Arbeiten über den sog. sensitiven Beziehungswahn, die aus den Erstbeobachtungen an Hirnverletzten entstanden. In hervorragender Weise werden hier die Ursachen wahnbildender Psychosen ermittelt. Diese Gedanken waren äußerst wichtig und sind auch heute noch von ganz ausschlaggebender Bedeutung, v. a. im Hinblick auf die Möglichkeiten einer Psychotherapie bei Psychosen, die z. B. von Freud zur damaligen Zeit noch abgelehnt worden waren.

Nach dem Kriege befaßte sich Kretschmer intensiv mit dem Konstitutionsproblem. Dabei gelang ihm eine außerordentlich lebensnahe plastische Beschreibung bestimmter Konstitutionstypen; er hat diese Beschreibungen hervorragend dargestellt in dem sehr bekannten Buch *Körperbau und Charakter,* dessen 1. Auflage 1921 herauskam. Er brachte die Konstitution des sog. Pyknikers mit zyklothymen Temperamenten und mit einer Neigung zur Erkrankung aus dem manisch-depressiven Formenkreis in Zusammenhang; er stellte den Leptosomen dar mit seiner schizothymen Wesensart und seiner Neigung zu Erkrankungen aus dem schizophrenen Formenkreis. Später kam dann die Beschreibung des Athletikers hinzu. Wesentlich für die heutige Diagnostik sind seine Beschreibungen über sog. Synchronien in der Entwicklung im Jugendalter, außerdem Phänomene der Akzeleration und Retardierung. Besonders fesselte ihn die Beschreibung sog. genialer Menschen unter konstitutionsbiologischen Gesichtspunkten.

Schon bald nach dem Erscheinen seines ersten Werkes über den Körperbau und Charakter brachte er 1922 ein Lehrbuch über die medizinische Psychologie heraus. Auch hier gelang es ihm, eine mehrdimensionale Betrachtungsweise herauszustellen und auf die vielseitige Verschränktheit körperlicher und seelischer Erscheinungsweisen aufmerksam zu machen.

Mehr und mehr wandte er sich dann auch den psychotherapeutischen Techniken zu. Er wurde 1926 der 1. Vorsitzende der Allgemeinen ärztlichen Gesellschaft für Psychotherapie. Es war etwas ganz Besonderes, daß sich der Direktor einer psychiatrischen Universitätsklinik mit der Psychotherapie beschäftigte.

Er öffnete allen Richtungen seine Türen und er blieb allen psychotherapeutischen Schulen aufgeschlossen.

Für unseren Kongreß ist die von ihm beschriebene Methode der sog. gestuften Aktivhypnose von besonderer Wichtigkeit. Dabei proklamierte er eine Kombination dieser gestuften Aktivhypnose mit der analytischen Bearbeitung des aktuellen Konflikts auf der Basis einer Strukturanalyse der Persönlichkeit bei neurotischen Patienten. So beschrieb er die sog. zweigleisige Standardmethode. Dies führte zum Zusammentreffen mit Langen.

Langen war eigentlich schon recht früh psychischen Problemen gegenüber aufgeschlossen, war doch seine Mutter eine Philologin, die zusätzlich Medizin studiert hatte und mit Sigmund Freud in Wien zusammen Patienten betreut hatte. Schon früh als Schüler hatte er persönliche Begegnungen mit bedeutenden Medizinern der damaligen Zeit. So entschloß er sich, nach dem Abitur das Studium der Medizin aufzunehmen, das er in München begann und in Freiburg, Breslau und Kiel fortsetzte. In Kiel machte er dann das Staatsexamen.

Dietrich Langen
1913–1980

Während des letzten Krieges war Langen Sanitätsoffizier und betätigte sich an der Ostfront als Hirnchirurg. Nach Kriegsende übernahm er die Leitung der chirurgischen Abteilung eines Krankenhauses im Oldenburgischen, ab 1946 leitete er die neurologische Abteilung eines Krankenhauses in Melente-Gremsmühlen.

Das Studium der Schriften von Kretschmer brachte ihn nun dazu, sich an die Tübinger Klinik zu begeben, um dessen Werk näher kennenzulernen. Es ist außerordentlich bemerkenswert und zeigt Langens forschenden Geist, daß er die Position eines Chefarztes aufgab und eine Tätigkeit aufnahm, die zunächst unbezahlt war, etwas, das man sich heute kaum noch vorstellen kann. Seine Frau, die das Geld verdienen mußte, half ihm in dieser Phase sehr.

Bei Kretschmer interessierte ihn vor allem der Umgang mit der gestuften Aktivhypnose und überhaupt mit der zweigleisigen Standardmethode. Er hat später eine Monographie über die gestufte Aktivhypnose herausgebracht.

Insbesondere ist aber sein Verdienst, daß er im Rahmen der Universitätsklinik eine eigene Psychotherapiestation einrichtete. So schrieb er 1956 über die methodischen Probleme der klinischen Psychotherapie und konnte auf ganz wichtige Erfahrungen im Rahmen einer stationären Psychotherapie hinweisen. In Anlehnung an die schon von Kretschmer inaugurierte mehrdimensionale Therapie konnte er neben den Möglichkeiten einer Hypnotherapie die gezielte Analyse darstellen, die zum ersten Mal von ihm beschrieben wurde. Er war es, der die klinische Gruppentherapie einführte und wiederum als Psychotherapeut sich zusätzlich auf körperliche Behandlungsverfahren stützte, z. B. auf die sog. unterschwellige Insulinbehandlung, wobei er sich eine gewisse Euphorisierung der Patienten durch eine Senkung des Blutzuckerspiegels zunutze machte. Dies geschah sicherlich in Anlehnung an die damals weit verbreitete Insulinbehandlung der Psychosen. Wir sehen also den großen Wurf seiner Darstellung von Möglichkeiten klinischer Psychotherapie, die über 720 wissenschaftliche Publikationen umfaßt. Im Jahre 1965 erhielt er den Ruf – zunächst als außerordentlicher Professor – auf den ersten in Europa errichteten Lehrstuhl für „Psychotherapie und medizinische Psychologie".

Wenn ich nun zu der Thematik unseres Kongresses zurückkehre, so haben Sie hier schon von der gestuften Aktivhypnose gehört. Langen hat diese Kretschmer-Methode weiter ausgebaut. Er benutzte die sog. Grundübungen des AT dazu, um den Patienten zu aktivem Üben zu veranlassen; es sollte nicht einfach etwas an ihm ablaufen, wie bei der bloßen Fremdhypnose, er wollte aber auch andererseits Elemente der Fremdhypnose dazu benutzen, um die Einengung des Bewußtseinszustands zu vertiefen, um damit wiederum die Grundlage für eine Vertiefung der Suggestionswirkung zu bewirken. Mit der gleichzeitig durchgeführten sog. gezielten Analyse versuchte er gleich zu Beginn mit dem Patienten eine ganz wichtige Übertragungssituation herzustellen, einen raschen Zugang zu finden zu der innerseelischen Problematik beim psychisch Kranken. Er spricht von dem affektiven Brückenschlag, der schon in den ersten Minuten zwischen Arzt und Patient geschehen kann und soll. Es geht ihm dann in der gezielten Analyse darum, den Fokus, das besondere Spannungsfeld zum Zeitpunkt des Entstehens der seelischen Fehlhaltung, aufzudecken.

Hier setzen dann seine sog. wandspruchartigen Leitsätze an, die er in die gestufte Aktivhypnose oder auch in die Grundstufen des autogenen Trainings hineinnehmen läßt. Dabei handelt es sich um Suggestionsformeln, die mit dem Patienten erarbeitet werden und die vergleichbar sind mit den sog. formelhaften Vorsatzbildungen, wie wir sie vom AT her kennen.

Langen war ein sehr bescheidener Mensch und ungeheuer fleißig, ein Mensch, der bei seinen Patienten immer wieder das Gefühl erwecken konnte, von einem großen Arzt voll angenommen zu sein. Von seinen Schülern verlangte er ein genaues Hinsehen auf die psychische Problematik und Dynamik, es mußte eine klare Diagnose – mehrdimensional – gestellt werden. Seine Überlegungen faßte er in einer sog. Einführung für Studierende und Ärzte über Psychodiagnostik und Psychotherapie zusammen. Es ist bewundernswert, wie er sich in dieser Schrift freimacht von irgendwelchen nebulösen Vorstellungen, verschwommenen diagnostischen Überlegungen und statt dessen klare Definitionen darlegte.

Ich hoffe, Ihnen mit diesen wenigen Ausführungen dargestellt zu haben, welche grundlegende Bedeutung diese beiden Psychiater für die Entwicklung der Hypnotherapie insgesamt gehabt haben.

I. Suggestion

Heinrich Wallnöfer, Dr. med.
Medizinalrat Univ.-Lekt.
Lehrbeauftragter für klinische Psychologie
und Psychotherapie, N. D. C. Lewis Visiting Professor,
Psychotherapie in freier Praxis

Erweiterung des Horizonts

Zusammenfassung

Weder als Kassenarzt noch als Soziologe, sondern als Psychotherapeut mit mehr als 30jähriger Berufserfahrung greift der Autor das Thema der praktischen Psychotherapie auf.

Seit den Zeiten von Mesmer, Braid, Charcot und Freud waren die Vertreter der somatischen Medizin nicht gerade bestrebt, mit Psychotherapeuten zusammenzuarbeiten, obwohl letztere zwischenzeitlich eine Menge an Erfahrung gesammelt hatten; auch hatten sie eine sichere Basis für eine valide wissenschaftliche Theorie ihres Schaffens gebildet.

Heute sind viele Leute aus verschiedenen Schulen der Psychotherapie auf dem Gebiet der Medizin praktisch tätig. Unter ihnen sind ausgezeichnet ausgebildete und erfahrene Therapeuten, wie etwa die Laienanalytiker aus den Schulen von Freud und C. G. Jung. Auch auf dem Gebiet der Verhaltenstherapie sind ebensoviele ausgezeichnet ausgebildete Therapeuten am Werk, auch ohne einen medizinischen und/oder philosophischen Titel zu haben. Hierdurch entstehen jedoch deshalb keine Probleme, weil sich die moderne somatische Medizin mehr und mehr mit der Psychosomatik anfreundet.

Wie wir wissen, benötigen mindestens 20 % unserer Patienten eine längere oder kürzere psychotherapeutische Unterstützung; aber wir suchen noch immer Therapeuten, die bereit und willens sind, die erforderliche Hilfe zu einem fairen Preis anzubieten. Doch die obligatorische Ausbildung eines zuverlässigen und effizienten Therapeuten ist lang und ziemlich teuer, wodurch der vorhandene Engpaß bedingt ist. Um diesen augenblicklichen Zustand zu verbessern, schlägt der Autor vor:
1. eine unparteiische Untersuchung der Sachlage ohne Rücksicht auf die Interessen der einen und der anderen Seite;
2. eine gründliche Analyse von entstehenden Kosten und erbrachten Wirkungen aus allen von den Laienhelfern erbrachten Diensten im öffentlichen Gesundheitswesen;

B.J.M. Diehl, Th. Miller (Hrsg.)
Moderne Suggestionsverfahren
© Springer-Verlag Berlin Heidelberg 1990

3. die Aufstellung eines Programms zur Erweiterung und Verdichtung der Zusammenarbeit zwischen erfahrenen Hypnotherapeuten und Ärzten.

Besondere Bedeutung gilt dem Aspekt, daß jedweder Versuch unternommen werden muß, um zu garantieren, daß jeder, der auf dem Gebiet der Psychotherapie arbeitet, gut ausgebildet und gewillt ist, enge Kontakte zur somatischen Medizin und zur Psychologie zu pflegen. Dabei ist die regelmäßige Supervision durch den ärztlichen Psychotherapeuten unerläßlich.

Auf diese Weise kann vermieden werden, daß Patienten, die psychotherapeutische Hilfe suchen, auf irgendwelche Scharlatane oder gar ohne Kontrolle auf Medikamente zurückgreifen müssen.

Summary

Being neither an ordinary physician nor a sociologist, the author tackles the issue of practical psychotherapy from the point of view of a psychotherapist with more than 30 years of practical experience.

Since the times of Mesmer, Braid, Charcot, and Freud, representatives of somatic medicine have not been very eager to cooperate with psychotherapists, although the latter have in the meantime gathered a great amount of experience and created a sound basis for a valid scientific theory in respect of their work.

Today, more and more people from different schools of psychotherapy are working in the field of medicine. Among them are very well educated therapists with quite a lot of experience, such as laymen analysts from the schools of Freud or C. G. Jung. In the field of behavior therapy, there are just as many excellently educated workers without a degree in medicine and/or philosophy. This, however, does not cause problems, since modern somatic medicine "keeps rubbing shoulders" with psychosomatic medicine.

As we all know, at least 50% of our patients are in need of a psychotherapeutic intervention; but we are still looking for therapists able and willing to render the assistance required at a fair price. Unfortunately the education required to become a reliable and efficient therapist is long and rather expensive, causing the shortage we are faced with.

In order to improve the present conditions, the author proposes:
1. A nonpartisan investigation of the issue, disregarding the interests of either side
2. A thorough analysis of the costs arising and the effects resulting from all the work accomplished by laymen in the public health services
3. The establishment of a program extending and tightening the cooperation between experienced hypnotherapists and physicians

Particular emphasis is given to the point that every attempt has to be made to guarantee that everyone working in the field of psychotherapy is well trained and willing to foster close contacts to somatic medicine and psychology. At the same time, regular supervision of every psychotherapist is indispensable.

In this way, we can avoid a situation in which patients looking for psychotherapeutic assistance have to resort to charlatans of whatever kind or even to drugs.

Ich bin weder Soziologe noch Kassenarzt, trotzdem – oder vielleicht eben deshalb – möchte ich ein heißes Eisen aufgreifen, das uns alle angeht. Ich konnte im Rahmen meiner psychotherapeutischen Tätigkeit durch über 3 Jahrzehnte sowohl in der praktischen Arbeit mit den Menschen, die unsere Hilfe in Anspruch nehmen, als auch als Lehrpsychotherapeut einige Erfahrung sammeln. Dabei haben wir alle erlebt, daß die praktische Entwicklung schon viele Tabus einfach überrollt hat. Verständliche Widerstände der Standesvertreter aus dem Bereich der Medizin und in jüngster Zeit auch der Psychologie, die um den „Nichtlaien"-Status teilweise noch immer kämpft, sind einfach und ohne viel Aufhebens verschwunden. Trotzdem gibt es noch ein gerütteltes Maß an Schwierigkeiten zu überbrücken.

Sehen wir uns einmal die Situation an: Die Medizin kümmerte sich bis Freud um die Psyche praktisch gar nicht. Wer es tat, wurde zum Außenseiter und mußte – wie Mesmer – auch abenteuerliche Pseudoerklärungen für die Wirksamkeit seines Verfahrens finden, die in irgendeiner Form in das augenblickliche Weltbild passen mußten.

Braid, der als erster eine neurologische Erklärung der Hypnose gab, machte den Versuch einer Entmystifizierung: anstelle der Ekstasen und orgienartigen Seancen mit verdächtigen Zuckungen und Bewegungen bei Mesmer kam die kalte Spitze einer Lanzette und die kühle, operationssaalartige Atmosphäre. Der Versuch schlug fehl und konnte der Hypnose, als dem damals einzigen Weg der Medizin zur Psyche, keinen Platz in der Schule verschaffen. Erst 1986 hat in Amerika die American Medical Association das Verfahren als Teil der Schulmedizin anerkannt.

Man kann sich natürlich analytisch den Kopf darüber zerbrechen, ob es ein Zufall war, daß Braid ein so aggressives Instrument wie die Lanzettenspitze nahm und nicht etwa eine glänzende Kugel, die den Edelsteinen der alten Inder entsprochen hätte.

Seit Freud bei Charcot studiert hatte, vom Massieren, Elektrisieren und Hypnotisieren Abstand nahm und hinter die Couch verschwand, was der Welt immerhin die Psychoanalyse und die Forschungsgrundlagen für unsere Arbeit gebracht hat, ist die Berufs- bzw. Berufenengruppe der Helfer unübersehbar geworden.

Um wirklich über ein so heikles Thema sprechen zu können, das die Interessen so vieler Menschen betrifft, möchte ich, bevor ich wirklich beginne, – wie Heinz Kohut – den Dichter und Philosophen S. T. Coleridge bemühen. Er verlangte das zeitweilige bewußte Ausschalten des Mißtrauens („the willing suspension of disbelief"), um die Ideen eines anderen überhaupt aufnehmen zu können. Erst wenn man – ohne das Hindernis des Vorurteils – verstanden hat, was der andere meint, kann man seine Gedanken nachvollziehen. Und erst dann kann man sie einer *echten* Prüfung unterziehen, für die man sämtliche Kontrollmechanismen des eigenen Denkapparats nützen sollte. Und nur dann kann man in innerer Ruhe prüfen, was an den Ausführungen des anderen wahr sein könnte. Wir müssen dazu auch noch eine andere Gewohnheit aufgeben: Das an sich notwendige und zeitsparende Vorurteil, zuerst einmal zu prüfen, *wer* etwas sagt, bevor man überhaupt darüber nachdenkt, *was* gesagt wurde. Im Alltag ist es sicher notwendig, zuerst einmal zu prüfen, ob eine Aussage z. B. über eine Therapiemethode auch von kompetenter Stelle kommt. Wir haben weder die Zeit noch die Kompetenz alles, was an uns herangetragen wird, selbst zu prüfen. Trotzdem mußten wir immer wieder zur Kenntnis nehmen, daß dieses Verfahren bei sog. Außenseitermethoden nicht selten versagt. Manchmal muß die kompetente Antwort – wenigstens teilweise – verworfen werden und der in manchem Fall eben nicht betriebsblinde Laie behält recht. Nur selten mit seiner Theorie, aber mit der Praxis. Theorien werden ja oft nur gemacht, um sich dem Verständnis der Zeit anzupassen. Wie hätte Mesmer seinen Zeitgenossen und sich selbst (!) erklären sollen, was er mit seinen Patienten erlebte?

Das Problem, das wir abhandeln, ist an sich nicht neu. Immer wieder haben sich Ärzte gegen berufsfremde Einmischung in ihre Arbeit, die – nicht nur nach ihrer Meinung – ihnen vorbehalten bleiben soll, gewehrt. Geschichtliche Quellen aus Ost und West gibt es dafür genug.

Heute ist die Lage eher verwirrend; Behandlung und dem Ziel des Heilens dienende Beratung mit psychischem Einschlag führen durch, seitdem es diese Berufsgruppen gibt (die Aufzählung ist sicher unvollständig): Anhänger verschiedener Lehren, wie: Dianetik, transzendentale Meditation, Christotherapie; Apotheker, Aromatherapeuten, Astrologen, Besprecher, Fußpfleger, Geistheiler, Heilpraktiker, Kneippbademeister, Knocheneinrichter, Kosmetiker, Krankenpfleger, Krankengymnasten, Heilpädagogen, Krankenschwestern, Kräuterheiler, Heilpflanzentherapeuten (nach Künzle), Lehrer, Masseure, Pädagogen, Praxishilfen, Priester, Psychagogen, Psychotherapeuten (Ärzte, Psychologen, „Laien"), Tanztherapeuten, Wender, Zahnärzte.

Vielleicht sollte ich zur Sicherheit betonen, daß das Aufzählen in einer Liste keinem Werturteil für das eine oder andere Verfahren gleichkommt. Der Arzt wird – übrigens nicht nur aus standespolitischen Gründen – darauf bestehen, daß es sich um à la longue anerkannte Heilhilfsberufe handeln müsse, wenn er mit ihren Angehörigen zusammenarbeiten soll. Allzu leicht geht sonst die Kontrolle verloren. Andererseits gibt es natürlich Ärzte, die etwa im Sinne der Dianetik oder der Astrologie zu heilen versuchen.

Wenn ich mich frage, warum das und vieles andere überhaupt möglich ist, komme ich zu einer sehr ketzerischen Feststellung, die aber kaum zu widerlegen ist: Kein Beruf hält sich, wenn für ihn kein Bedarf besteht. Die richtige und alle Bedürfnisse erfüllende psychische Betreuung ist seit Menschengedenken offensichtlich bis heute noch nicht gefunden worden. Wie in der somatischen Medizin ist es wohl auch in der Psychotherapie: Sobald es ein wirklich wirksames Mittel gibt, verschwinden alle anderen vom „Markt".

Es hat immer Ärzte gegeben, die dafür eingetreten sind, daß man nicht die ganze psychische Betreuung dem Arzt überlassen sollte. Heute wissen wir, daß das gar nicht möglich ist, weil ganz simpel zuwenig Arztzeit zur Verfügung steht. Nehmen wir den geringsten geschätzten Teil der Patienten, die seelische Hilfe brauchen, so müssen wir mit mindestens 20 % jener Kranken rechnen, die praktische Ärzte, Internisten, Gynäkologen usw. aufsuchen. Eine kurze ökonomische Überlegung zeigt, daß wir nicht ein Fünftel der Patienten vom Arzt mit einer so zeit- und damit geldaufwendigen Methode, wie es eine eingehendere Psychotherapie nun einmal ist, auf Kassenkosten behandeln lassen können.

Auch wenn die Patienten die Honorare selbst bezahlen würden, wäre das auch nur ein Tropfen auf den heißen Stein. Es gibt auch nicht annähernd genug Ärzte, die
a) willens und
b) in der Lage sind, alle diese Patienten zu übernehmen.

Die Wartelisten der Psychotherapeuten sind voll, und 1 oder 2 Jahre sind keine auffallend lange Wartezeit. Sicher, man kann sagen, das filtert, trennt die Spreu der vielen als „nur hysterisch" klassifizierten vom Weizen der „echten" Neurotiker und Psychosomatiker; aber diese Denkweise ist doch wohl seit Sigmund Freud nicht mehr die der Einsichtigen. Wieviele bei diesem Filter durch Selbstmord ausscheiden oder andere, das Schicksal ebenso beeinflussende Ereignisse, diese Dunkelziffer wagt wohl keine Regierung genauer untersuchen zu lassen.

Bei allen Kämpfen mit den Außenseitern: das Problem des „Laien" ist uns schon von der Psychoanalyse her bekannt und spielt z. B. auch beim katathymen Bilderleben eine nicht unwesentliche Rolle. Einer der prominentesten Vertreter der Ansicht, man möge auch den sog. Laien in den Therapieplan einbauen, war der verstorbene Professor Dietrich Langen. Viele von uns, die wir heute hier Meinungen vertreten, verdanken ihm viel an Hilfe und Wissen. Er machte sich mit seinem Eintreten für Neues nicht nur Freunde, wurde dafür aber einer der geistigen Väter dieses Kongresses. Langen sprach beim AT von den Multiplikatoren und trat nachdrücklich für sie ein.

Es ist nun sicher eine Frage des Blickpunkts; daß ärztliche Standesvertreter sich nicht für die „Laienbehandlung" einsetzen werden, ist verständlich, obwohl auch mancher Standesvertreter der Ansicht ist, man müßte die Ärzte in dieser Hinsicht entlasten. Sozialpsychiater, wie etwa Hans Strotzka, sind neutraler und gar nicht dagegen, daß etwa ein Teil der psychischen Betreuung, wenn nicht der Psychotherapie (das ist wohl auch eine Frage der Definition), durch Sozialarbeiter erfolgt. Die Tatsache, daß es unter den „Laien" unrühmliche Fälle gibt, Therapeuten, die in der Seele des Patienten herumfuhrwerken, nur weil sie eigene Probleme zu überwinden haben, sollte man besser nicht ins Treffen führen; es gibt auch unter den Zunftgenossen jeder Disziplin Menschen, denen sehr häufig unbewußt die eigene Ich-Stärkung dringlicher ist als das Wohl des Patienten. Wenn man dazu noch bedenkt, wie sich gerade in der psychotherapeutischen Zunft die „Kollegen" durch Verachtung der jeweils anderen Schule selbst unglaubwürdig machen, sieht man, daß das ganze Gebäude unserer Disziplin noch auf tönernen Füßen steht.

Wir sind also mit einer Tatsache konfrontiert, vor der uns keine Vogel-Strauß-Politik bewahrt: Nach allem was man heute weiß, ist für viele Patienten die Psychotherapie – also die Behandlung mit seelischen Mitteln – der einzig wirklich erfolgversprechende Weg aus dem Elend der Neurose und der psychosomatischen Krankheit. Die dazu nötigen Therapeuten sind in Medizinerkreisen und auch bei den Psychologen, gleichgültig welche Schule man nun bevorzugen will, nicht vorhanden. Nur ein kleiner Teil der Kranken kann sachgerecht versorgt werden.

Auf der anderen Seite gibt es Laien, Propheten der verschiedensten – meist sektenartigen – Heilmethoden, die sich, für den Geschäftsgang meist erfolgreich, an diese Klientel wenden. Es mag nun hier ebenfalls wenigstens subjektiv und vorübergehend Erfolge geben. Auch den ehrlichen Willen zu helfen, wird man für viele solcher „Helfer" nur schwer in Frage stellen können. Dem Gros der Patienten wird dadurch nach unserer Meinung trotzdem eher geschadet als genützt; lebenswichtige medizinische Termine werden versäumt und viel Volksvermögen wird für Renten, Krankenhausaufenthalte usw. verschwendet, die bei richtiger Therapie nicht nötig gewesen wären.

Nun gibt es eine Gruppe von Menschen, die sich einer seriösen Therapie, die im Einvernehmen mit dem Arzt und keinesfalls ohne ihn, stattfindet, verschrieben hat. Partiell gab es solche Erscheinungen immer. Sie haben dort, wo die fachliche Kontrolle gesichert war, zweifellos mehr genützt als geschadet.

Wir finden Einschlägiges auch in der psychotherapeutischen Literatur. In Frankreich wurde die „Relaxation analytique" erfunden, eine Parallelentwicklung zu unserer analytischen Oberstufe. Erfunden von mehr oder weniger strengen Analytikern, die die Patienten von Krankenschwestern ins AT einführen lassen und das dabei zutage kommende Material analytisch mit den Patienten bearbeiten. Man kann sagen, daß das eben der Mißachtung des AT durch die Analytiker entspräche. Es gibt aber ausreichend psychiatrische und andere Kliniken, an denen das AT durchaus sehr geschätzt wird, die Vermittlung erfolgt aber durch Schwestern, Gymnastiklehrer usw. Es läßt sich sehr darüber diskutieren, ob es nicht besser ist, eine Schwester, die Zeit und Liebe zur Sache hat, und die gut in der Vermittlung des AT ausgebildet ist, solche Patienten betreuen zu lassen, als einen Arzt, der sich die nötige Zeit wegen seiner übrigen Arbeit an der Klinik gar nicht nehmen will und vielleicht auch gar nicht nehmen kann und das ganze nur widerwillig tut.

Sehen wir uns einmal an, wie das funktionieren könnte bzw. schon funktioniert, und nehmen wir als Beispiel das autogene Training:

Möglichkeit Nr. 1

Der Arzt untersucht den Patienten, stellt eine Diagnose und findet AT angezeigt. Er überweist, wenn er das AT selbst nicht vermitteln will oder kann,
a) an einen Kollegen (Dr. med.),
b) an einen Psychologen (Dr. phil.),
c) an einen „Laien" (z. B. seiner Frau, „Multiplikator").

Möglichkeit Nr. 2

Der Patient sucht selbst einen „Laien" auf.

a) Dieser wendet sich bei Zweifeln an den Arzt, mit dem er zusammenarbeitet.

b) Er läßt jedenfalls in einem medizinisch-psychologischen oder klinisch-psychologischen Labor eine Testbatterie machen, die er in einer für ihn lesbaren Art zurückbekommt.

Ich empfehle dringend, jeden Menschen, der das AT erlernen will, wenigstens *einem* Test, am besten einer Testbatterie, zu unterziehen: dadurch werden z. B. Depressive herausgefiltert, mit denen man sich dann speziell befassen muß.

Zeigen die Tests Besonderheiten (eben etwa depressive Tendenzen), so wird wieder der Arzt eingeschaltet.

c) Am Ende des Kurses wird neuerlich eine Testbatterie gemacht, die etwas über die Veränderungen in der abgelaufenen Zeit aussagt. (Ein Teil der Veränderungen kann auf die Therapie zurückzuführen sein.)

Das AT in der Grundstufe (das gilt auch für viele andere Verfahren) wird damit auch zu einem brauchbaren Filter. Patienten, für die diese Form der Therapie nicht ausreicht, wird, wenn der (Laien-)therapeut gut ausgebildet ist, sicher nicht geschadet. Sie erhalten vielmehr eine Basis, auf der man eine weitere Therapie gut aufbauen kann und sie bleiben – auch in einer eventuell nötigen Wartezeit – betreut.

Sehen wir uns einmal die aktuelle Situation der Störungen, mit denen wir es zu tun haben, etwas näher an. Eine gute Unterlage ist bei Hans Strotzka *(Der Psychotherapeut im Spannungsfeld der Institutionen)* zu finden. Der Rahmen der zu betreuenden Ereignisse reicht vom allgemeinen menschlichen Leid bis zu allen Formen geistiger Schwäche. Ich habe im Neurosenbereich die Randneurosen wieder eingefügt, die im Originalschema nicht auftauchen (Abb. 1).

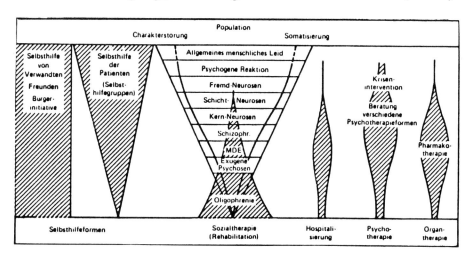

Abb. 1. Schematische Darstellung psychiatrischer Krankheitsbilder und ihre mögliche Behandelbarkeit

Fragt man sich grundsätzlich einmal: Wer kann nun helfen? Einmal der Betroffene sich selbst, seine Freunde und Verwandten, aber auch die „Bürgerinitiativen", die früher – das vergißt man heute gerne – wohl einen Großteil der Hilfe angeboten haben. Die Patienten schließen sich zu Selbsthilfegruppen zusammen oder werden zusammengeschlossen. Auf der anderen Seite der Säule stehen das Krankenhaus und die Versorgungseinrichtung, die Krisenintervention, die gesamte „seelenärztliche" Betreuung und die reine Therapie mit Medikamenten als Krisenhelfer:

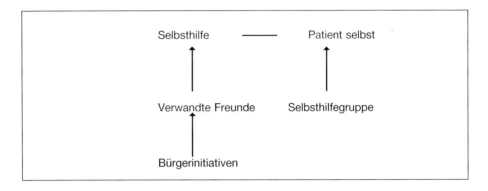

Die Krisenintervention war früher praktisch die ausschließliche Domäne der privaten Hand und wird auch heute noch vielfach von Lehrern, Pfarrern aber auch Freunden und Familienmitgliedern, gar nicht selten auch von Steuerberatern bestritten.

Eine andere Übersicht zeigt – ebenfalls nach Strotzka – die verschiedenen Hilfen, die angeboten werden. Das Ganze gesehen vom Blickwinkel der Sozialtherapie (Abb. 2).

In dem – wenigstens in Abb. 2 – verhältnismäßig schmalen Bereich der Psychotherapie arbeiten nun Menschen der verschiedensten Berufsgruppen, waren schon immer „Berufene" neben den Beruflichen.

Der Rahmen der Betreuung ist dabei viel weiter geworden, und manches, was früher unter Psychotherapie eingeordnet wurde, finden wir heute bei neuen Disziplinen. Es geht der Psychotherapie wie in der Vergangenheit der Religion. So manches, was früher zur Domäne von Religion und Psychotherapie gehörte, wie etwa das einfache Zuhören, ist heute auch Bestandteil anderer Formen des Helfens.

Durch die vermehrten Aufgaben und Möglichkeiten wird der Arbeitsbereich immer größer, und größer wird auch die Diskrepanz zwischen der Zahl der medizinisch oder psychologisch ausgebildeten Helfer und dem tatsächlichen Bedarf.

Um das Problem in der Medizin zu objektivieren, sehen Sie sich einmal einen Zeitvergleich an: Wir wissen, daß im Durchschnitt der Kassenarzt für einen Patienten und die einmalige Intervention 5 Minuten hat. Das bedeutet, er kann pro Woche 480 Patienten behandeln, wenn er 8 Stunden täglich

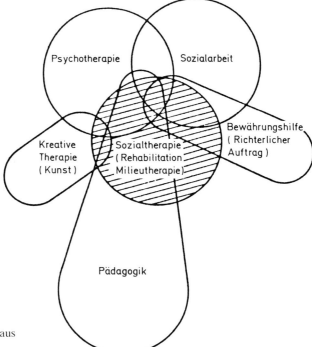

Abb. 2. Therapeutische
Interventionsmöglichkeiten aus
der Sicht der Sozialtherapie

arbeitet. Macht er eine große Analyse mit 5 Sitzungen in der Woche, kann er genau 8 Patienten in der gleichen Zeit betreuen.

Auch wenn man für die Gruppentherapie, die nicht für jeden Patienten anwendbar ist, mit 8 multiplizieren kann – die Rechnung geht nicht auf. Wir haben schon von der vorsichtigen Schätzung der 20 % der Patienten gesprochen, die Psychotherapie brauchen. Bedenkt man, daß die Vertreter der Psychosomatik Psychotherapie für 80 % fordern und nimmt man nur den Mittelwert, wäre es immerhin noch die Hälfte der Kranken, die eine seelische Betreuung brauchen.

Man kann die Sache drehen und wenden wie man will, irgendeine Lösung werden wir finden müssen, sonst wird uns die Eigendynamik der Dinge eine Lösung aufzwingen, die weder im Interesse der Patienten noch der Therapeuten liegt.

Ich möchte daher den Vorschlag machen, die Zuständigen aufzufordern,

1. das Problem der Psychotherapie durch sog. Laien vorurteilslos zu untersuchen. Das sollte eine wissenschaftliche Zusammenarbeit von Medizinern mit Psychologen, Soziologen, Sozialökonomen usw. bringen;

2. eine echte Kosten-Nutzen-Rechnung aufzustellen, was man durch gezieltes Einsetzen der Psychotherapie an sozialen Lasten, bei rein seelisch bedingten Krankheiten (falls es so etwas gibt) und psychosomatischen Krankheiten, einsparen könnte. Nebenbei könnte man auch bei „rein" organischen Leiden Schmerzmittel einsparen, deren Folgen oft Verschlechterung, Hospitalismus usw. sind;

ein Beispiel dafür wäre die 5 Jahre überblickende Untersuchung von Annemarie Dührssen über die Krankenhausaufenthaltsdauer von Patienten, die eine Psychoanalyse machten, im Vergleich mit solchen, die auf eine Analyse warten mußten;

3. einen praktikablen Plan auszuarbeiten, der eine fruchtbare Zusammenarbeit von sog. „Laien" mit Ärzten und Psychologen, die in den Psychotherapieprozeß nach langen Wehen wenigstens teilweise eingebaut sind, möglich macht. Ansätze dazu sind z. B. mit dem Beruf des Sozialarbeiters gegeben;

4. die Frage zu untersuchen, wie man diese Therapien auch in den Sozialplan einbauen kann;

5. Erfahrungen von Institutionen, die mit solchen Modellen bereits arbeiten, für solche Überlegungen heranzuziehen. Es gibt aber auch klinische Modelle wie die Erfahrungen von Langen, das französische Modell der „relaxation analytique" und viele andere mehr. Am häufigsten ist die Vermittlung psychotherapeutischer Techniken durch Arztfrauen;

6. alle Forderungen der Fachleute nach entsprechender Überprüfung und nach Ausbildung der in Frage kommenden Personen genau zu überlegen. Es geht sicher nicht darum, Heilmethoden zu legalisieren, die nach dem derzeitigen Stand der Wissenschaft nicht vertretbar sind. Es geht auch nicht darum, die Pflicht des Arztes, Diagnosen zu stellen oder den Patienten im Laufe einer Behandlung zu überwachen, in irgendeiner Form zu beschränken. Das sind Aufgaben, die nur der (weibliche oder männliche) Arzt, erfüllen und die ihm niemand abnehmen kann;

7. dafür zu sorgen, daß jeder, der mit seelisch Gestörten arbeitet, die Möglichkeit bekommt, gut ausgebildet sein. Wissen macht vorsichtig! Da ein großer Teil der guten Wirkung jeder Psychotherapie eben darin zu suchen ist, daß der Patient jemanden hat, der ihm zuhört, daß er sich angenommen und betreut fühlt, kann der vorsichtige, nicht agierende Zuhörer dem Patienten kaum schaden. Gerade die Fähigkeit sich zurückzuhalten, wird aber mit der Ausbildung erworben.
Nicht oder einseitig Ausgebildete neigen zum Agieren, wollen dem Patienten ihre Erklärungen aufzwingen, wie immer die auch lauten mögen; v. a. wenn sie Patentlösungen vertreten, die alles erklären. Daher ist eine möglichst breitgefächerte Information des Menschen, der mit dem Patienten umgeht – möge er nun Sozialarbeiter, Therapeut oder wie auch immer heißen –, ein Schutz für den Patienten *und* ein Schutz für den Therapeuten, der nicht mehr agieren muß, um sein Selbstbewußtsein zu stärken.

Wenn wir diesen Weg nicht beschreiten, wird die Gefahr, daß immer mehr Menschen, weil sie am System verzweifeln, bzw. durch die Maschen des Systems rutschen, sich an unqualifizierte Außenseiter, an Sekten usw. um Hilfe wenden, die jede Zusammenarbeit mit dem Fachmann nicht nur ablehnen, sondern sogar als gefährlich und schädlich bezeichnen. Wir wissen sehr genau, daß suggestiv bedingte Anfangserfolge solchen Methoden sehr entgegenkommen und auch entsprechend breitgetreten werden. Von den katastrophalen Spätfolgen spricht später niemand. Der oder die Wundertäter(in) konnten hier eben auch nicht mehr helfen, wenn auch der Anfangserfolg noch so spektakulär war.

Versuchen wir also gemeinsam, an die Stelle des gegenseitigen Bekämpfens Zusammenarbeit und Integration zu stellen; an die Stelle der Begeisterung die exakte, den Anforderungen der jeweiligen Arbeit entsprechende Ausbildung, an die Stelle des getrennten Agierens feindlicher Lager, die für alle Beteiligten und an der Wahrheit wirklich Interessierten offene Kommunikation. Diese gilt ohnehin heute erfreulicherweise schon als wichtigstes Ziel in Wirtschaft, Arbeit, Politik *und* Psychotherapie. Warum sollte sie nicht ein Ziel derjenigen sein, die sich von verschiedenen Blickwinkeln aus dem Helfen gewidmet haben?

Serge Katan, Dr. med.,
Arzt für Psychiatrie
Psychotherapie

Edda Katan
Dipl.-Psych.,
ganzheitliche,
körperbezogene
Psychotherapie

Trance und Körperbeschwerden

Zusammenfassung

Auf der Basis der Interaktion zwischen Suggestionen und Überzeugungen, die miteinander kongruent sein können oder nicht, wird der Ursprung psychosomatischer Beschwerden erörtert. Organische Symptome werden als Ausdruck von ursprünglich innerpsychischen Konflikten angesehen. Es ist das höchst individuelle emotionsgeladene Überzeugungssystem, das die Basis für jegliche Art von Konfliktbewältigungsmechanismen darstellt, vorausgesetzt es paßt zur Konfliktkonstellation. Anderenfalls können psychosomatische Störungen entstehen, wenn andere Möglichkeiten psychosozialer Interaktion und Abreaktion fehlen. Die Umwandlung falscher Überzeugungen durch adäquate Suggestionen können ein hilfreiches Mittel in der Behandlung psychosomatischer Störungen darstellen.

Summary

Based on the Interaction between suggestions and convictions, which may or may not display congruence, the origin of psychosomatic disorders in discussed. Organic symptoms are considered to be an expression of originally inner-psychic conflicts. Highly individual, emotionally laden convictions or beliefs, form the basis for any kind of coping mechanism, provided it is appropriate to the constellation of the conflict. In its absence, psychosomatic disorders may appear if other means of psychosocial interaction and abreaction are lacking. The conversion of false convictions by adequate suggestions can represent a useful aid in the therapy of psychosomatic disorders.

B.J.M. Diehl, Th. Miller (Hrsg.)
Moderne Suggestionsverfahren
© Springer-Verlag Berlin Heidelberg 1990

Verführung und Faszination haben im Alltag eine enorme Bedeutung. So lassen wir uns nicht nur von attraktiven Männern und Frauen oder üppigen Mahlzeiten, sondern auch von Ideologen, Religionen, Sekten, Erziehungsprinzipien, Sexualität, Berufsethik und den Medien, ja nicht zuletzt von psychotherapeutischen Techniken zu bestimmten Gedanken, bestimmten Emotionen und daraus folgernd zu bestimmten Handlungen verführen, die unserem „inneren Wesen", unseren „tieferen Einstellungen" letztlich nicht entsprechen. Gerade dieses „innere Wesen", diese „tieferen Einstellungen" stellen das Kernstück der nachfolgenden Ausführungen dar. Es soll gezeigt werden, daß alltägliche Verführungen in Form von Suggestionen unsere körperliche Gesundheit beeinflussen, Suggestionen, die auf komplexe Weise mit unseren inneren, tieferen Einstellungen respektive Überzeugungen interagieren.

In der Kommunikationspsychologie heißt es: „Es ist unmöglich, nicht *nicht* zu kommunizieren." – Das heißt, Informationen, welcher Art auch immer, nicht auszutauschen, ist nicht möglich. Dies impliziert immer einen gewissen Grad an Verführung und Faszination. Das wird sofort deutlich, wenn man bedenkt, daß jede Information, sei sie noch so nüchtern, in einem gewissen Kontext präsentiert wird, der immer eine suggestive Wirkung enthält.

Verführung, Faszination, Suggestion und der Einfluß von Suggestionen auf Seele und Körper stellen Interaktionsmuster dar, die kaum voneinander abzugrenzen sind und dabei in jedem von uns wirksam sein bzw. werden können. Noch schlimmer: Es liegt gerade in der Natur der Verführung, der Trance und der Suggestion, daß wir uns derer gar nicht bewußt sind, so lange wir „darin" sind. Wir merken z. B. erst am Ende eines Kriminalfilms im Fernsehen, daß dieser gräßlich oder grausam war, und erst danach wird uns bewußt, daß wir nicht in der Lage waren, das Fernsehgerät abzuschalten.

Wir müssen also diese Phänomene bei uns selbst untersuchen, wenn wir nicht Sklaven unserer eigenen Wahrnehmung bleiben wollen. Wir sind keineswegs verpflichtet, mit jeder Art von Suggestion „mitzuschwingen". Suggestionen spielen aber bei der Entstehung von psychischen und körperlichen Störungen und Krankheiten immer eine ganz wesentliche Rolle. Hieraus ergibt sich die Frage, wie man sich die Entstehung solcher Störungen als Folge von Suggestionen vorstellen kann.

Eine Suggestion setzt einen äußerst komplexen Prozeß im gesamten Organismus des Menschen in Gang. Vereinfachend kann man sagen, daß 2 gegenläufige Tendenzen durch eine Suggestion gleichzeitig aktiviert werden.
1. Die erste Tendenz besteht aus der kreativen Bemühung des Bewußtseins, auf allen Ebenen mit einer durch Suggestion vermittelten Information mitzuschwingen; dies schließt die Annahme ein, daß auch die Organe und die sie bildenden Zellen eine Art von Bewußtsein haben, welches dieses Mitschwingen nachvollzieht. Die einzelnen Anteile dieser Informationsverarbeitung sind:
   – die individuelle Vorstellung, die Gedanken und Assoziationen;
   – die individuellen Gefühle und Erinnerungen;
   – das Körperausdrucksverhalten in Psychomotorik, Mimik und Sprache;
   – psychophysiologische Reaktionen des Körpers zum Beispiel Schweißausbruch oder Mundtrockenheit, Tränenfluß oder Gänsehaut.

Mittels dieser und anderer sehr viel komplexerer Systeme wird eine Vorstellung zur physischen und psychischen Realität. Sie materialisiert sich gewissermaßen, jedoch nur in den Grenzen individueller Körperlichkeit, d. h. nicht zuletzt in der Ausdrucksfähigkeit eines gegebenen Körpers.

2. Die zweite Tendenz stellt sich als eine Art geistiges Trägheitsprinzip dar, welches sich der erstgenannten Tendenz zu widersetzen versucht, weil die durch Suggestion angebotene Information nie ganz den schon vorhandenen Informationen, d. h. auch den eigenen Überzeugungen. Zwar wird an anderer Stelle noch von den „Überzeugungen" zu reden sein; es ist aber jetzt schon angebracht, darauf hinzuweisen, daß die individuelle Reaktion auf eine Suggestion weitgehend von der Konfiguration dieser „Überzeugungen" abhängt. Man kann sich vorstellen, daß unter bestimmten Bedingungen gewisse Überzeugungen angesprochen werden, während andere unberührt bleiben, so daß in der Folge innerpsychische Verschiebungen stattfinden, die zum Beispiel das Gefühl von Angst auslösen. Diese Angst wiederum kann mittels psychologischer Mechanismen, wie Projektion und ähnlichem, einem Gegenüber zugeordnet werden, so daß ein zwischenmenschliches Problem entsteht. Auf diese Weise werden Energien, die ursprünglich in den Überzeugungen enthalten sind, in die zwischenmenschliche Beziehung eingebracht, führen zunächst zu einem Ungleichgewicht, lösen aber hierdurch den Prozeß der Neueinstellung eines Gleichgewichtes aus.

Gleichermaßen ist denkbar, daß die individuelle Ausdrucksfähigkeit nicht ausreicht, um analoge innerpsychische Verschiebungen, etwa Konfliktkonstellationen oder Problemkomplexe, innerhalb einer zwischenmenschlichen Beziehung adäquat zum Ausdruck zu bringen. In einem solchen Fall kann der Körper zur Bühne des ursprünglichen innerpsychischen Konfliktes werden, d. h. daß der Körper versuchen wird, die notwendige Information mittels Körpersymptomen zum Ausdruck zu bringen, sofern seine psychosozialen Ausdrucksmöglichkeiten hierzu nicht ausreichen. So wird das körperliche Symptom zum organisierten, d. h. zum organisch manifest gewordenen Korrelat eines auf der innerpsychischen Ebene nicht bewältigten Konfliktes.

Andere Menschen, die aufgrund ihrer inneren Überzeugungen ein gestörtes Verhältnis zu ihrem eigenen Körper und damit auch zur eigenen Emotionalität haben, mögen infolge dieser Störung in umgekehrter Weise psychische Störungen entwickeln. So verspüren beispielsweise depressive Menschen in bestimmten Stadien ihrer Erkrankung keine Trauer mehr; dieser Verlust, trauern zu können, schafft verständlichermaßen Beziehungsstörungen, die bis in den Bereich der Intimbeziehung vordringen können. Diese auf der psychischen Ebene entstandenen Konflikte können ihrerseits wieder zu körperlichen Symptomen führen, so daß sich ein klassischer Circulus vitiosus gebildet hat. So kann man zusammenfassend feststellen, daß Suggestionen und Überzeugungen in einem komplexen Regelkreis miteinander verknüpft sind, ein Regelkreis, der durch weitgehend unbewußte Formen von Verführung, Faszination und Trance zusammengehalten wird und im Einzelfall wegen seiner Undurchbrechbarkeit zu verheerenden Konsequenzen führen kann.

Versucht man, den Sinn einer Krankheit oder einer Störung ganzheitlich zu erfassen, so eröffnet man sich einen von vielen möglichen Wegen, den Bann des vorbeschriebenen Regelkreises zu durchbrechen. Ganzheitliche Betrachtungsweise setzt Energien frei, die über einen Bewußtwerdungsprozeß letztlich zur Erleichterung und damit zur Genesung des Betroffenen wird beitragen können.

Den Sinn einer wie auch immer gearteten Störung zu erfassen, stellt kein intellektuelles Geschehen dar. Statt dessen sind Mut, Einsatz, Konzentration und Klarheit gefordert, gefühlsmäßiges Engagement und eine Kongruenz aller dieser Faktoren in einem ausgewogenen Zusammenspiel. Am ehesten kann man den Sinn einer Störung aus der Gegenüberstellung von Suggestionen und Überzeugungen erfassen. Suggestionen sind Informationen, meistens, wenn nicht immer, emotional gefärbt, mit einer gewissen Aussagekraft bzw. einem Impetus, welche sie befähigen, in die weitgehend unbewußte Welt der Überzeugungen vorzudringen und diese zu verändern. Autosuggestionen können die gleiche Rolle haben.

Den Überzeugungen kann man folgende Merkmale zuordnen:
1. Sie sagen etwas über die Beziehung des Individuums zu seiner Umwelt aus, auch zu seiner mitmenschlichen Beziehungsfähigkeit.
2. Sie haben den Charakter von Antreibern und Energiespendern.
3. Sie sind zielorientiert und verfolgen meist unbewußte Ziele, die das Individuum als Ganzes betreffen; sie sind nicht a priori Ich-bewußt.
4. Sie sind emotional geladen und können weitgehend von Emotionen, die in den Suggestionen enthalten sind, aufgeladen werden.
5. Sie werden von Vorstellungen beherrscht, die auf assoziative Art miteinander verknüpft sind.
6. Sie beeinflussen die Gestaltung unseres Lebenslaufes und damit das, was andere Schicksal nennen.
7. Sie ragen in eine nicht raum-zeit-gebundene Dimension hinein, breiten sich gleichsam vom Hier und Jetzt in Vergangenheit und Zukunft aus.

Wollen wir uns jetzt mit den einzelnen Körperkrankheiten beschäftigen, so lohnt es sich, die Überzeugungen von Menschen mit körperlichen und psychischen Störungen genauer zu untersuchen. Unter dem Vorbehalt aller denkbaren Einschränkungen einer Generalisierung läßt sich für jeden Menschen ein sog. Überzeugungsprofil, eine Art Credo des Körpers entwerfen:

Was meine eigene Gesundheit angeht, so ist es mir wichtig, die Fähigkeit zu handeln zu besitzen, mich zu bewegen, die Welt mit meinen Sinnen, den Augen, den Ohren, der Nase, der Haut und dem Bewegungssinn wahrzunehmen. Wichtig ist mir auch, daß ich reden kann, daß ich unbehindert atmen kann, schlucken und verdauen kann. Wenn ich dies alles nicht mehr tun könnte und alle Leute mit eigenen Augen dies bemerken würden, wenn ich den Menschen mit meiner Tätigkeit und Kreativität nicht mehr helfen und dienen könnte, dann wäre das besonders schlimm für mich. Ich bevorzuge Heilmittel, die allen Menschen zur Verfügung stehen, Heilmethoden, die jeder lernen kann. Wenn ich krank bin, möchte ich sein wie alle anderen, die unter der gleichen Krankheit leiden. Ich finde es selbstverständlich, daß meine Gefühle gegenüber Freunden und Familie und die Fähigkeit, mich mitzuteilen und die Leute zu verstehen, intakt bleiben. Es wäre mir geradezu peinlich, wenn mich meine Krankheit gefühlsmäßig sehr berühren würde, ohne daß ich es verstünde, damit umzugehen.

Dieses Credo scheint mir in den nachstehenden Überzeugungen deutlich zu werden:

1. Es ist wichtig, daß die Symptome nachprüfbar, quantifizierbar, materiell erfaßbar und behandelbar sind.
2. Es ist wichtig, daß die körperliche Unabhängigkeit, die Autonomie, nicht beeinträchtigt ist.
3. Es ist wichtig, daß die Welt der Gefühle und die Kontaktfähigkeit intakt bleiben.

Wenn nun Symptome jedweder Art, auch Symptome von Krankheit, entstanden sind, werden diese von Dritten wie von dem Betroffenen als Suggestionen verstanden. Die Symptome, besonders wenn sie neu sind, faszinieren den Betroffenen enorm. Sie wirken auf die ursprünglichen Überzeugungen, welche diese speziellen Symptome hervorgerufen haben, verändernd ein, laden diese gleichsam auf. Es entsteht ein Kreislauf, eine Art Rückkoppelungsmechanismus, der letztlich alle Zeichen einer spontanen Trance aufweist. Wollen wir nun im Rahmen eines Heilungsprozesses die Symptome und die durch sie hervorgerufenen Störungen behandeln, so empfiehlt es sich, auf folgende Faktoren zu achten:

1. Wir kreieren unsere Krankheit selbst, aus uns heraus, und heilen sie daher letztendlich auch aus uns heraus, mit den eigenen Kräften.
2. Wir kreieren die Symptome mit unseren Überzeugungen und müssen daher zunächst versuchen, diese Überzeugungen zu verstehen.
3. Zu diesem Zwecke versuchen wir, die Symptome im Zusammenhang zu verstehen, d. h. alle erfaßbaren Symptome ganzheitlich und in ihrer interaktionellen Beziehung. Auf diese Weise versuchen wir zu verstehen, welche Funktion beeinträchtigt ist und welche Folgen und Bedeutungen dies für die Gesamtsituation hat.

Diese Zusammenhänge mögen in den beiden nachfolgenden Fragen am ehesten deutlich werden:

– Welche Bedeutung haben meine Symptome für meine Umwelt, meine Kollegen, meine Freunde, meine Familienmitglieder?
– Was bedeuten mir diese Störungen ganz persönlich, was ermöglichen sie mir, was verunmöglichen sie mir?

4. Sobald sich eine Bedeutung, eine sinnvolle Aussage herausschält, kommt die entsprechende Überzeugung zum Vorschein. In der Folge nimmt die suggestive Kraft der Symptome ab, die erwähnte Trance wird entsprechend schwächer. Bleibt die spontane Trance jedoch bestehen, kann man versuchen, eine therapeutische Trance zu induzieren, wobei man mittels Suggestion eine Brücke schlägt zwischen pathogenen und nichtpathogenen Überzeugungen.

5. Die entsprechende Überzeugung muß dann durch positive Suggestionen verändert werden; Suggestionen dürfen keine Verneinungen und keine Negationen enthalten, da Negationen eine digitale Informationsweitergabe darstellen, während Überzeugungen nur analoge Informationen enthalten. Statt verbaler kann man auch visuelle Suggestionen vermitteln; durch Visualisierung eines Suggestionsinhaltes wird zwangsläufig die analoge Informationsweitergabe deutlich.

6. Wenn es sich um Körpersymptome handelt, muß man sich fragen, warum die normalen Kommunikationsmittel nicht ausgereicht haben, um das auszudrücken, was letztlich in einem körperlichen Symptom zum Ausdruck kommt.

7. Eine Person, die auf Körpersymptome Wert legt, betrachtet ihren Körper und ihre Körperleistung als einen Intimbereich und vernachlässigt dabei gleichzeitig die eigenen Gefühle und Gedanken bezüglich der Krankheit; sie will diese schon gar nicht mehr zeigen oder gar zum Ausdruck bringen. Solchen Personen sollte man die Aufforderung vermitteln, über ihre Krankheit zu reden und sich selbst zu fragen, welche Gefühle und Vorstellungen in diesem Zusammenhang aufkommen und deutlich werden.

Das zuletzt Beschriebene soll an einem Beispiel erläutert werden.

Migräne

Ich werde Ihnen jetzt beschreiben, was meine Frau und ich im Kontakt und aus den Gesprächen mit Migränikern gelernt haben, welche Überzeugungen wir bei ihnen aufdecken konnten und mit welchen Suggestionen wir sie behandelt haben.

Es ist uns aufgefallen, daß Migräniker die Neigung haben, den Dialog auf eine distanzierte, intellektuelle Art und Weise zu führen. Sie drücken sich nicht sehr direkt mit ihren Gefühlen aus, aber sie argumentieren gerne.

Wenn sie verletzt oder schockiert sind, werden sie dies nicht direkt mitteilen; sie lehnen Aggressivität ab und tendieren dazu, aus einem Gefühl ein Problem zu machen, um dieses in möglichst objektiver Weise, quasi im Kopf, zu lösen; auffällig dabei ist, daß sie häufig Anhänger einer „gerechten, möglichst friedlichen" Weltanschauung sind. Um daher allen Aspekten des Problemes gerecht zu werden, spalten sie das Ursprungsproblem in viele Teilprobleme auf, bis ihnen der Kopf zerplatzt.

Bei noch genauerer Beobachtung haben wir festgestellt, daß Migräniker schwache, in ihrer Entstehung begriffene Gefühle und Impulse sofort an Dritte zur Beobachtung weiterreichen, einerseits in der Hoffnung, daß diese Gefühle unterstützt werden, andererseits aber in der bangen Vermutung, daß sie abgelehnt werden. Wenn letzteres eintrifft, betrachten sie dies oft als eine Ablehnung der ganzen Person. Es scheint eine Überidentifikation mit den Gefühlen zu bestehen, ein Bedürfnis, Gefühle zwar mitzuteilen, jedoch in der gleichzeitigen Erwartung, daß hierdurch Chaos oder Kontrollverlust der eigenen Gefühle ausgelöst wird.

Einige der Kernüberzeugungen von Migränikern sind:
- Ich *muß* mich emotional mitteilen, im Grunde genommen bin *ich* mein Gefühl.
- Dies darf nicht direkt, auf aggressive Weise geschehen.
- Ich *muß* die emotionale Bühne auf die geistige Ebene verlagern, damit ich meine Gefühle hüten und kontrollieren kann; ansonsten werden meine Gefühle ausgelöscht und ich mit ihnen.
- Die geistige Ebene und das Kontrollzentrum sind eines, mein Kopf.

Die sich hieraus ableitenden heilenden Suggestionen sind:
- Wenn ich meine Gefühle zulasse, gewinnen diese an Stärke und Eindeutigkeit und können demzufolge nicht mehr ausgelöscht werden.
- Ich kann meinen Gefühlen durchaus trauen, sie sind nicht nur zuverlässig, sondern meinem Intellekt ebenbürtig.
- Wenn ich meine Gefühle zulasse, dann kann ich diese im ganzen Körper spüren und nicht nur im Kopf.

Diese ganzheitliche Betrachtungsweise von innerpsychischer Konstellation und körperlichem Ausdrucksverhalten gesunder und kranker Menschen ermöglicht unter der Vorgabe geduldiger Vorgehensweise in aller Regel einen therapeutischen Einstieg mit gerichteten Suggestionen, deren symptomorientierte Anwendung einen Heilungserfolg in Aussicht stellt.

Theres Miller, diplomierte Hypnosetherapeutin,
diplomierte Seminarleiterin für autogenes Training,
diplomierte Biofeedbacktrainerin,
Präsidentin der Internationalen Gesellschaft für autogenes
Training und Hypnosetherapie (IGATH),
Präsidentin der Vereinigung zur Förderung für ethische
Hypnose (VFEH),
Ausbilderin am Institut für autogenes Training, Biofeedback
und Hypnosetherapie (IATH)

Wie sag' ich's meinem Kinde? – Sprache und Suggestion im Alltag

Zusammenfassung

Sprache ist immer Suggestion. – Diese erstaunlich einfache Tatsache ist uns allen noch viel zu wenig bekannt. Suggestionen jedoch, ganz besonders wenn sie völlig unbewußt auf uns einwirken, können enorm wirksam sein sowohl im positiven, wie auch im negativen Sinne. Außerordentlich viele Menschen leiden ihr ganzes Leben lang an Suggestionen, die sie zu allen möglichen Zeiten in ihrem Leben bewußt und v. a. unbewußt erhalten haben.

Leider ist Suggestion kein Schulfach! Dies ist besonders erstaunlich in der Ausbildung von Pädagogen, die doch v. a. mit dem Instrument der Sprache arbeiten, aber auch bei diversen Heilkundigen und andern Fachleuten, die einen starken Einfluß auf andere Menschen ausüben. Am schlimmsten wirken sich dieser Mangel an Training in positivem Suggerieren in der Erziehung unserer Kinder aus, d. h. es müßten spätestens die zukünftigen Eltern sich bewußt werden, was sie so den lieben langen Tag in die Welt hinausplaudern, wie das besonders bei ganz kleinen Kindern wirkt und warum; sie sollten lernen, ganz bewußt ihre Worte so zu wählen, daß die Wirkung auch der Intention entspricht. Wir wollen doch alle immer nur das Beste für unsere lieben Kinder, geben wir ihnen also dazu möglichst alle Chancen! *Dieser Vortrag richtet sich an alle Fachleute, die mit Menschen zu tun haben und an alle, welche die elementarsten Regeln der Kommunikation beherrschen lernen möchten!*

Summary

Language is always suggestion! This surprisingly simple fact is unfortunately still insufficiently recognized. However, suggestions can be extremely powerful, especially if they influence us subconsciously – powerful in a positive or in a

B.J.M. Diehl, Th. Miller (Hrsg.)
Moderne Suggestionsverfahren
© Springer-Verlag Berlin Heidelberg 1990

negative fashion! So many people suffer all their lives from negative suggestions they received in their childhood!

Unfortunately the art of suggestion is not learned in school! This is especially
surprising in the training of teachers, if we consider that they teach mostly by
using the instrument of speech, but also in the training of medical doctors and
those in other helper professions who have a powerful influence on people!

The absence of any training in "how to speak positively" has its most
pervasive adverse effect in the everyday upbringing and education of our
children. At least parents should learn to realize fully exactly what they are
suggesting day in, day out to their offspring – and how suggestions work on
very small children and why. They should learn to choose their words quite
consciously so that the effect matches the intention! We always want the very
best for our children; let's give them every chance!

This paper is directed towards all specialists whose work frequently involves
personal communication, and indeed all those who wish to learn to master the
most elementary rules of communication.

„Sticks and stones may break my bones, but words will never hurt me..."
(Stöcke oder Steine können meine Knochen brechen, aber Worte werden mich
nie verletzen...).

Eine hoffnungsfrohe, aber leider völlig falsche Beschwörung. Worte sind
eine gar mächtige Waffe, wenn falsch oder unbedacht eingesetzt; Worte sind
eine gar positive Kraft, wenn richtig und bewußt verwendet.

Wir alle sind ja absolute Profis in der Kunst der Suggestion. Wir suggerieren
täglich und ununterbrochen! Sie sind über diese Behauptung überrascht. Und
doch stimmt sie! Fast jedes Mal, wenn ein Mensch seinen Mund öffnet, um
einem anderen Menschen etwas zu sagen, suggeriert er, entweder positiv oder
negativ; meistens ist ihm dies aber nicht bewußt.

Alle geistig gesunden Menschen sind suggestibel, also beeinflußbar, in gewissen Lebensstadien mehr, in anderen weniger. Am suggestibelsten aber sind
unsere Kinder, je jünger, desto mehr. In der Pubertät sinkt die natürliche
Suggestibilität auf einen Tiefstand, um mit ca. 18–20 Jahren wieder auf ein
normales Niveau anzusteigen. Die Suggestionen der Eltern und Erzieher fallen
in der Pubertät, wie Sie aus oft bitteren Erfahrungen wissen, auf vorwiegend
taube Ohren, während die Suggestionen der „Peer-group", also der Gleichaltrigen, und auch der sog. Idole um so stärker wirken. Während der Pubertät
sollten sich die Erzieher, die nun langsam arbeitslos werden müssen, vorwiegend auf ihr gutes Beispiel und auf ihre Vorarbeit in der Kindheit verlassen,
sich entspannen und auf sich selbst besinnen und ihre Kräfte auf neue Ziele
ausrichten.

Suggestionsprofis sind wir also, das war die gute Nachricht. Jetzt zur schlechten: Leider haben die meisten von uns unbewußt durch das Vorbild der Erzieher gelernt, v. a. *negativ* zu suggerieren. Negative Suggestionen aber sind, wie
jeder, der berufsmäßig mit Suggestionen arbeitet, aus Erfahrung weiß, zumindest kontraproduktiv (z. B. in der Erziehung), in vielen Fällen sehr schädlich,
ja in einzelnen Fällen gar tödlich. Wer hätte sich das je wirklich bewußt

gemacht? Worte können sogar töten! Denken Sie nur an das Beispiel des Voodoo-Kultes: „Du wirst innert so und so vieler Wochen sterben!" Parallelen zu medizinischen Prognosen zu ziehen, ist nicht verboten . . .: „Sie haben noch 4 Monate zu leben" . . . Wer daran glaubt, wird sein „Schicksal" pünktlich erfüllen, wer sich auflehnt, und das ist schon oft bewiesen worden, hat gute Chancen, die Voraussage Lügen zu strafen.

Warum aber soll die Suggestionslehre für wenige Berufe eine Art „Geheiminformation" bleiben, wenn sich die wichtigsten Prinzipien dieser Lehre so einfach lernen und beherzigen lassen, da Suggestionen im täglichen Leben sich doch so segensreich und gleichsam verheerend auswirken?

Am suggestibelsten sind wir in der frühen und frühesten Kindheit; als Baby reagieren wir vorwiegend auf nonverbale Suggestionen, also auf körpersprachliche Äußerungen wie Gesten, erhöhte oder reduzierte Muskelspannung der Bezugspersonen, auf Stimme, Tonfall, Hektik oder Ruhe, Mimik, Puls, Gesichtsfärbung, Augenbewegungen etc., also auf die sog. „minimal cues" des NLP (neurolinguistischen Programmierens).

Später, wenn wir lernen, die Bedeutung der Worte zu verstehen, reagieren wir auf den bildlichen und emotionalen Gehalt der Worte. Bilder erzeugen Gefühle. Jedes Wort wird mit einem Bild assoziiert und produziert nach Erlernen das jeweilige Bild im Unterbewußtsein. Darum sprechen wir mit Babies und Kleinkindern eher instinktiv in einer einfachen, plastisch bildlichen Sprache. Lange bevor wir mittels Intellekt eine gehörte Information verarbeiten können, haben wir schon gefühlsmäßig darauf reagiert und das entsprechende Bild im Unterbewußtsein produziert! Dies geschieht in winzigen Sekundenbruchteilen.

Nun gibt es Worte, die keine Bilder produzieren. Dies sind z. B. Negationen wie „kein" und „nicht". Ein kleines Kind aber versteht nur Bilder! Auch Erwachsene können die Produktion eines „verbotenen" Bildes nicht verhindern, wenn es im Zusammenhang mit einem „kein" angeregt wird. Hier der Beweis: „Meine Damen und Herren, bitte stellen Sie sich im Moment auf gar keinen Fall einen rosaroten Elefant vor! Keinen!" . . . Was ist passiert? . . . Eben! Auch wenn Sie sich bemühen, nicht an etwas Bestimmtes zu denken, müssen Sie das trotzdem tun, wenn es Ihnen negativ suggeriert wird! Jetzt wissen Sie also, warum ein Kind *sofort* in eine Pfütze tritt, nachdem Sie ihm gesagt haben: „Du sollst *nicht* in diese Pfütze treten!" Das Bild dieses In-die-Pfütze-Tretens ist einfach zu verlockend für Ihr Kind und es sieht sich buchstäblich schon darin herumspritzen.

Wie stellen Sie sich z. B. „Kopfschmerzen" vor? Können wir das zeichnen? Manche zeichnen ein schmerzverzerrtes Gesicht mit Blitzen garniert.

Und wie stellen Sie sich „kein Kopfweh" vor? Da wird es schwierig. Es bleibt Ihnen nichts anderes übrig, als wieder das schmerzverzerrte Gesicht zu zeichnen für das Kopfweh und dann zu versuchen, das Gesicht wieder durchzustreichen, bzw. auszulöschen. Aber um sich „keine Kopfschmerzen" vorstellen zu können, müssen Sie sich zuerst die Kopfschmerzen vorstellen und dann versuchen, diese durch die intellektuelle Verneinung wieder durchzustreichen, wobei dann natürlich das Bild des Kopfschmerzes bereits „angekommen" ist und seine negative Wirkung entfaltet hat. Wer also denkt: „Hoffentlich kriege ich bei diesem Föhn keine Kopfschmerzen!", der hat sie bereits „bestellt".

Oder was passiert in folgender Situation:

Ihr Kind balanciert mit einer randvollen Tasse Ovomaltine über Ihren téuersten Perserteppich... „Um Gottes willen", rufen Sie entsetzt, „Paß' auf, daß Du mir ja nichts verschüttest!", oder: „Paß' ja auf, daß Du nicht zitterst!" Das Resultat? – Sie kennen es! –

Wie oft haben Sie in der Erziehung positiv suggeriert? Aus Versehen? Wie oft bewußt positiv? Meistens sagen wir unseren Kindern ununterbrochen, was sie *nicht* tun sollen, kaum jemals in positiv formulierten Worten, was wir von ihnen erwarten! Kein Wunder, daß es unseren Kindern oft so schwerfällt „brav" zu sein...

Oder bei der „Erziehung" Ihres Partners? „Ich habe Dir schon 1000mal gesagt, Du sollst die Zahnpastatube *nicht* in der Mitte quetschen! – *Darum* mußten Sie es 1000mal sagen.

Was sagt der liebe, wohlmeinende Arzt, die gute Krankenschwester vor der Spritze? „Du mußt gar keine Angst haben, es tut gar nicht weh!" Und warum fängt danach wohl prompt jedes zweite Kind zu schreien an, bzw. warum verkrampfen sich dabei die meisten Menschen, woraufhin es natürlich prompt weh tut? Und der Arzt und die Schwester stehen als Lügner da. „Aber das ist gar nicht so einfach", werden Sie einwenden. Stimmt, einfach ist es nicht; aber warum muß alles immer einfach sein? Hier ein Tip für solche Situationen: „Du kannst ganz ruhig sein! – Du machst einfach den Arm ganz schwer, ganz locker", oder Sie produzieren einen „Zauberfleck", indem Sie mit einigem Brimborium irgendeine farbige oder stark riechende Flüssigkeit in eine Stelle am Oberarm einmassieren und suggerieren: „Dort kannst Du jede Impfung machen lassen, der Fleck wird dann immer sofort ganz taub vorher und Du fühlst Dich ganz wohl dabei!" Solche „magischen Flecken" haben über 20 Jahre lang „gehalten", das hat man in den USA untersucht. Oder: „Hast Du schon einmal einen Mückenstich gehabt? Hast Du vom Stich selbst etwas gemerkt? Nein? Siehst Du, so ist es auch bei der Impfung; wenn der Arm ganz schwer und locker ist, spürst Du davon erst nachher etwas, vielleicht einen kleinen Juckreiz, genau wie beim Mückenstich! Also mach' einfach den Arm einmal ganz schwer!"

Bei Kindern und anderen hypersuggestiblen Menschen, zu denen wir in angstbesetzten Situationen übrigens alle gehören, sollen also Worte wie „nicht", „kein" und jegliche Negationen sowie negative Worte wie „Angst", „Schmerz", „weh", „nervös" etc. unbedingt vermieden werden. Angst macht suggestibel! Daher ist es geradezu eine Katastrophe, wenn Kinder in angstbesetzten Situationen zu hören bekommen: „Du bist dumm" oder ähnliches.

Eine gute Seite haben solche Situationen immerhin: gerade wer sehr viel Angst hat beim Zahnarzt, vor Operationen oder Geburten, kann in diesen Situationen besonders leicht und vollständig angstfrei gemacht werden durch einfache Änderung der Autosuggestionen bzw. durch den Gebrauch des richtigen Vokabulars.

Wir vermitteln als Erzieher, Ärzte, Lehrer und Vorbilder einen ganz großen Teil unserer Botschaften und Lehrinhalte verbal, also mit Worten, bzw. durch unbewußtes Suggerieren. Haben wir aber jemals in der Schule, im Lehrerseminar, in der medizinischen und psychologischen Ausbildung die Gesetze der Suggestion bzw. der effizientesten Form der Kommunikation in der Theorie kennengelernt oder gar eintrainiert? Leider kaum! Das ist eines der größten Versäumnisse in unserem Schul- und Gesundheitswesen, das ich mir vorstellen kann!

So mächtig sind Suggestionen und so gering schätzen wir sie ein. Wir bilden uns ein, ohne Suggestionen auszukommen oder meinen, das sei nur etwas für Bühnenhypnotiseure, oder etwas Negatives, das abzulehnen sei. Wir meinen von uns, wir seien ja wohl wirklich nicht suggestibel, mit uns könne man so etwas nicht machen; unser überragender Intellekt spiele die Hauptrolle, alle unsere Handlungen würden ausschließlich durch den Verstand diktiert, suggestibel seien nur die Dummen, die Beschränkten. Welch tragischer Irrtum!

Man würde meinen, wer redet, denkt auch. Nun ja, er denkt vielleicht an das, wovon er redet; aber er überlegt sich nur in den seltensten Fällen, wie er seine Botschaft formuliert. Die Formulierung ist aber das Wichtigste an der Botschaft; sie soll korrekt bzw. in unserem Sinne beim Empfänger ankommen! Man kann alles *positiv* formulieren! Und damit meine ich nicht etwa beschönigen, die Wahrheit verdrehen oder lügen.

Der Titel meines Vortrags lautet ja „Wie sag ich's meinem Kinde" – daher nochmals:

Kleine Kinder verstehen nur Worte, die Bilder erzeugen. Und auch Erwachsene reagieren öfter emotional auf den Bildgehalt von Worten, als sie meinen. Verneinungen erzeugen inverse Bilder! In Kombination mit negativen Ausdrücken erzeugen Negationen genau das, was wir vermeiden wollten, eben: „keine Angst" erzeugt Angst, „nicht nervös" erzeugt Nervosität, „entspannt" erzeugt Spannung etc. Und diese Tatsache wirkt sich um so verheerender aus, je aufgewühlter, ängstlicher, verwirrter und unsicherer ein Kind ist, da in solchen Streßsituationen die Großhirnrindenfunktionen eingeschränkt sind und eine Negation gar nicht wahrgenommen werden kann. Vielleicht sollten wir uns lieber ein kleines Stückchen unserer Zunge abbeißen, anstatt unseren Kindern oder anderen ängstlichen oder gestreßten Mitmenschen unüberlegt etwas an den Kopf werfen?

Nehmen Sie sich ein Beispiel an der Werbung! Werbung ist *immer* positiv formuliert, wenn sie von Profis gemacht wird! Bei einem Plakat, dessen Wirkung wir meistens völlig unbewußt, also ohne kritische Kontrolle unseres Verstandes, in uns aufnehmen, kommt immer zusammen:
1. ein positives Bild
2. eine positiv formulierte Aussage!

Daß Werbung funktioniert, ist eine Tatsache, sonst würde man nicht so viel Geld dafür ausgeben. Ausgekochte Suggestionsprofis sind dabei am Werk. Wir können viel von ihnen lernen!

Denken Sie daran, bevor Sie das nächste Mal Ihren Kindern sagen: „Wenn Du jetzt nicht bald einschläfst, bist Du morgen total kaputt, dabei hast Du doch eine so schwierige Prüfung..." Oder: „Paß bloß auf, daß Du nicht hinunterfällst...", oder: „Wenn Du Dir keine Mütze überziehst, kriegst Du garantiert eine Mittelohrentzündung . . .", „Du erkältest Dich, wenn Du ohne Schal rausgehst . . ." oder den Klassiker unter den Suggestionen, wenn jemand über Kopfweh klagt: „Ja, das ist auch kein Wunder bei diesem Föhn . . .!"

Noch etwas über Suggestionen und Hypnose:

Die meisten Leute befürchten, sie wären im hypnotischen Zustand allen beliebigen Suggestionen völlig ausgeliefert. Dem möchte ich entgegenhalten, daß, wenn sich jemand in Hypnose begibt, er sich sehr wohl bewußt ist, daß dabei mit Suggestionen gearbeitet wird. Er ist also auf Suggestionen vorbereitet, ist sozusagen „sensibilisiert" und achtet viel kritischer darauf, was ihm in diesem Zustand suggeriert wird.

Im sog. normalen Alltagswachzustand aber bedenken wir oft gar nicht, daß wir ununterbrochen mit Suggestionen bombardiert werden, sind also nicht in der Defensive und lassen uns allzu oft von negativen Suggestionen entsprechend negativ beeinflussen. Wir schätzen die Wirkung von unbewußt empfangenen Suggestionen zu unserem großen Nachteil viel zu gering ein!

Wie lernen wir also positiv suggerieren? Wenn Sie Kinder haben, ist das sehr einfach. Sie erklären ihnen einfach, was eine positive und was eine negative Suggestion ist und bitten sie, Sie in Zukunft sofort darauf hinzuweisen, wenn Sie aus Versehen und alter Gewohnheit noch eine negative Suggestion rausgelassen haben. Sie können ganz sicher sein, daß Ihren Kindern keine entgehen wird! Und Sie lernen in kürzester Zeit, zu denken, bevor Sie erziehen. Sie werden nach und nach immer öfter von selbst merken, wenn Ihnen eine negative Suggestion passiert ist. Nach einer Weile merken Sie es schon, wenn Sie im Begriff sind, eine auszusprechen, und Sie können sich noch korrigieren. Nach einer weiteren Weile haben Sie gelernt, zu überlegen, wie Sie etwas formulieren wollen, bevor Sie es aussprechen. Und bald danach wird das richtige Sprechen zu einem festen Bestandteil Ihrer Persönlichkeit werden, mit dem entsprechenden Erfolg bei Ihren Kindern, die nun plötzlich „die brävsten der Welt" sein werden.

Daß zu Ihrem Erfolg selbstverständlich eine entsprechend menschenfreundliche Einstellung gehört und daß es nicht ganz genügt, nur positiv zu reden, aber negativ eingestellt zu bleiben, ist wohl selbstverständlich. Bedenken Sie dabei eines:

Jeder Mensch hat 3 Fehler zu gut! Mit dieser Einstellung lebt sich's leichter und angenehmer. Streß und Ärger nehmen schlagartig ab, wenn Sie sich bei Ihrem Partner die drei ekligsten Fehler aussuchen, die Sie ihm/ihr dann sozusagen „erlassen". Auch Ihre Kinder haben 3 Fehler zu gut; sie müssen nicht perfekt sein, genausowenig wie Sie selbst es sind.

Und nun frage ich Sie zum Schluß:

„Werden Sie es jemals wieder fertigbringen, einem Menschen ‚teilnahmsvoll' zu sagen: ‚Du siehst aber schlecht aus heute . . .!' – ?"

Literatur

Miller T (1983–1987) Beiträge in: Hypnos 1:18–21, 29–33; 2:25–26, 36–38, 44–46, 49–51; 3:14–15; 4:31–55; 5:48–49, 52–59; 6:25–30, 37–38, 48–50; 7:18–22; 9:11–15, 26–28

Miller T (1987a) Autogenes Training für Kinder zur Suchtprophylaxe. In: Kals K (Hrsg) Ein Weg zurück. Kaschmi, Vilters

Miller T (1987b) Aus der täglichen Praxis. In: Krieger U (Hrsg) Alternativen wozu? SGGP, Horgen (Schriftenreihe der SGPP, Nr. 13)

Miller T (1989) Biofeedback. In: Schwertfeger B (Hrsg) Therapieführer. Heyne, München, S 196–201

Miller T, Miller P (1987) Autogenes Training für Kinder und Jugendliche. Übungsbuch. IATH, St. Gallen

Bernd Sensenschmidt, Studiendirektor,
Fachleiter für Pädagogik,
Gründungsvorsitzender der Deutschen Gesellschaft
für suggestopädagogisches Lehren und Lernen
(DGSL gemeinn. e.V.)

Suggestive Interaktionen: Chancen und Grenzen der Suggestopädagogik an Regelschulen

Zusammenfassung

Suggestopädie wird als alternative Unterrichtsmethode dargestellt, die es Schülern leichter macht, den Lernprozeß zu bewältigen. Es wird betont, daß Suggestopädie die Ressourcen der rechten Gehirnhemisphäre mobilisiert, wodurch der Lernprozeß ganzheitlich wird. Gleichzeitig werden die Ausdauer während des Lernprozesses und seine Effektivität durch diese nondirektive Unterrichtsmethode deutlich gesteigert.

Die möglichen Gefahren, die durch eine Fusion der Suggestopädie mit traditionellen Unterrichtsmethoden entstehen können, werden herausgearbeitet, aber auch die möglichen Konsequenzen aufgezeigt, die künftige Veränderungen in unserem Schulsystem mit sich bringen.

Summary

Suggestopedia is shown to be an alternative way of teaching pupils, making it easier for the latter to cope with the task of learning. It is emphasized that suggestopedia mobilizes the resources of the right cerebral hemisphere, making the process of learning a holistic one. At the same time, the endurance during the process of learning and its effectiveness are greatly improved by this nondirective method of education.

Possible dangers arising from the fusion of suggestopedia with traditional directive teaching methods are elaborated, as are the possible consequences of future changes in our school system.

Grundlagen

Bereits seit den 40er Jahren hatte Georgi Lozanov die außergewöhnliche Lern- und Merkfähigkeit von Fakiren, Yogis und Rechenkünstlern untersucht. Seine

B.J.M. Diehl, Th. Miller (Hrsg.)
Moderne Suggestionsverfahren
© Springer-Verlag Berlin Heidelberg 1990

Messungen der Hirnströme, der Herzfrequenz, des Atemrhythmus und des Hautwiderstands ergaben, daß diese Personen während ihrer geistigen Höchstleistungen körperlich und mental völlig entspannt waren. Darüber hinaus zeigte sich, daß ihr körperliches und nervales System in einem Zustand optimaler Koordination funktionierte (Groddeck 1985). Lozanov (1984) kam zu der Erkenntnis, daß verlangsamte Körperabläufe und eine ebenso verlangsamte Lernstoffdarbietung erhebliche Steigerungen der Lern- und Gedächtnisleistung verursachen können.

Der deutsche Arzt J. H. Schultz hatte aufgrund ähnlicher Beobachtungen bereits zu Beginn unseres Jahrhunderts das „autogene Training" entwickelt, das auf der Technik der konzentrativen Selbstentspannung beruht. Lozanov nutzte allerdings einen anderen Induktionsweg bei der Herstellung des Zustands körperlicher und geistiger Entspannung: Aus der Antike, aber auch aufgrund seiner Beobachtungen in Indien, wußte er, daß umfangreiche Werke mit bis zu 200 000 Versen von den Rezitatoren auswendig gelernt wurden. „Wir wissen z. B., daß in Athen die Werke von Homer in einer besonderen Art rezitiert wurden: Die Rezitatoren haben ihre Verse rhythmisch und beim Klang einer Harfe dargeboten" (Philipov 1981). Die in Indien beim Rezitieren der „Veden" oder „Upanischaden" unterlegte Musik ersetzte Lozanov aufgrund eigener Versuche durch europäische Musik, wobei sich Instrumentalmusikwerke des 17. und 18. Jahrhunderts als besonders geeignet erwiesen. „Der Informationsgehalt dieser Art Musik, der nicht zu gering, aber auch nicht spannungserzeugend ist, der Vierviertel- oder Dreiviertel-Takt wie auch das ruhig-gemessene Tempo erzeugen die gewünschte Wirkung. Die Barock-Musik, die bei entsprechender Ausführung der langsamen Sätze etwa 60 Schläge pro Minute aufweist und einer normalen ruhigen Puls-Frequenz von ca. 60 Schlägen pro Minute entspricht, übt neben anderem einen beruhigenden Effekt aus. Gleichzeitig stellt sich bei den Lernenden ein rhythmisches und ruhiges Atmen (...) ein" (Philipov 1981).

Während die Musik eine Verlangsamung der physiologischen Vorgänge induziert, verhindert sie zugleich das Einschlafen oder Abschalten. Sie stabilisiert den sog. 2. Wachzustand, für den das EEG vermehrt α-Wellen nachweist: Gehirnströme mit Frequenzen zwischen 8 und 12 Hz, im Gegensatz zu 15–35 Hz im Zustand normaler bis hoher Aktivität (β-Wellen). Der durch vermehrte α-Wellentätigkeit gekennzeichnete Zustand zeichnet sich durch Anwesenheit von Streß aus.[1]

Die Bedeutung der Musik beschränkt sich jedoch nicht auf ihre Funktion „als Induktionsmedium für eine optimale Balance von Entspannung und Wachheit" (Groddeck 1985).

---

[1] Streßvermeidung und Streßminderung können angesichts einer Vielzahl streßbedingter gesundheitlicher Beeinträchtigungen und Störungen nicht hoch genug eingeschätzt werden. Neben der in zahlreichen Untersuchungen erwiesenen Steigerung der Lernleistung konnte auch eine Verbesserung der physischen wie psychischen Befindlichkeit sowie intellektueller Fähigkeiten diagnostiziert werden. Für die Vielzahl der Schüler, die unter irgendeiner Form von Schulangst leiden und die unterschiedlichsten psychosomatischen Symptome entwickeln, könnten gerade diese Effekte Grund zur Hoffnung auf Besserung ihrer Lage geben

Philipov sieht ein wesentliches Grundprinzip ganzheitlichen Lernens in der dialektischen „Einheit von gegensätzlichen Bewußtseinszuständen, dem rational-analytischen und dem intuitiv-rezeptiven Zustand".

Diesen beiden Bewußtseinszuständen entsprechen die unterschiedlichen Verarbeitungsmodi der beiden halbautonomen Gehirnhemisphären: „Der Verarbeitungsmodus der linken Hemisphäre ist primär logisch-analytisch, die rechte ist eher mit ganzheitlich-synthetischen Prozessen beschäftigt; Adjektive wie rational, abstrakt im Gegensatz zu intuitiv, kreativ sind die umgangssprachlich vereinfachten Attribute, konvergentes vs. divergentes Denken, serielle vs. parallele Verarbeitung sind die am ehesten die jeweiligen Hirnfunktionen bezeichnenden Termini" (Stammann-Füssel 1984). Musik spricht besonders die rechte Gehirnhemisphäre an; Philipov nimmt an, „daß die Musik auf der nonverbalen Ebene der Kommunikation (...) eine intensive interhemisphärische Übertragung bei der Speicherung von verbalen und paralinguistischen Informationen bewirkt und dadurch zu einer interhemisphärischen Integration beim Lernen führt". Auch wenn derzeit noch kein unmittelbarer Beweis für diese These vorliegt, so widersprechen die heutigen biologischen Erkenntnisse dieser Annahme nicht; im Gegenteil: bei jedem inhaltlichen Vermittlungsprozeß werden auch Sekundärinformationen aufgenommen. Mit Hilfe gespeicherter Sekundärinformationen über vielfältige Eindrücke kann der Prozeß der Erinnerung (Dekodierung) im Sinne assoziativen Denkens begünstigt werden (Vester 1978). Musik mit ihrer Melodik und Rhythmik trägt zum Aufbau vielfältiger Vernetzungen bei.[2]

Alles bisher Dargelegte erklärt noch nicht die von Lozanov gewählte Bezeichnung „Suggestopädie". In den Seminarmaterialien des SKILL-Institutes heißt es dazu: „Wir sind beständig von suggestiven Einflüssen umgeben. Sobald wir diese Einflüsse zu studieren beginnen und sie uns näher anschauen, uns ihrer bewußt werden, sind wir viel eher in der Lage, uns auszusuchen, welche wir bewußt auf uns einwirken lassen wollen. Lozanov behauptet, daß ein Suggestopädielehrer die meiste Zeit damit verbringt, die Lernenden von Suggestionen zu befreien, zu desuggerieren; d. h., daß er sie von den hemmenden Einflüssen ihrer Vergangenheit befreit."[3] Suggestopädie ist also das Studium suggestiver Faktoren in Lernprozessen, suggestopädagogische Arbeit besteht im Abbau lernhemmender und Aufbau lernfördernder Suggestionen. Beim „Desuggerieren" geht es häufig um Resultate von Generalisierungsprozessen, d. h. um Schlüsse des Individuums von einzelnen Erfahrungen auf eigene Persönlichkeitsmerkmale (z. B.: „Schon in der Mittelstufe hatte ich Schwierigkeiten im Fach X, ich bin für X einfach unbegabt."). Zur Desuggerie-

---

[2] Die Wirkung von Musik kann hier nur angedeutet werden. Eine Sichtung der Forschungsarbeiten findet sich bei Gabriel L. Racle: Musik, Pädagogik, Therapie: Suggestopädie, in: Neues Lernen Journal 2/85, S. 30 ff., und bei Steven Halpern: Klang als heilende Kraft, Freiburg 1985

[3] SKILL-Institut Hartmut Wagner (Hrsg.): Einführung in die Suggestopädie („Superlearning"); Materialien für eine Fortbildungsveranstaltung im Studienseminar S II Siegen, Heidelberg/Siegen, November 1985, S. 2 (übersetzt aus dem Trainingshandbuch von Ch. Schmid, Lind-Institute San Francisco)

rung und zum Aufbau positiver Lernsuggestionen empfiehlt das SKILL-Institut Techniken der „neurolinguistischen Programme (NLP)".[4]

Zusammenfassend läßt sich festhalten, daß aus suggestopädischer Sicht Lernprozesse so organisiert sein sollten, daß

– die Entstehung von Lernbarrieren vermieden wird bzw. vorhandene Lernbarrieren abgebaut und durch lernfördernde Suggestionen ersetzt werden und

– den Erkenntnissen der modernen Gehirn-, Hormon- und Meditationsforschung Rechnung getragen wird.

Suggestopädie kann somit als konsequente Antwort auf Vesters vernichtende Kritik an den traditionellen „unbiologischen Lernstrategien von Psychologie und Pädagogik" verstanden werden.

Während Suggestopädie in vielen Publikationen primär als unterrichtsmethodische Konzeption dargestellt wird, bleibt die Frage nach ihrer bildungstheoretischen Intention und bildungspolitischen Zielsetzung weitgehend unreflektiert. Philipov sieht in der Suggestopädie „einen entscheidenden Beitrag zur Humanisierung der Schule bei gleichzeitiger Leistungssteigerung der Lernenden". Schmid sieht als Ziel einen „Schüler ohne Angst und Streß", für den „Freude am Lernen (…) im Vordergrund" steht, der „kindhaft-unbeschwert" leichter lernt, ohne „Angst, Fehler zu machen", „spontan und offen". Er möchte verhindern, daß wir „bereits im Alter zwischen 7 und 9 Jahren (…) 70 % unserer ursprünglichen Kreativität" verlieren. „Diese verlorene Kreativität gilt es wiederzugewinnen" (Zitate aus Nuber 1986). Und der an der Freien Universität tätige Fremdsprachendidaktiker Prof. Dr. Ludger Schiffler (1987) hält Suggestopädie für „ein Verfahren, in dem die suggestive Interaktion zwischen Lehrer und Lerner neben vielen anderen suggestiven bzw. lernfördernden Faktoren wie z. B. Einsatz klassischer und Barockmusik, Lateralübersetzung, Mitleseverfahren, Rollenspiel usw. die zentrale Rolle spielt. Mit suggestiver Interaktion ist im wesentlichen (…) gemeint, (…) daß der Lehrer in der verbalen und vor allem in der non-verbalen Kommunikation dem Lerner suggeriert, daß er von dessen Fähigkeit überzeugt ist, seine durch bisherige Lernerfahrungen aufgebauten Schranken zu durchbrechen und seine Lernleistungen wesentlich zu steigern." Nicht wenigen meiner Kolleg(inn)en im Schuldienst ist es allerdings unwohl beim Gedanken an die vermuteten Mißbrauchsmöglichkeiten von Suggestionen. Und diese Skepsis nehme ich vorwiegend bei Menschen wahr, die der an unseren Regelschulen institutionalisierten erzieherischen Vereinnahmung unserer jungen Mitmenschen kritisch gegenüberstehen. Ist Suggestopädie eine „Pädagogik der Befreiung", wie der bekannte US-amerikanische Suggestopädagoge Lynn Dhority betont (Hinkelmann u. Hinkelmann 1986), oder bietet sich Suggestopädie zur Perfektionierung herkömmlicher auf Zwang bestehender Pädagogik an?

---

[4] Das SKILL-Institut folgt hier Vorschlägen des von Prof. Dr. Charles Schmid gegründeten Lind-Institutes San Francisco, das neben NLP-Verfahren auch Phantasiereisen und Visualisierungsübungen in die suggestopädische Arbeit einbezieht. Eine kurze Einführung in NLP geben Vera F. Birkenbihl, Claus Blickhahn und Bertold Ulsamer: NLP – Einstieg in die neurolinguistische Programmierung, GABAL-Schriftenreihe, Bd. 24, Speyer 1987

Befreiung oder größere Abhängigkeit der Lernenden?

Um eine Antwort auf diese Frage versuchen zu können, werde ich im folgenden 2 Grundlinien pädagogischer Konzeptionen skizzieren, wobei ich mich an Hinte (1980) anlehne, der diese Gegenüberstellung in seinem Buch „Nondirektive Pädagogik" ausführlich und systematisch ausgearbeitet hat.

Herkömmliche Pädagogik

Sie ist gekennzeichnet durch den „Anspruch, andere Menschen in ihren ‚Grundstrukturen' zu formen, ihnen ‚Ziele der Lebensgestaltung', den ‚Kurs fürs Leben' zu setzen, darüber zu bestimmen, was sie als ‚lebenswert" betrachten, sie zur ‚Verinnerlichung gleichbleibend dominanter Motivationen' zu zwingen" (v. Braunmühl 1975). Wie sich dieser erzieherische Anspruch bei der Gestaltung von Lernprozessen auswirkt, hat Paolo Freire mit seinem „Bankierskonzept" verdeutlicht: „Die Schüler sind Anlage-Objekte, in die die Lehrer Einlagen hineingeben, die von den Schülern passiv entgegengenommen und gestapelt werden" (Hinte 1980). Schüler werden dadurch „zu ‚Containern' gemacht..., zu ‚Behältern', die vom Lehrer gefüllt werden müssen. Je vollständiger er die Behälter füllt, ein desto besserer Lehrer ist er. Je williger es die Behälter zulassen, daß sie gefüllt werden, um so bessere Schüler sind sie." Ein Symptom dieser herkömmlichen pädagogischen Grundposition ist der in Form der Schulpflicht verordnete Lernzwang für über 10 Millionen junger Menschen in der Bundesrepublik Deutschland. Die hier skizzierte Grundposition herkömmlicher Pädagogik geht also von der Fragestellung aus:
„Wie kann ich ein defizitäres Individuum nach vorgegebenen Werten und Zielen möglichst reibungslos formen? Was soll ihm gelehrt werden? Wie kann das Erreichen dieser Lernziele am besten überprüft werden?" (Hinte 1980).
Für die hier angedeutete Position werde ich im folgenden die Bezeichnung „direktive" Pädagogik verwenden.

Nichtdirektive Pädagogik

Der obrigen Fragestellung stellt Hinte folgende gegenüber:
„Wie kann ich bei einem Individuum – unter den gegebenen gesellschaftlichen Bedingungen – eine möglichst freie Entfaltung und ein möglichst selbstbestimmtes Lernen fördern? Wie kann ich die Bedürfnisse und Interessen des Einzelnen erkennen und ihn ermutigen, dementsprechend zu handeln? Welche Hindernisse stehen dem entgegen?"
Während der gängige Erziehungsbegriff davon ausgeht, daß der Mensch mehr oder weniger unvollständig sei und deshalb geformt (‚erzogen') werden, also von einem defizitären in einen reiferen Zustand gebracht werden müsse, geht die Theorie der non-direktiven Pädagogik, die auf die Möglichkeit eines freien Lernens baut, von der Prämisse aus, daß in jedem Menschen bereits ein großes Kräftepotential vorhanden ist, das sich im Verlauf eines selbstbestimm-

ten Lernprozesses entfaltet und zur Anwendung gelangt. (...) Die für das Individuum wesentlichen Erkenntnisse liegen also nicht außerhalb seiner Person und müssen nicht übermittelt werden, sondern ruhen im Individuum und in seiner Erfahrung und müssen geweckt und stimuliert werden. (...) Pädagogik hat die Sperren zu analysieren und wegzuräumen, die das Individuum an seiner Erfahrung und an seinem psychischen Wachstum hindern." Nichtdirektive Pädagogik „bezeichnet eine Einstellung beim Pädagogen, die den anderen ernst nimmt, ihn in seiner Verantwortlichkeit für sich beläßt und gleichzeitig eigene Werte, Überzeugungen und Bedürfnisse nicht zurückstellt". Gemeint ist also „eine Haltung im Lernprozeß, die nicht instrumentell eingesetzt werden kann, sondern die in einer bestimmten Sicht von Mensch, Gesellschaft und Interaktion gründet (und von daher keinerlei ,Verhalten', ,Methoden' oder ,Lernschritte' vorschreibt, sondern an den Anforderungen der jeweiligen Situation und den Möglichkeiten der beteiligten Menschen orientiert ist)". Nichtdirektive Pädagogik wendet sich also z.B. nicht prinzipiell gegen lehrerzentrierten Unterricht oder Methoden, die in der Psychologie als „direktiv" gelten; die Ablehnung gilt der Tatsache, daß Millionen von Menschen dem Lernzwang unterworfen werden; nichtdirektive Pädagogik möchte sichergestellt wissen, daß den Lernenden keinerlei Sanktionen drohen, wenn sie ihren eigenen Intuitionen folgen und eigene Wege des Lernens beschreiten wollen.

Die beiden Grundpositionen sind hier idealtypisch im Kontrast skizziert worden, zwischen ihnen gibt es ein Spektrum von Konzeptionen; die zugrunde liegenden konträren Menschenbilder hat v. Braunmühl (1986) einer gründlichen Analyse unterzogen.

Suggestopädie: ein Arbeitsansatz nichtdirektiver Pädagogik?

Es ist nun nicht schwierig aufzuzeigen, daß suggestopädischer Unterricht Intentionen nichtdirektiver Pädagogik verfolgen kann:
1. Suggestopädie vermeidet eine einseitige Inanspruchnahme der linken Gehirnhemisphäre mit ihren primär logisch-analytischen Informationsverarbeitungsweisen und nutzt die sonst brachliegenden Speicherkapazitäten unseres Gehirns durch angemessene Einbeziehung der rechten Hemisphäre mit ihren eher ganzheitlich-synthetischen Verarbeitungsmodi. Auf diese Weise kann die Voraussetzung für die Erfahrung größerer Speicherkapazitäten geschaffen werden.
2. Suggestopädie berücksichtigt die lernbiologischen Erkenntnisse, die Vester (1975) bereits vor 15 Jahren einer breiten Öffentlichkeit zugänglich gemacht hat, ohne daß davon wesentliche Auswirkungen auf das westdeutsche Bildungswesen ausgegangen wären. Insbesondere das Wissen um die Funktionsweise des Gedächtnisses nutzt die Suggestopädie in einer Weise, die das lernende Individuum neue Dimensionen seiner Lernfähigkeit erfahren läßt.
3. Suggestopädie berücksichtigt den zu unserem Leben gehörigen stetigen Wechsel von Aktivität und Passivität, von Anspannung und Entspannung im Lernprozeß. Der gezielte Einsatz des Zustands der „Pseudopassivität" eröffnet dem Individuum neue Möglichkeiten lang andauernder Phasen

intensiven Lernens ohne Ermüdungserscheinungen und damit kaum für möglich gehaltene Lernleistungen.

Zusammengenommen könnte man diese 3 Gesichtspunkte unter das Stichwort „gehirngerechtes Lernen" fassen.

4. Suggestopädischer Unterricht meidet konsequent jegliche „aversiven Stimuli" und alle Lehrerverhaltensweisen, die von Lernenden als „negative Konsequenz" gedeutet werden könnten (z. B. unmittelbare direkte Fehlerkorrektur). Die Lehrpersonen bemühen sich zwar ständig um Erkenntnisse über die Lernfortschritte ihrer Lernenden, sie nehmen jedoch keinerlei negative Wertung vor, sondern begreifen Lerndefizite als Indikatoren für die Notwendigkeit verstärkter Hilfe und Unterstützung der Lernenden. Es gibt beim suggestopädischen Unterricht keine „Verlierer", nur „Gewinner" oder „Noch-nicht-Gewinner".

5. Obwohl auch im suggestopädischen Unterricht Lehrpersonen bezüglich der Unterrichtsinhalte über mehr Wissen und Fähigkeiten als die Lernenden verfügen, entsteht daraus kein Machtgefälle zwischen ihnen; im Gegenteil: erst die Gewißheit der Gleichberechtigung und der Gewährleistung des Selbstbestimmungsrechts eines jeden Teilnehmers garantiert das positive Lernklima und die Abwesenheit von Unsicherheit und Streß. Voraussetzung dafür ist außerdem die Echtheit und Selbstkongruenz der Lehrpersonen.

Es dürfte deutlich geworden sein, daß Suggestopädie ein Arbeitsansatz ist, der als eine Antwort auf die oben zitierte Leitfrage nichtdirektiver Pädagogik aufgefaßt werden kann.

Suggestopädie als Neuheit aus der Trickkiste traditioneller Pädagogik?

Kann Suggestopädie nicht auch als Unterrichtsmethode auf der Grundlage direktiver Pädagogik im oben skizzierten Sinne praktiziert werden?

Relativ einfach stellt sich die Situation dar, wenn suggestopädischer Unterricht auf dem freien Markt der Bildungsangebote, also unter den Bedingungen von Angebot und Nachfrage stattfindet. Unterrichtsteilnehmer werden den Lehrpersonen in der Regel gerade so viel „Macht" zugestehen, wie ihnen in der jeweiligen Situation angemessen erscheint; jedes Individuum entscheidet frei und selbstbestimmt über seine Teilnahme. Gelegentlich auftretende Konflikte sind zumeist vertragsrechtlicher Art, wenn z. B. die Behauptung eines Veranstalters, daß bis zu 500 Vokabeln in der Stunde und bis zu 3000 am Tag gelernt werden können, von Kursteilnehmern zu Recht angezweifelt werden oder wenn sich Lernende „herumkommandiert" und in negativer Weise an die Erfahrungen ihrer Schulzeit zurückerinnert fühlen. Derartige Konflikte werden mit den sie verursachenden Veranstaltern wieder verschwinden, der Markt wird derartige Probleme schnell lösen.

Schwieriger wird die Einschätzung überall dort, wo direktive Pädagogik verordnet wird, wo ihr die Lernenden mittels Anwesenheitspflicht ausgeliefert sind, nämlich an denjenigen Bildungseinrichtungen, die sich ihre Kundschaft durch Gesetz zuführen und sichern lassen. Bei meiner früheren 10jährigen

Lehrertätigkeit an Regelschulen habe ich erfahren, wie stark die institutionellen Rahmenbedingungen jeder Lehrperson die Entwicklung einer oben skizzierten Haltung im Sinne nichtdirektiver Pädagogik erschweren oder gar unmöglich machen. Die folgenden Darlegungen können die Problematik hier nur anreißen, zur präzisen detaillierten Erfassung sind gründlichere Ausführungen erforderlich.

Bei seinen „Untersuchungen zum suggestopädischen Fremdsprachenunterricht" hat Baur bei der Überprüfung der Variablen „Entspannung" herausfinden können, „wie sehr Voraussetzungen, die z.T. institutionell bedingt sein können, die Lernatmosphäre beeinflussen, ohne daß die Ursachen dafür im aktuellen Unterricht begründet sind" (Baur 1986). Durch psychophysische Messungen wies Baur nach, daß es „äußerlich völlig ruhig" erscheinenden Studenten nicht gelang, sich zu entspannen, da sie noch unter der Streßwirkung einer vorangegangenen sprachpraktischen Veranstaltung standen. In von direktiver Pädagogik geprägten Einrichtungen dürften die von Baur nachgewiesenen Phänomene die Durchführbarkeit effektiver suggestopädischer Präsentationsphasen sehr in Frage stellen. „Ich kann mich fast überall schnell entspannen, nur nicht in der Schule", erklärte mir ein Kursteilnehmer. Im Gespräch mit der Lerngruppe stellte sich heraus, daß Schwierigkeiten mit der Entspannung weniger am harten Schulgestühl liegen als vielmehr in einer der Realität dieser Institution durchaus angemessenen Einstellung: jedes Verhalten kann jederzeit in den permanenten Leistungsbewertungsprozeß, letztlich in Zensuren und Abschlußzeugnisse eingehen. Der Imperativ: „Sei stets auf der Hut!" steht also Entspannungsinduktionen entgegen. Den Anweisungen des Lehrers ist stets Folge zu leisten, also auch seinen Aufforderungen zur Entspannung.[5]

Formal gesehen steht die Verpflichtung zur Bewertung aller Leistungen und eben auch aller nichterbrachten Leistungen in krassem Widerspruch zu den Bedingungen, die einer Vertrauensbeziehung förderlich sein können, die wiederum Voraussetzung für suggestopädagogische Arbeit ist. Die Gefahren der Suggestopädie im Rahmen direktiver Pädagogik lassen sich vielleicht durch einen Blick auf folgendes Szenario erahnen:

Durch verstärkte Lehrerfortbildung verbreitet sich die Suggestopädie Anfang der 90er Jahre immer mehr an den öffentlichen Schulen. Gegen Ende des Jahrzehnts gelingt es der Industrie, die Schulträger zur Anschaffung von PGR-Monitoren als Deepeningkatalysatoren zu bewegen. Diese Geräte bieten neben dem Tonfeedback für die Schüler auch die Möglichkeit quantitativer Erfassung des vom Schüler erreichten Entspannungsgrades und übermitteln diese Daten direkt an die Schulcomputerzentraleinheit. Diese zeichnet für jeden Schüler Relaxogramme auf, die der Lehrer jederzeit abrufen und ausdrucken kann. So können nun problemlos diejenigen Schüler ermittelt werden, die sich nicht hinreichend entspannen können (die zu besonderen Förderkursen geschickt werden) oder wollen (die als „Leistungsverweigerer" einer besonderen Betreuung durch Schulpsychologen zugeführt werden).

Die hier überzeichnet angedeuteten Überlegungen zu der m.E. höchst bedenklichen Paarung von Suggestopädie und traditioneller Pädagogik verfol-

---

[5] Vgl. auch Sensenschmidt 1986, S. 6 f

gen keinesfalls die Intention, Regelschullehrer/innen vor suggestopädischem Unterricht zu warnen. Ganz im Gegenteil: mir geht es darum, allen in der Suggestopädieausbildung Engagierten diese Problematik zu verdeutlichen. Mag dieses fiktionale Szenario zu unrealistisch anmuten angesichts der Armut der Schulträger, so möchte ich abschließend auf ein Phänomen zu sprechen kommen, das oben bereits gestreift worden ist und die gesellschaftliche Funktion der Schule berührt:

die Selektion, die Verteilung von Lebenschancen mittels Zeugnisnoten.

Während jeder Wirtschaftsbetrieb bemüht ist, die Ausschußquote zu senken, und diesbezügliche Anstrengungen und Erfolge seiner Mitarbeiter/innen zu schätzen weiß, gilt an Schulen umgekehrt: wer als Lehrperson nicht hinreichend viele schlechte Zensuren verteilt, wer nicht genügend „Minderleistungen" vergibt, macht sich verdächtig. Wenn es zutrifft, wovon ich ausgehe, daß vor allem die aufgrund ihrer Negativsuggestionen über ihre eigene Lernfähigkeit leistungsmäßig schwächeren Schüler/innen bei suggestopädisch gestaltetem Unterricht erhebliche Leistungssteigerungen erzielen werden, wird Suggestopädie die Selektionsfunktion der Schule behindern. Von suggestopädagogisch arbeitenden Kolleginnen und Kollegen weiß ich, daß derartige Effekte hingenommen werden, zumindest solange sie Randerscheinungen bleiben. Erst wenn suggestopädagogische Unterrichtsarbeit größere Verbreitung finden sollte, dürfte erkennbar werden, wie sich staatliche Schulaufsichtsbehörden gegenüber einem allmählichen Rückgang der „Versagerquoten" verhalten werden.

Die Chance der Suggestopädagogik im Regelschulwesen liegt m. E. darin, daß sie das tendenziell besser erreichen kann, was die „äußeren Schulreformen" der zurückliegenden 15 Jahre nur unzulänglich erreichen konnten: mehr Chancengleichheit. Andererseits könnte die Verbreitung der Suggestopädagogik Beschränkungen herausfordern bei denjenigen Instanzen, denen am Erhalt der traditionellen Selektionsfunktion von Schule gelegen ist und die z. T. entgegen eigener Bekundung nicht an einer Ausbreitung nichtdirektiver pädagogischer Ansätze interessiert sind. Eine Beschränkung wirkte und wirkt seit Beginn suggestopädagogischer Unterrichtsversuche in der Bundesrepublik Deutschland: die unzulängliche Ausstattung der Schulen und die auch weiterhin noch immer zu großen Lerngruppen.

Angesichts eigener Unterrichtserfahrungen seit 4 Jahren sehe ich selbst die Chancen suggestopädischen bzw. suggestopädagogisch orientierten Unterrichts deutlicher als die Grenzen. Entscheidend ist m. E. die „Stimmigkeit" zwischen dem suggestopädagogischen Konzept und dem individuell-eigenen Weg der Persönlichkeitsentwicklung. Suggestive Interaktion kann nach meinen Erkenntnissen nur dann im oben angeführten Sinne wirksam werden, wenn die Lehrperson den Lernenden authentisch, ohne erzieherische Ambition gegenübertritt. Oder könnten Sie, verehrte Leserin, verehrter Leser, am Unterricht einer Lehrperson entspannt teilnehmen, die Sie in Ihrer Persönlichkeit substantiell verändern möchte auf Ziele hin, die ohne Ihr Zutun andere für Sie gesetzt haben, die angeblich besser als Sie selbst wissen, was gut für Sie ist?

Literatur

Baur RS (^{2}1986) Untersuchungen zum suggestopädischen Fremdsprachenunterricht. In: Bochow P, Wagner H (Hrsg) Suggestopädie (Superlearning) – Grundlagen und Anwendungsberichte; GABAL, Speyer, S 41 ff.

Braunmühl E von (1986) Der heimliche Generationenvertrag. Jenseits von Pädagogik und Antipädagogik. Rowohlt, Reinbek

Braunmühl E von (^{2}1988) Antipädagogik. Studien zur Abschaffung der Erziehung. Rowohlt, Reinbek

Groddeck M (1985) Lernen im „Flow“: Zur pädagogischen Bedeutung meditativer Lernformen, Universität Siegen (Seminarskript)

Hinkelmann G, Hinkelmann KG (1986) Die Suggestopädie als humanistische Pädagogik; Interview mit Lynn Dhority. Neues Lernen J 2:17 ff.

Hinte W (1980) Non-direktive Pädagogik. Eine Einführung in Grundlagen und Praxis des selbstbestimmten Lernens. Westdeutscher Verlag, Opladen

Lozanov G (1984) Suggestology and Outlines of Suggestopedy. Gordon & Breach, New York

Nuber U (1986) Suggestopädie alias Superlearning: Lernen wie ein Kind; Psychol heute 3:57 ff.

Philipov E (1981) Suggestopädie – ein Modell ganzheitlichen Lernens. In: Arbeitshilfen für die Erwachsenenbildung, Ausgabe M für Mitarbeiter, Heft 11. Pädagogische Arbeitsstelle für Erwachsenenbildung in Baden-Württ., Stuttgart

Schiffler L (1987) Suggestopädie und Superlearning – eine Methode für lernschwache Schüler? Prax Neusprachl Unterrichts 1:83 ff.

Sensenschmidt B (1986) Suggestopädie im Unterricht. Grundlagen und Anwendungsversuche eines ganzheitlichen Lernverfahrens – dargestellt am Pädagogikunterricht an einem Abendgymnasium. Pädagogikunterricht 4:3 ff.

Sensenschmidt B (1987) Suggestopädie: Befreiung oder größere Abhängigkeit der Lernenden. Neues Lernen J 1:23 ff.

Sensenschmidt B, Sensenschmidt B (^{2}1988) Mathe mit Muße. In: Bochow P, Wagner H (Hrsg) Suggestopädie (Superlearning) – Grundlagen und Anwendungsberichte. GABAL, Speyer, S 107 ff.

Stamman-Füssel MP (1984) Suggestopädie. Die Anbindung einer außergewöhnlichen Lernmethode an traditionelle Erkenntnisse der Lernforschung. Erwachsenenbildung 4:216 ff.

Vester F (1978) Denken, Lernen, Vergessen. Was geht in unserem Kopf vor, wie lernt das Gehirn, und wann läßt es uns im Stich? dtv, München

Wolfgang Knörzer, Dipl-Päd.,
Ausbildung zum Beratungslehrer und
Suggestopäden am SKILL-Institut,
Lehrbeauftragter an der PH in Heidelberg

Suggestopädische Methoden in einer ganzheitlichen, erlebnisorientierten Gesundheitserziehung

Zusammenfassung

Schulische Gesundheitserziehung stößt in der Praxis auf einige Probleme. Diese werden im vorliegenden Beitrag zunächst analysiert. Anschließend wird auf der Grundlage eines zuvor definierten ganzheitlichen Gesundheitsverständnisses das Konzept der ganzheitlichen erlebnisorientierten Gesundheitserziehung als eine Lösungsmöglichkeit für diese Problematik aufgezeigt. Über die Darstellung der Ziele und Inhalte werden schwerpunktmäßig die Methoden einer solchen Gesundheitserziehung beschrieben, wobei besonders die Rolle, die die Suggestopädie in diesem Konzept spielt, hervorgehoben wird. Abschließend werden einige Vorschläge gemacht zur Qualifikation von Lehrern für eine solche Form der Gesundheitserziehung.

Summary

In our paper we first of all analyze the practical problems of health education in schools. On the basis of a holistic concept – which we define – we show a holistic experience-oriented health education to be the solution to these problems. In discussing its aims and substance we describe the main methods of such a health education, stressing the role of suggestopedics in this concept. Finally we suggest how to qualify teachers for this type of health education.

Bei der näheren Beschäftigung mit schulischer Gesundheitserziehung fällt nach kurzer Zeit ein Problem besonders ins Auge, der Widerspruch zwischen der Forderung nach intensiver Gesundheitserziehung auf der einen Seite und der geringen praktischen Effektivität derselben auf der anderen Seite. Als Gründe für eine vermehrte Gesundheitserziehung werden angeführt: die

B.J.M. Diehl, Th. Miller (Hrsg.)
Moderne Suggestionsverfahren
© Springer-Verlag Berlin Heidelberg 1990

Kostendämpfung im Gesundheitswesen durch Prävention, ein gestiegenes Körper- und Gesundheitsbewußtsein oder auch die Notwendigkeit eines individuellen Ausgleichs der zunehmenden Technologisierung und Umweltbelastung. Andererseits zeigen verschiedene Untersuchungen, die hinsichtlich der Effektivität von schulischen gesundheitlichen Aufklärungsprogrammen durchgeführt wurden, daß diese langfristig nur eine sehr geringe Erfolgsrate hatten (Affemann 1978; Franke 1986). Hinweise darauf, wie es zu dieser Diskrepanz kommt, lassen sich durch eine nähere Untersuchung der Probleme schulischer Gesundheitserziehung finden.

Probleme schulischer Gesundheitserziehung

Schulische Gesundheitserziehung muß sich mit verschiedenen Problemen auseinandersetzen. Einige sollen hier dargestellt werden. Anschließend werden dann Überlegungen angestellt zu einer veränderten gesundheitserzieherischen Praxis.

Ein Kennzeichen der abendländischen Industriekultur ist ihre Körper- und Sinnesfeindlichkeit. Dies läßt sich sowohl an einer zunehmenden „Entkörperlichung" (Heinemann 1980) erkennen wie auch an der Tatsache, daß sich die Wahrnehmung immer stärker auf unseren visuellen Sinn verschiebt (Rittner 1976). Körperbewußtsein und Sinnlichkeit, beides Ansatzpunkte der Gesundheitserziehung, werden auch bei Kindern und Jugendlichen immer beschränkter.

Hinzu kommt, daß gesellschaftliche Leitbilder, an denen sich das Verhalten Jugendlicher orientieren kann, häufig eher gesundheitsschädigendes Verhalten zeigen. Beispiele finden sich in der Werbung ebenso wie bei rauschgiftkonsumierenden Film- und Rockstars, aber auch bei Spitzensportlern, die nicht selten ihre Leistung durch gesundheitsgefährdende Doping- und Anabolikapräparate zu steigern versuchen. Auch in den Peer-groups vieler Jugendlicher gehören gesundheitsschädigende Verhaltensweisen zum Gruppenritual, wie etwa das Rauchen oder Drogen- bzw. Alkoholkonsum. Schließlich hat das Verhalten der Erziehenden, seien es Eltern oder Lehrer, Kindern und Jugendlichen gegenüber nicht selten eher negativen Vorbildcharakter.

Ein weiteres Problem schulischer Gesundheitserziehung stellt die Tatsache dar, daß die Schule selbst zum Gesundheitsrisiko werden kann. Risikofaktoren sind hier das Übergewicht der kognitiv orientierten Fächer; die einseitige körperliche Belastung des stundenlangen Sitzens; ein Schulsport, der sich zu stark am Leistungssport orientiert, anstatt die Förderung der körperlichen Erlebnisfähigkeit als oberstes Ziel zu haben; die monotone Schulhausarchitektur, aber auch zunehmender Noten- und Leistungsdruck. Schule wird daher von vielen Schülern, aber auch von deren Eltern und Lehrern eher als krankmachend, denn als gesundheitsfördernd empfunden.

Ein Hauptproblem, vielleicht sogar das Hauptproblem der schulischen Gesundheitserziehung ist die Tatsache, daß Gesundheit für die Schüler in der Regel noch kein Problem darstellt. Sie sind meist gesund, zumindest fühlen sie sich subjektiv so. Erste Anzeichen von Gesundheitsschäden werden nicht wahrgenommen, gesundheitsschädigendes Verhalten, wie etwa das Rauchen, wirkt sich erst längerfristig aus.

Schließlich sei darauf hingewiesen, daß die Art und Weise herkömmlicher Gesundheitserziehung oft selbst zum Problem wird. Die bisherige Praxis der Gesundheitserziehung sieht meist so aus, daß sie über Informationsvermittlung die Schüler vor gesundheitsgefährdendem Verhalten warnen und zu gesundheitsförderndem Verhalten anleiten will. Sie geht dabei häufig an der aktuellen Bedürfnislage der Schüler vorbei. Der Gesundheitserzieher gerät häufig in die Rolle des „Spielverderbers", der die „Genüsse des Lebens" madig macht und Einschränkungen verlangt als Vorbeugung gegen Krankheiten, die, wenn überhaupt, möglicherweise erst in Jahren drohen. Verstärkt er seine Bemühungen noch durch moralisierende Appelle, wird er leicht zum „Gesundheitsapostel", den keiner mehr so ganz für ernst nimmt. Lehrer, die in ihrem durchaus wohlgemeinten gesundheitserzieherischen Bemühen diese Erfahrung bereits mehrfach gemacht haben, resignieren oft und lassen zukünftig eher die Finger vom Thema Gesundheitserziehung.

Die hier beschriebenen Probleme müssen bei der Konzeption einer veränderten Gesundheitserziehung berücksichtigt werden. Bevor eine solche Konzeption vorgestellt wird, sollen jedoch zunächst die Begriffe Gesundheit und Krankheit geklärt werden.

Ganzheitliche Gesundheit

Unser Organismus ist ein dynamisches System, das sich in einem Zustand ständiger Fluktuation befindet. Gesundheit ist ein Zustand dynamischer Ausgeglichenheit dieses Systems, Krankheit ist der Verlust dieser Ausgeglichenheit. Krankheit ist eine Reaktion des Systems auf diesen Verlust und der Versuch, die Balance des Systems wiederherzustellen. Sie ist eine Reaktion auf Lebenserfahrungen und eine Chance zur besseren Integration. Voraussetzung für Gesundheit ist die Fähigkeit, sich wahrzunehmen und zu erleben, und zwar sowohl im Hinblick auf mögliche Ursachen für Gesundheitsstörungen als auch im Hinblick auf die Förderung unserer Abwehr- und Selbstheilungskräfte im körperlichen, geistigseelischen, emotionalen, sozialen und ökologischen Bereich. Dies beinhaltet ebenso die Fähigkeit, seine eigenen Bedürfnisse zu erkennen und zu verwirklichen, wie die Einsicht in die Vielfalt der Wahlmöglichkeiten für das eigene Erleben und Verhalten. Das fortwährende Erarbeiten der Gesundheit ist ein Prozeß, den jeder letztendlich selbstverantwortlich bewältigen muß, wobei ihm selbstverständlich Helfer zur Seite stehen können und sollen. Gesundheitserziehung, die sich auf diese Gesundheitsauffassung stützt, ist mehr als nur die gelegentliche Informationsvermittlung zu Gesundheitsthemen. Sie sollte vielmehr als ständiger Prozeß gesehen werden, der sich durch jedes erzieherische Handeln zieht. Von daher ist gesundheitserzieherisches Wissen und Können für jeden pädagogisch Handelnden wichtig.

In Anlehnung an Massoth u. Massoth (1984) lassen sich vier Hauptfaktoren aufzeigen, die unsere Gesundheit beeinträchtigen oder erhalten können. Die vier Hauptfaktoren sind:

Abb. 1. Erlebnisorientierte Gesundheitserziehung

psychosoziale, körperliche, ernährungsbedingte und umweltbedingte Faktoren.

Je nachdem wie diese Faktoren auf den einzelnen einwirken, wird er entweder eher krank oder gesund sein.

Auf der Grundlage des hier skizzierten Gesundheitsverständnisses soll unter Berücksichtigung der aufgezeigten Problematik schulischer Gesundheitserziehung das Konzept einer ganzheitlich erlebnisorientierten Gesundheitserziehung dargestellt werden (Abb. 1; Knörzer u. Treutlein 1987).

Nach der Beschreibung der Ziele und Inhalte wird auf die besondere Rolle der Methoden eingegangen, wobei ausführlicher auch die mögliche Rolle der Suggestopädie dargestellt wird.

Versteht man Gesundheit als dynamischen Zustand des Wohlbefindens und nicht nur als Fehlen von Krankheit, dann kann als oberstes Ziel der Gesundheitserziehung gelten, Inhalte und Methoden zu vermitteln, die dabei helfen können, den Zustand des Wohlbefindens zu erlangen und zu erhalten, und zwar im physischen und psychischen wie auch im sozialen Bereich. Das Vorbeugen gegen Krankheiten wäre dann nur noch eine Folge davon. Eine so verstandene Gesundheitserziehung muß nicht asketisch sein und Beschränkungen verlangen, sondern sollte durchaus sinnesfroh und genußvoll sein. Voraussetzung für ein solches Vorgehen ist eine Intensivierung der Körperwahrnehmung und die Entwicklung von Körperbewußtsein. Der Körper ist die Grundlage für das Wohlbefinden des Subjekts. Sensibilisierung für das Körpererleben macht auch sensibel für Verhaltensweisen, die dieses Wohlbefinden stören. Die Eigenverantwortung, die jeder für sein Wohlbefinden, aber auch für krankmachende Verhaltensweisen hat, wird erlebt und nicht nur rein kognitiv aufgenommen. Von daher stellt die Sinnesschulung und die Vermittlung von reichhaltigen differenzierten Körpererfahrungen eine wesentliche Aufgabe der Gesundheitserziehung dar.

Neben dem Erzeugen von Wohlbefinden sollte die Gesundheitserziehung ihr Augenmerk darauf richten, die Persönlichkeitspotentiale des Schülers zu entwickeln. Die Förderung von Kreativität, Lernfähigkeit und Konzentrationsvermögen gehört ebenso dazu wie die Befähigung zu Emphatie und kooperativem Verhalten. Alle diese Fähigkeiten helfen dem Schüler bei der persönlichen Sinnsuche und beugen somit auch einem gesundheitsschädigendem Verhalten vor (etwa Drogenkonsum), das oft aus einer Sinnleere und einem Identitätsverlust herrührt. Darüber hinaus muß Gesundheitserziehung selbstverständlich auch gesundheitsrelevantes Wissen vermitteln. Dies sollte so weit wie möglich erlebnisorientiert und suggestopädisch geschehen. Hierauf wird noch näher eingegangen. Schließlich sollte Gesundheitserziehung ihr Augenmerk verstärkt auf die aktuelle Befindlichkeit des Schülers richten und Hilfen anbieten, diese zu verbessern. Ein Beispiel wäre das Problem der Schul- und Prüfungsängste. Über Entspannungsübungen, mentale Methoden, wie Phantasiereisen, Zielvisualisierungen etc., und geeignete körperliche Übungen, läßt sich Streß abbauen, die Streßanfälligkeit und die Konzentration verbessern. Dies führt sicher zu einer momentanen Verbesserung des Wohlbefindens des Schülers. Darüber hinaus steigt die Wahrscheinlichkeit, daß der Schüler in künftigen Situationen ebenfalls eher solche Methoden der Streßbewältigung benutzt und weniger auf „Scheinentspanner", wie Alkohol, Drogen und Medikamente, angewiesen ist.

Gesundheitserziehung darf keine isolierten Fakten anbieten, sondern muß Zusammenhänge vermitteln. Dies kann sie dadurch leisten, daß sie sich inhaltlich an den vier Hauptfaktoren der Gesundheit orientiert. Der Zusammenhang zwischen Umwelt und Gesundheit sollte zunächst für die Lebenswelt der Schüler hergestellt werden. Lärmbelästigung, Luft- und Gewässerverschmutzung, das Waldsterben sollten bewußt erfahren werden und Anlaß zu intensiver Auseinandersetzung sowie konkreten Maßnahmen geben (z. B. Anlegen eines ökologischen Schulgartens, Recyclingaktionen, Waldreinigungen, Übernahme von Bachpatenschaften). Darüber hinaus sollen v. a. in höheren Klassen auch die Möglichkeiten politischer Einflußnahme zugunsten der Umwelt diskutiert werden.

Im Themenbereich Ernährung und Gesundheit sollte zunächst die Zubereitung von wohlschmeckenden gesunden Speisen im Vordergrund stehen, für den eigenen Verzehr ebenso wie für die Weitergabe an andere Schüler.

Wenn die Schüler so erfahren haben wie abwechslungsreich gesunde Gerichte sein können, steigt die Wahrscheinlichkeit, daß sie diese in ihre Eßgewohnheiten einbeziehen. Selbstverständlich muß dann auch das Wissen über die Nahrungsmittel und ihre Wirkungen auf den Organismus hinzukommen.

Für die Bereiche psychosoziales und psychisches Wohlbefinden lassen sich ähnliche Beispiele finden. So sollten die Schüler den Zusammenhang zwischen dem sozialen Klima in der Klasse und ihrem persönlichen Wohlbefinden erkennen lernen oder etwa die Auswirkungen von Angst- und Leistungsdruck. Erlebt der Schüler, wie sich durch Methoden der Konfliktbewältigung das soziale Klima in der Klasse verbessert oder wie die Anwendung von Entspannungstechniken sein psychisches Wohlbefinden steigert, wird er diese künftig eher auch selbständig anwenden, sofern er ihre richtige Anwendung gelernt hat.

Im Themenbereich körperliches Wohlbefinden geht es darum, die körperliche Erlebnisfähigkeit des Schülers zu verbessern. Er soll seinen Körper differenziert kennenlernen, ihn wahrnehmen, empfinden, erleben und erfahren, d.h. sensibel für die körperlichen Vorgänge werden. Dadurch kommt es einmal zu einer Verbesserung des Körperbewußtseins und um eine Erhöhung der Sensibilität, zum anderen werden so die Grundlagen für eine am Körpererleben orientierte Wissensvermittlung gelegt. Themen einer solchen Körpererziehung können sein (Knörzer 1986):

- *Vermittlung von grundlegenden Körpererfahrungen:*

    Hierzu gehören die Sinnesschulung ebenso wie die Erfahrung grundlegender Körpervorgänge, wie Atmung und Bewegung; Herz-Kreislauf-System; Spannung und Entspannung; aber auch Inhalte wie Kräfte und Geschwindigkeit oder Rhythmik und Bewegung.

- *Körpererfahrung im traditionellen Sport:*

    Durch eine Lenkung der Wahrnehmung auf das körperliche Erleben beim Erlernen und Ausführen von herkömmlichen Sportarten entsteht eine neue Qualität des Sporttreibens (Treutlein et al. 1986).

- *Körpererfahrung im alternativen Sport:*

    Inhalte wie Akrobatik, Jonglieren, Clownerien lehren einen spielerischen kreativen Umgang mit dem Körper und lassen auch Raum für denjenigen, der dem traditionellen Sport eher skeptisch gegenübersteht.

- *Körpererfahrung durch Darstellung des Körpers:*

    Pantomime, Schattenspiel und Bewegungstheater verlangen ein hohes Maß an Sensibilität für die eigene Bewegung und fördern darüber hinaus die Kreativität und soziale Kompetenz des Schülers.

- *Körpererfahrung durch Tanz:*

    Gemeint ist hier weniger das Tanzen nach genau vorgegebenen Schrittmustern, sondern eher Tanzimprovisationen nach Bewegungsgeschichten

oder mit Materialien und Objekten, wie auch das Einbeziehen fremdkulturel-
ler Tanzformen wie afrikanischer Tanz oder Trancetanz. Sie fördern v. a. ein
Gefühl für die Bewegungsvielfalt der rhythmischen Bewegung und machen
sensibel für den Zusammenhang von Musik und körperlichem Erleben.

– Bewegungsmeditation:

Moegling (1986) beschreibt das Ziel der Bewegungsmeditation so: „Meditation meint die Schärfung und Intensivierung der Sinne für das Hier und
Jetzt. Bewegungen können uns hierbei helfen, wenn sie aus uns herauskommen und nicht zwanghaft zur Erreichung eines außengeleiteten Ziels eingesetzt werden." Ausdrücklich weist er darauf hin, daß meditatives Erleben
keineswegs als Rückzug in die eigene Innerlichkeit und Anpassung zu
verstehen ist. Vielmehr kann das meditative Erleben der Bewegung dazu
beitragen, über die entstandene Schärfung der Sinne und die Entfaltung der
eigenen Energie eine Bewußtseinssteigerung für innere und äußere Prozesse herbeizuführen, die Voraussetzung sind für aktives, gesundheitsrelevantes Handeln. Inhalte für die Bewegungsmeditation finden sich sowohl in
den östlichen Bewegungs- und Kampfkünsten, wie etwa dem Judo (Janalik
u. Knörzer 1986), wie auch im westlichen Sport, etwa beim Dauerlaufen
(Treutlein 1988).

Methoden der schulischen Gesundheitserziehung

Um mit den hier beschriebenen Inhalten die Ziele einer ganzheitlichen
Gesundheitserziehung erreichen zu können, bedarf es geeigneter Methoden.
Diese müssen eine offene, fachübergreifende und schülerzentrierte Unter-
richtsweise ebenso ermöglichen wie die Förderung des sinnlichen Erlebens und
die Verbesserung und Erweiterung der Lernfähigkeit des Schülers. Besonders
eignen sich dafür
– die Projektmethode,
– körpererfahrungsorientiertes Unterrichten,
– die Suggestopädie.

Je nach Unterrichtsschwerpunkt sollte eine dieser Methoden oder auch
Mischformen zur Anwendung kommen.
Unterrichtsprojekte zum Thema Gesundheit lassen sich sowohl im regulären
Unterricht durchführen, v. a. mit fachübergreifender Themenstellung, als auch
in Form von Projekttagen und -wochen oder bei außerunterrichtlichen Veran-
staltungen, wie Schulfesten, Tag der offenen Tür etc. Darüber hinaus bieten
sich auch gemeinsame Gesundheitsprojekte von Schülern, Lehrern und Eltern
an, etwa zum Thema Schulfrühstück, oder Projekte mit anderen Trägern der
Gesundheitsprophylaxe, etwa dem Gesundheitsamt oder Drogenberatungsstel-
len.
Körpererfahrungsorientiertes Unterrichten sollte im Hinblick auf eine ganzheitliche Gesundheitserziehung die Hauptmethode der Sport- und Körpererziehung sein. Der Unterricht sollte so angelegt werden, daß er die körperliche

Erlebnisfähigkeit des Schülers verbessern kann. Hierbei kann sowohl funktional als auch intentional vorgegangen werden. Bei der funktionalen Vorgehensweise werden dem Lernenden erlebnisreiche Bewegungsangebote gemacht. Die hier gemachten intensiven Körper- und Bewegungserlebnisse können bei häufiger Wiederholung zu Körpererfahrungen werden. Bei der intentionalen Vorgehensweise werden die Erlebnisse bewußt erarbeitet und bei ihrer Verarbeitung Hilfestellung geleistet. Hierbei ist es notwendig, die Aufmerksamkeit der Lernenden bei der Übungsausführung bewußt zu lenken (z. B. „Achtet besonders auf euer Gleichgewicht"). Die Summe der so gemachten Wahrnehmungen prägt das situationsgebundene Erlebnis. Dieses wird durch seine Einordnung in einen größeren Zusammenhang zur situationungebundenen Körpererfahrung. Die Einordnung sollte entweder durch Gespräche oder durch Nachspüren und Nachfühlen unterstützt werden. Körpererfahrungsorientiertes Unterrichten bildet somit die wesentliche Grundlage für das Entstehen von Körperbewußtsein und ist von daher ein wichtiger Beitrag zur Gesundheitserziehung. Darüber hinaus ist eine Voraussetzung für die erlebnisorientierte Vermittlung von gesundheitrelevanter Wissensvermittlung, die bei zuvor gemachten angenehmen Körpererlebnissen ansetzen kann, wird das Verhalten des Lernenden effektiver beeinflussen, als solche, die nur rein kognitiv geschieht. Ein Unterrichtsbeispiel soll die Vorgehensweise erläutern. In verschiedenen Klassen wurde der Unterrichtsinhalt Dauerlaufen bzw. Barfußlaufen den Schülern mit Hilfe gezielter Wahrnehmungsaufgaben körpererlebnisorientiert nahegebracht. Danach wurde in einer Deutschstunde auf der Grundlage der zuvor gemachten Körpererlebnisse Problembewußtsein zum Thema vermittelt. Dabei wurden sowohl die gesundheitlichen Vorteile des Barfußlaufens nach Pfarrer Kneipp und nach der Fußreflexzonentherapie behandelt als auch kulturell bedingte Probleme hinsichtlich des Barfußlaufens besprochen (zur ausführlichen Darstellung der Einheit vgl. Knörzer u. Treutlein 1984). Als dritte wichtige Methode einer ganzheitlich erlebnisorientierten Gesundheitserziehung betrachte ich die Suggestopädie.

Die Rolle der Suggestopädie in einer ganzheitlich erlebnisorientierten Gesundheitserziehung

Der Suggestopädie kommt in einer ganzheitlichen Gesundheitserziehung eine wesentliche Rolle zu. Suggestopädie ist die ursprünglich von dem Bulgaren Lozanov entwickelte Unterrichtsmethode, die das Ziel verfolgt, mit Hilfe gezielt eingesetzter positiver Suggestionen, Entspannung und spielerischer Aktivierung den großen Bereich der ungenutzten Lern- und Persönlichkeitskräfte des Lernenden anzusprechen, Lernblockaden abzubauen und so Lehr- und Lernprozesse zu beschleunigen und zu optimieren. Sie bedient sich dabei ebenso didaktischer Techniken wie psychologischer und künstlerischer Mittel. Seit Beginn der 70er Jahre wurde die Methode in den USA und Europa zunehmend bekannter. Die Grundideen Lozanovs wurden dabei weitgehend übernommen und von verschiedenen Autoren durch die neuesten Erkenntnisse der Gehirnforschung der humanistischen Psychologie erweitert (Schuster u.

Gritton 1986; Dhority 1986; Maier u. Weber 1987). Schien die Suggestopädie zunächst nur für das Fremdsprachenlernen geeignet, so zeigt sich zunehmend, daß suggestopädisches Lehren und Lernen auch in anderen Fächern möglich und sinnvoll ist und v. a. auch in der beruflichen Aus- und Fortbildung an Bedeutung gewinnt (Schupp et al. 1986). Suggestopädisches Lehren und Lernen hat neben einer schnellen und effektiven Wissensvermittlung noch einige wesentliche Begleiterscheinungen (Eichhoff 1984):

- Verbesserung der Gedächtnisleistung,
- deutliche Verbesserung der Lernfähigkeit im Sinne größerer Konzentrations- und Behaltensleistungen,
- Lernen in entspannter Atmosphäre und damit weitgehende Streßfreiheit,
- Entfalten psychischer Reserven, wie kreatives Denken und Handeln und erweiterte Wahrnehmungsfähigkeit,
- Aufbau der Persönlichkeit durch Nutzung zusätzlicher psychoenergetischer Kraftpotentiale,
- ganzheitliche Sinnesansprache,
- wirkungsvolle Veränderung und Ausweitung sozial-kommunikativer Fähigkeiten,
- Verbesserung der Selbstkontrollmöglichkeiten, um Verhalten eigendynamisch zu steuern.

Somit kann die Anwendung der suggestopädischen Methode unabhängig vom Inhalt, der mit ihrer Hilfe vermittelt wird, schon als wesentlicher Beitrag zu einer ganzheitlichen Gesundheitserziehung gesehen werden. Darüber hinaus ergeben sich im suggestopädischen Unterricht häufig Fragen der Schüler über die Funktion von Entspannung, ganzheitlichem Lernen und Gedächtnis. Daran können stimmig gesundheitsrelevante Informationen zu den Themen Entspannung – Spannung, Streß, Psychohygiene, ganzheitliche Sinnesansprache, Persönlichkeitswachstum etc. angeschlossen werden.

Schließlich können suggestopädisch orientierte Lerntrainings- und Prüfungsvorbereitungskurse, die im Rahmen von zusätzlichen Unterrichtsveranstaltungen in der Schule angeboten werden, dazu beitragen, Schul- und Prüfungsängste zu mindern und somit das Wohlbefinden der Schüler zu erhöhen.

Während bei den bisher aufgezeigten Anwendungsmöglichkeiten die Suggestopädie einen funktionalen, d. h. eher indirekten, Beitrag zur Gesundheitserziehung leistet, kann sie auch intentional, also zielgerichtet, zur Vermittlung von gesundheitserzieherischen Inhalten eingesetzt werden. Neben den bereits genannten gesundheitsfördernden Begleitumständen von suggestopädischem Unterricht spricht dafür die Tatsache, daß so vermitteltes Wissen effektiver im Langzeitgedächtnis der Lernenden verankert wird, als wenn mit anderen Methoden unterrichtet wird (Schuster u. Gritton 1984). Obwohl bisher keine breiten Erfahrungen mit der suggestopädischen Vermittlung von gesundheitsrelevantem Wissen vorliegen, erscheint mir dieser Weg durchaus als erfolgversprechend.

Für geeignete Inhalte bietet sich schließlich eine Verbindung von körpererfahrungsorientiertem und suggestopädischem Unterrichten an. In diesem Fall ergänzen sich die Vorteile beider Methoden und steigern gegenseitig ihre

Wirkungen. Am Beispiel des Themas „Atmung und Blutkreislauf" soll dies erläutert werden. Dieses Thema findet sich in den Lehrplänen aller Schularten als Beitrag zur Gesundheitserziehung. Im Rahmen des Sportunterrichts sollen die Schüler zunächst über gezielte Wahrnehmungsaufgaben und Pulsmessungen die Auswirkungen von unterschiedlicher Belastung auf ihr Herz-Kreislauf-System und ihre Atmung bewußt erleben. Darauf aufbauend sollen dann im Biologieunterricht die physiologischen Zusammenhänge suggestopädisch vermittelt werden. Neben den Lernkonzepten sind hier Visualisierungsübungen und Phantasiereisen, wie etwa eine „Reise auf einem Blutblättchen durch den Körper", geeignet.

Auf ähnliche Art und Weise lassen sich Themen wie „Unsere Sinnesorgane" oder „Muskulatur und Bewegung" vermitteln.

Mit dieser Kombination der Methoden lassen sich zahlreiche gesundheitserzieherische Themen behandeln. Eine solche Vorgehensweise erfüllt in vielerlei Hinsicht den Anspruch der Ganzheitlichkeit und ermöglicht eine gelungene Verbindung von inhaltlichem und methodischem Vorgehen in der Gesundheitserziehung.

Das hier vorgestellte Modell einer ganzheitlichen Gesundheitserziehung mit körpererfahrungsorientierten und suggestopädischen Mitteln stellt einen wirkungsvollen Beitrag zur gesundheitlichen Prävention dar. Bezüglich der Praxisumsetzung kann ich jedoch nur von eigenen Unterrichtserfahrungen berichten. Die so unterrichteten Schüler reagierten auf entsprechende Unterrichtseinheiten positiv und zeigten über die jeweiligen Stunden hinausgehend beobachtbare und von ihnen berichtete Wirkungen. Eine breite wissenschaftliche Untersuchung konnte bisher jedoch noch nicht durchgeführt werden. Damit solch ein gesundheitserzieherisches Modell Einzug halten kann, bedarf es m.E. auch besonderer Bemühungen im Bereich der Lehreraus- und Fortbildung. Schwerpunkte müßten hier sein: die Möglichkeit der Selbsterfahrung, die Vermittlung von gesundheitsrelevantem Wissen und das Einüben von ganzheitlichen Methoden der Gesundheitserziehung. Auf diese Weise würden die Lehrenden befähigt, bei den Schülern, aber auch bei sich selbst, Gesundheit und Wohlbefinden zu erzeugen und zu erhalten.

Literatur

Affemann R (1978) Erziehung zur Gesundheit. Kösel, München
Dhority L (1986) Moderne Suggestopädie. PLS, Bremen
Eichhoff M (1984) Integrale Gesundheitserziehung. Peter Lang, Frankfurt
Franke E (1986) Sport und Gesundheit. Rowohlt, Reinbek
Heinemann K (1980) Einführung in die Soziologie des Sports. Hofmann, Schorndorf
Janalik H, Knörzer W (1986) Judo – Ein Weg zur Bewegungsmeditation. Z Sportpädagogik 1:18–23
Knörzer W (1986) Körpererfahrungsübungen – Hilfen zur Verbesserung der Körperbewußtheit. Treutlein G et al. (Hrsg) Körpererfahrung im traditionellen Sport. Putty, Wuppertal, S 251–267
Knörzer W (1986) Die Bedeutung der Körpererfahrung für die Körper-, Gesundheits- und Sporterziehung. Päd. Diplomarbeit, PH Heidelberg
Knörzer W, Treutlein G (1984) Barfuß gehen und laufen. Z Sportpädagogik 6:28–31

Knörzer W, Treutlein G (1988) Erlebnisorientierte Gesundheitserziehung – ein Entwurf einer ganzheitlichen Gesundheitserziehung. Z Leibesübungen – Leibeserziehung 10:223–228

Maier C, Weber M (1987) Erfolg durch Superlearning. Heyne, München

Massoth P, Massoth E (1984) So gesund wie möglich! Selbsthilfe in kranken Zeiten. Beltz, Weinheim Basel

Moegling K (1986) Bewegungsmeditation. Z Sportpädagogik 1:8–17

Rittner V (1976) Handlung, Lebenswelt und Subjektivierung. In: Kamper D, Rittner V (Hrsg) Zur Geschichte des Körpers. Hanser, München

Schulke H-J (1988) Alltagslauf als Aufbruch. Putty, Wuppertal

Schupp W, Enger W, Nenner A (1986) Qualifizierung in der Robotertechnik mit suggestopädischer Lehrmethode. Z Techn Innovation. Berufliche Bildung 3:51–57

Schuster D, Gritton C (1986) Suggestopädie in Theorie und Praxis. PLS, Bremen

Treutlein G (1988) Bewußtes Laufen: Ein Beitrag zu körperlichem und seelischem Wohlbefinden. In: Schulke H-J (Hrsg) Alltagslauf als Aufbruch. Putty, Wuppertal, S 193–206

Treutlein G, Knörzer W (1988) Barfuß-Laufen – Thema schulischer Gesundheitserziehung. In: Schulke H-J (Hrsg) Alltagslauf als Aufbruch. Putty, Wuppertal, S 124–137

Treutlein G, Funke J, Sperle N (1986) Körpererfahrung im traditionellen Sport. Putty, Wuppertal

Marianne Haun-Just, Dipl.-Psych.
Gymnasiallehrerin,
Beratungslehrerin und Suggestopädin
Trainerin am SKILL-Institut

Suggestopädie: Desuggestionsarbeit, Abbau negativer Suggestionen und Lernblockaden

Zusammenfassung

Desuggestionsarbeit spielt in Lozanovs Untersuchungen eine zentrale Rolle. Der Beitrag weist auf die am Lernprozeß beteiligten Emotionen hin, die lange Zeit durch Überbewertung kognitiver Faktoren vernachlässigt wurden. Lozanovs suggestopädischer Ansatz gibt wertvolle Hinweise über die Wirkungsweise solcher emotionaler Anteile beim Lernen, internalisierten Zweifeln an eigenen Fähigkeiten, die als antisuggestive Barrieren und negative Suggestionen der Entfaltung geistiger Ressources im Wege stehen. Diesem Sachverhalt soll die desuggestive Arbeit entgegenwirken, die solche lern- und wachstumshemmenden Suggestionen auflöst und die Teil des Lernprozesses sein sollen.

Bei der Umsetzung dieses Postulats in die pädagogisch-therapeutische Praxis werden Therapierichtungen wie NLP und Hakomi herangezogen, die Gemeinsamkeiten mit Lozanovs Arbeiten aufweisen. Ein Ansatz zur Umdeutung lernhemmender Faktoren in lernfördernde wird vorgestellt. Lozanov selbst bezeichnete ein solches Vorgehen als „psychoprophylaktisch", denn Lernschwierigkeiten können nicht nur überwunden, sondern ihnen kann auch früh entgegengewirkt werden. Der Beitrag plädiert dafür, die emotionalen Grundlagen des Lernenden, seine Haltungen und Überzeugungen stärker als bisher zum Bestandteil des Lernprozesses werden zu lassen, da sie den Schlüssel zum geistigen und kreativen Potential des Menschen bilden.

Summary

Desuggestive work features centrally in Lozanov's studies. The paper outlines the role of emotions in the cognitive process of learning and tries to redefine the relationship between cognition and emotion. Lozanov's approach to suggestopedia analyzes the effects of antisuggestive barriers and negative suggestions

B.J.M. Diehl, Th. Miller (Hrsg.)
Moderne Suggestionsverfahren
© Springer-Verlag Berlin Heidelberg 1990

which limit man's mental potentials. In this sense, the desuggestive word is a means of dissolving negative suggestions and is closely linked to the learning process itself.

Various elements from therapeutic approaches such as neurolinguistic programming and Hakomi, which have similarities with Lozanov's work, are applied. A concept for reframing negative suggestions into positive ones is presented. Lozanov himself called such work "psychoprophylactic," since the absence of both fear and tension creates an atmosphere in which effective learning and personal development are forstered. Therefore, any learning process should be accomplished by the reframing of the learner's restrictive, negative suggestive factors, thus enhancing confidence in his own abilities and providing the key to man's hidden potentials.

Dieser Beitrag beschäftigt sich mit Möglichkeiten des Abbaus lernhemmender Barrieren und negativer Suggestionen, der sog. Desuggestionsarbeit, zur Freisetzung des geistigen und emotionalen Potentials des Lernenden. Die vorgestellte Vorgehensweise ist sowohl für schulische und unterrichtliche Praxis wie auch für individuelle psychologisch-pädagogische Beratungsarbeit einsetzbar.

Lozanov, Begründer der Suggestopädie, stellte in den Mittelpunkt seiner Arbeit das Studium der Wirkung von Suggestionen, die verbal oder nonverbal, bewußt oder unbewußt sein können. Er geht davon aus, daß wir beständig suggestiven Einflüssen ausgesetzt sind. Sobald wir diesen unsere Aufmerksamkeit zuwenden, sind wir viel eher in der Lage, uns auszuwählen, welche wir für unser Wachstum oder für unser Lernen bewußt integrieren wollen, beziehungsweise welche wir abweisen wollen. Aus dieser Tatsache leitet er die Aufgabe des Suggestopäden ab, lernhemmende, lebenshemmende oder wachstumshemmende Suggestionen zu desuggerieren, d. h. aufzulösen und abzubauen.

Suggestopädie oder vom Zusammenhang zwischen Emotion und Kognition

Negative Suggestionen wie „Ich schaffe es sowieso nicht!" oder „Ich kann das nicht!" verhindern vielfach, daß Individuen ihre geistigen Ressourcen bei der Bewältigung einer Aufgabe nicht oder nur unzureichend ausschöpfen können. Auf diesen Sachverhalt wiesen motivationspsychologische Studien hin, die solche Personen als sog. „underachiever" bezeichneten, d. h. aufgrund der intellektuellen Leistungsfähigkeit ließen sich bessere Ergebnisse prognostizieren, als diese Schüler dann tatsächlich zu erbringen in der Lage waren. Ursache für die Diskrepanz zwischen prognostizierter und tatsächlich erbrachter Leistung waren emotionale Faktoren wie Furcht vor Mißerfolg oder ein negatives Selbstkonzept.

Erst in letzter Zeit wurde vermehrt darauf hingewiesen, daß in der psychologischen Analyse menschlichen Handelns dessen emotionale Faktoren im Vergleich zu dessen kognitiven Faktoren nicht genügend Beachtung geschenkt worden sei. Durch neuere Forschungsergebnisse im Bereich der Streß- und Angstforschung wurde auf das Zusammenwirken von Emotion und Kognition hingewiesen (Mandl u. Huber 1983).

So erklärt Sarason (1960) Leistungsangst als Aufmerksamkeitsproblem, da die ängstliche Person zu sehr mit sich selbst beschäftigt ist und die eigenen Unzulänglichkeiten in einer Anforderungssituation übergroß vor Augen hat, was zur Affektintensivierung führt und die Konzentration auf die Aufgabe verhindert. Vesters Analyse einer Denkblockade macht ebenfalls deutlich, wie eng kognitive und emotionale Abläufe verzahnt sind (Vester 1986). Ergebnisse wie diese lassen sich mit den Studien Lozanovs in Verbindung bringen. Lozanov weist darauf hin, daß der „Fetisch des kognitiven Lernens" zu wenig die am Lernprozeß beteiligten emotionalen Anteile berücksichtigt habe, denn das geistige Potential eines Menschen komme durch emotionale Faktoren wie Barrieren und Blockaden nicht oder nur unzureichend zum Vorschein. Er kritisiert, daß dieses Potential brachliegt und sucht nach Möglichkeiten zur Ausschöpfung und Entfaltung der geistigen Ressourcen:

> The existing social and historical norms for the level of human memory and speed of automation, as well as, the methods of memorization and automation created by them have established a suggestive setup which, in actual fact, delays the expansion of mental abilities. In these circumstances, one of the most important tasks of suggestopedy has been to free, to desuggest and to explain to all students that human capacities are much greater than expected, and to provide liberating-stimulating methods to bring these locked-up human resources into play. The present suggestopedic system has proved that this is possible (Lozanov 1984).

Das solchen Ausführungen zugrundeliegende optimistische Menschenbild weist Parallelen zu Rogers auf, in dessen personenzentriertem Ansatz die Selbstverwirklichungstendenz eines Individuums ein grundlegendes Prinzip ist. Rogers fand ebenfalls, daß diese konstruktive Tendenz durch äußere Einflüsse im Verlaufe der Entwicklungsgeschichte eines Individuums gehemmt oder deformiert sein kann. Er ist ebenso wie Lozanov überzeugt, daß es die Aufgabe pädagogischen und therapeutischen Handelns sein muß, solche Barrieren und Hemmungen zu überwinden, um den Freiraum für individuelles Handeln zu vergrößern und die Ausschöpfung des Persönlichkeitspotentials zu gewährleisten.

> Wenn wir somit ein psychologisches Klima schaffen, das es Menschen gestattet zu sein – ob es sich um Klienten, Schüler, Arbeiter oder Gruppenmitglieder handelt – haben wir es nicht mit einem zufälligen Ereignis zu tun. Wir kommen einer Tendenz entgegen, die das gesamte organische Leben durchzieht, einer Tendenz, die gesamte Komplexität zu entwickeln, deren ein Organismus fähig ist (Rogers 1986).

Es ist Lozanovs Verdienst, die Bedeutung der lernhemmenden Faktoren im Lernprozeß erkannt zu haben, sich mit diesem Zustand jedoch nicht abzufinden. Deshalb fordert er, daß die Veränderung von einengenden Haltungen unabtrennbar mit dem Lernprozeß verbunden sein muß, damit die Fähigkeiten und Kräfte, über die ein Individuum verfügt, freigesetzt werden können.

Desuggestionsarbeit als Schaffung günstiger Lernvoraussetzungen

Desuggestionsarbeit, also der Abbau hemmender Suggestionen gehört zu den Hauptaufgaben des Suggestopädagogen, denn, so Lozanov, bevor man suggestiv sein kann, ist desuggestive Arbeit zu leisten. Um dieser Aufgabe nachzukommen, gilt es die Natur von Barrieren und negativen Suggestionen näher zu ergründen.

Lozanov stieß bei seinen Studien auf eine Vielzahl einengender Faktoren, die den Lernenden negativ beeinflussen. Ersteres sind externale Faktoren, etwa der Lernumgebung oder des Raumes und der Person des Lehrenden. Internale Faktoren sind kulturell und gesellschaftlich bedingte Normen wie „Lernen ist anstrengend", die im individuellen Bewußtsein tief verankert sind und die natürlichen Lernfähigkeiten hemmen. Lozanov nennt 3 antisuggestive Barrieren:

1. logisch-kritisch: *„Das ist nicht möglich", „. . . andere können das vielleicht schaffen, ich aber nicht";*
2. affektiv-emotional: *„Ich weiß nicht, aber ich hab' da ein komisches Gefühl";*
3. ethisch: *„Ich glaube wirklich, da geht es nicht mit rechten Dingen zu." „Ich glaube, das ist nicht ganz fair."*

Neben diesen Barrieren geht Lozanov davon aus, daß negative Suggestionen, die Lernen und „Wachstum" behindern, für jeden Menschen eine spezifische Ausprägung haben und zumeist dem Bewußtsein nicht unmittelbar zugänglich sind. So finden sich je nach Lernerfahrungen Sätze wie *„Ich bin für Fremdsprachen völlig unbegabt"* oder *„Mathematik liegt mir nicht",* mit denen sich Kinder wie Erwachsene beim Lernen selbst einengen. Bezugspersonen wie Eltern und Lehrer verwenden oft aus Unachtsamkeit eine Fülle negativer Prophezeiungen *„du schaffst das nie",* die internalisiert werden und als ständige Begleiter in Lernsituationen in Form eines inneren Dialogs auftauchen.

Das Spektrum solch negativer Botschaften an uns selbst ist breit. Manche Menschen haben diese negativen Überzeugungen von sich selbst bezogen auf einzelne Bereiche (etwa *„Ich bin unsportlich"*) oder auf das Selbstkonzept eigener Leistungen. Die Motivationspsychologie bezeichnet solche Personen als mißerfolgsorientiert, d. h. solche Menschen rechnen eher damit, daß sie scheitern, als daß sie eine Aufgabe erfolgreich meistern.

Ein Konzept zur Auffindung individueller Suggestionen

Lozanovs Studien bleiben nicht bei der Analyse des Phänomens von negativen Suggestionen stehen; er sucht vielmehr nach Möglichkeiten, Barrieren und negative Suggestionen zu verändern und sie durch positive lernfördernde zu ersetzen. Er fand dabei, daß solche Suggestionen relativ veränderungsresistent sind; dies hängt damit zusammen, daß sie tief verwurzelte Überzeugungen darstellen, die meist dem Bewußtsein nicht direkt zugänglich sind.

(...) Angst ist die versteckte Kraft und die Bedingung, die viel unserer am stärksten verwurzelten Überzeugung aufrechterhält (...) Unsere Ängste dienen dazu, uns an Überzeugungs- und Verhaltensmuster zu binden, die aus der Vergangenheit stammen und keine kreativen Ableger der Gegenwart sind. Unsere Ängste haben einen bestimmenden Einfluß darauf, wie wir unterrichten und lernen (Dhority 1986).

Dies macht eine besondere Art der Intervention nötig, *„am ehesten gelingt dies durch Harmonisierung mit den Barrieren und nicht durch angesetzte Intervention"* (Dhority 1986).

Wertvolle Anregungen hierzu finden sich in Therapierichtungen wie dem Neuro-Linguistic Programming (Bandler u. Grinder 1986) und dem Hakomi (Kurtz 1985), die Ähnlichkeiten mit Lozanovs Arbeiten aufweisen. Bei dieser Vorgehensweise lenkt das Individuum seine Achtsamkeit nach innen und kommt damit dem unbewußt ablaufenden „inneren Dialog" auf die Spur. Auf diese Weise können negative Anteile oder „Verhaltensbremsen" ausfindig gemacht werden. Erst durch Bewußtmachung dieser suggestiven Faktoren ist eine Entscheidung darüber möglich, ob sie beibehalten oder durch andere positive ersetzt werden sollen.

Dabei wird im entspannten Zustand mit Hilfe von Vorstellungs- und Visualisierungsübungen die individuelle Aufmerksamkeit auf die Situation gelenkt, in der Blockaden das Lern- und/oder Arbeitsverhalten behindern und der Zielerreichung im Wege stehen. Diese Situation soll dabei möglichst bildhaft unter Zuhilfenahme aller Sinneseindrücke vorgestellt werden und die spezifische negative Suggestion beispielsweise in Form eines Satzes wie *„Ich schaffe das nicht"* aufgefunden, also bewußt gemacht werden. Diese Übung kann sowohl in Einzelarbeit als auch in Gruppen durchgeführt werden:

Hinweise zum Auffinden individueller Suggestionen

1.
a) im entspannten Zustand Situation vorstellen, in der negative Suggestionen Lernen/Arbeit behindern; Aufmerksamkeit auf den inneren Dialog lenken
b) negative Suggestionen in Form eines Satzes schriftlich festhalten

2.
a) in 3er Gruppe positive Sätze finden lassen
b) einen Satz schriftlich festhalten, der stimmig ist

3.
„future pacing": Im Zustand der Entspannung künftige Situation vorstellen, in der positiver Satz/Affirmation zu erfolgreicher Bewältigung der Situation dient

---

Auflösen von Lehr- und Lernbarrieren

Beobachten   Verändern

Welche Suggestionen wirken auf   _____
mich ein?   _____

Welche Suggestionen gehen   _____
von mir aus (verbale/nonverbale)?   _____
Wie wirken sie auf die Lernenden?   _____

Welche Suggestionen gehen   _____
vom Raum aus?   _____

Welche Suggestionen blockieren   _____
die Lernenden?   _____

Wie löse ich diese Lernblockade   _____
beim Lernenden auf?   _____

© SKILL-Institut Neckargemünd

„Die Person zweifelt an der eigenen Kompetenz, glaubt, die Umwelt nicht angemessen kontrollieren zu können, und fürchtet von anderen bewertet zu werden." Es sind also *„aufgabenirrelevante Kognitionen, die die Handlung stören"* (Heckhausen 1980; Wine 1980; Schwarzer 1981; Mandl u. Huber 1983). So charakterisiert die psychologische Diagnose diesen Sachverhalt, dem herkömmliche Trainingsprogramme nur wenig veränderungswirksam entgegenwirken können, weil sie sich im Gegensatz zu Lozanovs Vorgehensweise ausschließlich auf den kognitiv-bewußten Bereich beschränken.

Lozanov weist auf die intuitiv emotionalen Faktoren hin, die neben den kognitiv-rationalen bei der Veränderungsarbeit bedeutsam sind. In der praktischen Arbeit hat es sich bewährt, negative Suggestionen mit Hilfe von Visualisierungsübungen im entspannten Zustand aufzufinden und durch eine positive Suggestion oder Affirmation zu ersetzen. Statt *„Ich schaffe es nie"* könnte *„Ich will es versuchen"* stehen. Erst wenn es gelingt, diesen positiven Satz entsprechend zu verankern, kann er für künftige Situationen Energien mobilisieren. So ist der nächste Schritt bezogen auf künftiges Handeln, und im sog. „future pacing" wird der positive Satz mit Hilfe einer Vorstellungsübung in eine zukünftige Situation transferiert.

Weiterhin gibt es die Möglichkeit an positive Lernerfahrungen sog. „early pleasant learning recalls" anzuknüpfen und mit Hilfe mentaler Übungen Kräfte und Energien, die dem Individuum bei der erfolgreichen Bewältigung einer Situation zur Verfügung standen, wachzurufen und für die vor ihm liegende Aufgabe nutzbar zu machen (Dhority 1986). Ebenso kann eine positive Suggestion auch nonverbaler Art sein, also beispielsweise eine für Freude und Erfolg typische Geste, die in einer Leistungssituation wirksame Blockaden zurückdrängt.

Für folgende Problembereiche erwies sich die suggestopädisch-ganzheitliche Vorgehensweise als günstig:
bei Konzentrationsmangel,
bei Mangel an sinnvollen Zielen,
bei Abschalten,
bei Lern- und Arbeitsstörungen bedingt durch negative Suggestionen wie „Lernen ist mühsam".

Lozanov ist der Ansicht, daß es zu solchen Problemen gar nicht erst kommt, wenn suggestopädisches Lernen an die Stelle des herkömmlichen rückt, da seiner Meinung nach suggestopädischer Unterricht „psychoprophylactic" ist, also Lernschwierigkeiten vorbeugt und die Psychohygiene des Lernenden günstig beeinflußt. Belegt wird diese Annahme durch eine Vielzahl von Schulversuchen und wissenschaftlichen Studien, die als Merkmal suggestopädischen Lernens neben quantitativen Faktoren wie größerer Lerngeschwindigkeit und höherer Behaltensleistung besonders auch qualitative Faktoren wie höhere Konzentration, geringere Aggressivität, höhere Motivation und Verbesserung des Lernklimas hervorheben.

Solange jedoch Lernen in konventioneller Weise organisiert ist, gibt das vorgestellte Konzept Anregungen für die schulische und freie Beratungsarbeit. Im Mittelpunkt steht dabei das Anknüpfen an die Lernbereitschaft, das Auffinden positiver, den Lernprozeß fördernder Suggestionen und die Stärkung des Vertrauens in die eigene Leistungsfähigkeit. Ziel der im Anschluß an Lozanov zu leistenden Arbeit muß es jedoch sein, die das Selbstvertrauen des Lernenden stärkenden Maßnahmen in das unterrichtliche Lernen zu integrieren und mit „psychotherapy through learning" die Trennungslinie zwischen therapeutischem und pädagogischem Handeln aufzuheben und an Stelle dessen ganzheitlich-suggestopädisches Handeln zu setzen.

Die schriftliche Darstellung eines ganzheitlich-erlebnisorientierten Ansatzes muß zwangsläufig bruchstückhaft bleiben, und so konnten hier nur einige der im Workshop erlebbar gemachten Eindrücke wiedergegeben werden.

Literatur

Bandler R, Grinder J (1986) Neue Wege der Kurzzeittherapie. Junfermann, Paderborn
Bochow P, Wagner H (1986) Suggestopädie (Superlearning). GABAL Schriftenreihe, Bd 13. Speyer
Csikszentmihaglyi M (1985) Das Flow-Erlebnis. Klett-Cotta, Stuttgart
Dhority L (1986) Moderne Suggestopädie, Psychologische Lernsysteme. Bremen
Diamond J (1983) Der Körper lügt nicht. Verlag für angewandte Kinesiologie, Freiburg
Gawain S (1986) Stell dir vor. Kreativ visualisieren. Rowohlt, Reinbek
Goldberg P (1986) Die Kraft der Intuition. Scherz, Bern München Wien
Kurtz R (1985) Körperzentrierte Psychotherapie. Synthesis, Essen
Lozanov G (^{4}1984) Suggestology and the outlines of suggestopedy. Gordon & Breach, New York
Maier C, Weber M (1987) Erfolg durch Superlearning. Heyne, München
Mandl H, Huber G (Hrsg) (1983) Emotion und Kognition. Urban & Schwarzenberg, München Wien Baltimore
Rogers C (1986) Der neue Mensch. Klett-Cotta, Stuttgart
Tietze HG (1981) Wirken auf das Unbewußte. Moewig, Rastatt
Vester F (1986) Denken, Lernen, Vergessen. DTV, Stuttgart
Wilson P (1987) The calm technique. Thomson, Willingborough Rochester

Franz-Josef Neffe, Dipl.-Päd.
B'sonderschullehrer

Autosuggestion macht aus der „Du-mußt"-Schule die „Ich-kann"-Schule

Über ein einfach wirksames Konzept, vom Erleiden zum Gestalten der Entwicklung zu kommen

Zusammenfassung

Der Wille kostet Kraft und erschöpft sich. Die Vorstellung ist eine Kraft, die dich einnimmt, erfüllt, mühelos trägt. Obwohl ein zutiefst pädagogisches Verfahren, wurde die Autosuggestion von den pädagogischen Wissenschaften bis heute vernachlässigt, und dies, obwohl die Autosuggestion besonders dort ebenso einfache wie wirksame Lösungen aufzeigt, wo die Pädagogik gewöhnlich aufgibt.

Summary

The will consumes strength and is exhaustible. An idea can be a source of strength which inspires, fulfils, carries one effortlessly along. In spite of being a profoundly pedagogic technique, autosuggestion has to this very day been neglected by pedagogic sciences. This is all the more astonishing as autosuggestion is particularly helpful in offering simple and effective solutions in cases where pedagogy usually gives up.

Der Mensch hat die Möglichkeit, sich vom Erleider zum Gestalter des Lebens emporzuschwingen. Er kann selbst (griech.: autos) Einfluß ausüben (lat.: subgerere), indem er die Gesetze des Lebens wahrnimmt und achtet und sich von seiner unendlichen Kraft und Weisheit tragen und leiten läßt.

Das Leben ist lebendig. Wer nicht von ihm lernt, dem erteilt es seine Lektionen.

Wenn es lebendig wird in dem, was wir aus der Schule gemacht haben, nehmen wir es als Störung, die es zu unterbinden gilt. Lassen dies die Störer nicht mit sich geschehen, werden sie als abnorm erklärt und behandelt. Lehrer,

B.J.M. Diehl, Th. Miller (Hrsg.)
Moderne Suggestionsverfahren
© Springer-Verlag Berlin Heidelberg 1990

Eltern und Schüler, Verwaltungsbeamte und frei organisierte Reformer kämpfen für eine gute Schule, indem sie jeweils anderen Menschen Schwierigkeiten machen. Sie verlangen von anderen immer mehr Anstrengungen, obwohl sie doch an sich selbst erleben, wie diese bewußt angespannten Kräfte immer nur in der Erschöpfung, im Versagen enden. Unsere bewußten Kräfte sind begrenzt, die Kräfte des Lebens, die uns bei derlei Plackerei fast immer unbewußt bleiben, dagegen sind unendlich. Sie sorgen dafür, daß wir trotz unserer Pädagogik, trotz unserer Didaktik, trotz unserer Therapeutik immer noch am Leben sind. Wenn wir das Leben verstehen und auf es Einfluß gewinnen wollen, dann führt uns der Umgang mit uns selbst und die dabei beobachtbaren Gesetze der Autosuggestion gerade zum Ziel. Diese Gesetze sind der wirksame Kern aller Heil- und sonstigen Beeinflussungsverfahren.

Vergleichen Sie!

Ein Hypnotiseur fragt bei seiner Show, ob jemand nicht an Hypnose glaube. Ein Mann meldet sich, ihm wird gesagt: „Sie werden in 5 Minuten aufstehen, den rechten Arm ausstrecken und dreimal hurra rufen." Exakt dieses geschieht. Eine Lehrerin sagt im Affekt, was sie lange schon ausstrahlt, zu einem Mädchen: „Du bist dumm, du bist ekelhaft, aus dir wird nie etwas werden...". Als ich das Mädchen kennenlerne, wird es schon über ein halbes Jahr als nervenleidend behandelt; 2 Menschen suggerierten, einer wußte, was er tat.

Grundsätze der Suggestion

Sogar die Wissenschaftler sind sich im wichtigsten Punkt der Suggestionslehren weitgehend einig: Suggestion wirkt nur als Autosuggestion. Das bedeutet, daß kein Mensch über einen anderen Macht hat, es sei denn, dieser andere ließe es zu. Suggestion ist der Einfluß aus sich heraus. Der Münchner Hypnosearzt Karl Schmitz sprach von einer „elementaren Kraft, im Innern der Versuchsperson selbst wirkend". Emile Coué (1857–1926) nennt sie „ein Werkzeug, das wir schon bei der Geburt besitzen, und diesem Werkzeug oder, besser gesagt, dieser Kraft wohnt eine unerhörte und unberechenbare Macht inne, die – je nach ihrer Anwendung – sehr gute oder sehr schlechte Wirkungen hervorbringt". Einfluß gewinnt man nicht durch äußeren Aufwand, immer wieder neue Methoden, Materialien, Medien, Häuser, Meßzahlen etc. das ist alles „*Aus*fluß", sondern einzig durch Öffnung und „Einfließenlassen" der Kraft des Geistes.

Bewußt und unbewußt

Versuchen Sie, Ihr Leben zu erinnern. Es wird Ihnen nur ein Bruchteil bewußt werden, 1 % vielleicht. Das heißt, daß Sie vom allergrößten Teil ihrer Person keine Ahnung haben. Nur um ein Bild zu geben, setze ich das Verhältnis bewußt : unbewußt 1 : 999.

All unsere Lebensfunktionen steuert das Unbewußte. Alle Wissenschaftler dieser Welt haben einen minimalen Teil dessen herausgefunden, was das Unbewußte weiß. Und es weiß nicht nur, es kann auch. Alle Psychiater der Welt können ein Problem nicht annähernd so genau erforschen, wie es das Unbewußte bereits weiß. Es kennt alle Details aus der Entwicklung heraus bis ins Kleinste. Es gibt keine kompetentere Stelle für die Lösung aller Lebensprobleme als das Unbewußte.

Dieses Unbewußte ist real erlebbar. Ich besuchte jemand im Krankenhaus, der fortwährend lamentierte, er halte es ohne Zigaretten nicht aus. Nach einer Stunde fragte ich, wie oft er meine, sich in diesem Sinne geäußert zu haben. Er sagte, was ihm bewußt wurde: „25- bis 30mal", ich hatte etwa 100mal gezählt. Sein Bewußtsein hat also mit einer Fehlerquote von 300–400 % gearbeitet. Da mag es doch arg seltsam erscheinen, daß die Probleme der Menschen in der Schule heute immer hartnäckiger und ausschließlicher mit Mitteln des Bewußtseins gelöst werden sollen.

Das Unbewußte ist nichts Geheimnisvolles. Verstünde mein Bekannter nur, sich etwas besser mit seinem Unbewußten auszutauschen, so hätte es ihm ein viel exakteres Ergebnis preisgegeben. Aus Experimenten der Hypnoseforschung wissen wir, daß er nicht nur die Anzahl der gemachten Äußerungen, sondern auch alle Begleitumstände hätte genau erfahren können. Die Grenzen vom Bewußten zum Unbewußten sind fließend und können ohne weiteres überschritten werden. Wir überschreiten sie ohnedies oft genug, was uns allerdings infolge unserer mickrigen Beziehung zum Unbewußten in der Regel wiederum unbewußt bleibt. Nach meinem anfangs gegebenen Bild wirkt das Unbewußte mindestens 999mal mehr als das Bewußte. Am praktischen Beispiel verdeutlicht heißt das, ein Lehrer, der als Belohnung ein Bonbon verschenkt, kann dies durch 999 Erklärungen über gesunde Ernährung nicht wiedergutmachen. Andersherum bedeutet das, daß ein Pädagoge, der ein gutes Beispiel gibt, 1000fache Chancen hat, bei geringstem Aufwand zu besten Ergebnissen zu kommen. Fröbel sagt: „Erziehung ist Beispiel und Liebe, *sonst nichts.*" Jetzt fragen Sie einmal, weshalb man in unseren Schulen für soviel Arbeit sorgt!

Wille und Glaube

Vor nicht allzu langer Zeit ist die Willenspsychologie ohne Aufsehen in der Versenkung verschwunden; seitdem wirkt sie im pädagogischen Denken und Handeln unerkannt. Sie führt verläßlich unerklärliche Mißerfolge herbei. Wer Schwierigkeiten hat, dem sagt man: „Du mußt nur wollen!" Wenn kein Könner aus ihm wird, ist man böse. Wer genau hinsieht, müßte aber doch hoch zufrieden sein. Unsere Schüler und Lehrer *wollen* doch immer besser, schon damit sie ein – nicht selten abgepreßtes – Alibi haben. Auf den pädagogischen Rat hin üben sie sich stets im Wollen-Müssen. Niemand will sosehr wie sie, aber es klappt nicht. Sie sind Superwoller geworden und Supermüsser, aber keine Könner.

Man rät ihnen weiter: „Gib' dir Mühe!" Einmal dürfen Sie raten, was man hat, wenn man sich Mühe gegeben hat. Dann heißt es: „Strenge dich an!" und die Pädagogen wundern sich tatsächlich, daß die Anstrengung wächst und nicht der Erfolg. Krönung aller Ratschläge ist dann: „Du mußt dich überwinde!" Stellen Sie sich einmal vor, ich läute bei Ihnen an der Tür, komme herein und über Sie. Sie werden doch sicher bei der ersten Gelegenheit die Polizei rufen.

Was bei diesen pädagogischen Gemetzeln entsteht, ist Scheitern, Verletzung, Erniedrigung, Zerstückelung und Zerstörung. Ohne daß es uns bewußt wird, nehmen wir davon ein einfaches, zutiefst beeindruckendes Bild auf. Dieses Bild wirkt ohne die geringste Anstrengung und bestimmt unser Leben derart, daß wir uns dem nicht entziehen können.

Diese Bilderlebnisse lassen uns denken und sagen: „Ich kann nicht. Die besten Methoden sind an mir gescheitert. Es muß etwas mit *mir* nicht stimmen." Bereits Erstkläßler streiten mit Vehemenz dafür, daß sie *nicht* können. Wie kann ich über diesem angelernten Beobachtungsfehler zu Rechnen oder Schreiben übergehen, wenn mir klar ist, daß Nichtkönnen in letzter Konsequenz Tod bedeutet? Was tue ich, wenn ich Menschen, wie in einem Supermüssersystem üblich, zum Vorführen von Formalitäten presse? Was tue ich mir an, wenn ich mich pressen lasse? Wieviele Kinder fangen an, um sich zu schlagen? Wieviele Erwachsene führen diese wüsten Schlägereien nur noch in sich selbst aus? Wieviele verlieren über diesem Lebenskampf, der eigentlich längst zum Todeskampf geworden ist, die Herrschaft über sich und verletzen – ungewollt – immer wieder andere? Zum Beispiel die Rechtschreibdidaktik mit ihrer wissenschaftlich verkürzten Vorstellungsfähigkeit behauptet heute noch, Übung mache den Meister, ohne zu sehen, was denn da eigentlich – der jeweiligen inneren Einstellung entsprechend – geübt wird. Wenn einer *nicht* kann, dann muß er üben! Wie könnte es da verwunderlich sein, daß mit dem Üben exakt das Nichtkönnen wächst! Ich beobachte seit über 10 Jahren, wie Kinder nicht Rechnen und Schreiben üben, sondern mit jeder Rechen- und Schreibaufgabe ihre Angst, ihren Ekel, ihre Verzweiflung, ihre Resignation, ihre Minderwertigkeitsgefühle, ihre Wut und ihren Haß, ihre innere Zerrissenheit u. v. m. immer mehr und mehr vertiefen. Die Pädagogen sagen, daß sie jedes Jahr dümmere Kinder bekommen, demnach hätte der Storch die Schulprobleme gemacht. Die Erwartungen sinken, das Bild vom immer schlechter werdenden Schüler wird ausgestrahlt. Vorbei an jeder Kontrolle des Bewußtseins wirkt es direkt aufs kindliche Unbewußte und zaubert die befürchtete Entwicklung herbei. Befürchtungen wirken sogar noch verstärkend.

Pädagogik ist die Kunst geworden, bei steigendem Aufwand laufend schlechtere Ergebnisse zu erhalten. Die letzte Chance des Pädagogen, vor sich und anderen zu bestehen, liegt in diesem Falle darin, formale Pflichten möglichst überzuerfüllen. Stets kann er behaupten, sein „Bestes" gegeben zu haben, was von den undankbaren und nicht einwandfreien Eleven nur nicht genug angenommen wurde. Immer wenn ein Problem ein wenig wächst, steht der Pädagoge vor etwas Unerklärlichem, z. B. unerklärlicher Unruhe. Der Suggestionskundige weiß solche Gegebenheiten schnell und entmystifizierend als Wirkung der unbewußten unruhigen Ausstrahlung des Pädagogen zu entlarven. Zwang sich der Pädagoge zu Ruhe und aufgesetzter Freundlichkeit, so ist das leicht als problemverschärfend beobachtbar. In meinen pädagogischen Ausbildungen bin ich immer wieder, z. T. vehement, belehrt worden, alles sei *nicht* so einfach, es gebe *keine* Patentrezepte, man könne im Grunde doch nichts machen. Ich habe es oft vorgemacht, daß und wie man ein Problem löst, und selbst dann noch erlebt, wie die betreffenden mit einem „Ich kann's einfach nicht glauben!" ihr Problem wiedererweckten und weiter damit dahinlitten. Nach meinem Vortrag auf dem Sonderpädagogischen Kongreß 1987 in Paderborn und vor allgemeinem Publikum in mehreren westfälischen Städten resümierte ich zunächst falsch: „Es steckt niemand so hoffnungslos tief im Problem wie die Pädagogen" und korrigierte mich bald: „Es steckt niemand so hoffnungsvoll tief im Problem wie die Pädagogen."

Ich bin selbst Pädagoge. Wenn wir unser Leben lang für das Gute kämpfen und darüber nicht dazu kommen, es zu tun, verwirken wir den Sinn unseres Lebens. Wenn wir dazu anleiten, mit dem Bewußtsein immer raffiniertere Vergewaltigungsversuche des Unbewußten zu inszenieren, scheitern wir verdient am Leben. Unsere Willensanstrengungen zeitigen ein Alibi der Selbstaufgabe und Anpassung, sie sind Ausdruck des „guten" (???) Willens. Solange Wille und Glaube in Widerspruch zueinander stehen, unterliegt der Wille ausnahmslos. Harmonieren beide Kräfte, so vervielfältigen sich die Möglichkeiten. Niemand hat das so präzise erkannt und massenhaft öffentlich nachprüfbar demonstriert wie Coué (1975). Wie seltsam, daß er von Wissenschaftlern fast durchwegs ausgegrenzt wurde (eine positive Ausnahme ist z. B. Langen 1972), und wie noch seltsamer, daß sich die Pädagogen bisher nicht mit einem Mann befassen wollten, der viele ihrer theoretischen Probleme vor 60 Jahren schon höchst praktisch gelöst hat!

Beispiel für unbewußtes Scheitern mit Willenserziehung

Am Anfang seiner Schulzeit wäre der Junge, 3 Gutachten entsprechend, gleichzeitig normal, lernbehindert und geistigbehindert gewesen. Nach 8 Jahren aufwendiger Förderung wurde ein IQ von 65, also geistigbehindert, festgestellt. Ich erlebte ihn geistig flexibler als seine Behandler. Er ist kein Ausnahmefall, ganz im Gegenteil! Lesen Sie, mit welchen Sätzen seine Zeugnisse beginnen:

1. – *Das Einfügen in die Ordnung der Klasse fällt ihm sehr schwer.*
    – *Der Schüler zeigt keinerlei Interesse am Unterricht.*
    a) – *X. hat sich einigermaßen in die Klassengemeinschaft eingefügt.*
    – *X. ist nicht in der Lage, einen Unterrichtstag konzentriert und aufmerksam durchzuhalten.*
2. – *X. ist ein sehr wechselhaftes Kind.*
    – *X. hatte sich im Verlauf des 2. Schuljahres erfreulich entwickelt.*
3. – *X. zeigte sich in seinem Verhalten sehr wechselhaft.*
    – *X. konnte sich nur schwer in die Klassengemeinschaft einfügen.*

a) – *X. hat sich noch nicht ganz in die Klassengemeinschaft eingelebt.*
  – *X. hat sich nun besser in die Klassengemeinschaft eingefügt.*

4. – *Xs schulische Leistungen wurden durch Konzentrationsstörungen be-*
  einträchtigt.
  – *X. fiel es schwer, am Unterricht aktiv und konzentriert teilzunehmen.*

5. – *X. hat im Vergleich zum letzten Jahr in seinen Leistungen stark nachge-*
  lassen.
  – *Xs mündliche Mitarbeit während des Unterrichts war sehr schwankend.*

a) – *Der im Unterricht meist passive Schüler erledigte alle schriftlichen Auf-*
  gaben nur mangelhaft.
  – *Der leicht ablenkbare Schüler beteiligte sich auch im Wiederholungsjahr*
  viel zu wenig aktiv am Unterricht.

6. – *Der Schüler ist meist hilfsbereit und anständig.*

Was würden Sie sagen, wenn Sie das Schicksal auf einen derart stumpfsinni-
gen, geistlosen Weg geführt hätte? Was würden Sie tun, wenn Sie in der Haut
dieses Kindes steckten? Meinen Sie, daß wir plötzlich allein sind, wenn wir den
anderen erlauben, normal zu sein?

Beispiel für Problemerkenntnis und -lösung via (Auto)suggestion

Hinter jedem Ergebnis steckt eine zugehörige, wirksame Vorstellung. Ein
Zappelphilipp ist von unsichtbaren Kräften getrieben. Schüler, Lehrer, Eltern
und Akten sagten übereinstimmend von Peter: „Ein netter Kerl, aber er kann
nicht anders." Peter sprang in meiner 4. Klasse bereits 2mal pro Stunde auf
seinen Stuhl und führte dort einen Indianertanz auf; ich kann es heute noch
nicht so gut.

Alle wollten, daß er stillsitzt, auch er selbst. Keiner glaubte, daß dies möglich sei. Dennoch arbeitete man sich auf und versuchte das für unmöglich
Erklärte immer wieder. Jeder Versuch endete mit einem zutiefst einprägsamen
Bild des Versagens, von dem die Beteiligten geradezu besessen waren. Sie
fielen heftig über mich her, wenn ich an diesem Bild etwas ändern wollte.

Als Peter wieder störte, solidarisierte ich mich mit ihm. Steckte ich in seiner
Haut, wollte ich auch einmal eine ehrliche Chance bekommen. Außerdem
weiß ich, wie Peter ein anderer Mensch werden kann. Ich kann es auch
überzeugend sagen und wecke damit die Neugier aller Schüler, denn sie haben
im Grunde dasselbe ungelöste Problem. Sie kennen keine wirksame Einfluß-
möglichkeit auf ihre Entwicklung. Ich trete den Beweis an.

„Willst du nicht stillsitzen, Peter?" – „Doch, schon." Er will, alle wollen,
stellt sich heraus. „Glaubst du, du kannst es?" – „Nein." Alle glauben, daß es
nicht geht, Mitschüler, Lehrer, Eltern, Peter selbst. „Ist denn schon einmal
geschehen, was du willst: stillsitzen?" Es ist noch nie geschehen. „Du glaubst,
du kannst nicht. Ist schon einmal geschehen, was du glaubst, nämlich daß du
nicht kannst?" Wir stellen fest, es geschah immer, was Peter glaubte. „Wenn
immer geschieht, was du glaubst, ist es dann günstig, zu glauben „Ich kann
nicht.?" Natürlich nicht. Wenn also der Glaube die Entwicklung macht, sage

ich dann vor der Hausaufgabe: „Ist die schwer, das schaff' ich nie!"? Nein, man sagt, was zum gewünschten Ergebnis führt: „Es geht leicht, ich kann das."

Bald rechnen wir Textaufgaben. Peter guckt in die Luft. „Warum rechnest du nicht?" „Kann ich nicht!" – „Klar, kannst du's." – „Nein, kann ich nicht!" – „Du hast sie ja noch gar nicht angeschaut." – „Kann ich nicht." ... Gut 20mal geht es hin und her, dann habe ich genug: „Jetzt machst du die Augen zu und sagst 5mal: ‚Es geht leicht, ich kann das.', dann rechnest du." Nach 5 Minuten komme ich nachschauen: „Hast du's gekonnt?" – „Ja." – „War's schwer?" – „Nein." Am nächsten Morgen kommt Peter mit der Hausaufgabe gerannt: „Herr Neffe! Herr Neffe! Jetzt weiß ich, wie's geht. Man muß nur immer sagen: ‚Es geht leicht, ich kann das', dann geht's ganz leicht!"

Ich erkläre Peter, er wisse es vielleicht noch nicht, aber er sei ein Gentleman. Wie der höchst erfolgreiche Jesuitenpater Antonin Eymieu aus Marseille behandle ich Peter, als wäre er schon so, wie er sein soll. Bei alledem gibt es viel zu Lachen. Lachen ist das einfachste und am tiefsten wirksame Entspannungsverfahren. Beim Lachen findet das gesprochene Wort den geraden Weg in die Seele.

Peter ändert sich in der Gemeinschaft. Vor 100 Jahren ließ Sigmund Freud einige seiner Patientinnen nach Nancy nachkommen zum wichtigsten Vertreter der suggestiven Hypnose, Professor Bernheim. Der gestand ihm, daß seine Erfolge mit Privatpatienten – im Gegensatz zur Massenbehandlung – sehr bescheiden seien. Hätten wir nur ein wenig tieferen Einblick in die Wirkung der Massensuggestion, wir würden uns jeden undifferenzierten Ruf nach kleinen Klassen reiflich überlegen. Gewiß kann man einzelne Dinge mit einem oder wenigen besser, aber wie soll in Gruppen unter 10 noch Gemeinschaft erlebt werden? Wenn kleinere Klassen an sich des Problems Lösung wären, müßte es dann nicht in unseren Schulen schon einige Jahre bergauf statt bergab gehen?

Konsequenzen

Die Pädagogik wird immer mehr an Ansehen verlieren, wenn sie sich nicht endlich zu einer gründlichen Befassung mit der Vorstellungskraft bequemt. Jeder sieht ein, daß ein Auto nicht dahin fährt, wohin die Karosserie zeigt, sondern dahin, wohin die Räder gelenkt werden. Wer diese Gesetzmäßigkeit durch List oder Gewalt zu umgehen versucht, ist ein Narr. Wer sich über die innere Einstellung meint hinwegsetzen zu können, was ist der?

Zu einem primitiven Kampf gegen Fehler ist die Pädagogik abgesunken. Da das Leben den Menschen schützt, läßt es schon kleine Kinder ihre Fehler vor den Pädagogen verbergen. Dabei ist der Fehler weiter nichts als eine wertvolle Information. Sie ermöglicht uns eine rechtzeitige Korrektur unserer Entwicklung und ermöglicht uns tiefes Selbstverständnis. Von alledem lenkt unsere Pädagogik zugunsten vorzeigbarer Alibis ab und verkümmert dadurch die Entwicklung lebenswichtiger menschlicher Fähigkeiten.

Ich wohnte dem Unterricht einer Referendarin bei. In den vorgegebenen Strukturen, in denen Wohlverhalten durch Punkte und teilweise kostspielige

Gaben erlistet und widrigenfalls repressiv erzwungen wird, hat ein nicht im Machtsystem eingebundener Referendar keine Gewalt. Ich erlebte eine Art Überlebenskampf. Die Frau fragte mich anschließend nicht, was ich Gutes entdeckte. Ob ich auch gesehen habe, wie schwer sie's hat, wollte sie wissen. So werden wir von vorgegebenen Strukturen geprägt. Auch ihr Gutes vergißt die Frau in diesem System und lernt, sich (Ersatz)zuwendung für ihre Leidensfähigkeit zu besorgen. Will sie nicht ein Superleider werden, so kann sie in diesem System nur untergehen. Sie kann nur leiden oder weggehen oder das System ändern.

Problemlösung nach den Gesetzen der Suggestion ist verläßlich einfach. Ich sehe das Bild des Geschehens und ich male ein neues Bild. Und ich gebe dieses Bild weiter. Wer sich's leicht macht bei uns, den läßt man nicht gelten. Wenn wir schon Mühe haben, sollen die anderen gefälligst noch mehr haben. Statt am guten Beispiel einfach zu lernen, zerfetzen wir es. Wir spüren, daß jeder Anerkennung als Nahrung braucht und verweigern ihm diese Nahrung, wenn es ihm besser geht als uns.

Um pädagogisch erfolgreich zu werden, muß man zuerst mit dem aufhören, was den Mißerfolg machte. Allein wenn man aufhört, kann schon etwas Neues geschehen. Wenn ich aber gerade da kontrolliert werde, habe ich kein Alibi. Alibis sind leicht abzuhaken, dafür braucht es nicht viel Geist. Sie sind eine Geste der Unterordnung, der seelischen und geistigen Verkümmerung, die wir perverserweise „guten Willen" nennen.

Auch in der Schule nimmt sich das Leben seine Chancen, wenn wir sie ihm nicht geben. Wir erleben es täglich, es bricht immer häufiger und heftiger durch alle Pläne. Pädagogik, Didaktik und Therapeutik können es nicht aufhalten. Da man alles Normale in unseren Schulen muß, bleibt für das Können zur Entwicklung logischerweise nur der auffällige Bereich: Ich *muß* pünktlich sein, aber ich *kann* zu spät kommen. Ich *muß* schön schreiben, aber ich *kann* schmieren. Ich *muß* aufpassen, aber ich *kann* stören. . . . Prüfen Sie einmal wie schwer sich diese Sätze umgekehrt denken lassen! Gedanken schaffen Wirklichkeiten, und Sie merken jetzt, wie ungewohnt uns Gedanken sind, die aus einer schlechten in eine gute Wirklichkeit führen. Probieren Sie auch einmal, in der konkreten Situation statt „Ich gebe mir Mühe" lieber „Ich gebe mir Erfolg" zu denken!

Über die ausgeprägte Entwicklung des Könnens, wenn auch im Bereich des Störenden, müßte der Pädagoge an sich froh sein. Er braucht ja die bereits vorhandene Energie nur noch umzulenken in nützliche Bahnen. Dazu braucht er die Gesetze des Einflusses, also der Autosuggestion.

Pawlow zeigte uns sehr plastisch, wie man beliebige Reize miteinander koppelt. *Wenn* ein Hund zu essen bekam, *dann* läutete er die Glocke. Bald rief er die übliche Speichelabsonderung schon allein durch den Glockenton hervor. Immer wenn wir „Wenn-dann-Sätze" sprechen, machen wir es genau wie Pawlow. „Wenn man sich Mühe gibt, hat man auch Erfolg" ist ein verläßliches Programm dafür, daß man nie mehr ohne Mühe Erfolg haben wird. „Wenn du nicht aufpaßt, wirst du nie etwas lernen" sorgt verläßlich für geringe Erfolgsquoten. All diese schönen Suggestionen wirken aber nur solange, bis sich der Schützling ihnen entzieht. Suggestion wirkt nur, wenn sie angenommen und als Autosuggestion betrieben wird.

Aller Einfluß wächst und sinkt mit der Art, in der wir mit unserem Unbewußten umgehen, mit dem größten Teil von uns selbst. Coué, als Praktiker und scharfer Beobachter auch von seinen Kritikern anerkannt, riet, mit dem Unbewußten umzugehen wie mit seinem besten Freund, denn dieses Unbewußte sind wir selbst. Können bedeutet Leben. Wenn wir das Leben zulassen in unseren Schulen und ihm zu Wachstum verhelfen, werden wir augenblicklich ohne Aufwand überall die „Ich-Kann"-Schule haben.

Literatur

Brauchle A (¹1987) Hypnose und Autosuggestion. Reclam, Stuttgart

Coué E (1979) Was ich sage. Schwabe, Basel

Langen D (³1972) Kompendium der medizinischen Hypnose. Karger, Basel

Lucci G (⁸1986) Die Praxis der bewußten Autosuggestion. Vita-Nova-Verlag, Thalwil

Neffe F-J (²1987) Für eine Ich-kann-Schule! – Möglichkeiten durch Autosuggestion. Selbstverlag

Neffe F-J (1987) Die Autosuggestion und ihre Wirkung in der Schule. Selbstverlag

Neffe F-J (1986) Rogglfinger Schulgeschichten. Selbstverlag, 1986

Neffe F-J (1988) Suggestion und die Konsequenzen für Pädagogik, Didaktik und Therapeutik. Z Heilpäd 14:134–138 (Sonderpäd. Kongreß 1987)

Neffe F-J (1984) Autosuggestion und Ermutigung. Z Individualpsychol 9:266–274

Neffe F-J (1988) Die suggestiven Gesetzmäßigkeiten von Disziplin(konflikten) und Verhaltensstörungen. Kongreßbericht Verband Dt. Sonderschulen, Hamburg, S 206–210

Neffe F-J (1988) Plädoyer gegen das Übliche Behindertenpädagogik in Bayern 2:267–268

Neffe F-J (1986) Zwei Hypnosestunden in einer Lernbehindertenklasse, Sonderschulmagazin 8:5f.

Neffe F-J (1988) Die phantastische Geschichte der Hypnose. Serie im Franken-Magazin 10ff.

Richter E (1983) Suggestion und Autosuggestion in Genese und Therapie des Stotterns. Sprachheilarbeit 28:99–109

Schmitz K (1964) Was ist, was kann, was nützt Hypnose? J.F. Lehmann, München

Wallnöfer (³1972) Seele ohne Angst. Hoffmann und Campe, Hamburg

Hartwig Oßwald
Psychotherapeut,
Heilpraktiker mit Schwerpunkt
Psychotherapie in eigener Praxis

Symbole und Symboldeutung

Zusammenfassung

Ziel des Workshops war es, die Teilnehmer in die Sprache der Symbole und den Umgang mit ihnen einzuführen. Die Bedeutung und die Wirkung der Symbole, die den Menschen oft nicht bewußt sind, wurden an ausgesuchten Beispielen erläutert und praktisch geübt. Diese Symbole begegnen uns in Träumen, Märchen, Mythen, in der Hypnosesitzung, bei rituellen Handlungen und im Alltagsleben.

Summary

It was the purpose of the workshop to introduce the language of symbols to the participants and to show how to work with them. The meaning and the effects of symbols, of which people are quite often unaware, were explained and practically illustrated by means of selected examples. These symbols are encountered in dreams, fairytales, myths, during hypnotic sessions, in rites, and also in everyday life.

Es wurden gemeinsam grundlegende Begriffsbestimmungen erarbeitet, wobei die Teilnehmer sehr intensiv in diesen Prozeß einbezogen wurden. Dabei wurde Wert auf die Abgrenzung zwischen Symbol, Zeichen, Allegorie und Gleichnis gelegt.

Da die Basis dieses Workshops die analytische Psychologie nach C. G. Jung war, wurden weitere Begriffe unter diesem Aspekt umrissen: Das Ich als Zentrum des Bewußtseins; das Unbewußte, aufgeteilt in das persönliche und das kollektive Unbewußte; das Selbst als Kern und Inhalt der nicht völlig erfaßbaren Gesamtpersönlichkeit; der Archetyp als grundsätzliche Struktur

B.J.M. Diehl, Th. Miller (Hrsg.)
Moderne Suggestionsverfahren
© Springer-Verlag Berlin Heidelberg 1990

und Erlebnismuster unserer psychischen Erfahrung, als „urtümliches Bild"
allgemeingültiger Wahrheit und als solches sein Erscheinungsbild entsprechend
seinem Umfeld verändernd; Anima und Animus als gegengeschlechtlicher
Anteil der Psyche des Mannes und der Frau; Schatten als die nicht gelebten,
meist von der Sozialgemeinschaft abgelehnten und verdrängten, Anteile des
Selbst.

Es folgten Hinweise auf die praktische Arbeit mit Symbolen bei Träumen,
Märchen und Mythen, die sich einer gemeinsamen bildhaften Symbolsprache
bedienen, von der Fromm sagt, daß „...sie tatsächlich die einzige universelle
Sprache ist, die die Menschheit jemals entwickelt hat...". Dabei sind Mythen
Erzählungen aus uralten Zeiten, die grundsätzliche Fragen der Menschheit
oder einer größeren Sozialgemeinschaft zum Thema haben. Märchen sind
Erzählungen, die grundsätzliche Situationen eines Menschen, wie etwa das
Wechseln in eine neue Entwicklungsstufe, zum Thema haben, häufig darge-
stellt durch einen sterbenden alten König und einen jungen Prinzen oder eine
Prinzessin, die die Herrschaft übernehmen. Träume sind Bilder aus dem Unbe-
wußten des Träumers, die sich auf diese spezielle Einzelperson beziehen.
Dabei gibt es als Ausnahmen die sog. Großen oder archetypischen Träume,
wie z.B. der bekannte Traum des Pharao mit den 7 fetten und den 7 mageren
Kühen etc., die sich auf die Sozialgemeinschaft des Pharaos bezogen.

In der therapeutischen Situation haben wir es dann nicht nur mit den Träumen, sondern in der Hypnose auch mit bildhaften Aussagen des Unbewußten
zu tun.

Es wurde auch auf die verschiedene Qualität der Symbole, wie Ursymbole,
Gruppensymbole und Individualsymbole eingegangen.

Als Beispiele betrachteten wir die Farbsymbole, beschränkten uns aber auf
grundsätzliche Aspekte der Grund- und der Sekundärfarben. Dann etwas ausführlicher die Zahlensymbole wie z.B. bei der Sieben: 7 Weltwunder, 7 Säulen
der Weisheit, 7. Himmel und bei den Märchen 7 Raben, 7 Geißlein, 7 Brüder
u.a.

Bei den Formsymbolen wurde der Uroboros, der Kreis, das Dreieck, das
Quadrat, das Kreuz u.a. jeweils mit entsprechenden Farbsymbolen erarbeitet.
Bei den Personensymbolen wurde weitgehend auf die in den Mythen und
Märchen, aber auch in den individuellen Träumen, auftretenden Personen
eingegangen und diese besprochen.

Mehr am Rande wurden noch die Tiersymbole (Fuchs, Bär, Taube, Adler),
die Symbolik von Gegenständen (Krone, Szepter, Ring), Handlungen (Segen,
Blutsbrüderschaft), Objektsymbole (Höhle, Speer, Wald, Meer) und Sprach-
symbole (Himmelsvater, Erdmutter, Vaterland, Muttersprache) bearbeitet.

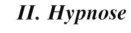

II. Hypnose

Anne Harrington, Prof. Dr. phil.
Medizinhistorikerin

Metalle, Magnete und die Neigung zum Okkultismus

Überlegungen zur paradoxen Geschichte des „goldenen Zeitalters" der modernen Hypnose in Frankreich

Zusammenfassung

Überlegungen zu der paradoxen Geschichte des „goldenen Zeitalters" moderner Hypnose in Frankreich.

Es ist wohl bekannt, daß das Ende des 19. Jahrhunderts ein „goldenes Zeitalter" für die Hypnoseforschung und -theorie in Frankreich darstellte. Die historische Literatur schweigt aber über das Maß, in dem Metalle, Magnete und verschiedene mesmerisch-okkultistische Vorstellungen eine Rolle in den wissenschaftlichen Gedanken und Aktivitäten dieser Zeit spielten. Dieser Beitrag befaßt sich mit dieser wenig bekannten, exotischen Seite des ersten „wissenschaftlichen" Versuchs, mit der Physiologie und der Phänomenologie der Hypnose umzugehen. Der Beitrag ist zum großen Teil erzählend – ein strenger Blick auf ein Schlüsselkapitel in der Geschichte der Hypnose, der alle bequemen und einfachen Vorstellungen in Frage stellen will. Gleichzeitig soll diese Geschichte der Hypnose die Aufmerksamkeit auf eine paradoxe Tatsache lenken: daß Hypnose *an sich* ein Phänomen ist, das eine „Geschichte" besitzt, d. h. ein Phänomen, dessen äußere Gestalt sich ständig verändert hat, in Reaktion auf wechselnde kollektive Erwartungen und gesellschaftlichen Druck. Fragen werden gestellt über die praktischen Implikationen dieser Tatsache für den modernen Versuch, eine „solide" Substanz der Hypnose hinter dem Schattenspiel festzunageln.

Summary

It is well-known that the end of the nineteenth century represented a "golden age" of hypnosis and hysteria research under the neurologist Jean-Martin Charcot in Paris, but the history books are almost silent about the extent to which metals, magnets, and various neomesmeric occult conceptions figured in

B.J.M. Diehl, Th. Miller (Hrsg.)
Moderne Suggestionsverfahren
© Springer-Verlag Berlin Heidelberg 1990

this strange and provocative world. This paper is concerned with this little known (indeed, historically repressed) side of the first "scientific" attempt in medicine to come to terms with the physiology and phenomenology of hypnosis. Although the paper largely concentrates on providing some insight into the historical background that made possible the rise of present-day concepts of hypnosis, broader its aim is to use the historical record as a means of focussing attention on the paradoxical fact that hypnosis itself is a phenomenon with a history, i.e., a phenomenon that has changed its outward form in response to changing collective expectations and social pressures. Questions are asked about the practical implications of this fact for the modern effort to pin down the solid "substance" of hypnosis behind the shadow-play.

Einführung

Historiker auf dem Gebiet der Psychiatrie neigen traditionell dazu, die Geschichte des Mesmerismus und die der Hypnose mehr oder weniger als ein einheitliches Feld zu sehen, in dem die „moderne Wissenschaft der Hypnose" aus Anton Mesmers animalischem Magnetismus hervorgeht wie der Phönix aus der Asche. Auch wenn sich diese Historiker durch die chronologische Gewichtung und die Orientierung ihrer Analyse unterscheiden, so besteht doch weitgehender Konsens darüber, daß irgendwann im 19. Jahrhundert das medizinische Denken von seiner „vorwissenschaftlichen" Ära (beherrscht von Spekulationen über ein „Körperfluidum" oder okkulte Kräfte, die zwischen Behandelndem und Patienten strömten) in seine „wissenschaftliche" Ära überging, orientiert an Experimenten und positivistischer Beschreibung. Die Geschichte dieser angeblich kognitiven Wandlung rühmt sich einer Anzahl von Helden; und wieder streiten sich die Historiker darüber, welchem dieser Helden der Vorrang gegeben werden sollte. Wie dem auch sei, *ein* Mann steht immer ganz oben auf den Listen: die charismatische, etwas düstere Gestalt des Jean-Martin Charcot (1825–1893), Frankreichs bedeutendster Neurologe des späten 19. Jahrhunderts.

Die Geschichtsschreibung gibt zwar zu einigen grundlegenden Fakten klare Auskünfte. In den späten 1870er Jahren begann Charcot, sich zum ersten Mal für das Studium der Hypnose zu interessieren, um Ende 1882 eine Zusammenfassung seiner Entdeckungen der französischen Académie des Sciences vorzulegen. Es war dasselbe Gremium von Gelehrten, das die Hypnose im vorangegangenen Jahrhundert unter dem Namen des animalischen Magnetismus 2mal verdammt hatte. (In ihrem letzten Bericht zum Thema hatte die Akademie beschlossen, in Zukunft alle Vorlagen über den animalischen Magnetismus so zu behandeln, als handelten sie vom „Perpetuum mobile" oder von der Quadratur des Kreises.) Charcot besaß jedoch eine solche Reputation, daß ihm eine Anhörung nicht verweigert werden konnte. Und so lauschte die Akademie seinen Ausführungen nüchtern und mit Respekt. In seinem Vortrag 1882 vermied der große Neurologe strikt jede Anspielung auf unsichtbare Fluida oder okkulte Kräfte. Statt dessen beschrieb er die Hypnose als eine künstliche Modifikation im Nervensystem, die jedoch nur bei hysterischen Patienten hervorgerufen werden konnte. Sie manifestierte sich in 3 bestimmten Phasen: Katalepsie, Lethargie und Somnambulismus. Jede dieser Phasen wurde durch rein physikalische Mittel eingeleitet und konnte anhand spezifischer physiologischer Kennzeichen identifiziert werden: wächserne Starre, neuromuskuläre Übererregbarkeit, somnambulistische Kontraktionen etc. Indem er die Hypnose in eine Art künstlich herbeiführbaren, pathologischen Zustand umformte, der physiologisch erklärbaren Gesetzen folgte, gelang es Charcot, 2 Fliegen mit einer Klappe zu schlagen: erstens einem vordem gemiedenen und mißtrauisch beäugten Gegenstand eine Aura medizinischen Ansehens zu verschaffen, zweitens gleichzeitig der Medizinerwelt das Anrecht auf alleinige Kompetenz zu sichern, mit der neuen Materie umgehen zu können. Es war eine wahre *„Tour de force"* an Überzeugungskraft, mit der das Tor zum „goldenen Zeitalter" zur Erforschung der experimentellen Hypnose in Frankreich aufgestoßen wurde.

Bis hierher mag alles schön und gut sein, aber das Bild, das dadurch entsteht, ist nichtsdestoweniger gefährlich irreführend in seiner Selektivität; es vertuscht oder übersieht eine bemerkenswerte Anzahl von Tatsachen aus Gründen der Bequemlichkeit. Ein weiter gefaßter Blickwinkel auf die Ereignisse jener Zeit zeigt, daß Charcots Ansichten zu hypnotisierbaren Hysterikern keinesfalls das „Aus" für Mesmers animalischen Magnetismus bedeuteten. Eher war das Gegenteil der Fall: Die Arbeit der Charcot-Schule über Hypnose und Hysterie am Ende des 19. Jahrhunderts war schon vom Konzept her verbunden mit einem Wiedererwachen des Interesses an der alten Idee von okkulten Fluida, die zwischen Hypnotiseur und seinem Subjekt fließen sollten, wie es von Mesmer und dessen Anhängern gelehrt worden war. Dies ist eine wichtige Entwicklung, die ich Ihnen näher beschreiben möchte. Ich hoffe, daß ich am Ende alle von Ihnen soweit überzeuge, daß niemand mehr eine noch so säuberlich erstellte Lehrbuchdarstellung zur Geschichte der Hypnose unhinterfragt akzeptieren wird. Aber ich möchte noch mehr erreichen: Ich hoffe zudem, am Ende wenigstens einige von Ihnen davon überzeugt zu haben, daß die Geschichte der Hypnose nicht nur für sich allein interessant ist; sie kann auch bei der gegenwärtigen Forschung und Theorienbildung hilfreich sein.

Victor Burq und die Entdeckung der Metalloskopie

Der Mesmerismus hielt Einzug in die Räume von Charcots Pariser Krankenhaus, der Salpetrière, im Jahre 1876, inkognito sozusagen. Der Überbringer war ein französischer Arzt, dessen Name es eigentlich verdient hat, in der Geschichte der Hypnose viel bekannter zu sein: Victor Jean-Marie Burq (1822–1884). Im August 1876 schrieb Burq einen Brief an Claude Bernard, den illustren Präsidenten der nicht weniger illustren Société de Biologie in Paris. Darin erklärte er, wie er während der vergangenen 25 Jahre Frauen geheilt habe, die an hysterischer Anästhesie gelitten hätten, indem er metallene Platten auf die betroffenen Körperteile gelegt hätte. Dieses Behandlungssystem, von Burq „Metallotherapie" genannt, war jahrzehntelang von der offiziellen Medizin verachtet oder ignoriert worden trotz der Tatsache, daß Burq allein in den Jahren zwischen 1847 und 1853 den französischen Akademien nicht weniger als 22 Berichte seiner Ergebnisse vorgelegt hatte. In einem letzten, mehr oder weniger verzweifelten Versuch, doch noch zu Anerkennung zu gelangen, fragte Burq nun Bernard, ob die Société de Biologie bereit wäre, den Wert seines Lebenswerkes zu untersuchen und zu beurteilen.

Bernard stimmte mit lobenswerter Höflichkeit und Aufgeschlossenheit zu. Nicht nur das, er nahm Burq sogar ernst genug, daß er eine in den Augen der Zeitgenossen erstklassige Kommission einberief, die das Werk des alten Mannes begutachten sollte:

1. Jean-Martin Charcot, Chefarzt an der Salpetrière und Vizepräsident der Société de Biologie seit 1860;
2. Amédée Dumontpallier (1827–1899), ein Neuropathologe am Krankenhaus La Pitié, und früher bevorzugter Student von Claude Bernard selbst; und
3. Jules Bernard Luys (1828–1896), ein Neuroanatom und Arzt an der Salpetrière, der bald zum Chefarzt der Charité berufen werden sollte.

Burq wurde in Charcots Salpetrière eingeladen, in der dann zwischen 1876 und 1877 eine Reihe von Experimenten und klinischen Untersuchungen stattfanden, die sich hauptsächlich auf eine ausgewählte Gruppe weiblicher Patienten konzentrierten, die an hysterisch bedingter halbseitiger Anästhesie litten. Und als die Kommission Rückmeldung an die Société de Biologie gab, war sie voller Enthusiasmus. Es ist wahr, daß Zweifel am Wert einer Langzeittherapie bei Burqs Methode bestanden; deshalb gab die Kommission den Begriff der „Metallotherapie" auf und beschränkte die Diskussion in ihrem Bericht auf die *Metalloskopie,* den „unmittelbaren Phänomenen, die durch die Wirkung von Metallen auf die Haut hervorgerufen werden", jedoch ohne heilende Absicht. Zur gleichen Zeit wurde die Echtheit metallischer Effekte auf hysterische Asensibilität nachhaltig bekräftigt, und es wurde berichtet, daß andere Wirkstoffe, vorzüglich Magnete, statische Elektrizität und elektrischer Strom, ebenfalls als wirkungsvoll befunden worden waren; all diese Agenten könnten evtl. unter dem Oberbegriff „Ästhesiogene" zusammengefaßt werden. Außer daß Burqs grundlegende Behauptungen über die Wirkungen von Metallen auf die hysterische Anästhesie bestärkt wurden, berichtete die Kommission von erfolgreich durchgeführten Versuchen in Fällen hysterisch bedingter Lähmungen, Blindheit, Farbenblindheit, Taubheit und sogar in ein paar sorgfältig beobachteten Fällen von halbseitigen Lähmungen bekannten organischen oder toxischen Ursprungs. Immer die Verwirrung stiftende Natur ihres Arbeitsfeldes scharf im Visier, ging die Kommission dann daran, eine Menge nüchtern klingender elektrischer, elektrochemischer und physikalischer Theorien zu veröffentlichen, um das ganze Unternehmen wieder sicher auf den Grund der nicht kompromittierenden Naturwissenschaft des 19. Jahrhunderts zurückzubringen.

Schließlich wurde der Société de Biologie mitgeteilt, wie im Verlauf der Untersuchungen eine völlig neue, selbst Burq nicht bekannte Entdeckung gemacht worden war. Es schien so, daß dann, wenn in einer Region einer betroffenen Körperhälfte eines an halbseitiger Anästhesie leidenden Patienten die Fähigkeit zu fühlen wieder hergestellt war, symmetrisch gelagerte Partien auf der normalerweise gesunden oder sensitiven Körperseite die normale Sensibilität der Haut verloren, bzw. ihre motorische Fähigkeit, ihre Seh- oder Hörkraft etc., wie Charcot es damals darstellte: „Es scheint, als ob bei diesen Hysterikern das Nervenfluidum – man verzeihe diesen Ausdruck – sich nicht zur einen Seite fortbewegt, bevor sie nicht zum Teil die andere verlassen hat." Es war Dumontpallier, der, inspiriert durch einen morgendlichen Besuch seiner Bank, vorgeschlagen hatte, diese höchst erstaunliche und neue Entdeckung das „Gesetz des Transfers" (Übertragung) zu taufen.

Metalloskopie und Durchbruch der Hypnose in Frankreich

Die Entdeckung des Transfers nimmt einen wichtigen Platz in unserer Geschichte ein, weil die Idee des Transfers (viel weitergehend als ihre ursprünglichen metalloskopischen Wurzeln) noch eine wichtige Rolle im Denken der neuen Generation mesmerianischer Ärzte spielen sollte, die Ende des Jahrhunderts in Frankreich ihre große Zeit hatte. Doch bevor das geschehen konnte, mußte noch ein entscheidendes Ereignis in der französischen Medizin eintreten: Charcot mußte die Hypnose entdecken.

Nun, die Standardwerke zur Geschichte der Hypnose äußern sich sehr vage darüber, warum Charcot sich ausgerechnet zu dem Zeitpunkt für die Hypnose zu interessieren begann, als er es tat, und warum seine Erkenntnisse ausgerechnet die Form annahmen, die sie am Ende hatten. Eine Historikerin, Ilza Veit, ging so weit zu sagen, daß es doch „erstaunlich" sei, daß Charcot, „der wissenschaftlichste und produktivste Neurologe seiner Zeit", sich mit einem so abwegigen Thema wie der Hypnose eingelassen haben soll. „Das kann nur dadurch erklärt werden", meint sie, „daß es ein Resultat der seines weitreichenden Interesses an allen Aspekten Hirnfunktionen ist, einschließlich des neuen Gebiets der Psychologie." Andere Historiker haben vorgeschlagen, daß Charcot von dem Physiologen Charles Richet beeinflußt worden sei, der sich in den frühen 1870er Jahren für Hypnose zu interessieren begonnen hatte, und der lange Artikel veröffentlicht hatte, in denen er darauf bestand, daß Hypnose ein real existierendes Phänomen sei und daß die Betroffenen nicht simulierten. Weil nun Charcot zur gleichen Zeit damit beschäftigt war, zu beweisen, daß Hysterie ebenfalls ein real existierendes Phänomen sei und auch hier die Betroffenen nicht simulierten, dachte er vielleicht bzw. schlagen dies Historiker vor, daß das Studium der Hypnose ihm bei seinen eigenen Studien helfen könnte.

Nun, alle diese Spekulationen sind nicht unbedingt falsch, aber in Bezug zur ganzen Geschichte sind sie doch ziemlich abwegig. Kurzum, die historischen Quellen selbst zeigen ganz deutlich, daß v. a. Burqs Metalloskopie entscheidenden Einfluß auf Charcots Entschluß gehabt hatte, sich und seine Mitarbeiter mit einer eingehenden Untersuchung der künstlichen Katalepsie, der Lethargie und des Somnambulismus zu beschäftigen. Wir wollen sehen, wie es dazu kommen konnte. Zu Beginn muß erst einmal erläutert werden, daß die Behandlung von Hysterikern mit Metallen nicht mit der Hypnose, sondern mit dem *Mesmerismus* eng verknüpft war, seit den frühesten Ansätzen unter Burq.

Als Anhänger des Glaubens an die Fähigkeit des animalischen Magnetismus des Anton Mesmer (seit ca. 1840) ging Burqs Interesse am therapeutischen Wert von Metallen von seinem früheren Interesse am Phänomen mesmerischer „Asensibilisierung" oder Betäubung im Trancezustand aus. 1847 machte er die schicksalhafte Entdeckung, daß *Kupfer* dazu neigte, einerseits die Sensibilität von Versuchspersonen mit starker mesmerischer Begabung wieder herzustellen und *gleichzeitig* den mesmerischen Status wieder aufzuheben oder, in anderen Fällen, einen solchen Zustand unmöglich zu machen. Dieses Metall war also sozusagen zu ein und derselben Zeit ein antianästhetisches und antimesmerisches Mittel. Wie konnte das erklärt werden? Burqs Antwort war, daß es etwas Besonderes mit der „Asensibilität" im Mesmerismus auf sich hatte; sie war nicht einfach eines der Kennzeichen, sondern die eigentliche Grundlage des Mesmerismus, in Burqs Worten „eine grundlegende Bedingung für den magnetischen Schlaf". Keine Asensibilisierung, kein magnetischer Schlaf. Die Fähigkeit des Kupfers, Sensibilität wiederherzustellen *und* eine mesmerische Trance aufzuheben, waren einfach 2 Seiten ein und derselben Münze.

Daß es eine Art ungeklärten Zusammenhang zwischen dem mesmerischen Zustand und der hysterischen Veranlagung gab, war von Burq, wie auch von anderen Magnetisierern, schon längst erkannt worden. Nun führten seine Kupferexperimente Burq aber dazu, sich ganz speziell auf die Tatsache zu konzentrieren, daß beide Erscheinungen typischerweise durch Empfindungslosigkeit charakterisiert wurden. Ihm kam es so vor, als sei vielleicht der Verlust der Sensibilität in der Hysterie, wie auch im mesmerischen Schlaf, das wesentliche Phänomen, die Voraussetzung, um alle anderen Symptome hervorzurufen. Wenn dem so wäre, so wäre es durchaus denkbar, daß ein Metall wie Kupfer, das den mesmerischen Trancezustand abrupt stoppen könnte, gleichermaßen an Hysterie leidende Patienten heilen könnte. Versuche wurden mit Kupfer und bald auch mit einer Anzahl anderer Metalle gemacht. Sie verliefen erfolgreich, zumindestens zu Burqs Befriedigung. Die Metallotherapie war geboren.

Es ist wahr, daß Burq, als er 1876 an Claude Bernard schrieb, umsichtigerweise nicht erwähnte, welche zentrale Rolle der Mesmerismus bei der Entwicklung seiner Metallotherapie gespielt hatte. Nichtsdestoweniger gibt es gute Gründe zur Annahme, daß sein Interesse an dem Verhältnis von Hypnose und magnetischem Schlaf der Aufmerksamkeit der 1876 von der Société de Biologie eingesetzten Kommission nicht entgangen war. Zugegebenermaßen beschränkte sich der Kommissionsbericht von 1877 über Burq auf Daten, die zur Hysterie gesammelt worden waren. Er gibt keinen Hinweis auf die Hypnose, geschweige denn auf den Mesmerismus mit seinen vermuteten „Fluida". Dennoch findet man um 1879 Leute an der Salpetrière und an anderen Krankenhäusern, die eifrig damit beschäftigt sind, die Rolle von „anästhesiogenen" Mitteln bei künstlich herbeigeführter Katalepsie, Lethargie und Somnambulismus zu untersuchen.

Einige dieser neuen Studien, wie z. B. die Arbeiten von Dumontpallier und seinem Assistenten Paul Magnin, bestätigten im wesentlichen Burqs Annahme der antihypnotischen Natur von Stoffen wie z. B. Metallen. Andere Studien dagegen schienen zu zeigen, daß zumindest einige „ästhesiogene" Mittel, v. a. der Magnet, genausogut *hypnotisierend wirken* konnten. Diese Vorstellung, daß ein und dasselbe Mittel eine diametral entgegengesetzte Wirkung haben konnte, ist nicht bloß ein eklatanter Widerspruch in der Literatur, der irgendwie übersehen wurde. Der Schlüssel zum Verständnis liegt in einem Aspekt der Metalloskopieforschung der Kommission, der noch nicht angesprochen wurde. Es war die Entdeckung, daß dasselbe Mittel, das die betäubte Körperseite wieder sensibel machen konnte, wenn es auf die ursprünglich empfindende oder gesunde Seite gebracht wurde, einen *Verlust* der Sensibilität verursachen konnte. Charcot nannte dieses Phänomen „provozierte" oder „metallische Anästhesie". Und er glaubte, daß es als wirkungsvolles diagnostisches Mittel eingesetzt werden könnte in Fällen, bei denen der Patient scheinbar geheilt erschien, bei ihm aber noch immer latent hysterische Tendenzen vorhanden waren.

Also, wenn „ästhesiogene" Mittel den Zustand der Hysterie *sowohl* verhindern *als auch* hervorrufen konnten, *und* wenn Burq recht haben sollte mit seinem Argument für eine enge physiologische Verbindung von Hysterie und Mesmerismus, so folgte daraus der Schluß, daß solche Mittel gleichermaßen imstande wären, bei einem entsprechend veranlagten Hysteriker einen Trancezustand hervorzurufen oder zu verhindern. Der nächste Schritt scheint gewesen zu sein, daß diese Grundidee immer weiter generalisiert wurde und von ihren ursprünglichen metalloskopischen Wurzeln immer mehr entfremdet wurde. Als Charcot 1882 sein berühmt gewordenes Hypnosereferat der Académie des Sciences präsentierte, war die Idee schließlich in den geläufigen Lehrsatz der Salpetriére umgeformt worden, der in allen Geschichtsbüchern nachgelesen werden kann: nämlich, daß Hypnose eingeleitet und unterbrochen werden kann durch ein breites Spektrum physikalischer Mittel, die auf das Nervensystem hysterischer Patienten wirken.

Aufstieg des Neomesmerismus

Nun sollten zwei Dinge festgehalten werden:
1. Auch wenn es wahr ist, daß der Aufschwung der wissenschaftlichen Erforschung der Hypnose unter Charcot sehr stark unter dem Einfluß eines alten Mesmerianers namens Burq stand, so steht doch fest, daß Charcot selbst auf keinen Fall ein Mesmerianer genannt werden kann, da er die Annahme eines biomagnetischen Fluidums zurückwies.
2. Gleichzeitig bedeutete Charcots Eindringen in das Gebiet der Hypnose auf dem Weg der Metalloskopie, daß er letztendlich große wichtige Teile *derselben phänomenologischen Realität* anerkennen mußte wie die alten Mesmerianer, die schon lange metallische und magnetische Therapieformen mit animalischem Magnetismus in Verbindung gebracht hatten.

Die ist insofern von Bedeutung, als es impliziert, daß irgendeine Form von Biomagnetismus von Anfang an zu Charcots kognitiven Wahlmöglichkeiten gehört haben muß, wenn es auch zweifellos die strittigste war. Und wenn er *persönlich* auch beschlossen hatte, dem Mesmerismus seine vom Fluidum beseelte Natur streitig zu machen und sie in „Hypnose" umzutaufen, so hatte das noch nicht zu bedeuten, daß alle seine Kollegen, die wie er versuchten, einen Sinn hinter der gleichen phänomenologischen Realität zu finden, bei dieser Entscheidung mit Charcot an einem Strang ziehen würden.

Die „strahlende nervliche Kraft"

Und tatsächlich bestätigt die französische Primärliteratur, wie anhaltend das lebhafte Interesse an mesmerianischen Ideen unter den Neurologen und Psychiatern am Ende des 19. Jahrhunderts war. In seiner neuen Ausprägung wurde Mesmers animalischer Magnetismus als Problem der Neurologie betrachtet; eine Kraft, die baldmöglichst entmystifiziert sein würde durch das wachsende Verständnis der physischen und physiologischen Prozesse bei der Aktivität der menschlichen Nerven. Es war der französische Mediziner A. Baréty, der den sich schnell verbreitenden Begriff der „strahlenden nervlichen Kraft" prägte, als er sich 1881 für die wissenschaftliche Rehabilitation des animalischen Magnetismus einsetzte.

Baréty hatte eine Menge zu seiner „nervlichen Kraft" zu sagen, sowohl aus physischer wie auch aus psychischer Sicht. Aber an dieser Stelle wird es genügen, einfach seine Grundthese darzulegen, die, wie er betonte, auf sorgfältigen klinischen und experimentellen Beobachtungen beruhte, nämlich daß diese Kraft vom Nervensystem her „ausstrahlte", und zwar aus 3 Hauptkanälen: aus den Augen, aus den Fingern und aus dem Mund beim Atmen. Jede dieser 3 Arten der ausstrahlenden Nervenkraft rief bei dafür empfänglichen (hysterischen) Versuchspersonen bestimmte physiologische Effekte hervor. Baréty glaubte, daß seine Entdeckung zu diesem Punkt ein neues Licht auf die verqueren, in der Tat ziemlich anrüchigen Methoden werfen würde, die traditionell von Mesmerianern bei der Behandlung ihrer Klienten angewandt wurden (die Bestreichungen über den ganzen Körper hinweg, das Sich-gegenseitig-Anstarren, die intime Vermischung des Atems usw.). Er wies außerdem auf die Parallelen zwischen seiner eigenen Arbeit und den zeitgleichen Studien zur Metalloskopie und Hypnose der Charcot-Schule hin. Die nicht unverhohlene Anspielung lief darauf hinaus, daß Charcot nicht etwa eine neue wissenschaftliche Disziplin der Hypnose begründet hatte, sondern unabsichtlich ganz schlicht Mesmers animalischen Magnetismus wiederentdeckt hatte, welchen Baréty selbst bereits fein säuberlich herausgearbeitet hatte.

Wirkung von Medikamenten „auf Distanz"

Im Jahre 1885 erhielt die neomesmerianische Bewegung einen neuen Auftrieb durch die angekündigte neue Entdeckung zweier französischer Ärzte, Henri Bourru und Ferdinand Burot, daß bestimmte hysterische Patienten nicht nur empfindlich auf Metalle und Magnete reagierten, sondern auch in bizarrer und dennoch beschreibbarer Weise auf Medikamente und toxische Stoffe, die in Glasbehältern festverschlossen waren. So brachte Kalium auf einem mehrere Meter entfernt stehenden Tisch Patienten dazu, unter Zwang zu niesen und zu gähnen; Opium, auf den Kopf gelegt, erzeugte Tiefschlaf; und Baldrian hatte den besonders auffallenden Effekt, daß die Patienten sich auf alle vier Extremitäten fallen ließen und sich wie Katzen benahmen. Auch wenn sie nicht willens waren, sich von vornherein irgendeiner Theorie zu verschreiben, so suchten die 2 Doktoren von der Tendenz her eine Erklärung für alle diese seltsamen Entdeckungen in mesmerisch gearteten „Strahlungen". Andere waren schnell dabei, sich für diese Erklärungsrichtung einzusetzen. In einem Buch zum Thema aus dem Jahr 1886 finden sich starke Argumente für eine Verbindung zwischen der Wirkung von Medikamenten „auf Distanz" und Barétys „strahlender nervlicher Kraft". Und ein anderes Buch aus demselben Jahr verwendete die neuen Experimente als Kernstück einer ausgefeilten mikri-makrokosmischen Analyse der elektrischen Wechselbeziehung zwischen Mensch und Universum. Inzwischen wurden in den anderen Krankenhäusern in ganz Paris und auch in der Provinz Versuche unternommen, Bourrus und Burots Resultate zu reproduzieren; v. a. in den Räumen des Charité-Hospitals, wo Jules Bernard Luys, eines der ursprünglichen Mitglieder der Kommission, die von Claude Bernard einberufen worden war, Burqs Werk zu begutachten, auf dem besten Weg war, sich selbst als eine der Leitfiguren der neomesmerianischen Bewegung in Frankreich zu etablieren. Seine Resultate waren ein durchschlagender Erfolg.

Die Entdeckung der menschlichen Polarität

Die Dinge nahmen eine neue Wendung mit dem Bekanntwerden der Entdeckung der französischen Ärzte L.-T. Chazarain und C. Dècle im Jahr 1886, daß die biomagnetische Kraft des Menschen *polarisiert* sei, ebenso wie die elektromagnetische Kraft in der Physik. Aus metaphysischer Sicht war dies eine wichtige Entwicklung, weil sie die Idee in den Vordergrund stellte, daß es essentielle Verbindungen gab, durch die menschliche und kosmische Wirkungsbereiche in kontinuierlichem Austausch standen. Außerdem hatte die Entdeckung für die Neomesmerianer Bedeutung, weil sie dadurch in der Lage waren, weitausholende Schlußfolgerungen über biomagnetische „Gesetze" zu ziehen, die in der Metalloskopie, im Mesmerismus und in der Hypnose gelten sollten. Indem sie für sich beanspruchten, ein dynamisches Grundmuster von Strömungen und polarisierten Kräften wieder ans Tageslicht gebracht zu haben, das unter der Flut der experimentellen Phänomene begraben gewesen war, setzten sie sich 2 bedeutsame Ziele. Als erstes und wichtigstes konnten sie die vorlauten Kritiker der Metalloskopie, des Transfers und der Hypnoseexperimente zum Schweigen bringen, die selbst die eine oder andere psychologische Erklärung zu diesen Studien vorziehend auf die sich ähnelnde widersprüchliche Natur der Ergebnisse hinwiesen. Zum zweiten konnten sie einen grundlegenden Sieg über ihre Kollegen in demselben Arbeitsbereich verbuchen, welche sich entschlossen hatten, der Charcot-Schule mit ihrem physiologischen, *nicht-mesmerischen* Ansatz beim Phänomen der Metalloskopie und der Hypnose zu folgen. Im Gegensatz zu den Neomesmerianern war es klar, daß diese Männer auf keinen Fall in der Lage waren, der Naturwissenschaft ein allumfassendes

Rahmenprogramm anzubieten, in dem es möglich gewesen wäre, alle Daten zur Hypnose und zur Hysterie, die sich im letzten Jahrzehnt angesammelt hatten, richtig unterzubringen.

Für Luys und seine Mitarbeiter am Charité-Hospital bedeutete die Entdekkung der menschlichen Polarität auch eine Quelle der Inspiration für eine Anzahl neuer Wege in der biomagnetischen Forschung. In den letzten Jahren von 1880 stellte diese Schule zu ihrer Befriedigung fest, daß Magnete und bestimmte Metalle fähig waren, entgegengesetzte Gemütsverfassungen, die mit den positiv- und negativgeladenen Seiten der biomagnetischen Kraft in Verbindung gebracht wurden, zu polarisieren. Diese gegensätzlichen Gemütsverfassungen konnten dann in den beiden lateralen Körperhälften eines Hypnotisierten lokalisiert werden. Die Arbeitsgruppe der Charité dokumentierte auch ausführlich die kontrastierenden psychologischen und physiologischen Effekte, die auftraten, wenn ein hypnotisierter Patient in nächste Nähe zu den entgegengesetzten Polen eines mineralischen Magneten gebracht wurde. Verallgemeinert betrachtet: der nördliche (positive) Pol brachte ein Gefühl des Wohlbehagens und der Freude, der südliche (negative) dagegen ein Gefühl der Zurückweisung und der Angst.

Neue biomagnetische Richtungen in der „Transfer"forschung

Seit den späten 1870er Jahren war die Forschung zum Phänomen des Transfers mit großen Schritten vorangetrieben worden. Im Jahre 1885 gaben 2 der begabtesten Studenten Charcots, Alfred Binet und Charles Féré, bekannt, daß es ihnen gelungen sei, mittels eines Magneten nicht nur sensomotorische Symptome, sondern auch psychologische Phänomene von einer Körperhälfte auf die andere zu übertragen, unilaterale willkürliche Handlungen, Halluzinationen und bestimmte Formen intellektueller Tätigkeit, besonders verbale Aufgaben, bei denen man sich der Tatsache zunutze machen konnte, daß Sprache eine unilaterale Gehirnfunktion ist, die normalerweise von der linken Gehirnhälfte kontrolliert wird. Binet und Féré nannten diese Erscheinung „psychischen Transfer".

Kurz darauf wurde ein zweiter Artikel der beiden Autoren veröffentlicht, der noch einen Schritt weiterging. Es wurde behauptet, daß „die Idee des Transfers zu eng gefaßt ist, um die ganze Fülle der Phänomene, die der Magnet im Organismus hervorrufen kann, zumindest bei einer bestimmten Kategorie von Patienten zu erfassen". Eine neue Interpretationsrichtlinie wurde unter der Bezeichnung „psychische Polarisierung" propagiert. Diese bezog sich auf die angebliche Fähigkeit des Magneten, eine Empfindung, eine Wahrnehmung oder sogar eine Gemütsverfassung in das entsprechende Gegenteil umwandeln zu können. Meistens in der Zusammenarbeit mit der „Starhysterikerin" an der Salpetrière, Blanche Wittmann, erklärten Féré und Binet, wie es ihnen gelungen war, eine Halluzination der Farbe Rot in ihre polare Opposition Grün zu verwandeln; eine Person dazu zu bringen, der Reihe nach eine bestimmte Erinnerung „zurückzurufen" und zu „vergessen"; Lachen in Depression umzukehren, Ärger in Liebe.

Aber noch erstaunlicher war die 1886 bekanntgewordene Entdeckung von Joseph Babinski, einem weiteren der hochbegabten Schüler Charcots, daß ein Magnet nicht nur zur Übertragung hysterischer Störungen zwischen den Körperhälften *eines* Menschen benutzt werden könne, sondern auch zur Übertragung unter *verschiedenen Patienten*. Babinski beschrieb, wie eine halbseitig betäubte Patientin A dazu gebracht wurde, die halb vorhandene Sensibilität einer anderen halbseitig betäubten Patientin B aufzunehmen, wodurch A vollständig „empfindungsempfänglich", B dagegen vollständig „taub" wurde. Die Übertragung hätte sich dann selbständig umgekehrt, so daß B ihre eigene *und* As Sensibilität wieder annahm, wodurch A auf beiden Körperseiten „taub" wurde.

Im Jahre 1891 waren Jules Bernard Luys und sein Kollege Gérard Encausse (später eine Leitfigur in französischen okkulten Zirkeln, bekannt als „Papus") froh, auf die Vorarbeit von Babinski hinweisen zu können, als sie ihre erstaunliche Entdeckung bekanntgaben, daß ein Eisenkranz auf den Kopf eines Patienten gesetzt, in der Lage war, die pathologischen biomagnetischen Ausdünstungen, welche für seine neuropathologischen Zustände verantwortlich waren (Halluzinationen oder Wahnvorstellungen), zu absorbieren und künstlich zu konservieren. Diese Störungen konnten dann auf einen weiteren Patienten übertragen werden, indem man denselben Eisenkranz auf dessen Kopf umsetzte. Bei der Darstellung der Details ihrer Entdeckung sprachen Luys und Encausse auch hoffnungsvoll von den therapeutischen Möglichkeiten; wenn *pathologische* Nervenzustände künstlich absorbiert, abgelagert und übertragen werden konnten, dann müßte dasselbe mit *gesunden* möglich sein.

Kurz danach sollte Luys tatsächlich die Idee des Transfers zu einer wirkungsvollen therapeutischen Methode weiterentwickeln, jedoch ohne den Einsatz von Eisenkränzen. In der Charité setzte sich eine hypnotisierte Person dem für die Behandlung bestimmten Patienten gegenüber. Beide hielten sich an den Händen. Und Luys führte dann einen Magneten über den Körper des Patienten, um die krankhaften „Ausdünstungen" aus ihm herauszuziehen und sie in den Körper seines hypnotisierten Gegenübers überzuleiten. Bei jedem Behandlungsabschnitt würde der Hypnotisierte ein unfreiwilliges Zusammenzucken wahrnehmen, wenn die magnetische Absorption angeblich abgeschlossen war. Nach einer Weile würde die hypnotisierte Person die Symptome der Krankheit angenommen haben, an der der Patient litt, während der Patient selbst sich dann viel besser fühlen würde. Abschließend würde der Hypnotisierte von der angenommenen Krankheit mittels „imperativer Suggestion" befreit werden.

Verlagerung der Sensibilität nach außen

Früh in den 1890er Jahren hatte die Charité auch begonnen, darüber zu berichten, daß gewisse hochsensible Hysteriker in der Lage zu sein schienen, die magnetischen Ausdünstungen *sehen* zu können, die von Körpern lebender Wesen oder auch nichtlebender Quellen wie mineralischen Magneten und elektrischen Strömen ausstrahlten. An eine zuckende Flamme erinnernd waren die Ausdünstungen von einem leuchtenden und wunderschönen Blau, wenn sie dem positiven Pol eines Magneten entstammten bzw. der linken Körperseite eines Menschen, und sie hatten eine Angst einflößende rote Färbung, wenn sie aus dem negativen Pol eines Magneten bzw. der rechten Körperseite eines Menschen entsprangen. Unter anderem war es den Mitarbeitern an der Charité klar, daß sie hier auf eine wichtige Bestätigung für die essentielle Wahrheit menschlicher Polarität gestoßen waren.

Aber bald sollten die Dinge noch komplizierter werden. Die Charité schätzte sich zu der besagten Zeit glücklich, einen begabten Hysteriker zu beherbergen, Albert L., einen gelernten Zeichner und Hobbykünstler. Er war in der Lage, mittels Skizzen und Malerei seinen Ärzten zu verdeutlichen, wie dieses strahlende Fluidum aussah. Und durch diese ungewöhnliche Zusammenarbeit von Patient und Ärzten gewann man Klarheit über eine ganze Anzahl neuer Fakten. Die wichtigsten davon waren, daß sich die biomagnetische Kraft in 2 Formen manifestierte. Erstens als *dynamische* Erscheinung, die von Schlüsselpositionen wie Augen, Nasenlöchern oder Mund ausstrahlte; sehr ähnlich dem, was schon Baréty gesagt hatte. In ihrer zweiten, *statischen* Form dagegen umschloß sie auch die ganze Körperoberfläche eines Menschen, ähnlich einem Leintuch von leuchtender Farbe (blau auf der einen, rot auf der anderen Seite).

Bald wurde entdeckt, daß diese „umschließenden Schichten" biomagnetischen Fluidums als nach außen verlagerter Referenzpunkt für die Sensibilität eines Menschen dienen können. Stach de Rochas mit einer Nadel in die „umfließende" sensible Zone einer dafür empfänglichen Person, so fühlte diese einen Stich an der entsprechenden Körperstelle. Wurde die Puppe eines Kindes dazu benutzt, einen Teil des Fluidums bestimmter Körperzonen zu absorbieren, und wurde diese Puppe dann gestochen, so empfand die Versuchsperson entsprechend dort Schmerzen, wo sich die behandelte Stelle auf dem Puppenkörper befand. Wurde ein Glas voller Wasser „sensibilisiert", indem man es der Versuchsperson in die Hand gab, wurde es dann entfernt und teilweise geleert, so empfand die Versuchsperson ein überwältigendes Erstickungsgefühl, bis sie selbst von dem Glas trinken durfte.

Niedergang eines Forschungsprogramms

An der immer phantastischer werdenden Literatur, angeführt von Luys und seinen Anhängern, kann man ersehen, daß Burqs Metalloskopie bis weit ins 20. Jahrhundert bekannt und anerkannt war. In dem weniger Aufsehen erregenden Kreis um Charcot standen die Dinge jedoch anders. Um 1885 gerieten die Metalloskopie und die Transfertheorie unter den immer wirkungsvoller werdenden Beschuß von Charcots Hauptgegner, Hippolyte Bernheim von Nancy. Dieser Mann warf den Forschern an der Salpetrière vor, daß sie ihre Versuchspersonen unwissentlich auf die Übertragung von Symptomen *trainiert* hätten und diese dann das Auftreten bestimmter Effekte *erwartet* hätten. In Nancy, wo seine Patienten von der Metalloskopie gänzlich unberührt waren, war es ihm nie gelungen, ähnlich dramatische Ergebnisse zu bekommen, wie sie von den Pariser Kollegen gemeldet wurden, d. h. wenn er es mit der

Manipulation von Metallen und Magneten einfach im Stillen versuchte. Aber er mußte nur einen *kleinen Wink* geben, was er von seinen Patienten erwartete, und schon bald traten die Effekte auf, mit entsprechenden Variationen. Auch wenn er nicht so weit gehen wollte, eine Wirkung des Magneten auf den Organismus kategorisch abzustreiten, so schloß er nichtsdestoweniger seine Betrachtung damit ab, daß die Art der Entdeckungen, wie sie von den Pariser Metalloskopen bekannt geworden seien, alle sinnvollerweise unter dem Begriff der *„Suggestion"* zusammenzufassen seien. Bernheims Kritik fand ihr Echo in England, wo der Psychiater Hack Tuke schon früher die Rolle dessen beschrieben hatte, was er die „Erwartungshaltung" bei der Erzeugung metalloskopischer Effekte nannte. Er gab sich alle Mühe, deutlich zu machen, daß er die Existenz der von den Pariser Forschern beobachteten Phänomene nicht abstreite, aber „Tatsachen sind die eine Sache, ihre Begründung die andere, wie M. Charcot als Erster zugeben dürfte".

Zunächst wehrte sich die Schule Charcots gegen die Behauptungen, daß der Geisteszustand ihrer Versuchspersonen bei der Entstehung metallischer Effekte in irgendeiner Weise mitmischte. Sie schienen der Ansicht zu sein, daß, wenn sie auch nur einen teilweise suggestiv bestimmten Ursprung der von ihnen beobachteten Phänomene zugeben würden, es darauf hinauslaufen würde, daß diese Phänomene nicht „wirklich" existierten. Einige Forscher betonten die ausführlichen experimentellen Sicherheitsmaßnahmen gegenüber Versuchstieren, die doch schwerlich des Betrugs oder übertriebener Einbildungskraft bezichtigt werden konnten. Sie bezweifelten ferner, daß Metalloskopie durch Suggestion zu erklären wäre, weil in einigen Fällen die Effekte von Metallen und Magneten genau dem entgegengesetzt gewesen waren, was in einem suggestiv bestimmten Rahmen vom Patienten hätte erwartet werden müssen. Es wurde die Anekdote in Umlauf gebracht, wie der angesehene Neurologe Vulpian seinen anfänglichen Skeptizismus abgelegt hatte, nachdem er einem Experiment beiwohnte, bei dem 2 Metallplatten, beide zur Unkenntlichmachung in Leinen eingewickelt, auf eine Versuchsperson gelegt wurden. Die erste rief keine Wirkung hervor; die zweite tat es. Wie dann gezeigt wurde, war die erste Platte aus Gold, die zweite aus Kupfer; und es wurde erklärt, daß frühere Untersuchungen ergeben hatten, daß dieser Patient nicht auf Gold reagierte. *Wenn* die Wirkungen der Metalloskopie lediglich von der Einbildung des Patienten abhingen, stellte die Schule Charcots fest, *dann* hätte in beiden Versuchsabschnitten eine Wirkung eintreten müssen. Es war also offensichtlich, daß eine authentische Versuchsreihe abgelaufen war.

Aber am Ende gelang es diesen und ähnlichen Argumenten doch nicht, zu überzeugen; der Langzeiteffekt von Bernheims Kritik war der eines „Blitzeinschlags", wie es der Psychologe Pierre Janet später beschreiben sollte. Er führte zur Abwanderung aus Charcots Reihen und zu einem bei Außenstehenden weitverbreiteten Gefühl, daß die ganze Unternehmung irgendwie nur Augenwischerei gewesen sein könnte. Umwälzungen in der Geschichte der Psychologie scheinen mit der gleichen Erbarmungslosigkeit abzulaufen wie solche, die das Schicksal politischer Regierungen bestimmen. Und ein Ansatz zu einem Schwenk in eine neue Richtung wird in unserem Fall in gewissem Sinn durch diesen entscheidenden Triumph Bernheims über Charcot symbolisiert. So wie die letzten Jahrzehnte des 19. Jahrhunderts vom Verlangen geprägt waren, die Phänomene des Geistigen in den Begriffen der Gehirnphysiologie erfassen zu können, so waren die ersten Jahrzehnte des 20. Jahrhunderts nicht weniger von dem Interesse gekennzeichnet, den „Geist" aus sich heraus zu verstehen. In diesem neuen Umfeld wurde die Art der Hypnose, wie sie von Charcot und seinen Schülern durchgeführt worden war, nicht nur zurückgewiesen, sie wurde sogar vollständig aus dem wissenschaftlichen Leben verbannt.

Das letzte ist ein wichtiger Punkt. Als Historikerin der Hypnose hatte es mich wiederholt in Erstaunen versetzt, in welchem Ausmaß doch die Hypnose selbst ein Phänomen mit eigener „Geschichte" ist, d. h. ein Phänomen, das seine äußere Gestalt in Reaktion auf kollektive Erwartungen und sozialen Druck hin wechselt. So wie sich die Ansichten hinsichtlich der Hypnose ändern, so verändert sich die Hypnose selbst in einer durchaus real erlebbaren Art und Weise.

Wir selbst neigen dazu, dieses Phänomen leichthin unter dem Begriff der „Suggestion" anzugehen. Aber was genau verstehen wir eigentlich unter diesem Wort? Zweifellos hatte das von Bernheim eingeführte Konzept der „Suggestion" gegenüber Charcots Ansatz den Vorteil, daß es die längst notwendige Aufmerksamkeit auf das psychologische Element der Hypnose lenkte. Aber dennoch war es im wesentlichen, wie spätere Kommentatoren feststellten, ein nicht genau definierter Terminus, mindestens ebenso mysteriös und „alles"-sagend wie Mesmers „animalischer Magnetismus" im 18. Jahrhundert oder Baron von Reichenbachs okkultes „odylisches Fluidum" im frühen 19. Jahrhundert. Der Begriff der „Suggestion" isoliert betrachtet, kann z. B. nichts über die psychosomatischen Prozesse aussagen, durch die die seltsamen physiologischen Veränderungen ausgelöst durch den Hypnosezustand eines Patienten bewirkt werden, wie es von Charcot und seinen Schülern belegt wurde.

Und selbst wenn wir diesen wunden Punkt außer Acht lassen wollten, so können wir uns doch mindestens damit auseinandersetzen, daß der kritisierte Terminus einfach ein dynamisches Zusammenspiel von psychologischen Faktoren überpinselt, die keineswegs so leicht zugänglich sind. *Nichts* ist „einfach" im Zusammenhang mit der Hypnose. Und wenn jedes Mal bei auftauchenden Schwierigkeiten das Zauberwort „Suggestion" erschallt, so kommt das fast einer Absage an unsere eigene Verantwortlichkeit als wissenschaftliche Forscher gleich.

Alles das läßt mich zu der Ansicht gelangen, daß meine obige Darstellung nicht nur für diejenigen unter Ihnen relevant ist, die an der Geschichte der Hypnose ein spezielles Interesse haben, sondern auch für alle mit dem klinischen Phänomen „Hypnose" selbst befaßten Menschen. Außerdem, glaube ich, haben die von mir als Basis verwandten Primärquellen auch für sich allein stehend schon eine weiterreichende Bedeutung. Als Ganzes gesehen stellen diese Quellen eine wahre Goldgrube an Daten dar, die förmlich danach schreien, in einen angemessenen interdisziplinären Rahmen eingepaßt zu werden, der die Wichtigkeit von sozialen und kulturellen Faktoren der Hypnose ebenso beachtet, wie die psychologischen und physiologischen Zusammenhänge. In der Tat könnte größere Aufmerksamkeit gegenüber dem sich wandelnden Gesicht der Hypnose im Verlauf ihrer Geschichte einige Wege aufzeigen, wie bestehende Theorien zur Hypnose erweitert, abgeändert oder nochmals überprüft werden. Die Vergangenheit ist doch kein unbekanntes Terrain; und wenn wir wirklich eine Chance wahrnehmen wollen, den wesentlichen „Grundstoff" der Hypnose hinter dem Schattenspiel zu finden, das wir „Suggestion" nennen, dann dürfte es nötig sein, daß wir anfangen, einen genaueren Blick auf die möglichen Formen zu werfen, die diesen Schatten hervorrufen, und das nicht nur für unsere eigene Zeit, sondern auch mit einem Blick zurück in die Geschichte.

Literatur

Amadou R (1953) Esquisse d'une histoire philosophique du fluide. Revue métaphysique (Nouv Ser) 21:5–33

Barrucand D (1967) Histoire de l'hypnose en France. Presses Universitaires de France, Paris

Darnton R (1968) Mesmerism and the end of the enlightenment in France. Harvard Univ Press, Cambridge/MA

Dingwall FJ (ed) (1967/68) Abnormal hypnotic phenomena, 4 Bde. Livingston, London

Ellenberger H (1970) The discovery of the unconscious. Basic Books, New York

Harrington A (1987) Medicine, mind and the double brain: a study in nineteenth-century thought. Princeton University Press, Princeton/NJ

Harrington A (1988) Metals and magnets in medicine: Hysteria, hypnosis and medical culture in fin-de-siècle Paris. Psychol Med 18:21–38

Harrington A (1988) Hysteria, hypnosis and the lure of the invisible: The rise of neomesmerism in fin-de-siècle French psychiatry. In: Bynum W et al. (eds) The anatomy of madness: Essays in the history of psychiatry, vol 3. Tavistock, London, pp 226–246

Janet P (1925) Psychological healing: A historical and clinical study, 2 Vol. Allen & Unwin, London

Owen ARG (1971) Hysteria, hypnosis and healing: The work of J.-M. Charcot. Dobson, London

Schott H (Hrsg) (1985) Franz Anton Mesmer und die Geschichte des Mesmerismus. Steiner, Stuttgart

Günter W. M. Waldeck, Dr. med.
Arzt für Allgemeinmedizin,
Oberarzt einer psychiatrischen Klinik,
Ausbildung in autogenem Training,
Hypnose, katathymen Bilderleben und
Gestaltbioenergetik

Von den Trommeln der Schamanen zur humanistischen Psychologie: Hypnose durch die Jahrhunderte

Zusammenfassung

Wie ein roter Faden zieht sich der hypnotische Prozeß durch Psychotherapie-
konzepte unterschiedlichster Herkunft. Ob es sich um rituelle, autohypnoide,
analytische, körperorientierte oder gestaltzentrierte Methoden handelt,
Hypnose wirkt als Enzym, um die selbstgestaltende Kraft freizusetzen, damit
neues Lernen, Kreativität und Heilung möglich werden.

Summary

Hypnosis is a method which is common to psychotherapeutic approaches of the
most different origin. Whether within the context of ritual, autohypnotic,
analytic, body-orientated, or gestalt-like methods, hypnosis works as an en-
zyme to liberate self-creative power and make possible new learning, creativity,
and healing.

Unter *Enzymen* versteht man in der Biochemie seit Kuehne (1878) Eiweiß-
körper, deren Anwesenheit chemische Umsetzungen im Organismus in Gang
setzen, katalysieren.

Im Zitronensäurezyklus, der 1937 von Krebs, Martius und Knoop entdeckt
wurde, laufen die Fäden des Eiweiß-, Fett- und Kohlenhydratstoffwechsels
zusammen. Er stellt ein Sammelbecken für Zwischenprodukte dar, die zum
Aufbau neuen zelleigenen Materials verwendet werden oder dem Abbau unter
Energiegewinn anheimfallen.

Wozu dieser biochemische Prolog?

B.J.M. Diehl, Th. Miller (Hrsg.)
Moderne Suggestionsverfahren
© Springer-Verlag Berlin Heidelberg 1990

Dem Zeitalter der „biologischen" Psychiatrie ist diese Denkweise nicht fremd. Und bei einem Angebot von mehr als 240 anerkannten Psychotherapierichtungen liegt die Frage nach dem wirksamen „Agens" nahe.

Der hypnotische Prozeß als ubiquitäres Enzym

„Hypnose ist ein durch Suggestion herbeigeführter und verschiedengradig gesenkter Bewußtseinszustand mit trophotropen *vegetativen* Umschaltungen", so definiert von Langen in seinem *Kompendium der medizinischen Hypnose* (1972).

Die vielfachen Möglichkeiten, eine Hypnose einzuleiten, zeigt Tabelle 1.

Tabelle 1. Verschiedene Hypnosemöglichkeiten. (Mod. nach Langen 1972)

Reizauslöser	Methode	Hauptvertreter	Zeit
Optisch	Fixation	Schaubudenhypnotiseure	19./20. Jahrh.
	Autohypnose	Braid	1841
	Fixationshypnose	1. Schule von Nancy	1884
	fraktionierte Hypnose	Vogt-Brodmann	1897
	Farbenkontrasthypnose	Levy-Suhl	1908
	gestufte Aktivhypnose	Kretschmer	1946
	Ablationshypnose	Klumbies	1952
Haptisch	Passes	Mesmer	1775
	Polarity – Modifikationen	Stone u. Nachfolger	1948
	sanfte Bioenergetik	Reich	1952
	psychische Massage	Delong Miller	1975
Akustisch	Gesprächs- und analytische Therapien	Freud, Jung, Rogers et al.	ab 1895
	reine Verbalsuggestion	Liebeault	1866
	Monotonoidation	Sidis	1902
Vestibulär	plötzlicher Lagewechsel	Grossmann	1894
	gleichförmige Bewegung (Schaukelstuhl)	Forel	um 1900
	Samadhitank	Lilly	1954
Multisensorisch	schamanistische Methoden		seit Steinzeit
	Gestalttherapie	Perls	1942
	individuelle Hypnose	Erickson	1958
	„Focusing"	Gendlin	1962
Toxisch	Narkohypnose	v. Schrenck-Notzing u. a.	1891
	Schlafmittelhypnose	Wetterstrand u. a.	1893
	psycholytische Therapie	Leuner, Grof	ab 1960
Autotoxisch	Hyperventilation	Swedenborg	um 1750
	Psychoprophylaxe	Bonwill, Velvovski-Lamaze, Chertok	1950
	holonomes Atmen	Grof	1980

Rituelle Methoden

„Der Schamane beginnt kunstvoll die Trommel zu schlagen. Die Zuhörer wagen kaum zu atmen, und nur das Stöhnen und Räuspern des Schamanen ist zu hören... dann wieder Schweigen... man hört Geräusche und Laute, die wie Donnerschläge, wie das Schreien von Seemöwen, Pfeifen der Sumpfschnepfen, dann wie Adler- und Eulengeschrei klingen. Die Trommelschläge werden immer stärker und stärker, die Glöckchen am Gewand des Schamanen beginnen zu klingen. Die Zuhörer sind benommen von diesen Geräuschen und dem Lärm. Dann beginnt der Schamane eine lange, rhythmische Litanei psalmodierend vorzutragen...

Mit Gebeten wendet sich der Schamane an seinen Schutzgeist Aemaegaet und an andere Hilfsgeister. Er spricht mit ihnen und erhält Antworten von ihnen" (Czaplicka, zit. nach Lommel 1980).

Im Schamanen haben wir eine Verdichtung der geistigen Essenz des Jägertums, das sich in Nordamerika, Nordasien, Australien und vereinzelt in Afrika bis in unsere Zeit erhalten hat.

Schamanismus ist nicht, wie oft angenommen, eine Religion, sondern eine *psychische Technik*, die im Rahmen jeder Religion auftreten kann. Durch monotone Geräusche, Trommelschlagen oder Tanzen wird ein *hypnotischer* Zustand ausgelöst.

Die soziale Funktion des Schamanen besteht neben Krankenheilung v. a. in der psychischen Stabilisierung der Stammesgemeinschaft, z. B. durch alljährliche Jagdriten. Er ist gewissermaßen der Regulator der Stammesseele (Czaplicka, zit. nach Lommel 1980).

Autohypnoide Methoden

Das im deutschen Sprachraum am meisten verwendete psychotherapeutische Verfahren ist das von J. H. Schultz (1884–1970) begründete *autogene Training*.

Sowohl nach der somatischen wie psychischen Seite hin fundiert, bildet es eine Brücke zwischen somatischer und psychischer Medizin und steht zwischen lerntheoretischen und analytischen Methoden.

Die *Wirkung* der Methode beruht auf einem Ausgleich im *Vegetativum und Affektivum* – der Übende wird ruhiger, gelassener, kreativer, verliert psychosomatische und neurotische Störungen oder beugt ihnen vor. Es lassen sich aber auch somatische Effekte wie Geburtserleichterung, Schmerzstillstand etc. erreichen.

Für den Gesunden bietet es Hilfe bei Schulproblemen, Studium, Sport und Management. Das „Ich" wird gestärkt und letztlich der Mensch der Selbstverwirklichung nähergebracht (im Oberstufen-AT).

Die Effekte des AT lassen sich in physiologischen und psychologischen Parametern ausdrücken, z. B. Hauttemperatur, Darmmotilität, Elektroenzephalogramm, Elektromyogramm, ebenso in psychologischen Tests (Gießen-Test, Freiburger Persönlichkeitsinventar; Wallnöfer 1975, in: Journal für Autogenes Training und Allgemeine Psychotherapie 2, Heft 2–4).

Hypnose und Psychoanalyse

Die Geschichte der Hypnose führt uns zu Hippolyte M. Bernheim (1840–1919), der eine Anstalt in Nancy leitete. Die Kontroverse zu Charcot („Hypnose ist ein besonderer hysterischer Zustand") ging zugunsten Bernheims und Liebeaults aus: „Jeder geistig Gesunde kann hypnotisiert werden."

Sein Buch über Suggestion und Hypnose wurde von Sigmund Freud ins Deutsche übersetzt und mit einer Einleitung versehen. Dieser kam 1885, nach dem medizinischen Staatsexamen in Wien, nach Paris, wo er Vorlesungen bei Charcot besuchte und später Hypnotherapie bei Bernheim erlernte (Roback 1970).

Im Jahre 1895, 10 Jahre später, brachten Freud und Breuer ihre Patienten in hypnotischem Zustand zum „Abreagieren", sie wurden die geistigen Väter der *Hypnokatharsis* (Langen 1972).

Trotzdem Freud in der Folge persönlich auf Hypnose verzichtete, definierte er ihren Stellenwert:

„Wir werden auch sehr wahrscheinlich genötigt sein, in der Massenanwendung unserer Therapie das reine Gold der Analyse reichlich mit dem Kupfer der direkten Suggestion zu legieren, und auch die hypnotische Beeinflussung könnte ... wieder eine Stelle finden" (Freud 1917).

Körperorientierte Psychotherapie am Beispiel der Bioenergetik

Wilhelm Reich (1897–1957) verdanken wir revolutionäre Entdeckungen in den Bereichen Psychologie (Widerstands- und Charakteranalyse, sexualökonomische Theorie der Neurose), Biophysik (Orgonenergie) und Soziologie (gesellschaftskritische Arbeiten).

Unter Charakterpanzer werden chronische Muskelspasmen verstanden, die der Mensch als Abwehr gegen den Durchbruch von Emotionen und vegetativen Wahrnehmungen (Wut, Angst oder sexuelle Erregung) entwickelt.

Die bioenergetische Analyse bedient sich verschiedener Methoden, um dem Patienten seine Haltungen, die im Unterbewußtsein ihre Wurzeln haben, bewußt zu machen.

Alexander Lowen entwickelte dafür Übungen („Grounding" und Streßpositionen), um sich in die „fleischgewordene Geschichte" (nach Wolf Buentig) einzulassen und die Botschaft der Muskelpanzerung zu erkennen.

In Workshops bei Eva Reich, die ihre Methode *sanfte Bioenergetik* nennt, hat das *hypnoide* Moment einen wesentlichen Platz: Der Klient liegt auf einer Matratze (partielle Regression), intensiviert seine Atmung (ohne zu hyperventilieren) und wird durch die „Butterfly-touch"-Massage sanft an seine Blockaden herangeführt.

Gestalttherapie(nach Fritz Perls, 1893–1970)

Abgebrochene Sätze („äh", „em"), vage Gefühle, seltsame Empfindungen und Halluzinationen deuten auf *Konfusionsbereiche*. Ihre Behandlung sah Perls im „Rückzug in die *fruchtbare Leere*":

„Die Leere ist das Korrelat der Verwirrung. Sie ist eine Blockierung der Verwirrung, die Anstrengung, sie völlig auszulöschen" (Perls 1982).

Der Mensch, der fähig ist, in der Erfahrung der fruchtbaren Leere zu bleiben, der seine Verwirrung bis zum äußersten erfährt und der sich alles bewußt machen kann, was seine Aufmerksamkeit verlangt (z. B. Halluzinationen etc.), dem kann eine große Überraschung blühen:

Er wird wahrscheinlich ein plötzliches „Aha-Erlebnis" haben. Plötzlich wird eine Lösung nach vorn kommen, eine Einsicht, die vorher nicht dagewesen ist, ein blendender Blitz von Erkenntnis oder Verständnis. Was in der fruchtbaren Leere geschieht, ist eine schizophrene Miniaturerfahrung. Das können natürlich nur wenige Leute ertragen.

Die Erfahrung der fruchtbaren Leere vergleicht Perls (1982) mit der hypnagogischen Halluzination, aber von voller Bewußtheit begleitet. Das Ziel ist im Grunde die Entwirrung. Verwirrung wird zur Klarheit, die Ausweglosigkeit zur Kontinuität, die Interpretation zur Erfahrung. Sie steigert den Support, denn sie macht dem Experimentierenden deutlich, daß er sehr viel mehr verfügbar hat, als er glaubte.

Literatur

Freud S (1917–21) Gesammelte Werke, Bd XII. Fischer, Frankfurt 1966 ff.
Karlson P ([10]1977) Kurzes Lehrbuch der Biochemie. Thieme, Stuttgart
Langen D (1972) Kompendium der medizinischen Hypnose. Karger, Basel
Lommel A (1980) Schamanen und Medizinmänner, 2. Aufl. Callway, München
Perls F (1982) Grundlagen der Gestalt-Therapie. Pfeiffer, München
Roback AA (1970) Weltgeschichte der Psychologie und Psychiatrie. Walter, Olten

Hansjürgen K. Meyer, Dr. med.
Arzt, Dipl.-Psych.

Gehirnforschung und Psychotherapie

Zusammenfassung

Mit der ^{133}Xe-Methode wurden 12 gesunde freiwillige Probanden untersucht, die in AT trainiert waren. Während bei dem einstudierten AT keine globalen kortikalen Durchblutungsänderungen entstanden, traten diese nach einer Hypnoseinduktion mit gut realisierter Levitation auf.

Eine generelle rechtshemisphärische Durchblutungssteigerung durch AT oder Hypnose ließ sich nicht finden. Das Gelingen der Hypnose wurde aber mindestens von einer absoluten rechtshemisphärischen Mehrdurchblutung begleitet. Zusätzlich zeigte sich, daß die einzelnen Probanden für AT und Hypnose jeweils eine relative Aktivierung derselben Hemisphäre benutzten. Hochabsorptive Probanden aktivierten für beide hypnotischen Zustände stärker die rechte Hemisphäre, durchschnittlich absorptive dagegen die linke. Die Hemisphärenpräferenz war aber unabhängig von der Realisierung des hypnotischen Zustandes.

AT und Hypnose werden im Zusammenhang mit dem Hemisphärenmodell und den imaginativen Fähigkeiten diskutiert.

Summary

Regional cerebral blood flow (rCBF) was measured by means of the 133-xenon inhalation method in 12 healthy male volunteers with several months' experience in autogenic training. While no changes were observable during autogenic training, we found a global increase in cortical blood flow during the levitation of the right arm in hypnosis.

There was no right hemispheric increase in cortical blood flow during autogenic training or hypnosis. However, the levitation of the right arm in hypnosis was not successfully performed unless the cortical blood flow in the

B.J.M. Diehl, Th. Miller (Hrsg.)
Moderne Suggestionsverfahren
© Springer-Verlag Berlin Heidelberg 1990

right hemisphere was higher than in the left hemisphere. All subjects activated the same hemisphere in hypnosis and in autogenic training. High absorption levels coincided with right hemispheric preference, whereas average absorption levels coincided with left hemispheric preference. But right hemispheric preference did not result in a better performance of hypnosis or autogenic training.

The results are discussed in terms of the models of different information processing in the two hemispheres.

Ein Gerücht berichtet, es habe einmal einen Professor gegeben, der darüber zu entscheiden hatte, wer zum Medizinstudium zugelassen wurde und wer nicht. Er benutzte dabei ein ungewöhnliches Kriterium: nämlich nicht einen Wissenstest oder irgendwelche Eigenschaften der Persönlichkeit, sondern vielmehr das Klavierspiel. Wer gut spielen konnte, wurde zugelassen. Das scheint zunächst völlig absurd. Was hat der Beruf des Arztes mit dem Klavier zu tun?

Über den Beruf des Arztes wird vielleicht manches aus der Sicht anderer Berufsgruppen deutlicher. So schreibt ein berühmter Geisteswissenschaftler über die Ärzte: „...zunehmend gerät heute die Heilung durch das Wort in Vergessenheit. Das ist einer der Gründe, weshalb die heutigen Ärzte vielen Krankheiten nicht gewachsen sind." Und er rät den Ärzten direkt: „Lassen Sie sich nicht überreden, z.B. mit einer Arznei die Kopfschmerzen des Patienten zu behandeln, wenn dieser nicht bereit ist, auch über seine seelische Situation zu sprechen. Denn gerade heute ist der Fehler bei vielen Menschen, daß sie einen Arzt für den Körper und einen anderen für die Seele suchen." Dieser Ratschlag klingt aktuell, ist aber etwa 2500 Jahre alt und stammt von Platon (nach Otto et al. 1957).

Was weiß man nun heute über Musikalität, die Seele entlastendes Sprechen und die Gehirnfunktionen? Wissenschaft besteht schließlich nicht nur aus kreativen Ideen, wie etwas sein könnte, sondern auch aus der kritischen Überprüfung solcher Theorien. Wissenschaft ist eine Suche nach Verkettungen, sozusagen auf die Natur angewandtes paranoides Denken (Sagan 1978).

Im *ersten* Schritt dieser Übersicht soll das heutige Wissen über die Hemisphärenfunktionen dargestellt werden; im *zweiten* Schritt sollen die Parallelen zu psychoanalytischen Vorstellungen herausgearbeitet werden und im *dritten* Schritt sollen experimentelle Untersuchungen zur Hemisphärenfunktion unter AT und Hypnose beschrieben werden.

Heutiges Wissen über die Hemisphärenfunktion

Seit den 50er Jahren wurde über die Funktion unserer beiden Gehirnhälften zunehmend geforscht. Dafür erhielt Sperry 1981 den Nobelpreis für Physiologie. Sperry benutzte bei Patienten mit schweren epileptischen Anfällen ein Operationsverfahren, das die beiden Hirnhälften trennte und die Anfälle deutlich schwächer oder gar nicht mehr auftreten ließ. Zugleich konnte er jetzt die Kontrolle der beiden Hemisphären über den Körper studieren, und es finden sich überraschende Verbindungen zu den berichteten Auffassungen.

Zum einen zeigte sich, daß die von der linken Gehirnhälfte kontrollierte rechte Körperhälfte und die von der rechten Gehirnhälfte kontrollierte linke Körperhälfte unabhängiger voneinander reagieren konnten.

Berichtet wird auch von einem „Split-brain"-Patienten, der beschrieb, wie seine linke Hand gegen die rechte kämpfte, wenn er am Morgen seine Unterhosen anziehen wollte. Die eine Hand zog sie hoch, die andere hinunter. In einer anderen Situation hatte sich derselbe Patient geärgert und schlug mit der linken Hand nach seiner Frau, während seine rechte Hand die linke aufzuhalten versuchte (Springer u. Deutsch 1987). Insgesamt blieben aber solche Anpassungsschwierigkeiten nach der Operation die Ausnahme.

Zum anderen zeigten sich unterschiedliche Leistungsprofile beider Gehirnhälften. Die linke Gehirnhälfte hat bei den meisten Rechtshändern die Kontrolle über die Sprache. Sie kann in logischen Ketten denken und die Zeit erfassen. Die rechte Hemisphäre dagegen kann sich sehr gut räumlich etwas vorstellen, sie kann Melodien verstehen und nachsingen lassen, und sie ist es auch, die im Ton eines gesprochenen Textes die Hinweisreize für den jeweiligen Gefühlsausdruck entdecken kann (Tucker et al. 1977). Jede der beiden Gehirnhälften ist fähig, wahrzunehmen, zu lernen, sich zu erinnern und zu fühlen. Die linke und die rechte Gehirnhälfte haben aber jeweils ihre eigene, individuelle Kette von Erinnerungen und Lernerfahrungen, und es besteht ein deutlicher Unterschied in der Art der Information, die die eine oder andere Hirnhälfte lernen und wiedergeben kann. Auf die Informationen einer Hemisphäre kann die andere nicht ohne deren Unterstützung zurückgreifen (Springer u. Deutsch 1987).

Ist der Austausch zwischen beiden Hemisphären blockiert, dann leidet die Kreativität. Es kommt zu einer allgemeinen Verarmung an Träumen, Phantasien und Symbolen. Nur noch wenige „Split-brain"-Probanden können sich an ihre Träume erinnern, die, wenn sie auftreten, weniger symbolhaltig sind (Bogen 1969; Hoppe 1977).

Die rechte Hemisphäre hat keine Möglichkeit sich auszudrücken, außer dadurch, daß sie der linken Informationen zuführt. Die verbale Hirnhälfte besteht darauf, auch das Wissen der anderen Hirnhälfte irgendwo unter der Oberfläche zu besitzen. Sie gibt zu verstehen, daß kein anderes Bewußtseinszentrum existiert, das über jenes Wissen verfügt (Sperry et al. 1979; Puccetti 1981).

Trotz spezieller Anweisungen, die gezielt eine bestimmte Gehirnhälfte aktivieren sollten, war es nicht immer möglich, für einen Probanden vorherzusagen, welche Gehirnhälfte eine Reaktion kontrollieren wird. Bei einer gestellten Aufgabe wetteifern beide um die Kontrolle und nicht immer übernimmt dann die geeignetere die Aufgabenlösung. Je einseitiger dies ausfällt, um so mehr ist die Harmonie zwischen beiden Gehirnhälften gestört. Vielleicht wird sogar der störende Einfluß der jeweils anderen Hirnhälfte direkt ausgeschaltet (Hoppe 1977; Springer u. Deutsch 1981).

Da in der Regel nur die linke Gehirnhälfte über sprachliche Fähigkeiten verfügt, ist es nicht so einfach, sich mit der anderen Gehirnhälfte zu verständigen. Über einen Probanden wird berichtet, der nach der Operation in beiden Hemisphären sprachliche Fähigkeiten aufwies. Wurden Informationen nur seiner linken Gehirnhälfte übermittelt, dann konnte sie antworten, wurde sie der rechten Gehirnhälfte übermittelt, dann antwortete diese.

Dabei zeigte sich, daß die Antworten auf jeweils gelesene Fragen auch für beide Hirnhälften unterschiedlich ausfallen konnten. So antwortete die linke Hemisphäre auf die Frage nach dem Berufswunsch „technischer Zeichner", die rechte dagegen „Autorennen" (Gazzaniga u. LeDoux 1978). Nach vielen Fragen und Antworten zeigte sich auch, daß manche Antworten je nach Tag unterschiedlich ausfielen. „An einem Tag, an dem die linke und die rechte Hemisphäre den Patienten selbst, seine Freunde und andere Dinge gleich bewerteten, war er ein ruhiger, fügsamer und sympathischer Jugendlicher. An Tagen, an denen die rechte und die linke Seite in ihren Bewertungen nicht übereinstimmten, erwies es sich als schwer, mit dem Patienten umzugehen. Es sieht ganz so aus, als ob jedes geistige System jederzeit die unterschiedlichen emotionalen Zustände des anderen registrieren kann. Wenn sie nicht übereinstimmten, wird ein Gefühl der Angst ausgelöst, das letztlich an übermäßiger Aktivität und allgemeiner Aggression abzulesen ist." Die Forscher schlossen schließlich, daß offenbar jede Hemisphäre ihr eigenes Selbstbewußtsein und ihr eigenes Bewertungssystem für aktuelle Ereignisse besitze (LeDoux et al. 1977).

Parallelen zu psychoanalytischen Vorstellungen

Die von Freud beschriebene dritte empfindliche Kränkung der menschlichen Größensucht, daß das Ich nicht Herr im eigenen Hause sei, erscheint vergleichbar mit der Dethronisation der von Desquartes betonten bewußten Ratio durch die Entdeckung eines zweiten Denk- und Bewußtseinssystems in uns (Freud 1917).

Als das Ziel einer psychoanalytischen Behandlung betrachtet Mitscherlich-Nielsen (1986) „die unbewußten Motive und Inhalte im Umgang mit sich und anderen bewußt zu machen". Und Freud schreibt: „Die Symptombildung ist ein Einsatz für etwas anderes, was unterblieben ist. Gewisse seelische Vorgänge hätten sich normalerweise so weit entwickeln sollen, daß das Bewußtsein Kunde von ihnen erhielte. Das ist nicht geschehen, und dafür ist aus den unterbrochenen, irgendwie gestörten Vorgängen, die unbewußt bleiben mußten, das Symptom hervorgegangen." So wie in dem von Weizsäcker-Gestaltkreis der subjektive und der objektive Standpunkt aneinander gekoppelt erscheinen, so wird auch in neueren philosophischen Theorien nur noch dort von „Ganzheit" gesprochen, wo der Beobachter gezwungen ist, zur Beschreibung des Strukturganzen mehrere voneinander unterschiedene bzw. sich gegenseitig ausschließende Standpunkte einzunehmen (Günther 1978). Zu solchen unterschiedlichen Standpunkten können auch die verschiedenen Denkstile der beiden Hemisphären führen.

Kann man nun so einfach rechtshemisphärische Vorgänge mit dem Unbewußten gleichsetzen? Die experimentelle Erkenntnis, daß bei 95 % der Rechtshänder das sprachliche Bewußtsein mit den Funktionen der linken Hemisphäre verknüpft ist, bedeutet nicht zwangsläufig, daß jedes unbewußte Geschehen ausschließlich mit Funktionen der rechten Hemisphäre verbunden ist. Aber der

Schwerpunkt derjenigen unbewußten Vorgänge, die sich mit bildhaften und phantasiebezogenen Prozessen beschäftigen, kann dort vermutet werden.

Ein Einstieg zum leichteren Verständnis bietet sich zunächst über das isolierte Gebiet der Träume an. Träume sind ein wichtiger Zugang zum Unbewußten und treten bei „Split-brain"-Patienten seltener auf. Genauer gesagt, muß man vermuten, daß sie zwar auftreten, aber das (linksseitige Sprach)bewußtsein nicht erreichen. Die Leistung des Gehirns im Traum soll zunächst am Beispiel verdeutlicht werden.

Viele berühmte Wissenschaftler haben berichtet, wie sie im Traum die Lösung eines Problems gefunden haben. So z.B. Otto Loewi, der nachts aus dem Schlaf heraus einige Bemerkungen notierte, sie aber am Morgen nicht lesen konnte. In der nächsten Nacht kam ihm erneut die gleiche Idee. Er konnte damit einen Versuchsplan zum Nachweis chemischer Überträgersubstanzen in der Nervenleitung aufbauen und bekam 1936 für seine Entwicklung den Nobelpreis (Springer u. Deutsch 1977).

Der Chemiker Kekulé versuchte, die Strukturformel des Benzols zu entschlüsseln. Benzol ist ein Stoff aus 6 Kohlenstoffatomen und 12 Wasserstoffatomen. Wie bei 6 Tänzern in einer Reihe bleiben aber bei den beiden äußeren Tänzern 2 Arme frei. Erst als Kekulé im Traum 6 tanzende Elfen sah, die sich zu einem Kreis schlossen, kam ihm die Idee, daß auch die Kohlenstoffatome im Kreis angeordnet sein könnten. Er erfand den Benzolring.

Heute kennt man die kreativitätsfördernde Wirkung von z.B. AT und nutzt sie in Wissenschaft und Technik.

Für psychoanalytisch geschulte Therapeuten ist die Bedeutung des Traumes und der Phantasie nicht neu. Welche Konsequenzen haben nun die Entdeckungen bei „Split-brain"-Patienten für Freuds Theorien?

Galin (1974) glaubt, daß sie die Freudsche Annahme eines Unbewußten neurologisch bestätigen. Er weist darauf hin, daß die rechtshemisphärische Art zu denken, Freuds Beschreibung des „Unbewußten" ähnelt. Eine Parallele zwischen der Funktionsweise der isolierten rechten Hemisphäre und geistigen Prozessen, die unterdrückt, unbewußt und nicht imstande sind, Verhalten direkt zu kontrollieren, wird von Galin beschrieben: „Gewisse Aspekte in der Funktionsweise der rechten Hemisphäre stimmen mit den kognitiven Prozessen überein, die Psychoanalytiker Primärvorgang genannt haben, also mit jener Form des Denkens, die Freud ursprünglich dem Unbewußten zugeordnet hat." Dazu gehören der häufige Gebrauch von Bildern, eine geringere Beteiligung an der Wahrnehmung von zeitlicher Dauer und der Reihenfolge von Ereignissen sowie eine eingeschränkte Sprache, wie sie in Träumen und bei Versprechern vorkommt.

Während nach Galin (1974) die beiden Hemisphären normalerweise integriert arbeiten, kann zu bestimmten Zeiten die Kommunikation zwischen ihnen blockiert sein. Als Ergebnis könnte bei normalen Menschen eine Situation auftreten, die der bei „Split-brain"-Patienten ähnelt. Galin illustriert, wie die 2 Hemisphären einer normalen Person so arbeiten könnten, als ob sie chirurgisch voneinander getrennt wären. In einem interessanten Beispiel beschreibt er eine konfliktbedingte Hemmung der Informationsübermittlung: „Stellen Sie sich vor, wie es auf ein Kind wirkt, wenn seine Mutter sprachlich eine bestimmte Äußerung macht, aber durch ihren Gesichtsausdruck und ihre Körpersprache eine ganz andere; ‚Ich tue das, weil ich Dich liebe, mein Schatz‘ – lauten die Worte, aber: ‚Ich hasse Dich und will Dich vernichten‘ – sagt das Gesicht.“

Jeder Hemisphäre wird die gleiche Eingangsinformation von den Sinnesorganen zugeführt, aber tatsächlich erhalten beide nach Galin einen unterschiedlichen Input, da sich jede nur auf eine der Botschaften konzentriert. Die linke wird die sprachlichen Hinweise beachten, die rechte die nichtsprachlichen. Galin schließt folgende Vermutung an: „In dieser Situation könnten sich die zwei Hemisphären für entgegengesetzte Handlungsweisen entscheiden, die linke für Annäherung und die rechte für Flucht... Die linke Hemisphäre scheint meistens die Kontrolle über die Output-Kanäle zu gewinnen, aber wenn es ihr nicht gelingt, die rechte völlig auszuschalten, geht sie möglicherweise dazu über, die Übermittlung der widersprüchlichen Informationen von der anderen Seite zu unterbinden... Jede Hemisphäre behandelt den schwachen kontralateralen Input so, wie Menschen i. allg. mit den gelegentlichen abweichenden Beobachtungen umgehen, die nicht in das Gros ihrer Überzeugungen hineinpassen: Sie werden zuerst ignoriert und dann, wenn sie hartnäckig bestehen bleiben, aktiv gemieden.“

Galin nimmt an, daß in solchen Momenten eine Art der Hemisphärentrennung vorliegt und die linke Hemisphäre allein das Bewußtsein beherrscht. Geistige Vorgänge in der rechten Hemisphäre führen jedoch weiterhin ein Eigenleben und handeln wie das Freudsche Unbewußte, als „unabhängiges Reservoir unzugänglicher Denkprozesse“. Sie können unangenehme Gefühle hervorrufen.

Experimentelle Untersuchungen

Eine Hypothesenüberprüfung kann nicht ohne eine grundsätzliche Auseinandersetzung mit Möglichkeiten der experimentellen Objektivierung überhaupt stattfinden. So fordert die klassische Physik als sog. nomothetische Realwissenschaft allgemein gültige und empirisch abgesicherte Gesetzesaussagen. Von psychiatrischer und insbesondere auch psychoanalytischer Seite wird entgegengesetzt, daß durch Quantifizierungsversuche der seelische Untersuchungsgegenstand leicht verloren gehe. Wesentlich sei aber nicht die Regel, sondern das Verstehen im Einzelfall. Durch die statistisch festgestellte Häufigkeit eines Zusammenhangs werde der Zusammenhang selbst nicht verständlicher. Nur die Häufigkeit werde durch die Statistik bestätigt, nicht der Zusammenhang selbst (Jaspers 1946).

Über die aristotelische Logik (tertium non datur) geht diese Gegenüberstellung von logisch-deduktiver und hermeneutisch-induktiver Methode aber nicht hinaus. Notwendig erscheint heute dagegen die Einsicht, daß der Prozeß des Erkenntnisgewinnens beide Vorgehensweisen erfordert. Sie bedingen sich wechselseitig in einem spiralförmig vorzustellenden Prozeß. Verständnis des Einzelfalls und Entwurf und Überprüfung von Regeln bauen deshalb aufeinander auf. Auch in den Sozialwissenschaften kann Statistik nicht die Funktion haben, zwingende Schlüsse logisch herzuleiten, sondern sie dient eher dazu, voreiligen Behauptungen über die anzutreffende Tatsächlichkeit eines psychologisch verständlichen Zusammenhangs entgegenzuwirken (Ulrich u. Wiesse 1983).

Was sind nun diese zu überprüfenden Behauptungen für das hier zu beschreibende Experiment?

Ähnlich wie dem Traum wird auch hypnotischen Prozessen nachgesagt, v. a. Funktionen der rechten Hemisphäre zu verwenden. Ein solcher Prozeß wird auch durch das AT eingeleitet. Schon seit Jahrtausenden sind Techniken bekannt, die Trance zur Heilung verwenden. So glaubten beispielsweise die Schamanen, daß ein körperliches Gebrechen Ausdruck eines Ungehorsams aus Angst gegenüber dem eigentlichen Traumbefehl sei (Drewermann 1985). Die Hypnose schaffe günstige Bedingungen, um bildhafte Fähigkeiten und Talente zeigen zu können und soll von suggestiblen Probanden leichter erreicht werden. Klinische Interviews mit hoch und gering suggestiblen Probanden zeigten, daß hoch suggestible über eine bis in ihre Kindheit zurückreichende Erfahrung von bildhaftem Denken verfügten. Auch ließ sich zeigen, daß hoch im Vergleich zu wenig suggestiblen Probanden eine eher ganzheitliche kognitive Strategie verwenden (Tellegen 1978; Hilgard 1979; Crawford u. Allen 1983).

Um das Erleben der Gefühle während einer Hypnose zu ermöglichen, scheint der leichte Zugang eines Probanden zu seinen bildhaften Fähigkeiten nach den referierten Befunden wichtig zu sein. Die Informationen der rechten Hemisphäre, die bei bildhaften Phänomenen stärker beteiligt ist, sind auch der linken zugänglich. Deren Funktion wird mit dem (Sprach)bewußtsein in Verbindung gebracht. Wenn der Austausch zwischen beiden Hemisphären über den Balken (Corpus callosum) blockiert ist, dann werden die bildhaften Phänomene nicht mehr bewußt und es leidet die Kreativität (Bogen 1969; Hoppe 1977). Bildhafte Fähigkeiten und eine lebendige Vorstellungskraft könnten deshalb für einen habituellen transcallosen Informationsaustausch sprechen. Umgekehrt wird bei wenig suggestiblen Probanden ein geringerer Zugang zu rechtshemisphärischen Fähigkeiten angenommen. Ähnlich wird das Fehlen von Phantasien („pensée opératoire", Alexithymie) bei psychosomatischen Patienten mit einer „funktionellen Kommissurotomie" in Verbindung gebracht. Bei diesen Probanden zeigen sich auch niedrigere Werte einer lebendigen Vorstellungskraft (Absorption).

Ziel einer Untersuchung sollte nun sein, herauszufinden, ob Probanden mit Erfahrung im AT als dem am häufigsten angewandten Verfahren der sog. „kleinen Psychotherapie" tatsächlich ihre rechte Hemisphäre stärker benutzen können.

An der Untersuchung nahmen 12 gesunde männliche Freiwillige teil, die seit mindestens 3 Monaten AT selbständig und regelmäßig praktizierten. Sie waren zwischen 21 und 45 Jahren alt. Alle Probanden hatten im Sinne einer prähypnotischen Suggestion vorher eine Hypnose des gleichen Hypnotiseurs beobachten oder gar erleben können. Umgekehrt erleichtert das vorangegangene Erlernen des AT die Hypnose (Alexander 1972; Ruch 1975).

Jeder Proband wurde unter 4 verschiedenen Bedingungen gemessen:

1. R 1 – Ruhe mit geschlossenen Augen als Anfangsmessung,

2. AT – autogenes Training als Technik der Selbsthypnose,
3. H – Hypnose mit suggerierter Levitation und Katalepsie des rechten Armes,
4. R 2 – posthypnotische Ruhe mit geschlossenen Augen.

Um Konfundierungen mit der Reihenfolge der Messungen zu vermeiden, wurde die Anordnung variiert. Für einige Probanden folgten auf R 1: H, R 2, AT, für die anderen folgten auf R 1: AT, H, R 2.

Für die Messung einer erhöhten kortikalen Aktivität wird davon ausgegangen, daß sie eine erhöhte Energielieferung in Form von Glukose und Sauerstoff erfordert. Wegen fehlender größerer Speicher im Gehirn selbst, müssen beide Stoffe vermehrt durch den Blutkreislauf bereitgestellt werden. Die Änderungen der kortikalen Durchblutung entsprechen denen der Rindenaktivität. Dabei wird für die Ermittlung der Durchblutungsänderung die Abnahme eines der Atemluft beigemischten, radioaktiv markierten Gases (^{133}Xe) über die Blutbahn gemessen (Maximilian 1980; Risberg 1980).

Nach Abschluß der Messungen fand jeweils eine ausführliche Befragung der Probanden über ihre Erlebnisse während der Hypnose, der Levitation und des AT statt. Die Probanden wurden nachträglich bei deutlicher objektiver Levitation als Realisierer, bei schwacher oder fehlender Levitation als Nichtrealisierer eingeordnet. Für das AT schätzten die Probanden selbst ein, ob sie ihre Übung realisiert hatten oder nicht.

Vor Beginn der Messungen hatten die Probanden das FPI (Fahrenberg et al. 1984) und den Absorptionfragebogen für lebendige Vorstellungskraft zu Hause beantwortet (Meyer et al. 1987b). Die Fragebogen eines Probanden waren nicht auswertbar. Kein Proband wies verringerte Absorption- oder erhöhte Neurotizismuswerte auf. Dadurch muß davon ausgegangen werden, daß nur eine speziell selektierte Gruppe von Probanden, nämlich eher gut bis sehr gut suggestible an der Untersuchung teilnahmen.

Ergebnisse

Es zeigten sich *keine* bei allen Probanden gleiche Durchblutungsveränderungen der Hemisphären. Nur die Probanden mit hohen Absorptionwerten nutzten die Selbst- oder Fremdhypnose zur relativen Aktivierung der rechten Hemisphäre. Die bei diesen hoch absorptiven Probanden beobachtete (flexible) Aktivierung eines mehr rechtshemisphärischen, imaginativen Verarbeitungsmodus spiegelt sich demnach in der relativen Veränderung der Hirndurchblutung wider. Probanden mit durchschnittlichen Werten versuchten für ihre Übung in AT und Hypnose stärker die linke Gehirnhälfte einzusetzen. Sie waren aber damit bei der neuen fremdhypnotischen Technik nur dann erfolgreich, wenn die rechte Gehirnhälfte absolut gesehen dominant blieb.

Damit könnten für Probanden mit hohen Werten lebendiger Vorstellungskraft gegenüber denjenigen mit durchschnittlichen Werten unterschiedliche Wege in den hypnoiden Zustand führen.

Über Probanden mit niedrigen Absorptionwerten können dagegen nur Vermutungen angestellt werden, da sie in dieser Studie nicht vorkommen. Vielleicht hatte sich ihre Fähigkeit durch das Erlernen des AT vergrößert, vielleicht hatten sie sie nicht erfolgreich erlernen können. Für die letztgenannte Überlegung spricht, daß diese Probanden vermehrt Schwierigkeiten bei dem Erlernen einer selbsthypnotischen Technik haben (Meyer et al. 1987 b).

Das Ausmaß der Vorstellungskraft steht aber nicht nur mit der Art der Hemisphärenreaktion in Verbindung, sondern auch mit dem Ausmaß der Realisation der Übung. Die eintrainierte Selbsthypnose schien für hoch absorptive Probanden leichter zu sein. Probanden mit großer lebendiger Vorstellungskraft realisierten häufiger die Selbsthypnose, aber nicht die Levitation unter der Fremdhypnose. Die Übernahme der Levitationssuggestion erscheint weniger von der Art der angewandten kognitiven Strategie abhängig als vielmehr von dem Ausmaß der Durchblutungssteigerung. Bei dem gewählten experimentellen Design muß unklar bleiben, ob wie bei der Selbsthypnose nach einiger Trainingszeit hoch absorptive Probanden auch bei der Fremdhypnose häufiger die Suggestion realisieren könnten, oder ob die methodischen Unterschiede zwischen beiden Techniken einen solchen Vergleich nicht zulassen.

Die bei der Selbsthypnose vermutete und beschriebene stärkere relative linkshemisphärische Aktivierung (Fromm 1975; Meyer et al. 1987 a) als Äquivalent einer bewußt steuernden Funktion findet sich v. a. bei den weniger hoch absorptiven Probanden. Das selbsteingeschätzte Gelingen der Selbsthypnose und die objektive Levitation unter Fremdhypnose ist damit insgesamt nicht von einer relativen Aktivierung der rechten Hemisphäre abhängig.

Die rechte Hemisphäre war aber unter Selbst- oder Fremdhypnose nicht nur relativ stärker durchblutet, sondern meist auch absolut. In 85 % der erfolgreichen, aber nur in 45 % der weniger erfolgreichen Realisierungsversuche fand sich eine absolute rechtshemisphärische Dominanz. Die Fremdhypnose gelang in jedem Fall nur unter dieser Dominanz. Da diese stärkere Durchblutung der rechten Hemisphäre aber bereits für die Ruhedurchblutung von Rechtshändern bekannt ist, kann sie nur eingeschränkt eine Reaktion auf Hypnose beschreiben.

Insgesamt ließ sich eine generelle rechtshemisphärische Durchblutungssteigerung auf Selbst- oder Fremdhypnose nicht finden. Das Gelingen der Fremdhypnose wurde aber mindestens von einer absoluten rechtshemisphärischen Mehrdurchblutung begleitet. Zusätzlich zeigte sich, daß die einzelnen Probanden für Selbst- und Fremdhypnose jeweils eine relevante Aktivierung derselben Hemisphäre benutzten. Hochabsorptive Probanden aktivierten für beide hypnotischen Zustände stärker die rechte Hemisphäre, durchschnittlich absorptive dagegen die linke. Die Hemisphärenpräferenz war aber unabhängig von der Realisierung des hypnotischen Zustandes. Dies entspricht den Erwartungen durch das Modell des konstanten kognitiven Stils. Lediglich 2 Probanden wechselten ihre Bevorzugung und waren jeweils nur mit einer Richtung erfolgreich.

Es bestehen also Anhaltspunkte dafür, daß stärker bildhaft orientierte kognitive Strategien sich in einer stärkeren Durchblutung der rechten Hemisphäre widerspiegeln. AT und Hypnose führen aber nur bei denjenigen Probanden zu einer nachweisbar stärkeren Benutzung der rechten Hemisphäre, die bereits über eine hohe absorptive Fähigkeit, also eine sehr lebendige Vorstellungskraft verfügen. Die Fähigkeit dazu erscheint zumindest in bescheidenem Rahmen trainierbar.

Das dargestellte Hemisphärenmodell enthält nicht nur Informationen, sondern motiviert in der praktischen Arbeit auch alle skeptischen, sehr linkshemisphärisch orientierten Patienten, denn es übersetzt vieles von dem, was in der Psychotherapie passiert, in die logische Sprache der linken Hemisphäre.

Sie können jetzt also etwas besser begründen, warum Platon schon vor 2500 Jahren meinte: behandeln Sie keinen Patienten, der nicht bereit ist, über seine seelische Situation zu sprechen. Die rechte Hemisphäre hätte dort wahrscheinlich kaum eine Chance mitzuarbeiten.

Diese Ergebnisse zeigen zugleich das Ineinandergreifen von verstehendem Zugang und hypothesengeleiteter Überprüfung bei einem psychophysiologischen Experiment. Das generelle Betrachten aller Probanden führte zu keinen signifikanten Ergebnissen. Erst das Einbeziehen eines psychologischen Parameters als intervenierende Variable erzeugte eine wechselseitige Validierung der verschiedenen Beschreibungsebenen Neurophysiologie und Psychologie.

Aber nicht nur die globale Durchblutung der Gehirnhälften verändert sich unter Selbst- und Fremdhypnose, sondern auch die Durchblutung der einzelnen Gehirnregionen. Als unmittelbar einleuchtende Ergebnisse zeigen sich Aktivierungen der temporalen Zentren für akustische Aufmerksamkeit unter der Hypnose und Aktivierungen der rolandischen Zentren für Steuerung und Empfindungen der Arme und Beine unter AT (Prohovnik et al. 1980).

Zusätzlich weisen aber Probanden, die im AT erfahren sind, noch weitere Veränderungen in frontalen Regionen auf. Diese Regionen sind mit Aktivation, Aufregung und Gedankentätigkeit verknüpft. Während Probanden, die kein Entspannungsverfahren gelernt hatten, frontal erhöhte Werte zeigten, weisen im AT erfahrene Probanden bereits in Ruhe in frontalen Regionen keine Aktivierungen mehr auf, also ohne ihre Übungen anzuwenden. Dies stützt die Vermutung, daß AT langfristig zu einer automatischen Resonanzdämpfung der Affekte und zu größerer Ruhe führt.

Literatur

Alexander L (1972) The prehypnotic suggestion. Compr Psychiatry 12:414–422

Bogen JE (1969) The other side of the brain: II. An appositional mind. Bull LA Neurol Soc 34:135–162

Crawford HJ, Allen SN (1983) Enhanced visual memory during hypnosis as mediated by hypnotic responsiveness and cognitive strategies. J Exp Psychol General 112:662–685

Drewermann E (1985) Tiefenpsychologie und Exegese. Bd II. Die Wahrheit der Werke und der Worte. Walter, Olten

Fahrenberg J, Hampel R, Selg H (1984) Das Freiburger Persönlichkeitsinventar FPI. Hogrefe (Verlag für Psychologie), Göttingen, Toronto Zürich

Freud S (1917) Vorlesungen zur Einführung in die Psychoanalyse. (Studienausgabe Bd 1, Fischer, Fankfurt, 1982) S 279

Fromm E (1975) Selfhypnosis, a new area of research. Psychotherapy 12:295–301

Galin D (1974) Implications for psychiatry of left and right cerebral specialization. Arch Gen Psychiatry 31:572–583

Gazzaniga MS, LeDoux JE (1978) The intregrated mind. Plenum, New York

Günther G (1978) Idee und Grundriß einer nicht-Aristotelischen Logik. Piper, München

Hoppe KD (1977) Split brains and psychoanalysis. Psychoanal Quart 46:220–224

Hilgard JR (1979) Personality and hypnosis: A study of imaginative involvement. University Press, Chicago

Jaspers K (1946) Allgemeine Psychopathologie. Springer, Berlin Göttingen Heidelberg

LeDoux JE, Wilson DH, Gazzaniga MS (1977) A divided mind: Observations on the conscious properties of the separated hemispheres. Ann Neurol 2:417–421

Maximilian VA (1980) Functional Changes in the Cortex during mental activation. CWK Gleerup, Lund

Meyer HK, Diehl BJM, Ulrich P, Meinig G (1987a) Kurz- und langfristige Änderungen der kortikalen Durchblutung bei Autogenem Training. Z Psychosom Med 33:52–62

Meyer HK, Giebel K, Diehl BJM, Beltz J (1987b) Tellegens Absorption-Skala und Kurserfolg bei Autogenem Training. Exp Klin Hypnose 3:109–120

Mitscherlich-Nielsen M (1986) Phantasie und Realität in psychoanalytischen Institutionen. Psyche 12:1105–1108

Platon (1957) Charmides. In: Otto WF von, Grassi E, Plamböck G (Hrsg) Sämtliche Werke. 6 Bde. Bd 1. Rowohlt, Reinbek, S 127–150

Prohovnik I, Hakanson K, Risberg J (1980) Observations on the functional significance of regional cerebral blood flow in „resting" normal subjects. Neuropsychologia 18:203–217

Puccetti R (1981) The case for mental duality: Evidence from split-brain data and other considerations. Behav Brain Sci 4:93–123

Risberg J (1980) Regional cerebral blood flow measurements by 133-Xenon-inhalation: Methodology and application in neuropsychology and psychiatry. Brain Language 9:9–34

Ruch JC (1975) Self-hypnosis: The result of heterohypnosis or vice versa? Int J Clin Exp Hypn 23:282–304

Sagan C (1978) Die Drachen von Eden. Das Wunder der menschlichen Intelligenz. Droemer-Knaur, München

Sperry RW, Zaidel E, Zaidel D (1979) Self recognition and social awareness in the disconnected minor hemisphere. Neuropsychologia 17:153–166

Springer SP, Deutsch G (1987) Linkes – Rechtes Gehirn funktionelle Asymmetrien. Spektrum der Wissenschaft, Heidelberg

Tellegen A (1978/79) On measures and conceptions of hypnosis. Am Clin Hypn 21:219–237

Tucker DM, Watson RT, Heilman KM (1977) Affective discrimination and evocation in patients with right parietal disease. Neurology 27:947–950

Ulrich G, Wiesse J (1983) Zur realwissenschaftlichen Forderung an die Psychoanalyse nach Objektivierbarkeit. Psyche 5:454–461

Bernhard J. M. Diehl, Dr. med.

Arzt für Psychiatrie – Psychotherapie –
Lehrbeauftragter der Universitätsklinik
in Mainz, Lehrgruppenleiter,
Weiterbildungsermächtigter der Landesärztekammer
Rheinlandpfalz
Chefarzt einer psychosomatischen Klinik

Veränderungen des Blutflusses im zerebralen Kortex während unterschiedlicher Bewußtseinszustände

Zusammenfassung

Nach einer übersichtsmäßigen Darstellung der thermometrischen Untersuchungen der letzten 30 Jahre wird zunächst festgestellt, daß die Veränderungen unter AT und Hypnose als Ausdruck eines Kurzzeiteffekts eine Unterscheidung dieser beiden Bewußtseinszustände mittels dieses physiologischen Parameters nicht ermöglichen. Andere physiologische Parameter wie Blutdruck, galvanischer Hautwiderstand und CO_2-Konzentration in der Ausatemluft sind für eine Unterscheidung ebenfalls nicht geeignet. Hingegen stellt die Durchblutungsmessung der Hirnrinde mittels der ^{133}Xe-Inhalationsmethode eine Möglichkeit dar, mittels derer Hypnose und AT erstmals als deutlich voneinander unterschiedene Zustände erkennbar sind, und zwar bezüglich der mittleren hemisphärischen Blutperfusion (MHBP) wie auch des regionalen zerebralen Blutflusses (rCBF).

Summary

Reviewing the thermometric findings of the last 30 years, the author elaborates his conclusion that the mental states during an autogenic training exercise and during hypnosis are not distinguishable physiologically on the basis of thermometry. Other parameters such as blood pressure, galvanic skin resistance, and carbon dioxide concentration during expiration are of no value, either. However, the 133-xenon inhalation method for the first time provides a reliable means by which hypnosis and autogenic training may be differentiated physiologically, with regard to both the mean hemispheric blood perfusion and the pattern of regional cerebral blood flow.

In den 50er Jahren des letzten Jahrhunderts führte der britische Arzt Dr. James Braid die klinische Hypnose ein, wodurch er einerseits die Tradition des

B.J.M. Diehl, Th. Miller (Hrsg.)
Moderne Suggestionsverfahren
© Springer-Verlag Berlin Heidelberg 1990

magisch mystizistischen Schamanismus beendete, andererseits damit diese Tradition jedoch fortsetzte, indem er die Hypnose in den klinischen Alltag übernahm (Langen 1976).

Wissenschaftler wie Charcot, Chertoc, Bernheim, Liébault und viele andere haben seither versucht, die Phänomene, die unter Hypnose manifest werden, zu untersuchen, immer mit dem Ziel vor Augen, eine wissenschaftliche Basis aus der Sicht der somatischen Medizin für das zu finden, was Hypnose genannt wird.

Andere Forscher wie Barber, Fromm, Shor oder Spiegel verfolgten das gleiche Ziel aus psychologischer Sicht. Aber bis heute ist es weder Physiologen noch Psychologen gelungen, eine umfassende Definition für das zu finden, was Hypnose genannt wird. Bisher wissen wir nur, daß der „Trancezustand" der Hypnose physiologischerweise von dem „Wachzustand" abzugrenzen ist, wofür Beispiele in den nachfolgenden Abbildungen präsentiert werden.

Als Schultz in den 30er Jahren begann, eine Technik der mentalen Entspannung, das AT, zu entwickeln, ging er von den Erfahrungen aus, die er während vieler Jahre der Hypnotherapie in seiner Praxis gesammelt hatte (Schultz 1932). Daher war es nur konsequent, daß über viele Jahre hinweg die Meinung aufrechterhalten blieb, daß es zwischen dem AT – einer Art von Selbsthypnose – und der Hypnose, früher genannt Heterohypnose, keine physiologischen Unterschiede gäbe. Es gab zwar einige Wissenschaftler, die das Gefühl hatten, daß da eine Art Unterschied sein mußte, sie konnten hierfür jedoch keine wissenschaftlich gestützten Beweise finden.

In den 50er Jahren dieses Jahrhunderts führte Polzien (1961) erstmals thermometrische Untersuchungen durch in der Absicht, Möglichkeiten und Methoden zu finden, die den veränderten Bewußtseinszustand, der für die Hypnose typisch ist, objektivieren ließen. In einem zusammenfassenden Übersichtsartikel aus dem Jahre 1961 zeigte er, daß während des AT die Temperatur der Hand bzw. eines Fingers in einem gewissen Maße zunimmt, während parallel hierzu die rektal gemessene Körpertemperatur abnimmt. Die beobachteten Unterschiede sind recht deutlich, die Temperaturzunahme in den Regionen der Finger beträgt bis zu 3°C, die Temperaturabnahme in der Ampulla recti bis zu 0,3°C.

Kontaktthermometrische Untersuchungsmethoden, die in späteren Jahren entwickelt wurden, machten es möglich, diese Veränderungen der peripheren Temperatur detaillierter zu untersuchen. In diesem Zusammenhang wurde ein neuer Fachausdruck kreiert, die „Wärmetransportzahl", ein Temperaturindex, dessen Veränderungen – als eine Funktion der Zeit – einer wechselnden peripheren Vasokonstriktion oder Vasodilatation entsprechen.

Eine andere Untersuchung wurde an einem männlichen, gesunden Probanden in Ruhe vorgenommen. Der Proband unterhielt sich zunächst mit dem Untersucher; als dieser jedoch plötzlich nach einer bevorstehenden Prüfung fragte – der Proband war Student –, wurde hierdurch eine Streßreaktion seitens des Studenten deutlich. Infolge dieser Streßreaktion wurde Adrenalin vermehrt in das vaskuläre System ausgeschüttet, was zu einer peripheren Vasokonstriktion führte, die in einem Rückgang der Wärmetransportzahl deutlich wird (Abb. 1).

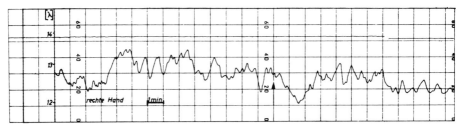

Abb. 1. Ruheausgangsverlauf der Wärmetransportzahlkurve, registriert an der Daumen-kuppe während eines indifferenten Gesprächs mit dem Untersucher. *Pfeil* markiert den Zeitpunkt, zu dem die Frage nach einer Prüfung gestellt wurde. (Aus Vogel 1967)

In diesem Fall dauerte es mehr als 1,5 min, bis diese Entwicklung umgekehrt wurde, und eine weitere Minute, bis die Ausgangslage der Hauttemperatur wieder erreicht war.

Würde ich den Leser jetzt unerwartet fragen: „Was ist $28 \cdot 13$?", so riefe das eine ähnliche Reaktion hervor:

Jeder, der überrascht auf meine Frage reagieren würde, gleichzeitig bereit, die gestellte Frage so schnell und so richtig wie möglich zu beantworten, würde thermometrisch eine ähnliche Streßsituation zeigen, nämlich:

Streß – Streßreaktion – Adrenalinausschüttung – Vasokonstriktion – Reduktion der Hauttemperatur – Entspannung – Vasodilatation – Zunahme der Hauttemperatur.

Dieses Beispiel soll die Sensitivität dieser Methode verdeutlichen.

Khodaie (1970) untersuchte die Veränderungen der Hauttemperatur an den Fingern, simultan registriert von der linken und der rechten Hand eines gesunden, männlichen Probanden nach einer Woche regelmäßigen Übens des AT (Abb. 2).

Zunächst, zum Zeitpunkt des Übungsbeginns, zeigt sich eine vorübergehende Reduktion der Hauttemperatur, die gefolgt ist von einer mehr oder

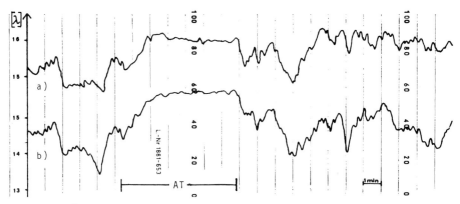

Abb. 2a, b. Änderung der Wärmetransportzahlkurve als Folge des AT, simultan registriert von der linken (**a**) und der rechten (**b**) Hand eines gesunden Probanden. (Aus Khodaie 1970)

weniger kontinuierlichen Temperaturzunahme, die nach einigen Minuten zu einer Plateaubildung führt. Am Ende der Übung stellt sich wiederum eine vorübergehende Reduktion der Hauttemperatur ein, auf welche die sog. Nachreaktion folgt. Diese Nachreaktion, diese periphere Vasodilatation nach dem Ende der Übung mag bei Anfängern 3–5 min anhalten, während sog. Langzeittrainierte eine oszillierende Nachreaktion noch nach 30 min erkennen lassen.

Nach 4 Wochen regelmäßigen Übens im AT hat sich die Reagibilität der peripheren Blutgefäße geändert (Vogel 1967). Weniger als 1 min nach Übungsbeginn, also nach der initialen Vasokonstriktion, ist das Plateau bereits erreicht und bleibt konstant. Dies ist ein Hinweis dafür, daß der Prozeß des Erlernens der Technik des AT ein thermometrisch meßbares Analogon hat, insofern als der Zeitpunkt des Erreichens eines Plateaus früher eintritt und das Ausmaß dieses Plateaus von Woche zu Woche zunimmt. Gleichzeitig jedoch sollte man sich daran erinnern, daß die Realisation des AT auf die Akzeptanz und die sich anschließende autosuggestive Umsetzung der Suggestionen von:
Ruhe – Schwere – Wärme gebunden ist.

Die Realisation dieser 3 Wahrnehmungsinhalte ist innerhalb von 6–8 Wochen erlernbar, vorausgesetzt, das AT wird regelmäßig, d. h. 3mal täglich für die Dauer von 3–5 min sitzend oder liegend geübt.

Die Wahrnehmung von Ruhe und Schwere in Körper, Armen und Beinen ist im Sinne einer Generalisation innerhalb von 4–5 Wochen realisierbar, während der Wahrnehmungsinhalt Wärme ab der 6. Woche in den Vordergrund tritt, so daß die Generalisation von Wärme etwa ab der 7. oder 8. Woche vollständig ist.

Die periphere Vasodilatation aber ist nicht gebunden an diese Wahrnehmungsinhalte, sondern ist bereits innerhalb der 1. Woche regelmäßigen Übens meßbar (Khodaie 1970). Diese meßbaren Veränderungen wurden von den großen Fußzehen beider Füße eines Probanden simultan abgeleitet (Abb. 3).

Des weiteren untersuchte Khodaie die simultane Ableitung vom Finger der linken Hand und dem großen Fußzeh des linken Fußes eines gesunden Probanden. Während der Periode der Plateaubildung stellt sich eine geringfügige, fast

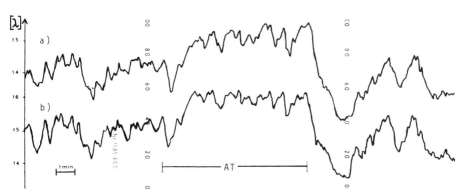

Abb. 3a, b. Änderung der Wärmetransportzahlkurve als Folge des AT, simultan registriert vom rechten (**a**) und linken (**b**) Fuß eines gesunden Probanden. (Aus Khodaie 1970)

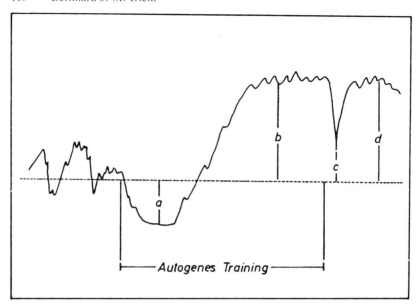

Abb. 4a–d. Schematische Darstellung des typischen Verlaufs der Wärmetransportzahlkurve als Folge des AT, registriert an der Daumenkuppe. **a** Initialabfall, **b** Hauptreaktion, **c** Schlußzacke, **d** Nachreaktion (--- Ruheausgangswert). (Aus Vogel 1967)

nicht wahrnehmbare plötzliche Temperaturreduktion ein, die in den beiden Ableitungen zeitlich koinzidiert. Der Zufall hatte es gewollt, daß während dieser Simultanableitung eine in der Nähe befindliche Aufzugtür zuschlug, ein Geräusch, welches vom untersuchten Probanden wahrgenommen wurde; der Proband reagierte spontan, möglicherweise unbewußt, mit einer kurzen Schreckreaktion, die in einer vorübergehenden, reversiblen Vasokonstriktion zum Ausdruck kommt, ein Effekt, der auf einer kurzen Adrenalinausschüttung beruht und ca. 10–15 s dauerte.

Zusammenfassend kann man bezüglich dieser thermometrischen Befunde festhalten, daß die Veränderungen der Hauttemperatur während des AT aus folgenden Teilkomponenten bestehen (Abb. 4):
1. Initialabfall,
2. Hauptreaktion,
3. Schlußzacke,
4. Nachreaktion.

Um die Bedeutung dieser Veränderungen klarer erfassen zu können, möchte ich zunächst auf den Initialabfall und die Schlußzacke der Hauttemperatur eingehen.

Wie soll man sich diese beiden Phänomene erklären? Grundsätzlich wäre es offenkundig und leicht erklärbar, daß der Initialabfall, eine direkte Folge einer akuten Adrenalinausschüttung, Hinweis auf eine wie auch immer geartete Streßreaktion ist.

Wie aber sollte man sich dann die Schlußzacke erklären? Es erscheint angebracht, sich psychoanalytischer Denkweisen und ihres Sprachgebrauchs zu bedienen, um für beide Phänomene eine Erklärung zu finden; auf diese Weise würden psychoanalytische Interpretationen ein weiteres Mal nicht unnötig und wertlos erscheinen.

Die Streßreaktion im Falle des Initialabfalls wird durch die Suggestion des Therapeuten hervorgerufen, der Klient oder die Klienten mögen mit einer Übung im AT beginnen, eine Suggestion, die, wie jede andere, zunächst einmal mit Widerstand, Abwehr und Verweigerung von seiten derer, für die die Suggestion gemeint war, beantwortet wird. Würde ich beispielsweise darauf bestehen, daß der Leser jetzt sofort eine bestimmte Sitzhaltung, aus welchem Grund auch immer, einnehmen sollte, so würde dieser – bewußt oder unbewußt – mit Widerstand, Abwehr oder Verweigerung reagieren. Diese Reaktion ist vergleichbar derjenigen, die zu Beginn einer Übung im AT vorzuherrschen scheint; der Klient jedoch wird seine Opposition, seine aversive Reaktion, seinen Widerstand aufgeben und mit der Entspannung beginnen, die sowohl in physiologischer als auch in psychologischer Hinsicht ein Korrelat aufweist. Und je öfter der Proband den erholsamen Effekt des AT erfährt und zu schätzen lernt, um so eher wird er der Aufforderung des Therapeuten nachgeben, sobald dieser zum Beginn einer neuen Übung auffordert. Das bedeutet, daß der Initialabfall der Hauttemperatur zu Beginn einer Übung im AT mit dem psychologischen Phänomen des Widerstands korreliert.

Analog verhält es sich mit dem Phänomen des Widerstands, sobald seitens des Therapeuten die Aufforderung ausgesprochen wird, eine bestimmte Übung im AT zu beenden. Wiederholt habe ich von meinen Klienten nach einer Übung die Äußerung gehört: „Wenn Sie uns aufforderten, die Übung zu beenden, da fing sie gerade erst an zu wirken. Da habe ich gerade erst die Wirkung gespürt."

Hierbei handelt es sich sicher um ein Mißverständnis oder ein Fehlurteil. – Bekanntermaßen stellt sich die Wirkung einer Übung im Sinne einer peripheren Gefäßerweiterung bereits während der ersten Minute einer Übung und auch schon innerhalb der ersten Woche ein. Aber diese Wirkung und andere ebenso werden zunächst nicht bewußt wahrgenommen, bis die Übenden im Prozeß des Lernens aufgefordert werden, die Übung zu beenden. Der Bewußtwerdungsprozeß des Wahrnehmungsinhalts Ruhe, Schwere und Wärme dauert mehrere Wochen und ist erst beendet, sobald der Klient in der Lage ist, diese Wahrnehmungsinhalte bewußt, und zwar alle 3, und gleichzeitig im Sinne einer Generalisation während jeder einzelnen Übung wahrzunehmen.

Bezüglich der Nachreaktion jedoch fehlt uns eine sinnvolle Erklärung. Einige Wissenschaftler befürworten eine psychoanalytische Interpretation, derzufolge die unbewußte, aber letztlich nicht minder siegreiche Opposition, d. h. der Widerstand des Klienten gegenüber dem Therapeuten, in einer prolongierten Vasodilatation zum Vorschein kommt. Andere nennen es einen Effekt des AT, den sie als eine Art vaskulärer Stabilität gegen kleinere Streßbelastungen ansehen. Schließlich wird die Idee befürwortet, daß das AT selbst einen Streßfaktor beinhaltet, so daß der eigentliche entspannende Effekt erst nach Beendigung einer Übung erfolgen könnte.

In einer Einzelfallstudie eines Probanden in Hypnose zeigte Schwarz (1967), daß während der Suggestion „Schwere" eine Zunahme der Hauttemperatur als

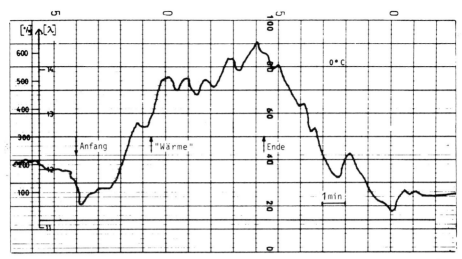

Abb. 5. Wirkung der Wärmesuggestion auf die Wärmetransportzahl der Haut während einer Heterohypnose. (Aus Schwarz 1967)

Folge der peripheren Vasodilatation zu beobachten ist. Bei der nachfolgenden Suggestion „Wärme" kommt es zu einer weiteren Vasodilatation, ein Effekt, der sicherlich über den direkten und bewußten, d. h. willkürlichen Einfluß des Probanden hinausgeht (Abb. 5). Wir können also sehen, daß die heterosuggestiv vermittelte Suggestion „Wärme" einen letztlich vorhersehbaren Effekt hat; ob dieses Ausmaß an peripherer Vasodilatation durch eine autosuggestive Suggestion im Rahmen einer Übung im AT auch erreicht worden wäre, kann lediglich spekuliert werden.

Die gestufte Aktivhypnose (GAH) ist eine besondere Art von Hypnose in der klinischen Praxis, deren Besonderheiten in diesem Zusammenhang nicht herausgearbeitet werden sollen. Der Unterschied im Vergleich zu anderen Trancezuständen ist, der, daß während der Hypnose die Zunahme der Hauttemperatur wesentlich langsamer erfolgt. Dies mag als Hinweis für den unbewußten, prolongierten Widerstand gegenüber dem Hypnotiseur und/oder seiner Suggestion gewertet werden. So gesehen würde dies eine durchaus gesunde Reaktion seitens des Hypnotisanden darstellen, der offensichtlich entschlossen ist, seine Unabhängigkeit zu bewahren, dies aber nicht aus Angst vor der Hypnose oder dem Hypnotiseur, sondern als Ausdruck einer gesunden Geistesverfassung und kritischen Reflektionsfähigkeit.

Im 2. Beispiel (Abb. 6) ist zunächst ein Abfall der Hauttemperatur zu verzeichnen, der die aversive Reaktion gegenüber dem Hypnotiseur und seiner Suggestion ganz deutlich macht; aber gelegentlich ist der Punkt erreicht, an welchem das sog. „Stadium acceptionis suggestionis", die Annahme des Suggestionsinhalts, erfolgt; die Zunahme der Hauttemperatur deutet an, daß es infolge der Hypnose zu einer peripheren Vasodilatation kommt. Hypnotiseur und Hypnotisand haben den Widerstand des letzteren überwunden. Sollte dies uns dazu verführen, aus den Beobachtungen zu schließen, daß die verzögerte

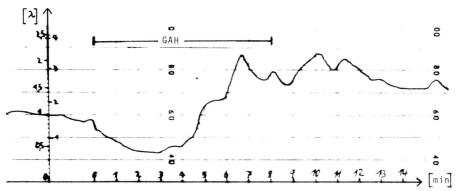

Abb. 6. Änderung der Wärmetransportzahl als Folge einer gestuften Aktivhypnose *(GAH)*, registriert am Daumenballen eines 23jährigen, im AT fortgeschrittenen Probanden. (Aus Uber 1966)

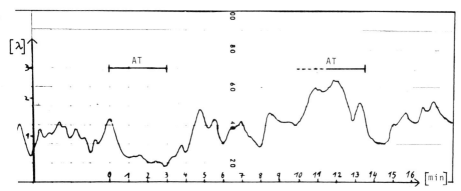

Abb. 7. Änderung der Wärmetransportzahl als Folge des AT, registriert am Daumenballen eines 23jährigen AT-Anfängers. Beachte die Verweigerung beim 1. AT-Versuch. (Aus Uber 1966)

Vasodilatation ein reliabler Indikator ist, der für Hypnose typisch und charakteristisch wäre? Sicherlich nicht!

Am Beispiel eines Probanden, der aufgefordert war, eine Übung im AT durchzuführen, kann man dessen Widerstand deutlich nachvollziehen (Abb. 7). Was tut der Proband? – Zunächst scheint er sich zu wehren. Eine Zunahme der Hauttemperatur ist nicht zu beobachten, im Gegenteil, der Widerstand des Probanden wird gar in einer geringfügigen Abnahme der Hauttemperatur deutlich. Und als er gefragt wird, was denn los war, antwortet er, daß es nicht geklappt hat; er wußte jedoch nicht, warum. Dann überläßt es der Untersucher dem Probanden, selbst zu entscheiden, wann er die Übung beginnen will; und einige Minuten später stellt sich eine Zunahme der peripheren Hauttemperatur ein; hinterher berichtet der Proband von einer erfolgreichen Übung.

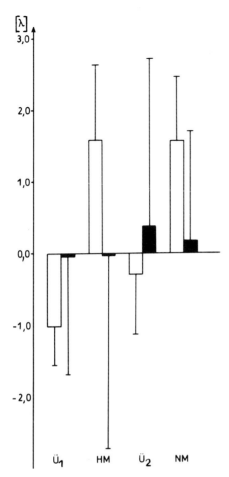

Abb. 8. Vergleichende Darstellung der Änderung der Wärmetransportzahl als Folge einer gestuften Aktivhypnose (Reproduktion); *weiß:* Versuchsgruppe (n = 16), *schwarz:* Kontrollgruppe (n = 13). (Aus Baumgartl 1980)

Zusammenfassend ist zu den thermometrischen Beobachtungen festzustellen, daß sowohl im AT als auch in der Hypnose das Phänomen des Widerstandes deutlich und demonstrierbar wird, wobei hinsichtlich der Hypnose das Widerstandsphänomen besonders charakteristisch zu sein scheint. Gleichzeitig gibt es Hinweise dafür, daß der Entspannungs- und Erholungseffekt, wie er im AT zu beobachten ist, während der Hypnose nicht unbedingt im gleichen Ausmaß erreicht wird, so daß die Hypnose in dieser Hinsicht dem AT sogar unterlegen zu sein scheint.

Neuere Untersuchungen mittels der Infrarotthermometrie an trainierten und untrainierten Probanden zeigten reproduzierbare Ergebnisse (Abb. 8); dabei sind die Unterschiede zwischen dem Initialabfall und der Plateaubildung einerseits und der Plateaubildung und der Schlußzacke andererseits statistisch auf einem Niveau von 0,1 % signifikant. Darüber hinaus versuchten wir, Unterschiede zwischen Hypnose und AT auf der Basis der 4 obengenannten Punkte (Initialabfall, Plateaubildung, Schlußzacke und Nachreaktion) zu finden. Aber wir waren nicht in der Lage, thermometrisch faßbare Unterscheidungskriterien zu entdecken, und müssen daher im Sinne einer Alternativhypothese festhalten, daß die 4 Unterscheidungspunkte im Verlauf einer Hypnose bzw. einer Übung im AT identisch sind.

Lediglich die kontinuierliche Registrierung der Hauttemperaturveränderungen während einer Übung im AT und während der Hypnose erlaubt eine mehr selektive Beurteilung der beobachtbaren Veränderungen. Vergleicht man die mehr oder weniger stabile Plateaubildung während des AT mit der recht unstabilen Plateaubildung während einer Hypnose, so darf man von diesen Veränderungen auf die Trancetiefe während der Hypnose rückschließen und daraus folgern, daß die Trancetiefe nicht kontinuierlich persistiert; es hat den Anschein, daß der Proband während der Hypnose partiell aus der hypnotischen Trance auftaucht, um dann wieder in sie einzutauchen. Diese Interpretation der Beobachtungen wäre als sinnvoller Beitrag zu der jahrelangen Diskussion über das „state/non-state issue" der Hypnose zu werten, eine Diskussion, die letztlich dazu führte, daß man die Annahme akzeptierte, Hypnose sei eine Serie von sich ständig ändernden Tranceprozessen und damit kein Zustand, sondern selbst ein Prozeß.

Nachdem wir keine thermometrischen Unterschiede zwischen Hypnose und AT feststellen konnten, suchten wir nach anderen physiologischen Parametern und verglichen Baselinedaten mit solchen während des AT und nach einer Übung.

Bei unseren Untersuchungen zeigten die Werte für den systolischen und diastolischen Blutdruck keine statistisch signifikanten Unterschiede (Abb. 9). Auch die Messung des hautgalvanischen Widerstandes stellte sich als eher unzuverlässige Methode im Zusammenhang mit der Fragestellung heraus. Die

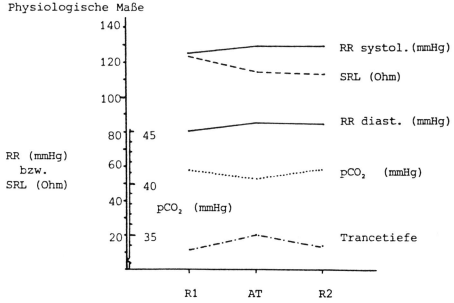

Abb. 9. Veränderungen der physiologischen Maße und der Trancetiefe während der 3 Messungen (*RR* Blutdruck). (Aus Meyer 1984)

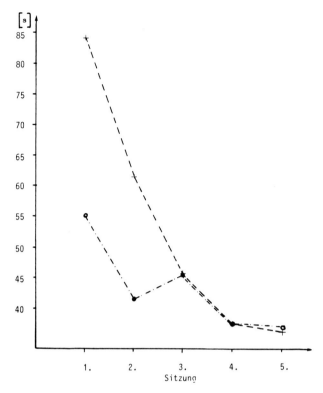

Abb. 10. Zeitliche Beziehung von Augenschluß (-.-.-.) und Anstiegsbeginn der Wärmetransportzahl (-----), eine Verlaufsbeobachtung von der 1. bis zur 5. Sitzung. (Aus Röder 1980)

CO_2-Konzentration in der endexspiratorischen Atemluft diente ebenfalls nicht der Unterscheidung dieser beiden Bewußtseinszustände. Hoffnungsvoller wurden wir jedoch, als Röder (1980) und Baumgartl (1980) die ersten elektronystagmographischen Befunde vorlegten.

Zunächst konnten wir mittels dieser Untersuchungstechnik den Zeitpunkt des Augenschlusses genau festlegen; gleichzeitig konnten wir diesen Zeitpunkt mit der Zunahme der Hauttemperatur zeitlich korrelieren (Abb. 10). Dabei stellten wir fest, daß während der ersten Woche der Hypnotherapie der Augenschluß nach etwa 55 s Fixierung erfolgte, während die Hauttemperatur erst nach etwa 84 s anzusteigen begann. Während der 3. Woche der Hypnotherapie und in der Zeit danach koinzidierten Augenschluß und Anstieg der Wärmetransportzahl zeitlich, d. h. der Anstieg der Wärmetransportzahl setzte früher (40–50 s nach Hypnosebeginn) ein.

Die räumliche Nachbarschaft zur Neurochirurgie, die ein Hirndurchblutungslabor besitzt, eröffnete uns eine neue Richtung der experimentellen Erforschung von Hypnose und AT.

Bekanntermaßen erfolgt die Messung des regionalen zerebralen Blutflusses mittels der ^{133}Xe-Inhalationsmethode zum Zwecke der Diagnose von zerebralen Vaskulopathien; sie dient auch zur Dokumentation des Operationserfolgs bei extra–intrakraniellen Bypassoperationen und deren langjährigen Nachuntersuchungen. Mittels dieser Methode kann man die mittlere hemisphärische Blutperfusion (MHBP) und auf diese Weise gleichermaßen Differenzen zwischen der rechten und linken kortikalen Hemisphärendurchblutung messen. Die Meßanordnung erlaubt gleichzeitig die Erfassung des regionalen kortikalen Blutflusses als Simultanmessung über beiden Hemisphären, wodurch auch diesbezüglich prä- und postoperative Verteilungsmuster erfaßbar sind. Es sind 32 Radiodetektoren in einer bestimmten Anordnung über beiden Gehirnhemisphären – 16 auf jeder Seite – angeordnet; der Untersuchte liegt auf einem Untersuchungsbett und kann sich entspannen. Über eine luftdicht abgeschlossene O_2-Maske atmet er zunächst Sauerstoff, später ein O_2-Gasgemisch, welches eine bestimmte Menge radioaktiv markierten Xenon enthält; Maßnahmen, die ein akzidentielles Entweichen des radioaktiv markierten Xenons vermeiden, sind vor Beginn der Untersuchung in entsprechender Weise getroffen worden. Die Detektoren sind wie folgt lokalisiert:

Mehrere Detektoren befinden sich über den prärolandischen Regionen, andere über den postrolandischen und dort oberhalb bzw. unterhalb der Fissura Sylvii; hier befinden sich auch die Detektoren, welche die Okzipitalregion, die visuelle Region, abdecken.

Folgende Fragen galt es zu beantworten:

1. Gibt es hinsichtlich der MHBP Unterschiede zwischen normalen gesunden männlichen Probanden und solchen, die in AT trainiert sind, unter der Bedingung der Ruhe?
2. Gibt es Unterschiede im MHBP bei gesunden männlichen Probanden, die im AT trainiert sind, zwischen Ruhe und unter den Bedingungen einer Übung im AT?
3. Gibt es Unterschiede im MHBP bezüglich der Bedingung einer Übung im AT und der einer Hypnose?
4. Sind die möglichen Unterschiede zwischen einer Übung im AT und dem Zustand der Hypnose auf Veränderungen im MHBP begrenzt oder gibt es auch bzw. schließen diese Veränderungen im regionalen zerebralen Blutfluß (rCBF) ein?

Zwölf männliche gesunde Probanden, die das AT über einen Zeitraum von mindestens 3 Monaten regelmäßig und erfolgreich praktiziert hatten, nahmen freiwillig an der Untersuchung teil. Sie wurden für ihre Teilnahme nicht bezahlt. Keiner der 12 Probanden hatte jemals selbst eine Hypnose erfahren. Insgesamt wurden 4 Meßserien in einer Sitzung durchgeführt. Die Sequenz der 4 Bewußtseinszustände (Ruhe I, autogenes Training, Hypnose und Ruhe II) wurde von Proband zu Proband geändert, um Fehler, die als Bajazz einer bestimmten Untersuchungsfolge eintreten könnten, zu vermeiden, wofür testpsychologische Argumente sprechen. Die erste Messung zur Ermittlung von Baselinedaten wurde unter Ruhebedingungen durchgeführt, nachdem der zu untersuchende Proband die Gelegenheit hatte, für die Dauer von etwa 30 min auf dem Untersuchungsbett zu liegen und Ruhe zu finden. Während dieser Zeit wurden alle für die Untersuchung erforderlichen Vorbereitungen getroffen. Es muß hinzugefügt werden, daß die Messungen unter Hypnose durchgeführt wurden, während sich der rechte Arm nach erfolgter Levitation in senkrechter Position befand und die Katalepsie dieses Armes für die Dauer von 12–15 min beibehalten wurde. Die Inhalationszeit des ^{133}Xe-O_2-Gemisches betrug 60 s, wonach die kortikale Xenonkonzentration und ihr Abfall als eine Funktion der Zeit kontinuierlich für die Dauer von 12 min gemessen wurde. Referenzwert für unsere Untersuchung war der „initial slope index" (ISI) in Anlehnung an das entsprechende Programm von Risberg u. Ingwar (1973).

Die Händigkeit der Probanden wurde erst erfragt und dokumentiert, nachdem alle Messungen beendet und die Meßinstrumente beseitigt waren; diese Maßnahme erfolgte deshalb zuletzt, um die Probanden nicht psychologisch in dieser oder jener Weise durch die besondere Frage zu beeinflussen.

Abbildung 11 zeigt die erhobenen MHBP-Befunde beider Hemisphären. Die Probanden, die im AT erfahren waren und diese Technik regelmäßig praktizierten, zeigten gegenüber dem Kontrollkollektiv untrainierter Probanden in der Ruheausgangslage nur eine geringfügige Erhöhung der MHBP (p > 0,05). Während der AT-Übung kommt es zu keiner wesentlichen Veränderung der MHBP im Vergleich zur Ruheausgangslage (p > 0,05); lediglich der diskrete Rechts-Links-Unterschied zugunsten der rechten Hemisphäre in der Ruheausgangslage, der jedoch keine statistische Signifikanz aufweist, ist aufgehoben.

Während der Hypnose und während des Fortbestehens der Katalepsie des rechten Armes für die Dauer von 12–15 min kommt es zu einer globalen Zunahme der MHBP.

Die diskreten Rechts-Links-Unterschiede zugunsten der rechten Hemisphäre treten wieder hervor, sind jedoch statistisch nicht signifikant, während die

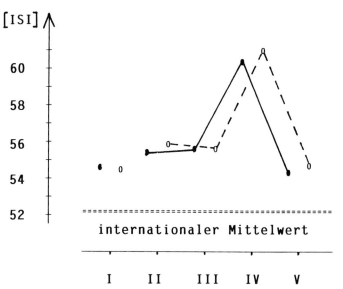

Abb. 11. Mittlere hemisphärische Blutperfusion *(MHBP)* während unterschiedlicher Bewußtseinslagen. *I:* Untrainierte männliche Probanden in Ruhe (n = 10); *II:* trainierte männliche Probanden in Ruhe (n = 12); *III:* gleiches Kollektiv wie II während einer AT-Übung; *IV:* gleiches Kollektiv wie II während einer Hypnose und Katalepsie des rechten Armes; *V:* gleiches Kollektiv wie II, abschließende Kontrollmessung (○ rechte Hemisphäre, ● linke Hemisphäre). Die Zahlen beziehen sich auf den mittleren ISI („initial slope index") aller 16 Detektoren

Zunahme der MHBP gegenüber der Bedingung einer Übung im AT und somit auch gegenüber der Ruheausgangslage statistisch signifikant ist (p < 0,05).

Die Kontrollmessung in Ruhe führt zu Ergebnissen, die darauf hinweisen, daß der MHBP-Level in Ruhe 2 (V) wieder das Niveau der Ruhe 1 (II) erreicht. Zwischen Ruhe 2 und Ruhe 1 besteht kein Unterschied von statistischer Signifikanz; der Unterschied des MHBP-Levels in Hypnose gegenüber dem in Ruhe 2 ist signifikant (p < 0,05).

Im Vergleich zur subjektiven Selbsteinschätzung des Übungserfolges im AT, die unterschiedlich eingestuft wurde, und bezüglich des Erfolges bzw. Teilerfolges der Levitation und nachfolgenden Katalepsie des rechten Armes, die fremdbeurteilt wurden, zeigten sich die erhobenen MHBP-Werte unbeeinträchtigt reproduzierbar.

Bezüglich des MHBP-Levels kann man also folgende 3 Punkte zusammenfassend festhalten:

1. Die Unterschiede zwischen der linken und rechten Hemisphäre im Ruhezustand werden durch eine Übung im AT offensichtlich eliminiert, unabhängig von der subjektiven Selbsteinschätzung des Übungserfolges.
2. Während der Hypnose kommt es neben der globalen Zunahme der MHBP wieder zu einer, wenn auch nicht statistisch signifikanten, aber dennoch relativen Dominanz der rechten Hemisphäre gegenüber der linken, ein Unterschied, vergleichbar mit dem Zustand in Ruhe.
3. Die MHBP-Level während der Hypnose sind vom Ruhezustand und dem einer Übung im AT statistisch signifikant unterschieden, worin ein Hinweis dafür gesehen wird, daß dieser veränderte Bewußtseinszustand auch physiologischerweise vom Wachzustand, vom Schlafzustand und von einer Bedingung, wie sie während einer Übung im AT besteht, reproduzierbar unterschieden ist.

Die Ergebnisse der Untersuchung des regionalen zerebralen Blutflusses (rCBF) zeigt Abb. 12. Zunächst ist dem Verteilungsmuster des rCBF nach Maximilian zu entnehmen, daß die okzipitalen Regionen einen relativ niedrigen Blutfluß erkennen lassen, während die frontalen Regionen vergleichsweise stark durchblutet sind. Diese Unterschiede führten zur terminologischen Festlegung der Begriffe „Hyperfrontalität" und „Hypookzipitalität".

In Ruhe zeigen die 12 von uns untersuchten männlichen Probanden ein rCBF-Muster, welches sich deutlich von normalen Kontrollpersonen unterscheidet. Okzipitale Regionen zeigen eine deutliche Steigerung des rCBF, ein Befund, der einer relativen Reduktion der Hyperfrontalität gleichkommt; dieser Befund ist über der linken Hemisphäre deutlicher ausgeprägt als rechts. Außerdem kommt es zu einer Zunahme der regionalen Durchblutung über den Regionen, die den prä- und postrolandischen Gebieten unmittelbar benachbart sind.

Das Gesamtkollektiv der 12 Probanden zeigt unter den Bedingungen des AT nur unwesentliche, statistisch nicht signifikante Unterschiede im rCBF-Verteilungsmuster über den beiden Hemisphären im Vergleich zur Ruheausgangslage. Wesentliche Unterschiede jedoch hinsichtlich des rCBF-Musters werden

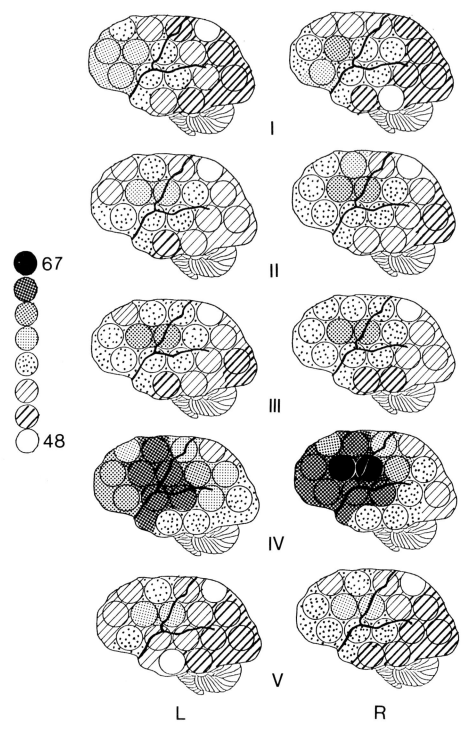

Abb. 12

unter den Bedingungen der Hypnose beobachtet. Neben der globalen Durchblutungszunahme über allen Regionen persistiert die vorgeschriebene Reduktion der Hyperfrontalität, besonders in der linken Hemisphäre. Okzipital erreicht der regionale Blutfluß ein Ausmaß, welches dem der frontalen Durchblutung in Ruhe entspricht. Die maximale Zunahme des rCBF wird über den rolandischen und sylvischen Regionen, also beidseits temporal, aber auch prärolandisch beobachtet, wobei jetzt die rechte Hemisphäre deutlich überwiegt. Im Vergleich zu den anderen untersuchten Bewußtseinszuständen sind die inferior-sylvischen Regionen der rechten Hemisphäre jetzt stärker durchblutet als diejenigen der linken Hemisphäre.

Alle diese Veränderungen sind reversibel, wie die Nachmessung unter der Bedingung der 2. Ruhe 30 min nach der Hypnose zeigen; während dieser 2. Messung befinden sich die Probanden wieder im Wachzustand.

Neben den beobachteten und bereits beschriebenen Veränderungen stellten wir fest, daß diejenigen Gebiete, welche von den postrolandisch superior-sylvisch plazierten Dedektoren gemessen wurden, am geringsten durchblutet sind; unabhängig vom Bewußtseinszustand wurden hier in allen Messungen die niedrigsten rCBF-Werte erhoben.

Schlußbemerkung

Als wir uns entschlossen, diese groß angelegte Untersuchung durchzuführen, hatten wir gehofft, in irgendeiner Weise einen Beitrag zur physiologischen Untersuchung dieser veränderten Bewußtseinszustände unter AT bzw. unter Hypnose zu leisten.

Nach vielen Jahren wissenschaftlicher Tätigkeit hätten wir jedoch von vornherein wissen sollen, daß wir für jede Antwort, die wir geben, etwa ein Dutzend neuer Fragen aufwerfen würden. Wir hatten diese Perspektive jedoch mißachtet, unbewußtermaßen versteht sich.

Eine von vielen Fragen, die aus den präsentierten Befunden erwächst, ist, ob die Zunahme des MHBP und des rCBF mit der Zunahme der Hauttemperatur vergleichbar ist, wohl wissend und berücksichtigend, daß die Zunahme der Hauttemperatur Folge eines geminderten Sympathicotonus und einer hierdurch bedingten Vasodilatation ist.

Die Antwort ist: „Nein!" –

Nein, weil wir wissen, daß die meisten peripheren Blutgefäße, insbesondere diejenigen der Haut, von Ästen des sympathischen Nervensystems versorgt

Abb. 12. Verteilungsmuster des regionalen zerebralen Blutflusses (rCBF). *I:* Untrainierte männliche Probanden in Ruhe (n = 10); *II:* trainierte männliche Probanden in Ruhe (n = 12); *III:* gleiches Kollektiv wie II während einer AT-Übung; *IV:* gleiches Kollektiv wie II während einer Hypnose und Katalepsie des rechten Armes; *V:* gleiches Kollektiv wie II, abschließende Kontrollmessung (*R* rechte Hemisphäre, *L* linke Hemisphäre). Die Zahlen beziehen sich auf den ISI („initial slope index")

werden, welches seinerseits adrenergen Charakters ist. Gleichzeitig wissen wir, daß die Blutgefäße des Gehirns, sobald sie die Pia durchdrungen haben, innerhalb des Gehirns nicht mehr nerval versorgt sind, und damit bezüglich ihrer Tonisierung nicht mehr einem nervalen Input unterliegen. Daher können wir keine Erklärung dafür anbieten, wodurch die Änderungen des MHBP bzw. des rCBF bedingt sind, die sich einerseits als Langzeiteffekt regelmäßigen Praktizierens des AT, andererseits aber auch als akuter Kurzzeiteffekt sowohl einer Übung im AT als auch einer Hypnose beobachten lassen.

Auch die Beobachtung, daß die Katalepsie des rechten Armes für die Dauer von 12–15 min nicht zu einer Zunahme des rCBF in den entsprechenden funktionell anatomischen Regionen, d. h. parietorolandisch in der linken Hemisphäre führen, ist ungeklärt. Daß wir statt dessen eine Zunahme des rCBF in der ipsilateralen Hemisphäre, und dort tempororolandisch und prärolandisch fanden, ist ein bislang ungeklärter Befund.

Auch die akustischen Regionen, die möglicherweise für den Erfolg einer Hypnose relevant sind, zeigten eine relative Dominanz der rechten Hemisphäre über die linke Hemisphäre, ebenfalls ein unerwarteter Befund. Gleichzeitig sind diese Gebiete durch einen relativ niedrigen rCBF charakterisiert. Eine Zunahme des rCBF in dieser Region könnte auf eine Zunahme der Aufmerksamkeit hinweisen; jedoch war diese Zunahme in der „falschen" Hemisphäre meßbar.

Andere psychologische Phänomene der Hypnose, wie Visualisierung, „extra body perception", intrahypnotische oder posthypnotische Amnesie, ob partiell oder total, Anästhesie während kleinerer operativer Eingriffe und viele andere finden keine Erklärung in den von uns vorgelegten Befunden. Noch sind unsere Beobachtungen erklärbar auf der Basis physiologischer oder anatomischer Kenntnisse, soweit diese uns bisher zugänglich sind. Andere Forscher, die sich mit den Veränderungen des rCBF befaßten, haben die Hypothesen vorgebracht, daß sog. globale und lokale Faktoren für die beobachteten Veränderungen verantwortlich seien und diese regulierten. Aber diese Hypothesen helfen uns nicht bei der Interpretation unserer Befunde im Hinblick auf unterschiedliche Bewußtseinszustände im allgemeinen und auf Hypnose im besonderen.

Seit mehr als einem Jahrhundert ist Hypnose im klinischen Gebrauch. Unabhängig davon, daß sich seit den Zeiten von Charcot die Vorstellungen über Hypnose und die Meinungen von ihrer Natur geändert haben, gibt es keinen Grund dafür, Hypnose weiterhin für etwas Mystisches oder Magisches zu halten.

Aus wissenschaftlicher Sicht sind wir jedoch mit einer ungewohnten Situation konfrontiert. Normalerweise werden diagnostische Methoden und therapeutische Strategien auf der Basis wissenschaftlicher Befunde und neuerer Erkenntnisse formuliert; manchmal dauert es mehrere Jahrzehnte, bevor Erkenntnisse und Therapiemodelle in die Praxis umgesetzt sind.

Aber bezüglich der Hypnose haben wir es mit einer therapeutischen Technik zu tun, die in ihren Elementen der Menschheit seit Jahrtausenden bekannt ist und dennoch haben wir bisher keine solide wissenschaftliche Grundlage, um das Phänomen der Hypnose und ihre therapeutische Relevanz zu erklären.

Was wir über Hypnose sagen können, ist:
„Wir können sie nicht erfassen, aber wir wissen, daß sie wirkt!"
Daß wir dennoch von der Technik der Hypnose therapeutischen Gebrauch machen, bedeutet nicht, daß wir hierfür unbedingt einer ethischen Rechtfertigung bedürften: auch gibt es keine moralischen Hinderungsgründe für ihre therapeutische Anwendung; aber wir haben zunehmende Hinweise darauf, daß das, was wir tun oder beabsichtigen zu tun, im Hinblick auf Hypnotherapie, nichts mit Mystik oder schwarzer Magie zu tun hat, sondern etwas ist, was therapeutisch relevant und daher einzigartig ist, gleichzeitig aber auch wissenschaftlich gesichert und im Interesse derer steht, die uns um Hilfe oder helfenden Beistand bitten.

Literatur

Barber TX, Ham MW (1974) Hypnotic phenomena. General Learing, Morristown NJ
Barber TX, Spanos NP, Chaves JF (1974) Hypnosis, imagination and human potentialities. Pergamon, New York
Baumgartl K (1980) Experimentelle Untersuchung der Änderung physiologischer Parameter bei gestufter Aktivhypnose. Med. Dissertation, Universität Mainz
Diehl BJM (im Druck) Autogenes Training und gestufte Aktivhypnose in Klinik und Praxis. (Vortrag 1988, Baden-Baden)
Fromm E, Shor RE (1979) Hypnosis: Developments in research and new perspectives. 2nd edn. Aldine, New York
Khodaie K (1970) Wärmetransportzahl der Haut an Fingern und Zehen beim Autogenen Training. Med Dissertation, Universität Mainz
Langen D (1976) Der Weg des Autogenen Trainings. Langen D (Hrsg) Wissenschaftliche Buchgesellschaft, Darmstadt
Meyer H (1984) Hirndurchblutung und Hautwiderstand bei Autogenem Training. Med Dissertation, Universität Mainz
Meyer HK, Diehl BJM, Ulrich P, Meinig G (1987) Kurz- und langfristige Änderungen der kortikalen Durchblutung bei Autogenem Training. Z Psychosom Med 33:52–62
Meyer HK, Diehl BJM, Ulrich P, Meinig G (1989) Änderung der regionalen kortikalen Durchblutung unter Hypnose. Z Psychosom Med 35:48–58
Polzien P (1961) Objektivierung hypnotischer Zustände. Prax Psychother 6:218–221
Risberg J, Ingvar DH (1973) Patterns of activation in the gray matter of the dominant hemisphere during memorizing and reasoning. Brain 96:737–756
Röder R (1980) Experimentelle Untersuchungen physiologischer Parameter bei gestufter Aktivhypnose im Verlauf der ersten 5 Sitzungen. Med. Dissertation, Universität Mainz
Schultz JH ([13]1970, 1932) Das Autogene Training. Thieme, Stuttgart
Schwarz G (1967) Über das Verhalten der Hautdurchblutung im Autogenen Training und in der Hypnose im Temperaturbereich zwischen 0° und 10°C. Med. Dissertation, Universität Tübingen
Spiegel H, Spiegel D (1978) Trance and treatment, clinical use of hypnosis. Basic Books, New York
Tress W (1973) Die Durchblutungsänderung der menschlichen Haut im Autogenen Training und in der gestuften Aktivhypnose bei Langtrainierten. Med. Dissertation, Universität Mainz
Uber T (1966) Wärmeleitmessung bei Autogenem Training und gestufter Aktivhypnose. Med. Dissertation, Universität Tübingen
Vogel W (1967) Veränderungen der Hautdurchblutung im Autogenen Training während der ersten 9 Übungswochen. Med. Dissertation, Universität Tübingen

Silvia Schönenberger
dipl. Sozialarbeiterin,
dipl. Hypnosetherapeutin und Trainerin
für autogenes Training und Biofeedback
am IATH in Zürich

Hypnose: Einführung für Anfänger

Zusammenfassung

Ein einstündiger Workshop mit theoretischer Information, praktischen Übungen und einer Ersthypnose.

Theorie:

1. Allgemeine Bedingungen der Hypnosetherapie: Klient und hypnotische Arbeit finden sich in einem hochkomplexen System von Umwelteinflüssen und persönlicher Ausstattung und Entwicklung. Ein Modell bedeutsamer Systemebenen und ein prozessual-systemisches Modell menschlich-sozialer Problembearbeitung werden kurz vorgestellt.
2. Prozeßarbeit und Hypnose:
   a) Bewußtheit als Prozeß,
   b) Selbstverantwortung,
   c) Streßbewältigung,
   d) Motivation zur Hypnosetherapie,
   e) Selbstverantwortung im Trancezustand.

Praxis:

1. Übungen in Bewußtheit.
2. Einleitung zur Ersthypnose.

Summary

A 1-hour workshop covering theoretical information, practical exercises, and a first hypnosis is reported.

B.J.M. Diehl, Th. Miller (Hrsg.)
Moderne Suggestionsverfahren
© Springer-Verlag Berlin Heidelberg 1990

Theory:
1. The General Conditions of Hypnotic Therapy: The client and hypnotic work are seen as part of a highly complex system of environmental influences and personal characteristics and development. A model of influential system levels and a processual-systemic model of human work on human problems are briefly introduced.
2. The Process of Hypnotic Work:
   a) Awareness as process,
   b) Self-responsibility,
   c) The mastering of stress,
   d) Motivation for hypnotic therapy,
   e) Self-control in hypnotic state.

Practice:
1. Exercises on Awareness.
2. Inducing a First Hypnosis.

Selbstverständlich gibt es viele verschiedene Möglichkeiten, eine Hypnose einzuleiten. Dies ist speziell in der Praxisarbeit wichtig, in die die unterschiedlichsten Klienten mit übergroßen Erwartungshaltungen, Vorbehalten und Ängsten kommen.

Der Hypnosetherapie geht eine sorgfältige Abklärung über die Situation des Klienten voraus. Bei physisch oder psychisch Kranken muß unbedingt vorher abgeklärt werden, ob sie in ärztlicher Behandlung sind. Eine Hypnosetherapie kommt nur in Frage, wenn der behandelnde Arzt damit einverstanden ist und der Zustand des Klienten keine Kontraindikation für die Hypnosetherapie darstellt. Kontraindikationen wären z.B. endogene und die meisten exogenen Psychosen. Es gibt aber auch Leute, die aus Glaubensgründen oder extremen Widerständen oder Abneigung keine Hypnose wollen.

Menschen leben in einer Umwelt

Unsere Umwelt setzt sich aus physikalischen, biologischen, psychischen, sozialen und kulturellen Systemen zusammen. Die 5 verschiedenen Systemebenen der Wirklichkeit sind alle miteinander auf dieselbe Weise verknüpft:

Systeme höherer Ordnung werden gebildet durch Komponenten, die ihrerseits Systeme sind, d.h. die Komponenten haben, die im Rahmen einer Struktur organisiert sind. Jede Systemebene unterscheidet sich von der nächstunteren dadurch, daß sie eine Reihe von emergenten (hervorbringenden) Eigenschaften aufweist, d.h. Eigenschaften, die jener nicht zukommen. (Obrecht, 1984)

Aus Abb. 1 geht hervor, daß das Individuum in einer äußerst komplexen Wirklichkeit lebt.

Um die Problemsituation eines Menschen erfassen zu können, muß von einer umfassenden Theorie der Problembearbeitung ausgegangen werden.

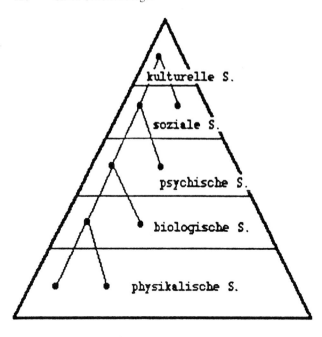

Abb. 1. Systemebenen (S.)
unterschiedlicher Ordnung

Dazu möchte ich kurz eine sozialarbeiterische Theorie der prozessual-systemischen Sichtweise vorstellen.

Staub-Bernasconi (1983, 1986) erklärt anhand eines Gabas (Denkfigur) 4 Ebenen:

1. körperliche Ausstattung (Umwelt intern) und materielle und immaterielle Ausstattung mit Gütern (Umwelt extern),
2. Ausstattung mit Symbolen und Bedeutungsstrukturen (Sinngebung, Codes, Modell),
3. Ausstattung mit Wahrnehmungsweisen und Informationsverarbeitungskompetenzen (Fühlen, Bewerten, Denken),
4. Ausstattung mit Handlungskompetenzen (Aktivitäten).

Dazu kommen noch 3 weitere Ebenen, welche die ersten 4 überlagern:

5. Ausstattung mit sozialen Beziehungen und Beziehungskompetenzen (Beziehungsnetz),
6. Ausstattung mit sozialen Kompetenzen und als Folge davon Anerkennung und Ansehen (Werte und Kriterien),
7. Ausstattung mit Machtquellen (Besitz, Kontrolle und Entscheidung über Ressourcen, Raum).

Prozeßarbeit und Hypnose

1. Bewußtheit als Prozeß
   (freundliche Aufmerksamkeit, im Sinne von Einverstandensein)
   a) für den Körper,
   b) für die Psyche,

c) innere Prozesse:	z. B. Blocks, (Blockaden) Ängste,
d) äußere Prozesse (eng verknüpft mit inneren Prozessen):	z. B. Handlungsweisen, Aufbau eines Beziehungsnetzes;

2. Selbstverantwortung

ist nicht einfach vorhanden, sondern muß erlernt werden; die Frage nach den notwendigen Ressourcen ist zentral als Voraussetzung für eine gewisse Selbständigkeit (Macht, Besitz, Kontrolle, Gesundheit, Bildung usw.);

3. Streßbewältigung
   a) Was ist Streß?

Streß ist die unspezifische Reaktion des Körpers auf Außenreize;

Eustreß

gesunder, arterhaltender Streß;

Distreß

Alarmreaktion – Anpassung - Erschöpfung (auf die Dauer krankmachender Streß);

b) Wie gehe ich mit Streß um? Flucht oder Angriff wie vor 100 000 Jahren; erlernte Handlungskompetenzen und gute Ressourcen zur Streßverminderung und -bewältigung.

4. Motivation

Die Frage der Motivation ist sehr komplex. Damit sie nicht zu viel Raum einnimmt, möchte ich ein etwas dramatisches Beispiel geben:

Wenn Ihnen morgen eine Ihnen bekannte Person A mitteilt, daß die Person X, mit der Sie vor 2 Jahren befreundet waren, mittlerweile an Aids erkrankt sei und seit einigen Jahren HIV-positiv gewesen sei, es aber erst kurz vor der Aids-Erkrankung erfahren habe – dann ist dies bzw. wäre dies eine absolute Alarmsituation für Sie, weil Sie gerade über Ihre mögliche Ansteckung erfahren haben.

Ihre Motivation, etwas für Ihr Immunabwehrsystem zu tun, hat sich mit dieser Information u. U. schlagartig verändert.

5. Selbstverantwortung während der Hypnose

Hypnotische Zustände kennen Sie aus Ihren Alltagserfahrungen. Jedes Mal, wenn Sie gedankenverloren über etwas nachsinnen, befinden Sie sich in einem leichten bis mittleren Trancezustand.

Oder Sie lesen ein Buch im Bett vor dem Einschlafen und stellen nach ein paar Seiten fest, daß Ihnen die Gedanken davongeeilt sind, Sie aber weder den Buchtext noch den genauen Gedankenverlauf wiedergeben könnten.

In der Hypnose sind Sie absolut Herr/Frau über sich selbst. Sie verlieren also nicht etwa die Kontrolle, ganz im Gegenteil. Ihre Konzentration ist verbessert und somit auch Ihre Kontrollfähigkeit. Sie würden in hypnotischem Zustand nichts tun, was gegen Ihre Ethik verstößt, bzw. was Sie sonst nicht auch tun würden.

Außerdem hat Hypnose nichts, aber auch gar nichts mit Leistung zu tun. Hypnose ist ein vertiefter Ruhezustand.

Wir werden noch einige Übungen miteinander machen, in denen Sie sich einmal etwas bewußter als im Alltag bewegen können. Wir werden zusammen sitzen, stehen, gehen, sehen, hören und riechen.

Sie können jetzt Ihre Kleidung etwas lockern und eine bequeme Sitzhaltung einnehmen. Brillen (wo möglich auch harte Kontaktlinsen herausnehmen) können Sie abnehmen.

Übungen
Wie sitze ich eigentlich da?
Wie stehe ich? – Wieviel Raum nehme ich ein bzw. gestehe ich mir zu?
Wie gehe ich?   Was nehme ich beim Gehen wahr?
Was sehe, höre und rieche ich?

Diese Übungen lassen sich fast überall im Alltag spontan durchführen, z. B. das Stehen an der Straßenbahn- oder Bushaltestelle.

Entspannungshypnose

Fixation

Suchen Sie sich einen Punkt oberhalb ihrer Stirnmitte, z. B. an der Decke des Zimmers, und richten Sie ihre Augen darauf, so daß sie die Augen nach innen oben gerichtet haben. Ihr Kopf bleibt dabei in derselben bequemen Stellung wie vorhin. Sollte die bequeme Sitzhaltung noch nicht ganz erreicht sein, können Sie das jetzt nachholen. Ihre Augen bleiben aber unverändert nach innen oben gerichtet.

Sie versuchen dabei möglichst nicht zu blinzeln. Ihre Augen sollen und werden sich dadurch schneller ermüden, was Ihnen hilft, sich leichter in die Ruhephase gleiten zu lassen. Sie werden vielleicht ein leichtes Brennen auf Ihren Augen feststellen, das sich einstellt, sobald die Feuchtigkeit der Augenoberfläche sich verringert. Das ist ein gutes Zeichen. Bleiben Sie dabei und blinzeln Sie nicht, sonst befeuchtet sich das Auge wieder.

Sie können jetzt beobachten, was sich vor Ihren Augen abspielt. Die Sichtweise ist vielleicht unscharf. Die Distanz verändert sich. Vielleicht werden sogar Farbveränderungen und Formverzerrungen sichtbar. Es spielt eigentlich keine Rolle, was Sie sehen, als vielmehr daß Sie sehen und sich dabei konzentrieren. Die Konzentration ist das Geheimnis der oder die „Gleitsubstanz" für die Entspannung.

Wenn Sie die Augen kaum mehr offen halten können, ohne doch zu blinzeln, lassen Sie Ihre Augenlider einfach fallen.

Dann richten Sie mit geschlossenen Augen ihre Augäpfel noch einmal nach innen oben und lassen sie einige Zeit in dieser Stellung.

Falls noch jemand die Augen offen hat, kann er sie jetzt schließen und auch geschlossen nach innen oben gerichtet lassen.

Sehen

Sie können Ihre Aufmerksamkeit jetzt ganz nach innen richten. Im Gesichtsfeld tauchen oft Gebilde auf, die man als optische Elementarerscheinungen oder als Phospheme bezeichnet. Es handelt sich dabei um Kreise, Sterne (helle und dunkle), geometrische Figuren oder auch gegenständliche Dinge (ein Kopf, ein Baum). Häufig sind diese Figuren bewegt, ziehende Wolken, verschiedene getönte Flächen schieben sich übereinander. An diffuser Bewegung findet sich ein allgemeines Zittern, Vibrieren, Flimmern kleinster Punkte (wie im Sandsturm oder das Schneien auf dem Fernsehfilm), wolkige Gebilde, konzentrische Kreise, die kleiner werden, um in einem Punkt zu verschwinden oder größer, wie die Wellen, nachdem ein Stein ins Wasser fiel.

Bleiben Sie noch eine Weile bei diesen Erscheinungen. Es wird Ihnen helfen, Ihre Ruhe zu vertiefen.

Sie können einmal die Nuancen der Farbschattierungen erforschen. Gibt es Unterschiede von innen nach außen, dunkle oder eher helle Erscheinungen.

Der Sehraum erscheint meistens in einem dämmrigen Grau (von milchig bis dunkelgrau), manchmal mit Farbbeimengungen (z. B. grünlich, gelblich). Nach dem Auftauchen der Elementarerscheinungen können sich auch oft Bilder einstellen: bunte, bewegte Gegenstände, szenische Abläufe.

Wenn Sie genug geschaut haben, können Sie Ihre Aufmerksamkeit auf das Hören richten.

Hören

Vielleicht dringen Geräusche von draußen an ihr Ohr. Sie hören Stimmen aus den Nebenräumen. Türen werden auf- und zugemacht. Draußen fliegt ein Flugzeug vorbei. Das Geräusch wird intensiver, durchdringt scheinbar alles, um schließlich wieder ganz allmählich abzuklingen.

Jede kleinste Veränderung, die Sie wahrnehmen, vertieft ganz automatisch Ihre Ruhe und Gelassenheit.

Geräusche aus der Ferne dringen an Ihr Ohr. Geräusche von der Straße, von Autos, eine Straßenbahn nähert sich. Die Räder bewirken ein Rauschen, das zunimmt und ebenso wieder ausklingt.

Sie brauchen sich von jetzt an nicht weiter um die Geräusche von außen zu kümmern und können sie weit hinter sich lassen, als würden die Geräusche von außen wie Wolken in die Ferne ziehen.

Wenn Sie Lust haben, können Sie jetzt Ihre Aufmerksamkeit auf die Geräusche in diesem Raum richten. Sie hören meine Stimme, ohne daß Sie speziell darauf zu achten brauchen. Vielleicht hört sie sich für einige unter Ihnen wie aus weiter Ferne an. Sie brauchen nicht einmal speziell auf meine Worte zu achten. Die Worte fließen wie Wasser im Fluß oder wie Holz, das auf dem Wasser treibt.

Dann gibt es viele andere Geräusche in diesem Raum. Sie hören vielleicht Ihren Sitznachbarn atmen. Jemand bewegt sich vielleicht etwas, um sich noch vorteilhafter zu setzen. Oder Sie hören ein Räuspern oder haben selbst den Wunsch, dies zu tun.

Fühlen

Wenn Sie Lust haben, können Sie jetzt Ihre Aufmerksamkeit Ihrem Kopf zuwenden. Achten Sie darauf, oder schauen Sie mal, was Sie dort spüren. Wie fühlt sich Ihre Kopfhaut an, eher straff oder weich, kalt oder warm?

Sie können sich z. B. vorstellen, daß Ihre *Kopfhaut* beim Coiffeur beim Einschamponieren massiert wird, oder ein Mensch Ihrer Wahl übernimmt diese Funktion. Die Kopfhaut wird besser durchblutet, erwärmt sich vielleicht etwas, sofern Ihnen das angenehm ist. Jedes Blutgefäßchen erweitert sich und wird von Blut durchströmt. Jedes Blutgefäßchen transportiert Sauerstoff zu den verschiedenen Körperteilen und Organen. Auch Ihr Gehirn, Ihre Kopfhaut, Ihr ganzer Kopf wird jetzt mit frischem Sauerstoff angereichert. Sie können sich den Transport des Sauerstoffs vor Ihrem geistigen Auge vorstellen, wenn Sie wollen. Auch Ihr *Nacken* kann in Ihrer Vorstellung eine Massage erhalten. Sie spüren die Bewegungen rhythmisch und sanft. Die Muskeln werden zusehends weicher und gelöster. Verkrampfte Stellen erweichen sich zunehmend. Frisches Blut durchströmt sie.

Nun können Sie sich vorstellen, daß auch Ihre *Gesichtshaut* wie beim Eincremen sanft und gleichmäßig massiert wird. Sie sind bei der Kosmetikerin. Die Männer können sich das Einmassieren des Rasierschaums vorstellen, oder Sie massieren sich ein Rasierwasser ein oder was Sie eben mögen. Die Prozedur ist angenehm und läßt Sie noch etwas tiefer in den Stuhl sinken. Sie genießen es vielleicht, mal nicht selbst etwas tun zu müssen.

Sie können Ihren *Unterkiefer* jetzt etwas fallen lassen, fast unmerklich. Ihre Backenknochen sind dadurch entlastet und die Gesichtsmuskulatur wird weicher und geschmeidiger. Eine angenehme Wärme durchströmt Sie.

Sie können Ihre *Zunge* ganz leicht am oberen Gaumen anlehnen lassen. Das *Schlucken* geht ganz leicht und vertieft Ihre Ruhe.

Ihre *Stirn* glättet sich.

Die *Augen* ruhen in den Augenhöhlen. Sie sind in der feinen Augenmuskulatur eingebettet. Wenn Sie Lust haben, können Sie sich einmal vorstellen, daß diese feinen Muskeln sich alle etwas lockern, allein schon durch die Vorstellung, daß sie wie ein noch etwas zu straffes Gummiband gehalten werden. Und dieses Gummiband lockert sich jetzt mehr und mehr. Der Sehnerv wird dadurch auch entlastet.

Vielleicht sehen Sie wieder Bilder vor Ihrem geistigen Auge. Banale Alltagsgedanken können sich sogar zwischendurch zeigen. Lassen Sie Ihre Gedanken einfach fließen wie einen Fluß, der an Ihnen vorbeigleitet, um im Horizont unterzugehen. Es ist ein endloser Strom von mehr oder weniger beliebig zusammenkommenden Fragmenten. Sie brauchen nicht einmal von Ihren Gedankeninhalten speziell Notiz zu nehmen. Sie sind ein Zuschauer auf der Bühne in einer hinteren Reihe und betrachten das Schauspiel wie aus weiter Ferne.

Sie können jetzt einmal nachschauen oder -spüren, was sich in der Zwischenzeit in ihrem Kopf verändert hat. Jede kleinste Veränderung vertieft ganz automatisch Ihren Ruhezustand.

Auch Ihr *Hals und Nacken* haben viele empfindliche Stellen. Der Nacken ist bei vielen Leuten eher hart, nicht so beweglich. Es wird eine Menge auf den Schultern getragen, was die Verkrampfungen in dieser Gegend mitverursacht.

Sie können sich z. B. vorstellen, daß Sie jetzt einen überaus schweren Rucksack ablegen und sich ein Gefühl der Erleichterung einstellt. Sie lassen sich von einem/er Bekannten die Schulter- und Nackengegend sanft und langsam weichkneten. Oder Sie stellen sich einfach vor, daß sich diese Region durch Lockerungsbewegungen zusehends erwärmt und entspannt.

Wie fühlt sich Ihr Hals jetzt an? – Und wie fühlt sich Ihr Nacken jetzt an? Können Sie sich vorstellen, daß die Nacken- und Schulterregion mit frischem Blut durchströmt werden?

Und können Sie sich vorstellen, daß verkrampfte Muskelpakete mit frischem Blut durchströmt und Ablagerungen dadurch abgebaut werden können und Blocks sich lockern?

Bleiben Sie noch etwas bei diesen Vorstellungen. Betrachten Sie sie. Versuchen Sie jede kleinste Veränderung wahrzunehmen.

Die Reise durch Ihren Körper geht jetzt weiter. Ihr *Rückenmark* bekommt Ihre volle Aufmerksamkeit. Stellen Sie sich einen überaus hellen Lichtstrahl vor, der mit einer besonderen Energie angereichert ist, die wohltuend wirkt und durch die Wirbelsäule zu jedem einzelnen Wirbel dringt und dabei jeden Muskel durchdringt, welche um die Wirbel herum sind. Sie werden weich und geschmeidig. Vielleicht breitet sich dabei auch Wärme über den ganzen *Rücken* aus.

Achten Sie einmal darauf, wie Ihr Rücken auf der Unterlage aufliegt bzw. an der Stuhllehne. Wie fühlt sich Ihr Schulterblattbereich im Vergleich zur Kreuzgegend an? Gibt es Unterschiede in Wärme oder Lockerheit? Können Sie schon einen Unterschied zum Rückenmark feststellen oder brauchen Sie noch etwas Zeit dazu? Sie können sich jetzt vorstellen, daß das Licht sich über den ganzen Rücken ausbreitet und dadurch die Muskulatur etwas erwärmt und gelockert wird. Sie können dabei den kleinsten Veränderungen mit ihrer geistigen Aufmerksamkeit nachgehen.

Die Reise durch den Körper geht weiter.

Konzentrieren Sie sich einmal auf Ihre *Bauchregion*. Durch den vertieften Ruhezustand wirkt der Parasympatikus, der Nachtnerv, wohltuend und entspannend auf Ihre Organe wie Leber, Nieren, Milz und Därme. Es kann z. B. ein Blubbern oder Rauschen durch die Bauchdecke dringen. Der *Verdauung* ist freie Bahn gegeben.

Ihre *Atmung* geht dabei ganz leicht und fließend. Ihr Zwerchfell senkt sich. Ihr Brustkorb hebt und senkt sich leicht mit jedem Atemzug. Es atmet aus Ihnen heraus. Jedes Ausatmen vertieft ganz automatisch Ihre Ruhe und Ihr Wohlbefinden.

Schauen Sie jetzt einmal Ihre *Oberarme* von innen an. Was sehen oder fühlen Sie da? Ist es dunkel oder hell, farbig oder schwarz-weiß? Oder stellen Sie einfach fest, daß Ihre Gedanken einmal mehr abschweifen? Beobachten Sie und bleiben Sie dabei. Sie können Ihr geistiges Auge einen Arm hinunterwandern lassen. Wählen Sie den Arm, der Ihnen leichter erscheint. Lassen Sie Ihr geistiges Auge über den *Ellenbogen* in den *Unterarm* gleiten und weiter über das *Handgelenk* in Ihre *Hand*. Was fühlen Sie in der *Handinnenfläche*? Liegt die Hand irgendwo auf? Was spüren Sie da? Wie liegt Ihre Hand auf? Können Sie Wärmeunterschiede feststellen? Wie ist die Beschaffenheit der Unterlage?

Wenn Sie genug geforscht haben, lassen Sie sich weitergeleiten in die *Fingerspitzen*. Können Sie noch genau zwischen Fingerspitzenende und Außenraum unterscheiden? Wie groß oder wie klein ist Ihre Hand jetzt wohl? Sehen Sie Farben?

In Ihrer Hand gibt es unzählige Nerven. Sie reagieren auf kleinste Berührungen. Auch macht Ihre Hand dauernd kleinste, für Ihr Auge unsichtbare Bewegungen. Spüren Sie einmal diesen kleinsten Bewegungen nach.

Es kann ohne weiteres sein, daß sich Ihre Finger etwas verdickt anfühlen. Ihre Wahrnehmung hat sich für diese Zeit der Ruhe etwas verändert.

Die „Reise" geht weiter über die Fingerkuppen hinaus, über die Fingernägel hinaus, wo Sie vielleicht je nach Hand einen Ring spüren, weiter zur *Handoberfläche*. Was sehen oder spüren Sie da? Ist da vielleicht ein leichter Windhauch von außen spürbar? Oder nehmen Sie einfach einen Temperaturunterschied zur Handinnenfläche wahr?

Während Ihr inneres Auge wieder den Unterarm hinauf, über den Ellenbogen in den Oberarm gleitet, können Sie sich vorstellen, daß das Erlebte sich automatisch auf den anderen Arm überträgt. Es generalisiert sich im Körper oder hat es vielleicht schon vorher getan.

In derselben Art und Weise wie Sie Ihren Arm beobachtet haben, können Sie das jetzt bei einem Ihrer *Beine* tun. Sie sind der Regisseur. Stellen Sie sich Ihren *Oberschenkel* vor. Was spüren oder sehen Sie da? – Oder brauchen Sie noch etwas Zeit? Wie liegt Ihr Oberschenkel auf der Unterlage auf? Können Sie die Beuge- und Streckmuskeln ausmachen?

Auch hier erweitern sich die Blutgefäße durch die Ruhigstellung Ihres Körpers.

Können Sie sich auch Ihre *Kniescheibe* vorstellen? Und können Sie der ungefähren Form innerlich nachgehen?

Wie ist die Verbindung zum *Unterschenkel*? Wie fühlen sich die Wadenmuskeln an? Sind sie locker oder eher noch geballt? Können Sie sich vorstellen, daß sie mit jedem Atemzug weicher werden, mit jedem Ausatmen?

Wie ist Ihr Unterschenkel mit dem *Fußgelenk* verbunden? Wie fühlt sich Ihr Fußgelenk an? Ist es warm oder kühl, locker oder noch etwas angestrengt? Wenn Sie wollen, können Sie sich auch hier ein wohltuendes *Fußbad* mit wohltuenden Kräutern oder Ähnliches vorstellen. Auch Ihre Füße werden es Ihnen danken. Oder Sie erhalten eine Fußmassage nach Ihrem Geschmack.

Stellen Sie sich vor, daß jetzt Ihre große Zehe ganz leicht bewegt wird. Dann die Zweitgrößte usw.

Dann geht es weiter über den Rist zum Fußgelenk, über das Schienbein wieder zur Kniescheibe und von da in den Oberschenkel. Da angelangt, können Sie sich eine Waage vorstellen, wo 2 gleich große Häufchen an Erlebtem für beide Beine gemacht werden, so daß sich eine Verteilung einstellt. Die *Generalisierung* ist auch hier damit vollzogen.

Ihr Brustkorb hebt und senkt sich. Ihr Atem geht leicht und fließend. Ihr Herz schlägt ruhig und kräftig.

In diesem Ruhezustand entspannt sich Ihr gesamtes Nervensystem. Ihr ganzes Nervensystem erholt und regeneriert sich. Ihr ganzer Organismus profitiert davon.

Und jedes Mal, wenn Sie sich wieder auf diese oder ähnliche Weise entspannen, werden Sie diesen angenehmen Zustand noch viel schneller und tiefer erreichen, intensiver erleben und von Mal zu Mal mehr davon profitieren...

In diesem vertieften Ruhezustand erholt sich Ihr gesamtes Nervensystem. Sie fühlen sich zusehends wohler und befreiter.

Ich lasse Sie jetzt kurz Ihren eigenen Bildern nachhängen und mache eine Pause von 1–2 Minuten.

Wecken

Ich zähle jetzt dann gleich von 1 bis 5 und bei 5, aber erst bei 5, öffnen Sie dann wieder Ihre Augen, fühlen sich dann ganz hellwach, frisch und froh und munter und in jeder Beziehung völlig wohl.

1. Alle Schwere und Müdigkeit verfliegt jetzt aus Ihren Füßen und Beinen, Ihre Beine und Füße werden wieder ganz leicht und frei und füllen sich mit frischer Kraft und Energie.
2. Alle Schwere und Müdigkeit verfliegt auch aus Ihren Händen und Ihren Armen, Ihre Hände und Arme werden wieder ganz leicht und frei und füllen sich mit frischer Kraft und Energie.
3. Alle Schwere und Müdigkeit verfliegt jetzt auch aus Ihrem Kopf und aus Ihren Augen wie eine kleine Wolke im Wind; Kopf und Augen sind jetzt wieder ganz leicht und frei und frisch.
4. Der ganze Körper ist jetzt wieder ganz leicht und frei, alle Müdigkeit und Schwere ist jetzt aus Ihrem Körper verflogen.
   Atmen Sie jetzt bitte einmal *ganz* tief ein und wieder aus und spüren Sie dabei, wie frische Kraft und Energie in Ihren ganzen Körper hineinströmt. Gut! Sie können jetzt auch Ihre Füße und Ihre Finger etwas bewegen. Gut!
5. Öffnen Sie jetzt wieder Ihre Augen. Sie fühlen sich jetzt ganz hellwach, frisch und froh und munter und in jeder Beziehung völlig wohl.
   Vielleicht möchten Sie sich noch ein wenig recken und strecken...

Danach ist ein Erfahrungsaustausch im Einzel- oder Gruppengespräch angebracht.

Literatur

Brauchle A (1980) Hypnose und Autosuggestion, PH. Reclam Verlag, Stuttgart
Bunge M (1979) A world of systems (Bd 4 des 9-bändigen Treatise on Basic Philosophy). Reidel, Dordrecht
Bunge M (1984) Das Leib-Seele-Problem, Ein psychologischer Approach. Mohr, Tübingen
Bunge M (1984) Die Wiederkehr der Kausalität. In: Kannitscheider B (Hrsg) Moderne Naturphilosophie. Königshausen & Neumann, Würzburg, S 141–160
Ditfurth H von (1976) Der Geist fiel nicht vom Himmel. Hoffmann & Campe, Hamburg
Erickson MH, Rossi EL (1981) Hypnosetherapie. Pfeiffer, München

Hoffmann B (1981) Handbuch des autogenen Trainings. dtv, München

Jores A (1981) Praktische Psychosomatik. Huber, Bern Stuttgart Wien

Langen D (1972) Kompendium der medizinischen Hypnose. Karger, Basel

Langen D (1972) Hypnose und psychosomatische Medizin. Hippokrates, Stuttgart

Langen D (1979) Die gestufte Aktivhypnose. Thieme, Stuttgart

Langen D et al. (1971) Hypnose und autogenes Training in der psychosomatischen Medizin. Hippokrates, Stuttgart

Obrecht W (1984) Einleitung zu: Philosophie der Erkenntnis. Schule für Soziale Arbeit, Zürich (unveröffentlichtes Manuskript)

Obrecht W (in Vorbereitung) Systemisches Denken: Pros und Kontras

Scharl HH (1976) Die Organsprache. Marczell, München

Selye H (1982) Streß; Lebensregeln vom Entdecker des Streß-Syndroms. Rowohlt, Reinbek

Staub-Bernasconi S (1983) Soziale Probleme – Dimensionen ihrer Artikulation. Dissertation, CH-Diessenhofen

Staub-Bernasconi S (1986) Soziale Arbeit als eine besondere Art des Umgangs mit Menschen, Dingen und Ideen. Z Sozialarbeit

Vester F (1986) Unsere Welt – ein vernetztes System. dtv, München

Frank K. Schmidt, Ph. D.
Berater auf dem Gebiet der klinischen Psychologie
mit Schwerpunkt auf Drogen- und Alkoholabusus,
forensischer Psychologe,
Lektor an der University of Maryland, European Division

The Major Trends in Hypnosis in the Americas

Zusammenfassung

Im Hinblick auf die Entwicklung der Ericksonschen Hypnosetechnik in Amerika, die als non-rituale Technik verstanden wird, erinnert der Autor an die Verdienste von Prof. Langen, dessen Beiträge zur Entwicklung und Verbreitung des AT über die Grenzen Europas hinaus gewaltig sind. Die augenblickliche Differenzierung höchst selektiver Hypnosetechniken in den verschiedenen Bereichen der somatischen Medizin, die Zahnmedizin eingeschlossen, deuten die Richtung an, welche die Hypnose im nächsten Jahrhundert zum Wohle unserer Patienten und Klienten nehmen wird.

Summary

Pointing to the development of Ericksonian hypnosis in America as a nonritual technique, the author recalls the merits of Prof. Langen, whose contributions to the development and expansion of autogenic training beyond European borders were tremendous. The present differentiation of highly selective techniques of hypnosis in the various fields of somatic medicine, dentistry included, indicate the course hypnosis will take in the next century for the benefit of our patients and clients.

It is understandable that expectations are high when a report on the current state of the art in hypnosis is made about the United States. It is an honor to be able to give such a report, as we celebrate the memory of the late Professor Dr. Dietrich Langen.

The particular connections which we all have in one form or another, with the late Professor Langen make it easy to refer to his contributions. He would

B.J.M. Diehl, Th. Miller (Hrsg.)
Moderne Suggestionsverfahren
© Springer-Verlag Berlin Heidelberg 1990

want us to see through European eyes what is going on today in the New World of the Americas. Many of the things which he taught us, in so many ways, can indeed help us understand how hypnosis, and autogenic training, has forged ahead not only in the United States, but also in Canada and the rest of the Americas. To put it into focus then, this is an overview, and as such it comprises impressions formed from travels and many observations.

Let me also refresh our memories of Professor Langen as a teacher, guide, mentor, and writer par excellence. He was impressive as a clinician because of the informal and easy way he brought about the relaxed state through autogenic training, leading into hypnosis. It was a system which relied only on brief but directive ritual steps. The briefness was enhanced by an authoritative and assertive approach. He told me once: "You have only two choices in psychotherapy, hypnosis or psychoanalysis."

In contemplating where hypnosis is in America, we need to understand that the Ericksonian techniques of nonritual hypnosis were predicted by Langen in his visions of the future. The big news from overseas is, of course, the pheno-menal growth and advance of Ericksonian hypnosis. Nobody knows what the outcome will be, but it will foreshadow everything to come for the rest of this century in hypnosis. If Langen were here today, I would have liked to have heard his opinion on the technically interesting point of whether it is manda-tory to have a ritual to accomplish the therapeutic aims of clinical hypnosis. This question also helps us to understand the state of the art in America. Currently the two schools of ritual and nonritual hypnosis are moving in different directions and Ericksonian hypnosis, representing the latter, is grow-ing faster than anything seen yet through centuries of hypnosis in this world. More conservative elements have reservations and feel that there must be a ritual as part of the induction. The good news is that the two camps, for the most part, are getting along very well. I think that Langen would nod with approval at Ericksonian hypnosis, because he was always a practical clinician who understood the importance of getting the job done with a minimum of fuss or complications.

Because of the popularity of hypnosis as a procedure in America, and because of the great pool of clinical talent there, it is not surprising that a very great deal of writing and detailed analysis continues to flow from applied hypnosis about theoretical implications. Again looking at the broad picture, it is predicted that there will be many more advances and efforts in some of the speciality areas such as dentistry. American dentistry will look to the Swedish model. So will those who train the many paraprofessionals needed to supply talent in the future.

Equally important advances, with the development of the best ways to use hypnosis, including imagery and possibly implosion techniques, will be seen in the increasingly numerous drug and alcohol treatment programs before the end of the century. Many persons believe, as you will know, that hypnosis is a treatment in and of itself; this is an error that dates back to the history of stage hypnosis. In fact it is a facilitator, if you will, for many different specialties where the patient is treated *in* and *not with* hypnosis. Here again, taking the historical perspective of the state of the arts in America, it is refreshing to remember that Langen always preferred the European reference to autogenic training. He openly entertained in discussions with colleagues and students that autogenic training was hypnosis; however, in the context of treatment he always referred to the technique as autogenic training. By so doing, he avoided the possible misunderstanding by clients and patients that it was of and in itself a treatment; autogenic training, incidentally, has a much more neutral connotation. The fourth large area of growth in America is hopefully autogenic training, especially autogenic training which is informal and very human, the way our great teacher and friend Langen taught us. The American Society of Clinical Hypnosis and the Society for Clinical and Experimental Hypnosis are both supportive of autogenic training.

It is not just what news and future expectations are brought to this Congress; it is also that we must ask ourselves how we can and shall continue to press forward, so that the contributions of Langen achieve further international recognition. Therefore we should not ask what America can bring to the illustrious memory of Langen; rather we should ask scientists and scholars what can be done to bring his contributions to the overseas world beyond Europe, and not only the Americas but all continents. Our task, therefore, is clear. What we need to do is to follow up on his research, and diligently translate leads from his articles and books into other languages, especially English. Our Romanian colleague Gheorghiu, for example, once asked how to isolate suggestibility, as one of the suspected "separate" components of hypnosis, from the rest of the process and state of altered state of consciousness, known as a totality. Our answer today might well be to combine and search for the fine points of what Langen so generously gave the European tradition of autogenic training. Just as we today, in America, look increasingly for what Erickson gave American hypnosis.

But a report on hypnosis in America and what is happening there involves more than looking at what is happening in the area of Ericksonian hypnosis; it is also to appreciate and recognize the many unsung pioneering contributions that may predict the future of American hypnosis. Along these lines the initiative and intrepid applied works of the many individual American professionals, too numerous to mention here, are an example for all of us to follow. They too send greetings to their brothers and sisters in Europe and ask not to be forgotten, be they physicians, dentists, psychologists, social workers, or the increasing number of paraprofessionals in the health services.

Frank K. Schmidt, Ph. D.

Berater auf dem Gebiet der klinischen Psychologie
mit Schwerpunkt auf Drogen- und Alkoholabusus,
forensischer Psychologe,
Lektor an der Universität of Maryland, European
Division

Ways of Introducing Clinical Hypnosis to Hospital Staffs

Zusammenfassung

Auf der Grundlage neuerer statistischer Daten wird die Bedeutung der Kurzpsychotherapie, der Hypnose und des AT im heutigen Gesundheitswesen hervorgehoben. Gleichzeitig unterstreicht der Autor die Notwendigkeit einer möglichst vorsichtigen und sensiven Darstellungsweise der Hypnose gegenüber dem medizinischen Personal, um Ablehnung zu vermeiden.

Der Nutzen, den Patienten vor ihrer Entlassung aus dem Krankenhaus und danach aus einer Kurzpsychotherapie und/oder der Hypnose ziehen können, wird beschrieben.

Summary

On the basis of recent statistical data, the importance of brief psychotherapy, hypnosis, and autogenic training in today's medical services is stressed. At the same time, the author underlines the need for a rather cautious and sensitive presentation of hypnosis to hospital staffs in order to avoid aversive reactions.

The benefits patients may draw from brief psychotherapy and/or hypnosis both prior to and after their discharge from hospital are described.

The best kind of handouts, briefly stated, are those which address the needs of a particular hospital and its staff, whether these needs are perceived or not. The possibilities for application of clinical hypnosis are often not fully appreciated, and the presenter will need to think about overlooked possibilities as they apply to each specialty department of a hospital. Additionally, the selection of references and statistical data which address the application of clinical hypnosis and hypnotherapy is a time-honored approach because it provides

B.J.M. Diehl, Th. Miller (Hrsg.)
Moderne Suggestionsverfahren
© Springer-Verlag Berlin Heidelberg 1990

prima facie validity to a presentation through statistical data. It is possible to relate statistical information about mental health to brief psychotherapy, and to show how hypnotherapy fits in nicely as a procedure to make brief psychotherapy more efficient within the time constraints of the modern and busy hospital setting.

On the following pages, in the left-hand columns examples of interesting statistics are given which may, for instance, be quoted during inservice presentations. In turn, listed on the right are examples of suitable remarks relating to the quoted statistics, along with possible applications and explanations of how applications of brief psychotherapy and hypnotherapy will be of service to the patients and possibly help the hospital to contain costs. Since hospitals are increasingly concerned with cutting costs, an inservice presentation touching on such possibilities is bound to be of great interest.

Examples of favorable handout information and statistics that may be quoted during an inservice Presentation

Examples of Remarks relating to the information on the left, and possible applications of brief psychotherapy and hypnosis

There is a documented relationship between distress, medical use, and mental health. As many as 60% of all patients' visits to physicians are due to emotional problems, not physical ailments (Cummings and Vanden Bos 1981).

A review of 13 studies that used postsurgery or post-heart attack hospital days as outcome indicators showed that psychological intervention reduced hospitalization by approximately 2 days (Mumford et al. 1982).

Emotional problems are the most misunderstood of symptoms, not only among laymen but also among professionals. They are an excellent target for brief psychotherapy intervention, which then incorporates hypnosis, and autogenic training techniques.

Here it might be important to point out that the armamentarium of the modern hospital includes mental health professionals to address, for example, pain reduction. This is particularly important in postsurgery patients; but also in post-heart attack patients the role of hypnotherapy and autogenic training is important as these tools help to reduce anxieties regarding recovery and postdischarge life.

The use of medical services decreases when appropriate mental health services are provided. Numerous studies show a decrease from 5% to 80% in medical service use following mental health treatment. This "offset" effect has been documented

This statistical information may be related to patients about to be discharged. With discharge approaching, they can be taught self-hypnosis and autogenic training techniques. These serve as ways to reduce stress incidental to the course of stay in hospital with a variety of patients in HMOs and in fee-for-service settings (Jones and Vischi 1979).

Preliminary data from a pilot project underway in Hawaii show that a 37% reduction in medical use will result from even brief psychotherapeutic intervention. The author concludes that prepaid systems will not contain costs until the estimated 60% of doctor visits by the "worried well" are addressed (Cummings 1985).

and associated with the forthcoming discharge. It gives the patient something to take home, and it imparts trust.

This piece of statistics may be referred to and used in a hospital staff presentation to discuss and define the "worried well." Such people are often concerned about their health to an excess degree, but the other side of the coin is that they are good teaching subjects, and since they are motivated, they are a natural target population for brief psychotherapy during which they learn self-hypnosis and autogenic training techniques.

Mental health services combined with treatment for physical disorders result in decreased hospital costs at least equal to the cost of the mental health services. A recent study of several chronic diseases showed that the use of mental health services, "improves the quality and appropriateness of care and also lowers costs of providing it" (Schlesinger et al. 1983).

An effective system of utilization review and quality assurance exists for psychological services through the federal CHAMPUS Program and by contract with private carriers. The CHAMPUS peer review system for mental health services has had a dramatic impact on quality of care, and has saved the program at least $6 million between 1977 and 1983.

Here it may be pointed out and considered for discussion that brief psychotherapy, through its methods and results, imparts a sensation that the hospital cares. Psychologically, the patient feels his/her spirit lifted along with gaining the impression that the alternate service has been made available through hypnosis and autogenic training.

The discussion should point out that the quality of care improves and that money is actually saved through psychological services, because they reduce the demand for services in other diagnostic areas.

Demand for mental health services would not rise dramatically with needed, responsible increases in insurance coverage. A recent study showed that only 9% of those with generous mental health cover sought treatment (Wells et al. 1982).

This may, for example, apply to hypnosis in the sense that skilled and responsible application of the principles of clinical hypnosis in brief psychotherapy would undoubtedly be a major contributing factor in keeping demand for mental health services both low and efficient.

It is possible, in fact almost inevitable, that during an inservice presentation a question will be asked about the methods and procedural aspects of brief psychotherapy and the use of hypnotherapy in the hospital setting. Almenberg (1986) suggests the following specific outline and principles in the application of brief psychotherapy. His method was intended for a dental population. However, it has found general application, since it is easy to understand and involves just a few effective steps which also apply to the hospital situation. A few minor improvements have been liberally incorporated without changing the basic intent of the Almenberg model.

Almenberg's Model of Brief Psychotherapy

First session:
1. Review of case history. Patient fills out brief questionnaire prior to session. This gives the interviewer a quick grasp of the case and suggest highlights to home in on.
2. "Therapeutic" conversation with the patient, through which the psychotherapist and patient get to know each other and basic trust is established. Take ample time here, to let rapport build. Empathy, warmth, understanding, patience, and friendliness are emphasized.

Second session:
1. Patient is now informed about the brief psychotherapy treatment plan, to include, for example, hypnotherapy, guided affective imagery, and autogenic training exercises.
2. Preparation of mind set, possibly informal hypnotizability test.

Following sessions:
A certain number of sessions as per treatment plan agreed on and with mental training as indicated above. It is possible, for example, to conduct first and second sessions at different times on the same day.

Final session:
This takes place just prior to discharge. It involves the teaching of self-hypnosis, and may include the use of an audiotape.

Conclusion

It should be kept in mind that the sort of references cited above may be used as appropriate departure points for ways of introducing clinical hypnosis to hospital staffs. They are a selection of many, and are proposed as one method to expand on other materials readily available to help make presentations come alive to hospital staffs.

As a concluding and worthy point, it should also be carefully noted that there are aspects that we may not wish to express directly, at least initially, to hospital audiences. One of these is an interesting point which Hershman (1974) addresses when he says that, in using hypnosis, we are really only as good as

Table 1. Synonyms for hypnosis through history

Temple sleep	Hypnology
Animal magnetism	Sophrology
Mesmerism	Autogenic training
Trance	Psychophysiological relaxation
Neurypnology	Altered state of awareness
Hypnosis	Altered state of consciousness
Monoideism	Suggestology
Hypnotism	Suggestopedia
	Daydreams

our ability in salesmanship allows us to be when it comes to applying the principles of hypnosis. Modern medicine is showing increased receptivity toward what amounts essentially to incorporating the principles of brief psychotherapy in, for example, the application of improved bedside manners. Thus it is strongly suggested that when talking or referring to principles of salesmanship (rapport), these references be paraphrased to read that good bedside manners are important or paramount to success. This would be much more acceptable to the conservative elements among hospital staffs, and it is also now recognized as being in vogue for modern professionals.

Included as an addendum is a partial list of synonyms used for hypnosis through the ages (Table 1). Such a handout may undoubtedly help people to appreciate that hypnosis has a long tradition in both the healing arts and the history of human beings.

References*

Almenberg R (1986) Hypnosis and psychotherapy in a Swedish dental practice. Swed J Hypnosis Psychother Psychosom Med 13/3

Cummings (1985) Saving health care dollars through psychological service. Health Pol Q 2/6

Cummings and Van den Bos (1981) The twenty year Kaiser-permanente experience with psychotherapy and medical utilization. Health Pol Q 1/2

Hershman S (1974) Personal communication

Jacobs DF (1983) Toward a formula for professional survival in troubled times. Pub Serv Psychol

Jones and Vischi (1979) Impact of alcohol drug abuse and mental health treatment on medical care utilization. Med Care (Suppl) 17/12

Mumford (1982) The effecht of psychological intervention on recovery from surgery and heart attacks: A review of the literature. AJPH 72/2

Schlesinger (1983) Mental health treatment and medical care utilization in a free-for-service system. AJPH 73/4

State Association Program. Proceedings of the American Psychological Association, Washington DC

Wells (1982) Cost sharing and the demand for ambulatory mental health services. Rand Corporation, Washington DC

---

* For missing details of the above bibliography, please contact the author at Lake Somerset Road R. R. 7, P. O. Box 292, Somerset/PA 15501, USA

Hartwig Oßwald

Psychotherapeut,
Heilpraktiker mit Schwerpunkt Psychotherapie
in eigener Praxis

Analytische Psychotherapie und Hypnoanalyse

Zusammenfassung

Grundlagen psychoanalytischer Prozesse werden unter Bezugnahme auf C. G. Jung kurz umrissen.

Das Konzept der Hypnoanalyse geht davon aus, daß die Hypnose den Weg zum Unbewußten ebnet, wodurch es dem Patienten möglich wird, sich an längst vergessene Dinge und Ereignisse wieder zu erinnern. Die Altersregression im hypnotischen Zustand erlaubt die Aktualisierung vergangener Konflikte und öffnet neue Wege zur bewußten Überwindung ihrer traumatisierenden Anteile. Man kann sie möglicherweise aus unterschiedlichen Blickwinkeln betrachten und adäquater auf sie reagieren.

Es stellt sich heraus, daß Hypnoanalyse eine weitere Methode im psychoanalytischen Prozeß ist.

Summary

Basics on psychoanalytic processes are briefly outlined with reference to C. G. Jung.

The concept of hypnoanalysis presupposes that hypnosis provides a path of access to the unconscious, making it possible for the patient to recall things and events long forgotten. Age regression in hypnotic trance permits the actualization of past conflicts and opens up new possibilities for consciously overcoming their traumatic aspects. They may be looked at from different points of view and one may react to them more adequately.

Hypnoanalysis is shown to be an additional method in the process of psychoanalysis.

Es sollen zuerst einige Begriffsbestimmungen und die Grundzüge der analytischen Psychologie nach C. G. Jung, soweit sie für das aktuelle Thema von

B.J.M. Diehl, Th. Miller (Hrsg.)
Moderne Suggestionsverfahren
© Springer-Verlag Berlin Heidelberg 1990

wesentlicher Bedeutung sind, skizziert werden. Das sind: das Selbst als die
Ganzheit und übergeordneter Zielorientierung der Persönlichkeit mit Ich-
Bewußtsein, persönlichem Unbewußten und kollektiven Unbewußten; die
Archetypen als urtümliche Funktionskomplexe und -muster, sie sind die
steuernden, oft auch kompensierenden, Dominanten des kollektiven Unbewußten; der Schatten als Bereich der nicht gelebten, meist von der Sozialgemeinschaft abgelehnten Persönlichkeitsanteile und Verhaltensmuster, gewissermaßen der eigene dunkle Bruder, sie wirken zunächst meist aus dem Unbewußten und sind daher nur bedingt beeinflußbar. – Goethe sagte einmal von
sich: es gebe keine Untat und kein Verbrechen, das er in Gedanken nicht
schon begangen hätte; d. h. er kannte seine Schatten und konnte deshalb mit
ihnen umgehen. – Persona ist das, was wir, meist aufgrund unserer Erziehung,
nach außen hin in Erscheinung treten, besonders auch in Anpassung an die
Vorstellungen der Sozialgemeinschaft, in der wir leben.

Das *Ziel* jeder Analyse ist: Erkenne dich selbst, so wie du bist, entfalte
verantwortungsbewußt deine dir innewohnenden Möglichkeiten und lebe
danach; es ist der Weg der Individuation. Das bedingt, möglichst viele Anteile
und Ziele des Unbewußten in das Bewußtsein zu integrieren und zu lernen,
damit umzugehen. Oder mit anderen Worten, sich bewußt werden, was ist
Persona und was bin ich selbst.

Der Weg, der bei der Analyse beschritten wird, ist in erster Linie die
Bearbeitung der Träume, die als Bilder aus dem Unbewußten angesehen werden. Diese Bearbeitung geschieht vorwiegend durch Amplifikation, d. h. ein
„Umschreiten" des Trauminhaltes und Betrachten von möglichst vielen Seiten.
Dann wird auch Gestalten aus dem Unbewußten wie Malen, Musizieren und
Tanzen eingesetzt, um mit dem Unbewußten zu kommunizieren. Ferner die
aktive Immagination, die das Emporheben, Beleben und Festhalten der Bilder
aus dem Unbewußten bewirkt; sie ist aber nur bei stabilem Ich und bei sach-
kundiger Betreuung zu empfehlen.

Auf dem Weg der Analyse begegnet man dem Phänomen des Widerstandes.
Es zeigt sich u. a. durch Ausbleiben der Träume. Diese Ursache ist häufig die
anstehende Konfrontation mit den Schatten oder angstauslösenden Ereignissen. Es ist der Versuch, das vorhandene Gleichgewicht zwischen dem auslösen-
den Ereignis und der daraus resultierenden neurotischen Störung zu erhalten.
Auch kommt der Wunsch des Festhaltens an dem manchmal beträchtlichen
Krankheitsgewinn in Frage.

Um die Grundzüge der Hypnoanalyse zu skizzieren, soll zuerst die Hypnose
nochmals kurz definiert werden, obwohl dies Eulen nach Athen tragen heißt.
Die medizinische Hypnose, so wie sie von uns verwendet wird, ist ein vertiefter
Ruhezustand, wie er auch im AT und in verschiedenen Meditationstechniken
erreicht wird. Dabei ist das Wachbewußtsein abgesenkt, aber auf den Therapeuten konzentriert. Dadurch wird der Zugang zum Unbewußten erleichtert,
die Suggestibilität erhöht und die Erinnerung an Verdrängtes und Vergessenes
erleichtert. Aufgrund dieses aktivierten Erinnerungsvermögens ist eine immer
weiter zurückreichende Altersregression möglich. In dieser Altersregression
können traumatische Erlebnisse wiederbelebt, aufgearbeitet und zur Akzeptanz gebracht werden. Die Hypnoanalyse setzt also keine neuen Suggestionen,

um Symptome zum Verschwinden zu bringen, sondern sie löst vorhandene Suggestionen aus früheren Erlebnissen auf und befreit damit den Patienten.

Die Voraussetzungen für eine Hypnoanalyse ist die Vertrautheit des Therapeuten mit mindestens einer fundierten tiefenpsychologischen Schule und deren Arbeitsweise sowie sichere Beherrschung der Hypnosetechnik und eine ausreichende Lehranalyse.

Im Verfahren der Hypnoanalyse wird eine chronologische Altersregression durchgeführt. Sie beginnt in der Gegenwart und geht in immer frühere Lebensalter zurück. Dabei ist eine Doppelgleisigkeit sehr wichtig, bei der der Patient die Ereignisse wie in der früheren Altersstufe aber gleichzeitig auch wie ein Zuschauer mit seinem Erwachsenenbewußtsein erleben kann. Um diese Altersregression zu unterstützen, spricht der Therapeut immer in der Gegenwartsform und verlangt dies auch von dem Patienten. Dadurch können kritische Lebenssituationen meist aus der Kindheit wiedererlebt, bearbeitet, zur Katharsis und endlich zur Akzeptanz gebracht werden. In der praktischen Durchführung kann man den Patienten danach noch ein „reinigendes Bad" z. B. in einem klaren Gebirgsbach nehmen lassen. – Auch Träume lassen sich in der Hypnose in ihrem Sinn erhellen.

Bei der Hypnoanalyse treten selbstverständlich auch Widerstände auf. Da man mit der Hypnose ein sehr wirksames Instrument zur Verfügung hat, sollte man es deshalb dabei sehr bedeutsam einsetzen. Ein Widerstand zeigt sich z. B. in dem Unvermögen des Patienten, sich an bestimmte Lebensabschnitte zu erinnern. Eine in der Hypnoanalyse oft verwendete Möglichkeit ist, den Patienten z. B. in den Keller seines Hauses, das dann sein Unbewußtes symbolisiert, zu führen und ihn aus einer Truhe, die er dort findet, ein Bild herausnehmen läßt, das Bezug auf ein vorher umrissenes Problem hat. Dabei habe ich es schon erlebt, daß der Patient ein Bild auswählte, das verpackt und verschnürt war; ein deutlicher Hinweis auf einen massiven Widerstand.

Die Hypnofokalanalyse ist besonders bei akutem, umrissenem Leidensdruck angezeigt und sollte möglichst in eine Gesamtanalyse münden. Das Verfahren arbeitet gezielt auf einen Fokus hin. Deshalb wird häufig „die Truhe im Keller" und gelenkte Imagination verwendet.

Am Rande sei nur noch erwähnt, daß ich bei einer Hypnoanalyse den Patienten auch immer das AT vermittle, was in der Regel ohne größere Schwierigkeit neben der Analyse möglich ist.

Wenn ich das bisher Gesagte zusammenfasse, arbeitet die analytische Psychologie bei der Analyse hauptsächlich mit der Traumbearbeitung und die Hypnoanalyse mit gelenkter Altersregression und gezielten Fragen (z. B. Truhenbilder). Um es auf einen Punkt zu bringen: Mit den Träumen bearbeite ich das, was das Unbewußte uns sagen will, und mit der Hypnose stelle ich gezielte Fragen an das Unbewußte. Ich benütze deshalb die Träume auch dazu, mir vom Unbewußten die Richtung anzeigen zu lassen, in der ich in der Analyse weiterschreiten kann.

Im Vortrag wurde auch noch als Fallbeispiel eine Hypnofokalanalyse vorgestellt, bei der sich bei einer Patientin von ca. 30 Jahren in 8 Hypnosesitzungen eine Phobie mit massiven Todesängsten auflöste.

So wie das Sprichwort sagt, es führen viele Wege nach Rom, so ist mein Resümee:

Es gibt viele Wege zu einer erfolgreichen Psychotherapie und Analyse, und jeder Therapeut muß den ihm gemäßen Weg finden. Meinen Weg habe ich hier vorgestellt: ich verwende Hypnoanalyse in Verbindung mit der analytischen Psychotherapie.

Literatur

Bauer W et al. (1985) Lexikon der Symbole. Fourier, Wiesbaden
Bindel E (^{4}1980, ^{1}1958) Die geistigen Grundlagen der Zahlen. Verlag freies Geistesleben, Stuttgart
Bindel E (1932) Die ägyptischen Pyramiden. Freie Waldorfschule, Stuttgart
Dieckmann H (1980) Träume als Sprache der Seele. Bonz, Fellbach
Endreß FC, Schimmel A (1984) Das Mysterium der Zahl. Diedrichs, Köln
Franz M-L von (1979) Zahl und Zeit. Klett, Stuttgart
Fromm E (1983) Märchen, Mythen, Träume. Rowohlt, Reinbek
Jung CG (1968) Der Mensch und seine Symbole. Walter, Olten
Oesterreicher-Mollow M von Herder Lexikon der Symbole. Herder, Freiburg
Riedel I (^{4}1985) Farben, in der Reihe Symbole. Kreuz, Stuttgart Berlin

Katharina Hilger
diplomierte Sozialpädagogin und Lehrerin
Vizepräsidentin der Internationalen
Gesellschaft für Autogenes Training
und Hypnosetherapie (IGATH),
Vorstands-Mitglied der Vereinigung zur Förderung
ethischer Hypnose (VFEH) und der Deutschen
Gesellschaft für therapeutische Hypnose und
Hypnoseforschung (GTH)

Hypnodrama

Zusammenfassung

Das Hypnodrama ist eine von vielen Möglichkeiten innerhalb der Psychotherapie, mittels deren man einen besseren Einblick in das bisweilen verwirrende
Konfliktsystem des Menschen bekommen kann. Auf der Basis des Psychodra-
mas nach Moreno beschreibt die Autorin in Einzelheiten die verschiedenen
Aspekte des Hypnodramas, das im Verlauf einer oder mehrerer therapeutischen Sitzungen durch Katharsis schließlich zu Akzeptanz und einer neuen
Sichtweise des Lebens selbst führen kann.

Summary

Hypnodrama is one of many ways known to psychotherapy by which one can
gain a better insight into man's entangling system of conflicts. Based on Moreno's concept of psychodrama, the author describes in detail the different aspects of the hypnodrama, which, in the course of one or several therapeutic
sessions, lead through catharsis to acceptance and a new outlook on life itself.

Drama bedeutet Spiel. Das Hypnodrama aber ist *keine* Spieltherapie.

Schiller schreibt: „Der Mensch spielt nur, wo er in voller Bedeutung des
Worts Mensch ist; und er ist nur da ganz Mensch, wo er spielt."

Die „Hypnose" wird in diesem Kongreßband qualifiziert definiert. Es gibt
aber auch Negativbeispiele, in denen Hypnose z.B. umschrieben wird als
(Zwangs)schlaf. Dann wäre Spielen in Hypnose nicht möglich.

Einige Autoren verstehen Heterohypnose als ein Rollenspiel zu zweit, eine
„folie à deux". Hypnotisand und Hypnotisator übernehmen jeweils eine Rolle
und beeinflussen sich dadurch gegenseitig. Der Hypnotisator muß den Vorstel-

B.J.M. Diehl, Th. Miller (Hrsg.)
Moderne Suggestionsverfahren
© Springer-Verlag Berlin Heidelberg 1990

lungen des Hypnotisanden entsprechen – und umgekehrt. In jeder menschlichen Beziehung – insbesondere in jeder therapeutischen Beziehung – sind Elemente eines Rollenspiels enthalten. In nahezu jedem zwischenmenschlichen (therapeutischen) Prozeß werden Suggestionen ausgetauscht, die insofern auf Gegenseitigkeit beruhen, als sie ohne die Bereitschaft zur Annahme durch den Hypnotisierten verpuffen – andererseits aber auch der Hypnotisator auf die Realisierungsbereitschaft, -möglichkeit, -weise, -zeit des Hypnotisanden eingehen muß.

Auch beim Psychodrama oder Soziodrama besteht durch die Intensität der Erlebnisse ein Hypnoid als selbständig auftretende Begleiterscheinung ohne ausdrückliche Induktion.

Historisches

Ebenso wie die Vorläufer der Hypnosetherapie (Heil-/Tempelschlaf u. ä.) sind auch die Ursprünge des Hypnodramas im Sinne kathartischer Inszenierungen schon viele tausend Jahre alt. Das Theater der Antike bezog allerdings in der Regel die Zuschauer nicht unmittelbar mit ein.

Der römische Arzt Galen hat bereits im 2. Jahrhundert n. Chr. Choleriker mit heiteren Szenen und Liedern besänftigt und Heilgehilfen veranlaßt, z. B. auf die krankhaften Vorstellungen eines Melancholikers spielerisch einzugehen. Um 1800 wurde empfohlen, daß jedes Toll- oder Irrenhaus ein Theater haben solle; die Mitarbeiter sollten dort verschiedene Rollen nach den Krankheitserscheinungen und Bedürfnissen der Patienten „täuschend ähnlich" vor- und darstellen.

Auch der Marquis de Sade hat im Irrenhaus von Charenton bereits Anfang des 19. Jahrhunderts theatralische Mittel für die Heilung von Geisteskranken mit herangezogen.

War der Tempelschlaf Einzel- und Gruppentherapie, so könnte man von den Theaterspielen sagen, daß Gruppen für Einzelpersonen – oder umgekehrt – „etwas darstell(t)en"; Psychotherapie im heutigen Sinn war das nur gelegentlich. Ebenso war die Gruppendynamik noch kein Thema. Es gab den einzelnen oder die Massen.

In unserem Jahrhundert stand anfangs das Individuum im Vordergrund therapeutischer Bemühungen, nachdem aus der Hypnosetherapie die Psychoanalyse entwickelt worden war; später wurde der gruppendynamische Aspekt mehr in den Vordergrund gerückt.

Warum Hypnodrama?

Spiel wird häufig in Gegensatz zu Ernst gesetzt, bzw. ausgehend von Vorspielen/Darstellen für Zuschauer (Geistesgestörte) zur Begegnung ohne Zuschauer oder als „folie á deux" bis hin zum Rollenspiel mit sich selbst. Spiel, um ganz Mensch zu sein.

Wenn „therapeutische Spiele" nicht während der Aus- oder Weiterbildung für Therapeuten erlernt oder trainiert werden, liegen der Anwendung in der

Regel Störungen zugrunde. Von wem aus diese Störung(en) als solche definiert werden, hängt von vielen Variablen ab. Meist haben diese Störungen Krankheitswert, bevor Hilfe gesucht wird. Aber wann und in welchem Umfang läßt sich „Störungsfreiheit" konstatieren?

Zunehmend beteiligen sich aber auch Interessierte prophylaktisch oder zur Selbsterfahrung.

Zwingende Voraussetzung ist, die Motivation des oder der Protagonisten zu erheben.

Sozialisation

Als Ausgangslage nehmen wir für einen „störungsfreien" Menschen einmal an, daß er bei seiner Geburt sein wahres Ich, ein unverfälschtes Potential von Anlagen und Verhalten, mitbringe. Während des Abbaus und der allmählichen Auflösung der Symbiose wird diese Grundhaltung sukzessive von außen beeinflußt. Ereignisse, Situationen, Erlebnisse und (Bezugs)personen wirken auf diese Grundeinstellungen und verändern sie zunehmend. Nach und nach sind es nicht mehr die ureigenen Potentiale, sondern durch Fremdeinflüsse übernommene Ansichten und Werte. Daraus geht hervor, daß die angenommenen Einstellungen nicht immer wahr sind, aber vom (Klein)kind als wahr angesehen und angenommen werden.

Freuds Modell soll hier sehr vereinfacht in Erinnerung gerufen werden, um die Genese von Denken, Fühlen und Handeln zu verdeutlichen:

Der menschliche Geist besteht aus drei Schichten:
– dem Bewußtsein, das uns zugänglich ist (Denken, Urteilen),
– dem Über-Ich als Gewissens- oder Kontrollinstanz (bei Jung auch noch der Teil des Geistes, der mit einer höheren Macht verbunden ist) und
– dem Es (Unterbewußtsein), das Sitz der Instinkte und des Gedächtnisses ist und unsere unbewußten Reaktionen steuert.

Freud operiert vornehmlich mit Vorbewußtem, während Jung das individuelle und kollektive Unbewußte betont.

Die Interdependenz von Bewußtsein und Unterbewußtsein äußert sich mehr oder weniger deutlich (Träume/Versprecher u. ä. lassen z. T. Verdrängungen erkennen). Menschen werden vom Es beeinflußt, können aber ihrerseits das Es beeinflussen. Im Zusammenhang mit dem Hypnodrama wollen wir besonders den letzteren Vorgang beachten.

Autosuggestion (Wirkmodell)

Wie stellen wir uns die unbewußte oder die bewußte Beeinflussung des Es vor? Wie funktioniert das gedachtermaßen?

In dem mehr oder weniger permanenten hypnoiden Bewußtseinszustand des Säuglings und Kleinkindes werden Fühlen, Denken und Handeln – wie zuvor beschrieben – „geprägt, ausgebildet". Durch Erfahrungen wird ein Denkschema festgelegt. Denkweisen und Einstellungen des bewußten Verstandes wirken sich auf das Unbewußte aus, das wiederum das Bewußtsein steuert, so daß die Reaktionen und das Handeln eines Menschen abhängen von dem, was im Unterbewußtsein „einprogrammiert" ist.

Wir halten fest:

Unser Ich (Bewußtsein) wird vom Es (Unterbewußtsein) gesteuert, geleitet, beeinflußt, damit wir eine geistige Einstellung erreichen, die uns zu den erwünschten Reaktionen veranlaßt. Im Positiven bedeutet das, daß der Mensch aufgebaut, glücklich, zufrieden, leistungsfähig, d. h. konstruktiv ist und agiert, d. h. ohne negative Hemmungen das Potential seiner Möglichkeiten nutzt. Negativ beinhaltet der gleiche Mechanismus mit umgekehrten Vorzeichen bzw. gegensätzlichen Werten: down, unglücklich, unzufrieden, nicht leistungsfähig, also destruktiv.

Wiederholen wir einen Gedanken permanent, so wirkt dieser suggestiv auf unser Unterbewußtsein ein. Ein Beispiel, das jeder aus seiner Erfahrung kennt: In einer Prüfungssituation können bei gleichem Wissensvorrat und identischen Fragen sowie anscheinend auch sonst gleichen Ausgangsbedingungen und identischem Verlauf ganz unterschiedliche Ergebnisse erzielt werden, je nachdem, wie die individuelle Grundeinstellung des Prüfungskandidaten ist. Ist seine bewußte Denkweise *negativ* ausgerichtet („Ich vergesse alles, mir fällt ohnehin nichts ein, ich schaffe das nie"), wird sein Unbewußtes auch negativ und destruktiv ausgerichtet und beeinflußt, demzufolge auch negativ reagieren. Geht er aber *positiv*, optimistisch in diese Situation („Ich erinnere mich, habe präsent, schaffe es" o. ä.), wird auch das Resultat dementsprechend ausfallen, weil die negativen Beeinflussungen nicht mehr bremsend wirken.

Grundsätzlich bleibt festzuhalten: *Jede Suggestion wirkt durch Autosuggestion.*

Vergegenwärtigen wir uns nochmals, was wir uns bei der Sozialisation deutlich gemacht haben, und stellen uns den Lebenslauf als den Lauf eines Flusses vor, der von der Quelle bis zur Mündung sein Erscheinungsbild vielfach ändert. Bereits der Quellfluß wird ggf. unnatürlich verändert und im weiteren Verlauf fremd-bestimmt, eingeengt, gesteuert, beeinflußt, kanalisiert bis zur Unkenntlichkeit bzw. Unsichtbarkeit. Analog vollzieht sich das Schicksal eines Menschen. Durch Bezugspersonen, Umwelt etc. werden Einstellungen geprägt und übernommen. Solche Grundsätze bestimmen und leiten unser Denken, Fühlen und Handeln. Das geht so weit, daß ein Mensch „gelebt werden kann", indem er das Weltbild anderer als wahre Tatsache an- und übernimmt und somit das Leben der anderen Menschen führt.

Wird einem Menschen bewußt, welche seiner Ansichten, Denkweisen, Gefühle, Handlungen oder Reaktionen ungünstig, „falsch", veränderungsbedürftig sind und was wie geändert werden sollte, damit sein Alltagsleben für ihn zufriedenstellender verlaufen kann, so kann durch Autosuggestion ein geistiger Umschulungsprozeß einsetzen. Sichtweisen und Perspektiven erhalten neue Einstellungen, bauen alte Hemmungen ab und bringen vorwärts bzw. ändern die Lebensqualität. Diese Interdependenz führt zum Wohlbefinden in Richtung „Heilung" durch Verhaltens- und Eigenschaftsänderung.

Erziehung und Pädagogik, Beratung und Therapie gehen Hand in Hand und ineinander über. Je nach dem Verlauf eines Lebensweges über die Lebenszeit stehen Sozialisation, therapeutischer Prozeß oder erfülltes Leben im Vordergrund. Die positive Entwicklung zum Erfolg oder was immer das angestrebte und erhoffte Ziel ausmacht, wird geebnet von bewußt positivem Denken, das dann zur Grundhaltung wird. Bilder und Vorstellungen verdeutlichen und potenzieren Gedanken, machen sie wirksamer. Um in unserem Bild zu bleiben: Gedanken wirken wie eine starke, mächtige unterirdische Strömung in Richtung auf die Mündung, das Ziel. Gedankenimpulse wirken unmittelbar im Unterbewußtsein, verändern das Fühlen, Denken und Handeln konsequent in Richtung des Erstrebten.

Als Voraussetzung für die Durchführung von Hypnodramen ist neben dem Exkurs über die Genese dieser Methode, der Individuen und der Gesundheit noch eine zusammenfassende Definition des Rollenbegriffs angezeigt.

„Rolle" ist die Funktion eines Menschen, die sich aus den von ihm selbst erhobenen und den von seiner Umgebung zugebilligten oder zugemuteten Ansprüchen ergibt. Position und Status eines Rollenträgers ergeben sich durch das faktische Ausfüllen und die Selbstdeutung des einzelnen und durch die Kontrolle seitens der Partner und der Umgebung.

Unterschiedliche Möglichkeiten und Ablauf

Bei der Definition des Begriffs Hypnodrama lautet eine Umschreibung „Psychodrama in Hypnose". Im geschichtlichen Abriß zeigt sich, daß das Psychodrama den Gruppenaspekt hervorhebt. Dabei soll nicht über Konflikte gesprochen oder diese dargestellt, sondern in einer strukturierten Situation Gefühle ausagiert werden. Die intensive Erlebnissituation führt automatisch zum Hypnoid. Moreno war der Meinung, daß mit dem Hypnodrama der Gruppenfaktor für Hypnosen, den insbesondere Mesmer einbezogen hat, aufgegriffen wird. Als Abwandlung werden im folgenden drei Formen des Hypnodramas dargestellt, die nur bedingt eine Gruppe benötigen bzw. nur bedingt in Gruppen durchführbar sind:

1. Hypnodrama mit sich selbst – als Selbstversenkung

Diese Form kann durchaus ohne Mitwirkung eines Therapeuten erfolgen. In der Regel werden aber zumindest die Voraussetzungen zum Rollenspiel mit sich selbst nicht ohne Anleitung und Begleitung erworben und durchgeführt.

Der Protagonist wird i. allg. als Hauptakteur des Dramas bezeichnet. In diesem speziellen Fall ist der Protagonist zwar auch die zentrale Figur, aber die Aktionen vollziehen sich nur innerlich.

Autogenes Training, Selbsthypnose oder andere Formen der Meditation bilden die Basis, wenn der Protagonist gut darin trainiert ist. Werden solche Vorerfahrungen nicht mitgebracht, empfiehlt es sich grundsätzlich, das AT zu erlernen.

Durch dreimal zwei Min. täglichen Übens werden die Reflexe gebahnt. Kommt es zur prompten vegetativen Umschaltung, erarbeiten Protagonist und Therapeut eine auf die Person des Protagonisten zugeschnittene Autosuggestionsformel. Dabei empfiehlt es sich,

– diese Vorsatzbildung allgemein zu halten, um dem Unterbewußtsein Spielraum zum individuellen Ausgestalten zu lassen. Die Art der Verwirklichung wird nicht angesprochen, weil das Unterbewußtsein den Weg besser kennt als das Bewußtsein;
– grundsätzlich muß die Vorsatzformel positiv sein;
– sie muß annehmbar und realistisch sein. Utopien nimmt das Unterbewußtsein nicht an, weist sie zurück. Die Wirkung kann sogar paradox sein, sich ins Gegenteil verkehren;
– wenn Kraft, Zuversicht und fester Glaube an die Formel mitschwingen, ist sie am wirkungsvollsten;
– die Formulierung darf „keine Zweifel implizieren. Deshalb den Konjunktiv und Worte wie „hoffentlich", „probieren", „versuchen", „vielleicht" o. ä. vermeiden;
– möglichst mit Dingen beginnen, die leicht zu überprüfen sind beginnen;
– erst, wenn sich ein Vorsatz realisiert hat, zum nächsten übergehen;
– außer den Standardformeln zum Erlernen des AT werden formelhafte Vorsatzbildungen zweckmäßigerweise nicht vorgeformt übernommen, sondern vom Protagonisten selbst formuliert, damit auch die Wortwahl ihm adäquat ist. Der Therapeut überprüft lediglich, ob die vorstehenden Richtlinien beachtet sind:
– Am besten sind wandspruchartige Leitsätze, die Gefühle ansprechen oder wecken, weil positive Gefühle Mut und Sicherheit verleihen;
– Bilder beschleunigen und potenzieren das Erleben;
– rhythmische Anordnung empfiehlt sich;
– längere Formeln, die sich reimen, nur im Ausnahmefall.

Die Vorbereitungen zur Autohypnose ergeben explizit, daß sich der Klient in einem Versenkungszustand durch die organismische Umschaltung innere psychophysiologischen Übungen bis zum Selbstinstruktionstraining und innerem Dialog befindet. Das, was der Protagonist zu sich selbst sagt, hat die Tendenz, sich zu realisieren. Ein trainierter Mensch ist in der Lage, ohne unmittelbare therapeutische Intervention das Erkannte im Versenkungszustand regulierend umzusetzen.

Jeder Mensch ist ständig mit sich selbst im Gespräch. Das, was er zu sich selbst sagt, macht seine Haltung samt seinen Gefühlen und Reaktionsweisen aus.

Selbstbeobachtung, Entspannungsübungen, Versenkung und kognitives Training sind die Voraussetzungen, um internalisierte Bewertungsregeln sowie Regeln über angenommene Wirkungszusammenhänge zu erkennen. Schon die Erkenntnis, wie z.B. automatische Reaktionen bei Ärger ablaufen, ist ein Schritt in die Richtung zum Abbau dieser Bedingungen. Zunächst aber muß erkannt werden, was fehlangepaßtes Verhalten ist. Die gewonnene neuartige Bedeutung und Erklärung könnte zur Folge haben, unangemessene Gedanken und Gefühle loszulassen und statt dessen durch Selbstunterrichtung, Einübung und Anwendung neues Verhalten aufzubauen.

Diese (Vor)form des Hypnodramas als Selbstgespräch ohne lautes Sprechen eignet sich nicht nur eingleisig zur Therapie, sondern kann Charaktereigenschaften positiv fördern und ggf. die Lebensauffassung günstig beeinflussen.

2. Hypnodrama als Antizipationstraining

Diese Form wurde durch le Cron im Zusammenhang mit Selbsthypnose eingeführt als Einüben in eine vorausgenommene Realität. Auch das Antizipationstraining können gut Geübte noch als autonomes Spiel ohne therapeutische Begleitung durchführen, wenn es sich um Alltagssituationen handelt.

Ein Unterschied zur Selbstversenkung als Einstieg ergibt sich, wenn die Hypnoseeinleitung für den Protagonisten durch den Therapeuten vorgenommen wird. Das ist als „folie à deux" möglich. Aber auch in Gruppen. Jeder Protagonist spielt innerlich seine spezielle Situation durch oder jeder antizipiert eine vorher besprochene Ausgangslage. Ob jeder denselben Part übernimmt oder die Rollen vorher verteilt wurden, ist unerheblich. Wichtig ist, daß imaginäre Rollen vor dem geistigen Auge szenisch ablaufen.

Erinnern wir uns an den exemplarischen Prüfungskandidaten. Dieser könnte sich nach Vorgesprächen und der Hypnoseeinleitung durch den Therapeuten den Raum, in dem die Prüfung stattfinden wird und auch die Prüfungskommission vorstellen, möglichst auch die Situation mit Kolloquium.

Diese vorausgenommene Realität bietet selbstverständlich mehr Möglichkeiten, wenn sich der Therapeut nicht nur auf Vor- und Nachgespräch sowie Hypnoseeinleitung beschränkt, sondern einen vorher abgesprochenen Part übernimmt. Im letzteren Fall bleibt es nicht nur beim Phantasieren.

Eine solche Erlebnishypnose als Hypnodrama zu zweit weist u. U. bereits sämtliche noch zu beschreibende Facetten auf, die auch das Hypnodrama in Gruppen beinhaltet. In jedem Fall handelt es sich um phantasiertes oder faktisches Probehandeln als positive Einstellung zu einer zukünftigen Erlebnis- oder Handlungssituation.

Solche projektiven Situationsspiele sind weniger geläufig als das Nachvollziehen zurückliegender Konfliktsituationen. Eher wird ein aktuelles Problem angespielt und Bewältigung ausgeübt oder als Einfall erwartet.

3. Hypnodrama in Gruppen

Eine geschlossene Gruppe von Menschen wendet sich einem aus ihrer Mitte zu, der das Bedürfnis hat, einen Traum, ein Märchen, einen tiefliegenden Konflikt, ein besonders traumatisches Erlebnis oder eine erwartete (befürchtete, erhoffte, unausweichliche...) Situation durch ihre Mitwirkung zu bewältigen.

Dieser Protagonist ist der Hauptdarsteller und verdeutlicht verbal den übrigen Gruppenmitgliedern die Ausgangslage. Während dieser Darstellung schwingen die Beteiligten mit, fühlen sich ein, nehmen intensiv auf. Dieses Selbstgespräch des Protagonisten hat eine besondere Qualität. Es vollzieht sich nicht intern, sondern laut verbalisierend. Trotzdem ist es nicht lediglich zum Erklären oder Rationalisieren gedacht, sondern dient zum Sortieren der Gefühle und Gedanken sowie zum Aufwärmen und Vorbereiten der Szene für alle Beteiligten. Der Protagonist wählt dann die einzelnen Mit- oder Gegenspieler aus. Sollte einmal eine Rolle von einem Mitspieler nicht akzeptiert werden können, muß zunächst diese Störung beseitigt werden. Es werden nicht nur Menschen, Tiere und Pflanzen als Rolle vorgesehen, sondern ggf. auch Gegenstände, deren tiefe Symbolik auch Leben bedeutet. Ebenso ist es möglich, verschiedene Seiten (Eigenschaften) einer Person oder Sache durch mehrere Personen spielen zu lassen. Umgekehrt können Gegenstände (z. B. der „leere Stuhl") Personen symbolisieren. In Gruppen empfiehlt sich das Setting mit einem männlichen und einem weiblichen Therapeuten bzw. Kotherapeuten. Während alle Mitwirkenden ihre feste Rolle erhalten, übernehmen Protagonist und (Ko)therapeut nötigenfalls mehrere Rollen.

Der Therapeut übernimmt die Verantwortung für alles, was geschieht und vermittelt doch gleichzeitig der Gruppe, daß er während des Spiels nicht aus der Rolle fällt.

Das Publikum ist nicht auf die unbeteiligte Zuschauerrolle beschränkt, sondern bildet einen wesentlichen Bestandteil des Hypnodramas. Aus ihm rekrutieren sich die Double für vergebene Rollen, deren Position eingenommen wird. Das Doubles agiert so, wie seinem Gefühl nach das „innere Selbst" von Protagonist oder gedoubelten Rolleninhaber handeln oder fühlen. Letztere können das annehmen oder zurückweisen. Das Double oktroyiert oder bevormundet nicht, sondern lebt mit, unterstützt. Das Doppeln ermöglicht es, ein oder mehrere „Hilfs-Ich" zum Ausprobieren hinzuzuziehen. Dabei können auch zwei oder mehrere Personen jeweils einen Aspekt der gleichen Rolle übernehmen. Ansatzweise wird in der Realität gedoppelt, wenn jemand für einen der Kontrahenten Partei ergreift. Bringt der Doppler dann seine eigenen Gefühle und Gedanken ein, heizen sich dabei eher die Gemüter auf. Doppeln übersteigert die Handlung, wenn sich der Kontrahent darauf einläßt und ebenfalls mit seinem Double überzogen reagiert. Das Double soll aber nicht nur als Souffleur oder lediglich als Stütze eingesetzt werden, sondern kann auch durch bewußt falsche Einflüsterungen dem Hypnodrama eine unerwartete Wendung geben.

Das Doppeln dient nicht unmittelbar der Therapie, sondern fungiert als Stütze, Sicherheit, Be- und Verstärkung sowie als Regulans.

Auch das Ambivalenzdoppeln hat keinen therapeutischen Charakter. Dabei ist der Sinn das Verschärfen, Anheizen – oder auch in Richtung Verständnis doppeln.

Rollentausch ermöglicht es, Empathie zu empfinden und Perspektiven zu verändern. Ein Akteur kann mittels Rollentausch einem anderen zeigen, wie dieser auf ihn wirkt und wie er das wahrnimmt und deutet. Das Hypnodrama kann von einem anderen Standpunkt aus wahrgenommen werden.

Phasen des Hypnodramas

Während in der „Warming-up"-Phase der Protagonist möglichst detailliert seinen Konflikt dargestellt hat und/oder die Ausgangssituation von allen Mitprotagonisten besprochen wurde und durch intensives Probehandeln (Protagonist spielt vor, Therapeut nach: ändern, feilen) die Einstimmung in die Rollen erfolgte, wird nach der Einleitung mittels Gruppenhypnose und deren Vertiefung die Aktionsphase folgen. Der „Carpenter-/Ansteckungseffekt" wirkt in der Regel in der Gruppe verstärkend und befruchtend auf die Empathie aller Rollenträger. Jeder kann während dieser Spielphase frei agieren. Dem Therapeuten obliegt die Verantwortung, daß während dieser Phase niemand aus der Rolle fällt. Wurde in der Vorbereitungs-/Aufwärmphase deutlich, daß ein stark hysterisch strukturierte Teilnehmer zum Agieren neigt, sollte behutsam darauf hingewirkt werden, diesen Mitspielern eine eher passive Rolle zuzuweisen, in der er liegen bleiben kann. Das wird die Ausnahme bleiben und erfordert Fingerspitzengefühl, da der Protagonist die Rollen verteilt. Im Zweiersetting äußern sich solche Reaktionsweisen ohnehin nicht so deutlich wie in der Gruppe. Allzu ängstlich muß nicht verfahren werden, wenn der erfahrene Therapeut sich vergegenwärtigt, daß nicht die lautesten, spektakulärsten Reaktionen die risikoreichsten sind. Auch wenn sehr bald bei der Aktionsphase eine Pause entsteht oder der Eindruck, daß nicht alles wie geplant verläuft; Man sollte nicht korrigierend eingreifen, sondern zu gegebener Zeit eine Zäsuranalog einen Filmschnitt machen. Nach diesem Schnitt erst werden die Vorgänge besprochen.

Das Hypnodrama ist eine Reproduktion oder Projektion der Realität. Während der Aktionsphase zeigt sich oft eine Diskrepanz zwischen dem, was der Protagonist verbalisiert und seinem tatsächlichen Verhalten. Hier bewahrheitet sich vielfach, daß es keinen Unterschied macht, ob ein Verhalten in der Vorstellung, im Spiel oder in der Realität geübt wird; es wird immer so intensiv erlebt und wirken, als sei es Realität. Die Reproduktion der realen Lebenssituation kann bloß informatorischen Charakter haben und damit eher anamnestisch-diagnostischen Zwecken dienen. Sie kann aber auch zum Anlaß einer spielerischen Abwandlung derselben Situation genommen werden und dann mehr psychagogische oder psychotherapeutische Wirkung haben.

Trotz aller Vorbesprechungen kann die Aktionsphase sich ganz anders gestalten als vorher angenommen. Nach jedem Schnitt erfolgt deshalb zwingend die Phase der Durcharbeitung mit intensiver Nachbesprechung, um zusammenzufassen und zu klären, Akzeptanz und Katharsis herbeizuführen.

Sogenannte Aha-Erlebnisse („Alles klar!") sind keine endgültigen Ergebnisse, sondern werden möglichst durch Variation/en des Konflikts angeheizt, verschärft, überzeichnet oder als „Lösungsweg" erprobt.

Befreiend kann schon die Erkenntnis sein, daß es nicht nur *eine* Möglichkeit der Bewältigung gibt, sondern mehrere Varianten. Das eröffnet für die nachfolgenden Aktionsphasen soziales Entscheidungstraining.

Den Konflikt nicht hinnehmen, sondern mit ihm umgehen, Normen und Rollen durchspielen, d. h. nicht lediglich Ausagieren, sondern immer wieder aus kritischer Distanz reflektieren. Die Abwandlung des Konflikts muß nicht

nur durch Verschärfung erfolgen, aber immer in Richtung auf Anbahnung von
Konfliktbewältigungsmöglichkeiten. Das geschieht z. B. durch Rollenwechsel
nach dem Schnitt oder in späteren Spieldurchgängen, wenn die Zeit es erlaubt.
Kritisiert der Protagonist eine Rolle, die Therapeut oder Mitspieler dargestellt
haben, so übernimmt z. B. nach der Besprechung der Protagonist eben diesen
Part. Der Rollentausch kann dann u. U. dazu führen, daß dem Protagonisten
klar wird, wo die Mechanismen sind, die ein Andersverhalten möglich machen.
Während des Hypnodramas konnten der Protagonist oder die Mitspieler erfahren, daß eine Situation nicht ausweglos ist.[1] Wie während des Hypnodramas
agierend und beobachtend/mitschwingend neue Verhaltensmuster erkannt und
erprobt wurden, so konnte auch die Ausgangslage aus kritischer Distanz gesehen werden. Spielerisch abgewandelte Verschärfung des Konflikts hat gleichzeitig auch dessen Abschwächung zur Folge.

Die Abschlußphase ist die wichtigste und unabdingbar. Kann ein Konflikt
nicht ausgeräumt werden, muß die Konfrontation in jedem Fall abgeschwächt
werden. Wenn das zugrundeliegende, auslösende, den Konflikt bedingende
Mißverständnis, die Fehlhaltungen und falschen Signalsetzungen nicht von
Grund auf verändert, abgebaut oder richtiggestellt werden können, sollte der
Protagonist doch so weit kommen, daß diese nicht immer im Vordergrund
seines Erlebens stehen müssen. Von der Konzentration auf den Konflikt während der Warming-up-Phase und beim Agieren verlagert sich der Schwerpunkt
auf Einsicht und Akzeptanz mit positiver Zukunftsperspektive. Die Wendung
vom Konflikt auf den Konfliktträger verhindert, daß der Protagonist mit seinem scheinbar unlösbaren Problem allein gelassen wird. Werden Konflikte
durchschaubar, führt das in der Regel zur Einsicht und zur Veränderung.
Konfliktreste können u. U. auf eine andere Problematik hindeuten. Wenn das
Ziel Selbstverwirklichung des Protagonisten ist, kann mit Hypnodrama oder
einem anderen übenden Verfahren wieder neu begonnen werden. Ansonsten
wird der anfängliche Leidensdruck im allgemeinen erträglicher oder verschwunden sein im Sinne von Katharsis.

Schlußbemerkung

Spiel ist:
Einüben der Realität, der aktuellen Situation,
Vorwegnehmen zukünftiger Situationen,
Nachvollziehen/Reaktivieren vergangener Situationen/Erfahrungen.

Das Spektrum reicht von Regression in nonverbales Ausdrucksgeschehen bis
zur brillanten verbalen Konfliktbewältigung. Grundprinzip ist, Gefühle unmittelbar auszudrücken statt darüber zu reden. Die Einschränkung durch „kultu-
relle Konserve" ist gemildert im „Hier und Jetzt" der geschlossenen Gruppe,

---

[1] Als eindrucksvolles Beispiel ein Bild während der Hypnose: Ein Weg bahnt sich vor den
Füßen, indem Pflanzen sich auseinanderfalten und grüßend/aufnehmend die Möglichkeit
zum Gehen eröffnen, ohne daß sie zertreten werden. In der Nachbesprechung wurde dieses
Bild zum „Aha-Erlebnis" und Merksatz

so daß spontan und kreativ unter Supervision des Therapeuten reagiert werden kann.

Durch das Hypnodrama können Erfahrungen angeboten oder wieder erinnert werden, welche über eine aktuelle Konfliktlösung hinaus das Verlangen bestärken, zur Routine gewordene Einstellungen, Vorurteile und Gewohnheiten zu ändern, Schlußsteine zu setzen, neue Anfänge einzuüben – kreativer zu leben.

Hypnodrama ist ein übendes Verfahren mit analytischer Komponente und geeignet, verhaltenstherapeutisch insbesondere traumatische Erlebnisse zur Akzeptanz zu bringen. Katharsis ist ein angestrebtes Ergebnis.

Kommunikationsdrama, Psychodrama, Soziodrama, Teachingdrama sind verwandte Formen pädagogisch-psychotherapeutischen Agierens, um Haltungen aufzudecken, sich der Einstellungen und Gefühle bewußt zu werden. Diese Dramaformen widerspiegeln konzentriert Strukturen, die sinnvollerweise geändert werden sollten, ohne Betroffene zu überfordern.

Literatur

Burkart, V. Zapotoczky, H. (1974): Konfliktlösung im Spiel. Soziodrama/Psychodrama-/Kommunikationsdrama. Amalthea, Wien

Erickson, M.H. Zeig, K. (1985): Meine Stimme begleitet Sie überallhin. Ein Lehrseminar. Konzepte der Humanwissenschaften: Modelle für die Praxis. Klett, Stuttgart

Ernst, S. Goodison, L. (1982): Selbsthilfe Therapie (Frauenoffensive). Ein Handbuch für Frauen. Rex, München

Hilger, K. (1974): Rollenspiel als soziales Entscheidungstraining. Graduierungsarbeit, Fachhochschule Koblenz

Hanspeter Weiss, Dr. phil.
Schulpsychologe

Man kann das auch anders sehen – Hypnotherapie und die gezielte Veränderung von Sichtweisen

Zusammenfassung

In der Hypnotherapie werden sehr häufig Umdeutungen vorgenommen. Der Bereich der Umdeutungen ist jedoch noch sehr wenig exakt erfaßt worden. Der vorliegende Aufsatz schließt hier eine Lücke, indem er eine Systematik vorlegt, in welche sich Umdeutungsprozesse einordnen lassen.

In einem 1. Teil wird betont, daß Tatsachen nicht umgedeutet werden können. Umgedeutet werden können die Meinungen und Interpretationen, welche sich auf diese Tatsachen beziehen.

In einem 2. Teil wird aufgezeigt, daß sich viele Umdeutungsvorgänge als „Trennungen" und „Verbindungen" darstellen lassen. Bei den Trennungen werden Gegebenheiten voneinander abgetrennt und als unverbunden dargestellt, welche der Klient vorher als verbunden betrachtete. Bei den Verbindungen werden Gegebenheiten aus 2 Lebensbereichen zusammengefügt, welche der Klient vorher als nicht zusammengehörig ansah.

In einem 3. Teil wird diskutiert, unter welchen Bedingungen Umdeutungen nützlich sind. Es zeigt sich, daß Umdeutungen nützlich sind, wenn dadurch ein Problem lösbar wird. Lösbar wiederum wird ein Problem, wenn es mittels praktischem Handeln angegangen werden kann. Es wird dementsprechend gefordert, daß mittels Umdeutungen Probleme in eine *lösbare* Form umgewandelt werden.

Summary

Reframing is very frequently undertaken within hypnotherapy, but as yet the whole area of reframing has been imprecisely defined. In this respect the paper fills a gap, by presenting a classificatory system for reframing processes.

The first part of the paper draws a distinction between "facts" and "meanings." Facts are sensory-based observations and descriptions. Facts cannot be

B.J.M. Diehl, Th. Miller (Hrsg.)
Moderne Suggestionsverfahren
© Springer-Verlag Berlin Heidelberg 1990

reframed. People only can reframe interpretations which are derived from those facts. Frames are created by the processes of "linking" and "splitting." The process of splitting breaks existing association. By the process of linking, elements which previously were not considered to be associated are joined together.

The third part of the paper shows the conditions for effective reframing. Reframing is considered to be effective if it helps to solve a problem. A problem can be solved by doing: so a client has to do something different or s/he has to do what s/he already does, differently. Therefore therapists have to learn to reframe problems in an effective way.

Die Fernsehreklame zeigt einen Jugendlichen, der eine Straße entlangrennt. Im Hintergrund sieht man ein Polizeiauto, neben dem Auto steht ein Polizist. Sofort denkt man sich Böses: Da greift die Polizei wieder einmal hart durch; kein Wunder, daß sich der Jugendliche diesem Zugriff entziehen will.

Der Blickwinkel ändert sich: Im Vordergrund wird eine alte Frau erkennbar. Sie trägt eine Tasche mit sich. Der Jugendliche rennt auf sie zu, und es ist ganz klar, daß er sie nun berauben wird.

Und ein drittes Mal ändert sich die Perspektive: Man sieht den gleichen Jugendlichen und die gleiche alte Frau. Doch oberhalb der Frau befindet sich ein mit Ziegeln beladenes Brett. Das Brett ist an 2 Seilen befestigt, und eines dieser Seile ist gerissen. Zweifellos werden die Ziegel die Frau erschlagen; es sei denn, es gelinge dem heranrennenden Jugendlichen, die Frau noch auf die Seite zu ziehen.

Dreimal haben wir in dieser Reklame einen rennenden Jugendlichen gesehen, und dreimal hat sich die Bedeutung dessen verändert, was wir wahrgenommen haben. An und für sich ist dies nicht überraschend: Wir alle wissen, daß Handlungen eine unterschiedliche Bedeutung haben, je nach dem Rahmen, innerhalb dessen wir sie sehen.

Wenn man das Werk von Milton Erickson (1980) liest, kann man unschwer erkennen, daß er in seiner Therapie sehr häufig mit Bedeutungsänderungen arbeitete. Das wohl bekannteste Beispiel ist dabei jenes, bei dem Erickson die Schlaflosigkeit eines Mannes auf elegante Art umdeutete: Erickson sah sich mit einem Mann konfrontiert, der keine Nacht länger als 2 Stunden schlafen konnte. Erickson teilte ihm mit, gegen die Schlaflosigkeit nichts unternehmen zu können. Hingegen schlage er ihm vor, die schlaflose Zeit nutzbringend zu verwenden und sie für sinnvolle Tätigkeiten einzusetzen. Schließlich sei ja die schlaflose Zeit eine sehr gute Möglichkeit, alle jene Dinge zu tun, welche man mangels Zeit habe aufschieben müssen.

Dem Mann leuchtete dies ein. Er beschloß, die schlaflose Zeit mit der Pflege des Haushaltes zu verbringen. Dies war eine Tätigkeit, welche er sehr haßte, zu der er sich aber verpflichtet fühlte, weil er sie immer wieder hinausgeschoben hatte.

Und so zog der Mann zur Schlafenszeit den Pyjama an und begann, sich der lästigen Pflicht des Bodenbohnerns zu unterziehen. Das ging einige Nächte ganz gut, bis er sich eines Abends etwas müde fühlte. Er beschloß, vor der

Arbeit ein wenig Kräfte zu sammeln und sich zu diesem Zwecke eine Viertel-
stunde auf dem Bett auszuruhen. Das tat er denn auch, und es passierte, was
passieren mußte: Er schlief ein, erwachte erst wieder am nächsten Morgen und
hatte damit sein Schlafproblem gelöst.

Erickson hat hier 2 Dinge erreicht. Er hat als erstes die Schlaflosigkeit
verändert und sie als Zeit für nützliche Aktivitäten aufscheinen lassen. Als
zweites aber hat er hier das Verhalten des Mannes verändert: Statt ruhelos im
Bett zu liegen, unterzog sich der Mann einer recht anstrengenden körperlichen
Tätigkeit; einer Tätigkeit, die zweifellos auch dazu beitrug, daß sich die notwendige Bettschwere einstellte.

In der Art und Weise, wie hier einem Ratsuchenden geholfen wurde, liegt
zweifellos eine gewisse Eleganz. Doch es scheint, daß dieses Beispiel wenig
Schule machte. Jedenfalls ist der ganze Bereich der Bedeutungsveränderung
noch eher wenig erforscht worden, und dementsprechend kommt ein erst
kürzlich über Erickson erschienenes Buch zum Ergebnis, daß im Bereich der
veränderten Perspektive und der Umdeutungen tatsächlich noch Lücken bestehen.

Dieser Beitrag soll helfen, mindestens einen Teil dieser Lücken zu schließen.
Ich lege daher in einem ersten Teil eine kleine, aber sehr wirksame Systematik
vor, mittels derer Umdeutungen erfaßt und geplant werden können. Daran
anschließend zeige ich in einem zweiten Teil, daß es „Umdeutungen" und
„Umdeutungen" gibt; einige der Umdeutungen sind nämlich nützlich, während
andere alles nur komplizieren. Und schließlich wird in einem dritten Teil die
Beziehung zur Hypnose aufgezeigt: Was hier über Umdeutungen festgehalten
wird, ist eine ganz logische Fortsetzung dessen, was auch in der Hypnose und
Hypnotherapie getan und beabsichtigt wird.

Anleitung zum Umdeuten

„Mein Sohn ist zwar erst fünfeinhalb Jahre alt; doch er kann keinen Moment
ruhig sitzen. Er ist eigentlich am ehesten wie seine älteste Schwester; man muß
ihm auch immer Beschäftigungen anbieten, denn er ist immer auf der Suche
nach Dingen, bei denen er etwas lernt.

Im Kindergarten ist es das gleiche Problem: Ich sehe, daß er dort zu wenig
beschäftigt ist und zu wenig Anregungen erhält. Die Kindergärtnerin kann hier
auch nicht helfen; sie sieht nicht, daß das Kind seine Grenzen erkennen muß.

Das ist aber gefährlich, weil er so auf eine schiefe Bahn kommen kann.
Deshalb sollte er unbedingt eingeschult werden, ein weiteres Kindergartenjahr
könnte schlimme Folgen haben!" –

Was Sie hier gelesen haben, ist eine Schilderung, die ein Vater von seinem
Sohn gegeben hat. Ich nehme an, daß Sie sich in Gedanken bereits mit der
Einschulungsfrage beschäftigt haben und möglicherweise schon wissen, ob es
sinnvoll ist, das Kind in die Schule gehen zu lassen. An dieser Stelle möchte ich
jedoch die Einschulungsfrage nicht diskutieren. Vielmehr will ich versuchen,
auf eine erstaunliche Gegebenheit hinzuweisen: Der Vater gibt uns hier eine
ganze Menge von Hinweisen darüber, was er von seinem Sohn denkt. Er

interpretiert das, was sein Sohn sagt und tut. Doch was der Sohn tatsächlich *sagt* und *tut*, darüber wissen wir im Grunde genommen so gut wie nichts.

Diese Gegebenheit ist so wichtig, daß hier vorgeschlagen wird, eine Unterscheidung einzuführen. Unterschieden werden soll zwischen den sog. „Tatsachen" und den sog. „Meinungen".

Die Unterscheidung ist leicht zu treffen. Tatsachen sind alle jene Ereignisse, die sich aus dem zusammensetzen, was jemand tut und sagt. Tatsachen sind damit alle jene Fakten, welche man gleichsam auf Tonband, auf Film oder auf Video festhalten könnte. Meinungen dagegen umfassen alles, was man über diese Tatsachen denkt und fühlt; Meinungen sind, um es anders auszudrücken, die Interpretationen dieser Tatsachen.

Wenn also eine Frau sich in Gegenwart ihrer Schwiegereltern ständig übergeben muß, so ist dies eine Tatsache. Alle Erklärungsversuche für dieses Erbrechen gehören dagegen in den Bereich der Meinungen. Wenn ein Kind im Diktat 24 Fehler erzielt hat, so ist dies wiederum eine Tatsache. Ob diese Fehlerzahl Ausdruck eines beeinträchtigten Selbstbewußtseins, Folge einer unangemessenen Rechtschreibstrategie oder sogar Symptom für einen verborgenen Ehekonflikt darstellt, diese Fragen dagegen gehören ganz eindeutig in den Bereich der Meinungen.

1. Suche die Tatsachen!

In der Praxis ist es sinnvoll, die Tatsachen in Erfahrung zu bringen. Wenn eine Mutter über ihr Kind klagt, weil es sie beunruhigt, so sind die Tatsachen herauszuarbeiten. Es muß nachgefragt werden, was das Kind tut, um seine Mutter zu beunruhigen. Sich auf sein psychologisches Gespür und Feingefühl zu verlassen, kann gefährlich sein. Denn es mag sein, daß man sich unter diesem Kind beispielsweise ein messerschwingendes Ungeheuer vorstellt, welches seine Mutter bedroht, während die Mutter vielleicht ganz einfach von einem Kind spricht, welches während des Abendessens kein Wort verliert. Beratungen auf einer solchen Basis können Fehlschläge werden, weil sich Mißverständnisse fast zwangsläufig einstellen müssen.

Um die Tatsachen in Erfahrung zu bringen, muß man Fragen stellen. Dies zu tun, soll man sich nicht scheuen; auch große Psychotherapeuten stellen Fragen, wenn sie Tatsachen wissen wollen.

Allerdings: Fragen als solche sind noch keine Gewähr dafür, daß man wirklich die relevanten Tatsachen erfährt. Es müssen schon die richtigen Fragen sein und diese richtigen Fragen kann man nachlesen und nachlernen. Noch immer die beste Anleitung dazu offeriert die NLP-Literatur und die in ihr beschriebenen Metamodellfragen.

2. Wir diskutieren über Meinungen, nicht über Tatsachen.

Sich nach Tatsachen zu erkundigen, hat noch einen weiteren Vorteil: Die Kenntnis der Tatsachen macht deutlich, worüber man diskutieren kann und worüber nicht. Denn die Regel gilt, daß man Tatsachen zwar erheben, nicht aber diskutieren kann, diskutieren kann man die Meinungen zu diesen Tatsachen.

Wiederum offeriert Erickson ein eingängiges Lehrbuchbeispiel. Als Psychiater lernte er in einem Krankenhaus eine Frau kennen, welche er als recht hübsch bezeichnete – abgesehen von ihrem Gesäß, das – in Ericksons Worten – „riesig" war.

Erickson unternahm keine Vorkehrungen, um diese Tatsache abzuändern oder gar zu beschönigen. Doch er machte die Frau ganz schlicht auf die Beobachtung aufmerksam, daß der Mann, der sie heiraten wolle, das alles ganz anders sehen werde: Nicht ein riesiges Gesäß werde er erblicken, sondern eine prächtige, wundervolle Wiege für die Kinder, welche sie und er haben wollten. Und mit dem eher verwirrenden Vorwurf, das Hohelied Salomons nicht richtig gelesen zu haben, entließ er die Frau.

Worüber kann diskutiert werden und worüber nicht? Erickson macht hier deutlich, daß über die Tatsache des riesigen Gesäßes nicht diskutiert werden kann. Doch durchaus diskutabel ist das, was die Frau über diese Tatsache denkt: Sie ist der Meinung, häßlich und unattraktiv zu sein bis zu einem Ausmaß, welches eine Heirat schlechterdings unmöglich macht. Erickson dagegen schlug eine andere Bedeutung vor: Die Tatsache ist ein klares Indiz dafür, daß die Frau sehr wohl das werden konnte, was sie sich sehnlichst wünschte, nämlich eine glückliche Mutter mit vielen Kindern (was sie, wie nur nebenbei bemerkt sei, denn auch wurde).

3. „Das hat damit nichts zu tun!"

Bis zu diesem Punkt wurde herausgearbeitet, worauf sich Umdeutungen beziehen können. Noch nicht bekannt ist jedoch, wie solche Umdeutungen erfolgen können; dieser Frage gilt nun unsere Aufmerksamkeit.

Wenn Leute über Probleme sprechen, so äußern sie viele Vermutungen: „Ich hatte einen sehr autoritären Vater, und deshalb kann ich nicht auf das Rauchen verzichten; ich muß für die mir entgangene Liebe eine Entschädigung finden." Diese Vermutungen werden zu einem guten Teil aus Beziehungen geknüpft; die eben erwähnte Aussage knüpft eine Beziehung zwischen einem autoritären Vater und der Unmöglichkeit, mit dem Rauchen aufzuhören. Es ist, wie wenn die Person sagen wollte, daß der autoritäre Vater die *Ursache* des Raucherproblems ist.

In einer solchen Situation kann ein Berater auf die Aussage eingehen und dann das tun, was manchmal etwas vage als die „Aufarbeitung der Vaterbeziehung" bezeichnet wird. Erickson schlug eine andere Möglichkeit vor:

Zu Erickson kam ein Mann mit einem Alkoholproblem. Es war kein gewöhnlicher Mann, sondern ein berühmter Flieger im Weltkrieg. Zeugnisse seines einstigen Ruhmes brachte der Mann in der Form von Presseausschnitten und ähnlichen Erinnerungsstücken mit. Daß zwischen dem verblaßten Ruhm und dem Alkohol eine Beziehung bestehen könnte, legten verschiedene Aussagen des Mannes nahe; doch Erickson nahm auf höchst hartherzige Weise alle diese Gegenstände und warf sie in den Papierkorb: Das alles, so ließ er verlauten, habe nichts mit dem Alkohol zu tun.

Das ist sicher eine diskutable Vorgehensweise und wahrscheinlich ist sie auch nicht nachahmenswert. Wichtig ist jedoch das Prinzip, welches dahintersteht: Hier werden 2 Gegebenheiten strikte voneinander getrennt; dem Klienten wurde bedeutet, daß die Gegebenheit A (Fliegerruhm) und die Gegebenheit B (Alkohol) nicht zusammenhängen und auch keine Kausalbeziehung bilden: A ist nicht die Ursache für B.

Daß Elemente voneinander getrennt werden können, stellt eine sehr wichtige Erkenntnis dar. Unverkennbar wird mit jeder solchen Trennung auch eine Umdeutung erreicht. Es kommt einem Wechsel in der Perspektive gleich, wenn man dort keine Zusammenhänge mehr sieht, wo früher Zusammenhänge gesehen wurden.

In der Praxis empfiehlt sich ein sehr sanftes Vorgehen. Es ist nicht sinnvoll, jede Verbindung zu trennen. Angemessener ist hier sicher eine Art wohlwollende Skepsis. Man soll sich daran erinnern, daß es immer die Möglichkeit des Anderssein gibt: Wenn ein Klient rauchen muß, weil er unter Streß steht, so mag diese Verbindung zwischen Streß und Rauchen durchaus bestehen. Doch es könnte eben auch ganz anders sein. Es könnte sich herausstellen, daß Streß und Rauchen 2 Dinge sind, die getrennt betrachtet werden dürfen und nichts miteinander zu tun haben.

4. „Das ist doch ein und dasselbe Ding!"

Eine Familie hatte Probleme mit ihrem Kind. Das Kind kotete ein und, was noch schlimmer war, es verschmierte diesen Kot überall in der Wohnung. Die Familie stand dieser Schwierigkeit hilflos gegenüber und suchte Rat bei einem Psychologen. Im Gespräch stellte sich heraus, daß die Familie durchaus Wert auf Reinlichkeit legte und vor strafenden Maßnahmen nicht zurückschreckte, wenn eines ihrer Kinder unordentlich war.

Der Psychologe legte den Eltern dar, daß das Verschmutzen mit Kot und das Verschmutzen beim Essen ein und dasselbe sei; von da her gesehen sei es sinnvoll, angesichts des Einkotens so zu reagieren, wie wenn das Kind sich beim Essen beschmutzt hätte. Die Eltern machten sich diese Betrachtungsweise zu eigen und das Einkoten des Kindes verschwand in kurzer Zeit.

Hier wurde das Gegenteil einer Trennung vorgenommen: 2 Lebensbereiche wurden zusammengefügt, welche man vorher als 2 getrennte Erscheinungen betrachtete. Auch dies ist eine Umdeutung: Wo immer 2 Lebensbereiche zusammengefügt werden, welche vorher getrennt betrachtet wurden, stellt sich notwendigerweise ein Perspektivenwechsel ein.

Wenn mal der Blick für solche Zusammenfügungen geschärft ist, beobachtet man sie im Beratungsbereich sehr häufig; 2 Beispiele seien hier erwähnt:
a) Verschmelzen mit geglückten Situationen: Wenn jemand Sprechangst hat, kann sich der Berater auf die Suche nach Ressourcen machen. Er kann überlegen, in welchen Situationen der Klient über jene Ruhe und Sicherheit verfügt, welche er beim Sprechen haben möchte. Über den Prozeß des Ankerns werden dann diese beiden Situationen miteinander gekoppelt; mit der nötigen Unbefangenheit könnte man sagen, daß das Ankern häufig eine Verbindung vorher getrennt gesehener Elemente darstellt.

b) Kristallkugeltechnik: In seinem lesenswerten Buch beschreibt De Shazer (1985) die Tatsache, daß sich Leute angesichts von Problemen naturgemäß fast ausschließlich über diese Probleme Gedanken machen. De Shazer verbindet diese Problembetrachtung mit einem ganz neuen Lebensbereich, nämlich mit der Situation, in der das Problem gelöst ist. Er läßt den Klienten vorstellen, wie es exakt und präzis sein wird, wenn das Problem durch eine Lösung ersetzt ist; – häufig führt dies tatsächlich zu einer überraschenden Lösung des Problems.

In schroffem Gegensatz zu diesen ausgefeilten Techniken steht dagegen die Verzweiflungstat einer Mutter, deren Tochter für eine Legasthenietherapie angemeldet war. Die Mutter verlor die Nerven, verbot ihrer Tochter, allzu viele Fehler im Diktat zu machen und unterstützte dieses Postulat mit einer Tracht Prügel. Erstaunliches geschah: Die Zahl der Rechtschreibfehler ging markant zurück.

Normalerweise hält man die Bereiche Strafe und Rechtschreibprobleme getrennt, davon ausgehend, daß dies 2 verschiedene Dinge sind. Die Mutter aber verband diese beiden Bereiche, und wenn auch ihr Vorgehen keineswegs als Patentlösung für Rechtschreibprobleme angesehen werden darf, läßt sich doch eine Gesetzmäßigkeit ableiten: Das Verbinden vorher getrennter Elemente, das Gleichsetzen zweier Kontexte, führt nicht selten zu günstigen Veränderungen.

Wozu das? „Umdeuten" und „Umdeuten"

Am Anfang dieser Ausführungen wurde eine kleine Systematik für das Umdeuten versprochen. Es zeigt sich nun, daß diese Systematik aus 2 Elementen besteht. Auf der einen Seite werden Umdeutungen vorgenommen, indem vorher verbundene Elemente getrennt werden. Auf der anderen Seite stehen Umdeutungen, bei denen Elemente verbunden werden, welche man vorher als getrennt angesehen hat. In beiden Fällen geht es um die Grenzziehung zwischen Dingen, die zusammengehören, und Dingen, die nicht zusammengehören.

Was ist der Nutzen dieser Systematik? Sind Grenzziehungen denn so wichtig? Ich schlage hier ein Experiment vor: Schreiben Sie verschiedene Schulfächer auf ein Blatt Papier: Deutsch, Englisch, Französisch, Russisch, Mathematik, Musik.

Bitten Sie eine Person, überall dort einen Strich zu ziehen, wo Schulfächer nicht zusammengehören. Wenn Sie dies machen lassen, werden Sie beispielsweise folgende Aufteilung erhalten:

Deutsch Englisch Französisch Russisch] Mathematik [Musik

Hier wurde Mathematik von den Sprachen abgegrenzt, Mathematik ist nach Ansicht der stricheziehenden Person keine Sprache. Zudem wurde Musik von Mathematik abgegrenzt; die Person könnte dies etwa damit begründen, daß Mathematik und Musik nicht das gleiche ist.

Wenn Sie die gleiche Liste anderen Personen vorlegen, werden Sie eine bemerkenswerte Feststellung machen: Verschiedene Personen werden an unterschiedlichen Stellen ihre Striche ziehen. Die einen werden das Russische abgrenzen, weil es viel schwieriger ist als die anderen Sprachen, die anderen werden das Deutsche abgrenzen, und schließlich gibt es auch Leute, die zwischen den Sprachen und der Mathematik keinen Strich ziehen: Für sie ist Mathematik das gleiche wie eine Sprache.

Über diese Abgrenzungen werden Sie möglicherweise sogar streiten: Es ist Ihnen absolut unverständlich, weshalb man Mathematik den Sprachen zuordnet – das ist nicht so, werden Sie dieser Gleichsetzung entgegenhalten.

Daß über solche Abgrenzungsfragen emotional gestritten wird, ist nicht ganz unwichtig. Man streitet nur über Dinge, die einem nahegehen und ganz offensichtlich gehen einem Abgrenzungsfragen nahe. Grenzziehungen sind also zumindest wichtig. Doch sind sie auch nützlich? Sehen wir 2 Beispiele an:

Das 1. Beispiel führt zurück zum Trinker. Erickson machte ihm sehr augenfällig klar, daß Trinken und Kriegserinnerungen 2 Elemente sind, die nichts miteinander zu tun haben. Diese Erkenntnis hilft dem Alkoholiker: Es wird nicht mehr Zeit und Energie darauf verwendet, diese Kriegserinnerungen aufzuarbeiten. Statt dessen gewinnt man Raum und Zeit, um über das zu sprechen, was wirklich relevant ist, nämlich über das Trinken dieses Mannes (tatsächlich konzentrierte sich Erickson auf das konkrete Trinkverhalten des Mannes und intervenierte dann erfolgreich in diesem Bereich).

Das 2. Beispiel hat mit der Grenzziehung im Bereich der Sprache zu tun. Eine Schülerin schrieb in Deutsch schlechte Diktate, hatte andererseits aber mit der englischen Orthographie wenig Mühe. Es zeigte sich, daß sie deutsche Diktate nach Gehör schrieb, während sie sich beim Rechtschreiben auf Englisch sehr stark auf Wortbilder stützte. Das Schreiben auf Englisch und das Schreiben auf Deutsch waren 2 getrennte Bereiche; und erst, als diese beiden Sprachen als ein und dasselbe erkannt wurden, eröffnete sich für die Schülerin die Möglichkeit, auch bei deutschen Wörtern die Erinnerung an Wortbilder einzusetzen.

„Was Sie zu tun haben, ist folgendes: Ihre Aufgabe ist es – wie auch immer Sie wünschen und wie auch immer Sie können – den Ratsuchenden dazu anzuhalten, daß er etwas tut." Diese Aussage von Erickson ist so etwas wie ein Leitmotiv für alle jene Beratungsformen, die mehr an der konkreten Problemlösung als an der Einsicht in die Natur des Problems interessiert sind. In diesem Sinne kann man die beiden Beispiele interpretieren. Man vermag unschwer festzustellen, daß die Veranlassung zu praktischem Tun in diesen Beispielen gewährleistet ist: Das Zusammenfügen zweier getrennter Elemente eröffnet im 2. Beispiel der Schülerin neue Möglichkeiten zu praktischem Handeln. Angesichts ihrer Rechtschreibprobleme kann sie nun Dinge tun, welche sie vorher nicht tun zu können glaubte.

Es gab einmal ein Mädchen mit einem Einnäßproblem. Es wurde gebeten, sich vorzustellen, wie es auf der Toilette sitzt und Wasser läßt. „Und stelle Dir vor, da kommt ein Mann und schaut hinein – was tust Du dann?" Das Mädchen überlegte und gelangte zur Feststellung, daß es den Vorgang des Wasserlassens stoppen würde.

Diese Erkenntnis war die Basis für eine schnelle Behebung des Problems. Wahrscheinlich werden Sie dies irgendwie selbstverständlich finden; hier taucht wieder einmal das Zusammenfügen zweier Elemente auf, von denen nun so viel die Rede war.

Eines aber soll hier speziell angemerkt werden: Die Lösung des Problems ist nicht selbstverständlich. Der betreffende Therapeut hätte Dutzende von anderen Möglichkeiten gehabt, Elemente auf neue Weise miteinander zu kombinieren. Er hätte eine Verbindung zur Geschwisterkonstellation nahelegen können; damit wäre ein Grund vorhanden gewesen, sich längere Zeit mit der Beziehung zu den Geschwistern zu beschäftigen. Der Therapeut hätte auch eine Verbindung zu den Eltern thematisieren können; damit wäre ein Anlaß vorhanden gewesen, verborgene Konflikte zwischen den Ehepartnern aufzuarbeiten.

Kurz gesagt: Der Therapeut hätte manche Verbindung nahelegen können. Und keineswegs wäre es so gewesen, daß jede dieser Verbindungen zu einem praktischen Ergebnis geführt hätte. Vielleicht hätte gar manche Sitzung der Geschwisterkonstellation gegolten, ohne daß sich im Bereich des Einnässens etwas verändert hätte.

Der Verdacht liegt also nahe, daß es Trennungen und Verbindungen gibt, welche nützlich sind, während es andere gibt, die kaum weiterhelfen. Die Richtschnur ist bereits formuliert worden: Von Vorteil scheinen jene Trennungen und Verbindungen zu sein, welche außerhalb des Sprechzimmers eine Änderung des Tuns ermöglichen.

Möglicherweise liegt hier eher ein wenig beachtetes Geheimnis effektiver Beratungsformen: Probleme werden mit Hilfe von Trennungen und Verbindungen so umgedeutet, daß sie aufgrund praktischer, konkreter Handlungen lösbar werden.

Wenn dies gelingt, werden viele Probleme sehr schnell lösbar. Man gelangt in diesem Falle zu einer Erkenntnis, welche Zeig (1980) durchaus richtig und durchaus drastisch formuliert hat: Man stellt in solchen Fällen fest, daß in die therapeutische Kommunikation viel Fleisch gelegt werden kann, während sich zeigt, daß außerordentlich viel Fett getrost abgeschnitten werden darf.

Wozu das? Umdeuten und Hypnose

An dieser Stelle mag die Frage auftauchen, welchen Stellenwert Hypnose und Hypnotherapie in der ganzen Diskussion einnehmen. Diese Frage ist berechtigt und es läßt sich zeigen, daß tatsächlich gewisse Verbindungen zwischen Hypnose und Umdeutungen bestehen. Diese Gemeinsamkeiten lassen sich entlang dreier Linien aufzeichnen.

Eine erste Gemeinsamkeit liegt in der Flexibilität: Auch die Hypnotherapie geht davon aus, daß man die Welt von sehr verschiedenen Perspektiven aus sehen kann. Auch für die Hypnotherapie besteht die Überzeugung, daß es stets auch die bereits erwähnte Möglichkeit des Andersseins gibt: Es kann so sein, wie es der Klient sieht und interpretiert; doch es könnte eben auch sein, daß sich alles von einer anderen Warte aus betrachten läßt: Es kann sein, daß

Phantomglieder bei Amputationen unangenehme und schmerzhafte Empfindungen verursachen; doch es könnte auch sein, daß sich diese Phantomschmerzen durch angenehme Empfindungen ersetzen lassen.

Eine zweite Verbindung bezieht sich auf die Hypnose als Zustand. Es fällt zwar sehr schwer zu definieren, was ein hypnotischer Zustand ist, doch unabhängig von dieser permanenten Definitionsnot ist man sich darin einig, daß Umdeutungen im hypnotischen Zustand sehr gut möglich sind. Kurz gesagt: Der hypnotische Zustand ist ein Zustand, der sich für die Einführung von Umdeutungen sehr eignet.

Das mag sehr banale Gründe haben: Wer ein Problem von einer anderen Perspektive aus betrachten will, braucht dazu Zeit und auch ein Mindestmaß an Ruhe und Entspannung. Und beides ist in der Hypnose natürlich gegeben.

Eine dritte Verbindungslinie wird selten beachtet, und deshalb sei sie hier besonders erwähnt: Die hypnotherapeutische Arbeit beschäftigt sich nicht mit Umdeutungen um der Umdeutung willen. Umdeutungen werden vielmehr gezielt eingesetzt: Wenn man die Welt und die eigene Erfahrung schon auf verschiedene Art und Weise sehen kann, so soll man sie doch so zu sehen lernen, daß die Probleme lösbar erscheinen.

Am Anfang dieses Abschnitts wurde die Frage aufgeworfen, wozu Umdeutungen und Hypnose verhelfen sollen. Die Antwort liegt in der eben geäußerten Vermutung. Das Genie der Hypnotherapeuten besteht tatsächlich aus diesem Aspekt der Lösbarkeit: Ein Problem wird gezielt so umgedeutet, daß seine Lösung über konkretes, praktisches Handeln möglich ist. Und bevor dies nicht geschehen ist, wird schon gar nicht erst mit einer Beratung begonnen.

Haley (nach O'Hanlon u. Wilk 1987) demonstrierte, wie dies gemacht wird. Er wurde von einem Familientherapeuten um Rat angegangen. Dieser konnte eine symbiotische Beziehung zwischen einer Mutter und ihrer Tochter nicht lösen. Haley hatte hier auch keine Lösung anzubieten.

Er meinte lediglich: Ich würde es nie zulassen, daß diese symbiotische Beziehung das Problem ist, welches ich zu lösen habe.

Mit anderen Worten: Der erste Schritt muß sein, das Problem so zu definieren, daß die Lösung denkbar und möglich wird.

Umdeutungen werden in nächster Zeit einen hohen Stellenwert bekommen. Wir werden nachlernen müssen: Wir werden lernen müssen, mit dem Klienten zusammen die Situation so zu sehen, daß Hilfe möglich wird. Umdeutungen sind das Mittel der Wahl dazu.

Literatur

Gordon D, Meyers M (1986) Phönix. Therapeutische Strategien von Milton H. Erickson. ISKO, Hamburg

Erickson M (1980) Collected papers (ed E. L. Rossi), vol 4. Irvington, New York

O'Hanlon WH (1987) Taproots. Underlying principles of Milton Erickson's therapy and hypnosis. Norton, New York London

O'Hanlon WH, Wilk J (1987) Shifting contexts. The generation of effective psychotherapy. Guilford, New York

Shazer S de (1985) Keys to solution in brief therapy. Norton, New York
Wilk J (1985) Ericksonian therapeutic patterns. A pattern which connects. In: Zeig J (ed) Ericksonian psychotherapy, vol 2. Brunner Mazel, New York, pp 210–233
Zeig J (1980) Erickson's use of anecdotes. In: Zeig J (ed) A teaching seminar with Milton H. Erickson. M. D. Brunner & Mazel, New York

Felix Stoffel
Kunstmaler, ‚Zeitraumbegründer‘,
diplomierter Hypnosetherapeut,
Seminarleiter für autogenes Training
und Biofeedback am IATH

Hypnose als kreative Bereicherung des Lebens

Zusammenfassung

Kreative Arbeit und Leistung muß, wie alles im Leben, langfristig erwirkt werden. Die leider oft zwangsläufige Disharmonie zwischen innerer Empfindung und den Möglichkeiten der Umwelt wird mittels Hypnose verstärkt sichtbar gemacht. Der Unterschied vom inneren Wollen und äußeren Können kann durch eine Reihe gezielter Methoden überwunden und abgebaut werden.

Die reine Interpretation eines inneren Bildes wird im hypnotischen Einfluß erfolgreicher zustande gebracht. Mit wachem Bewußtsein entscheidet der Wille oft mehr den Umständen angepaßt. Die Interpretation des Innern spiegelt sich auf dem sichtbaren Träger nicht exakt oder verändert.

Entwickelt ein Klient mit Geduld erst einmal eine gewisse Virtuosität seiner Ausdrucksmöglichkeiten, setzt er den permanenten, kognitiven Prozeß seiner Seele eigendynamisch um.

Die Hypnose erweist sich als hervorragendes Hilfsmittel, den Einstieg und die Entwicklung zu einer eigenständigen, kreativen Persönlichkeit zu bewältigen.

Summary

Creative work and success are, like so much in life, to be achieved only in the long term. The unfortunately often inevitable disharmony between inner feeling and the possibilities offered by the environment is revealed in an intensified form by hypnosis. The discrepancy between the inner will and the outer possibility can be surmounted and reduced by a variety of methods.

The pure interpretation of an inner picture is achieved more successfully under hypnosis. In the waking state, the willpower is more adapted to the circumstances.

B.J.M. Diehl, Th. Miller (Hrsg.)
Moderne Suggestionsverfahren
© Springer-Verlag Berlin Heidelberg 1990

If a client patiently develops a certain virtuosity of expression, he automatically gives momentum to the permanent, cognitive process of his soul. Hypnosis is an outstanding aid to cope with the introduction into and development of an independent, creative personality.

Die Vorführung diente als Momentaufnahme einer langfristigen Arbeit. Prinzipiell soll das Training beim Klienten einen oder mehrere kognitive Prozesse auslösen. Die Hypnose kann kreative Vorgänge intensivieren. Der Klient fühlt sich selbst und erhält mit der Zeit eine Kontrolle über den Verlauf seiner inneren Arbeit. Gleichzeitig kann die Hypnose Barrieren lösen, das kreative Erlebnis während der Aktion steigern, und den Zugang zum Ich und seinen kreativen Schätzen erleichtern.

In der Regel soll ein Klient den kognitiven Prozeß seiner Seele im entspannten Zustand erkennen lernen. Der Ausübende behält diese Erkenntnis in Erinnerung und übt die kreative Tätigkeit im normalen Wachzustand aus. Das Ergebnis zeigt sich klar und übersichtlich bei einem länger dauernden Training.

Der Klient wird zunehmend besser in seinen Ausführungen und entwickelt Eigendynamik, die seine kreativen Ergebnisse laufend erhöht und erweitert.

Die 3 Personenbeispiele seien im folgenden vorgestellt. Dabei ist zu bemerken, daß es sich eigentlich um 3 Fachleute handelt, die ihr Handwerk schon jahrelang ausüben.

Das Training begann vor ca. 6 Monaten. Alle 3 Mitarbeiter haben ihr Metier bisher rezeptiv und noch nie frei und kreativ ausgeführt.

Z. G. ist Graphikerin von Beruf und fand bisher kaum Gelegenheit zur freien Malerei. Obwohl der Wunsch latent vorhanden war, wagte sie sich bisher auch kaum an freie und große Kunstprojekte heran, da der Graphikerberuf meistens korrekt und diszipliniert den Kundenwünschen gemäß ausgeführt werden muß.

Nach einer Reihe einführender Entspannungshypnosen begann ich mit der gezielten Suche innerer Bilder, bis sich gewisse Vorstellungen regelmäßig wiederholten. Diese Bilder wurden mittels geeigneter Technik im großen Format bereits entwickelt. Man kann diesen Vorgang mit dem Fotographieren vergleichen: Aufnahmen erfolgen laufend über sämtliche Sinnesorgane. Die Verarbeitung vieler Eindrücke geschieht größtenteils als seelischer Vorgang und könnte mit der Belichtung verglichen werden. Der kreative Prozeß des Ausdrückens ließe sich mit der Entwicklung vergleichen.

Wie schon anfangs erwähnt, wird normalerweise nicht unter Hypnose gemalt. Vielmehr läßt sich die Hypnose als geeigneter Einstieg zum kreativen Geschehen verwenden. Der Künstler behält bei der Arbeit an der Leinwand meist den Überblick. Dies beweist er durch mehrmaliges Entfernen und Beobachten des Werkes aus Distanz. Genauso ist es bei Frau G.. Befindet sie sich während der Arbeit im hypnotischen Zustand, weicht sie kaum von der Leinwand. Interessant ist dabei die Feststellung, daß sie jeweils nur ein winziges Detail des Werkes bewußt erkennt und bearbeitet; trotzdem stimmt das Bild anschließend perspektivisch sowie in Licht und Schatten.

Die Malerin empfindet es eher unangenehm, direkt unter Hypnose zu arbeiten, da schon das Fehlen einer bestimmten Farbe auf der Palette ein Mankogefühl entstehen läßt. Im normalen Arbeitsvorgang wird eine solche Mangelsituation ohne Probleme übergangen, indem z. B. einfach eine andere Farbe verwendet wird.

Fazit: Die reine Interpretation eines inneren Bildes wird im hypnotischen Einfluß erfolgreicher zustande gebracht. Mit wachem Bewußtsein entscheidet der Wille oft mehr den Umständen angepaßt. Die Interpretation des Innern spiegelt sich auf dem sichtbaren Träger nicht exakt oder verändert. Bei Frau G. ist die rapide Steigerung des kreativen Prozesses erstaunlich. Vom einfachen, rezeptiven Verarbeiten reiner Graphik bis zur freien Erwirkung großzügiger, einzigartiger Kunstwerke dauerte es nicht einmal ein Jahr.

Der 2. Mitwirkende B. G. arbeitet als Techniker im Dienstleistungssektor. In seiner Freizeit befaßt er sich mit musischen Dingen. Sein primäres Hobby ist jedoch die Gitarrenmusik.

Auch hier zeigte sich bald, daß er den Pfad der freien, musikalischen Improvisation noch selten betreten hatte.

Da sich Herr G. ebenfalls mit der Hypnose befaßt, konnten wir schon nach wenigen Sitzungen gezielt kreativ arbeiten.

Anfangs interpretierte er meist Bildwerke, die wir zuvor gemeinsam ausgesucht hatten. Dann wurde er ohne vorherige Auswahl mit Bildern konfrontiert.

Bald stellte sich heraus, daß er nach Abschluß der musikalischen Interpretation am liebsten technische Feinheiten erprobte.

Unter Hypnose schien ihm die Überwindung zu technischen Extraleistungen leichter zu fallen. Später, in Hypnose, improvisierte er frei nach seinen Empfindungen. Wir stellten fest, daß er auditive Eindrücke selektiv umsetzte. Herr G. registrierte im Gegensatz zu Frau G. kaum visuelle Einzelheiten. Mit Hilfe der Hypnose verbesserte er seine Virtuosität und musikalische Feinfühligkeit sehr.

Der 3. Mitarbeiter R. D. arbeitet als Karatelehrer in der Ostschweiz. Obwohl er zu Beginn der gemeinsamen Arbeit nichts von der therapeutischen Hypnose wußte, erkannte er die physischen Vorgänge dieser Methode schnell. Zur Konzentrationsverbesserung spielt die Meditation in den fernöstlichen Budokünsten eine große Rolle.

So wird die Kraft im Karate, ebenfalls typisch asiatisch, im Hara (japanisch), einem zentralen Punkt unterhalb des Bauchnabels, gesammelt und gesteuert. Nach den einführenden Hypnosesitzungen erarbeiteten wir gemeinsam visuelle Vorstellungen für Energie. Als Beispiel suggerierten wir die Vorstellung kleiner Energiepakete, die überall im Körper von kleinen, fleißigen Zwergen gesammelt und in kleine Transportwägelchen gepackt werden.

Anschließend wird ein großes Lager zusammengetragen, welches sich im besprochenen Harapunkt befindet. Herr D. sammelte auf diese und ähnliche Weise seine Energie im entspannten und gelösten Zustand der Hypnose. Anschließend sollte er, immer noch im hypnotischen Zustand, aufstehen und eine Kata zeigen. (Eine Kata ist eine streng vorgeschriebene Reihenfolge von schwierigen Karatetechniken, die der Ausübende jahrelang trainiert und verbessert, Dinge wie Atmung, Timing, Harmonie und Kraft werden so verbessert.) Der Karatelehrer war selbst über die ungeheure Energiefreigabe in seinem Körper erstaunt. Während die anderen 2 Mitarbeiter auditiv oder visuell ihre Interpretationen umsetzten, spielte sich bei ihm der Vorgang v. a. gefühlsmäßig ab.

Schwierigkeiten entstanden mit der kreativen Umsetzung innerer Vorstellungen. Im Karate wurden die Techniken schon vor Jahrhunderten entwickelt und laufend von Meister zu Meister weitergegeben. Einem Karatemeister wie R. D. fällt es daher schwer, das in jahrelangem Üben erworbene, perfekte Nachvollziehen wieder zu verlassen. Ein Ablauf einer Kata untersteht einem genau vorgeschriebenen Rhythmus. Meistens zeigt sich dieser durch Wechsel von harter und weicher Technik.

Der erste Schritt einer freien Interpretation zeigte sich bei Herrn D. durch die völlige Harmonisierung seiner Bewegungen und durch den Ausgleich seines Krafteinsatzes. Erstaunlich ist hier die Leistung, welche die Hypnose hervorruft. Normalerweise werden die entspannten Phasen der Kata zur Erholung benutzt. Herr D. erbrachte während weniger Minuten Leistung und Kraft in einem Maße, wie dies im wachen Zustand kaum durchzuhalten ist.

Mit der Zeit gelang es ihm mehr und mehr, eigene Abläufe zu konstruieren. Manchmal verließ er plötzlich den hypnotischen Zustand. Seine Interpretation des Schattenkampfes hielt vor seinen kritischen und disziplinierten Ansichten oft nicht stand. Die Diskrepanz zwischen freiem Interpretieren und der historischen Vorschrift konnte sein Bewußtsein anfangs nicht so gut bewältigen, so daß die Tiefe seiner Hypnose während den Aktionen mehrmals Schwankungen unterlegen war.

Viel besser entwickelte sich die kreative Auseinandersetzung mit seiner Karatekunst, als wir gemeinsam Vorstellungen von historischen Samuraikriegern, die ihn in diversen Situationen angriffen, suggerierten.

Dieser Beitrag sollte lediglich eine Momentaufnahme des Trainingszustandes sein. Äußere Schwierigkeiten (Technik, viel Publikum) sind zwar eine gewisse Herausforderung; doch erweist sich die Arbeit im stillen viel ergiebiger, da der Druck einer gewissen Rechtfertigung und der Showeffekt wegfallen. Ein Publikum erwartet in der heutigen Zeit immer etwas Außergewöhnliches. Wird die Vorführung dieser Arbeit zu sensationell, entsteht leicht der Eindruck der Effekthascherei, die an Bühnenhypnose erinnert.

Wilfried Dogs, Dr. med.
Chefarzt einer Spezialklinik für
Hypnosetherapie

Bionom-dynamische Psychotherapie: Ihre Bedeutung in jeder ärztlichen Praxis

Zusammenfassung

In wesentlicher Erweiterung der auf das Symptom und die Konflikte gerichteten Psychotherapie vermag die Hypnose in den dynamischen Hintergrund des Unbewußten einzudringen. Der Emotionalstau im Unbewußten – der verdrängte Komplex von S. Freud – ist die dynamische Wurzel vieler psychischer und psychosomatischer Erkrankungen. Hier vermag die ärztliche Hypnose stufenweise und gezielt die zerrissene Emotionalwelt wieder ausgewogen zu machen. Damit werden die Wurzeln der Krankheit und der Störung aufgelöst. Dieser therapeutische Vorgang entspricht dem Prinzip der Naturheilverfahren, die vielmehr den ganzen Menschen und seine gesunden Abwehrkräfte stabilisieren, als das Symptom oder den Konflikt zu behandeln.

Summary

As an important extension of psychotherapy aimed at treating symptoms and conflicts, hypnosis is able to penetrate the dynamic background of the unconscious. The emotional build-up within the unconscious – Freud's complex of repression – is the dynamic root of many emotional and psychosomatic illnesses. With medical hypnosis, we are able gradually and specifically to even out the disrupted world of emotions. In this way the roots of illnesses and conflicts are resolved. This therapeutic method mirrors the principles of natural healing methods, helping to stabilize the entire person and his healthy defense systems instead of just treating the symptom and/or conflict.

Die gesamte Psychotherapie mit ihren heute so vielfältigen und oftmals im Übermaß spezialisierten Formen basiert auf der Grundlage der Arbeiten von

B.J.M. Diehl, Th. Miller (Hrsg.)
Moderne Suggestionsverfahren
© Springer-Verlag Berlin Heidelberg 1990

Sigmund Freud, dem Wiener Nervenarzt, der von 1856 bis 1939 lebte und in den 90er Jahren des vorigen Jahrhunderts seine bahnbrechenden Veröffentlichungen brachte. Dadurch wurde das gesamte Gebiet der seelischen und seelisch bedingten Erkrankungen aus der Domäne der Theologie erlöst und dem ärztlich-therapeutischen Bereich zugeordnet.

Die Lehre Freuds beruht auf einer sehr einfachen und klaren Konzeption, die heute noch die allgemein anerkannte Grundlage der verschiedenen Schulen nach Freud ist. Das biologische Prinzip des gesunden Lebens ist im psychischen wie im somatischen Bereich die Ausgewogenheit. Die Steuerung aller körperlichen Funktionen erfolgt durch die Ausgewogenheit von Parasympathikus und Sympathikus. Genauso sind Verstand und Gefühl 2 dynamische Gegebenheiten, die im Prinzip „gegeneinander arbeiten", sich gegenseitig verdrängen können, aber in der Ausgewogenheit ein gesundes Selbstvertrauen garantieren.

Freud zeigte, daß bei der allgemein in unserer Gesellschaft damals wie heute herrschenden Dominanz des Verstandesbewußtseins eigentlich immer mehr oder weniger eine Unterdrückung und Verdrängung weiter Bereiche des Gefühlslebens in das Unbewußte erfolgt. Dieser „verdrängte Komplex" wird hier in einem Bereich der Seele, der vom Verstand aus nicht mehr berührt werden kann, im Druck der Verdrängung zu einem eigenen Störzentrum, das durch eine Zensur im Zwischenbereich von Bewußtsein und Unbewußtem abgeblockt ist. Dieses Störzentrum macht sich meistens sehr früh als Unbehagen, Angst, Zwang, Krampf und Depression bemerkbar. Wir wissen heute, daß die meisten sog. funktionellen Erkrankungen wie Asthma, Magengeschwür, Kreislaufstörungen, Kolitis, Migräne usw. hier ihre dynamische Wurzel haben genauso wie die Angst-, Zwangs- und Hemmungsneurosen.

Der große Irrtum Freuds, bestand darin, daß er glaubte, im Unbewußten, im Bereich des verdrängten Komplexes mit dem Verstand eingreifen zu können. Diese verdrängten Emotionalstauungen lassen sich aber nicht verbalisierend erfassen, weil sie einfach, wie das Wort schon sagt, „unbewußt" sind.

Wir müssen verstehen, daß Freuds Denken von der Aufklärung, von Rousseau, Darwin und Haeckel geprägt war. Der dialektische Materialismus in der Lehre von Karl Marx hat damals die ganze Wissenschaft enorm beeinflußt. Die überintellektualisierte psychologische Gesellschaft des 20. Jahrhunderts hat diesen Irrtum nur zu gerne aufgenommen. Es ist so angenehm, nachweisen zu können, daß man analysiert, also nicht neurotisch ist, und merkt gar nicht, daß die Neurose der Psychoanalyse ein Verdrängungsvorgang ganz eigener Art ist, weil man Gefühle einfach nicht verbalisieren kann. Das ist nicht einmal unseren größten Dichtern gelungen.

Die Psychoanalyse mit ihren vielen Schulen und Sekten ist dadurch zu einer Spezialwissenschaft geworden, die sich durch die Notwendigkeit einer nicht endenden Marathontherapie natürlich selbst ernährt. Durch ihren Riesenanspruch ist sie zugleich aber auch im Denken sehr vieler Ärzte zu *der* Psychotherapie geworden. Diese Psychotherapie erschöpft sich aber nur darin, Konflikte zu analysieren, und merkt gar nicht, daß hinter jedem sog. verarbeiteten Konflikt wie bei einer Hydra 2, 3 und 4 neue entstehen.

Es ist nun aber nicht damit getan, daß Freud und seine Psychoanalyse, die sich ja schon in einem Elfenbeinturm verkrochen hat, verdammt und verteufelt werden, wie es in diesen Jahren zunehmend nicht nur in Fachzeitschriften, sondern auch im *Spiegel* und in anderen Illustrierten sowie in einer Fülle aggressiver Literatur erfolgt ist. Unter dieser Hexenjagd wird kein neues Konzept geboren.

Das neue Konzept steht aber dabei schon lange im Raum und das geht jeden Arzt an, weil diese Psychotherapie eigentlich in jede Praxis gleich welcher Fachrichtung gehört. Arzt sein ist nämlich ein menschlicher Beruf. Der Arzt will, soll und kann dem ganzen Menschen helfen und nicht nur spezielle Krankheiten bekämpfen. Ohne daß er es merkt, betreibt jeder Arzt viel mehr Psychotherapie, als ihm zumeist bewußt wird; aber gerade dieser Faktor sollte bewußt gemacht werden und dazu möchte ich heute hier einige Beispiele bringen.

Mein Lehrer, Johannes Heinrich Schultz, hat in seinem grundlegenden Werk über die bionome Psychotherapie, das 1951 erschienen ist, diesen Weg gewiesen. Es ist eigentlich der Weg der naturgemäßen Heilweisen, die auch in die Hand eines jeden Arztes gehören sollten. Die Seele verfügt genauso wie der Körper über enorme Gesundungskräfte, ohne die kein Arzt helfen könnte. Ein gebrochenes Bein kann kein Arzt heilen, aber er kann es ruhigstellen und schienen und dann heilt „Es". Genauso ist es mit der zerrissenen Seele, die unter der Verdrängung der wesentlichsten und oft besten Gefühlselemente im Unbewußten unter diesem Störfaktor leidet. Das ist kein Fremdkörper, das ist kein Bazillus, der vernichtet werden muß, sondern das ist ein Bereich der eigenen Seele, mit dem der einzelne Mensch wieder vertraut werden muß. Das kann er aber nicht mit dem Verstand, nicht mit Worten oder noch so guten Lehren, sondern er muß zur Besinnung geführt werden.

Es ist kein Zufall, daß in allen großen Religionen dieser Erde, dem Buddhismus, dem Islam und dem Christentum, die Gründer in die Wüste gegangen sind. Das ist der Leitgedanke der Besinnung, der in meinem primitiven Bild etwa dem Gipsverband oder der Schiene entsprechen würden. Wir nennen diese Psychotherapie, die nicht über verdrängte Konflikte redet, sondern mit diesen dynamischen Elementen selbst arbeitet, die dynamische Psychotherapie, die auf der Basis der Lehre von der bionomen Psychotherapie entwickelt worden ist. Zu ihr gehören alle Methoden, die das Gefühl – und damit die in das Unbewußte verdrängten Emotionalbereiche – unmittelbar ansprechen. Es sind v. a. die ärztliche Hypnose, das autogene Training (AT), die Musiktherapie, Kreativtherapie, Sensitivtherapie und meditative Therapieformen wie das katathyme Bilderleben.

In der ärztlichen Hypnose wird durch eine kurze Fixation und Konzentration ein gelöster, entspannter Zustand zwischen Wachen und Schlafen hergestellt. Das kann man praktisch mit jedem Menschen erreichen, wenn der hypnotisierende Arzt einige Erfahrungen hat. In diesem Zustand wächst eine Aufgeschlossenheit und Lenkbarkeit im Bereich des Unbewußten. Der Mensch wird stufenweise im Emotionalbereich mit sich selbst vertraut, die Stauungen und Spannungen lösen sich und es wächst aus der Tiefe des Unbewußten ein eigenes Selbstvertrauen. Dieser Vorgang braucht natürlich Zeit. Die Einleitung der Hypnose braucht allerdings nur wenige Minuten, aber dann muß der Patient, sich selbst überlassen, in dieser Gelöstheit ruhen und „Es" in sich arbeiten lassen. Man kann ihn danach wieder aufwecken oder einen Weck-auftrag in die einleitende Hypnose einbauen.

Viel einfacher und leichter realisierbar ist das AT, das eine Selbsthypnose darstellt. Hier lernt der einzelne Patient in der Gruppe unter ärztlicher Anlei-tung durch eine Konzentration auf eine formelhafte Vorsatzbildung diesen gelösten Zustand herbeizuführen und diese Zentrierung zur inneren Ausgewo-genheit einzustellen. Für die Therapie dieser Art genügen ca. 8 Übungsstunden in der Gruppe im Abstand von je einer Woche, um den Patienten voll einzulei-ten und zu kontrollieren. Auch diese dynamische Psychotherapie ist individuell gesteuert durch das eigene Denken und die eigene Konzentration und stellt eine effiziente Behandlungsform psychosomatischer Erkrankungen dar.

Leider werden Hypnosen und AT auch heute noch manchmal symptom- oder konfliktgerichtet angesetzt. Das hilft zwar auch, aber immer nur vorüber-gehend, weil der dynamische Hintergrund damit nicht erreicht wird.

Es würde den Rahmen dieses Vortrags sprengen, diese und die anderen genannten Therapieformen hier im einzelnen zu schildern. Es gibt dazu ausrei-chend Literatur und einführendes Schrifttum. Die Anwendung aller Methoden wird sicher immer nur der Klinik vorbehalten bleiben; aber in der Praxis lassen sich doch viele Möglichkeiten, v. a. Hypnose und AT realisieren. Damit könnte die ohnehin wichtige Psychotherapie einer jeden Praxis in der Form der Zuwendung, der Beratung und der Psychagogik eine dynamische Erweiterung und Konsolidierung erfahren, die den biologisch orientierten Arzt in seiner ganzen Therapie erfolgreich fördert. Die zumeist völlig unbefriedigende Behandlung mit Psychopharmaka oder gar Schlafmitteln könnte eingeschränkt werden und eine erfolgreiche somatische Therapie sowohl mit Medikamenten als auch mit naturgemäßen Heilweisen könnte eine Abrundung erfahren, die nicht nur den Patienten, sondern auch den Arzt glücklich macht.

Hellmut Binder, Dr. med.

Arzt – Psychotherapie – in eigener Praxis
mit Schwerpunkt im autogenen Training
und in Hypnose

Der therapeutische Einsatz von Tonbandhypnosen bei Prüfungsängsten

Zusammenfassung

Die Ablationshypnose ist in den psychotherapeutischen Praxen in der Bundes-
republik Deutschland noch viel zu wenig bekannt. Deshalb soll hier an einem
Fallbeispiel von Prüfungsängsten informiert werden, wie diese Behandlung bei
Zeitnot eine durchaus erfolgreiche Methode sein kann.

Die Therapie wurde innerhalb von 3 Wochen durchgeführt mit 6 Sitzungen
in Kombination mit tiefenpsychologischen Gesprächen, AT, Hypnose und Mit-
gabe der Fremdsuggestion posthypnotischer Vorsatzbildungen auf einer Ton-
bandkassette.

Die Ablationshypnose kann auch in der Klinik bei bettlägerigen Patienten
bei entsprechend vorhandener Technik durchgeführt werden, um Schmerzen
und Schlafstörungen wirksam zu beeinflussen.

Summary

In the Federal Republic of Germany, *"Ablationshypnose"* ("ablation hypnosis") still receives far too little attention as a means of psychotherapy. Therefore a case of examination phobia is presented to demonstrate the procedure
and to illustrate how effective it can be when pressure of time is a factor. In the
course of 3 weeks, six sessions took place comprising analytical explorations,
autogenic training, hypnosis, and the application of a tape recording with a
syndrome-centered direct suggestion.

"Ablationshypnose" may be equally as well applied in the treatment of
bedridden inpatients with the specific aim of reducing chronic pain and sleep
disturbances.

B.J.M. Diehl, Th. Miller (Hrsg.)
Moderne Suggestionsverfahren
© Springer-Verlag Berlin Heidelberg 1990

Zu Beginn meiner Ausführungen das Fallbeispiel:

Thomas, 17 Jahre alt, kommt Anfang Januar und sagt, er habe schreckliche Angst vor der schriftlichen und mündlichen Prüfung Ende Januar. Er will die Lehre als Autolackierer abschließen, hat aber schon häufig daran gedacht, wegen der Prüfungsängste, vorher auszusteigen. Thomas ist der einzige Sohn. Seine Mutter ist Verkäuferin, sein Vater Koch von Beruf. Ich kenne beide. Die Mutter ist sensibel, hat mit dem AT gute Erfahrungen gemacht. Der Vater ist seelisch einfach strukturiert und hält nichts von der Psychotherapie. So ist der Sohn Thomas mit seinen Nöten ganz auf seine Mutter angewiesen. Thomas ist in der Berufsschule kein guter Schüler. Bei den handwerklichen Arbeiten fühlt er sich sicherer. Er wirkt auf mich sehr nervös, kann überhaupt nicht stillsitzen, spielt dauernd mit den Händen und überhastet sich beim Sprechen. Sein Blick ist sehr ängstlich und wandert unstet durch die Gegend.

Es stellt sich also hier die Frage, wie kann diese Symptomatik in der Kürze der Zeit angegangen werden? Für eine ausreichende Einübung des AT ist die Zeit zu knapp bemessen. Außerdem wohnt der Patient fast eine 3/4 Autostunde entfernt. Seiner Arbeit möchte er ohne Ausfall regelmäßig weiter nachgehen, denn eine Krankschreibung kurz vor der Prüfung würde einen schlechten Eindruck machen.

Ich entschloß mich aufgrund meiner guten Erfahrungen an ca. 50 Prüflingen in den letzten Jahren mit entsprechenden Ängsten zu einer kombinierten Therapie mit tiefenpsychologisch orientierten Gesprächen, mit der Erarbeitung der ersten 3 Übungsstufen des AT (Schwere, Wärme, passives Atemerlebnis) und begleitenden Hypnosen in der Praxis und zu Hause auf einem mitgegebenen Tonband, das in der Praxis aufgenommen wird. So erspart sich der Patient zu viele zeitlich belastende Arztbesuche. In den 3 Wochen, die zur Verfügung standen, kam Thomas 6mal in meine Praxis.

Bevor ich eine genaue Beschreibung über den Verlauf der Therapie und des besprochenen Tonbands mache, einige Gedanken zur Ablationshypnose, zu der ich eine Hypnose auf Tonband miteinbeziehe.

Ablatio bedeutet losgelöst, abgelöst oder abgetrennt, d. h. dem Patienten steht die Stimme seines Hypnotiseurs auf dem Tonband zur Verfügung, ohne daß dieser direkt anwesend ist. Kleinsorge (1986) und Klumbies (1959), die sehr große und langjährige Erfahrungen mit Hypnosen haben, verstehen unter der Ablationshypnose, wenn die Einleitung der Hypnose beim Patienten mit Hilfe einer Farbtafel soweit konditioniert worden ist, daß der Patient zu Hause ohne die Gegenwart des Therapeuten eine Selbsthypnose mit dieser Farbtafel erreicht. Dies gilt dann nicht nur für die Einleitung, sondern auch für den weiteren Verlauf der Selbsthypnose, die Wort für Wort vom Hypnotiseur, beispielsweise um eine Schmerzbefreiung zu erzielen, übernommen wird. Damit bleibt auch der zeitliche Ablauf und das mit der Zurücknahme der Suggestion einhergehende Aufwecken in einem festen Rahmen. Es kann im Einzelfall entschieden werden, ob bei der Ablationshypnose der Patient die Suggestion selbst laut spricht, flüstert oder aber sich nur vorstellt. So lauten die Ausführungen von Kleinsorge (1986) in seinem neuen Buch *Hypnose*. Hier werden also fließende Übergänge zwischen Fremdsuggestion (Hypnose und autosuggestiver Wiederholung) des Gelernten im Sinne des AT praktiziert.

Bei der Tonbandhypnose handelt es sich dagegen um einen rein fremdsuggestiven Vorgang.

Schultz hat einmal gesagt, es ist alles erlaubt, was hilft. Nur der Therapeut muß wissen, was er tut und bei wem er es tut. Die Tonbandablationshypnose als suggestives Übungsverfahren ist eine wertvolle therapeutische Ergänzung, aber m. E. leider zu wenig bekannt. Sie wird sicher mehr praktiziert als zugegeben wird. Ein bekannter Universitätsprofessor sagte zu mir in einem persönlichen Gespräch: „Was meinen Sie, welche Reaktionen erfolgen würden, wenn ich alles über die von mir durchgeführten Ablationshypnosen veröffentlichen würde? Das kann ich mir gar nicht erlauben."

Deswegen ist es für mich eine Genugtuung, diese psychotherapeutische Methode näher erläutern zu können.

Zurück zu Thomas. Natürlich stelle ich im Erstinterview fest, daß die Prüfungsängste bei Thomas noch andere Hintergründe haben. Wie so häufig bei Einzelkindern ist er verwöhnt aufgewachsen, hat nicht die nötige Konfrontation und Rivalität mit Geschwistern erlebt. Die Mutter hat ihm stets alle Schwierigkeiten aus dem Weg geräumt; nur kann sie natürlich jetzt nicht die Prüfung für ihren Sohn übernehmen. Der Vater von Thomas kann die Ängste seines Sohnes überhaupt nicht begreifen. Sein Tenor lautet: „Reiß' Dich zusammen." Thomas war schon in der Grundschule und Volksschule immer einer, der am Ende der Reihe rangierte, weil er auch körperlich schwach und unbeholfen war. In der jetzigen Lehre hat er auch ausgesprochene Ängste vor seinem Chef und einem Gesellen. In der Autolackierwerkstatt sind 10 Personen beschäftigt. Außer ihm sind noch 2 Lehrlinge da, die, wie Thomas sagt, viel besser seien als er.

In der ersten Begegnung mit Thomas mache ich bereits eine Probehypnose, spreche aber ihm gegenüber von einer gemeinsamen Entspannungsübung. Thomas reagiert überraschend gut, ist vielleicht auch durch seine Mutter, die vor 2 Jahren bei mir das AT erlernte, schon etwas vorprogrammiert.

In der 2. Sitzung erfolgt die Einführung in das AT und ein weiteres Gespräch über Ängste, u. a. auch darüber, daß diese nicht nur negativ zu bewerten seien, sondern auch einen positiven Sinn haben. Eine Erklärung des weiteren Therapieplans erfolgt mit genauen Anweisungen für das häusliche AT-Üben.

In der 3. Sitzung lasse ich mir zuerst ein mündliches Protokoll über das AT geben und über das Befinden, den Schlaf und evtl. Träume.

Ich komme zu Vorschlägen über Vorsatzbildungen im Hinblick auf die Prüfungsängste und lasse bei der folgenden Hypnose das Tonband mitlaufen.

Der Hypnosetext lautet etwa so: „Um sich von der Außenwelt abzuschließen, werden die Augen geschlossen. Abwendung von außen heißt Zuwendung nach innen. Auf sich selbst besinnen – in sich hineinfühlen – nichts wollen oder erwarten, sondern kommen lassen, geschehen lassen. Die Aufmerksamkeit allmählich auf die Arme lenken. – Arme angenehm schwer –, loslassen – sich lösen – die Muskeln entspannen sich, das ist sehr angenehm und wohltuend – auch die Beine sind angenehm schwer – eine wohlige Wärme durchströmt den ganzen Körper, beginnend in den Armen, abwärts gleitend über den ganzen Körper, auch in die Beine hineinfließend. Alles ist sehr beruhigend und wohltuend. Nichts kann stören, weder von außen noch von innen. Umgebung völlig gleichgültig. Sie ruhen in sich selbst. Auch die Atmung ist ruhig und geschieht ganz von selbst. Das rhythmische Heben und Dehnen und wieder Einsinken von Brust und Bauch ist sehr angenehm und beruhigend. Mit jedem Atemzug vertieft sich Ihre Ruhe. Eine Geborgenheit und Gelassenheit erfüllt Sie. Alles, was jetzt in diesem Zustand der völligen Ruhe in Ihr Unterbewußtsein einfließt, bleibt haften. Es ist wie eine Programmierung. – Täglich mehrmaliges Üben, sich Entspannen, bringt Ruhe, Erholung, Sicherheit und Selbstvertrauen in jeder Situation."

Hierauf erfolgt die symptombezogene direkte Suggestion:

„Ich sehe der Prüfung völlig gelassen entgegen. Nichts kann mich stören. Ich bleibe ganz ruhig und konzentriert. Die Umgebung ist mir völlig gleichgültig. Ich sehe nur meine Aufgabe vor mir. Gedanken kommen ganz spontan und folgerichtig. Mein Wissen steht mir voll zur Verfügung. Ich kann alles abrufen, was notwendig ist. Ich weiß, ich schaffe es. Worte wirken nach. Alle diese Vorgänge prägen sich tief innerlich ein und bleiben haften. Ich sehe der Prüfung völlig gelassen entgegen. Ich weiß, ich schaffe es, es gelingt."

Anschließend folgt eine aktive Zurücknahme wie beim AT.

Thomas bekommt den Auftrag, sich 2mal täglich das Tonband in Ruhe abzuhören und daneben auch 2 selbständige Übungen mit dem AT zu machen und nur die Worte einfließen zu lassen, die er vom Tonband gerade in Erinnerung hat. Das gibt für die nächste Sitzung eine Kontrollmöglichkeit zu erfahren, was für Thomas besonders bedeutsam und wichtig von den empfohlenen Vorsatzbildungen ist, oder welche evtl. auch verdrängt worden sind.

In dieser 4. Sitzung ist evtl. dann eine Korrektur oder auch eine völlige Neubesprechung des Tonbands erforderlich. Vorsatzbildungen können nur dann wirksam werden, wenn diese die Vorstellungswelt des Patienten auch wirklich ansprechen und erreichen. Besonders wichtig ist es, daß der Patient (jetzt nicht nur Thomas) sich selbst Gedanken über für ihn geeignete Vorsätze macht, die als Gegengewicht gegen die Prüfungsängste nützlich sein könnten. Dabei sollte man dem Patienten die Möglichkeit geben, die Vorsätze selbst zu entwickeln.

In der 5. Sitzung ist festzustellen, daß bei Thomas das Selbstvertrauen erste Früchte trägt. Er wirkt erheblich weniger nervös, schaut auch nicht mehr so ängstlich in die Gegend. Im AT werden Schwere und Wärme gut realisiert und das passive Atemerlebnis als sehr wohltuend und beruhigend empfunden.

Die 6. Sitzung findet einen Tag vor der Prüfung statt mit einem Gespräch wie immer, einer längeren tiefen Hypnose.

Thomas hat wie schon alle von mir therapierten Vorgänger die Prüfung bestanden. Ich habe ihn dann in eine AT-Gruppe hineingenommen, wo er sich mit Hilfe des AT zusehends stabilisierte. Er steht jetzt vor der Gesellenprüfung, der er gelassen entgegensieht. So entspricht die Ablationshypnose, wie ich sie hier beschrieben habe, mehr oder weniger schon einer Krisenintervention.

William G. Geuss, ACSW

Master of Social Work,
Master and Bachelor of Arts,
Klinischer Supervisor der United Charities, Chicago

Mark J. Hirschmann, Ph. D., R. N.

Assistent Professor, College of Nursing
Wayne State University, Detroit, Michigan

Hypnosis and Family Therapy for Families Coping with Illness

Zusammenfassung

Von den Teilnehmern werden Grundkenntisse in Hypnose- und Familientherapie erwartet.

Das Seminar stellt ein Modell der symptomfokussierten Behandlung von
gesundheitlich Beeinträchtigten und ihren Familien vor und umschließt:
– Erstellung des Behandlungsplanes unter Berücksichtigung der Art und des
  Verlaufes der Krankheit und ihrer Symptome, des Symptomträgers und
  seiner Familie, der Krankheitsgeschichte und des familiären Umgehens
  damit sowie des Nebensystems der beteiligten Therapeuten.
– Möglichkeiten zur Kombination von Hypnose und Familientherapie mit Fall-
  beispielen und Genogrammen.
– Anwendung auf Fälle, die von den Teilnehmern eingebracht werden.

Summary

A model is presented on how to treat medically impaired people together with
the other members of the family. The procedure of family therapy is detailed,
covering the assessment of factors after identification of a medically related
problem and the nature of interventions. The practical value of the approach in
enabling family members to develop higher levels of adaptation and self-care is
emphasized.

Chronic illness has a profound influence on any family. For many illnesses the
debilitating factors can be minimized through a comprehensive program of
medical maintenance. Yet some families have problems adapting to regimens
of ongoing care due to the nature of the illness and the resulting confusion

B.J.M. Diehl, Th. Miller (Hrsg.)
Moderne Suggestionsverfahren
© Springer-Verlag Berlin Heidelberg 1990

about the roles of caretaker and patient. This is especially true for illnesses like asthma, epilepsy, diabetes, and bipolar affective disorders which often require repeated hospitalization and eventual referral for psychotherapy.

This paper presents an approach for outpatient assessment and treatment of families with a medically impaired member who has a *long-term condition* involving *recurring acute phases*. Such families must cope with the rigors of a prolonged drain on health maintenance and emotional resources along with the stress of acute relapses. These families are often referred for psychotherapy as they enter critical developmental stages such as puberty, emancipation, or marriage.

In these transitions, normal striving for redefinition in the family members is hampered by family patterns organized around the illness in a predictable manner. For example it is common to find one parent heroically assuming responsibility for managing a child's illness while the other parent denies the effects and permanence of the illness; the couple or the single parent may drift back and forth between these polarities.

Correspondingly, the child may oscillate between denial (neglecting self-care) and capitulation to the care of the overvigilant caretaker (again abdicating self-care). Either extreme blocks the child and family from learning to minimize the effect of the illness by combining the roles of patient and caretaker within the child – which is the goal of treatment.

In outline form, family therapy proceeds as follows:

I. Assessment of various factors after the identification of a medically related problem.
   A. Obtain a history of the illness
      1. Onset
      2. Course of previous or ongoing treatment
         a) With permission, contact other professionals
      3. Coping of the family – stages of loss
      4. "Worldviews" of the illness on the part of each family member (transgenerational)
      5. Current family participation in the management of the illness
      6. Remissions and exacerbations
         a) Dates, times of the year
         b) Relation to other family events
   B. Assess the structure of the family
   C. Note specific family interactions associated with the remission/exacerbation cycle
      1. Efforts to accept the illness
      2. Efforts to deny the illness
   D. Assess the developmental stage of the family
   E. Assess the developmental stage of each family member
   F. Form a developmentally appropriate goal for each family member

II. Interventions – building, blocking, and be patient
   A. Help the family to build structures conducive to coping with the illness
      1. Utilize the heightened motivation associated with exacerbation in the cycle to foster greater responsibility for health maintenance

B. Block the recurrence of maladaptive patterns
1. Express skepticism regarding the family's ability to continue adaptive measures
2. Predict further cycles and the need for some family members to continue to deny the illness
3. Predict the tendency of other family members to become ill or less productive if the remission sustains itself for a length of time
C. Be patient; maintain contact with and support families. It may take several remission/exacerbation cycles to motivate the key family members. When family members are predisposed to change, then intervene as above, beginning with an updated assessment.

By creatively combining the interventions of support, problem solving, hypnosis, strategic prediction, and restraining in synchrony with the cycles of exacerbation and remission, the therapist helps the family blend the family forces of health maintenance and life cycle development. Thus, over time, family members are enabled to develop higher levels of adaptation and self-care.

Through this approach therapists who work with physician, hospital, or school referral sources will be enabled to understand and intervene with regard to a class of problems which frequently perplex these referring agents.

References

Dym B (1987) The cybernetics of Physical Illnes. Family Process 26:35–48

Rittermann M (1983) Using Hypnosis in Family Therapy, Jossey-Bass, London. [Clear case examples with a range of problems by a therapist who trained with Haley, Minuchin, Montalvo and Milton Erickson]

Rolland JS (1987) Chronic Illness and the Life Cycle: A Conceptual Framework. Family Process 26:203–221

Trommel MJ van (1987) Entwicklungen in der Anwendung kybernetischer Systemtherapie. Zeitschrift für systemische Therapie. 5(3):153–161

Weber G, Simon FB (1987) Systemische Einzeltherapie, Zeitschrift für systemische Therapie 5(3):192–206

Heinz Hänni,
analytischer Psychologe und Hypnosetherapeut,
Absolvent des C. G.-Jung-Instituts,
Psychotherapie in eigener Praxis

Erfahrungen in der Anwendung von Hypnotherapien bei hämophilen Patienten

Zusammenfassung

Bei unserer Zielsetzung stand nicht in erster Linie eine Reduktion der Substitutionspräparate (Faktor VIII und IX) im Vordergrund.

Mittels AT und Hypnose strebten wir vorerst eine allgemeine körperliche und geistige Entspannung, Abbau von Angst und Streß sowie eine direkte Beeinflussung verkrampfter Muskelpartien an. Als Folge konnten wir beobachten, daß die Häufigkeit, Stärke und Dauer der Blutung günstig beeinflußt wurden. Durch verminderten Verbrauch von Substitutionspräparaten werden die Transfusionsrisiken (Hepatitis, Aids) sowie die Kosten erheblich gesenkt; zusätzlich bessere Effizienz der Physiotherapie, da die Patienten ihre Muskulatur besser entspannen können.

Eine Katamnese nach 2 Jahren bestätigte, daß unsere Erwartungen bei motivierten Patienten erfüllt wurden. In psychischen und physischen Belangen wurden von Testpersonen erfreuliche Resultate in Richtung „eindeutig besser" berichtet.

Summary

Our aim was not primarily to reduce the amount of coagulation factor concentrates (factors VIII and IX). By means of autogenic training and hypnosis we first of all aimed to achieve general physical and mental relaxation and then a reduction of fears and stress as well as a direct influence on muscle tone. As a consequence of the treatment, we observed an inprovement in the frequency, intensity, and duration of bleedings. The reduction of coagulation factor concentrates used reduces the risks of blood transfusions such as hepatitis and AIDS and also lowers the costs. In addition, we noticed improved efficiency of physiotherapy due to the fact that the patients had learned to relax their muscles.

B.J.M. Diehl, Th. Miller (Hrsg.)
Moderne Suggestionsverfahren
© Springer-Verlag Berlin Heidelberg 1990

A reevaluation after 2 years confirmed that our expectations were fulfilled mainly by motivated patients. With regard to their mental and physical condition, the patients investigated reported favorable results in the sense of feeling "considerably better."

Zuvor möchte ich kurz auf die Problematik des hämophilen Patienten eingehen, wie sie von Frau Dr. Meili, der Leiterin des Hämophiliezentrums in Zürich und Präsidentin der Ärztlichen Kommission der Schweizerischen Hämophiliegesellschaft, umschrieben wird:

> Das Leben des Hämophilen ist geprägt durch rezidivierende Blutungen, v. a. in die großen Gelenke und die Muskulatur. Gelenkblutungen, die mit Funktionseinbußen und Schmerzen ähnlich einer schweren Verstauchung einhergehen, kommen beim erwachsenen Hämophilen ungefähr alle zwei Wochen, beim Kind im Wachstumsalter wöchentlich vor. Eine Kniegelenksblutung immobilisiert den Hämophilen von einer Stunde zur anderen und unterbricht damit seine Aktivitäten, beim Kind den Schulbesuch oder das Mitmachen und Dabeisein bei Freizeitaktivitäten, beim Erwachsenen wichtige Termine im Arbeitsleben.
>
> Die Angst vor diesem Einbruch der Krankheitssymptome in den Alltag des Hämophilen und die Angst vor der Blutung an sich führen bei den meisten Hämophilen zu einer Dauerspannung, die zur Zeit der beginnenden Blutung noch wächst. Die ängstlich gespannte Haltung im Hinblick auf die nächste Blutung oder auf den unbestimmten Verlauf der aktuellen Blutung fördert an sich die Blutungsneigung. Jeder, der jahrelang Hämophilie behandelt hat, weiß, daß jegliche gespannte Erwartungshaltung, sei sie positiver Natur wie z. B. die kindliche Vorfreude auf Weihnachten oder Ostern, oder negativer Natur wie z. B. eine Scheidungsverhandlung beim erwachsenen Hämophilen, Blutung auslöst.
>
> Diese Erkenntnisse und Erfahrungen legen nahe, daß neben der eigentlichen Blutungsbehandlung durch Substitution des fehlenden Gerinnungsfaktors, physikalischen und entzündungshemmenden Maßnahmen auch Entspannungstherapien eingesetzt werden sollten. Man verspricht sich davon in erster Linie eine Verbesserung der Lebensqualität des Hämophilen, in zweiter Linie die Reduktion der Blutungshäufigkeit und damit die Erhaltung eines besseren Zustandes der Gelenke und die Einsparung von Gerinnungspräparaten, die ja sowohl enorme Kosten als auch schwerwiegende Nebenwirkungen verursachen.

Den Grundstein zu unseren ersten Gehversuchen in der Schweiz legten die Arbeiten von La Baw und seiner Ehefrau an der Universität in Denver, Colorado, USA. Die ersten Publikationen über die Anwendung von Selbsthypnose und Heterohypnose an hämophilen Kindern und Erwachsenen erschienen in den Jahren 1970 und 1975.

Er zeigte, daß mittels regelmäßiger Applikation von Hypnose im Vergleich zu einer Kontrollgruppe bis zu 66 % Blutpräparate eingespart werden können, beobachtet über eine Periode von 30 Monaten.

Seine über 15 Jahre gesammelten Erfahrungen und Ergebnisse präsentierte er weltweit auf den jeweiligen Hämophiliekongressen, u. a. auch im Juni 1983 in Stockholm. Dies inspirierte auch Meili, welche mich als Hypnosetherapeut nach ihrer Rückkehr kontaktierte und mich mit der Durchführung der praktischen Arbeiten betraute.

Fundierte Aufklärung über unser Projekt sowie über Hypnosetechniken schien uns sehr wichtig. Anläßlich einer Informationstagung für Hämophile stellten wir Entspannungstherapie wie AT und Hypnose vor.

Das Thema war sicherlich riskant, bestanden doch auch bei den Hämophilen die üblichen Vorurteile und Ängste gegenüber der Hypnose, wofür größtenteils die sensationell aufgemachten Showhypnosen in den Unterhaltungsmedien und die Artikel der Boulevardpresse verantwortlich sind. Daher stehen zunächst die folgenden 3 Fragen im Vordergrund:

1. Wer ist noch nie in Hypnose gewesen? (Alle Teilnehmer streckten die Hand hoch.)
2. Wer hat etwas gegen die Hypnose und wer würde sich demgemäß nicht hypnotisieren lassen? (Die Mehrzahl der Anwesenden meldete sich.)
3. Wer hat Angst vor der Hypnose? (Der größte Teil der Zuhörerschaft bezeugte dies durch ein Hochheben der Hand.)

Nach Abschluß meiner Erläuterungen stellte ich nochmals die gleichen Fragen an die Anwesenden:
– Alle Anwesenden realisierten danach, daß sie schon öfters in gewissen Situationen ihres Alltags in Trance gewesen waren.
– Niemand schien mehr Bedenken gegenüber der Hypnose zu haben und alle waren bereit, eine Tranceerfahrung „über sich ergehen zu lassen".
– Ebenfalls schienen viele Ängste gegenüber diesem „magischen" Therapieinstrument gewichen zu sein.

Sämtliche 60 Tagungsteilnehmer nahmen schließlich an der freiwilligen Gruppenhypnose teil. Es war erfreulich, zu beobachten und zu hören, wie sich die Teilnehmer über ihre Tranceerlebnisse in entspannter und gelockerter Weise äußerten. Trotz der positiven Erfahrungen war es schwierig gewesen, eine AT-Gruppe aus den Anwesenden zu formieren. Gründe lassen nur Vermutungen zu. Dank längerer Bemühungen eines Teilnehmers konnten letztlich 8 Personen den Mut und die nötige Motivation zu einem Grundkurs in AT aufbringen.

Bei unserem Vorhaben stand nicht in erster Linie ein Reduzieren der Substitionspräparate um ca. 66 % im Vordergrund. In medizinischen Fachkreisen sind die berichteten Erfolge von La Baw z. T. sehr umstritten und auch angezweifelt. Aufgrund meines heutigen Wissens und meiner Korrespondenz mit dem Autor sind sie bis heute weltweit von keinem Therapeuten und keiner Institution reproduziert worden. Er ist angeblich der einzige, der diese hohe Erfolgsquote vorweisen kann. Demzufolge modifizierten wir unsere Zielsetzung für eine Entspannungstherapie mit psychotherapeutischer Begleitung folgendermaßen:

1. körperliche und geistige Entspannung (Beruhigung, Erhöhung des persönlichen Wohlbefindens),
2. Abbau von Angst und Streß,
3. direkte Entspannung verkrampfter Muskelpartien.

Als direkte Folgerung dieser Zielsetzung dürfte demnach erwartet werden, daß
– die Häufigkeit der Blutungen reduziert wird,
– die Qualität einzelner Blutungen beeinflußt wird (Stärke und Dauer),

– eine Früherkennung und Umwandlung des „Wärmegefühls" oder anderer Sensationen im Vorfeld einer Blutung ermöglicht wird,
– nach Injektion Ruhigstellung mit AT ermöglicht wird,
– eine psychische Veränderung des Umfelds stattfindet, d. h. Lebensqualität gesteigert wird.

Als weitere Konsequenz wäre infolgedessen zu erwarten:
– eine Reduktion an Substitutionspräparaten Faktor VIII und Faktor IX,
– Kosteneinsparungen,
– Verminderung der Transfusionsrisiken (Hepatitis, Aids).

Kurz ein paar Worte zum Ablauf meiner Kurse in AT:
Interessenten oder Teilnehmer nehme ich in der Regel nur nach einem unverbindlichen Vorgespräch in eine Gruppe auf. Eine Gruppe besteht aus mindestens 4 und maximal 6 Teilnehmern. Dadurch gewährleiste ich jedem Teilnehmer optimalste Aufmerksamkeit und Zuwendung. In einem Grundkurs von 8 Lektionen vermittle ich 1mal wöchentlich die klassische AT-Methode nach Schultz.
Der 1. Kursabend ist unverbindlich und umfaßt eine theoretische Einführung in das AT und das Vermitteln der 1. Übung, d. h. die Schwereübung.
Am 2. und den folgenden Kursabenden wird anfänglich über die gemachten Erfahrungen mit der jeweiligen Übung diskutiert. Die täglichen Erfahrungen und Beobachtungen im AT lasse ich von den Kursteilnehmern stichwortartig protokollieren. Instruktion der „Wärmeübung", bzw. „angenehme Kühle" bei hämophilen Patienten im Falle von spontanen Blutungen.
Am 3. Abend, d. h. nach den beiden Grundübungen „Schwere und Wärme", schalte ich auf freiwilliger Basis eine Leerhypnose oder Tiefenentspannung ein. Die Suggestionen gehen hauptsächlich in Richtung vertiefter innerer Ruhe, körperlichem Wohlbefinden etc.
Am 4.–7. Abend werden die 4 Organübungen, Herz-, Atmung-, Sonnenge- flecht- und Stirnübung erlernt.
Am 8. und letzten Abend biete ich nach dem Erfahrungsaustausch zum Abschluß nochmals eine Leerhypnose an. Wichtig scheint mir, daß der Kurs- abend zeitlich nicht limitiert, d. h. nicht auf 45–60 min beschränkt ist. Meine Kursabende gestalte ich zeitlich „offen". Die Gruppe bestimmt also jeweils den Zeitpunkt des Aufbruchs. Wer Gruppenerfahrung hat, weiß, daß sehr oft ein Thema, Gespräch oder Problem erst nach einer längeren Anlaufphase in Gang kommt. Somit finde ich es schade, die Diskussion mit entsprechender Dynamik abzubrechen.
Als analytisch orientierter Psychologe aus der Schule von C. G. Jung bin ich dazu geneigt, mit den gemachten körperlichen und psychischen Erfahrungen sowie mit den inneren Bildern zu arbeiten. Bei einer analytischen Arbeitsweise werden vom Therapeuten „große Anforderungen" und ganz bestimmte Krite- rien an den Klienten gestellt, wie z. B.:
– eine gewisse Intelligenz,
– Bereitschaft zur Innenschau,
– Bereitschaft, psychische Zusammenhänge zu erkennen,

– Bereitschaft zum analytischen Gespräch,
– Bereitschaft, Erkenntnisse umzusetzen.

Dies also die Gegebenheiten und Voraussetzungen. Nun zur praktischen Arbeit.

Es wurden 2 Gruppen zusammengestellt. Die 1. Gruppe setzte sich ausschließlich aus Personen aus hämophilen Patienten zusammen. Aufgrund des gegenseitigen Bekanntseins verhielt sich diese Gruppe eher zurückhaltend; es entstand jeweils eine äußerst introvertierte Atmosphäre im Raum.

```
I. Gruppe:      5 Personen (3 Männer mit Hämophilie A,
                            1 Ehefrau,
                            1 Mann als Grenzfall),
                verschlossen, Termin 3mal verschoben, 1 h/Abend
                April–Juni 1985;
Ehepaar mit hämophilem Partner (A):
    er:         32 Jahre; intellektueller Typ, gestreßt, Hemmungen und Verspannun-
                gen, unzugänglich, nervös, angeblich tranceresistent, gehbehindert;
    sie:        26 Jahre, Alexithymie, sexuell verkrampft, schwere Jugend;
Peter (A):      30 Jahre, introvertiert, ruhig, passiv, „auf der Suche nach sich selbst",
                gehbehindert, Arthroseschmerzen;
Urs (A)[1]:     29 Jahre, kopflastig, „Besserwisser", religiös, unzugänglich, AT vorwie-
                gend aus sozialen Gründen, Grundlagen aus Buch;
Mario (?)[1]:   50 Jahre, Identifikation mit Hämophilie, kultiviert und pflegt seine Lei-
                den, aus Familie mit schweren Psychosen.
```

Die 2. Gruppe wurde zusätzlich mit Patienten, die keinerlei Beziehungen zur Hämophilie hatten, ergänzt. Diese belebten die Gruppe mit entsprechender Dynamik. Die persönlichen Erfahrungen wurden in extravertierter Weise mit den anderen Teilnehmern geteilt.

```
2. Gruppe:      5 Personen, sehr offene Gespräche,
                2–3 h/Abend
                April–Juni 1985;
Elternpaar:     43 und 39 Jahre, ein hämophiler Sohn (A)
                aufgeschlossen und einsichtig,
                Mutter nervös, ängstlich, fixiertes Leistungsverhalten;
Beat (A)[1]:    24 Jahre, egozentrisch, fordernd, resistent und doch zugänglich in
                Einzelgespräche (Umstellung bisheriger Lebensweise);
Sagra:          18 Jahre, Migräne;
Markus:         30 Jahre, frühkindliche narzißtische Störungen.
```

Die übriggebliebenen Teilnehmer der beiden Gruppen wurden in einer Hypnosegruppe zusammengezogen und ab August 1985 monatlich einmal mit Hypnose behandelt. Im Aufbau der Hypnose, vorerst im Sinne einer Tiefen-

---

[1] AT nach Kursende aufgegeben

entspannung, lehnte ich mich inhaltlich an die Berichte von La Baw (1975) und Swirsky-Sacchetti u. Margolis (1986).

Die Trance leitete ich anfänglich über die Augenfixationsmethode ein, später als Alternative über das AT. Eine kurze Desensibilisierung der Geräusche: Geräusche sind nicht mehr wichtig und stören überhaupt nicht mehr. Dann werden die Teilnehmer aufgefordert, die Aufmerksamkeit nach innen zu richten, mit der Außenwelt sind sie nur noch über die Stimme des Therapeuten verbunden. Entspannung des Kopfbereichs. Im weiteren Schweresuggestionen der Schultern, der Arme und Beine sowie des ganzen Körpers. Ein Ansprechen der ruhigen Atmung, dann absteigen auf eine tiefere Bewußtseinsebene mittels rückwärtigem Hinunterzählen von 10 bis 1. In Gedanken den idealen persönlichen Entspannungsort aufsuchen, weitere Suggestionen in Richtung vertiefter innerer Ruhe und körperlichen Wohlbefindens. Einschalten einer Suggestions-, bzw. Ruhepause von 2–3 min. Danach Suggestionen in bezug auf positives Denken, Selbstvertrauen, sicheres Auftreten im Alltag. Zum Abschluß wurden alle die guten Gefühle, die Selbstsicherheit, die innere Ruhe und die Entspannung im Körper verankert. Die Trance nochmals wirken und genießen lassen. Danach individuelles und kräftiges Zurücknehmen.

Die skizzierte Hypnose dauerte ca. 30–45 min, je nach Ausschmückung der einzelnen Situationen. Die persönlichen Tranceerlebnisse wurden jeweils in Gruppengesprächen analytisch aufgearbeitet.

Der Hypnosekurs bestand aus 8 Sitzungen. Danach arbeiteten die Teilnehmer selbständig weiter; je nach persönlichen Bedürfnissen setzten sie AT oder Hypnose (Tiefenentspannung) ein. Anläßlich eines Erfahrungsaustausches nach ca. 1 Jahr berichteten die betreffenden Patienten über bemerkenswerte Veränderungen.

Hypnosegruppe (ab Ende August 1985, 1mal pro Monat)
offen, dynamisch, ca. 3 h/Abend:

Elternpaar	mit hämophilem Sohn:
	Zugang zu partnerschaftlichen Konflikten,
	Mutter ruhiger, erkennt psychische Zusammenhänge (Bauchschmerzen des Sohnes verschwanden);
Ehepaar	mit hämophilem Partner:
er:	ruhiger, verminderte Gelenkschmerzen,
	seit November 85 Trance möglich, heute offen für analytische Gespräche;
sie:	sexuell entspannter, ruhiger, Gefühle regen sich;
Peter:	Trancetalent, reduzierte Substitution, Schmerztherapie mittels Hypnose, Umstellungen, physiotherapeutisches Arbeiten möglich.

Allgemeine Veränderungen:
  – Entspannung möglich,
  – Linderung der Gelenkschmerzen,
  – Ruhe und Gelassenheit,
  – Verständnis gegenüber Arzt gefördert,
  – Erkennung der Risiken,
  – kostenbewußtes Denken.

Aus ärztlicher Sicht konnten zudem bei diesen Patienten nach erlerntem Entspannungstraining die folgenden Veränderungen beobachtet werden:
- effektiver Rückgang der Blutungen und damit Verbrauch an Substitutionspräparaten;
- bessere Effizienz der Physiotherapie, da die Patienten ihre Muskulatur besser entspannen konnten;
- der Verlauf der einzelnen Blutungen war milder und weniger schmerzhaft, wahrscheinlich ebenfalls bedingt durch eine bessere Fähigkeit, die Muskulatur um das betroffene Gelenk zu entspannen;
- die für die Umgebung schwer zu ertragende Nervosität eines Patienten konnte entscheidend gebessert werden;
- die Patienten reagieren ihrer Krankheit gegenüber gelassener. Es gelingt ihnen, von der Krankheit „einen Schritt zurückzutreten", auf diese Art und Weise ihre Lebenssituation besser zu beurteilen und Adaptationsvorgänge spielen zu lassen.

Katamnese nach 2 Jahren: 6 hämophile Patienten, die im Sommer 1985 einen 8wöchigen Grundkurs in AT besuchten und nach 4monatiger Unterbrechung in der Zeit von Oktober 1985 bis April 1986 regelmäßig mit Heterohypnose behandelt wurden, interviewte ich Anfang März 1988. Dabei stellte sich heraus, daß 2 Patienten das AT infolge mangelnder Motivation gänzlich aufgegeben hatten; 3 Patienten berichteten, daß sie das AT bzw. Hypnose (im Sinne von Tiefenentspannung) noch täglich 1- bis 3mal anwendeten. Ein Patient dagegen suchte die benötigte Entspannung sporadisch im AT (ca. 3mal pro Woche).

Die oben genannten 4 motivierten hämophilen Patienten wurden zu den in Tabelle 1 aufgeführten 11 Kriterien befragt. Bei allen Befragten konnte in entsprechenden Kriterien eine Veränderung in Richtung „eindeutig besser" festgestellt werden.

Zu den 4 nachuntersuchten Patienten ist folgendes anzumerken:

Ein eher ängstlicher, skeptischer Patient unterzog sich im September und Dezember 1987 je einer Hüftgelenkoperation (Totalprothese rechts/links). Dank AT und positiver Einstellung hatte er die Operationen sehr gut überstanden. Aufgrund der guten psychischen Verfassung verlief der Heilungsprozeß optimal.

Ein weiterer Patient wurde vor der AT-Aufnahme am linken Ellbogen operiert. Danach verspürte er Verspannungen im Arm. Nach dem Erlernen und der regelmäßigen Anwendung von AT ist er eindeutig lockerer und entspannter geworden.

In einem weiteren Gespräch berichtete ein Patient, daß er in seiner Schulzeit auf Prüfungen stets mit Blutungen reagierte. Im November 1987 überstand er eine wichtige Abschlußprüfung ohne jegliche Blutungen. Zudem habe er seit Anfang Oktober 1987 bis zum Zeitpunkt der Nachuntersuchung keine Blutungen mehr gehabt. Auch sind die Verspannungen im linken Arm behoben.

Ein Patient, der nach dem Grundkurs das AT aus persönlichen Gründen aufgab (zu diesem Zeitpunkt keine Bereitschaft, seine persönliche Einstellung

Tabelle 1. Nachuntersuchung der 4 motivierten hämophilen Patienten im März 1988

Kriterien	Nicht zutreffend	Unver- ändert	Eindeutig besser
1. Allgemeines Wohnbefinden (körperliche/geistige Entspannung)		1	3
2. –/+ Streß (Angst/Freude)	1	1	2
3. Nervosität		2	2
4. Aktivität	1	1	2
5. Psychische Veränderungen		1	3
6. Veränderungen/Beobachtungen im Vorfeld der Blutung	1	1	2
7. Entspannung verkrampfter Muskelpartien (Gelenke)			4
8. Häufigkeit der Blutungen		1	3
9. Intensität der Blutungen		2	2
10. Nach Injektion, mit AT/Tiefenentspannung Ruhigstellung/Beeinflussung der Schmerzen		1	3
11. Präparateverbrauch		2[a]	2

[a] Diese beiden Patienten gehen keine Risiken ein und substituieren regelmäßig, unabhängig von ihrem psychischen Wohlbefinden. Demzufolge keine Veränderung im Präparateverbrauch

zu verändern) meinte, daß er in der Zwischenzeit die gewonnenen Denkanstöße überdacht und verarbeitet hätte und nun zu einer Vertiefung der Einsichten mittels einer hypnoanalytischen Therapie bereit sei. Hier konnte verdeutlicht werden, daß das AT festgefahrene Verhaltens- und Lebensweisen aufzuweichen vermochte und den Prozeß zur persönlichen Nachreifung initiieren konnte.

Es versteht sich von selbst, daß die Erfahrung mit diesen Patienten noch keine allgemein gültigen Rückschlüsse zuläßt, zumal der Spontanverlauf der Hämophilie an sich sehr wellenförmig ist. Die Erfahrungen ermuntern aber doch zum Fortführen unserer Bemühungen, bei Hämophilen Entspannungstherapien adjuvant einzusetzen.

Bei allen Patienten konnten schon nach relativ kurzer Anwendungszeit erfreuliche Ergebnisse registriert werden, die wir nicht unbedingt nur einem Placeboeffekt zuschreiben möchten, noch den günstigen klimatischen Bedingungen während der Versuchsphase. Der Trend führt eindeutig in Richtung einer Verminderung des Präparateverbrauchs.

Literatur

Bärtschi E, Beck EA (1985) Einfluß psychischer Faktoren auf Verlauf und Symptomatik einer genetisch determinierten Krankheit, dargestellt am Beispiel der Hämophilie. Psychother Psychosom Med Psychol 35:290–294

La Baw WL (1970) Regular use of suggestibility by pediatric bleeders haematologia 4:419–425

La Baw WL (1975) Auto-hypnosis in haemophilia. Haematologie 9:103–110

Le Baron S, Zeltzer L (1985) Hypnosis for hemophiliacs: Methodologic problems and risks. Am J Pediatr Hematol Oncol 3:316–319

Swirsky-Sacchetti T, Margolis CG (1986) The effects of a comprehensive self-hypnosis training program on the use of factor VIII in severe hemophilia. Int J Hypn 34:71–82

H. U. Burri Dr. med.
Arzt für Chirurgie

Theres Miller
diplomierte Hypnose-
therapeutin, diplomierte
Seminarleiterin für autogenes
Training, diplomierte
Biofeedbacktrainerin

Operationen in Hypnose statt Narkose

Zusammenfassung

Dieser Beitrag will eine Anleitung für Ärzte, Anästhesiepfleger, Krankenpflegepersonal, Hebammen, Hypnosetherapeuten sein, die alle eine Grundausbildung in Hypnosetechniken sowie einige praktische Erfahrung besitzen, Hypno-
seanästhesien mit ihren Patienten erzielen zu können und/oder normale chemische Narkosen mit Hypnosetechniken zu begleiten, um den Patienten die
Belastung durch Narkosemittel zu verringern. Außerdem plädiert dieser Beitrag dafür, daß neben den medikamentösen Schmerztherapien vermehrt auch
Entängstigungs- und Entspannungstechniken wie das AT und die Hypnosetherapie eingesetzt werden, um somit den Patienten zu mehr Selbstverantwortung
und auch Selbstvertrauen im Umgang mit Schmerzen zu verhelfen. Die Bedeutung der bewußt gegebenen, positiven Suggestionen im normalen klinischen
Alltag durch die Ärzte wird dabei ebenfalls erläutert.

Summary

The aim of the paper is to brief guidelines on hypnotic techniques for physicians, anesthesiologists, midwives, nurses, and other hospital personnel, all of
whom should have some basic training and practical experience in this field, to
help them (a) establish hypnotic anesthesia as a substitute for drug-induced
anesthesia and/or (b) employ hypnotic techniques as a supplement to normal
drug-induced anesthesia in order to reduce the anesthetic dose required. In
addition, this paper pleads the case for substituting chemical means of pain
reduction by techniques of relaxation and fear reduction such as a autogenic
training and hypnotherapy, in order for the patients to gain self-confidence and

B.J.M. Diehl, Th. Miller (Hrsg.)
Moderne Suggestionsverfahren
© Springer-Verlag Berlin Heidelberg 1990

self-responsibility in their dealings with pain. The important role of purposely and consciously given positive suggestions in everyday work with patients by doctors is also stressed.

Einleitung

An der 1. Operation in der Schweiz, die unter Hypnose durchgeführt wurde, waren folgende Personen beteiligt:

Zunächst möchte ich Frau Theres Miller vorstellen. Sie hatte die Fähigkeit und den Mut, durch Hypnose einen Analgesiezustand herbeizuführen. Sie ist dabei auch Risiken eingegangen, indem sie das gleich zum ersten Mal vor fotografierenden Zeugen wagte.

An 2. Stelle kommt Herr John Miller. Er hat sich in grenzenlosem Vertrauen in die Fähigkeiten seiner Frau ohne die üblichen Vorbereitungen auf den Operationstisch gelegt. Ohne Vorbereitung – damit meine ich insbesondere auch keine der üblichen Vorbereitungsspritzen, die eine allgemeine Beruhigung und eine Herabsetzung der Schmerzempfindlichkeit bewirken. Wie ich inzwischen gelernt habe, hätte eine solche Spritze höchstens die Hypnotisierbarkeit von Herrn Miller herabgesetzt und das Unterfangen eher zum Scheitern verurteilt als einen „illegalen" Vorteil gebracht.

Die 3. beteiligte Person war ich, H. U. Burri. Ich habe nur die Operation ausgeführt. Allerdings war ich felsenfest von deren Gelingen überzeugt; diesen psychologischen Beitrag habe ich geleistet. Ich kann bezeugen, daß alles mit rechten Dingen zugegangen ist. Damit habe ich gleichzeitig auch gesagt, daß ich die Hypnose zu den „rechten Dingen" zähle.

Die erste Kontaktnahme zur ersten Operation in Hypnose in der Schweiz erfolgte über eine in meinem Spital tätige Drittperson, die mich anfragte, ob ich prinzipiell bereit wäre, eine Operation nur unter Hypnose durchzuführen. Ich war grundsätzlich nicht abgeneigt, da ich immer interessiert bin, Erfahrungen machen zu können, die aus dem Routinealltag herausführen. Die endgültige Entscheidung fiel beim persönlichen Kennenlernen. Herr und Frau Miller strahlten eine solche Ruhe aus, daß ich so gut wie überzeugt war, daß dies möglich ist.

Aus medizinischer Sicht waren die Voraussetzungen günstig. Herr Miller hatte eine hühnereigroße Geschwulst direkt oberhalb des Knies, die nachher histologisch als Neurilemmom (Geschwulst hervorgegangen aus Zellen einer Nervenscheide) diagnostiziert wurde. Die Operationsindikation war eindeutig. Normalerweise hätte ich dem Patienten die Entfernung der Geschwulst in Lokalanästhesie empfohlen. Hätte die hypnotische Analgesie versagt, hätte ich die begonnene Operation nach nachträglichem Setzen einer Lokalanästhesie trotzdem zu einem guten Ende führen können.

Es ist selbstverständlich, daß keine Tricks oder Betrügereien angewendet wurden. Trotzdem möchte ich an dieser Stelle noch einmal versichern, daß ich mich davon überzeugen konnte, daß dies nicht der Fall war. Ich war vorher und nachher lange genug mit Herrn Miller zusammen, um diese Versicherung abgeben zu können. Wenn man Schmerzen mit einem Analgetikum hätte dämpfen wollen, hätte man dies mit einer so großen Dosis machen müssen, daß dies klinisch in Erscheinung getreten wäre.

Bei der Hypnoseeinleitung im Operationssaal waren wir „Laien" alle von der Ruhe, die sich im Raume ausbreitete, beeindruckt. Ich saß so ruhig und zufrieden auf meinem Hocker, daß durch ein Mißverständnis in der Kommunikation der Operationsbeginn um 20 min verpaßt wurde und der Eingriff nicht mehr in der optimalen Phase der Hypnose ausgeführt werden konnte. Trotzdem konnte ich beim Ansetzen des Messers zum ersten, kräftigen Hautschnitt, der erfahrungsgemäß sehr schmerzhaft ist, keine Abwehrreaktionen feststellen. Das Bein des Patienten war nicht angebunden, sondern lag locker auf dem Tisch. Eindrücklich war die vollständige Vasodilatation, gefüllte weite Venen, kleinste Arterien spritzen in feinem Strahl bei der Durchtrennung. Die Blutstillung mit Diathermie (Hochfrequenzstrom) löste lokale Muskelzuckungen aus, wie das auch in Narkose üblich ist. Beim Nähen der Haut wird das Fassen der Hautränder mit der chirurgischen Pinzette als besonders schmerzhaft empfunden. Ich konnte auch bei absichtlich kräftigem Zupacken keine Abwehrreaktionen feststellen.

Obwohl der Patient postoperativ wegen fehlender Schmerzen das Bein nicht schonte, war die Wundheilung ungestört, die Wunde immer völlig reizlos; nicht die geringste Rötung, nicht die geringste Schwellung trat auf. Dies ist wahrscheinlich auf die wegen fehlender Schmerzen immer optimale Durchblutung des Wundgebiets zurückzuführen.

Rückblickend bereue ich es nicht, mich für diese Demonstration zur Verfügung gestellt zu haben. Durch die Kontakte mit der Familie Miller wurde mein Interesse an Autosuggestion, Suggestion und Hypnose geweckt. Der Höhepunkt war das unmittelbare Miterleben der Operation eines hypnotisierten Patienten. Es war ein Anstoß, mich als Schulmediziner auch mit diesen Phänomenen weiterzubilden und damit zu beginnen, diese noch weitgehend ungenutzten Kräfte in den Alltag und mit der Zeit soweit möglich auch in meine medizinische Tätigkeit einzubauen. Damit übergebe ich das Wort an Frau Miller.

Hypnose statt Narkose

Vordergründig geht es in diesem Beitrag um Operationen in Hypnose statt Narkose, hintergründig aber natürlich auch darum, den Patienten auch bei gewöhnlichen Vollnarkosen oder Lokalanästhesien soviel überflüssige Belastung durch Chemie wie möglich zu ersparen; und ganz generell geht es um Linderung und Eliminierung von Schmerzen jeglicher Art durch sanfte Methoden wie Hypnose, Entspannungs- und Entängstigungstechniken, wie z.B. AT.

Entängstigung und Entspannung, welche als Nebenwirkung eine Verminderung des Narkosemittelbedarfs zur Folge haben, sind sowieso praktikabler, weniger personalintensiv und von vornherein erfolgversprechender als ein gänzlicher Verzicht auf jegliche Schmerzmittel bei Operationen. Obwohl ein gänzlicher Narkoseersatz, z.B. in Notfällen von einem gut geschulten Anästhesisten oder Chirurgen, ganz ohne jede Vorbereitung mit hypnotischen und heterosuggestiven Techniken erzielt werden kann, sieht die Praxis in den meisten Ländern (Ausnahme USA) noch so aus, daß die Patienten, die eine Hypnoanästhesie wünschen, sich an einen frei tätigen Hypnosetherapeuten wenden und sich von ihm rechtzeitig vor der geplanten Operation trainieren lassen. Ein solches Training dauert je nach Vorkenntnissen und Hypnotisierbarkeit des Patienten eine bis mehrere Sitzungen, in denen auch die Anästhesiefähigkeit mit Nadeln und anderen Hilfsmitteln getestet wird. Generell gilt, daß ein sehr motivierter Patient eine entsprechend kürzere Trainingsphase braucht.

Bereits in den 60er Jahren wurde an der Universität Mainz, am Institut für Anästhesiologie, eine Untersuchung über die Wirkungen der Hypnose auf den Narkosemittelbedarf durchgeführt. Die Patienten erhielten 2 Hypnoseeinleitungen vor der Operation, die erste bei der Narkosevisite am Vorabend der Operation, die zweite unmittelbar vor der Operation im Vorzimmer des Operationssaales. Es zeigte sich, daß bei ca. 97 % aller Patienten bis zu 50 % des Narkosemittels eingespart werden konnten. In der Schweiz wurde vor 10 Jahren an einem kleinen Landspital eine solche Operationsvorbereitung durch einen nichtärztlichen Anästhesiepfleger angeboten. Nach anfänglichem Befremden in der Bevölkerung über die ungewohnte Behandlung war man schließlich begeistert, und praktisch alle Operationspatienten verlangten in der Folge diese Art der psychischen Vorbereitung.

Die erste Art der Anästhesie in der modernen Medizingeschichte war – neben den bereits früher bekannten Kräutlein, Tränklein, Alkohol und einigen starken Männern zum Festhalten – die Hypnoanästhesie, lange vor der Entdeckung von Äther und Chloroform. Die erste in Europa bekannte Operation in Hypnose wurde in Frankreich im Jahre 1829 von dem Chirurgen Jules Cloquet durchgeführt; es war die Amputation einer Brust. Dieser Arzt hat mehrere schwere Operationen mittels Hypnoanästhesie durchgeführt, auch Beinamputationen. Zwischen 1842 und 1851 hat der englische Arzt James Esdaile in Indien fast 1000 Operationen, davon 300 schwere, mit Hypnose als einzigem Hilfsmittel für die Patienten völlig schmerzfrei und im Hinblick auf seine europäischen Kollegen (!) sicherheitshalber vor Politikern und Diplomaten als Zeugen erfolgreich und v.a. ohne die damals aufgrund der mangelnden Hygiene so zahlreichen postoperativen Infektionen durchgeführt. Leider wurden, kurz nachdem Dr. Esdaile seine erfolgreiche Methode in Europa vorstellte, zuerst Äther und dann Chloroform entdeckt, ein Todesstoß für die Hypnoseanästhesie – zumindest für etwa 150 Jahre. Seit dem 2. Weltkrieg wurde v.a. in den USA die Hypnoanästhesie wieder entdeckt und mehr und mehr angewandt. Heutzutage sind solchermaßen begleitete Operationen dort kein exotisches Happening mehr, aber auch noch nicht gerade Routineprozeduren an allen Krankenhäusern. Immerhin werden jährlich sehr viele Eingriffe mit Hypnose statt chemischer Narkose begleitet, von kleineren Eingriffen bis zu Herz-, Gehirn- und Bauchoperationen und Amputationen. Es wurden Operationen mit Hypnoanästhesie durchgeführt, die 6 h und länger gedauert haben; – weder der Zeit- noch der Schmerzfaktor spielt dabei eine Rolle.

Mögliches Vorgehen

Um eine therapeutische Hypnosetechnik anzuwenden, ist selbstverständlich die Diagnose und Indikationsstellung des behandelnden Arztes nötig sowie das Einverständnis des Chirurgen und der Klinik für einen Eingriff mit Hypnoanästhesie. Sobald das alles abgeklärt ist, findet immer ein sehr ausführliches Gespräch mit dem Klienten statt, in welchem wir die Vorgeschichte des Hypnosewunschs für die Anästhesie abklären, die persönliche Motivation dafür sowie die organisatorischen Faktoren besprechen und soviel wie möglich über die Persönlichkeitsstruktur, die Ängste und Erwartungshaltungen des Klienten erfahren wollen. Im Zweifelsfalle, z. B. bei bestehenden Depressionen oder bei Verdacht auf größere psychische Störungen, lassen wir eine psychologische Testbatterie laufen.

Falls der/die Klient/in bereits das AT gut beherrscht, kann mit der Hypnoanästhesievorbereitung sofort begonnen werden. Wenn nicht und wenn die Operation erst in mehreren Wochen stattfinden muß, lernen die Klienten bei uns zuerst zumindest die wichtigsten Unterstufenübungen des AT. Es ist sehr wichtig, daß die Klienten sich jederzeit bewußt sind, wie groß ihr Anteil am ganzen Prozeß ist; das verbessert dann auch ihr Selbstvertrauen, und es entsteht niemals auch nur der kleinste Verdacht einer „Abhängigkeit". Die Klienten lernen also, den hypnotischen Zustand selbst herzustellen, und wir lehren sie auch diverse Vertiefungstechniken, von denen sie dann diejenige aussuchen, die ihnen am besten zusagt.

Wenn die Operation dringend ist und die Vorbereitungszeit für das AT nicht ausreicht, muß viel mehr heterosuggestiv vorgegangen werden. Oft sind die Klienten durch das Erlebnis so beeindruckt, daß sie anschließend das AT lernen wollen, um später noch andere Probleme mit dem AT selbst lösen zu können.

Die erste Tiefenentspannungshypnoseeinleitung, die bei uns mindestens 40–70 min dauert, machen wir besonders angenehm und gründlich, damit die Klienten bereits beim ersten Mal von ihrer Hypnosefähigkeit völlig überzeugt sind und dabei sehr angenehme, körperliche Empfindungen von Entspannung erleben können. Wir vermeiden bei dieser ersten Hypnoseeinleitung jegliche autoritäre oder autoritär anmutende Suggestion bzw. autoritäres Verhalten: Wir vermeiden Negationen, aktive Formulierungen und Behauptungen, wie sie leider allzu häufig sogar in Fachbüchern als Beispiele angeführt sind. Diese Art des Vorgehens nimmt den Klienten jegliche Angst vor der Hypnose und vertieft den gegenseitigen Rapport. Anschließend lassen wir die Klienten, ohne auf die Uhr zu schauen, die Zeit schätzen, die ihrer Meinung nach für die Hypnose aufgewendet wurde. Da die meisten Klienten schon beim ersten Mal in einen erstaunlich tiefen Hypnosezustand geraten sind, unterschätzen sie oft die verstrichene Zeit sehr drastisch. Es ist z. B. üblich, daß anstatt der wirklichen 60 min 10–15 min oder gar weniger angegeben werden. Dieses Phänomen der Zeitverzerrung überzeugt die Klienten dann vollends von der Tiefe der Hypnose und gibt ihnen Mut für das geplante Vorhaben. Außerdem lassen wir die Klienten nach dieser Ersthypnose immer ein sehr ausführliches Formular ausfüllen, in welchem alle möglichen hypnotischen Phänomene aufgelistet sind. Dies ist ein weiterer Beweis der hypnotischen Trance und gibt uns außerdem viel Material für die zukünftig möglichen Vorgehensweisen.

Als „Hausaufgabe" lassen wir die Klienten dann bis zum nächsten Termin das AT üben und die Zeit dafür ausdehnen, so daß sie lernen, eine optimale Konzentration länger aufrechtzuerhalten.

Beim 2. Termin machen wir die Hypnoseeinleitung nach Langen mit den verschiedenen Tests. Je nach Reaktion des jeweiligen Klienten führen wir mehr oder weniger die darin vorkommenden Tests durch, also z. B. den hypnotischen Augenschluß nach der Fixation, die Augenkatalepsie, den Test der Armschwere, den Test der Muskelhemmung, also der Armunbeweglichkeit, dann die Levitation eines Arms, welche sehr stark prolongiert werden sollte, damit der Patient davon beeindruckt ist, wie lange er den Arm ohne jegliche Ermüdungserscheinung in der Luft halten konnte. Falls die Levitation sehr überzeugend geraten ist, hängen wir noch die Armkatalepsie an, testen sie und machen anschließend die erste Anästhesie in einer Hand, welche wir zuerst mit schwachem, dann immer stärkerem Kneifen testen, wobei wir beobachten, ob ein Zittern der Augenlider verrät, daß der Klient Schmerzen empfindet, aber unterdrückt. Bleibt sein Gesicht entspannt, und die Augenlider vibrieren nicht, können wir schon beim ersten Versuch mit Nadeln testen (dafür holen wir vorher die Erlaubnis des Klienten ein), desinfizieren die Haut und verwenden selbstverständlich sterile Wegwerfnadeln. Mit den Nadeln durchstechen wir die angehobene Haut, dort wo keine großen Gefäße sind. Ärzte sind dabei natürlich weniger zimperlich und durchstechen gleich die ganze Hand. Wir lassen die Nadeln stecken, lassen den Klienten die Augen öffnen, ohne die Hypnose sonst zu unterbrechen, damit er sieht, daß wirklich Nadeln in der Haut sind. Dies ist wichtig, um den Patienten davon zu überzeugen, daß es möglich ist, Schmerz, der eigentlich da ist, nicht zu empfinden. Die feste Überzeugung, diese Fähigkeit macht schließlich den Erfolg der Hypnoanästhesie aus. Zum Erzielen dieser sog. Handschuhanästhesie kann man Suggestionen von Gefühllosigkeit, Kälte, „dumpf", „wie Watte", „wie Holz", „wie Leder" etc. verwenden, aber keine Negationen wie z. B. „nicht weh", „keine Angst", „schmerzfrei" oder ähnliche. Vorerfahrungen, wie Lokalanästhesiespritzen beim Zahnarzt, können sehr gut ausgenützt werden. Man drückt leicht mit einem Kugelschreiber auf die Haut und suggeriert eine Injektion mit Procain oder was auch immer, spricht von Gefühllosigkeit, die sich mit dem Anästhetikum ausbreite. Alles, was der Klient sich vorstellen kann, kann er auch körperlich empfinden. Wenn Sie aus irgendeinem Grund keine Nadeln verwenden wollen, können sie mit einem stumpfen Instrument die Nagelhaut unter einem Fingernagel stark drücken; das wäre ohne Hypnoanästhesie ebenfalls extrem schmerzhaft, verursacht aber keine Verletzungen. In den USA wird die Anästhesie oft mit Aderklemmen getestet. Das sieht zwar brutal aus, hinterläßt auch blaue Flecken, andererseits ist es sehr überzeugend für den Klienten, wenn er sieht, daß das Ding da dran hängt, er es aber nicht als unangenehm empfindet (für das genaue Vorgehen s. D. Langen, 1972: *Kompendium der medizinischen Hypnose*).

Es ist möglich, daß in gewissen Fällen mehrere Sitzungen nötig sind, bis ein Klient eine überzeugende Handschuhanästhesie erreichen und er diese auch auf das Operationsgebiet zuverlässig übertragen kann. Es hängt von verschiedenen Faktoren ab, wie schnell das gelingt; einer der wichtigsten Faktoren ist natürlich die Motivation. Man muß auch wissen, daß diese in vielen Fällen erst im Krankenhaus beim ersten Hautschnitt richtig funktioniert! Das hängt wesentlich vom Selbstvertrauen und der Überzeugungskraft des Hypnosetherapeuten ab! Aber natürlich muß zumindest 1- bis 2mal eine einigermaßen überzeugende Anästhesie in einer Hand erreicht sein, auch wenn sie nicht immer gleich intensiv ist, so daß man weiß, daß man den Eingriff durchführen kann.

Wenn z. B. im Dschungel bei einer Notfalloperation ohne verfügbare Chemie bzw. ohne Anästhesisten die Operation garantiert schmerzfrei mit Hypnose begleitet werden könnte, dann ist ebenso klar, daß in einer experimentellen Situation in der Praxis des Hypnosetherapeuten, in der dem Patienten kein gezücktes Skalpell droht, die Motivation eben nicht auf dem absoluten Höhepunkt sein kann. Das amerikanische Vorgehen mit der Aderklemme könnte da natürlich eine Art Äquivalent schaffen.

Nehmen wir also an, daß die Anästhesie ein paar Mal geklappt hat (der Klient kann zu Hause weiterüben), dann käme als nächstes die Dissoziation vom Operationsgeschehen. Dies kann mit dem Klienten ausführlich besprochen und dann zusätzlich ausprobiert werden. Wir fragen also den Klienten nach seinem schönsten Erlebnis, das er gerne während der Operation wiedererleben möchte. Am besten funktioniert für die meisten eine ganz besonders intensive Ferienerinnerung oder etwas Beeindruckendes aus der Kindheit. Es ist günstig, wenn sich das Erlebnis dafür eignet, die diversen Geräusche, die im Operationssaal vorkommen können, sowie die Berührungsreize „irgendwie darin zu verpacken". Vielleicht können Sie Geräusche, die auftreten werden, als etwas Angenehmes oder zumindest Indifferentes deuten, das in das Ferienerlebnis des Patienten hineinpaßt, z. B. das Gurgeln der Wasserspülung bei einem zahnärztlichen Eingriff als munteres Bächlein, das Geräusch des Bohrers als ein vorbeidröhnendes Flugzeug über dem Strand, den Druck des Messers als irgendeine angenehme Berührung. Denken Sie auch daran, daß in dem Erlebnis Licht z. B. als Sonne vorkommen muß, wegen der Operationslampe, wenn Sie dem Klienten nicht eine Augenmaske verpassen wollen.

Am besten besprechen Sie, wenn möglich, mit dem Chirurgen den Ablauf der Operation, so daß Sie auf alle Eventualitäten vorbereitet sind. Dies ist ohnehin nötig, damit das Personal instruiert wird, welche Reizwörter (z. B. alle negativen Begriffe wie Blut, Schneiden, Nadel, Schmerzen) während einer Hypnoanästhesie zu vermeiden sind. Es muß im Operationssaal keineswegs ruhig sein – es ist nur von großem Vorteil, wenn über nichts gesprochen wird, das den Patienten beunruhigen bzw. sogar ängstigen könnte, falls er es zu Recht oder zu Unrecht auf sich selbst bezieht. Es ist selbstverständlich möglich, diese Dinge im voraus zu dissoziieren, indem man suggeriert, daß der Klient nur auf die Worte des Hypnosetherapeuten hört und daß der ganze Rest völlig gleichgültig sein wird. Es können immer wieder plötzliche Störungen auftreten, die die Konzentration beeinträchtigen, z. B. plötzliche, laute Geräusche; und wenn dann gerade noch über Schmerzen geredet wird oder „das sieht aber böse aus...", kann das ein echtes Problem auslösen. Es besteht natürlich die Möglichkeit, daß Sie dem Klienten Kopfhörer aufsetzen. Sie müßten dann über Mikrofon sprechen; das ist ein wenig aufwendig, aber es hält natürlich auch vieles fern, was den Ablauf komplizieren oder stören könnte. Sonst muß es im Operationssaal nicht etwa besonders leise zugehen, alle dürfen ungeniert sprechen, lachen und Sportereignisse durchdiskutieren, wie sonst. Wenn Sie Musik verwenden wollen, sollte diese Musik nicht mehr als 60 Schläge/min haben, damit der Puls nicht angeregt, sondern beruhigt wird.

Sorgen Sie dafür, daß der Patient so bequem wie irgend möglich gelagert wird, damit er sich entspannen kann. Eventuell müssen seitlich die Arme mit Kissen etwas unterlegt werden. Es geht sicher auch ohne Bequemlichkeit, wenn die Operation eine „exotische" Stellung erfordert, aber bequem geht es leichter und besser.

Die Hypnoseeinleitung selbst können Sie im Privatzimmer des Patienten vornehmen, im Gang vor dem Operationssaal, in einem Vorraum oder im Operationssaal selbst. Falls die Zeit im OP knapp ist, können Sie alles im voraus machen und mit einem konditionierten Signal die Hypnoanästhesie gleich vor dem Eingriff auslösen. Sobald die Anästhesie gut etabliert ist, können Sie mit der Dissoziationsphase beginnen, also das Ferienerlebnis gekoppelt mit den Anästhesiephänomenen; oder wie es Erickson mehrmals gemacht hat: der Kopf geht nach Hause ins Wohnzimmer und schaut im Fernseher das absolute Lieblingsprogramm, der Körper bleibt im OP und ist völlig gefühllos.

Wichtig ist es, den Klienten während des ganzen Eingriffs ununterbrochen im Auge zu behalten. Sie sehen es an der Gesichtsfarbe und am Muskeltonus im Gesicht sowie am Vibrieren oder Nichtvibrieren der Augenlider, wie es ihm in jeder Sekunde geht. Sie sehen an den stark hervorstehenden Blutgefäßen auf der Handoberfläche, daß der Klient nach wie vor sehr tief entspannt ist; wenn Sie wollen, können Sie den Puls am Hals ablesen und zählen. Und selbstverständlich können und sollen Sie bei jedem Eingriff, falls das technisch machbar ist, mit dem Klienten sprechen. Nicht etwa fragen: „Tut's sicher nicht weh?", sondern mit ihm über sein angenehmes Ferienerlebnis sprechen. Lassen Sie sich erzählen, was er gerade erlebt, was er fühlt, dort wo z. B. die Sonne auf seine Haut scheint, was er sieht, Gegenstände, Menschen, Tiere, Pflanzen etc., die Umgebung beschreiben. Die Geräusche, die er „halluziniert", vielleicht sogar Gerüche. Lenken Sie ihn vom Operationsgebiet ab, indem Sie ihn auf angenehme Körperempfindungen hinweisen, die er irgendwo anders hat, z. B. die Atmung, das warme Sonnengeflecht, Darmgeräusche und andere angenehme Empfindungen im Bauch, die aufgrund der Entspannung auftreten. Spinnen Sie mit ihm zusammen die Feriengeschichte weiter. Falls die Ferien, die er „halluziniert", vor Jahren stattgefunden haben, wundern Sie sich nicht, wenn er z. B. spontan eine Regression erlebt; es kann also sein, daß sich die Stimme und das ganze Gehabe plötzlich verändern und kindlich werden. Es ist sehr gut, wenn Sie mit ihm diese Feriensituation bereits zu einem früheren Zeitpunkt gründlich durchgegangen sind, damit Sie die relevanten Fakten bereits gut kennen. Drängen Sie ihm aber nicht Ihre eigenen Phantasien auf, sondern bleiben Sie immer bei ihm und lassen Sie ihn dort, wo er sein möchte. Es kann sehr stören, wenn der Therapeut plötzlich beginnt, eigene, vielleicht für ihn romantische Einzelheiten anzubieten. Wenn diese mit dem Erleben des Klienten nicht übereinstimmen, kann ihn das sehr irritieren und im schlimmsten Fall sogar aus dem Konzept bringen. Wenn der Klient plötzlich beginnt, unruhig zu werden, fragen Sie ihn einfach! Die Beobachtung muß auf jeden Fall gänzlich und ununterbrochen sein, damit Sie nicht den Augenblick verpassen, wo sich etwas Relevantes verändert.

Bereiten Sie sich möglichst auch auf Notfälle vor, z.B. unvorhergesehene Eingriffe (Hämmern bei orthopädischen Operationen z.B.) und überlegen Sie sich bereits im voraus, wie Sie das ins Ferienerlebnis einbauen würden.

Sollte der Klient Schmerzäußerungen von sich geben oder Abwehrbewegungen machen, was bei guter Vorbereitung nicht passiert, atmen Sie tief durch und sprechen Sie sofort viel bestimmter und auch autoritärer zu ihm. Sie müssen ihm dann Ihr Selbstvertrauen geben, wenn es ihm kurzfristig abhanden gekommen ist. Wiederholen Sie Kommandos wie: „ganz dumpf", „kalt wie Eis", „wie Leder" oder was auch immer gerade opportun ist; verlangen Sie evtl. vom Klienten, daß er Ihre Worte nachspricht. Bedenken Sie, wenn Sie unsicher und ängstlich werden, stecken Sie den Klienten blitzartig an! Es ist selbstverständlich, daß ein Hypnosetherapeut vor einem Eingriff selbst auch AT macht und sich Mut zuspricht, Selbstvertrauen und einen kühlen Kopf in jeder Situation! Machen Sie es sich ebenfalls bequem, achten Sie darauf, daß Ihre Atmung im Bauch stattfindet, so daß Ihre Stimme immer tief und im Brustton der Überzeugung klingt.

Falls Ihr Klient zu irgendeinem Zeitpunkt während der Operation eine Mißempfindung hatte, werden Sie es wissen. Es empfiehlt sich in diesem Fall, daß Sie am Schluß der Operation, bevor Sie die Hypnose beenden, eine unauffällige Amnesiesuggestion geben wie z.B.: „Und Sie werden sich immer voller Stolz an alle die angenehmen Gefühle von Sicherheit, Wohlbefinden und Entspannung erinnern, welche Sie während des Eingriffs erlebt haben. Das ganze Erlebnis wird Ihnen immer in sehr angenehmer Erinnerung bleiben und Ihr Selbstvertrauen hat durch Ihr souveränes Verhalten sehr stark zugenommen, so daß Sie sich in Zukunft sogar noch mehr zutrauen werden. Sie werden sich nach diesem Eingriff erstaunlich wohl fühlen in jeder Beziehung. Das Operationsgebiet bleibt immer angenehm warm und gut durchblutet, fühlt sich angenehm an und heilt dadurch ganz besonders schnell und gut. Sie können diese angenehmen Gefühle im Operationsgebiet noch verstärken, indem Sie täglich einige Male AT machen und sich dabei vorstellen, wie warm, gut durchblutet und angenehm dieser Körperbezirk ist und bleibt. Sie sind ganz stolz auf sich und das mit Recht!"

Diese Suggestionen können und sollten in jedem Fall gegeben werden, denn wenn ein operativer Eingriff in Hypnose ohne Narkose jeder Art möglich ist, dann kann auch die Heilungszeit absolut beschwerdefrei erfolgen. Natürlich dürfen Sie das Wort „beschwerdefrei" nicht erwähnen, da es negativ ist, sondern eben „erstaunlich wohl". Vor dem endgültigen Zurücknehmen müssen noch die Anästhesiesuggestionen gründlichst zurückgenommen werden, also z.B. „Die Gefühllosigkeit im Bein geht jetzt zurück und macht einem angenehmen, warmen Wohlgefühl Platz". Dann suggerieren Sie noch, daß der Klient sich während der Operation ganz wunderbar erholt und erfrischt hat, daß er sich ausgeruht und erquickt fühlt, froh und munter, in jeder Beziehung völlig wohl, daß sich sein ganzer Körper mit Kraft und Energie füllt. Dann gründlichst zurücknehmen lassen wie nach dem AT. Gleich nach der Hypnoanästhesie schweigen Sie lieber ein Weilchen und lassen den strahlenden Klienten das Gespräch beginnen. Gratulieren Sie ihm, und wenn der Klient mobil ist, gehen Sie miteinander feiern!

Übrigens ist es möglich, bei einer Hypnoanästhesie verschiedene Parameter hypnotisch zu verändern z.B. Puls, Blutdruck, Hauttemperatur etc. Auch unerwünschte Blutungen können gestoppt werden. Man sagt dann einfach: „Stellen Sie die Blutung in diesem Bezirk ein!" Das Unterbewußtsein des Klienten weiß schon, wie das geht, und der Klient soll sich darüber nicht den Kopf zerbrechen.

Soweit die „Gebrauchsanweisung" für Ihre Hypnoanästhesien, wenn Sie damit eine Vollnarkose oder eine Lokalanästhesie ganz ersetzen wollen!

Weitaus häufiger wird sich wohl das viel einfachere Problem stellen, bei ängstlichen oder Risikopatienten eine chemische Narkose vorbereiten zu müssen, damit Narkosemittel gespart werden kann und somit weniger Nebenwirkungen auftreten oder damit die Operation insgesamt angstfreier und entspannter erlebt werden kann, auch im Hinblick auf die anschließende Heilungsphase, deren Verlauf man stark abkürzen und auch viel angenehmer gestalten kann. Angstfreiheit bedeutet einen niedrigeren Blutdruck und damit eine Senkung des Narkosemittelbedarfs, ganz abgesehen vom angenehmen Effekt auf den Patienten. Für diese Art von Vorbereitung genügen meistens 1–2 Entspannungshypnoseeinleitungen vor der Operation, verbunden mit posthypnotischen Suggestionen, die vor, während und nach dem Eingriff wirksam werden. Es ist auch in diesem Falle sehr nützlich, wenn der Patient vorher das AT erlernen kann. Das Gefühl der Selbständigkeit ist beim AT-Trainierten immer größer, das ist klar! Sie würden also eine Hypnose in der Art, wie ich sie zu Anfang meiner Erklärungen zum Thema Hypnoanästhesie beschrieben habe, verwenden, gekoppelt und unterstützt eben mit Suggestionen von Entspannung, Wohlbefinden, Selbstvertrauen und Sicherheit vor, während und nach dem Eingriff. Sie sprechen davon, daß der Anästhesist immer dabei sein wird und über den Patienten wachen wird; daß die Ruhe des Patienten den Narkosemittelverbrauch verringern wird und die Operation dadurch noch angenehmer verlaufen wird; daß der Patient auch während der Narkose auf die positiven Suggestionen des Anästhesisten reagieren und alle anderen Geräusche ausblenden kann; daß er gleich beim Aufwachen aus der Narkose sich überraschend wohl fühlen wird; daß z.B. seine Nieren und alle anderen Organe sehr gut funktionieren werden, daß die Heilungszeit erstaunlich angenehm verlaufen wird; daß schon viel früher als erwartet das Bedürfnis nach Aktivität und Bewegung wiederkommen wird; daß das Operationsgebiet immer angenehm warm und gut durchblutet sein wird; daß die Heilung stark beschleunigt sein wird; daß der Patient sich jede Nacht sehr gut erholen wird; daß er schon sehr bald wieder nach Hause zurückkehren kann und seine normalen Aktivitäten wiederaufnehmen kann. Der Patient soll, anstatt wie eher üblich, stolz zu sein auf die „furchtbaren Schmerzen", die er erlitten hat, darauf gefaßt sein, daß er stolz darauf sein darf und weitererzählen wird, wie überraschend wohl er sich während all der Erfahrungen im Krankenhaus gefühlt hat und wie schnell es ihm wieder gut gegangen ist.

Noch etwas: wenn Ärzte solche Vorbereitungen oder Hypnoanästhesien durchführen, können sie meistens eher forscher vorgehen und sich viel Zeit und Umstände ersparen, einfach durch die „Suggestion des weißen Kittels", des Titels. Was sie sich jedoch nicht ersparen können, ist, ihre Worte sehr viel sorgfältiger als sonst zu wählen, egal ob der Patient in Hypnose ist oder nicht, denn der Patient ist in Gegenwart des Arztes immer viel suggestibler als sonst; das wirkt sich leider nicht nur im positiven Sinne aus, sondern auch, wenn der Arzt aus Versehen oder Unkenntnis eine negative Suggestion gibt. Man muß lernen, sich nicht nur zu überlegen, was man einem Patienten mitteilen will, sondern eben auch ganz besonders sorgfältig, wie man es formulieren wird! Dies ist so wichtig, daß Suggestionslehre eigentlich ein Hauptfach in der medizinischen Ausbildung sein müßte! Das heißt: Sätze nie negativ formulieren, kein „kein" und kein „nicht", aber auch keine angstbesetzten Worte wie „Angst", „Schmerzen", „weh", „Wehen", „Stechen", „Nadeln", „Blutung", „das sieht aber schlecht aus". Es braucht einige Zeit, sich an das positive Formulieren zu gewöhnen, aber wenn man es einmal verstanden hat und dadurch auch erfahren hat, welche unvorstellbar positive Wirkung das auf die Patienten hat, wird man es nicht mehr fertigbringen, unüberlegt dahinzureden! Man setzt seine Worte ein wie stärkste Medikamente, nämlich mit äußerster Vorsicht! Man lernt das in wenigen Monaten und profitiert nicht nur im Umgang mit Patienten davon, sondern auch ganz generell im Umgang mit anderen Menschen. Wenn man im Moment nicht weiß, wie man einen schwierigen Satz positiv formulieren kann, läßt man ihn lieber gleich ganz weg, anstatt jemandem zu schaden. Das gilt besonders dann, wenn man „dem Patienten keine falschen Hoffnungen" machen will. Und wer hat schon das Recht und wirklich das Wissen, alle Hoffnung nehmen zu dürfen? Warum hat kaum jemals jemand Angst davor, einem Menschen Hoffnung zu nehmen, anstatt umgekehrt? Ohne Hoffnung ganz gewiß keine Heilung, behaupte ich! Und gibt es nicht immer mal wieder „hoffnungslose Fälle", die wider Erwarten und vielleicht „unverschämterweise" doch gesund werden oder eine Remission erleben? Mir wurde gesagt, daß es sein könne, daß Ärzte vielleicht deshalb so negativ suggerieren, weil sie den Trotz der Patienten, es trotzdem zu schaffen, herausfordern wollten. Nun, zumindest fände ich das, wenn es wirklich bewußt geschieht, etwas gefährlich, wenn man nicht gerade ein nobelpreisverdächtiger Psychologe und Menschenkenner ist; denn es ist enorm schwer, sich im hypersuggestiblen Zustand der Krankheit über negative Suggestionen hinwegzusetzen, das schaffen sicher nur wenige!

Man kann sachliche Informationen geben, ohne alle Hoffnung zu zerstören; denn der Patient mit Lebenswillen wird sich an die vielleicht wenigen Fälle klammern, die es geschafft haben, trotz negativsten Vorzeichen, wenn ihm sein Arzt und die anderen Pflegenden dabei helfen. Der Grund, warum ich das sage, ist, daß ich täglich von Klienten höre: „Da kann man nichts machen!", „Sie müssen lernen, mit den Schmerzen zu leben", „Sie müssen sich damit abfinden", „Sie werden nicht darüber hinwegkommen". Für sehr viele dieser Klienten stellte es sich heraus, daß die Voraussagen unzutreffend waren. Hätten Sie sich aber nicht dagegen aufgelehnt und weitergekämpft, ich bin sicher, viele hätten sich vor Verzweiflung umgebracht – wie z. B. Phantomschmerzpatienten – oder hätten miserabel weiterexistiert, solange es eben ging.

Die Wirkung der negativen Formulierungen besteht nicht nur, wenn der Patient bei Bewußtsein ist, sondern auch im bewußtlosen Zustand und während Narkosen. Es ist Tatsache, daß oft Aussagen von Ärzten und Assistenten während einer Operation oder auf der Intensivstation unbewußt aufgenommen werden, und da dies ohne den kritischen Schutz des Bewußtseins geschieht, sich entsprechend verheerend auf die Heilungsphase auswirken. Wir haben oft erlebt, und es ist auch in der Hypnosefachliteratur verschiedentlich von Fachleuten gesagt worden, daß bei unerklärlichen Depressionen oder beim Ausbleiben von Besserung nach einem Eingriff in Vollnarkose, wenn die Patienten in Hypnose einer Regression unterzogen wurden, diese wortwörtlich die Aussagen, die im OP gefallen waren, zitieren konnten und daß diese sich bei Nachfrage bestätigen ließen. Es kann eben auch passieren, daß jemand etwas Negatives sagt, was gar nicht den Patienten betrifft, dieser das trotzdem auf sich bezieht im narkotisierten Zustand und später oder auch sofort während der Operation dadurch Negatives erleiden kann. Es dürfte eben nur Unverfängliches im Operationssaal diskutiert werden, was der Patient nicht negativ auf sich beziehen kann.

Natürlich kann der Chirurg oder der Anästhesist diese Beeinflußbarkeit während der Vollnarkose ganz bewußt nützen, indem er positive Suggestionen einstreut. Wie immer wirken solche Suggestionen am besten, wenn sie nicht als solche erkennbar sind, wenn also der Arzt zur Schwester gewendet spricht oder so „leise", daß es der Patient offiziell nicht hören soll, aber laut genug, daß er es natürlich trotzdem hört. Bemerkungen wie: „Herr Studer sieht heute aber schon viel besser aus", auf diese Art gesagt, wirken wesentlich mehr, als wenn der Arzt zum Patienten sagt, der dann denkt: „Das sagt der nur, um mich aufzumuntern...". Generell gilt: indirekte Suggestionen wirken besser als direkte!

Wir haben am 27. 12. 1984 die erste Operation in Hypnose statt Narkose in der Schweiz durchgeführt. Patient war mein Mann, John M. Miller (ebenfalls Hypnosetherapeut), der Chirurg war Dr. Hans Ulrich Burri, Chefarzt des Kantonsspitals Sarnen im Kanton Obwalden. Dr. Burri entfernte ein Neurilemmom aus dem Knie meines Mannes, und ich begleitete meinen Mann in die Hypnose. Alles lief so gut ab, wie wir es erwartet hatten. Damit wenigstens einmal in der Presse positiv über die Hypnosetherapie berichtet würde – anstatt der sonst üblichen und leider häufigen „Märchen"-geschichten über die „unerklärlichen, ja parapsychologischen" Taten der diversen Bühnenhypnotiseure – hatten wir je 2 Journalisten und Fotografen sowie einen Anästhesisten und eine Psychologin als Zeugen eingeladen. Es wurde im Anschluß darüber in ganz Europa berichtet, allerdings war später in einigen Zeitschriften einiges kreativ abgeändert worden, z. B. war es dann plötzlich nicht mehr das Knie, sondern die Prostata, die operiert worden war; aber im großen und ganzen hat die Geschichte sehr viel Positives für die Anerkennung der Hypnosetherapie, überall wo sie gelesen oder am Fernsehen oder Radio behandelt wurde, ausgelöst.

Seither haben wir mehrere, viel schwerere Eingriffe mit Hypnose begleitet, und es haben auch viele unserer Klienten sich gar in gut trainierter Selbsthypnose unters Messer begeben oder Geburten erlebt. Inzwischen haben auch unsere Schüler der Ausbildungskurse bereits eigene solche Hypnoanästhesien durchgeführt und gute Erfahrungen damit gemacht. "Last but certainly not least" haben wir verschiedene Ärzte und Anästhesiepfleger(innen), Hebammen, Psychiatrie- und Krankenpflegepersonal, Pfarrer, Psychotherapeuten, Pädagogen und diverse Angehörige helfender und beratender Berufe ausgebildet, welche die Hypnosetherapie in ihren jeweiligen Fachgebieten mit viel Elan und für die betroffenen Patienten und Mitmenschen sehr segensreich anwenden. So weit wie in den USA sind wir immer noch nicht. Dort gibt es den Beruf des „hypnotechnician" seit über 40 Jahren. Diese Fachleute für Hypnose sind in Arzt- und Zahnarztpraxen, in Kliniken und Krankenhäusern, in Rehabilitationszentren, an Schulen und Universitäten, in großen Firmen, Institutionen und Organisationen aller Art tätig, ja sogar bei Gericht und bei der Polizei, als willkommene und bewährte Spezialisten auf Verbrennungs-, Notfall-, Intensiv-, Kinder- und Onkologiestationen, wo sie zur drogenfreien Schmerz- und Angstbekämpfung eingesetzt werden. In Arzt- und Zahnarztpraxen arbeiten sie u. a. mit ängstlichen, phobischen und mit Schmerzpatienten, an Schulen bringen sie den Schülern angst- und streßfreies, selbstbewußtes, entspanntes und damit optimales Lernen und Behalten bei, in Großfirmen und Organisationen sind sie zur Streßbekämpfung und Verbesserung der Kommunikation eingesetzt, und bei der Polizei, Anwälten und Gerichten helfen sie bei der Zeugenbefragung von Opfern von Straftaten und Unfällen, wenn z. B. ein Schock das Gedächtnis blockiert hat. In der Onkologie verbessern sie durch hypnotische Entspannungs- und Konzentrations- bzw. Visualisationstechniken die Abwehrsituation des Körpers und erleichtern und verbessern Chemo- und Radiotherapie durch Verminderung oder Eliminierung von vielen Nebenwirkungen.

Es versteht sich im Hinblick auf die Vielseitigkeit der Hypnoseindikationen in den Bereichen Medizin, Psychotherapie, Pädagogik, Management, Schule, Kunst, Sport etc. von selbst, daß wirkliche Hypnosefachleute nicht auf die Schnelle „gemacht" werden können, sondern daß dafür eine sehr umfassende, seriöse theoretische Ausbildung, welche zahlreiche Techniken und Methoden beinhaltet, eine psychologische Grundausbildung, Selbsterfahrung sowie sehr viel Praxis unter kompetenter Supervision nötig ist, dazu sehr viel Einfühlungsvermögen und Feingefühl, ein gutes Selbstvertrauen, Geistesgegenwart und Flexibilität, pädagogisches und psychologisches Geschick, echtes Interesse an Menschen und „last but not least" eine sehr verantwortungsbewußte, ethische Berufsauffassung. Dazu gehört aber auch das Erkennen der eigenen Grenzen und die Fähigkeit zur interdisziplinären Zusammenarbeit bzw. die Bereitschaft, in vielen Fällen unter ärztlicher Supervision zu arbeiten. Zusätzlich braucht der Hypnosetherapeut für jede Arbeit mit Klienten eine große Portion Geduld und selbstverständlich Zeit. Hetze und Zeitdruck, wie sie heutzutage leider allzu oft den klinischen Alltag dominieren, vertragen sich schlecht mit Entspannungstechniken, sind höchstens in wenigen Notfallsituationen aufgrund verstärkter Motivation der Klienten ein überwindbarer Nachteil. Gerade der Zeitfaktor ist eine der Daseinsberechtigungen des Berufs des Hypnosetherapeuten auch im medizinischen Bereich. Der Arzt hat allzuoft zu wenig Zeit im Krankenhaus. Die Krankenkassen honorieren normalerweise die Zeit, welche der Arzt für das eminent wichtige Gespräch mit den Patienten aufwendet, nicht genügend. Aus diesen Gründen werden es wahrscheinlich nicht ausgerechnet die bereits überlasteten Allgemeinpraktiker und Spezialisten unter den Ärzten sein, welche sich die manchmal relativ zeitaufwendige Hypnosetherapie auf ihre Fahnen schreiben, sondern sie werden häufig eher dazu neigen, sie zu delegieren, nachdem sie die zahlreichen, neuen und nützlichen Anwendungsmöglichkeiten erst kennen. Als Narkosevorbereitung zur Entängstigung und Einsparung von Medikamenten allein ist die Hypnose gar nicht besonders aufwendig; und diese Arbeiten können sehr gut vom Anästhesiepfleger oder von einer zugezogenen, speziell ausgebildeten Hilfsperson (z. B. speziell ausgebildeten Krankenpflegern, Krankenhauspsychologen oder eben Hypnosetherapeuten) erledigt werden, wobei es natürlich vorteilhaft ist, wenn der Anästhesist diese Vorbereitung zumindest begrüßt und dadurch die Wirkung verstärkt, wenn er selbst nicht genügend Zeit dafür hat.

Abschließende Bemerkungen

Es ist selbstverständlich, daß Techniken wie die Hypnose, die es Patienten ermöglichen können, selbst komplizierte, langwierige und schmerzhafte Eingriffe völlig beschwerdefrei zu überstehen, eminent gut dazu geeignet sind, ganz generell gegen Schmerzen jeder Art eingesetzt zu werden. Trotzdem „man" das seit ziemlich langer Zeit weiß, passiert in der Praxis noch beschämend wenig. Es gibt doch Patienten, bei denen die Nebenwirkungen der Schmerzbekämpfung fast nicht mehr in Kauf genommen werden können, daher heißt es dann etwa: „Wir können Ihnen leider nicht mehr davon geben." – Es gibt Allergiker, Nieren- und Lebergeschädigte und es gibt z. B. Opfer von schweren großflächigen Verbrennungen, die täglich das sog. „Debridement" über sich ergehen lassen müssen ohne Narkose oder viel Analgetika. Es gibt chronische Schmerzpatienten wie Rheumaleidende, Phantomschmerzopfer, Patienten mit Neuralgien, Krebspatienten. Sehr vielen davon könnte geholfen werden mit Hypnosetherapie und Selbsthypnose (z. B. AT). Warum wird noch so wenig davon Gebrauch gemacht?

Ganz generell finde ich, daß bei Ängsten, Schmerzen, Gefühlen von Niedergeschlagenheit, Verdauungsstörungen aufgrund von Streß und Verkrampfungen, Schlafstörungen, Nervosität u. v. a. m. viel zu schnell und bequem nach dem Rezeptblock gegriffen wird. Wieviele sekundäre Probleme können dadurch wiederum entstehen? Vielleicht hapert es in diesem Bereich einfach noch an der Aus- und Weiterbildung, so daß „man" tatsächlich in aller Unschuld so gehandelt hat. Oft sind auch die Patienten daran mitschuldig, weil sie auf einem Rezept bestehen und die freundliche Suggestion, doch einmal einen Psychotherapeuten aufzusuchen, bzw. das AT zu erlernen, beleidigt von sich weisen, und weil sie z. T. auch gar nicht gerne eigenverantwortlich sein wollen, wenn es um ihre Gesundheit geht.

Ich bin zwar froh, daß es so viele gute Medikamente gibt, die Leben retten, andererseits ist es schade, daß aufgrund der bequemen Schlaf-, Schmerz-, Beruhigungs-, Verdauungs- und „Glücks"pillen so viele Menschen noch gar nicht herausgefunden haben, was sie alles könnten, wenn sie bereit wären, es zu lernen!

Literatur

Barnett EA (1981) Analytical hypnotherapy, principles and practice. Junica, Ontario
Crasilneck HB, Hall JA (1975) Clinical hypnosis, Grune & Stratton, New York
Erickson MH (1967a) The hypnotic subjects ability to become anaware of stimuli. In: Haley H (ed) Advanced techniques of hypnosis and therapy. Grune & Stratton, New York, pp 261–277
Erickson MH (1967b) Hypnosis in painfull terminal illness. In: Haley J (ed) Advanced techniques of hypnosis and therapy. Grune & Stratton, New York, pp 431–436
Erickson MH (1980) Innovative hypnotherapy. Irvingthon, New York
Fromm E, Shor RE (1979) Hypnosis: Developments in research and new perspectives. Aldine, Howthorne New York
Hartland J (1977) Medical and dental hypnosis. Tindall, London
Hilgard ER (1965) Hypnotic susceptibility, Harcourt, Brace & World, New York
Kroger WS (1963) Clinical and experimental hypnosis. Lippincott, Philadelphia
Kroger WS (1976) Hypnosis and behaviour modification: Imagery conditioning. Lippincott, Philadelphia
Langen, D (1971) Hypnose und AT in der psychosomatischen Medizin. Hippokrates, Stuttgart
Langen D (1971) Psychotherapie. Thieme, Stuttgart
Langen D (1972) Kompendium der Medizinischen Hypnose. Karger, Basel
Leuner H (1977) Katathymes Bilderleben mit Kindern und Jugendlichen. Reinhardt, München
Napowsa WD (1977) Hypno-technology: Roles of the hypnotechnician. S.O.S., St. Peterburg, Florida
Pelletier KR (1977) Mind as healer, mind as slayer. Delacorte, New York
Riemann F (1984) Grundformen der Angst. Reinhardt, München
Rhodes R (1975) Therapy through hypnosis. Powers, Hollywood, California
Rossi EL (1976) Hypnotic realities. Irvingthon, New York/Norton, New York
Rossi E (1978) Hypnotherapy, an exploratory casebook. Irvingthon, New York
Schultz JH (1982) Das Autogene Training. Thieme, Stuttgart
Teitelbaum M (1965) Hypnosis, induction, techniques. Thomas, Springfield/Ill
Wallnöfer H (1986) Seele ohne Angst, Autogenes Training, Hypnose, – Wege zur Entspannung. Müller, Rüschlikon, Zürich
Weitzenhoffer AM (1957) General techniques of hypnotism. Grune & Stratton, New York
Wickramsekera (1976) Biofeedback, behaviour therapy and hypnosis. Nelson, Hall
Wolberg LR (1948) Medical Hypnosis, Vol I u. II. Grune & Stratton, New York
Wolberg LR (1955) Short-term psychotherapy. Grune & Stratton, New York
Zeig J (1980) A teaching seminar with Milton H. Erickson. Brunner & Mazel, New York

Gudrun Schmierer
Hypnoseassistentin in der
zahnärztlichen Praxis

Albrecht Schmierer
Dr. med.
dent., Zahnarzt in eigener
Praxis mit Schwerpunkt Myo-
arthropathien, Gestaltthera-
peut, Supervisor der DGH

Hypnose in der zahnärztlichen Praxis

Zusammenfassung

Die Anwendung der Hypnose in der zahnärztlichen Praxis wird am Beispiel einer Weisheitszahnoperation ohne medikamentöse Anästhesie beschrieben.*

Probleme wie Kreislaufzwischenfälle, Würgereiz, Zähneknirschen, Angst und Streßreaktionen können mit Hilfe von direkter und indirekter suggestiver Kommunikation angenehm und elegant bewältigt werden. Die Hypnoseassistentin gibt dem Patienten die nötige Zuwendung und bringt für den Behandler eine erhebliche Zeitersparnis.

Die Praxisatmosphäre wird durch Anwendung von Hypnose angenehmer, streßfreier und ruhiger. Die Patienten haben keine Angst vor dem Zahnarztbesuch.

Summary

The use of hypnosis in dental practice is illustrated on the basis of wisdom tooth surgery without anesthetics.

Problems like fainting, gagging, grinding of teeth, anxiety, and stress can be handled comfortably and elegantly by using direct and indirect suggestive communication techniques.

The hypnosis assistant helps the patient, providing the necessary attention and saving the dentist a lot of time. The atmosphere of the practice becomes more comfortable, relaxed, and quiet when hypnosis is used. Patients enjoy relaxing in the dentist's chair.

---

* Erstmals veröffentlicht in *Zahnarzt* 2/1987; ab Abschn. „Nachtrag" neuer Text

B.J.M. Diehl, Th. Miller (Hrsg.)
Moderne Suggestionsverfahren
© Springer-Verlag Berlin Heidelberg 1990

Mit Hilfe der modernen Lokalanästhesie ist normalerweise eine vollständige Schmerzfreiheit bei allen zahnärztlichen Eingriffen zu erreichen. Dennoch macht die Angst vor Schmerzen auch heute noch für viele Menschen den Zahnarztbesuch zur Strapaze. Infolge dieser Angst kommt es zu einer andrenergen Reaktionslage mit erhöhtem Blutdruck, Pulsbeschleunigung, erhöhtem Muskeltonus, flachem Atem und kaltem Schweiß. In dieser angstvollen Erwartungsspannung werden selbst kleine Schmerzreize als äußerst unangenehm empfunden und führen zu einer weiteren Erhöhung der Anspannung, was zu einer weiteren Empfindlichkeitssteigerung führt.

Dieser Circulus vitiosus muß an erster Stelle unterbrochen werden, um durch eine allgemeine Körperentspannung die Schmerzempfindlichkeit herabzusetzen. Diese einführende Übersicht soll helfen, Vorurteile gegenüber hypnotischen Techniken abzubauen.

Die Anwendung von Hypnose anstelle von pharmakologischer Anästhesie stellt am eindrücklichsten dar, welche Möglichkeiten hypnotische Techniken bieten. Wir haben in unserer Praxis schon alle vorkommenden zahnärztlichen Eingriffe auch *ohne* Lokalanästhesie unter alleiniger Anwendung von Hypnose zur Schmerzausschaltung durchgeführt.

Beispielhaft sei hier die operative Entfernung eines tief verlagerten unteren Weisheitszahnes 48 geschildert.

Zwei verlagerte Weisheitszähne (18 und 38) waren alio loco in Lokalleitungsanästhesie entfernt worden. Die Nachbeschwerden mit Schmerzen und Schwellung waren erheblich.

Der ebenfalls verlagerte Zahn 28 wurde von mir nach 17 min Hypnoseinduktion in 20 min operativ entfernt. Der Patient hatte während und nach dem Eingriff keinerlei Beschwerden, keine Einschränkung der Mundöffnung und keine Schwellung. Aufgrund dieser ersten positiven Erfahrung mit der Hypnosebehandlung wünschte der Patient (cand. med. dent.) die Osteotomie von 48, der tief horizontal verlagert war, ebenfalls in Hypnose, ohne jegliche pharmakologische Hilfe. Er war einverstanden, daß die Sitzung von einem Fernsehteam für das 3. Programm in Stuttgart aufgezeichnet wurde.

Die Induktion erfolgte durch Blickfixation, Vertiefung der Atmung, Entspannung und Schwererwerden des Körpers und der Muskulatur. Dann wurde die rechte Hand – als Schmerzableiter – schwerer, wärmer und sensibler gemacht. Die linke Hand wurde levitiert, kalt und gefühllos gemacht. Diese Anästhesic der linken Hand wurde auf den rechten Unterkiefer übertragen. Der Patient sollte sich in seiner Phantasie an seine Urlaubsreisen erinnern und seinen Mund für die Dauer der Behandlung „zur Reparatur abgeben".

Wichtig für den Eingriff war eine möglichst gute Reduktion der Durchblutung im rechten Unterkiefer, wofür Vorstellungsbilder, wie Eiswürfel auflegen, die Blutgefäße durch langsames Zudrehen eines Absperrhahnes absperren und das Kollabieren der Kapillaren suggeriert wurden. Diese Induktion dauerte ca. 30 min.

Der operative Eingriff wurde mit Winkelschnitt, Bildung eines Schleimhautperiostlappens und umfangreicher Osteotomie durchgeführt. Der Zahn 48 mußte mehrfach durchtrennt werden und war nur in Fragmenten sehr mühsam zu entfernen. Nach etwa 1 h Op.-Zeit zeigte der Patient Anzeichen von Unruhe, weil die linke Hand, die die ganze Zeit levitiert war, schmerzhaft wurde.

Mit Hilfe einer kurzen Zwischeninduktion, bei der sich die linke Hand einen bequemeren Platz suchen konnte, wurde die Ursache der Unruhe behoben und weiteroperiert. Die Wunde wurde nach Säuberung mit Ethibond-Einzelknopfnähten verschlossen, ein Tamponadestreifen wurde eingelegt.

Insgesamt dauerte die Behandlung fast 2 h, die Rückführung aus der Hypnose mit dem posthypnotischen Auftrag, das Op.-Gebiet schmerzunempfindlich zu belasten und durch eine gute Durchblutung eine schnelle Heilung herbeizuführen, dauerte ca 5 min. Im Vergleich zu der operativen Entfernung von 28 berichtete der Patient, mußte er mehr geistige Mitarbeit leisten, er brauchte seinen ganzen Vorrat an Urlaubserinnerungen, um sich auf Dinge außerhalb des Sprechzimmers konzentrieren zu können. Der Schmerz an der etwas verkrampft levitierten linken Hand sowie Schmerzen im Kiefergelenk (das in der Induktion nicht angesprochen worden war) beim Einsatz des Hebels wurden als unangenehm berichtet. Von der Inzision, Aufklappung und Osteotomie wurden keinerlei Schmerzen empfunden. Bei der Tamponadeentfernung am nächsten Tag war die Mundöffnung leicht eingeschränkt, der Mundwinkel entzündet und eine geringe, nicht auffällige Schwellung vorhanden. Der Patient hatte einen guten Nachtschlaf und keine Nachbeschwerden. Der Heilungsverlauf war komplikationslos, auch im weiteren Verlauf traten keinerlei Schmerzen auf.

Die hypnotische Analgesie bei sehr schmerzhaften Eingriffen ist sicherlich die spektakulärste Anwendungsmöglichkeit. Am häufigsten jedoch wenden wir hypnotische Entspannungstechniken zum Angstabbau bei verkrampften und ängstlichen Patienten an. Äußere Symptome sind Unruhe, ängstlicher Blick, weite Pupillen, flache Atmung, verspannte Muskulatur.

Wenn dem Behandler die angehobene rechte Schulter immer mehr den Zugang zum Mund versperrt, die Sicht im Mund durch Anspannen der Gesichtsmuskulatur immer schlechter wird, dann kommt es täglich 1000fach zu einem kleinen Ringkampf zwischen Zahnarzt und Patient. Anspannung, Streß und Rückenschmerzen sind die Folge. Diese unnötige Belastung beider Behandlungspartner ist vermeidbar und erfordert meist keinen zusätzlichen Zeitaufwand:

Während der Behandlung wird der Patient mit beruhigender Stimme etwa folgendermaßen in seiner Situation angenommen (‚pacing‘): „Ich sehe, daß Sie sich gerade nicht wohl fühlen und deshalb Ihren Körper sehr anspannen. Wir möchten Ihnen gerne helfen, daß Sie sich bei der Behandlung wohler fühlen. Wenn Sie damit einverstanden sind, daß wir Ihnen helfen, sich zu entspannen, schließen Sie bitte jetzt die Augen, damit Sie sich besser konzentrieren können (‚leading‘). Legen Sie bitte Ihre Hände auf die wärmste Stelle Ihres Bauches und atmen Sie so tief in den Bauch, daß sich Ihre Hände mit dem Bauch zusammen heben und senken, wenn Sie tief ausatmen. Ja, so ist es gut. Wenn Sie sich so schon etwas wohler fühlen, legen Sie sich noch etwas bequemer und entspannter hin und fragen Sie Ihren Bauch, ob er sich wohl fühlt, vielleicht antwortet er Ihnen dann mit einem Geräusch.“

Je nach Reaktion des Patienten wird ihm weiterhin sein Verhalten zurückgemeldet (z. B. „Sie können spüren, daß Ihre rechte Schulter höher und angespannter ist als die linke"). Daran werden Entspannungsinstruktionen geknüpft („Lassen Sie jetzt rechts auch nach, ganz weich und locker"). Dabei drücke ich sanft und fast unmerklich die Schulter beim Ausatmen nach unten. Die meisten Entspannungsanweisungen können so „bei laufendem Bohrer" gegeben werden.

Bei sehr ängstlichen Patienten wird vor der zahnärztlichen Behandlung eine separate Hypnosesitzung durchgeführt, in der der Patient den hypnotischen Zustand kennenlernt, ohne Angst vor einem zahnärztlichen Eingriff. Wir haben mit Hilfe der Hypnose schon viele Patienten, die bis zu 20 Jahre nicht in Behandlung waren, zahnärztlich sanieren können.

Bekanntlich sind die Kiefergelenks- und Muskelverspannungserkrankungen teilweise psychosomatische Erkrankungen, und oft hat alle somatische Therapie mit Aufbißschienen und Einschleifen etc. nicht den gewünschten Erfolg.

Auch bei den erfolgreich therapierten Patienten habe ich den Eindruck, daß nicht nur die Bißkorrektur – die natürlich auch präzise gemacht werden muß – zur Heilung führt, sondern auch die Zuwendung und der instrumentelle Zeitaufwand, der dem Patienten zuteil wird.

Viele der Myoarthropathiepatienten können sich den psychischen Faktor ihrer Erkrankung nicht eingestehen und lehnen deshalb eine Überweisung zum Psychiater/Psychologen ab. Wenn dagegen der zahnärztliche Behandler, der ja auch die Schiene etc. macht, zusätzlich eine Hypnosetherapie durchführt, wird dies gerne akzeptiert. Dabei wird dem Patienten eine „Anleitung zur Selbsthypnose" gegeben, um keine Abhängigkeit vom Behandler entstehen zu lassen. Die Selbsthypnose muß der Patient regelmäßig zu Hause durchführen, wodurch er lernt, daß er seinen Körper in Kontrolle bringen kann, indem er selbst etwas für sich tut.

Mit Hilfe der Hypnose kann in vielen Fällen eine effiziente Durchblutungs- und Blutungskontrolle ohne medikamentöse Nebenwirkungen erreicht werden. Dazu bedarf es häufig keiner formellen Hypnoseinduktion: Durch die Behandlungssituation ist der Patient sowieso in einem veränderten inneren Zustand und bereit, auf Instruktionen des Behandlers zu hören.

Durch folgende Anweisung kann häufig eine Blutungskontrolle erzielt werden: „Stellen Sie jetzt bitte die Durchblutung in Ihrem rechten Oberkiefer ab und Sie brauchen sich nicht darum zu kümmern, wie Sie das machen. Denn für unseren Eingriff ist es besser, wenn es jetzt weniger blutet, wir werden schneller und präziser arbeiten können, wenn es weniger blutet. Dafür stellen Sie jetzt die Durchblutung oben rechts ab. Sie können sich vorstellen, wie angenehm kühl sich der Kiefer anfühlt, wenn Sie Ihr Lieblingseis im Munde zergehen lassen, und Ihr Unbewußtes weiß genau, wie die Durchblutung reduziert wird."

Der Patient geht automatisch auf einen inneren Suchprozeß, ist von Außenreizen abgelenkt und gerät in eine Konfusion, weil diese Anweisungen überraschend und ungewöhnlich sind. Und die häufigste Reaktion auf Konfusion: Abschalten. Damit aber ist der Zugang für Suggestion offen.

Wenn der Unterkiefer bei der Bißnahme besonders locker sein soll, ist er oft besonders verkrampft. Durch eine kurze Entspannungsinduktion kann in vielen Fällen eine vollständige Lockerung der Kaumuskulatur erzielt werden und eine unverkrampfte Bißnahme durchgeführt werden.

Bei Langzeitsitzungen haben wir die Erfahrung gemacht, daß bei Patienten, die vor der Behandlung Instruktionen zur Selbstentspannung bekommen haben, die terminale Anästhesie mit 2 Amp. Ultracain für den gesamten Oberkiefer während einer 4stündigen Sitzung ausreicht. Auch wird die Sitzung als erholsam und zeitlich kürzer erlebt.

Wir haben Hypnose angewendet zur Therapie von:
– Würgereiz,
– Zähneknirschen,
– Habits (Daumenlutschen etc.),
– Parästhesien,
– psychogener Prothesenunverträglichkeit und bei
– Kinderbehandlung.

Zahnmedizinische Hypnose kann nicht angewendet werden bei Patienten mit zu geringer Intelligenz (Konzentrationsfähigkeit und Phantasie sind notwendige Voraussetzungen). Patienten mit akuten psychiatrischen Krankheitsbildern gehören zuerst in fachärztliche Behandlung. Zur Vorsicht wird angeraten bei Patienten mit akuten Herz- und Kreislauferkrankungen. Hypnose sollte nicht ausgeführt werden von ungenügend ausgebildeten Anfängern und nie zu irgendwelchen Unterhaltungszwecken. Mit Hypnose kann keine schlechtsitzende Prothese angepaßt werden.

In der Alltagspraxis kann mit hypnotischen Entspannungstechniken bei Problempatienten aller Art und bei Langzeitsitzungen Streß und Zeit gespart werden. Die Analgesiehypnose erfordert in der Regel mehr Zeit und Energie als die Lokalanästhesie. Sie ist indiziert bei Patienten, die allergisch gegenüber Lokalanästhetika sind, bei Angstpatienten, um eine Allgemeinnarkose zu vermeiden und bei Patienten, die „keine Spritze" wollen.

Nachtrag

Seit meine Frau in unserer Praxis als Hypnoseassistentin mitarbeitet, ist durch die Möglichkeit des Delegierens eines Teils der Hypnosetätigkeit eine erhebliche Zeitersparnis und Effektivitätssteigerung zu verzeichnen. Ergibt sich aus der Situation heraus die Notwendigkeit einer hypnotischen Intervention (z. B. ein neuer Patient zeigt plötzlich Angstsymptome), biete ich den Patienten an, mit meiner Frau ein Entspannungstraining zu machen, ich kann in der Zwischenzeit im anderen Zimmer weiterarbeiten, und der Patient kann seine Ängste in Ruhe bearbeiten. Erst wenn er in einem entspannten und behandlungswilligen Zustand ist, komme ich ins Zimmer zurück und kann dann effektiv und ohne Zweikampf mit dem Patienten arbeiten. Besonders wichtig ist die Zusammenarbeit auch bei Patienten mit Widerstand, weil durch eine Doppelinduktion sehr leicht die bekannten Bezugssysteme des Patienten verwirrt werden können und über die Konfusion sehr schnell ein tieferer Hypnosezustand herbeigeführt werden kann.

Hypnoseassistentin – eine neue Möglichkeit der Zusammenarbeit in der zahnärztlichen Praxis

In einer Zeit, in der unsere Patienten zunehmend anspruchsvoller und empfindlicher werden, mehr Zuwendung und Betreuung erwarten, gilt es, den veränderten Bedürfnissen durch neue Berufsformen zu entsprechen. Ich arbeite mit meinem Mann in der Zahnarztpraxis zusammen, u. a. als Hypnoseassistentin.

Was ist eine Hypnoseassistentin?

Die Hypnoseassistentin unterstützt den Zahnarzt bei der Behandlung ängstlicher oder verkrampfter Patienten. Sie unterrichtet Patienten in Entspannungstechniken und ist ein offener Gesprächspartner. Sie gibt den Patienten Wärme

und Geborgenheit, damit sie die Behandlung angenehm erleben. Die Hypnoseassistentin sollte eine erfahrene und reife Mitarbeiterin sein, die diesen
manchmal schwierigen Situationen gewachsen ist. Sie sollte eine Hypnoseausbildung gemacht und eigene Erfahrung mit Hypnose haben, um diese auch
weitergeben zu können.

Vorbereitung des Patienten

Was nützt es, wenn der Zahnarzt mit viel Zeitaufwand ein gutes Arzt-Patient-
Verhältnis hat, die Helferin aber bei selbständigen Arbeiten am Patienten mit
falschen Worten und Sätzen alles wieder kaputt macht? Teils aus Unwissenheit, aus Unsicherheit (da nicht mit den Grundsätzen der positiven Kommunikation vertraut), überträgt sie die eigenen Ängste und hat Angst vor der Angst
des Patienten. Wir wollen einen streßfreien, harmonischen und zügigen Praxis-
ablauf mit der Hypnose erreichen. Der Patient soll sich wohl fühlen, „von uns
aufgefangen werden".

Da der Zahnarzt nicht immer die erforderliche Zeit dafür hat, können
Hypnoseassistentinnen den Patienten in seinem oft schlechten Zustand auffan-
gen, auf ihn eingehen („pacing"), um ihn dann in einen angenehmen Zustand
zu bringen („leading"). Die erste Kontaktaufnahme mit einem neuen Patienten
ist oft entscheidend; er wird freundlich und persönlich begrüßt. Dabei könnte
das „pacing" etwa so lauten: „Ich sehe, daß Sie Angst haben", „Ihre Hände
sind ja ganz kalt", „Was können wir tun, damit Sie sich wohler fühlen?"

Der Patient wird in seinem jetzigen Zustand abgeholt. Auch die körperliche
Berührung ist sehr wichtig, da viele Patienten den Blickkontakt meiden und
angstvoll auf den Boden schauen. Die Assistentin kann z.B. ihre Hand auf
seine Schulter legen, ihm über den Arm streichen. Der Patient darf über seine
Angst reden, denn durch das „Dampf ablassen" wird sein Zustand schon viel
besser.

Ein ängstlicher Patient sollte nicht lange warten müssen, da sich sonst die
Angst aufschaukelt.

Die Hypnoseassistentin sollte für eine ruhige Atmosphäre sorgen. Hektik,
Türenschlagen und lautes Bohren – und Instrumentengeräusch sollten möglichst vermieden oder in die Hypnose integriert werden. Solange der Zahnarzt
im Nebenzimmer behandelt, kann die Hypnoseassistentin die Anamnese erheben, nach Hobbys fragen und diese sich in der Hypnose zunutze machen. Sie
stellt z.B. die Frage: „Was erwarten Sie von der Hypnose? Was wissen Sie
über Hypnose?"

Diese Informationen kann die Hypnoseassistentin dem Zahnarzt, bevor er
ins Zimmer kommt, mitteilen. Nach Rücksprache mit dem Zahnarzt kann die
Assistentin schon beginnen, den Patienten zu entspannen oder ihm Unterricht
in Selbstentspannung zu geben.

Zusammenarbeit mit dem Zahnarzt

Der Zahnarzt trifft jetzt auf einen positiv eingestellten, entspannten Patienten,
der Vertrauen gewonnen hat. Jetzt muß entschieden werden, ob mit der

Behandlung sofort begonnen werden kann oder ob der Entspannungszustand in eine tiefere Hypnose übergeleitet wird.

Dafür gibt es mehrere Möglichkeiten: z. B. Induktion durch den Zahnarzt, durch die Hypnoseassistentin oder eine Doppelinduktion.

Die Doppelinduktion ist bei uns die effektivste und schnellste Methode. Es sprechen Zahnarzt und Assistentin gleichzeitig oder im Wechsel. Da der Patient nicht lange auf beide Stimmen gleichzeitig hören kann, schaltet sein rationales Denken ab und er geht in Trance. Die Assistentin sorgt dafür, daß die Hypnose aufrechterhalten wird. Dafür ist der Körperkontakt z. B. Berührung von Hand, Schulter, Bauch sehr wichtig. Wenn nötig, kann sie weiterreden und beruhigende Suggestionen geben.

Der Zahnarzt kann sich voll auf seine Arbeit konzentrieren und ab und zu Kommentare wie „gut", „ja", „es sieht gut aus", „Sie machen das prima", einstreuen.

Nach kurzer Zeit wird es für beide zur Routine, und es resultiert ein äußerst angenehmes und streßfreies Arbeiten. Die Patienten haben mehr Vertrauen und liegen ruhig mit geschlossenen Augen da. Dadurch können sich Arzt und Assistentin voll auf ihre Arbeit konzentrieren und alle unnötigen Außenreize vergessen. Durch die Anwesenheit der Hypnoseassistentin kann der Zahnarzt auch problemlos die Behandlung unterbrechen, da der Patient in dieser Zeit weiter betreut wird und sich nicht allein gelassen fühlt.

Zurückholen des Patienten aus der Hypnose

Während der Zahnarzt ohne zusätzlichen Zeitaufwand in das nächste Behandlungszimmer gehen kann, sorgt die Hypnoseassistentin dafür, daß der Patient in einen guten Jetztzustand zurückgeführt wird. Sie kann ihm die Zeit geben, die er braucht. In der Zwischenzeit kann bereits das Zimmer aufgeräumt werden. Der Zahnarzt kann sich dann in einer angenehmen Atmosphäre von dem Patienten verabschieden.

Ausbildung zur Hypnoseassistentin

In Schweden sind fast die Hälfte aller Zahnärzte in Hypnose ausgebildet. Die schwedische Hypnosegesellschaft hat A-Mitglieder (Ärzte, Psychologen) und B-Mitglieder (Helferinnen, Physiotherapeuten usw.), die unter Aufsicht als Hypnoseassistenten arbeiten. Ihre Ausbildung ist dort genau geregelt.

In der Bundesrepublik Deutschland sind bis jetzt nur Ärzte und Psychologen als Mitglieder bei der Deutschen Gesellschaft für Hypnose zugelassen. Deshalb bieten wir bis jetzt auf privater Basis Hypnosekurse für Zahnarzthelferinnen an. Voraussetzung dafür ist, daß der behandelnde Arzt eine Hypnoseausbildung hat.

Literatur

Burk W (1986) Die hypnosuggestive Angst- und Schmerzbehandlung in der zahnärztlichen Praxis. Experimentelle und klinische Hypnose 1986. Z Dt Ges Hypn 2:129–141

Grinder J, Bandler R Therapie in Trance. Klett Cotta, Stuttgart

Kunzelmann KH (1987) Hypnose in der Zahnheilkunde. Med. Dissertation, Universität Würzburg

Kunzelmann KH, Dünninger P (1987) Hypnosuggestive Therapie bei Funktionsstörungen. Zahnärztl Mitt 18 1991-1995

Peter B (1986) Schmerzkontrolle. Hypnose und Kognition MEG 3/1:27–41

Przybilla H (1985) Behandlung ängstlicher Patienten in Hypnose. Quintessenz 2:369–371

Reindl V (1986) Selbsthypnose in der Zahnmedizin Exp Klin Hypn 2/2:143–147

Schmierer A (1985) Hypnose in der zahnärztlichen Praxis. In: Burkhard P (Hrsg) Hypnose und Hypnotherapie nach Milton H. Erickson. Pfeiffer, München

Schmierer A (1986) Analgesie bei zahnärztlichen Eingriffen durch Hypnose. Exp Klin Hypn 2/1:87–91

Schmierer A (1987) Hypnose und Entspannung, Zahnarzt Mag 2:7–9

Schmierer A (1988) Zahnarztangst. Zahnarzt Mag. 1:3

Schmierer A (1988) Hypnose beim Zahnarzt. MEG A Phon 7:10

Schmierer G (1988) Die Hypnoseassistentin, eine neue Möglichkeit der Zusammenarbeit in der zahnärztlichen Praxis. Zahnarzt Mag 2:17–18

Betsy Blakeslee, MS

Health Counselor,
Visualisation und Hypnotherapie
von Krankheiten unterschiedlicher Genese

The Role of the Mind and Emotions in Healing

Zusammenfassung

Mittels der Geschichte „Psyche und Amor" aus der griechischen Mythologie wird im Sinne einer Metapher der Versuch unternommen, die Analogie zwischen dieser, dem Verlauf und den Perspektiven des weiblichen Brustkrebses und seiner psychosomatischen Aspekte herauszuarbeiten.

Die verschiedenen Stadien der Erkrankung und die Aufgabe, sich mit der Diagnose und den sich hieraus ableitenden Konsequenzen auseinanderzusetzen, werden dargestellt. Die Beziehung zwischen körperlicher Anspannung und aufgestauten Gefühlen wird unter verschiedenen Blickwinkeln betrachtet, immer in Bezug auf den Mythos.

Vor dem Hintergrund des Visualisierungsprogrammes von Simonton werden zwei Fallbeispiele wiedergegeben, die einmal die Krankheitsgeschichte einer Frau mit entzündlichem Mammakarzinom und einmal diejenige einer Frau mit M. Hodgkin beinhalten; die Katamnese beider Fälle deutet unmißverständlich darauf hin, daß die Kombination einer somatischen Therapie mit Meditationstechniken welcher Art auch immer den Heilungsprozeß verbessern kann, um so eine frühzeitige Genesung möglicher zu machen.

Summary

Using the story of "Psyche and Amor" from Greek mythology as a metaphor, the course and psychosomatic aspects of female breast cancer are examined. The different stages of the illness and the task of facing the diagnosis as well as the consequences resulting from it are demonstrated. The relationship between body tension and stored emotion is examined from different points of view, but always with reference to the mythological story.

Two illustrative cases are reported, one a woman with inflammatory breast carcinoma, and one a woman with Hodgkin's disease. The follow-up of both

B.J.M. Diehl, Th. Miller (Hrsg.)
Moderne Suggestionsverfahren
© Springer-Verlag Berlin Heidelberg 1990

cases clearly indicates that the combination of somatic treatment and meditation of different kinds can improve the healing process, facilitating an early
recovery.

In the early years of my practice as a health counselor, I wanted very much
to find a formula for healing. If patients followed this formula – let's call it a
recovery program – I believed they would get well. I thought, "If people get
sick because something is wrong in their life, correcting the problem should
make them healthy."

I read the literature, trained with some of the best holistic practitioners,
including Dr. Simonton, and concluded that patients who wanted to recover
from serious disease should: exercise, eat well, take vitamins, meditate, relax
and visualize, work with their body through yoga or Eutony, and engage in
psychotherapy. They should also want strongly and unequivocally to get well
and to know why they wanted to live.

Out of over 1000 patients whose progress I followed, many couldn't or didn't
carry out such a rigorous recovery plan. Still others followed it the way one
takes mandatory classes in school – without excitement.

I became disheartened when patients stayed sick or died. Did they fail to get
well because they ignored part of the formula? What if they followed the
formula reasonably well and died anyway? Should they feel guilty, as they so
often did, for failing to recover their health?

Or were we holistic practitioners looking for the wrong measurement of
healing? Perhaps healing of an important kind had happened, but we hadn't
noticed or valued it because we had been watching only for medically measurable healing.

Ethically, I could not continue to suggest to patients a formula which, even
when followed, could not assure them of the results they sought. Had I continued to measure my value as a practitioner by medical results, I would have felt
unbearable despair.

In my search for a deeper understanding of healing, I came across the Greek
myth, *Psyche and Amor*. The heroine's name, Psyche, means the feminine
soul. I wondered if the journey she makes could be interpreted as a healing
journey. I wondered whether there might be a special state of mind that
participates in or speeds healing. If so, what is it? Could the healing journey be
a psychospiritual journey something like Psyche's?

Psyche and Amor: The Myth

Psyche is a very beautiful mortal woman. Her beauty causes her problems.
Aphrodite, the goddess of beauty, is terribly jealous because she wants to be
worshipped as an unparalleled beauty. Aphrodite arranges for an oracle to
determine that Psyche is to marry Death.

Psyche is taken to a mountain where she is to be ravished by Death. Aphrodite sends her son, Amor, the god of love, to shoot an arrow into Psyche that will force her to love Death.

Amor takes one look at the beautiful Psyche and falls in love with her. He then engages the West Wind to cushion her fall from the mountain down to the Valley of Paradise where he lives.

Here, in his palace, Amor arranges for Psyche's every need to be met. Each night, Amor comes to her. They make love, and he leaves before dawn. There is, however, one stipulation – Psyche must not see Amor. She must not really know who this God is.

Happy to avoid Death, to be loved by Amor, and to live in splendor, Psyche is content. But she grows lonely for her sisters and asks to see them. Amor says no. Psyche pleads. Amor agrees, but warns her that if they visit, he will leave her, or – in another version of the myth – she will bring destruction upon herself.

Psyche's sisters come to the palace. When they see the grandeur in which she lives, they become bitter with envy. They tell Psyche that Amor is a dangerous serpent whom she must kill.

Psyche is torn. She does not know whether to believe her sisters. She decides to disobey Amor's command that she not see him.

She devises a scheme by which she can sneak a look at Amor. One night as he sleeps, she brings an oil lamp to his bedside. She discovers his incredible beauty. But oil from the lamp spills on his shoulder, burning and waking him.

Amor flies away from Psyche. She clings to him, but she cannot hold onto him for long and drops back to earth. He calls to her: "Love cannot live where there is no trust."

She despairs. Psyche is not only bereft, but pregnant with Amor's child. Aphrodite is looking for Psyche, furious that her son has fallen in love with her.

Psyche seeks help from various deities, but is sent away. Finally she faces Aphrodite, whom she fears.

Aphrodite is entirely unsympathetic. She pulls Psyche around by the hair and feeds her only bread and water. She gives Psyche four tasks to perform, each more dangerous than the last.

The first task is to sort many kinds of seeds. Psyche despairs. She sits. Ants come and sort the seeds for her. She takes the seeds to Aphrodite.

The second task is to collect golden fleece from fierce rams.

Again Psyche despairs. She thinks of killing herself. Just as she plans to throw herself into the river, a reed growing there tells her where to get the golden fleece without the rams harming her. It directs her to trees the rams rub against. Psyche gathers the fleece they have left there. She takes it to Aphrodite.

Aphrodite gives Psyche a third task. She must fill a goblet with waters from the River Styx, which begins on a high mountain, flows underground into Hades, and returns to its source. Monsters guard the river. How, then, does she get the water? An eagle takes her goblet in its beak, flies over the monsters to the center of the river, fills the goblet, and brings Psyche the water. She takes it to Aphrodite.

Psyche's fourth task is the most difficult. She must go to Hades, retrieve a box of beauty oinment from Persephone, who reigns there, and bring it to Aphrodite.

A tower offers guidance. It tells her not to assist a lame man or a dying man who will plead for her help. It tells her what to eat and what not to eat. It tells her how to pacify the dangerous dog who guards the entrance to Hades. It tells her how much boat fare she will need to cross the River Styx and to get back again. Finally, it tells her not to open the box.

Psyche survives the trip to Hades. But on her return, she gets into serious trouble. Her vanity prompts her to take some of the beauty ointment for herself. When she opens the box, she finds not beauty ointment, but a death-like sleep which overtakes her.

As Psyche lies near death, Amor, who has left her to her own journey, hears of her predicament. He puts the sleep back in the box and carries her to Mount Olympus. She is made a goddess, marries Amor, and even Aphrodite accepts her earned triumph. She gives birth to a daughter named Pleasure.

Psyche and Amor as a Healing Myth: The First Part

Let's look at Psyche's story as a metaphor for healing from physical illness.

Psyche is abandoned at a mountain where she is to marry Death. This pronouncement could symbolize the diagnosis of a life-threatening illness. Amor is to shoot an arrow into Psyche to force her to love Death. Symbolically, we might say that Psyche is being prepared to embrace death as the inevitable outcome of illness. Amor means love. When Amor spares Psyche his arrow, it is love that saves her from Death.

Being with Amor only at night in the dark, Psyche grows lonely for her sisters. She misses the familiar mortal relationships she left behind when she came to Amor's Valley of Paradise. Symbolically, we might say that Psyche is offered a way out of death which totally isolates her from human beings. She must live alone but for her god, whom she does not yet really know. She is not ready for this.

Psyche's jealous sisters try to persuade her that Amor is a serpent whom she must kill. To what part of her mind do they appeal? It is the part which not only doubts her experience of love and obsesses about what her lover looks like, but is willing to kill love. If we let Amor symbolize love and godliness, then Psyche plans to kill love and godliness.

It is no longer enough for Psyche to have her god of love, even to feel her god of love inside her body. She wants to see him. And she must risk discovering that her god is a serpent in order to discover his godliness. This is a common progression in patients who follow a spiritual approach to healing. They at first love, then distrust, and finally want to know their god or spiritual teacher better. For patients without spiritual beliefs, this progression often happens regarding their treatment.

Psyche rebels against Amor's demand that she not see him. She brings a knife and a lamp to the bedside and looks at him. When Psyche upsets the status quo of her comfortable, unquestioning life with her god, whom she does not really know, she starts a process which cannot end until she either heals or dies.

Psyche has not yet earned Amor's lasting love, so she cannot hold onto him and Love leaves. She wants only one thing, Love, but is not yet wise enough to keep it.

Now her healing journey begins. As with all healing journeys, she feels ejected from what had been familiar and comfortable. As with all healing journeys, she doesn't feel at home anywhere on earth. As with all healing journeys, she makes her journey alone. As with all healing journeys, she does not know how it will end, or what to do to make it end well.

Just as a part of Psyche's mind makes her act in a way that leads her to face the fearful Aphrodite, a part of our psyche summons our attention to our fears through illness. In serious illness, people often face what they most fear. It ist uncanny how those afraid to lose their attractiveness may become ugly or smelly. Others afraid to lose their independence may become dependent. Although the correlation between breast cancer and women who have not breast fed babies has been assumed to be physiological, it is possible that these women fear they are not fully female. Treatment for breast cancer often disfigures breasts, aggravating such fears.

Psyche's Tasks as Symbols for a Healing Journey

Let's look at the tasks Aphrodite gives Psyche as symbols for ways to approach healing.

1. Psyche's first task is to sort out different kinds of seeds. The first task of healing is to become aware of one's condition and to sort out what is important.
   Psyche despairs. Often, a healthy first reaction to the diagnosis of serious illness is despair. One looks at the colossal task of healing and says, "Maybe things are too difficult."
   Psyche sits. People with illness need to be still.
   Ants come and sort the seeds. Patients need to recognize help even when it seems small or comes from a surprising source.
2. Psyche's second task is to gather the golden fleece from fierce rams. The second task of healing is to become physically and psychologically strong.
   Psyche must gather the wool with her own hands. That is, she must own the fierceness of ram-nature for herself. This could symbolize Psyche finding her animus – her physical strength, her will, or her strong emotions.
   Why is the fleece from the fierce rams golden? People with physical and psychological strength sport a sunny vitality. Psychological strength can

come from releasing body tension caused by stored emotion, from working through psychological limitations, and from meeting difficult challenges.

The precise role of emotions in healing is unclear. It differs for each individual. It may have to do primarily with correcting an imbalance in the emotional life of the person recovering.

For example, emotional strength for one person may come from learning to express emotions out loud in a responsible way that doesn't further their stress. For another, it may mean transforming their emotions through a spiritual practice.

Psyche considers killing herself. The wish to die could symbolize her wish to let a *part* of herself die so she can truly heal.

A reed tells Psyche how to gather the fleece safely. It intervenes when despair threatens to prevent her from gathering strength. The reed may symbolize nature. Many patients find contact with nature helpful during illness.

3. Psyche's third task is to fill a goblet with water from the River Styx, which flows through both mountains and Hades. The third task of healing is to grapple with both the high and the hellish experiences of life.

The waters of the River Styx could represent the transformed energy of all life experience. It is this transformation of the high and the hellish which promotes healing – both psychological and physical. What is not transformed can make us ill.

Psyche must get past monsters, reach the water, and carry a goblet of it to Aphrodite. She cannot walk casually to the shore and scoop up the water. An eagle flies over the monsters to accomplish this task. What is our eagle nature? It is the part of the mind which soars above our personal monsters, dips into the waters of hell and high places, and carries these waters safely to the part of us which walks in the world.

This is a most important part of a healing journey. Many people gain access to their eagle nature through spiritual practices or hypnotic trances, i. e., altered, quiet, inner states. Both can seem fluid – a river of images or energy. Patients with hypnotic or spiritual practices use what I will call a "healing trance" to take healing from something they believe in: God, a healing part of themselves, or a healing image. In a "healing trance," one enters a state of mind much like an eagle soaring above monsters. This explains why patients often don't want to return from trance. They not only enjoy a break from their usual way of living, but they sense that this is a healing state. Like an eagle with lots of sky around him, they feel the freedom of being above their personal monsters and their problems. Where they felt pressure, they now feel spaciousness. Where they felt pain, they feel comfort. Where they felt disturbance, they feel ease. Where they felt hate, they feel love. Where they felt fatigue, they feel vitality.

A hypnotherapist can suggest the above positive states to patients as they enter a hypnotic trance.

Psyche carries a small amount of river water in a container. Patients with a psychospiritual practice often carry their personal history transformed, more like the waters of the Styx than like the monsters. Those who are able to do this may have more energy available for healing.

The water may also symbolize the vitality people experience when they have acupuncture or other body therapies. A good acupuncturist knows how to wake up only the amount of energy (a gobletful) a patient can handle in a given session.

4. Psyche's fourth task is to survive a trip to Hades. The fourth task of healing is to let wisdom, not desires, guide one through hellish periods in life.

A tower gives Psyche instructions for surviving the journey to the under-world. In serious illness, there is always the danger that one will not survive. One needs guidance. Why does a tower give it to Psyche? The tower could represent wisdom. Like wisdom, it lasts many generations and looks different in different cultures.

The tower tells Psyche not to help others who will plead for her help. She must preserve her own energies entirely for her most important task – to go to hell and back without dying. This is what full healing is.

The tower tells Psyche what to eat and how to spend money. Patients who live long after they are expected to die use their resources exceptionally well. They usually have an excellent diet and spend their money mainly on getting well. They also have social support – good communication skills so they can understand and discuss treatments and arrangements necessary for healing. They have people who love and help them and want very much for them to live.

The tower tells Psyche not to open the box she is to carry from Hades to Aphrodite. Thinking it a beauty ointment, Psyche opens it. Here, instead of honoring the nature of her journey, she regresses. Yielding to her desire to be more beautiful, she flirts almost fatally with the death like sleep in the box. The risk of diverging from the central task of healing is, for the seriously ill, death.

Love saves her. Patients often say that, were it not for love, they might not have survived a life-threatening illness.

Psyche triumphs, Amor carries her to Mount Olympus, and she marries him. Patients with serious illness need to celebrate their own Olympian triumphs. It is astonishing how often patients report learning to love more deeply as their triumph.

Psyche gives birth to a daughter named Pleasure. The deepest pleasure comes when one has gone through such a psychospiritual journey. Just as a child comes from inside Psyche's body, this pleasure comes from inside.

Exceptional Patients

I recently telephoned patients of mine who had done far better than their doctors had expected. I wanted to find out if they had continued to do well physically since I had last seen them, and if so, why. Had their journey of recovery been something like Psyche's journey? The similarities in their stories intrigued me. Here are two of them.

In January 1982, Carol was diagnosed as having inflammatory breast carcinoma. This is an unusual form of breast cancer. She was given 12–24 months to live. She is alive today (March, 1988).

Carol's psychological and social history is of interest. Fifty-eight years old, she is unmarried, childless, and has not worked for money since her diagnosis. She has a circle of friends, and is able to feel their love for her. Sexuality, loneliness, and self-acceptance have been her psychological issues. She had years of psychotherapy before her diagnosis, but since then, has preferred to work on these issues without professional help.

Like Psyche's first task of sorting seeds, Carol sorted through various approaches to healing, choosing ones which were right for her. When I began to work with Carol in 1982, I tried to teach her the Simonton method of visualization. It involves images of combat between cancer cells and white blood cells. She told me emphatically that she was not interested. Her way was not to fight *against* the disease. Rather, she would accept it as a teacher and learn from it.

Carol meditates daily. She also eats a modified macrobiotic diet, takes Chinese herbs, and has acupuncture. She exercises in a park for 1 1/4 hours a day with a gentle Chinese martial art called Qui Gong. She also uses cold packs to cool her body.

Like Psyche's second task of gathering the wool from rams, Carol found strength and worked with her emotions. She received Rosen bodywork. Every 2 weeks, she lay quietly while her practitioner touched areas of tension. In her body, she discharged emotions "stored in (her) cells from childhood distress." She reported feeling more vitality after these sessions. Carol's path of healing has been primarily an energetic one. When she meditates, her mind "goes undisciplined all over the place." The value of her meditation, then, must be energetic, that is, a subtle change in the body. She describes her meditation, bodywork, Qui Gong, and cold packs as methods to alter her body "almost imperceptibly". She also moved out of a city to an area with more natural surroundings.

Like Psyche's third task of filling the goblet with water from the River Styx, Carol has a spiritual practice to help her transform the high and the hellish parts of life. Her spirituality contributes to a love of life, evident the moment you meet her. She says, "We're all here for one another. I feel deeply blessed and greatly enriched from these last six years." Carol loves to inspire others with her story. She occasionally speaks to the public about her remarkable progress. She has made tapes of two talks and gives them to anyone who asks for them. She tells people to return them, so she can pass them on. This gives her life purpose.

Like Psyche's fourth task of surviving a trip to Hades, Carol nearly died last year, but survived.

The second patient is Alyse. In 1981, Alyse had a dangerously low platelet count. Her diagnosis was idiopathic thrombocytopenic purpura. She had received ten transfusions of platelets. These transfusions and 20 mg prednisone a day kept her alive. She had frequent bruises and a black eye because she could no longer clot her own blood. Thirty-five years old, she walked with a cane.

Six years earlier, in 1975, Alyse had Hodgkin's disease. Doctors had removed her spleen, and treated her with radiation and chemotherapy.

Now (March, 1988) Alyse has been well since 1983. During these 5 years her only illness has been one mild bout of flu.

In 1981, Alyse managed an apartment building. She was a smart but cool person, without goals, without much interest in psychology or spirituality, without the ability to love deeply and be loved, without enthusiasm for life. But when her body stopped producing enough platelets to live, she began the task of changing.

What was Alyse's healing journey?

Like Psyche's first task, Alyse, over time, decided what was important to her. First, she learned to visualize her body producing great quantities of platelets. In a relaxed state, she visualized three times a day. Soon, she stopped taking prednisone. Without transfusions, she kept a normal platelet count and stopped bruising.

She started attending workshops on psychological growth and began to work artistically with fabric. Eventually, she quit her job managing the apartment building.

But within months, she developed another serious problem. Her hip bone was dying from aseptic necrosis of the femur. This had developed from the earlier Hodgkin's disease. She again walked with a cane.

She bought a bone, carried it around to remind herself to visualize, but failed to heal her femur. In 1983, doctors surgically replaced her hip. She has been well ever since.

Like Psyche's second task, Alyse found physical and psychological strength. She practiced Aikido, an active martial art. A bodyworker used acupressure and other forms of touch to help her release tensions in her body. She also worked on the area of her spleen to help her regrow it. Alyse grew a new spleen.

Like Psyche's third task, Alyse found ways to fly over her personal monsters. Alyse painted, deciding just this year to earn a living through her art. She reports paintings coming through her while she holds the brush in a meditative state. She says, "It is not me who paints. I know that what's supposed to come will come."

Like Psyche's fourth task, Alyse found a tower who has guided her through the difficulty towards a life containing love. She found a spiritual teacher. "Within two years," she says, "I opened my heart for the first time in my life. Then I fell in love. It didn't work out, but I continue to feel so much more love than I did before. I was not awake when I was ill. Now I am."

I chose to present these two patients because their stories inspire others. They are not typical of patients with serious disease, but they *are* typical of patients who use their mind and emotions to help heal themselves. Here is what they have in common with others I have met who do exceptionally well medically:

1. Like Psyche sorting seeds, they sorted the important (healing) from the unimportant. All found their own way to approach healing. They participated actively in their recovery. They made use of standard medical care, but not a single one of them passively let someone else cure them.
2. Like Psyche, all developed physical and psychological strength.
3. Like Psyche sitting until a course became clear, and later letting her Eagle soar, all spent time in an altered, quiet state every day.
4. Like Psyche, all acknowledged their own suffering in an mature way and sought wisdom, learning more about themselves.
5. Like Psyche giving birth to Pleasure, all devoted increased time to a creative form of self-expression. Some developed this into an art form. Others spoke publicly about issues important to them.
6. All openly shared their story.

Using the Myth with Patients

I have used the myth of *Psyche and Amor* with patients to facilitate the healing process in the following ways.

Sometimes I tell patients the myth or ask them to read it, paying particular attention to a part which may offer them insight or direction.

I keep the myth in mind as a metaphor for a healing journey when setting a course for healing with a patient. This might take the form of questions. "I asked you to read the myth to get ideas for your own healing journey. What do you imagine your healing journey might include? What is your tower or do you need to find one? When do you feel like an eagle, soaring above your personal monsters? Something can help you with your despair, just as Psyche's reed helped her with her despair. What might that be?"

I flexibly keep in mind an order of "healing tasks" (different for each patient), not always following the order of Psyche's tasks. For example, the first task with patients in pain is to control the pain.

Charles, a 75 year old with postherpetic neuralgia, came to me for hypnotic pain control. He had both leukemia, which was under control, and lymphoma, which was getting worse. He woke up five to seven times a night from pain along the nerves near his anus und from the urge to urinate.

I taught him self-hypnosis for pain control and insomnia. During hypnotic trances, he asked his unconscious for two things: first, to wake him only once or twice a night to urinate, and second, to reduce the sensation he knew as pain by making him more aware of other sensate experiences. Soon he slept well and felt far more comfortable. His activity level increased.

A year after our work began, he sent me a wedding announcement with a note which read, "Thank you for your help. If I hadn't learned to control my pain, I could never have remarried."

The Meaning of the Myth for Healers

As healers, we must stir up in patients the ants, the reeds, the eagle, the tower, Amor, and even Aphrodite.

Like Psyche's ants, sometimes we must help patients to sort out what is important. A patient of mine, diagnosed as having multiple sclerosis, planned to keep a heavy work load. His work demanded a person and a stress level counter to healing. In conversation and in trance, I asked his ant nature to decide what was most important for healing. He retired.

Like Psyche's reed, we must sometimes help patients to find strength or protection from harm, and even try to prevent suicide.

Like Psyche's eagle, we must sometimes help patients to dip safely into the waters of hell and high places.

Like Psyche's tower, we must sometimes guide patients toward wisdom which might help them survive the hellish times inherent in serious illness. Sometimes, this tower lives inside, and sometimes it is an institution or spiritual teacher.

Like Aphrodite, sometimes we must give tough tasks to patients.

Like Amor, sometimes we must, above all, represent love.

Am I suggesting the role of the mind and emotions in healing is to embark on a grand journey – sorting seeds, getting the golden fleece, dipping into the waters of life, and going to hell and back? Yes. And the reason for this journey is to unite with love? Yes. And that extraordinary physical healing can happen when one makes this journey? Yes. And that this journey may be impossible to make while working full-time? Yes. And that many on this journey become creative? Yes. And that there will be all the help one needs along the way – like that of the ants, the reed, the eagle, and the tower? Absolutely.

References

Blakeslee B (1984) How to teach streß management. (Self-published book to be ordered through: Betsy Blakeslee, P.O. Box 7952, Berkeley, CA 94707, USA)

Blakeslee B (1985) The new holistic health handbook. Berkeley Holistic Health Center, Stephen Greene Press, Berkeley/CA, USA

Hamilton E (1969) Mythology. Little, Brown, Boston/MA, USA

Johnson R (1977) She. Harper & Row, London

Simonton OC, Matthews-Simonton S, Creighton J (1984) Wieder gesund werden – Eine Anleitung zur Aktivierung der Selbstheilungskräfte für Krebspatienten und ihre Angehörigen. Rowohlt, Hamburg

Guy Chenaux, Dr. med. dent.

Zahnarzt
Ausbildung in Akupunktur
und Homöopathie, Sophrotherapie

Die Sophrothanatopädie oder die Vorbereitung auf den Tod mittels sophrologischer Techniken

Zusammenfassung

Auf den Veröffentlichungen von Caycedo aufbauend, beschreibt der Autor die Grundbegriffe der Sophrothanatopädie. Sie stellt eine hoch spezifische Hypnosetechnik dar, die besondere Bedeutung der Sophronisation als einer Form menschlichen Sterbens beimißt: Im Vergleich zu der Art von Sterben, die krebskranke Patienten auf einer Intensivstation zu durchlaufen haben, scheint der Hauptunterschied darin zu bestehen, daß zusätzlich zur detaillierten Thanatopädie – der geistigen Vorbereitung des Patienten auf das bevorstehende Ende – die Sophronisation einen stärkenden Einfluß auf die geistigen und psychischen Sphären des Moribundus ausübt.

Summary

Based on the publications of Caycedo, the author elaborates the basics of sophro-tanatopedia. This constitutes a highly specific technique of hypnosis which places particular emphasis on the fact that sophronization is a means of helping a patient to die a human death. As compared to the kind of death cancer patients have to go through in intensive care units, the major difference appears to be that, in addition to the thoroughly planned thanatopedia (the mental preparation of the patient for death) sophronization has a strengthening impact on the intellectual and psychic spheres of the moribund.

Um die Sophrothanatopädie zu verstehen, müssen wir uns zunächst mit dem Phänomen „Tod" und mit der Sophrologie befassen.

Die medizinische Kunst und Wissenschaft hat in diesem Jahrhundert unerhört große Fortschritte erzielt. Zahlreiche ehemals gefürchtete, meist tödlich

B.J.M. Diehl, Th. Miller (Hrsg.)
Moderne Suggestionsverfahren
© Springer-Verlag Berlin Heidelberg 1990

verlaufende Infektionskrankheiten sind dank Hygiene und Medizin teilweise von der Welt verschwunden. Sie werden heute von daran Erkrankten beinahe als banal empfunden: das Bewußtsein für ihre große Lebensgefährlichkeit ist nicht mehr da.

Im Gefolge des Siegeszuges über die Infektionskrankheiten trat immer mehr eine Pathologie degenerativer Natur als Todesursache auf, welche die Medizin teilweise mit gutem Erfolg bekämpfen lernte. Die Statistik der Lebenserwartung in den industrialisierten Staaten zeigt weiterhin steigende Zahlen; offenbar werden wir statistisch immer älter. Darüber könnte man beinahe vergessen, daß wir Menschen sterblich sind. Die Vorstellung des Todes als unseres natürlichen Endes wird verdrängt. Diese Verdrängung wird unterstützt durch sensationell aufgezogene Presseberichte über die Möglichkeiten, das Leben künstlich zu verlängern. Das Bild des zerfallenden älteren Menschen wird sorgfältig durch das Götzenbild der Jugendlichkeit im Bewußtsein ersetzt. Allerlei kosmetische Eingriffe, eine bessere Körperpflege und der Wille, das Alter nicht zur Kenntnis zu nehmen, verleihen dem modernen Menschen tatsächlich während Jahrzehnten ein frischeres Aussehen und eine größere Spannkraft. Stark zerfallene Menschen pflegt man in Altersheimen zu verstekken. Die Illusion ist perfekt: der Tod ist (fast) besiegt. Dahinter steckt ein natürliches und verständliches Phänomen: die Angst vor dem Tod, als archaisches Gefühl, muß ständig gebändigt, exorziert werden, damit sie uns die Freude am Leben nicht vergällt.

Wenn aber eines Tages sämtliche medizinisch-gerontologische Bemühungen erschöpft sind, stehen wir doch vor dem Tod. Oft ist dabei der Zerfall körperlich und geistig weit fortgeschritten, häufig werden starke Schmerzmittel eingesetzt, welche die Klarheit des Geistes beeinträchtigen. Vom plötzlich eintretenden Todesfall, gleich welcher Genese, wollen wir hier bewußt Abstand nehmen.

In seiner Urangst vor dem Tod ist der Mensch wehrlos. Es stellt sich nun die Frage, ob und wie ihm dabei zu helfen sei.

Die einfachste Methode, ihn auf den Tod vorzubereiten, ist die durch religiöse Mittel. Wir können in diesem Rahmen auf diese nicht näher eingehen, stellen aber fest, daß es eines wirksamen Glaubens und des Anschlusses an eine organisierte kirchliche Gemeinschaft bedarf, damit der Sterbende in den Nutzen dieser Mittel überhaupt kommen kann.

Werden dem Sterbenden starke Schmerzmittel verabreicht, so wird sein Geist zunehmend getrübt, so daß wir annehmen können, daß er mehr oder weniger bewußtlos und sanft stirbt.

Was passiert aber, wenn ein Moribundus von seinem bevorstehenden Tod weiß und keinen Anschluß an eine Glaubensgemeinschaft hat? Wie auch immer seine Vorstellungen über den Zustand nach dem Tod sind, er wird mit der Urangst vor dem Tod konfrontiert werden. Verfügen wir als Therapeuten über Möglichkeiten, ihm dabei Beistand zu leisten?

Wir wissen alle, daß starke Schmerzmittel den Geist benebeln, und damit können wir natürlich die Urangst mitbenebeln, so daß sie nicht mehr allzu intensiv erlebt wird. Im Sinne der Schmerzbekämpfung ist das durchaus zu befürworten. In bezug auf die Todesangst kann man dies als Verschleierungstaktik ansehen, welche den Sterbenden um eine letzte Möglichkeit der seelischen Entwicklung und Reifung beraubt. Deshalb schlagen wir die Sophrothanatopädie als wichtige Alternative vor.

Die Sophrologie ist eine neue wissenschaftliche Schule. Sie wurde 1960 in Madrid von Caycedo (1966), einem in Barcelona niedergelassenen Psychiater kolumbianischer Abstammung, gegründet. Sie wurde außer in Spanien v. a. durch die rege Lehrtätigkeit von Abrezol (1973) und Dumont (1969), beide Schweizer, verbreitet und bekannt gemacht. Sie räumten in den lateinischen Ländern mit den dort kursierenden, zwielichtigen Behauptungen und Vorurteilen um den Begriff der Hypnose auf, die eine seriöse wissenschaftliche Arbeit enorm erschwerten.

Die sprachliche Neubildung „Sophrologie" wurde von Caycedo eingeführt. Sie wird in Anlehnung an Platos „Sophrosyne" vom Griechischen

sos: heil, gesund, unversehrt,

phren: im Sinne von Gemüt, Herz, Wille und

logos: im Sinne von Wissenschaft

abgeleitet. Nach Plato bewirkt die menschliche Sprache, im Zusammenhang als *terpnos logos* bezeichnet, einen „psychosomatischen" Zustand beim Kranken, der zu Heilzwecken gezielt angewendet wird.

Ein Ausspruch Caycedos im Vorprogramm des 1. Weltkongresses für Sophrologie in Barcelona (1970) führt uns unmittelbar in den Mittelpunkt der Hauptgedankengänge der Sophrologie:

> Nach Jahrhunderten hat die offizielle Medizin in ihrem Bestreben versagt, eine Wissenschaft des Menschen zu schaffen, die auf Apparaten und Systemen beruht, aus welchen der menschliche Geist ausgeschlossen oder höchstens als ein Apparat unter anderen betrachtet wurde.

Die Sophrologie befaßt sich mit dem Bewußtsein des Menschen. Sie versucht, in diesem Sinne einen Beitrag zu leisten, indem sie dem Bewußtsein des Menschen den ihm gebührenden Platz im Rahmen des heutigen Wissens zu schaffen trachtet, ohne der Abstraktheit zu verfallen. Sie versucht, ein Konzept des Bewußtseins im Rahmen der Biologie und der Beziehungen zur Umwelt zu schaffen.

Die Sophrologie studiert, wie das Bewußtsein des Menschen mit diversen Mitteln, physikalischen, chemischen und auch psychologischen, verändert werden kann. Sie studiert auf phänomenologischer Basis dieses Bewußtsein, unterscheidet dabei qualitative und quantitative Begriffe (Zustände und Niveaus) und erforscht allgemein, was das Bewußtsein für den Menschen in Wirklichkeit bedeutet und was für praktische Konsequenzen sich daraus für die angewandte Medizin ergeben.

Unser Körper wird von 2 Nervensystemen regiert: Das zentrale Nervensystem untersteht dem bewußten Willen; das neurovegetative oder autonome Nervensystem ist automatisch, es funktioniert antagonistisch. Nach der klassischen Lehre der Physiologie hat unser Wille keinen Einfluß auf das autonome Nervensystem. Und doch ist es möglich, nach entsprechendem Training bewußt auf sog. autonome Funktionen Einfluß zu nehmen. Im deutschen Sprachgebiet ist v. a. das AT nach Schultz als eine solche Trainingsmethode bekannt.

Es ist bisher nicht gelungen, eine eindeutige Definition des Bewußtseins zu formulieren. Laut Teilhard de Chardin verfügen bereits Einzeller über ein Bewußtsein. Durch die aufsteigende biologische Kette hindurch kommen immer differenziertere Bewußtseinsformen vor, und bei der höchsten heutigen biologischen Stufe, dem Menschen, ist eine neue Dimension des Bewußtseins entstanden: die Möglichkeit der Abstraktion, welche das Entstehen der Sprache und des Denkens erst ermöglicht. Im folgenden ist nur das Bewußtsein des Menschen gemeint, wenn wir vom Bewußtsein sprechen.

Das Bewußtsein ist etwas Erlebtes, Subjektives, als solches nicht Objektivierbares. Objektivierbar, also von außen zu betrachten, sind höchstens Verhaltensweisen.

Das Bewußtsein kennt verschiedene Zustände oder Qualitäten: das übliche, nicht krankhafte, also das *gewöhnliche* Bewußtsein. Es existieren auch verschiedene *pathologische Zustände* des Bewußtseins. Alle Zustände des Bewußtseins, die weder gewöhnlich, noch pathologisch sind, werden unter „*sophronische Zustände*" zusammengefaßt.

Es läßt sich das Bewußtsein quantitativ in verschiedene Niveaus auseinanderhalten: aufmerksames Wachsein, Wachsein, Schlaf und Träume, Koma. Diese Niveaus lassen sich mittels des Elektroenzephalogramms objektivieren.

Ein paar Angaben sollen deutlich machen, was unter pathologischen Bewußtseinszuständen verstanden wird: Neurosen, Psychopathien, Hysterie, Psychosen, am Ende des Spektrums die Oligophrenie, bei welcher das Bewußtsein wahrscheinlich aufhört. Wir können hier auf die Kontroversen der verschiedenen psychiatrischen und psychologischen Schulen nicht eingehen. Diese wenigen Angaben sollen nur zur Übersicht und zum Verständnis dessen verhelfen, was hier unter Pathologie gemeint ist.

Der Mensch lebt in der Regel in demjenigen Teil des Fächers, der mit gewöhnliche Bewußtseinszustände (GB) bezeichnet wird. Während des Tages- und Nachtablaufs pendelt sein Bewußtsein zwischen den verschiedenen Niveaus. Unter außergewöhnlichen Bedingungen wie z. B. heftigen Gefühlsregungen, kann er jäh in die benachbarten Zustände geraten, verbleibt aber in der Regel nicht längere Zeit dort.

Nach dem Tod soll das Bewußtsein aufhören. In der Tat läßt sich heute der Körper mit den modernen Mitteln der Intensivpflege auch nach dem Aufhören des Bewußtseins „am Leben" erhalten. Man spricht dann neurologisch von einem flachen EEG: der objektivierende Parameter des Bestehens eines Bewußtseins ist negativ. Man spricht vom psychischen Tod oder auch vom Hirntod, wobei das vegetative Leben des Körpers weitergeht. Soviel man weiß, kam aus diesem Zustand bisher kein Mensch lebend zurück.

Es besteht ein sehr enger Zusammenhang zwischen der psychomuskulären Entspannung und den sophronischen Zuständen des Bewußtseins.

Gelingt es, mit geeigneten Techniken den Muskeltonus gezielt zu reduzieren, so gerät das Bewußtsein in die Nähe des Schlafes, in eine Zone des Schemas, die wir als Sophroliminal bezeichnen, weil von da aus der Zugang zum sophronischen Zustand am leichtesten ist. Elektroenzephalographisch ist diese Zone durch ein Vorherrschen der α-Wellen (8–13 Perioden/s) gekennzeichnet. Es findet eine Autosophronisation oder Selbstsophronisation statt, die entweder ganz von allein (reine Autosophronisation) oder unter fremder Anleitung durch einen Sophrologen (Heterosophronisation, Fremdsophronisation) vor sich geht. Im Falle der Heterosophronisation nimmt der zu Sophronisierende oder Sophronisand die Anleitung an, er führt also tatsächlich aus, was der Sophroniseur vorschlägt. Wenn er das nicht tut, so ist er zunächst nicht sophronisiert. Hat er nun die Technik gelernt, so kann er sie ganz allein anwenden. Aber immer, und das ist ganz besonders hervorzuheben, ist es der Sophronisand, der sich selber sophronisiert. Daraus ergibt sich übrigens von selbst die eminente Bedeutung der Motivation bei der Sophronisation und ganz allgemein die entscheidende Bedeutung der Motivation für den medizinischen und psychologischen Heilerfolg.

Die Schwelle zwischen Bewußt und Unbewußt ist in der Regel kaum passierbar: Bewußt und Unbewußt sind streng getrennt. Im sophronischen Zustand lockert sich diese Schwelle, so daß ein gewisser Ausgleich zwischen evtl. divergierenden Tendenzen zwischen bewußter und unbewußter Einstellung stattfinden kann. Das Bewußtsein und der Wille können einen gewissen Einfluß über das autonome Nervensystem ausüben, woraus sich vielfältige Möglichkeiten der Therapie und Prophylaxe ergeben.

Die Sophrologie umfaßt 3 Hauptanwendungsgebiete:
1. Sophrotherapie,
2. Sophropädagogik,
3. Sophroprophylaxe.

Ganz allgemein geht die Sophrotherapie prinzipiell über das Bewußtsein und dessen erweiterte Leistungen im sophronischen Zustand. Technisch wird unter Verwendung bestimmter Atmungstechniken immer eine Relaxationstechnik verwendet. Der Begriff des Körperschemas spielt dabei eine eminent wichtige Rolle. Bei der Relaxation oder Entspannung geht parallel zum Nachgeben des Tonus der willkürlichen Muskulatur eine Verringerung des quantitativen Bewußtseins vor sich.

Von da an gerät das Bewußtsein allmählich in den sophronischen Bereich, in welchem die therapeutische Sprache im Unterbewußtsein wirksam registriert wird. Therapeutische Suggestionen, verbaler oder nichtverbaler Art, werden offenbar von den angesprochenen Organen und Organsystemen weitgehend realisiert, sofort oder erst mit der Zeit, je nach der Natur des Organs und der Erkrankungen, im übrigen in Abhängigkeit der angewandten Technik und der Person des Kranken.

Die therapeutische Sprache ist mit dem Messer des Chirurgen durchaus vergleichbar; man kann damit Unheil stiften, falls man nicht kunstgerecht damit umzugehen versteht. Und wie die chirurgischen Instrumente absolut keimfrei zu sein haben, so muß auch die therapeutische Sprache absolut frei von Suggestionen und Ideen sein, die negativ aufgefaßt werden könnten. Daraus folgt das strikt einzuhaltende Postulat der verbalen Asepsis. Negativ aufgefaßte Suggestionen würden ihren verheerenden Effekt ebensowenig verpassen wie positiv aufgefaßte die positive Wirkung. In diesem Zusammenhang ist die hohe Verantwortung des Sophrotherapeuten unbedingt zu betonen, und daraus leiten sich unsere Forderungen an einen Sophrotherapeuten ab.

Hier wollen wir nun mit der Sophrothanatopädie einsetzen. Zunächst ein paar etymologische Angaben:

thanatos ist das griechische Wort für Tod,
pais   bezeichnet das Kind,
pädie   betont das Erzieherische.

Die Thanatopädie ist die Vorbereitung auf den Tod, wobei das Gewicht auf dem Pädagogischen liegt. Die Sophrothanatopädie ist demnach ein spezieller Fall der Sophropädagogik: der Sterbende lernt, seinen Sterbeprozeß bewußt und sanft zu erleben, statt sein Leben allmählich zu verlieren. Die Zone des sophronischen Bewußtseins erstreckt sich bis zum Tod. Somit können wir im sophronischen Zustand sterben. Und genau das erstreben und erreichen wir mit der Sophrothanatopädie.

Bei meinen bisherigen Fällen handelt es sich um zahnärztliche Patienten, die – von einer tödlichen Krankheit befallen – sich mit mir in der Praxis über das unterhielten, was ihnen mit der Zeit bevorstand. Sie alle fürchteten sich entsetzlich davor. Ich schlug ihnen vor, als Beobachter und Akteur zugleich, sanft ihr Sterben als einen letzten Bewußtseinsakt zu erleben, statt davor zu flüchten. Als Menschen, die trotz ihres Elends ihre menschliche Würde bis zuletzt behalten wollten, willigten sie ein.

Schematisch kann ich hier das Vorgehen angeben. Die Erstsophronisation wurde noch ambulant als Vorbereitung auf das Weitere vorgenommen. Eine Arzt-Patient-Beziehung bestand, mußte somit nicht erst hergestellt werden, was in solchen Fällen als eine besonders günstige Ausgangsposition zu bezeichnen ist. Die Erstsophronisation wurde häufig von eigenartigen Wahrnehmungen und Bildern begleitet bzw. gefolgt, die auf die Nähe des Todes hinwiesen. Tiefste psychische Schichten, archetypische Gestalten aus dem kollektiven Unbewußten, durch den herannahenden Tod aktiviert, konnten sich dadurch ausdrücken, was der Patient zutiefst empfand. Schon dies hatte einen beträchtlichen Effekt auf die Patienten: sie fingen an, ihre Lage anders aufzufassen, sie nahmen etwas Abstand davon. Die neue Rolle als Beobachtende wurde damit eintrainiert. Später ließen mich die Patienten zu sich rufen. Am Krankenbett sophronisierte ich wieder, wenn möglich einmal täglich. Die Sophronisation erfolgte jeweils unter besonderer Berücksichtigung der Schmerzkontrolle. Angestrebt wurden auch die Ruhe und die Klarheit des Geistes und das Verbleiben im sophronischen Zustand. Bei der letzten Sophronisation wurde dahin gearbeitet, daß der Sterbende von nun an definitiv im sophronischen Zustand verbleibe, was auch immer eintraf. Von da an lebten sie nur noch in der Welt der inneren Bilder, hier also des subjektiven Erlebens des Todesvorgangs. Von da an waren sie, von außen betrachtet, als wenn sie nicht mehr ansprechbar wären; sie aßen und tranken nichts mehr. Selbstverständlich müssen in einem solchen Fall die Pflege- und Umgebungspersonen soweit informiert werden, damit die Stille und Ruhe des Sterbenden geachtet wird. Der Tod pflegte innerhalb von 2–3 Tagen einzutreffen. Schmerzmittel waren auch bei Terminalkarzinomen nicht mehr notwendig. Der Gesamteindruck war Ruhe und Harmonie, ein friedliches Hinscheiden.

Literatur

Abrezol R (1973) Sophrologie dans notre civilisation. Inter-Marketing-Group, Neuchâtel
Caycedo A (1966) India of Yogis. National Publishing House, New Delhi
Dumont A (1969) Introducion à la Sophrologie. (Selbstverlag, Genf, Kursunterlagen)
Plato (1972) Charmides. Oeuvres complètes, Bd II. Societé d' édition „Les belles lettres",
    Paris, pp 155c–176c
Schultz JH ([13]1970, 1932) Das autogene Training. Thieme, Stuttgart
Teilhard de Chardin P (1971) L'oeuvre scientifique, Bd I–X. Walter, Olten

III. Autogenes Training

Heinrich Wallnöfer

Medizinalrat Univ.-Doz. Dr. med.
Lehrbeauftragter für klinische Psychologie
und Psychotherapie,
N.D.C. Lewis Visiting Professor,
Psychotherapie in freier Praxis

Grundlagen des autogenen Trainings nach I. H. Schultz

Zusammenfassung

Jedes Therapieverfahren, das so lang existiert wie das autogene Training, hat Veränderungen erfahren, wurde möglicherweise von Leuten „optimiert", die mehr oder weniger kompetent dazu sind. Alle diese Veränderungen mögen zu einem gewissen Grad recht wertvoll sein oder gar einen richtigen Fortschritt darstellen; aber manchmal sind sie nichts anderes als eine Rückkehr zu vorhergebenden Methoden, wie beispielsweise das von Vogt entworfene Hypnosemodell. Ein wirklicher Fortschritt setzt elementare Kenntnisse auf dem Gebiet der Physiologie und der Psychologie voraus.

Augenblicklich praktiziert die Mehrzahl der Therapeuten reine heterosuggestive Techniken in ihrer Alltagspraxis. Es wird diskutiert, welche Vor- und Nachteile dieser Zustand mit sich bringt. Abschließend hebt der Autor die Tatsache hervor, daß das autogene Training in zunehmendem Maße zum Verbindungsstück zwischen den verschiedenen Psychotherapieschulen wird.

Summary

Any therapeutic method existing as long as autogenic training will have undergone modifications, perhaps being "optimized" by people competent for the task to a greater or lesser extent. Such changes may be quite valuable or even represent real progress; but sometimes they are a regression to older methods, such as the so-called prophylactic calming hypnosis of Vogt. Real progress requires well-founded knowledge in physiology and psychology.

Presently, more therapists are employing truly hetero-suggestive techniques in their daily practice. The advantages and disadvantages of this are discussed. Finally, the author emphasizes that autogenic training is increasingly coming to be the link between the different schools of psychotherapy.

B.J.M. Diehl, Th. Miller (Hrsg.)
Moderne Suggestionsverfahren
© Springer-Verlag Berlin Heidelberg 1990

Jedes Verfahren, das Erfolg hat, wird rasch – und nach dem Tod des Autors besonders vielfältig – verändert; zum Teil, weil eben die Entwicklung nicht stehenbleibt, zu einem größeren Teil, weil viele das Gefühl haben, sie müßten, um sich zu profilieren, die jeweilige Methode „optimieren", „verbessern" oder wie immer sie die Veränderung dann nennen.

Das bringt Fortschritte, manchmal führt es aber auch dazu, daß vom ursprünglichen Verfahren nichts mehr übrig bleibt als der Name. Wenn dann das neue Verfahren für manche Fälle vielleicht besser, für andere aber weniger geeignet ist als die ursprüngliche Methode, dann werden Versager – wie natürlich auch Erfolge – dem alten Verfahren angelastet. „Das habe ich schon versucht, das hilft bei mir nicht!" Solche Äußerungen hören wir immer wieder. Wir erfahren dann gelegentlich, daß der Versuch darin bestand, Grund- und Oberstufe des autogenen Trainings (AT) einschließlich der Zen-Meditation an einem Wochenende – bei entsprechender Preisgestaltung zu erlernen oder daß ein Sprachlehrer erklärte, AT bestehe darin, daß man vor der Englischstunde Farben sehen müsse. Wem das nicht gelänge, der sei ungeeignet. Und immerhin: diese eindeutige Auskunft kam von einem veritablen Professor. Ein anderer „Trainer" bot als AT die Vorstellung des Koitus der Eltern und den Augenblick der eigenen Zeugung an. Man wird an den Ausspruch von J. H. Schultz erinnert, daß vieles als „autogenes Training" angeboten werde, was mit „autogenem Schweißen" viel mehr zu tun hat als mit seiner Methode.

Bevor ich auf das Historische kurz eingehe: Ich habe mich selbst oft gefragt und wurde natürlich auch schon gefragt, warum ich mich immer wieder auf alte Quellen beziehe, auf Grundlagen, die z. T. aus dem Beginn unseres Jahrhunderts stammen oder noch in die Zeit davor zurückreichen. Charcot, Forel, Freud, Mesmer, Pawlow, Schultz, Vogt..., sie sind doch, wie so viele meinen, alle überholt, manche fast vergessen. Nun, erlauben Sie mir die provozierende Feststellung: Die Quellen scheinen mir immer noch wichtiger zu sein als die Nachfolgeliteratur, auch wenn die Epigonen Wesentliches zu sagen haben. Der Quelle beraubt gleicht ihre Aussage einem Baum ohne Wurzeln. Gründliches Quellenstudium bewahrt uns u. U. davor, längst Gedachtes und Entdecktes auf die eigenen Fahnen zu hängen. Und in unserem Kulturkreis war die „Vaterschaft" schon immer eine prekäre und wichtige Frage. Wenn wir also schon Vaterschaftskult betreiben, dann bitte, um einer wissenschaftlichen Ethik willen, doch einigermaßen korrekt.

Viel wichtiger scheint mir zu sein: Das Verständnis der Quellen, das Nachvollziehen der Gedanken der Großen, ist eine tragfähige Basis für das eigene Überlegen und Handeln. Genauer betrachtet findet man in so vielen „Neuerungen" nichts anderes als einen zur allgemeingültigen Regel gemachten winzigen Ausschnitt etwa aus den Gedanken von Freud, alte Hypnose- oder Meditationspraktiken u. a. m. Sollte man da nicht nachsehen, wie es den ursprünglichen Autoren gegangen ist, wenn schon aus gar keinem anderen Grund, um wenigstens einige ihrer Fehler nicht zu wiederholen? Und ob wir unter uns einen Freud, Schultz oder Mesmer haben, das wird wohl erst die Zukunft zeigen. Die Zahl der wesentlichen Menschen pro Jahrhundert ist in unserem Jahrhundert kaum größer geworden. Daß der Rückgriff auf die Väter, der

Wunsch, ihnen Gerechtigkeit zukommen zu lassen, neben dem Wunsch, sie zu verstehen, auch analytisch betrachtet werden kann, ist uns wohl allen bekannt.

Historisch gesehen kommt das AT wie die Psychoanalyse von der Hypnose. Beide Verfahren kommen in der analytischen Oberstufe und in der „relaxation analytique?" einander wieder nahe.

J. H. Schultz zählte die Oberstufe schon früh zu den analytischen Verfahren, auch wenn er anfangs mehr mit Katharsis und „Innenschau" gearbeitet hat.

Die folgende Übersicht soll die Quellen und das Geschehen deutlich machen:

Biologie			Person	
Konditio-nierbarkeit	Ideoplasie	Weckreaktion	Wille zu Üben	passivierende Einwilligung
	Gezielter Einsatz biologischer Reaktionen		Arbeit mit dem Unbewußten	
		„altered state of consciousness" (veränderter Bewußtseinszustand)		

Zwei für die Medizin wichtige Bereiche stützen das Verfahren:
Physiologie und Psychologie.

Aus der Physiologie sind es v. a. die Gesetze der Konditionierbarkeit, des Konditionierens und der konditionierten Reaktionen sowie die Ideoplasie und die Ideomotorik. Natürlich kommen wir damit auch schon in den Bereich der Psychologie, die heute bekanntlich schon einen erheblichen Teil der Neurophysiologie zu ihren Grundlagen zählt. Auch hier besteht das Prinzip des Konditionierens (Verhaltenstherapie), des Lernens, dazu die Suggestion und die Arbeitsbereiche der Tiefenpsychologie.

Was bei der Umschaltung des Trainings vor sich geht, beschreibt wohl am besten die Weckreaktion, entdeckt von Moruzzi u. Magoun. Steuerzentrale ist dabei die Formatio reticularis, die auf Abb. 1 schematisch eingezeichnet ist. Wenn wir aus der Dösigkeit, etwa eines schönen Sommerabends, plötzlich durch Angst herausgerissen werden – das Beispiel stammt von Birkmayer –, so spannt sich die Muskulatur; Herztätigkeit und Kreislauf und alle anderen vegetativ gesteuerten Bereiche kommen in Alarmzustand. Das emotionelle Level ist hoch, und der Wachheitsgrad wechselt plötzlich aus dem Bereich IV nach Delay-Pichot in den Bereich I, das Überwachsein. Die 7 verschiedenen Vigilanzstufen sind:

I.	**Überwach, exzessive Aktivierung nervlicher Strukturen,**
II.	Normale Aufmerksamkeit,
III.	Freie Assoziation, relativ vermindert,
IV.	Tagträume (dösig),
V.	Außenwelt abgeschaltet, Traumgedanken,
VI.	**Keine Reizwahrnehmung, keine Erinnerung,**
VII.	Fast keine bis keine Reaktion auf Reize, völlig bewußtlos.

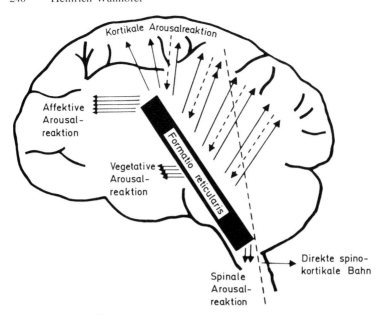

Abb. 1. Lage und funktionelle Anteile der Formatio reticularis im menschlichen Gehirn

Im AT gehen wir den umgekehrten Weg: Wir entspannen die Muskulatur durch die Vorstellung der Schwere, beruhigen das Vegetativum über Kreislauf und Atmung und letztlich direkt und indirekt den psychischen Bereich (die Ruheformel steht nicht am Anfang!).

In der „konzentrativen Selbstentspannung" verwenden wir den veränderten Bewußtseinszustand des Autohypnoids zur Konditionierung der Umschaltung von der Sympathikus- auf die Vagusphase. Im "altered state of consciousness" besteht nicht nur die Möglichkeit der Entspannung, der Regeneration, der vorwiegend körperlich bewirkten allgemeinen Gelassenheit, sondern auch die Chance der Autoanalyse, des Zugriffs zum Unbewußten mit allen Möglichkeiten, die die nicht streng verhaltensorientierten Therapeuten in der Arbeit mit unbewußtem Material sehen. Ich möchte das an Hand einer nach J. H. Schultz modifizierten Tabelle verdeutlichen (Tabelle 1).

Für die Phänomene, die als Entladungen, als Verlust des Körperschemas usw., bezeichnet werden, sind die Beobachtungen bei der Reizentziehung, der „Reizdeprivation", wichtig. Wenn ein Sinnesorgan von außen oder innen längere Zeit keine Reize mehr bekommt, so „simuliert" es Reize, offensichtlich um in Übung zu bleiben. Wenn alle Nachrichtenmittel des Muskels nur mehr das Signal Ruhe abgeben, so werden plötzlich Zustandsveränderungen mitgeteilt (oder entstehen zentral?), die mit der Realität nichts mehr zu tun haben. Das „Körperschema" geht verloren. So wird die Hand unförmig groß oder klein empfunden, ja, wir finden in den Protokollen immer wieder Meldungen wie: beide Beine etwa 30 km lang. Im optischen Bereich entstehen Farbeindrücke, im akustischen Bereich Tonbildungen, kurz, die jeweils zuständigen Empfindungen, freilich fern von jeder äußeren Realität.

Tabelle 1. Der bionome Rahmen der autogenen Therapie

a) Psychophysiologische Basis

Übung	Psychagogik	Suggestion
Lernen	Aufklären	Zwischenmenschlicher
	Belehren	Grundvollzug unter Aus-
Psychologisch neutral	Ermutigen	schaltung rationaler Per-
„Verlernen" einer Agoraphobie	Ermahnen	sönlichkeitsteile
Erwerben des Vollzugszwanges	Verbieten	
	„Führen"	

b) „Analytischer" Teil

Selbstklärung	Persönlichkeits-entwicklung	Entwicklung möglich machen
Wer? Wie?	„Charakter"	Eigene Welt,
„Sachlicher Abstand zur	Helfen, wo der Weg	eigene Entscheidung,
eigenen Person"	zum Selbst verbaut ist,	eigenes Wesen,
	„Führen zur Eigen-entwicklung →	Selbstverwirklichung

1. *Passivierende Einwilligung*
2. *Fixierende Sammlung ("Ruhe als Vergegenwärtigungsprobe")*
   „Außenablenkung",
   „kritische Selbstbeobachtung";
3. *Augenschluß*
   „optische Subtraktion",
   „Introversion";
4. *„Somatisierung"*
5. *„Ruhe"*   *Indifferenz*
6. *Entspannung*
7. *Entwachung*
   Sinnesreizschwellen,
   Kritik, Spontaneität,   *Passivierung*
   „innere Schau";   *vertiefend*
8. *Verlangsamung*
9. *„Ent-Ichung"*
   Empfänglichkeit,
   Bestimmbarkeit,
   Kohärenzzerfall,
   Formwandel und Formzerfall;
10. *Affekte*
    Autochthone Entspannungseuphorie!
11. *Umschaltung,*   „psychologisch,
    Zirkelsprengung   organismisch,
                             „physiologisch";
12. *Erlebnisevidenz mit Erlösungscharakter, „Bilderwelt"*

Den Ablauf des Geschehens zeigt die folgende Übersicht (Somatisierung nach Schultz):

Gleich an erster Stelle steht das für den *Trainierenden* vielleicht größte Problem der Originalmethode: Die passivierende Einwilligung:

Sich zu lassen, damit man gelassen wird, fällt dem Menschen unserer Zeit, dem man soviel vom *Du mußt nur wollen* erzählt hat, sehr schwer, ist für manche anfangs völlig unmöglich und löst Angst aus. Auf das größte Problem für den *Trainer*, die Autogenität, komme ich noch zu sprechen.

Was in dieser Übersicht Schritt für Schritt aufgezeichnet ist, muß nicht immer in dieser Reihenfolge ablaufen, v. a. vom Übenden nicht in dieser Reihenfolge bemerkt werden. Wenn die Umschaltung erreicht ist, sind aber wahrscheinlich alle Umschaltungen zum Tragen gekommen.

Es fehlt die Zeit, um auf alle Stadien einzugehen; ich möchte Sie aber auf den Ausdruck organismisch aufmerksam machen. J. H. Schultz hat versucht, für den irreführenden Ausdruck „psychosomatisch" und den Begriff des „Organismischen" einzuführen, damit die Gleichwertigkeit von Soma und Psyche besser zum Ausdruck kommt. Es ist dies bisher aber nicht gelungen. Vielleicht ist dies der Fall, weil wir das Primat der Psyche aus anthropozentrisch und religiös fundierten Gründen nicht aufgeben wollen. Hier wirkt sich vielleicht auch die Tatsache aus, daß wir für das, was der Theologe unter Seele versteht, und für das, was Mediziner und Psychologen damit meinen, keine getrennten Ausdrücke haben.

Auto- oder Heterosuggestion?

Wenigstens im Kreise der (direkten oder indirekten) Schultz-Schüler wird die Frage nach Auto- und Heterosuggestion, die Frage der Autogenität viel diskutiert.

Folgende Übersichten sollen das Prinzip verdeutlichen:

Bei der Hypnose sind alle 4 Bereiche von der Aktivität des Therapeuten gekennzeichnet. Sowohl im Wachzustand als auch im Hypnoid stehen die Suggestionen des Therapeuten im Vordergrund:

	Hypnose	
	Autogen	Heterogen
wach	Es wird helfen!	Das ist gut für Sie!
hypno-tisiert	Jede Hetero- auch eine *Auto*suggestion?	Sie fühlen sich wohl, entspannt – nichts kann stören!

Im autogenen Training gibt es natürlich auch Suggestion, aber das rechte untere Feld bleibt leer: keine wie immer geartete Einflußnahme des Therapeuten im Hypnoid, „der Patient übt und der Arzt schweigt":

AT

	Autogen	Heterogen
wach	Es wird helfen!	Das ist gut für Sie!
hypno-tisiert	Rechter Arm ganz schwer – ich bin ganz ruhig	K E I N E !

J. H. Schultz hat auf das Prinzip des Autogenen immer sehr großen Wert gelegt. Heute wird, wenn man genauer hinsieht, AT nach der Originalmethode kaum mehr angeboten. Viel häufiger ist eine Abwandlung der prophylaktischen Ruhehypnose nach Vogt, aus der ja bekanntlich das AT entstanden ist. Es werden nicht nur Schallplatten, Tonbänder usw. an die Übenden verteilt, die Trainer oder Trainerinnen gehen zwischen den Reihen der Übenden durch und sagen – je nach Eigenart – „ich bin ganz ruhig" oder „Sie sind ganz ruhig" und dazu die Formeln, meist auch entsprechend abgewandelt.

Das kann durchaus auch eine Verbesserung sein. Es existiert aber auch die eindeutige und nachdrückliche Feststellung des Erfinders des AT: „Die freiproduktive Selbstgestaltungsarbeit des Verfahrens fordert bei den Übungen beider Stufen völliges Stillschweigen und absoluten Respekt vor dem Spontanerleben des Übenden. ‚Begleitendes', noch so wohlgemeintes Reden des Versuchsleiters, Anschalten von Platten usw. schafft einen hypnotisch geführten Zustand und hebt das Grundprinzip des ‚auto-genen', selbstgeschaffenen, autorhythmischen Erlebens beim Übenden auf."

Ist diese Feststellung heute noch sinnvoll? Ich möchte versuchen, Ihnen darzustellen, warum ich

a) glaube, daß sie das sehr wohl noch ist,

b) aber der Meinung bin, daß es einen Grund haben muß, warum die Masse der Therapeuten – und darunter so prominente wie Strotzka – das Verfahren „optimiert" haben und bewußtes Vorsprechen verlangen.

Strotzka sagt: „Dieses langsame, ruhige, stark suggestive Vorsprechen ist für den Erfolg sehr wichtig, da die Stimme des Therapeuten fast immer bei den eigenen Übungen wieder gehört wird."

Es ist nicht nur nicht zu übersehen, daß die „Nichtvorsprecher" bzw. „Nichtbegleitsprecher" weit in der Minderzahl sind. Aus den Ausführungen Strotzkas geht auch ein völlig anderes Ziel hervor: Bei Schultz die langsame Hinführung des Trainierenden zu mehr und mehr Selbständigkeit, bei Strotzka der Wunsch, der Patient möge den beruhigenden und suggestiv wirkenden Therapeuten auch daheim noch „hören" – also in sich aufnehmen, ihn als schützenden, stützenden Vater (oder Mutter) weitererleben.

Abgesehen davon, daß man streng genommen nicht von AT nach J. H. Schultz sprechen sollte, wenn man dem Patienten die Formeln während der Übung vorspricht, die z. B. auch J. H. Schultz zitiert (es wäre dann etwa ein heterogenes Training oder eben die Fortsetzung der Ruheautohypnosen nach Vogt): Es muß einen Grund haben, wenn das Verfahren fast allgemein so gegen die Intention des Autors abgewandelt wird. Man könnte diese Veränderungen mit einer Modifikation der Psychoanalyse vergleichen, bei der der Analytiker den Patienten berät, ihn hypnotisiert und ihm zur Belehrung Erfahrungen aus dem eigenen Leben vermittelt.

Wir würden ein solches Vorgehen sicher nicht Psychoanalyse nennen, aber geschieht auch das nicht täglich? Ist es nicht auch eine tägliche Notwendigkeit, ja z. T. ein Anspruch des Ratsuchenden an den Ratgeber, daß dieser seine Abstinenz aufgibt. Und ist es nicht nebenbei der einfachere und am meisten begangene Weg, den wir seit urdenklichen Zeiten gewohnt sind? Zweifellos! Kein Tag, an dem nicht jeder, der mit Beratungen zu tun hat, ähnliche Methoden bewußt oder unbewußt anwendet, und das ebenso zweifellos mit Erfolg.

Nur: Das *Ziel* ist ein anderes: Beim AT nach J. H. Schultz versuchen wir den Patienten (oder wen immer wir sonst auch beraten) zu möglichster *Selbständigkeit* zu bringen, zur Entwicklung seiner Persönlichkeit, zu dem, was wir heute gern mit dem Schlagwort „Selbstverwirklichung" umschreiben. Das ist das erklärte und legitime Ziel des originalen AT, es ist aber keinesfalls Aufgabe und Ziel jeder ambulanten Therapie! Es ist bei manchen Menschen gar nicht indiziert oder kann bestenfalls eine Indikation für die Zukunft sein, nämlich für die Zukunft, falls es einmal gelingen sollte, den Patienten soweit zu bringen, daß er den Weg zu einer relativen Selbständigkeit gehen kann. Ob es ein höheres Maß an Selbständigkeit überhaupt gibt, ist wohl mehr eine Frage der Weltanschauung als der Wissenschaft.

Tabelle 2 bringt eine Übersicht über die Existentialwerte. Wir haben aber noch einen zweiten Aspekt zu beachten: Die Wahl einer Psychotherapiemethode – wie das unter anderem Stokvis u. Wiesenhütter (1979) klar dargestellt haben – hängt wesentlich von der Persönlichkeit des Therapeuten ab. Und sicher gibt es mehr Menschen, die als Therapeuten ein Verfahren vorziehen, das verhältnismäßig rasch wenigstens zu Anfangserfolgen führt. Es gibt ihnen auch die Sicherheit der Autorität. Dem steht eine Methode gegenüber, die einen Großteil des Geschehens der Persönlichkeit des Patienten überläßt.

De facto führt das hypnotisierende Vorsprechen meist rasch zu Anfangserfolgen und gibt dem Therapeuten wirklich die Sicherheit der Autorität: Die Patienten hören tatsächlich auch daheim noch seine Stimme und fühlen sich in ihr geborgen.

Die alte Ordnung: Der Arzt als Autorität, als Verordner und Anordner von Maßnahmen, die dem Patienten zum Heil gereichen, ist wieder hergestellt. Dem steht das Ziel gegenüber, aus dem Arzt-Patienten-Verhältnis eine Arbeitsgemeinschaft zweier gleichberechtigter Partner zu gestalten, die gemeinsam am Problem Störung arbeiten. Hier kommen wir dem Autogenen, dem Bionomen schon näher.

Das autogene Verfahren überläßt das Geschehen in weit höherem Maße der Psychodynamik des Trainierenden. Schwierigkeiten, die auftreten, werden keineswegs schon im Voraus bereinigt, sondern sind Material zur Arbeit mit dem Übenden. Für den therapeutischen Alltag, für die Ambulanz und für den Therapeuten, der viele Menschen betreuen muß und sehr froh ist, wenn er die wichtigsten Symptome beseitigen kann, ist daher das AT mit Vorsprechen verständlicherweise die Methode der Wahl, wie ja überhaupt die Tendenz zur Abkürzung der Psychotherapie – wiederum verständlicherweise – vorherrscht.

Tabelle 2. Existentialwerte nach J. H. Schultz

	Problem	Funktion	Ziel
I.	Anonymität der Euphorie der Physis	Körperliches Lebensgefühl	„Gesundheit"
II.	Störungsfreie Betätigung in Leistung und Genuß	Individuelle praktische Vernunft	„Glück"
III.	Gemeinschaft (Geltung, Besitz, Familie, Ehe, Beruf usw.)	Kollektive praktische Vernunft	„Sicherung"
IV.	Todessicherheit und kosmische Behauptung (Menschheitskämpfe, Lebensphasen, Altern, Vergänglichkeit)	„Kosmische" Vernunft	„Weltanschauung"
V.	Klare Selbsterkenntnis, Selbstbewertung und Selbstentscheidung	„Selbstbeherrschung" „In sich ruhen…"	„Selbständigkeit", „Freiheit"
VI.	Lebendig oder geistig produktiv sein	Totalharmonie	*„Selbstverwirklichung"*

Wir brauchen handfeste, rasche Hilfe. Was darüber hinaus geht, wird immer nur für einen kleinen Teil der Betroffenen relevant sein. Das gilt m. E. auch für die Originalmethode von J. H. Schultz, ganz besonders aber für die Oberstufen.

Dort wo wir die Persönlichkeit fördern und stärken wollen, wo man neben der Symptombeseitigung mehr will oder mehr nötig ist und wo man – das darf nicht vergessen werden – Zeit hat, ist es sicher zweckmäßig, die Originalmethode einzusetzen. Sie bewährt sich v. a. dort, wo man mit dem „Einfacheren" nicht auskommt. Das Beispiel schlechthin ist der zerebralisierte Psychosomatiker, bei dem jeder Versuch, ihn davon zu überzeugen, daß seine körperlichen Beschwerden eine seelische Ursache haben könnten, fehlschlägt. Hier kommen wir, wenn überhaupt, nur mit jener Geduld, die für die Originalmethode nötig ist, weiter. Sonst wird der Patient – m. E. oft viel zu rasch – als „ungeeignet" für AT oder für Psychotherapie überhaupt abgestempelt.

Bei der Originalmethode müssen wir freilich auch warten können, was auf einen gegebenen Reiz hin eintritt. Ich möchte Ihnen dieses Prinzip an Hand eines Schemas darstellen (Abb. 2).

Das Rechteck soll die Person mit dem darüber stehenden Über-Ich, der Kreis den Organismus darstellen. Die Mittellinie trennt das Bewußte vom Unbewußten. Wir geben dem Organismus einen Reiz: in unserem Fall: „der rechte Arm ist ganz schwer" und warten nun, was daraufhin geschieht. Von der Schwere her kann nach Einwirkung des Reizes, den die Vorstellung der Formel darstellt (S_s = Stimulus „Schwere"), nur dreierlei geschehen: Die Versuchsperson empfindet den Arm unverändert *(o)*, schwerer *(s'er)* oder leichter *(l'er)*. Daneben kann alles erdenklich andere passieren *(x)*. Häufig sehen die Versuchspersonen schon zu Beginn Farben, um ein Beispiel zu nennen. Natürlich ist es wünschenswert, wenn die Versuchsperson zu jenen etwa 66 % gehört, die

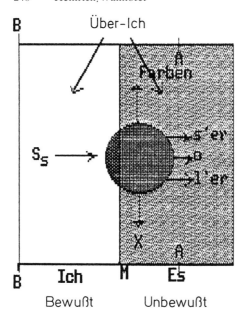

Abb. 2 Die Formel als Reiz nach dem Stimulus-O-Response-Modell von Kanfer (nähere Erläuterung s. Text). Der Ich-Bereich des Organismus ist natürlich viel zu breit dargestellt. Im wirklichen Verhältnis wäre er nicht darstellbar. Wird die Mittellinie *M* nach rechts (nach *A*, hellwach) verschoben, bedeutet das mehr Bewußtsein, weniger Abschalten, Fallenlassen können. Geht sie extrem nach links (nach *B*), verläuft alles unbewußt, wir träumen etwa, daß wir autogen trainieren, und haben auf den Trainingsablauf keinen bewußten Einfluß mehr und können z. B. auch nicht bewußt unter Leistungsdruck kommen

die Schwere des Armes empfinden können. Bei den restlichen Personen ist es aber nicht unsere Aufgabe, sie zurechtzuweisen oder zu mehr Fleiß anzuhalten, sondern sie im Sinne der passivierenden Einwilligung zu ermuntern, alles was kommt anzunehmen. Je nach Lage des Falles, Größe der Gruppe usw. kann man dann auf das Geschehen näher eingehen oder nicht. Wird die Mittellinie *(M)* nach links verschoben, wird das Geschehen immer mehr unbewußt, bis sie ganz links angelangt ist: Der Mensch träumt, daß er AT macht. Ich sammle seit Jahren Träume dieser Art, sie bringen viel Material.

Es gibt noch viele Blickwinkel, aus denen man das AT betrachten kann – ich möchte nur einen ganz kurz anreißen: Die Kommunikation zwischen Trainer und Trainierendem. Und das nur, um Ihnen zu zeigen, wie kompliziert die Dinge sind.

Zuerst haben wir einen Therapeuten (T) und einen Patienten (Pa). Der Therapeut hat an sich selbst das AT erfahren; er hat eine „spezielle" Erfahrung (Er$_s$) – der Patient hat diese Erfahrung nicht.

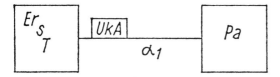

Der Therapeut gibt auf α_1 dem Patienten, der das Training erlernen will, eine Information, eine „unkodierte" Anweisung (UkA), und spricht eine Anweisung im Klartext: „Stellen Sie sich vor, der rechte Arm ist ganz schwer."

Nun erhebt sich die Frage, ob der Patient verstanden hat, worum es geht bzw. was in dem Patienten dadurch geschehen ist. Er hat jedenfalls einen kleinen Teil einer ähnlichen „speziellen" Erfahrung gemacht wie der Therapeut.

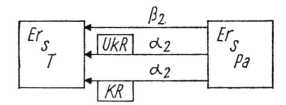

Es folgt – wenn der Therapeut ihn aufzunehmen vermag – ein Strom von Rückmeldungen:

α_2: 1) Der Patient erzählt bewußt (im Klartext), was er erlebt hat (unkodierte Rückmeldung, UkR).

2) Er teilt durch unbewußte Modifikation seiner verbalen Nachricht – etwa durch einen Versprecher – z.B. Ablehnung oder eifriges Bemühen mit (kodierte Rückmeldung, KR).

β_2: Der Patient teilt durch Gestik und Mimik mit, was bei ihm angekommen und geschehen ist (averbale Kommunikation).

Es gibt noch viele Einzelschritte. Ich möchte Ihnen davon zum besseren Verständnis nur noch 2 weitere Schritte zeigen.

Auf α_1 gibt der Therapeut dem Patienten im Klartext Hilfen, den Inhalt der vom Therapeuten (vielleicht richtig) dekodierten (ursprünglich von ihm stammenden) Information besser zu verstehen (dekodierte Rückmeldung, DkR), um also z.B. versteckte Widerstände gegen das AT aufzudecken.

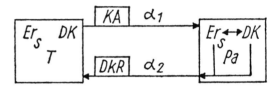

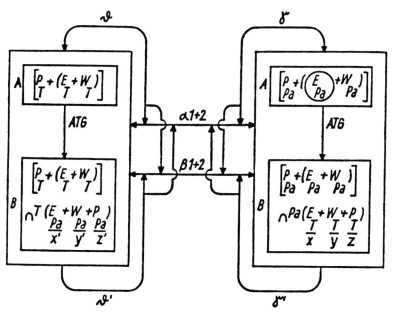

Abb. 3. Schematische Darstellung der Wechselwirkungen zwischen dem AT-Trainer und dem AT-Trainierenden

T Therapeut,
Pa Patient,
P Persönlichkeit,
P_T Persönlichkeit des Therapeuten,
P_{Pa} Persönlichkeit des Patienten
E Erfahrung
E_T Erfahrung des Therapeuten
E_{Pa} Erfahrung des Patienten
W Wissen
W_T Wissen des Therapeuten
W_{Pa} Wissen des Patienten
x Faktor (Teiler) für die Erfahrung des Patienten, $\acute{x}$ für die des Therapeuten
y Faktor (Teiler) für das Wissen des Patienten, $\acute{y}$ für das des Therapeuten
z Faktor (Teiler) für die Persönlichkeit des Patienten, $\acute{z}$ für die des Therapeuten
ATG AT-Gesamtsituation
α_1 verbale Kommunikation T → P
α_2 verbale Kommunikation P → T
β_1 averbale Kommunikation P → P
β_2 averbale Kommunikation P → T
ϑ T hat Pa verstanden

Der Therapeut gibt auch „kodierte" Anweisungen (KA), etwa wenn er eine Übung zeitweise nicht ausführen läßt, weil er weiß, daß das manchmal zu besseren Erfolgen führt. Der Patient kann u. U. schon beim ersten Versuch die erwartete Wirkung beobachten, die Zusammenhänge mit dem „Nicht-gezwungen-sein" erkennen.

Es folgen eine ganze Reihe von Überlegungen, die immer neue Aspekte bringen. Jeder der beiden Akteure bringt sein Wissen ein, seine persönliche

Erfahrung auch außerhalb des AT: Man kann sich überlegen, wieviel der jeweils andere Partner verstanden und was er nicht verstanden hat.

Am Ende sieht das Bild dann aus wie in Abb. 3, und stellt m. E. ein gutes Beispiel dafür dar, wie kompliziert die Dinge werden, wenn man sie etwas genauer ansieht. Die Beschäftigung mit dem Schema bringt freilich auch die Möglichkeit, bei Störungen rascher aufzudecken, wo der Fehler liegen kann.

Zum Punkt „Erfahrung des Patienten" gehört z. B. die negative Besetzung eines Begriffes. Beispiel 1: Wenn ein überstrenger Vater immer mit erhobenem Zeigefinger mahnte: „Ruhe ist des Bürgers erste Pflicht!", so kann es durchaus sein, daß der Sohn im AT die Ruheformel unerträglich findet. Beispiel 2: Wenn jemand Kinderlähmung hatte, wird ihm u. U. die Schwereformel keine Erleichterung bringen, sondern die Erinnerung an die Lähmung der Arme, diedamals so entsetzlich schwer zu bewegen waren; oder die Schwere ist ganz einfach eine Last, weil der oder die Übende übergewichtig sind.

Das Schema zeigt uns aber auch, daß im AT etwas beginnt, was wir im Bereich der Suggestion einen „zwischenmenschlichen Grundvollzug unter Ausschaltung rationaler Persönlichkeitsanteile" nennen, also ein Geschehen, das von beiden Partnern (Therapeut und Patient), ob man es nun wahrhaben will oder nicht, nur mehr unvollkommen bewußt gesteuert werden kann.

Zu den Überlegungen über die Grundlagen des AT gehört auch das Problem der Indikationen. Schon 1921 hat J. H. Schultz eine Übersicht über die Indikationen der Psychotherapie gegeben, der an sich auch heute nicht viel hinzuzufügen ist.

Ihr folge ich bei der anschließenden Aufzählung:

Hypnotherapie und AT rein suggestiv:

primitive, monosymptomatische Neurosen, funktionelle Organerkrankungen („hysterisch", vasomotorisch, Sekretion), pathologische Gewohnheiten, Enuresis, Neuralgien.

Hypnotherapie und AT erholend, beruhigend:

Erschöpfungszustände, periodische Neurosen, Migräne, Unruhe bei Allgemeinerkrankungen, Erschöpfbarkeit – als Nirwanatherapie bei terminalen Leiden.

Hypnotherapie und AT analytisch (Autokatharsis, Autoanalyse):

psychogene Symptome und Charaktereigenheiten, Amnesien.

Analytische Psychotherapie (ebenso wie Psychodrama, analytische Gruppenarbeit, Oberstufe des AT):

sonst refraktäre Organneurosen, Verstimmungen, Zwänge, Sucht, Perversionen, Psychosen, Kernneurosen.

Das AT ist dabei eine durch 6 Jahrzehnte gewachsene, rein naturwissenschaftlich, als auch psychologisch und tiefenpsychologisch fundierte Methode.

Das schließt natürlich nicht aus, daß es in beiden Bereichen noch viel zu erkennen und sicher auch zu korrigieren gibt. Die Möglichkeit, dort zu modifizieren, wo es nötig ist, spricht aber eher für als gegen die Anwendbarkeit einer Methode.

Gerade das AT scheint mir ein gutes Beispiel dafür zu sein, daß keine der 3 Arten der Betrachtung (organisch, seelisch, geistig) des vielleicht wichtigsten Themas der Menschheit überhaupt, der Frage des Umgangs mit unserer Seele, vom psychotherapeutischen Aspekt aus vernachlässigt werden sollte. Dabei möge offen bleiben, was sich hinter dem Begriff Seele, der von den verschiedensten Disziplinen gänzlich unterschiedlich gebraucht wird, verbergen mag. Daß wir mit der Philosophie der Erklärungen in der Art des „es ist nichts als" nicht auskommen, haben die Einsichtigen aller Lager inzwischen einzusehen gelernt. Auch das AT ist nicht nur Konditionieren, nicht nur zwischenmenschlicher Grundvollzug unter Ausschaltung rationaler Persönlichkeitsanteile, es ist ein in vieler Hinsicht gelungener Versuch, dem leidenden Mitmenschen zu helfen, ihm eine weitere Basis für eine intensivere Psychotherapie zu geben und ihn unabhängiger vom Therapeuten zu machen. Für den sog. Gesunden ist es ein brauchbares Werkzeug, seine Fähigkeiten besser zu nutzen und sich noch mehr verwirklichen zu können.

Literatur

Cahn R (1960) Transfer etcontransfer dans le training autogène. Rev Med Psychosom 2/2:173–175

Cohen S, Sapir M, Philibert R (1966) Training autogène de sens psychoanalytique par petits groupes. In: Lopez Ibor JJ (ed) IV World congress of psychiatry, Madrid (Int. Congress Series Nr. 117/41, Amsterdam)

Durand de Bousingen R (1978) Übertragung (Gegenübertragung) und Identifizierungen im AT (Unter- und Oberstufe). Psychoanalytische Studie – technische Konsequenzen. J AT Allg PT 1–4

Ehrhardt H (1958) Kombinierte Behandlung mit dem Autogenen Training und analytische Psychotherapie. Psychotherapie 3:214–219

Gastaldo G, Ottobre M (1987) Nel labirinto con il filo Ariana. Piovan Editore, Albano Terme

Geissman P (1966) A propos de l'utilisation du material fantasmiques (abreact. autogènes) dans le psychotherapies par training autogène. In: Lopez Ibor JJ (ed) IV. World congress of psychiatry, Madrid (Int. Congress Series Nr. 117/4, Amsterdam)

Held E (1960a) Psychoanalyse et relaxation. Rev Med Psychosom 2/3:129–133

Held E (1960b) Relajacion y psicoanalisis. In:Chertok L, Langen D, Kretschmer E, Schultz IH (eds) Aspectos teoricos u practicos

Held R (1964) Relaxation et psychoanalyse (avec rèfèr. particul. a la methode du Schultz). In: Aboulker P, Chertok L, Sapir M (eds) La relaxation. Aspects thèoriques e pratiques, 3. ed. Expansion Scientif. francaises, Paris, pp 155–164

Hoffmann B (1981) Autogenes Training und Psychoanalyse. Schleswig-Holsteinsches Ärzteblatt 10:462

Kanfer FH, Phillips JS (1970) Learning foundations of behavior therapy. Wiley, New York London Sydney Toronto

Krapf G (1984) Erfahrungen mit der Oberstufe des autogenen Trainings. Deutscher Ärzteverlag, Köln–Lövenich

Kühnel G (1949) Verbindung von autogenem Training mit Psychoanalyse. Nervenarzt 20/2:77–81

Langen D (1963) Archaische Ekstase und asiatische Meditation. Hippokrates, Stuttgart

Langen D (Hrsg) (1976) Der Weg des autogenen Trainings. Wissenschaftliche Buchgesellschaft, Darmstadt

Luthe W, Schultz IH (1969–1971) Autogenic therapy, vol I–VI. Grune & Stratton, New York

Moruzzi G, Magoun HW (1949) Brain stem reticular formation and activation of the EEG. Electroencephalogr Cin Neurophysiol 1:455–473

Müller-Hegemann D (1983) Autogene Psychotherapie. Rowohlt, Reinbek

Peresson L (1983) L'immagine mentale in psicoterapia. Citta nuova, Roma

Peresson L (1984) Trattato di psicoterapia autogena. Vol IV:Il TA superiore ad orientamento analitico. Piovan, Albano Terme

Piscicelli N (1977) Psychoanalytic perspectives of mediative autogenic exercises and the R technique in groups of psychosomatic disease. In: Luthe W, Antonelli F, Piscicelli U (eds) Autogenic methods: applications and perspectives. Luigi Pozzi, Roma

Prokop H (1979) Autogenes Training, seine Bedeutung in Gegenwart und Zukunft. Perlinger, Wörgl

Pszwyj A (1984) Autogenes Training in Klinik und Praxis. Eigenverlag (Herstellung Leykam), Graz

Rosa KR (1975) Das ist die Oberstufe des Autogenen Trainings. Kindler, München

Schätzing E (1979) Autogene Meditation. Heilkunst 12

Schultz JH (1925) Die Schicksalstunde der Psychotherapie. Enke, Stuttgart

Schultz JH (1929) Gehobene Aufgabenstufen im autogenen Training. Steinkopf, Leipzig (Bericht über den 4. allgemeinärztlichen Kongreß für Psychotherapie, Bad Nauheim. Leipzig, 11.–14. April)

Schultz JH (1958) Das autogene Training. In: Frankl V, Gebsattel V von, Schultz JH (Hrsg) Handbuch der Neurosenlehre. Urban & Schwarzenberg, Wien (Nachdruck 1972: Grundzüge der Neurosenlehre in 2 Bänden. Urban & Schwarzenberg, München Berlin Wien)

Schultz JH (1966a) Bemerkungen zu dem Referat: Autogenes Training (Luft). Correlationes psychosomaticae. Nervenarzt 38

Schultz JH (1966b) Wie entstand das autogene Training? Med Klin 61/1

Schultz JH (1967) Was ist Suggestion? Prax Psychother 12/6:281–287

Schultz JH (1970) Das autogene Training, 13. Aufl. Thieme, Stuttgart

Steiner S (1976) Das Phänomen der Übertragung im Autogenen Training. J Autogen Train Allg Psychother 1–4:119–126

Stephanos S (1926) Ambulatory analytical psychotherapy for the treatment of psychosomatic patients – a report on the method of „relaxation analytique". Br J Med Psychol 49:305

Stephanos S (1981) Die „relaxation analytique". Eine ambulante Anwendung eines stationären therapeutischen Konzepts. In: Uexküll T von (Hrsg) Lehrbuch der psychosomatischen Medizin. Urban & Schwarzenberg, München, S 382–385

Stephanos S, Biebl W, Pflaum FG (1976) Die ambulante analytisch orientierte Psychotherapie von Patienten mit psychosomatischen Störungen. Erfahrungsbericht. Z Psychother Med Psychol 26:33–43

Stokvis B, Wiesenhütter E (1979) Lehrbuch der Entspannung. Hippokrates, Stuttgart

Strotzka H (1972) Psychotherapie und soziale Sicherheit. Kindler, München (KindlerTaschenbücher Geist und Psyche; Lizenz des Huber-Verlags, Bern)

Vogt O (1897) Die direkte psychologische Experimentalmethode in hypnotischen Bewußtseinszuständen. Z Hypnot 5/2:7–30, 180–218

Wallnöfer H (1972a) Autogenes Training zur Neurosenprophylaxe. Ärztl. Praxis XXIV/79:3691 ff

Wallnöfer H (1972b) Aufdecken von Gestalten vor und nach dem autogenen Training. In:Langen D (Hrsg) Hypnose und psychosomatische Medizin. Stuttgart. (Vortrag auf dem 5. Kongreß für Hypnose und psychosomatische Medizin 1970)

Wallnöfer H (1973a) Aufdecken durch Gestalten vor und nach dem autogenen Training. Katalog zur Ausstellung an der psychiatrischen Klinik Wien (1971), am I.H.-Schultz-Institut Berlin, Lindau, Velden (1973). Verlag der Österreichischen Gesellschaft für ärztliche Hypnose und autogenes Training, Wien

Wallnöfer H (1973b) Kathartisches und analytisches Geschehen bei der Behandlung mit autogenem Training (Vortrag an der Deutschen Akademie für Psychoanalyse am 30. 3. 73 in Berlin). J Autogen Train Allg Psychother 1975/1:27–52

Wallnöfer H (1973c) Kathartisches und analytisches Geschehen im autogenen Training. In: Binder H (Hrsg) 20 Jahre praktische und analytische Psychotherapie

Wallnöfer H (1975) Deutung und Bedeutung der Phänomene im autogenen Training. Schriften der Gesellschaft zur Förderung des AT 1975, Wien, S 1–16

Wallnöfer H (1978a) Analytische Techniken in der Oberstufe des autogenen Trainings. J Autogen Train Allg Psychother

Wallnöfer H (1978b) Techniche psicoanalitiche nel grado superiore del Training Autogeno. Psicoterapie metodi e tecniche. CISSPAT, Padova

Wallnöfer H (1980a) Psicoterapia con il training autogeno. II. Psiciterapia, metode e tecniche. CISSPAT, Padova

Wallnöfer H (1980b) Theory and practice of autogenic training in medicine and psychotherapy. Lecture at the Carrier Foundation. Belle Mead, New Jersey

Wallnöfer H (1981a) Theory and practice of autogenic training in medicine and psychotherapy. Transnat Ment Health Res Newsl 23/2:3

Wallnöfer H (1981b) Il ciclo superiore psicoanalitico del training autogeno. CISSPAT, Padova

Wallnöfer H (1982a) Die analytische Oberstufe des autogenen Trainings. (Vortrag auf dem 13. Fortbildungsseminar der ärztlichen Lebensmüdenbetreuung Berlin und Universitäts-Klinik Basel, Bad Bellingen)

Wallnöfer H (1982b) Uncovering through creative activity before and after AT. Svensk Tidskr Hypnos 6:242–245

Wallnöfer H (1983) The advanced autogenic training. (Lecture at the 1983 Int. Congress of the Israel Society for Hypnosis in Psychotherapy and Psychosomatic Medicine, Haifa)

Wallnöfer H (1984a) Die analytische Oberstufe des autogenen Trainings. (Vorlesung anläßlich des 15. internationalen Seminars für AT und allgemeine Psychotherapie, Badgastein)

Wallnöfer H (1984b) Il colore nel training superiore. UOMO, COLORE, AMBIENTE. (Vortrag, Reggio Emilia, Italia)

Wallnöfer H (1985a) Analytic advanced autogenic training. In: Guantieri G (ed) Hypnosis in psychotherapy and psychosomatic medicine. Il Segno, Verona

Wallnöfer H (1985b) Immaginiazioni catatimiche E TA superiore. Una comparizione. Psyche 15:9–12, 29–35

Wallnöfer H (1985c) The advanced analytic (oriented) autogenic training. (Lecture at the 10th International Congress of Hypnosis and Psychosomatic Medicine, Toronto)

Wallnöfer H (1985d) Analytic advanced autogenic training. Dyn Psychother 3/1

Wallnöfer H (1985e) La communicacione fra terapeuta e paziente nel T. A. Piovan, Albano Terme, pp 45–54

Wallnöfer H (1986a) Seele ohne Angst. Autogenes Training, Hypnose – Wege zur Entspannung. Hoffmann & Campe, Hamburg

Wallnöfer H (1986b) Il training autogeno superiore analiticamente orientato. Possibilita di accorciamento della psicoterapia psicoanalitica. CISSPAT, Padova (C. Congresso Congiunto ISCAT-CISSPAT, Montecatini 1986)

Wallnöfer H (1987a) Dal training autogeno somatico al training autogeno psichico. CISSPAT, Padova (XII. Congresso des CISSPAT-ISCAT, Montecatini 1987, pp 133–142)

Wallnöfer H (1987b) Die analytische Oberstufe des autogenen Trainings. In: Pesendorfer F (Hrsg) I. H. Schultz zum 100. Geburtstag. Literas, Wien, S 61–73

Wallnöfer H (1987c) Katathymes Bilderleben (Symboldrama) – Oberstufe des AT. Ärztl Prax Psychoother 1/9:3–7

Wallnöfer H (1987d) Die analytische Oberstufe des autogenen Trainings. Therapiewoche (Referate), S 19

Wallnöfer H, Peresson L (1986) Trattato di Psicoterapia autogena. Vol IV: Il TA superiore ad orientamento analitico. Ärztl Prax Psychoother 4/8 (Buchbesprechung)

Hansjürgen K. Meyer, Dr. med.
Arzt, Dipl.-Psych.

Testpsychologische Beiträge zur differentiellen Indikation und zur Erfolgsprognose von unterschiedlichen Entspannungsverfahren

Zusammenfassung

Die Tellegen-Absorptionsskala (TAS) erweist sich auch in der deutschen Über-setzung als ein Maß für einen Persönlichkeitszug mit hoher Reliabilität und guter Validität. Die statistischen Kennwerte stimmen weitgehend mit denen der amerikanischen Form überein. Die TAS ist unabhängig von einer Nervosi-tätsskala des gleichen Autors, und beide korrelieren signifikant damit, wie schnell und erfolgreich das AT gelernt und angewendet werden kann. Teilneh-mer mit hohen Absorptions- und niedrigen Nervositätswerten lernen diese Entspannungsmethode schneller. Während das Erlernen des AT die Absorp-tionsfähigkeit im Mittel fördert, ist das bei der progressiven Muskelentspan-nung (nach Jacobson) nicht der Fall.

Die Bedeutung dieser Befunde für die Vorhersage von Kurserfolg und die Wahl anderer Entspannungsverfahren wie der progressiven Muskelentspan-nung oder Biofeedback in Abhängigkeit von den TAS-Werten wird diskutiert.

Summary

On the TAS, "absorption" and "stress" proved to be personality measures with a high level of validity and reliability in the German version of the scale. There were almost no differences in means and standard deviations as compared to the English original. Testing content validity revealed the measures to be quite independent of one another. Participants with high absorption and low stress ratings learned the autogenic training quicker and with more success. Whereas a higher rating on the TAS is found at the end of courses in autogenic training as compared to the beginning, no difference is observed after courses in pro-gressive relaxation (Jacobson).

B.J.M. Diehl, Th. Miller (Hrsg.)
Moderne Suggestionsverfahren
© Springer-Verlag Berlin Heidelberg 1990

The practical relevance of the TAS is discussed with regard to predicting the success of courses in autogenic training and the choice between different relaxation techniques like progressive relaxation (Jacobson) and biofeedback.

Regression und Phantasieraum haben in der analytischen Modellbildung wichtigen Einfluß auf den Erfolg bei Entspannungsverfahren. Diese Begriffe sollen im folgenden näher erläutert und Testuntersuchungen dazu beschrieben werden.

Ist AT mehr als eine widerstandsumgehende, „zudeckende" Technik?

Der Ausschuß für Psychiatrie, Psychotherapie und Psychohygiene der Bundesärztekammer hat dem AT eine besondere Stellung in der psychotherapeutischen Weiterbildung gegeben. Für beide ärztlichen Zusatzbezeichnungen, sowohl „Psychoanalyse" als auch „Psychotherapie", müssen Kenntnisse und Erfahrungen im AT nachgewiesen werden. Dabei taucht immer wieder die Frage auf, ob hypnotische Techniken wie das AT zudeckende oder wie die analytisch orientierten Therapien aufdeckende Verfahren seien. Dazu schreibt Freud (1917) „...wir müssen gewahr werden, daß wir in unserer Technik die Hypnose nur aufgegeben haben, um die Suggestion in der Gestalt der Übertragung wiederzuentdecken". In welcher Beziehung stehen also AT und Tiefenpsychologie zueinander? Dazu soll zunächst noch einmal kurz die technische Seite des AT umrissen werden.

Die Grundübungen des AT sind wohlbekannt: Ruhe, Schwere, Wärme, Sonnengeflecht, Atmung und evtl. Herz, Stirnkühle.

Diese werden über sog. passive Vorstellungskonzentration eingestellt und in einer sog. vegetativen Umschaltung realisiert. Dabei werden heterohypnotische Anteile im Sinne eines Vorsprechens der Formeln als Gegenübertragungsagieren betrachtet und nur bei gezielten Indikationen eingesetzt, so z. B. um im stationären Rahmen gerade Widerstände hervorzurufen.

Etwas weniger bekannt sind die weiterführenden Schwere- und Wärmeübungen, die v. a. folgende Bereiche betreffen: Schulter-Nacken-Bereich, Gesicht, Gehirn, Augen, Haut; oder die besondere Anwendungsformen darstellen wie Kurzübung, Partialübung, Vorsatzbildung, Reihenübung.

Durchschnittliche Übungen dauern dabei etwa 5–15 min. Im Gegensatz dazu erfordert die Oberstufe des AT ein Einstellen der Übung über mindestens 20–30 min. Über Farb-, Gegenstands- und Begriffsvorstellungen werden dort Symboldramen wie Unterwasserspaziergänge, Weg auf den Berg zum weisen alten Mann u. a. und schließlich freies Bilderleben eingestellt.

Auf der Ebene der Technik, sozusagen der pädagogischen Seite des AT, wird auf die korrekte Anwendung der Formeln geachtet und die Entwicklung des Lernenden möglichst wenig behindert. Bei relativ hoher Ich-Stärke erweist sich dies in der Regel nicht als Problem.

Auf dieser Ebene würde eine Formelverwechslung nur korrigiert, aber nicht interpretiert, der Widerstand würde also nach Möglichkeit umgangen.

Beispiele: statt rechtem der linke Arm; Schwere unangenehm – Leichtigkeit; ich bin ganz ruhig/müde; Sonnengeschlecht störend warm; Hülle warm – Grenzen ruhig/fest.

Zugleich werden aber schon in diesen Verwechslungen die Möglichkeiten, mehr als nur technische Fehler zu bemerken, deutlich. Hier berühren sich die Ebene des AT als Technik und die des AT als konfliktzentrierte Therapie. Wie schlecht beide zu trennen sind, zeigt folgendes Beispiel:

> Eine Teilnehmerin eines AT-Grundkurses kam mit ihrer Freundin regelmäßig zu den Stunden. Gegen Ende des Kurses faßte sich die eine ein Herz und sagte: „Ich verstehe nicht, warum meine Freundin, immer wenn sie aus dem AT nach Hause kommt, besonders aggressiv zu ihrer Familie ist. AT soll doch gerade beruhigen?"
> Auch der Teilnehmerin selbst war dies zunächst unverständlich und sie berichtete zusätzlich, daß sie zu Beginn des Kurses ihre Übungen viel besser habe realisieren können als in letzter Zeit.

Auf reinem pädagogischen Niveau hätte hier nur die Suche nach Formelfehlern und der Rat, häufiger zu üben, stehen können.

> Um ihren Widerstand nicht zu unterlaufen und der Patientin selbst eine Deutung zu ermöglichen, bat der Kursleiter sie, einfach in der nächsten Übung sich diese Situation vorzustellen und dazu irgendein Bild entstehen zu lassen.
> Die Teilnehmerin wirkte sehr betroffen, als sie ihre Übung vorzeitig beendete. In der anschließenden Besprechung erzählte sie, sie habe einen Kopf mit einer Schlinge um den Hals gesehen, die sich langsam weiter zuziehe. Sie entdeckte zugleich, daß sie sich genauso fühle. Sie habe das AT zwar lernen wollen, um ruhiger zu werden, aber im Grunde wolle sie gerne einmal auf den Tisch hauen und ihren Ärger äußern.

Technisch handelt es sich um den nicht persönlichkeitsgemäßen Vorsatz, Entspannung müsse in jeder Situation zum Rückzug nach innen führen. Für eine noch perfektere Überanpassung aber versagte das AT seinen Dienst. Oder genauer ausgedrückt: das Unbewußte der Patientin verhinderte die Realisierung der Entspannung unter der genannten Vorstellung. Solche Fehlanwendungen des AT führen häufig zu einer zunehmend schlechteren Realisierung und wirken wie Versager der Methode. Bei dieser Patientin reichte eine Ermutigung zum Durchphantasieren eines Konfliktablaufs aus. Nach einigen ruhigen, aber offenen Worten in der Familie konnte die Patientin ihre Übungen wieder ungehindert durchführen. Dabei bleibt ungeklärt, ob durch diese Konfliktlösung grundsätzliche neue Konfliktlösungsmechanismen angebahnt wurden, oder ob wie bei anderen Patienten der Weg erst in eine längere Psychotherapie führen muß.

Gerade dieser Doppelaspekt des AT – Technik und konfliktzentrierte Arbeit – bietet bei allgemeiner Skepsis gegen „Psychokram" eine Brücke für Patienten und für Kollegen. Weil der Behandlungswiderstand weniger stark ausgeprägt ist, stellt AT damit eine gute Einsteigermethode dar. Sie macht die Notwendigkeit der Eigenbeteiligung im Sinne eines Arbeitsbündnisses deutlich; und sie kann bis in die Analyse hinein begleiten. Deutlich wird diese Seite des AT auch in der Förderung der Träume und in der Oberstufenarbeit (Binder et al. 1984; Iversen 1985).

Im Vergleich des analytischen Settings mit dem des AT ergeben sich hinsichtlich Regressionserleichterung zahlreiche Ähnlichkeiten. In der Analyse liegt der Patient auf der Couch, kann den Analytiker nicht sehen und soll auf

Vorgänge in seinem Inneren achten. All dies stärkt die Regression. Entsprechend hat der Patient im AT die Augen geschlossen, sieht den Therapeuten also nicht, übt vielleicht sogar im Liegen und achtet zumindest auf die Gefühle von Schwere und Wärme.

Freud (1917) plazierte manchmal seine Hand auf die Stirn des Patienten und suggerierte, dies steigere die Entspannung und erleichtere freie Assoziationen und Traumerinnerungen. Auch Schultz (1979) benutzte die körperliche Berührung, z. B. indem er Probanden mit einer Decke zudeckte oder, die Schwere prüfend, den Arm anhob. Er sprach dabei von Zärtlichkeitsbestechung und hatte wohl auch eher den widerstandsumgehenden Aspekt im Sinn.

Solange das AT als widerstandsumgehendes Verfahren genutzt werden soll, dürfen dabei wichtige Positionen nicht aufgegeben werden, wie z. B. das Nichtvorsprechen der Formeln als Äquivalent eines gesicherten Arbeitsbündnisses. Je mehr durch die Ausbildung des Therapeuten und durch die Ich-Stärke des Patienten gerade der Widerstand hervorgerufen und bearbeitet werden soll, um so vielfältiger sind die möglichen methodischen Varianten. Hier sei z. B. die zweigleisige Psychotherapie nach Langen (1972) mit dem aktiv-autohypnoiden und dem analytischen Gleis genannt.

Eine radikalere Position wird durch eine französische Schule vertreten, die gezielt AT und Psychoanalyse kombiniert. Dort darf Entspannung nicht Selbstzweck bleiben. Störungen im Übungsverlauf sind erwünscht, um auf sie gezielter eingehen zu können. Beispielsweise legt der Therapeut seine Hand auf den Bauch des übenden Patienten. Durch diese Berührung werde die „therapeutische Regression" erhöht, und es komme zum Erkennen und zur Auflösung der Widerstände und Ängste gegen die eigene Körperannahme (Balint 1970; Hoffmann 1981).

Es gibt also nicht eine einzig richtige AT-Technik. Die Bewegung im regressiven Raum wird durch technische Fertigkeit, Ich-Stärke und Übertragungsangebote beeinflußt. Ein relativ Ich-starker psychosomatischer Patient wird sein AT als Technik auch bei einem wenig erfahrenen Kursleiter erlernen können. Ein Patient mit niedrigem Ich-Niveau wird u. U. gezielte individuelle Abänderungen der Methode und einen Kursleiter benötigen, dem es gelingt, bei instabilen Selbst-Objekt-Grenzen die Desintegration des Ich zu vermeiden. Je stärker die Regressionsneigung, je geringer das Ich-Niveau, um so weniger wirkt die Technik allein.

Dementsprechend wird je nach Vorgehensweise des Kursleiters die Ich-Stärke des Lernenden eine unterschiedlich große Rolle spielen. Insgesamt gesehen kann sowohl zudeckend als auch aufdeckend verwendet werden.

Regression, Phantasieraum und symbolisierende Ich-Funktionen

Hypnose und verwandte Entspannungsverfahren werden häufig mit dem Ich-psychologischen Ansatz zu erklären versucht. Dadurch kann auch der scheinbare Gegensatz zwischen aufdeckenden und zudeckenden Verfahren aufgelöst werden. So schildert Fürstenau (1977) 2 Dimensionen des psychoanalytischen Umgangs mit strukturell Ich-gestörten Patienten.

Die Auflösung eines alten Beziehungsmusters mit Hilfe von Übertragungs-
deutungen stellt dabei die zweite Dimension der Therapie dar. Sie kann erst
dann ohne übermäßige Regression erfolgen, wenn in der ersten therapeutischen Dimension der Aufbau eines alternativen Beziehungsmusters in der
Beziehung zum Analytiker errungen ist. Sonst führt ein konfliktaufdeckender
Umgang zur Ich-Dekompensation und zu einem regressiven Zusammenbruch,
weil 2 Bereiche prozeßhaft miteinander verschränkt sind. Wird ein solches Ich-
strukturelles Defizit beim Patienten übersehen, dann ist die Beschränkung auf
die aufdeckende Arbeit der zweiten Dimension als Gegenübertragungsagieren
zu bezeichnen (Fürstenau 1977).

Ein Mitagieren kann also dann sinnvoll sein, wenn eine Regression über die
ödipale Ebene hinaus stattfindet. Dies kann als eine reflektierte Regression der
Übertragungs-Gegenübertragungs-Beziehung bezeichnet werden. Selbst eine
agierte Triebbefriedigung kann im Sinne dieser ersten therapeutischen Dimension notwendig werden, um den Aufbau eines alternativen Beziehungsmusters
zu ermöglichen.

Das Vorgehen in der ersten Dimension erinnert auch an das direkte Verhal-
tenstraining in verhaltenstherapeutischen Settings und an die Hypothese der
Affektdifferenzierung (Heigl-Evers u. Heigl 1984). Bezogen auf das AT würde
dabei eine bessere Wahrnehmung und eine bessere Unterscheidung eigener
Gefühle bei Anspannung und Entspannung angestrebt werden.

Was bedeuten nun „Regression" und „Ich-Stärke"? In der Psychoanalyse
wird der Begriff Regression zunächst verwendet, wenn sich im Traum eine
Vorstellung in das sinnliche Bild zurückverwandelt. So würden z. B. bewußt-
werdende infantile Szenen stets „halluzinatorisch" wahrgenommen. In dem
energetischen Libidokonzept wird dann angenommen, daß die Libido zu
einer frühen Organisationsstufe regrediert (genital-anal-oral). Als Abwehrmechanismus im klassischen Sinn verstanden, erfaßt die Regression ein
schwaches Ich, das ihr passiv ausgeliefert ist (Leuner 1978), um zu einer
ehemals befriedigenden Entwicklungsphase vor dem Konflikt zurückzukehren.

Mit der Regression kehrt das Ich zugleich von der logisch-rationalen, rea-
litätsbezogenen Orientierung mit der Fähigkeit des Aufschubs der Triebbefriedigung im Sinne des Sekundärvorgangs zurück zu einem immaturen, primärprozeßhaften Bezugssystem. Schnelle Triebbefriedigung und Triebabfuhr
und vornehmlich magisch-mytische Denk- und Erklärungsschemata mit ihrer
Wahrnehmungsidentität herrschen vor. Die Realitätsprüfung wird zunehmend eingeschränkt. Ein Wiederaufleben der frühen Einheit von Affekt und
Körperfunktion kann auch psychosomatische Symptome verursachen.

In der analytischen Modellbildung wird heute stärker betont, daß die
Regression nur einen von mehreren Aspekten darstellt (Loch 1963). Der
regressive Zustand reproduziert kein exaktes Äquivalent einer frühen Entwicklungsstufe und ist keine reine Fixierung an diese Stufe. Zusammen mit nichtre-
gressiven Elementen entsteht im Gegensatz zu früher eine neue Gestalt.

Das wird besonders deutlich in der sog. „Regression im Dienste des Ich"
(Kris 1952) oder in der „Regression im Dienste der Wiederherstellung des
Ich", wie sie beim *kreativen* Prozeß beschrieben wird. Dabei wird die Regres-

sion begleitet und gefolgt von der Arbeit erhaltener, reifer Funktionsstrukturen des Ich.

Als gesunder Adaptationsmechanismus verstanden, ist sie eine reversible Regression, ebenso wie der Schlaf als eine Regression in die Reizabgeschiedenheit des Mutterleibes gedeutet wird (Leuner 1978). Dabei kann das Ich zwischen differenzierten, bewußten, kontrollierten Zuständen einerseits und undifferenzierten und unbewußten Zuständen andererseits alternieren. Diese Flexibilität gehört zur psychischen Gesundheit und spielt auch bei kreativen Prozessen eine entscheidende Rolle (Müller-Braunschweig 1975).

So definiert Scharfetter (1983) die Meditation als die Erfahrung einer Pilgerreise *vor* der Spaltung der Welt in einen profanen und einen sakralen Bereich. Unter die profanen Zwecke reiht er neben der Anwendung in der (Fokal)therapie auch den Wunsch nach Verbesserung der eigenen intellektuellen, kreativen, produktiven oder anderen Potenz ein. Während die Ich-Funktionen der Wahrnehmung es ermöglichen sollen, sich als ganzheitliche Person gegenüber der Umwelt zu erleben und abzugrenzen (Ermann 1980a), kann die Meditation bis hin zur Ich-Relativierung führen. Das heißt, der Meditierende kann die Erfahrung machen, daß der Kern seiner selbst kommuniziert mit etwas Überindividuellem (Scharfetter 1983).

Eine Regression hin zu unbewußten Denkprozessen befreit im Sinne einer Deautomatisierung (Gill und Brenman 1959) von einer stereotypen kognitiven Organisation, die über Jahre aufgebaut wurde (Fromm 1979). Der Zustand der Ich-Aktivität wird verlassen. Die Autorin nennt diese Offenheit für neue Erfahrungen ("openness to experiencing") Ich-Rezeptivität. Sie sei als Ich-syntone Fähigkeit, Dinge geschehen zu lassen, ein wesentlicher Bestandteil von Kreativität. Im Zusammenhang damit wurde später die Absorptionsskala (Tellegen und Atkinson 1974) entwickelt, die die Fähigkeit mißt, völlig in eine imaginative Aktivität involviert zu sein. Im Gegensatz dazu stehe die Ich-dystone Ich-Passivität wie sie bei Alpträumen, Horror-Trips und psychotischen Halluzinationen auftrete.

Wenn nun die Ich-Stärke einen wesentlichen Einflußfaktor für die Art der Regression darstellt, muß sie zunächst näher betrachtet werden. Ein Patient mit neurotischer Ich-Struktur ist lediglich in der Ausübung von Ich-Funktionen beeinträchtigt, die im Prinzip zur Verfügung stehen. Es besteht sozusagen nur eine funktionelle Ich-Störung (Fürstenau 1977). Bei einem Patienten mit einer strukturellen Ich-Störung ist die Disponibilität einer oder mehrerer Ich-Funktionen eingeschränkt, einige Funktionen stehen also kaum noch zur Verfügung. Unter der Regression werden bei neurotischer Ich-Struktur unverarbeitete Triebkonflikte wiederbelebt, bei einer Ich-Störung dagegen Beziehungen zu magisch verbundenen präambivalenten Teilobjekten hergestellt (Ermann 1980a).

Relative Ich-Stärke bei strukturellen Ich-Störungen bedeutet, die Integration des Ich und seine Funktion auf dem hauptsächlich wirksamen Entwicklungsniveau aufrechtzuerhalten. Eine Ich-Stärke gegen Regression zu besitzen, bedeutet v. a., Impulskontrolle und Realitätsbezug unter der Regression nicht nachhaltig verlieren zu müssen (Ermann 1980b).

Ob ein Patient von einer stationären Behandlung profitieren wird, hängt wesentlich von seiner Ich-Stärke ab, also von dem *Ausmaß* seiner Ich-Störung, und nicht unbedingt von seiner Ich-Struktur. So sei z. B. bei Patienten mit psychovegetativen Beschwerden im Sinne einer vegetativen Neurose als einer fokalen Variante struktureller Ich-Störung, besonders die symbolisierende Ich-Funktion gestört. Dagegen sind bei Borderline-Patienten verschiedene Ich-Funktionen durch die strukturelle Störung gleichzeitig beeinträchtigt, so daß sie als eher Ich-schwach gelten.

Beeinflussend ist aber nicht nur die globale Ich-Schwäche des Patienten, sondern auch die Situationen, die die Dekompensation auslösen können. So werden Ich-Schwächen oft erst in der Gruppensituation mit ihren vielfältigeren Einflüssen deutlicher. Die therapeutische Regression, die den Zweck hat, infantile Konflikte zur Neulösung noch einmal zu erleben, kann bis hin zur nichtverbalen Kommunikation zwischen dem Unbewußten des Patienten und dem des Analytikers führen. Sie kann zu einer Regression im Dienste des Ich des Analytikers oder zu einer Gegenübertragungsneurose werden.

Phantasieraumentwicklung und AT.
Wie lassen sich diese Überlegungen nun empirisch absichern?

Kann man über ein Fragebogenverfahren ein Maß für die symbolisierende Ich-Funktion erhalten? Ein Fragebogen kann nur bewußte Einstellungen und Selbstbilder messen. Verzerrungen durch fehlerhafte Wahrnehmungsfunktionen, wie sie bei reduzierter Ich-Struktur durchaus möglich erscheinen, werden aber bei Fragebogen zusätzlich mit abgebildet. Gemessen werden kann damit also weniger eine tatsächliche Fähigkeit zur Symbolisierung, als vielmehr der in der Selbstwahrnehmung akzeptierte, also Ich-syntone Phantasieraum. Dabei ist zu vermuten, daß bei hohem Grad der Akzeptanz des Phantasieraums auch die symbolisierenden Ich-Funktionen gut ausgebildet worden sind. Dies bedeutet aber nicht zwangsläufig, daß auch die anderen Ich-Funktionen gut ausgebildet sein müssen. Es ist durchaus denkbar, daß der Phantasieraum relativ groß erscheint, die Realitätsprüfungsfunktionen aber nur gering ausgebildet sind.

Neben der Quantität kann aber auch die Qualität der Symbolisierungsfähigkeit eine Rolle spielen. Selbst bei gutem Zugang zu primärprozeßhaftem Denken kann dessen Reife noch gering geblieben sein (Gruenewald et al. 1979). Bei geringer Akzeptanz des Phantasieraums sind 2 Möglichkeiten denkbar. Entweder kann tatsächlich eine Fähigkeit zur Symbolisierung nicht ausgebildet worden sein oder eine ausgebildete Fähigkeit kann lediglich im Selbstbild ausgeblendet, also nur unbewußt wirksam sein. Während der akzeptierte Phantasieraum also ein Maß für die Menge der symbolisierenden Ich-Funktionen sein könnte, kann damit nichts über die Reife dieser Funktionen und über die Ausprägung der anderen Ich-Funktionen gesagt werden.

Eine ähnliche Unterscheidung hinsichtlich Ich-syntoner oder Ich-dystoner Offenheit dem primärprozeßhaften Denken gegenüber entwirft Fromm (1979). Die Autorin nennt diese Offenheit für neue Erfahrungen ("openness to experiencing") Ich-Rezeptivität. Sie sei als Ich-syntone Fähigkeit, Dinge geschehen zu lassen, ein wesentlicher Bestandteil von Kreativität. Im Zusammenhang damit wurde später die Absorptionsskala entwickelt, die die Fähigkeit mißt, völlig in eine imaginative Aktivität involviert zu sein (Tellegen u. Atkinson 1974; Meyer et al. 1987).

In bisherigen Untersuchungen zu Tellegens Absorptionsskala (TAS) erwies sie sich als ein Maß für einen Persönlichkeitszug mit hoher Reliabilität und guter Validität. Die statistischen Kennwerte stimmten weitgehend mit denen der amerikanischen Form überein (Meyer et al. 1987). Das Konstrukt „Absorption" ist heute als wichtige Komponente hypnotischer Empfänglichkeit fundiert belegt und ausreichend anerkannt (Kolbe 1986). Während sich die Varianz vieler existierender Fragebogenskalen hauptsächlich aus den Dimensionen Neurotizismus (vs. Stabilität) und Extraversion (vs. Introversion) erklären ließ, erschien die TAS (Tellegens Absorptionsskala) in einer Faktorenanalyse als eine von beiden unabhängige Dimension (Tellegen u. Atkinson 1974).

Man könnte nun fragen, ob Probanden mit hohen Absorptionswerten generell Vorteile beim Erlernen einer Entspannungstechnik haben. Während hohe Absorptionswerte die Entspannung durch Richten der Aufmerksamkeit auf innere Ereignisse erleichtern, benötigen Probanden mit niedrigen Absorptionswerten mehr äußeren Ansporn, wie er in Biofeedbackverfahren gegeben wird (Qualls u. Sheehan 1979; 1981a). Dieser notwendige äußere Ansporn entspricht eher einem aktiven Verarbeitungsmodus. Die nach innen gerichtete Aufmerksamkeit benötigt dagegen eher einen rezeptiven Modus (Tellegen 1981), der die Probanden in ihren selbsterzeugten Imaginationen nicht einengt (Qualls u. Sheehan 1981b).

Auch im AT müssen die Übenden ihren Innenerlebnissen ablenkungslos zugewandt sein und sollen darin möglichst wenig eingeschränkt werden (Schultz 1979). Bei autohypnotischen Verfahren werden vermutlich die gleichen grundlegenden Fähigkeiten benutzt, die auch von Probanden mit hoher Disposition zur Absorption zur Kontrolle ihres Gedankenstroms verwendet werden (Singer u. Pope 1981). Dabei sei für die Autohypnose nicht nur eine freischwebende Aufmerksamkeit notwendig, sondern ebenso ein für innere Reize geöffnetes Ich (Fromm 1981).

Ausgehend von der Überlegung, daß AT bildhafte Vorstellungen benutzt und fördert, wird erwartet, daß dadurch die Vorstellungskraft trainiert wird. Die progressive Muskelentspannung nach Jacobson dagegen benutzt weniger die Vorstellungskraft als das direkte Fühlen. Damit wird für diese Methode eine geringere Förderung des Phantasieraums erwartet.

Wechselwirkungen bestehen aber nicht nur zwischen Entspannung und Absorption, sondern auch zwischen Entspannung und Nervosität. Verschiedene Untersuchungen unter Verwendung von Nervositätsskalen brachten folgende Ergebnisse. Das Erlernen einer Entspannungstechnik verringerte die Nervosität der Kursteilnehmer (Schejbal 1979 für FPI-1; O'Haire und Marcia 1980 für FPI-N). Besondere Erfolge beim AT traten bei niedrigen Nervositätswerten auf, obwohl der typische Kursteilnehmer gerade eine hohe Nervosität aufwies (Löw 1974 für FPI-1). Probanden mit hohem Neurotizismuswert waren bei der Realisierung weniger erfolgreich als andere Teilnehmer (Badura 1973; Georghiu et al. 1971). Ganz allgemein realisierten männliche Teilnehmer das

AT zuverlässiger und gaben stärkere Veränderungen an als weibliche (Schejbal et al. 1978 für MMPI; Susen 1978 für FPI).

Den Ergebnissen von Tellegen u. Atkinson (1974) folgend wurde angenommen, daß die Nervositätsskala größtenteils die Dimension Neurotizismus mißt. Eigene Voruntersuchungen an 69 Patienten ergaben Korrelationen zu FPI-N und FPI-1 von 0,82 bzw. 0,66 gegenüber -0,26 zu FPI-E. Damit klärte die Nervositätsskala 67 % der Varianz von FPI-N und 44 % der Varianz von FPI-1 auf. Die Korrelation zwischen den beiden Skalen Absorption und Nervosität blieb somit 0,09 (n = 69) sehr gering.

In einer Untersuchung ambulanter AT-Kurse wurde der Absorptionsfragebogen anonym von Probanden ausgefüllt, die im Verlauf von mindestens 7 Wochen das AT erlernt hatten. Der Unterricht erfolgte in Gruppenkursen verschiedener Volkshochschulen zu je etwa 10-20 Teilnehmern gegen Gebühr. In den Hochschulkursen erfolgte der Unterricht in Gruppen mit meist mehr als 30 Teilnehmern für Studenten im Rahmen ihres Studiums kostenlos.

Die Ergebnisse von etwa 440 Teilnehmern zeigten, daß die Absorptionsskala unabhängig von der Nervositätsskala war, und daß beide signifikant damit korrelierten, wie schnell und erfolgreich das AT gelernt und angewendet werden konnte. Teilnehmer, die den Kurs bis zu Ende besucht hatten und hohe Absorptions- und niedrige Nervositätswerte aufwiesen, lernten in ambulanten Kursen diese Entspannungsmethode schneller. Dabei zeigte sich eine deutliche Abhängigkeit von der Übungshäufigkeit. Diejenigen Teilnehmer, die mehr als einmal täglich übten, erreichten höhere Korrelationen (TAS-Schwere: 0,30, p<0,001; TAS-Wärme: 0,20, p<0,01). Trotz der hohen Signifikanzen klärt damit die TAS bei Korrelationen um 0,30 aber bestenfalls 10 % der Varianz der Lerngeschwindigkeit auf.

Insgesamt beeinflußt also tatsächlich nicht nur ein niedriger Nervositätswert die verwendeten speziellen und globalen Erfolgsparameter, sondern auch eine hohe Fähigkeit zur Absorption. Dies könnte eine mögliche Erklärung für die von Kolbe (1986) referierten Befunde sein, wonach hohe Absorptionswerte eine notwendige, aber keineswegs hinreichende Voraussetzung für Suggestibilität seien.

Die nichtsignifikanten Korrelationen zwischen Absorptionswert und Lerngeschwindigkeit in den Hochschulgruppen läßt auch vermuten, daß die jüngeren Kursteilnehmer, und zwar insbesondere die Studierenden, die Absorptionsfähigkeit für eine Realisierung der Grundübungen viel weniger brauchen. Allerdings haben sie diese Fähigkeit auch in einem größeren Ausmaß als die anderen Gruppen. Es wäre also denkbar, daß die Absorptionsskala im oberen Meßbereich 2 unterschiedliche Komponenten mißt, von denen die eine altersabhängig ist und für das Erlernen des AT kaum eine Rolle spielt. Sie könnte beispielsweise mit der zunehmenden Offenheit „dem Psychischen" gegenüber in Verbindung stehen. Eine gleichsinnige Veränderung ist etwa bei den mit dem Alter abnehmenden Offenheitswerten des FPI (Fahrenberg et al. 1984) zu beobachten. Wenn diese Komponente bei höherem Alter geringer ist, könnte die andere Komponente, die deutliche Beziehungen zum AT aufweist, stärker zum Tragen kommen.

*Wie sehen nun die ersten Ergebnisse bei einem Erlernen des AT oder
der Jacobson-Technik während einer stationären Psychotherapie aus?*

Insgesamt 90 Patienten, die zu einer stationären Psychotherapie eingewiesen
worden waren, wurden gebeten, zu Beginn und am Ende ihres Aufenthalts
ein Fragebogenprogramm auszufüllen. Die Fragebogen von 12 Patienten wurden nachträglich ausgesondert. In 9 Fällen wurden sie wegen Verdachts auf
Hirnschadens oder psychotischen Veränderungen ausgeschlossen, in 3 Fällen
traten Sprachprobleme auf oder die Behandlungsdauer war zu kurz (z. B.
durch Übernahmen von anderen Therapeuten). Von den verbleibenden 78
Patienten verweigerten 6 das Ausfüllen eines oder beider Fragebogenpro-
gramme (8 %).

Die 23 männlichen und 49 weiblichen Teilnehmer, die an beiden Programmen teilgenommen hatten, wiesen insgesamt ein Durchschnittsalter von 44,2
Jahren auf (SD = 8,61), wobei der Altersgipfel bei den männlichen Teilnehmern weniger breit ausfiel (Männer: x = 46,65, SD = 7,38; Frauen: x = 43,06,
SD = 8,89).

Im Vergleich mit 217 über 30jährigen Teilnehmern ambulanter Kurse im
AT waren die Neurotizismuswerte bei den stationären Patienten etwa 22 %
höher, die Absorptionswerte in etwa gleich. Im Vergleich der stationären mit
44 ambulanten Patienten einer psychotherapeutischen Praxis hatten die sta-
tionär eingewiesenen Männer niedrigere Neurotizismus- und höhere Absorptionswerte, die Frauen gleiche Neurotizismus-, aber niedrigere Absorptionswerte.

Gruppenzuweisungsverhalten des Autors

Die Höhe des Absorptionswertes kann nur anzeigen, wer über genügend
Vorstellungskraft verfügt, um das AT voraussichtlich leicht zu erlernen. Die
Überlegungen, ob eine damit verbundene Steigerung des Phantasieraums therapeutisch sinnvoll ist, bleiben davon unberührt. Aus diesem Grund ist auch
von dem Erlernen des AT nur aus Büchern oder Schallplatten abzuraten.
Trotzdem wurde erwartet, daß Probanden mit niedrigen Absorptionswerten
eher den Gruppen für progressive Muskelrelaxation (PM) zugewiesen würden, um in der Kürze des stationären Aufenthalts einen Erfolg zu gewährleisten.

Etwa 42 % der Patienten jeder Altersgruppe nahmen am AT teil. Bei den
Frauen nahmen 16 % insbesondere jüngere Frauen am PM, 20 % am integrier-
ten Entspannungstraining (IET) teil. Bei den Männern nahmen 13 % insbesondere jüngere Männer am IET, 30 % am PM teil.

Entgegen den Erwartungen zeigte sich im Zuweisungsverhalten nicht der
vorhergesagte Einfluß des vorhandenen akzeptierten Phantasieraums. Im
Gegenteil wiesen die dem AT zugewiesenen Probanden im Vergleich zu der
Gesamtheit eher niedrigere Absorptionswerte (Männer -10 %, Frauen -2 %)
auf (Tabelle 1).

Tabelle 1. Übersicht über die Fragebogenergebnisse von 72 Patienten, die eine von 3 Entspannungsmethoden (AT, IET, PM) erlernt oder keine solche Gruppe („ohne") besucht hatten. Angegeben sind die über die jeweiligen Probanden gemittelten Differenzen (Diff.) der Werte auf der Nervositäts- (Streß) und Absorptionsskala (TAS). Gemessen wurde jeweils zu Beginn und gegen Ende eines etwa 6wöchigen stationären Aufenthalts

Diff.	AT	IET	PM	„ohne"	„alle"
Streß	− 2,70	− 0,27	− 0,82	− 1,60	− 1,67
TAS	+ 1,75	+ 1,18	− 1,00	+ 1,21	+ 0,91
n	30	11	17	14	72

Phantasieraumveränderung

Die stärksten Veränderungen nach Erlernen einer Entspannungstechnik zeigten sich hinsichtlich einer Erhöhung des akzeptierten Phantasieraums und einer Neurotizismuserniedrigung besonders beim AT. Während sich im AT, im IET und ohne Entspannungstraining Phantasieraumerhöhungen zeigten, waren die entsprechenden Werte nach PM abgesunken. Da die Zuweisung zu den verschiedenen Verfahren aber nicht nach Zufallskriterien erfolgte, kann daraus nicht gefolgert werden, daß dies wahrscheinlich an den unterschiedlichen Methoden der Entspannungsverfahren lag. Nicht auszuschließen ist nämlich, daß der zuweisende Therapeut bei seiner Empfehlung eines bestimmten Entspannungsverfahrens von der möglichen von ihm abgeschätzten Phantasieraumentwicklung des Patienten beeinflußt wurde. Da diese Wahl also nicht nach Zufallsprinzipien erfolgte, muß sie als konfundierende Variable berücksichtigt werden. Allerdings fand sich diese Erhöhung des Phantasieraums auch nach dem ambulanten Erlernen des AT (7 Wochen) bei 18 weiblichen Teilnehmern, nicht dagegen bei den 12 männlichen.

Da sich Steigerungen auch bei hochabsorptiven Probanden fanden, lassen sie sich nicht nur durch einen Ceiling- oder Grenzwerteffekt bei niedrigen Eingangswerten interpretieren.

Insgesamt zeigen klinisch-psychologische Testverfahren also deutliche Unterschiede auf, wie sich Probanden verändern, die parallel zu stationärer Psychotherapie AT erlernen und wie sich andere verändern, die parallel progressive Muskelentspannung erlernen. Die Neurotizismuswerte sinken während des AT stärker ab als während der progressiven Muskelentspannung und die Vorstellungskraft (Absorption) steigt während des AT stärker an.

Dies deckt sich mit klinischen Erfahrungen, daß progressive Muskelentspannung weniger Ansprüche an die Vorstellungskraft stellt und insbesondere bei Patienten vorzuziehen ist, bei denen eine Förderung der Vorstellungskraft unerwünscht ist.

Literatur

Badura HO (1973) Vergleichende Untersuchungen von Persönlichkeitsvariablen bei Versagern des Autogenen Trainings mit Hilfe des MMPI. Z Psychother Med Psychol 23:200–205

Balint M (1970) Therapeutische Aspekte der Regression. Klett, Stuttgart

Binder H, Iversen G, Lohmann R, Wallnöfer H, Stolze H (1984) Johann Heinrich Schultz und sein Autogenes Training. Prax Psychother Psychosom 29:210–217

Ermann M (1980a) Regression in der stationär-analytischen Psychotherapie. Psychosom Med 28:176–188

Ermann M (1980b) Die psychovegetativen Störungen als ich-strukturelles Problem. Psychosom Med 28:255–265

Fahrenberg J, Hampel R, Selg H (1984) Das Freiburger Persönlichkeitsinventar FPI, Hogrefe Göttingen, Toronto Zürich

Fischer K (1969) Autogenes Training und subjektive Erfahrungen (Ergebnisse einer Fragebogenerhebung). Med. Dissertation Universität Mainz

Freud S (1917) Vorlesungen zur Einführung in die Psychoanalyse (Gesammelte Werke, Bd 12; Fischer, Frankfurt am Main, 1966 ff) S 184–186

Fromm E (1979) The nature of hypnosis and other altered states of consciousness: An Ego-psychological theory. In: Fromm E, Shor RE (eds) Hypnosis. Aldine, New York

Fromm E, Shor RE (1979) Hypnosis. Aldine, New York

Fromm E, Brown DP, Hurt SW, Oberlander JZ, Boxer AM, Pfeifer G (1981) The phenomena and characteristics of self-hypnosis. Int J Clin Exp Hypn 24:189–246

Fürstenau P (1977) Die beiden Dimensionen des psychoanalytischen Umgangs mit strukturell ich-gestörten Patienten. Psyche 15:197–207

Gheorghiu V, Langen D, Velden M (1971) Die Einstellung zu autogenem Training oder Hypnose. Z Psychother Med Psychol 21:129–137

Gill MM, Brenman M (1959) Hypnosis and related states: Psychoanalytic studies in regression. International Universities Press, New York

Gruenewald D, Fromm E, Oberlander MI (1979) Hypnosis and adaptive regression: An ego-psychological inquiry. In: Fromm E, Shor RE (eds) Hypnosis

Heigl-Evers A, Heigl F (1984) Was ist tiefenpsychologisch fundierte Psychotherapie? Prax Psychother Psychosom 29:234–244

Hoffmann B (1981) Autogenes Training und Psychoanalyse. Prax Psychother Psychosom 26:61–66

Iversen G (1985) Zur Kombination von tiefenpsychologisch fundierter Psychotherapie mit autogenem Training. Vortrag in Düsseldorf, Sept. 1985 (unveröffentlicht)

Kolbe O (1986) Hypnotische Erfahrungen und Vorstellungsvermögen. Exp Klin Hypn 2:5–16

Kris E (1952) Psychoanalytic explorations in art. International Universities Press, New York

Langen D (1972) Gestufte Aktivhypnose. 4. Aufl. Thieme, Stuttgart

Leuner H (1978) Regression. Die Entwicklung des Begriffes und ihre Bedeutung für therapeutische Konzepte. Z Psychosom Psychoanal 26:301–318

Loch W (1963/64) Regression. Psyche 17:516

Löw GG (1974) Die Schnelligkeit des Übungserfolges im Autogenen Training in Abhängigkeit von Persönlichkeitsvariablen (gemessen mit dem FPI). Med Dissertation, Universität Aachen

Meyer HK, Giebel K, Diehl BJM, Beltz J (1987) Tellegens-Absorption-Skala und Kurserfolg bei Autogenem Training. Exp Klin Hypn 3:109–120

Müller-Braunschweig F (1975) Die Funktion der Symbolbildung für den Spannungsausgleich in psychopathologischen und kreativen Prozessen. Psychol Dissertation, Universität Frankfurt

O'Haire TD, Marcia JE (1980) Some personality characteristics associated with ananda marga meditators: A pilot study. Percep Motor Skills 51:447–452

Qualls PJ, Sheehan PW (1979) Capacity for absorption and relaxation during electromyograph biofeedback and no-feedback conditions. J Abnorm Psychol 88:652–662

Qualls PJ, Sheehan PW (1981a) Role of the feedback signal in electromyograph biofeedback: The relevance of attention. J Exp Psychol [Gen] 110:204–216

Qualls PJ, Sheehan PW (1981b) Trait-treatment interaction. Reply to Tellegen. J Exp Psychol [Gen] 110:227–231

Scharfetter C (1983) Meditation für den Psychotherapeuten. Prax Psychother Psychosom 28:11–21

Schejbal P (1979) Auswirkungen des autogenen Trainings im psychischen Bereich, dargestellt anhand der Literatur und eigener Untersuchungen. Phil Dissertation, Universität Essen

Schejbal P, Kröner B, Niesel W (1978) Versuch einer Objektivierung der Auswirkungen des Autogenen Trainings und der Transzendentalen Meditation auf Persönlichkeitsvariablen eines Persönlichkeitsfragebogens. Psychother Med Psychol 28:158–164

Schultz JH (1970) Das autogene Training. Thieme, Stuttgart

Singer JL, Pope KS (1981) Daydreaming and imagery skills as predisposing capacities for self-hypnosis. Int J Clin Exp Hypn 24:271–281

Susen GR (1978) Erlebte Veränderungen einzelner Verhaltensbereiche durch Autogenes Training. Z Psychosom Med 24:379–383

Tellegen A (1981) Practicing the two disciplines für relaxation and enlightment: Comment on „role of the feedback signal in electromyograph biofeedback: The relevance of attention" by Qualls and Sheehan. J Exp Psychol [Gen] 110:217–226

Tellegen A, Atkinson G (1974) Openess to absorbing and self-altering experience („Absorption"), a trait related to hypnotic susceptibility. J Abnorm Psychol 83:268–277

Hans Swierstra,
Diplomierter Hypnosetherapeut
und diplomierter Seminarleiter
für autogenes Training am IATH
Direktor einer Kureinrichtung

Hypnose mit unmotivierten Patienten

Zusammenfassung

Motivation, d. h. die innere Überzeugung des Individuums, etwas Bestimmtes nur zum eigenen Wohle zu tun, stellt bekanntermaßen die notwendige Basis für jedwede psychotherapeutische Intervention dar. Fehlt sie, so wird sogar das Erlernen des AT deutlich beeinträchtigt. Der Autor beschreibt verschiedene Probleme, die bei Patienten in der Gruppenunterweisung zu beobachten sind; Patienten, die nicht aus eigenem Antrieb heraus das AT zu erlernen versuchten, mußten wegen der Diskrepanz zwischen Absicht und Motivation letztlich erfolglos bleiben.

Summary

Motivation, i. e., the individual's inner conviction to do something particular to his or her personal benefit, is known to be the necessary basis for any psychotherapeutic intervention. If it is lacking, even the process of learning autogenic training is greatly hampered. The author describes various problems observed in groups of patients who – not of their own volition – tried to learn autogenic training but failed because of the discrepancy between intention and motivation.

Hypnose mit unmotivierten Patienten ist mir durch meine Arbeit in unserer Klinik eine stetige Herausforderung. Ich beschäftige mich seit Jahren intensiv mit Patienten u. a. mit Hypnose, AT, Körperenergie, Rolfing. Unsere Patienten und Klienten kommen hauptsächlich nach Spital- und Klinikaufenthalt zu uns zur Nachbehandlung. Sie haben die verschiedensten nervösen Störungen, wie z. B. nervöse Erschöpfung, Antriebslosigkeit, familiäre Probleme, die sich

B.J.M. Diehl, Th. Miller (Hrsg.)
Moderne Suggestionsverfahren
© Springer-Verlag Berlin Heidelberg 1990

somatisch auswirken. Selbstverständlich kommen auch weniger intensiv belastete Personen zu uns, die dann aus Neugierde bestimmte Gruppensitzungen oder -therapien mitmachen.

Die Arbeit gestaltet sich aus 3 Gründen für mich besonders schwierig:

1. weil die Patienten von der Methode nicht überzeugt sind,
2. weil die meisten nicht aus eigenem Antrieb zu mir kommen, sondern auf ärztliche Anweisung,
3. weil ich stets vom Ich des Patienten ausgehe und eine direkte Beeinflussung ablehne.

Ich habe mir die Mühe gemacht, einige Daten zusammenzutragen. Die Versuche beziehen sich auf eine 4jährige Periode. Insgesamt wurden 807 Patienten in 4 Jahren bei einer durchschnittlichen Aufenthaltsdauer von 4 Wochen in meinen Sitzungen gezählt. Die mittlere Personenzahl pro Gruppe betrug 7, bei 2 Gruppensitzungen pro Woche.

Von diesen 807 Personen kamen:

410	1mal,	129	5mal,
201	2mal,	130	6mal,
196	3mal,	125	7mal,
131	4mal,	116	8mal.

Aus diesen Zahlen sehen sie, daß über 50% der Teilnehmer zum zweiten Mal schon nicht mehr erschienen. Dagegen hat ca. 1/5 die ganze Zeit an den Sitzungen teilgenommen.

Da ich aber im wesentlichen viel mehr Patienten hatte, die nur einmal kamen, war die erste Sitzung immer die schwierigste. Ich vermute, daß bei mir der Erwartungsdruck in bezug auf das Wiedererscheinen der Teilnehmer in die nächste Stunde zu groß war. Erst als dies bei mir zur Routine wurde, ließ dieser Druck nach.

Wie gehe ich nun vor?

Ich muß vorausschicken, daß ich Absolvent von den Kursen bei Frau Th. Miller bin, die für mich sehr lehrreich und ergiebig waren, die mir die nötigen Kenntnisse in Hypnose und AT sehr eingehend vermittelten. Sie hat sich mit viel Elan, Energie und Ausdauer dafür eingesetzt, daß die Hypnose bekannt wurde und als seriöses Verfahren langsam seinen Eingang in die Welt der Medizin findet.

Nun zu meinem Vorgehen: Ich begrüße die Patienten im höchstgelegenen und schönsten Raum des Hauses mit Blick über See und Berge. Nach einigen Kommentaren der Teilnehmer über die Schönheit der Natur, die ich noch gebührend unterstreiche, lasse ich die Patienten Platz nehmen. Ich bitte sie, möglichst entspannt zu sitzen. Matratzen stehen zur Verfügung für diejenigen, die liegen wollen. Bei den Sesseln handelt es sich durchwegs um bequeme Feauteuils, was „das Liegenwollen" der Patienten einschränkt. Für mich ist das Sitzen der Leute aufschlußreicher, da ich, besser als beim Liegen, den Grad der Entspannung bzw. Verspannung abschätzen kann. Weiter gibt es mir Aufschluß über Scheuheit, Unwohlsein, innere Spannnungen der beteiligten Menschen. Ich selber bin locker und eröffne die Runde, indem ich jeden einzelnen frage, warum er in der Klinik ist und warum der Betreffende zu mir kommt.

Ich lasse jedem Zeit, viel Zeit, um die Antworten zu formulieren. Ich nehme das Gesagte wertungsfrei entgegen und lasse jedes Insistieren sein. Als nächstes bitte ich die Runde, sich zu bestimmten Problemen oder Erlebnissen zu äußern. Diese können aus der Runde gerade hervorgegangen sein oder sind Probleme, die dem Patienten sehr nahe gehen und ihm quasi auf der Zunge brennen. Ich bin mir darüber im klaren, daß lange nicht alle spontan einsteigen, nehme mir darum viel Zeit und Mühe, den Patienten eine angenehme Atmosphäre und Vertrauen zu vermitteln.

Die Fragen, die bei uns in dieser ersten Runde angeschnitten werden, reichen von Bagatellproblemen wie „Nichtschlafenkönnen", „Schmerzen haben" bis zu schwerwiegenden Störungen. Patienten mit ernsthaften Störungen sind mir meistens von der Anamnese her schon bekannt. Intimere Probleme werden zwar erwähnt, häufig aber auf andere projiziert. Unter intimen Problemen verstehe ich Familienprobleme, Probleme mit der Einsamkeit, mit den Kindern, nervöse Störungen wie Depressionen, Ängste. Nachdem die Teilnehmer in der Runde sich soweit geäußert haben und niemand mehr zusätzliche Informationen beisteuern will, bringe ich mich selber in die Runde ein.

Ich bin der Meinung, daß ich durch mein Beispiel des Sichmitteilens den Teilnehmern einen Vertrauensbeweis liefere, der ihnen v. a. die Angst vor der Preisgabe der Intimität nimmt. Ich erzähle der Runde in aller Offenheit von meinen Erlebnissen, Problemen – vergangenen und gegenwärtigen – und wie ich sie meistere. Zugleich zeige ich ihnen, daß *ich* die Probleme habe, daß *ich* sie so empfinde und daß alles, was ich sage, nur *für mich* seine Gültigkeit hat.

Nachdem ich so eine Brücke zwischen mir und der Runde geschaffen habe, hoffe ich, daß sich eine Diskussion unter den Teilnehmern entwickelt. Wenn ja, interveniere ich nicht, weil ich glaube, daß in der Gruppe die Dynamik, die Atmosphäre und die Lage des Lokals das Positive fördern. Ich weise darauf hin, daß die letzte Aussage für meine Arbeit mit unmotivierten Patienten gilt, die, gemäß meiner Erfahrung – und dies besonders beim ersten Besuch –, beim geringsten Widerstand sofort passiver oder noch passiver werden. Wenn also die Kommunikation stoppt oder überhaupt nicht stattfindet, kann dies 2 Gründe haben: Entweder ein innerer Prozeß läuft bei den Leuten ab oder – in Anbetracht der Unmotiviertheit – sie sind physisch und psychisch „regungslos". Ich sehe es aber als meine Aufgabe, Patienten – den Leidenden – den Leidensdruck lindern zu helfen. Darum fahre ich fort und gehe über zur ersten Übung. Das für mich wichtigste Element der Hypnose, nämlich die gebündelte Konzentration, hat schon viele Unmotivierte wider Erwarten aus ihrer Passivität geweckt.

In diesem Stadium sind die Menschen etwas freier, offener und auch weniger ängstlich. Darum kann die erste Übung, das alt-chinesische „quing-quong", problemlos durchgeführt werden. Diese Übung ist eine einfache konzentrative Atemübung, wobei bewußt geatmet wird und zwischen Ein- und Ausatmen der Atem angehalten wird. Sie wird ca. 6mal wiederholt. Nach dieser Übung folgt eine Pause, die das soeben Praktizierte vertieft. Nun frage ich die Teilnehmer, wie sie die Übung empfunden haben. Die Antworten sind recht dürftig, obwohl manchmal die erste mehr oder weniger aggressive Reaktion erfolgt. Ich erzähle nun der Runde, wie ich die Übung erlebt habe und was sie bei mir auslöst. Hier kann dieser Hinweis Unmotiviertheit abbauend, positiv wirken.

Hat die Übung Spannung und nervöses Verhalten hervorgerufen, so ist der Patient meistens verschlossen, fühlt sich unwohl, würde am liebsten abbrechen. Sind Beruhigung und Entspannung das Ziel, so ist nun das Gegenteil der Fall. War der Patient zu Anfang unmotiviert, so ist er jetzt vielleicht direkt abweisend. Trotzdem bleibt er sitzen, verläßt die Runde nicht, weil er sich schämt aufzustehen, meint, er habe eine abnormale Reaktion, meint, er sei der einzige mit dieser Wirkung. Für mich zeigen sich die Emotionen in Röte oder Blässe im Gesicht, schnellem Puls oder Atem, verstärkter Herztätigkeit, Harndrang etc. Obwohl ich die Patienten darauf hinweise, daß solche Wirkungen eintreten können, habe ich das Gefühl, daß der Patient durch oben beschriebene Reaktionen in seinem Mißtrauen bestärkt wird.

Nach dieser Übung und der anschließenden Diskussion fühle ich mich selbst wieder frisch und gestärkt für die zweite Phase.

Ich wiederhole nochmals die Atemübung und mache anschließend eine Entspannungsübung von ca. 10 min. Mit dieser Entspannung bezwecke ich eine Grundlage für die Hypnose.

Ich versuche, die Entspannung durch die Technik der muskulären Relaxation zu erreichen. So glaube ich, können die Leute beginnen, ihren Körper und seine Extremitäten zu spüren, zu empfinden. Dazu lasse ich die Teilnehmer die Muskeln ihrer Arme anspannen und wieder entspannen, indem sie die beiden Hände zu Fäusten ballen und wieder öffnen. Dasselbe lasse ich die Patienten mit den Beinen machen, nur daß sie die Füße strecken und loslassen. Eine dritte muskuläre Kontraktion lasse ich in der Magen-Darm-Gegend durchführen unter Zuhilfenahme der beiden Hände, analog dem AT – Übung des Sonnengeflechts. Während dieser 3teiligen Konzentrationsübung versuche ich, die Aufmerksamkeit der Teilnehmer auf sich selbst zu lenken, versuche die Leute in den Armen nach der Anspannung die Entspannung, die Schlaffe, das Gehenlassen wirklich spüren zu lassen.

Dies geschieht ohne direkte Suggestionen. Im darauf folgenden Gespräch taste ich mich an die Teilnehmer heran, um zu erfahren, welche Wirkung ihnen diese Technik gebracht hat. Empfindsame Menschen erzählen, wie es ihnen wohl ist und wie sie müde und schlaff sind. Bei den Zweiflern merke ich selbst den Effekt, obwohl sie es nicht wahrhaben wollen. Diejenigen, bei denen ich merke, daß gar keine Entspannung eingetreten ist, saßen vielfach teilnahmslos da und hörten vielleicht nicht einmal zu. Eigentlich sind die Personen, die sich gegen eine Entspannung wehren oder sträuben, eine verschwindend kleine Minderheit.

Bevor ich am Ende der Sitzung eine kleine Hypnose mit Suggestionen mache, erkläre ich die erste Übung des AT: „Beide Arme schwer". Ich gebe der Runde diese erste Übung des AT als Hausaufgabe mit. Ich mache die Patienten darauf aufmerksam, daß nur durch Üben der gewünschte Beruhigungseffekt eintritt. Andererseits erkläre ich ihnen, daß keine Erwartungen gestellt werden dürfen. Ich vergleiche den Prozeß der Entspannung mit dem Einschlafen.

Interessanterweise verstehen die Patienten diese Aussage sehr gut. Ich glaube aber, daß dies im Zusammenhang mit einer bewußten Beruhigung während des Tages nicht begriffen wird. Immer wieder muß ich von den Leuten die Mitteilung hören, daß sie sehr oft eine Übung praktizierten, das gewünschte Resultat aber noch nicht bemerkbar sei. Ihnen zu erklären, daß die Sache Zeit brauche, daß „Übung den Meister mache", ist für mich etwas vom schwierigsten. Die Meinung wird zu Recht vertreten, daß das Üben die Bedingung für das Aneignen von neuen Fertigkeiten, Techniken oder Kenntnissen ist. Die Einsicht, daß die Entspannung, das „Sichgehenlassen" für das Allgemeinbefinden, für die Lebensqualität sehr wichtig ist, wird zwar anerkannt; die Mühe und der Einsatz, dies zu erreichen, werden aber abgelehnt. Häufig wird zwar mit viel Elan begonnen, das Gezeigte zu praktizieren; nach einer gewissen Zeit aber nimmt die Trägheit dem Elan den Enthusiasmus. Die Folgen: In der nächsten Stunde kommen weniger Teilnehmer und beim Nachfragen der „Hausaufgabe" ist das Resultat unbefriedigend.

Aus meiner Sicht habe ich nun ein Problem. Durch meine Theorie der Eigenverantwortung und Eigenbewältigung der Probleme sehe ich den Patienten immer als eine Einheit für sich. Ich will versuchen, dies zu erklären.

Wenn jemand zu einem Helfer geht, tut er dies, weil er Schmerzen oder Druck verspürt, womit er nicht fertig wird. Er braucht Hilfe, bzw. es muß ihm jemand helfen.

Viele Techniken und Möglichkeiten stehen zur Verfügung, den Klienten anzuleiten, sein Problem der Schmerzen oder des Drucks zu bewältigen. Aber bewältigt er sein Problem tatsächlich, so daß sein Leiden für immer verschwindet? Meine Erfahrung lehrt, daß die Techniken und Mittel zwar lindernd wirken, wenn der Patient seine „Hausaufgaben" macht, daß aber die Ursache selten angegangen werden kann, weil das Problem beim Menschen selbst liegt, er selbst das Problem ist.

Selten wird ein Patient verstehen, daß er zuerst bei sich selbst suchen und fragen soll, wieso ihn z. B. der Verlust einer geliebten Person so viel tiefer trifft als seinen Nachbarn, der ebenfalls einen geliebten Menschen verloren hat. Selbstverständlich ist der Seelenschmerz bei einem solchen Ereignis schwer; aber er wird nicht von allen Menschen gleich intensiv empfunden. Warum nicht? Veranlagung, Charakter, Zeit, Ort etc. spielen eine wichtige Rolle. Das ist das eine Phänomen. Das andere ist das Signal, das vom Verursacher des Schmerzes ausgeht. Darum ist es m. E. wichtig zu fragen, warum der Betreffende in diesem Falle so leidet. Mit anderen Worten: Was hat der Verlust des geliebten Menschen bei ihm ausgelöst? Einsamkeit, Leere, Verlust eines Teils seiner Selbst, aber vielleicht auch, nicht mehr die Möglichkeit haben, bestimmte Tätigkeiten des Alltags zu delegieren. Wenn der Klient nun, statt sich gehen zu lassen oder in seinem Schmerz, bzw. seiner Lethargie zu verharren, einsieht, wirklich begreift, daß er sich helfen kann, indem er sich diese Fragen stellt, ist ihm schon halbwegs geholfen. Er setzt sich mit dem Problem auseinander. Wenn er „focussing" betreibt und dies regelmäßig tut, werden sich Lösungsmöglichkeiten finden, die ihm auch bei anderen Gelegenheiten helfen werden, besser mit sich und seiner Umwelt fertig zu werden.

Hat der Patient die Kraft, sich bei einem so folgenschweren Ereignis wie Tod, mit sich selbst auseinanderzusetzen? Wenn der Mensch nicht schon längere Zeit eine innere Ruhe besitzt, schon seit längerer Zeit Entspannungstechniken praktiziert oder sich sonst mit sich selbst auseinandergesetzt hat, wird er kaum in der Lage sein, diese Kraft aufzubringen. Diese Kraft zu haben, beruht m. E. auf der Einsicht, daß der Mensch sich als Einheit sieht und fühlt und weniger auf die Welt um sich angewiesen ist. Die Tatsache, daß das Problem der Eigenverantwortung für mich so wichtig ist, deutet auf meine Sicht der Dinge hin, die nur für mich typisch ist, vielleicht für mich allein.

Wie können wir einem Klienten beibringen, daß *er* leidet und nicht ein anderer? Es ist ein schwieriges Unterfangen, einem Patienten dies so darzulegen, weil ich es ihm aus meiner Sicht erkläre. Beim Patienten kann dies zu Lustlosigkeit, Ablehnung und sogar Feindseligkeit führen. Die Erklärung vom Grund seines Leidens kann noch so neutral und „objektiv" erfolgen; aus der Sicht des Patienten entspricht sie nicht seinem Weltbild, seinen mnestischen Erfahrungen.

Bei vielen meiner Klienten stoße ich auf das gleiche Problem, das durch eine allgemeine negative Einstellung noch verstärkt wird. Ich versuche ihnen nahe zu legen, daß ohne Änderung der Lebenseinstellung und der Gewohnheiten eine Besserung nicht eintreten wird. Dazu kommt, daß die Ursachen der eigenen seelischen Leiden immer anderswo gesucht werden, immer außerhalb der eigenen Person. Ich nenne die Ursachen, die nicht in einem selbst sind „externe Faktoren". Den Druck, den Schmerz, den der Mensch verspürt, trägt er als etwas, für das er nichts kann. Er ist da und er soll verschwinden, bzw. eine Drittperson soll „heilen". Das heißt für mich nichts anderes, als daß der Mensch für sich keine Verantwortung übernehmen will, auch nicht für seine eigenen Probleme.

Obwohl für den Menschen die „externen Faktoren" manchmal übermächtig sind, bin ich doch der Meinung, daß zur Bewältigung oder Linderung von Schmerzen und Leidensdruck der einzelne bei sich selbst beginnen sollte.

Techniken gibt es viele, sehr viele. Sie bekämpfen die Symptome, also den Leidensdruck und den Schmerz bei stetiger Durchführung, das ist schon etwas. Bekämpfen sie aber auch die Ursachen? Warum sind also die Resultate in der Psychotherapie so bescheiden? Eben weil nur der Klient sich ändern kann, wenn er wirklich will. Der Therapeut kann nur begleiten. Der Therapeut kann den Klienten nicht ändern. Letzten Endes ist jede Person eine Einheit, die autonom sich selbst und über sich selbst bestimmt, auch wenn ihr dies nicht bewußt ist.

Und der Therapeut ist für mich mehr ein Lehrer als ein Heiler. Ich sehe mich nur als Helfer. Meine Aufgabe ist es, dem Leidenden zu helfen, sich selbst zu helfen, Linderung zu verschaffen. Nach einer Sitzung fühlen sich viele unmotivierte Patienten besser. Mir ist dies zuwenig. So versuche ich, die Leute in Gespräche, in psychodynamische Prozesse zu verwickeln, die mir sehr wichtig sind. Nur entsprechen diese Konversationen nicht meinen Erwartungen, weil die Menschen oft auf der Stelle treten. Einige Beispiele mögen dies verdeutlichen:

Wenn der Patient sagt: mir geht es schlecht, mir ist kalt etc., ist dies zwar eine subjektive Aussage, aber deutet m. E. darauf hin, daß der Patient sich wehrlos fühlt. Er fragt nicht, wieso dieser Zustand ihn beelendet, sondern stellt seinen Zustand quasi objektiv fest. Besonders wenn jemand sagt, ihm sei kalt, oder noch besser „es ist kalt", ist dies trotz der objektiven Art des Gesagten, eine sehr subjektive Mitteilung. Sein Mitmensch mag indes die Raumtemperatur als angenehm warm empfinden.

Das Signal, der „externe Faktor", der auf die Menschen einwirkt, wird verschieden empfunden. Dieses Eigene, Individuelle, das ganz persönliche Weltbild wird von der Umwelt oft unterschätzt. Wenn verschiedene Meinungen vorherrschen, wird dies zwar akzeptiert; *warum* aber der Mitmensch diese andere Meinung vertritt, wird oft nicht verstanden, manchmal sogar belächelt. Zur Verdeutlichung meines Insistierens auf das Eigene und Individuelle des Menschen versuche ich nun, eine für mich richtige Definition vom „Menschen" zu geben. Ich muß aber vorausschicken, daß ich für die Definition den Menschen als Person ansehe.

Seit Boethius (ca. 480–524) ist die Person „als geistiges Einzelseiendes die wirkliche Einheit von radikaler endlicher Individuiertheit und unendlicher geistiger Universalität. Sie ist als einzelnes zugleich auf das Größere seiner selbst und auf das größte Ganze, die Welt selbst, ausgestreckt, darin, daß sie nicht nur zufälliges, austauschbares und zweckdienliches Teil des Weltganzen und so hinfällig und verschwindend, sondern als gelebte Gegenwart einer verstandenen, gedeuteten, und gestalteten ‚Welt' zugleich sich selbst besitzt, gründet ihre Einmaligkeit, Unersetzbarkeit und Selbstzwecklichkeit."

Wenn Sie so wollen, ist jeder Mensch ein Kunstwerk, weil er nicht reproduzierbar ist, etwas Einmaliges. Jeder Mensch ist ein Unikat. Jeder Mensch leidet allein und stirbt allein auf seine ganz eigene Weise.

Für mich ist die Theorie der Person von Boethius darum relevant, weil ich glaube, daß der Mensch durch die Bewältigung seiner Probleme oder durch seine Bemühungen, sich selbst besser kennenzulernen, als Mensch wächst und ein höheres Stadium bedeutet für mich ein glücklicheres, offenes Leben, weniger Angst oder die Beseitigung von negativen Aspekten.

Andererseits glaube ich, daß die Probleme, die die „Welt" dem Menschen zufügt, vom Menschen beseitigt oder gelöst werden können. Diese dürfen kein Alibi sein für die positive Änderung vom Menschen. Es ist einfach, der „Welt" die Schuld für mein Problem in die Schuhe zu schieben, besonders heute, da der Kontakt der „Welt" mit dem Einzelnen enorm ist. Die Eindrücke, Signale, die allein von den Druck- und Bildmedien in ständig wechselnder Folge und Wertung auf uns Menschen zukommen, hilft mit, die Bedeutung der „externen Faktoren" zu verstärken. Anders gesagt, wir werden überfahren mit Meinungen, Ideen, Eindrücken, Bildern etc., die dem Ich das Bewußte durch das Unbewußte ersetzen, besonders in der Sprache. Das Unbewußte in der Sprache äußert sich hauptsächlich in Generalisierungen. Das Bewußte dagegen ist für mich persönlich, direkt, braucht meine Aufmerksamkeit und Konzentration.

Und jetzt komme ich wieder auf die Hypnose zurück. Als „Behandlung" befürworte ich die Hypnose, weil sie bewußt erfolgt, weil der Klient die Möglichkeit hat, sich dem Gehörten bewußt zu stellen. Durch die Ausschaltung von bestimmten Wahrnehmungen oder die Blockierung von bestimmten rezeptorischen Systemen wird die Konzentration auf das Gehör ausgerichtet. Durch diese Bündelung von Aufmerksamkeit ist die Fähigkeit des Empfängers, das Gehörte für sich umzusetzen, wesentlich größer als ohne diesen Zustand. Die Wiederholung des Gehörten vertieft die Wirkung, aber nur wenn der Empfänger dazu bereit ist.

Ich habe am Anfang darauf hingewiesen, daß meine Patienten kaum freiwillig zur Sitzung kommen, sondern geschickt werden. Um Positives in Sache Entspannung und Beruhigung zu erreichen, braucht es die Mitwirkung bzw. das Mitgehen des Patienten. Wie ich feststelle, haben die meisten am Ende der Sitzung davon profitiert. Sie sind aufgestellter, lockerer als am Anfang der Stunde. Die Neugierde ist spätestens nach der dritten Stunde gestillt. Die Leute haben das Gefühl, jetzt schon alles zu wissen. Dies zeigt sich in der Teilnehmerzahl. Die meisten Klienten realisieren auch, daß sie etwas für sich tun können. Sie werden nach meinen Anweisungen auch zum großen Teil noch einige Male kommen. Wie gesagt, gebe ich ihnen, um das Resultat ihrer inneren Ruhe zu verbessern, „Hausaufgaben" mit. Je nachdem wie die Leute motiviert sind, empfehle ich einfache Atemübungen oder neben den Übungen mit den Extremitäten diejenige mit Herz, Plexus solaris oder Kopf. Nur – wenn ich das nächste Mal frage, wie es so gegangen ist, sind die Antworten sehr unterschiedlich, vom Nein bis zum begeisterten Ja, wobei aber das Nein entschieden vorherrscht.

Läuft in der zweiten und dritten Sitzung das Ganze nach meinem Muster ab, so versuche ich in den weiteren Stunden für diejenigen, die noch kommen, die Motivation zu steigern. Besonders in gruppendynamischen Gesprächen zeige ich den Leuten, daß viele Teilnehmer die gleichen Schwierigkeiten haben. Durch die Freigabe von intimen Informationen lernen die Teilnehmer, sich zu überwinden und sich zu äußern. Hier wiederum wirkt die Gruppe selbstdynamisch und als Katalysator. Durch die Offenheit der Gruppe ist jeder einzelne Teilnehmer so weit motiviert, daß ich ihm nahe legen kann, zu Hause weiterzumachen, Kurse zu besuchen und einen Beitrag in Sache Lebenshilfe zu leisten.

Doch zum Schluß bleibt die Frage: Sind meine Patienten unmotiviert, bin ich unmotiviert, oder sind wir beide unmotivert – und ich außerdem noch frustriert?!

Literatur

Bandler R, Grinder J (1985) Metasprache und Psychotherapie. Junfermann, Paderborn
Buscaglia LF (1984) Leben, Lieben, Lernen. Goldmann, München
Hoffmann B (1977) Handbuch des autogenen Trainings. dtv, München
Johnson D (1977) Rolfing und die menschliche Flexibilität. Synthesis, Essen
Middendorff J (1974) Der Atem und seine Bedeutung für den Menschen. Eigenverlag, Berlin
Riemann F (1984) Grundformen der Angst. Reinhardt, München
Rogers CR (1961) On becoming a person, A therapist's view of psychotherapy. Houghron-Mifflin, Boston
Wallnöfer H (1986) Seele ohne Angst. Autogenes Training, Hypnose – Wege zur Entspannung. Hoffmann & Campe, Hamburg

Giovanni Gastaldo, Dr. med.
Arzt für Neurologie und Psychiatrie,
Mitglied des „Italian Committee for the Study of
Oriented and Advanced T.A." und Gründendes Mitglied
der „Associazzione Interdisciplinare Ricerca e Didattica
sull' Autogenicità"

Miranda Ottobre, Dr. med.
Didakt des European
Commitee for the Advanced Analytic A.T.
Gründendes Mitglied des „Associczione Interdisciplinare
Riarca e Didattlica sull' Autogenicità

Autogene Therapie in 4 Stufen

Zusammenfassung

Die Autoren unterrichten zunächst eine AT-Grundstufe, die er „somatisches
AT" nennt; sie soll den Patienten alle Möglichkeiten eröffnen, in sich hineinzuhorchen und auf alles zu achten, was sich spontan ergibt: *„autogonon".* In einer
2. Stufe, genannt „imaginativ-analytische autogene Therapie", sollen alle
Erfahrungen aus der frühen Kindheit, die durch Synkrese anstatt durch
Synthese verinnerlicht wurden, in therapeutischen Sitzungen analysiert werden. Danach werden sie zu einem wirkungsvollen Ganzen zusammengesetzt;
dieser Prozeß ist für die nachfolgende Katharsis unerläßlich. Das 3. Stadium
stellt das fortgeschrittene AT dar, welches analytische Inhalte im Sinne der
Oberstufe nach Schultz und Wallnöfer enthält. Das 4. Stadium ist eine autonome, autogene Therapie in analytischer Zusammenarbeit mit dem Therapeuten.

Summary

The authors first teach the so-called somatic autogenic training (1st stage) in
order to enable patients to acquire maximum skills in "listening to all that is
generated spontaneously within themselves": autogonon. In a 2nd stage, called
autogenic imaginative analytic therapy, all experiences introjected during early
childhood by way of syncresis instead of synthesis are analyzed during therapeutic sessions. They are subsequently integrated and assembled to form effective synthetic units; this process constitutes the basis for the catharsis to come.
The 3rd stage consists of the advanced autogenic training, including analytical
aspects as put forward by Schultz and Wallnöfer. The 4th stage is a made by
the patient and, if necessary, in co-operation with the therapist.

B.J.M. Diehl, Th. Miller (Hrsg.)
Moderne Suggestionsverfahren
© Springer-Verlag Berlin Heidelberg 1990

Was ich vorstelle, ist ein kurzer Abriß über die Methoden und den autogenen Therapieverlauf. Meine Frau und ich haben uns bei der Ausarbeitung auf die Erfahrung mit mehr als 2000 Patienten gestützt, von denen mehr als tausend einer Reihe von Tests unterzogen wurden, die in regelmäßigen Abständen während des gesamten Therapieverlaufs stattfinden. Der gesamte Therapieverlauf ist in *4 Stufen* unterteilt; der Patient kann am Ende jeder Stufe die Therapie abschließen, wenn er mit den erreichten Resultaten zufrieden ist. Jede Stufe ist in sich abgeschlossen, gibt aber auch gleichzeitig die vorbereitenden Elemente für die folgenden Stufen.

In der *Grundstufe* unterrichten wir die Patienten in der Technik des AT, wobei wir mit Gruppen von 10/15 Personen in einer wöchentlichen Sitzung über 9 Wochen arbeiten. Jedes Treffen dauert ungefähr 3 h und 15 min.

Das somatische AT ist in unserer therapeutischen Praxis das A und O. Einer beträchtlichen Anzahl von Personen ist mit dieser „Stütze" genügend geholfen und diese Personen beenden nach der Grundstufe die Therapie.

In der *2. Stufe* Immaginativ-analytische Therapie – wird individuell mit den Patienten gearbeitet. Die Anzahl der Sitzungen ist individuell verschieden und liegt im Durchschnitt bei 30/35, von einem Minimum von 15 bis zu einem Maximum von 70 min.

Die *3. Stufe* ist das sog. höhere AT (Oberstufe), mit analytischer Orientierung. Dabei stützen wir uns auf das Schema von Schultz und Wallnöfer. Normalerweise arbeiten wir mit Gruppen von 5–7 Personen. Die 15 Sitzungen finden in 14tägigen Abständen statt und dauern jeweils 3 Stunden. Auf diese Stufe möchte ich nicht näher eingehen und bitte die Teilnehmer, sich diesbezüglich die Arbeiten von Wallnöfer anzusehen.

In der *4. Stufe* – Autogene Therapie in analytischer Zusammenarbeit mit dem Therapeuten – arbeitet der Patient mit sich selbst, wobei er verschiedene Techniken verwendet; manchmal kommt er zu einem Gespräch mit dem Therapeuten, in regelmäßigen Abständen oder auch nur gelegentlich, um das allein erarbeitete Material gemeinsam zu erläutern. Damit meine ich, die 4. Stufe zur Genüge dargestellt zu haben und werde auch auf diese nicht mehr zurückkommen.

Grundstufe

Der Großteil der Personen, die sich an uns wenden, leidet unter sehr ausgeprägten psychischen Störungen; im Durchschnitt betrachtet, liegen sowohl Angstzustände als auch die Depression an der kritischen Grenze.

Auch Personen, die an Psychosen leiden (wobei gleichzeitig mit Psychopharmaka behandelt wird), Personen mit schizoiden und Borderline-Syndromen, Anorexie, Neurosen in Verbindung mit Alkohol – oder Drogenmißbrauch – werden in der Grundstufe zugelassen.

Die häufigsten Diagnosen sind: schwere depressive Angstneurose, phobische Neurose, phobische Zwangsneurose, Neurose mit verschiedenen Formen von Somatisierungen, wobei die häufigsten Gastritis, Magengeschwür, Kolitis, Kolitis mit Geschwüren, erhöhter Blutdruck, Herzrhythmusstörungen und/

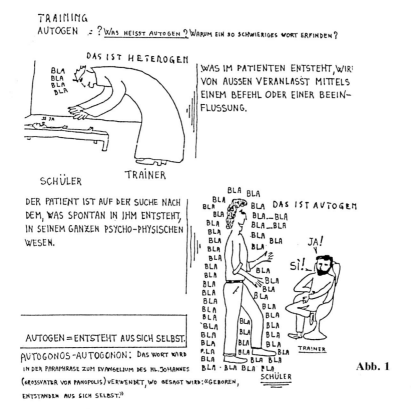

Abb. 1

oder Herzfrequenzstörungen, Bronchialasthma, Kopfschmerzen, Schwindel-
anfälle, Beschwerden im Genital- und Sexualbereich und kurze Ohnmachts-
anfälle sind. Normalerweise handelt es sich um Patienten, die wiederholte
Aufenthalte in psychiatrischen, neurologischen oder internistischen Kliniken
und/oder eine jahrelange psychopharmakologische Therapie hinter sich
haben.

Auf Grund der Notwendigkeit, sich dieser Realität anzupassen, haben wir
einen Therapieverlauf ausgearbeitet, der so tiefgehend und komplett wie möglich ist, wobei jedoch der Patient die Möglichkeit hat, auch nur einige Stufen
der gesamten Therapie zu nutzen, die aber in sich abgeschlossen sind.

Vor Beginn der Grundstufe wird eine Serie von Tests gemacht, die 2 und
8 Monate nach Kursende wiederholt wird. Wenn in diesen Tests keine Tendenz einer positiven Entwicklung ersichtlich ist, schlagen wir vor, mit der
nächsthöheren Stufe zu beginnen.

Einige Anmerkungen zur Lehrmethode bezüglich der Grundstufe des AT:
von der ersten Unterrichtsstunde stellen wir nur diese Bildtafel vor, die in
wenigen Minuten kommentiert werden kann (Abb. 1).

Die Arbeiten für zu Hause, die wir nach der ersten und zweiten Gruppensit-
zung geben, sind:

Horchen Sie mehrmals am Tag auf die Empfindungen Ihres Körpers und
beobachten Sie ihn in den folgenden Momenten:

1. Woche: wenn Sie auf ein bestimmtes Ziel zugehen;
              wenn Sie ohne ein bestimmtes Ziel z. B. spazierengehen;
              bei der Erfüllung eines alltäglichen Handgriffes in Ihrer Arbeit;
2. Woche: wenn Sie Gelegenheit haben, sich in einer Ruhepause nur mit der
              Beobachtung Ihrer körperlichen Empfindungen zu beschäftigen.
              Wählen Sie dabei eine Position, die für Sie bequem ist.

Achtung! Das Wichtige ist, in sich hineinzuhorchen, und dabei muß nicht sofort
und immer eine Empfindung entstehen.

Notieren Sie bitte die Empfindungen, die Sie beobachten konnten.

Im zweiten und dritten Gruppentreffen werden die verschiedenen Empfindungen der Teilnehmer analysiert, und auch das, was sie während der Übungen erlebt haben.

Unter den vielen Phänomenen, die auftauchen, sind die folgenden besonders
häufig:
1. in vielen Fällen eine allgemeine Unfähigkeit, zu horchen;
2. die spezifische Unfähigkeit, „in" den eigenen Körper hineinzuhorchen;
3. den eigenen Körper als einen „Körperroboter", „Körper, der nicht mir
   gehört" zu betrachten.

Wir fragen: Warum? Welchen Zusammenhang kann es zwischen diesem
Phänomen und der Gesellschaft, in der wir leben, geben? Bestehen Zusammenhänge mit psychosomatischen Beschwerden?

Die erlebten Empfindungen der zweiten Woche sind häufig Wärme, Schwe-
regefühl, Entspanntsein, Herz und Atem regelmäßig, Wärme in der Bauch-
gegend, das Gefühl der Leichte, das angenehme Gefühl, anzuschwellen; d. h.
also globale Empfindungen, die im Inneren empfunden werden als angenehm
oder neutral. Dies sind typische Empfindungen während eines autogenen
Zustandes.

Wenn man das erlebte Material, das mit diesen Empfindungen verbunden
ist, analysiert, kann man feststellen, daß die Empfindungen nur dann wahrgenommen werden, wenn man die geistige Haltung „Ich lasse es geschehen"
einnimmt.

Andere Personen stellen fest, daß diese Empfindungen verschwinden,
obwohl sie schon einmal wahrgenommen wurden, und zwar dann, wenn sie sie
suchen, erwarten, wollen, daß sie auftreten, oder wenn sie sich den Befehl
geben, sie wahrzunehmen.

Man kann somit einen Gegensatz feststellen: ich horche auf das, was passiert, wenn ich zulasse, daß es geschieht.

Ich möchte, ich will, ich versuche, ich bemühe mich, eine Empfindung zu
fühlen, die noch deutlicher wird, wenn jemand mit der Feststellung kommt:
„Ich habe versucht, mich zu entspannen, aber obwohl ich mich dazu gezwungen habe, ist es mir nicht gelungen." Hier wird das Paradoxe klar.

Nach dem dritten Gruppentreffen werden erstmals die Übungen angegeben,
die typisch für das AT sind: *Der Arm ist schwer.*

In der Gruppe gibt es eine unmittelbare Reaktion: „Wie das? Das Schwere-
gefühl habe ich schon empfunden, warum soll ich es mir jetzt befehlen?"

Unsere Antwort ist rethorisch: „Haben wir von Befehlen gesprochen?"
Erstaunte Blicke!

„Die Übung ist nun etwas schwieriger geworden, der zentrale Punkt ist
jedoch immer das *Horchen*. Mit dem Trainieren werden Sie erlernen, den Satz
nicht als einen Befehl oder eine Autosuggestion, sondern als eine *Anregung*
(Stimulus) zu verstehen."

Wenn ich meinem Hund die Hand auf den Rücken lege und ihn wegschiebe,
so ist das Signal, das ich ihm gebe, ein *Befehl: Geh weg!*

Wenn ich dagegen leicht mit den Fingern auf seinen Rücken klopfe, um zu
sehen, wie der Hund reagiert, dann gebe ich ein Signal, das als *Anregung* zu
verstehen ist.

Geben Sie Ihrem Arm eine *Anregung* (machen Sie Tap, Tap), und horchen
Sie dann auf die Antwort, die Ihnen Ihr Arm oder Ihr gesamter psychophysischer Körper gibt.

Die Metapher der Sirenen

Für Odysseus ist es leicht, den Weg zu verfolgen, von dem sein ganzes Sein
überzeugt ist; die Aufgabe wird schwierig, wenn verführerische Sirenen ihn
rufen. Ein wahrer Seemann muß bei der Schiffahrt auch mit diesem Problem
zurechtkommen. Um in sich zu horchen und auf das, was spontan, d. h. autogen in uns entsteht, ist es wichtig zu lernen, keine „Dulderhaltung" einzunehmen; d. h. sich nicht von Suggestionen, auch Autosuggestionen, „überfahren"
zu lassen.

Autosuggestion bedeutet, daß ein Teil von mir über mein gesamtes Sein
herrscht.

Ich aber lasse zu, daß sich jeder Teil von mir paritätisch in diesem magischen
Augenblick äußert:

In den ersten 2 Wochen beziehen sich die Übungen auf die *Somatoplasie* – Empfindungen, die vom Soma zum Bewußtsein gelangen und es durchdringen.

Vom dritten Treffen ab beziehen sich die Übungen auch auf die *Psychoplasie*
– Dinge, die im bewußten Teil des Selbst geformt werden, spontan ins Soma
fließen und es durchdringen. Die Psychoplasie ist kein Druck, den jemand auf
mich ausübt; sie ist auch kein Druck, den ein Teil von mir auf einen anderen
ausübt, ein aktiver Druck einer Idee, der den Körper formen soll. Die Psychoplasie ist ein Zustand des Geschehenlassens, und wie bei kommunizierenden
Röhren kann es passieren, daß Flüssigkeit vom volleren Rohr ins weniger volle
fließt (Abb. 2).

Während der letzten Sitzungen zeigen wir den Kursteilnehmern das folgende
Bild (Abb. 3).

Der Zustand während des AT ist wie auf einer Schaukel; lassen Sie sich hin-
und herschaukeln.

Lassen Sie es zu, daß ein Zustand der Somatoplasie und der Psychoplasie
eintritt.

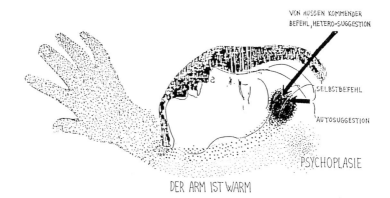

Abb. 2

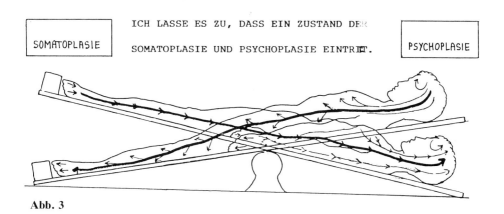

Abb. 3

Wir trainieren uns, die senkrechte Lage zu verlassen, um auch die horizontale zu erlernen (Abb. 4).

In diesen kurzen Abrissen haben wir einige Lehrmethoden erläutert, die zu den klassischen Lehrmethoden für das AT dazukommen.

Dabei verfolgen wir auch das Ziel, den Patienten so gründlich wie möglich auf die zweite Stufe vorzubereiten.

Zweite Stufe

Mit dem AT wollen wir erreichen, daß der Patient einen Zustand *passiven Wachseins* erreicht, wo die linke und rechte Gehirnhälfte (oder genauer gesagt, die Funktionen, die derzeit von einigen Wissenschaftlern den jeweiligen Hälften zugeschrieben werden) und das Bewußtsein und das Unbewußtsein koexistieren; gemeint ist, daß sie sich abwechselnd, in einem magischen Gleichge-

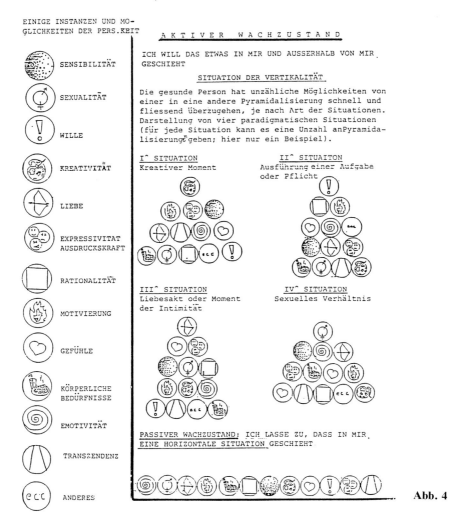

EINIGE INSTANZEN UND MÖGLICHKEITEN DER PERS.KEIT

SENSIBILITÄT
SEXUALITÄT
WILLE
KREATIVITÄT
LIEBE
EXPRESSIVITAT AUSDRUCKSKRAFT
RATIONALITÄT
MOTIVIERUNG
GEFÜHLE
KÖRPERLICHE BEDÜRFNISSE
EMOTIVITÄT
TRANSZENDENZ
ANDERES

AKTIVER   WACHZUSTAND

ICH WILL DAS ETWAS IN MIR UND AUSSERHALB VON MIR GESCHIEHT

SITUATION DER VERTIKALITÄT

Die gesunde Person hat unzählige Möglichkeiten von einer in eine andere Pyramidalisierung schnell und fliessend überzugehen, je nach Art der Situationen. Darstellung von vier paradigmatischen Situationen (für jede Situation kann es eine Unzahl anPyramidalisierung geben; hier nur ein Beispiel).

I^ SITUATION
Kreativer Moment

II^ SITUAITON
Ausführung einer Aufgabe oder Pflicht

III^ SITUATION
Liebesakt oder Moment der Intimität

IV^ SITUATION
Sexuelles Verhältnis

PASSIVER WACHZUSTAND: ICH LASSE ZU, DASS IN MIR EINE HORIZONTALE SITUATION GESCHIEHT

Abb. 4

wicht und in schnellen, fließenden Übergängen, äußern. Wir sprechen von der Fähigkeit, das an die Oberfläche kommen zu lassen, was wir in unseren geheimen Archiven verschlossen halten; wir sprechen jedoch nicht von der Fähigkeit, regressiv zu sein.

Während der Sitzungen in der zweiten Stufe ist der Patient fast immer wach, er nimmt wahr, was in ihm und um ihn herum geschieht. Er erinnert uns z. B. daran, daß wir vergessen haben, den Kassettenrecorder einzuschalten. Er unterbricht vom Erzählen dessen, was er auf seinem eigenen Bildschirm sieht, bis wir die Kassette umgedreht haben. Er berichtet uns, daß und wie ein von außen kommendes Geräusch seinem Gehirn bei der Schaffung dessen geholfen hat, was er sieht. Wenn eine Halluzination so realistisch ist, daß Zweifel auftauchen, ob sie nun wahr ist oder nicht, äußert der Patient Vermutungen und sucht die Bedingungen, um seinen Zweifel klären zu können.

Seine Absicht ist es, etwas an die Oberfläche kommen zu lassen; er wohnt dem Geschehen bei, ohne sich von der Fülle von Visionen und Empfindungen, die fast wie in einem Film ablaufen, aus seinem Inneren kommen und ihn oft sehr beeindrucken, überwältigen zu lassen.

Vielleicht können wir uns eine genauere Vorstellung von dem machen, was geschieht, wenn wir uns einige Ausschnitte von Sitzungen mit Patienten vor Augen führen.

Patient (M) Nr. 166

„...ich würde sagen, daß ich meine Mutter mit einer schwangeren Frau assoziiere... nackt, und drinnen ist etwas wie eine Flüssigkeit... ich bin eingetaucht in eine Flüssigkeit... jetzt kommt man in ein Gebiet, in ein Meer... ich sehe sonderbare Tiere... zum Teufel... Mit offenen Augen zu träumen, ist toll... das passiert einem nicht alle Tage..." (Der Patient spricht in dialektaler Form, die in der deutschen Übersetzung nicht wiedergegeben werden kann. Anmerkung des Übersetzers.)

Patient (M) Nr. 252

„...Das umliegende Land ist nicht schön, es ist kahl, ohne Vegetation, es gibt kein Grün: viel Licht ist da... ich spüre den Drang, die Augen zu öffnen, um feststellen zu können, ob dieses Licht wirklich da ist, oder ob es nur in meiner Einbildung existiert..."

Auf den Begriff „analytisch" wollen wir kurz eingehen und einige kurze Erklärungen dazu geben.

Warum versuchen wir, mit Hilfe des Trainings diesen besonderen Bewußtseinszustand zu erreichen, der oben beschrieben wurde? Weil wir gemerkt haben, daß in diesem Zustand eher die Möglichkeit besteht, *daß eine Analyse geschieht.*

Am bezeichnendsten ist die analytische Komponente während der zweiten Stufe.

Während der Sitzungen vor oder nach dem Rêve (Moment der Immagination), ist Zeit für analytische Anregungen, die auf Träume oder andere Erlebnisse des Patienten eingehen. Wir möchten jedoch diese Art von Analyse während der zweiten Stufe als zweitrangig bezeichnen, während der dritten und vierten Stufe wird sie aber immer wichtiger. Die Analyse, die während der Sitzungen (Moment der Immagination) eintritt, verdient eine genauere Betrachtung.

Die griechische Grundbedeutung des Wortes Analyse gibt uns das Schlüsselwort: *Spaltung; Spaltung der Synkrese* (des Erlebten).

Zur Erklärung ist eine Vorbemerkung angebracht.

Die Erlebnisse der Menschheit und der Lebewesen, die dem Menschen während der Evolutionsperiode vorausgegangen sind, haben unser Nervensystem geformt und Funktionsweisen geschaffen, die von Individuum zu Individuum nicht unähnlich sind; diese Funktionsweisen sind vielleicht die Wurzeln des kollektiven Unbewußten, der Archetypen, der angeborenen Verhaltensweisen und der Art und Weise, in der die Menschheit, die Millionen Erfahrungen, die sie vom Beginn des Lebens im Mutterleib an ihr ganzes Leben lang sammelt, katalogisiert, zusammenfaßt, integriert und symbolisiert. Diese Erfahrungen werden am Anfang auf elementare Weise katalogisiert:

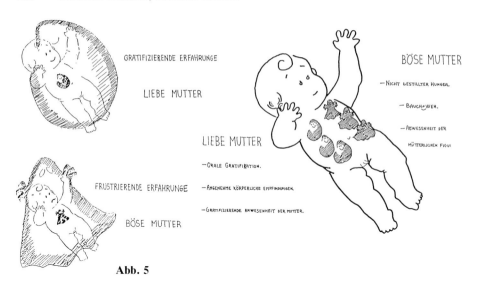

Abb. 5

Gratifizierende Erfahrungen	Frustrierende Erfahrungen
Liebe Mutter	Böse Mutter (Abb. 5)

Im Laufe der Zeit wird die Katalogisierung komplexer: die Kategorie der „gratifizierenden Momente" teilt sich auf in: orale Gratifizierung, angenehme körperliche Empfindungen; gratifizierende Anwesenheit der Mutter usw. Auch die frustrierenden Erlebnisse sind nun genauer definiert: Hunger, Bauchweh, Abwesenheit der Mutter usw.

Die Strukturierung unseres inneren Kosmos wird immer komplexer. Unsere Art zu sein wird auf die Weise festgelegt, wie wir Empfindungen und Gefühle erleben, das Strukturieren von Konflikten, das Sich-Bilden von Überzeugungen in bezug auf das Leben und auf die anderen (Abb. 6).

Jeder von uns stellt diese „Erfahrungspakete" anders dar: es gibt Personen, die mit allgemein verständlichen Symbolen arbeiten, andere verwenden eigene Symbole; es ist die Sprache der Träume während des Schlafes und während des Wachseins, es sind die Worte unseres eigenen inneren Dialogs.

Normalerweise produziert unser Gehirn „Erfahrungspakete", die all jene Erfahrungen zusammenfassen, die emotiv gleich erlebt werden; manchmal aber hat es noch nicht die nötige Erfahrung und die angemessenen Hilfsmittel, um gewisse Erfahrungen auch in die richtige Schublade zu stecken. Wenn z.B. die Mutter für längere Zeit ins Krankenhaus muß, kann sich in ihrem 8 Monate alten Säugling ein Trauma des *Verlassenwerdens* und *Betrogenseins* bilden; so empfindet es der Säugling, auch wenn es sich in Wirklichkeit weder um Verlassenwerden noch um Betrogensein handelt, denn verlassen bedeutet, jemanden für immer ohne Pflege zu lassen, was in diesem Fall jedoch nicht zutrifft. Das Gehirn speichert diese Erfahrung in einer anderen Schublade, die nicht den wahren Umständen angemessen ist und stempelt es demzufolge auch mit dem falschen Symbol ab.

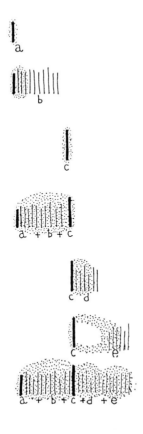

Normales Geburtstrauma; erste Trennung von der Mutter.
(Normale Geburt, die jedoch gemäss
einer traditionellen Praxis ausgeführt wurde).
Erfahrungspaket:
Dem Alter entsprechende Trennung von
der Mutter; das Erlebnis des Geburts-
traumas betrifft und beeinflusst nur
einige Erfahrungen.

Erlebnis eines Pseudo-Verlassenwer-
dens: die Mutter im Krankenhaus.
Dieses Erlebnis einer bösen Mutter,
das sehr stark ist, tendiert dazu,
auf ältere und kommende Erfahrungen
abzufärben.

SYNKRESE:
Die Mutter verrät und verlässt mich.
Alle vorangegangenen Trennungserfah-
rungen werden zusammengefasst. Die
erste Trennung wird mit eingeschlossen und verstärkt.

Die Mutter beschäftigt sich mit dem
neugeborenen Brüderchen. Das Kind
empfindet diese Erfahrungen als einen neuen Verrat und als erneute
Trennung.

Die Mutter schickt das Kind zum Spielen mit anderen Kindern. Diese Erlebnisse werden nicht als Erlaubnis,
sondern als ein "Geh weg von mir!"
aufgefasst.

NEUE SYNKRESE:
Eine Mutter, die einen verrät und
zurückstösst, kann nicht vertrauens-
würdig sein.

AKTUELLE ERFAHRUNGEN

Erfahrungen mit normalen Annährungs-
und Trennungsverhalten mit Freunden
und partnern. .

Die Erfahrung, vom Partner verlassen
zu werden.

Die neue Synkrese beginnt und dies
ist der Anfang einer tiefgehenden
Krise; Man meint, dass dieses Ereignis der Grund für die Krise ist; in
Wirklichkeit aber ist es nur das aus-
loesende und austauschbare Ereignis.

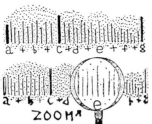

Abb. 6

Analyse

Das Wichtige ist unserer Ansicht nach, die Synkrese (Erlebnisse) aufzuspalten, eine Analyse vorzunehmen, und zwar nicht so sehr auf Bewußtseinsebene, als vielmehr auf emotionaler Ebene. Und genau das passiert während einer AT-Sitzung. Wie in einem Film tauchen die „Erfahrungspakete", symbolhaft dargestellt oder auch nicht, im Bewußtsein auf, genauso, wie sie hier und jetzt im Gehirn festgehalten sind. Sie sind emotional geladen, und das macht sie so wirkungsvoll; das Drama läuft auf dem eigenen Bildschirm ab.

Der eingangs beschriebene besondere Bewußtseinszustand erlaubt es, daß sich „Erfahrungspakete" nicht nur mit anderen auseinandersetzen, konfrontieren und integrieren können, sondern auch mit allen Kenntnissen und Erfahrungen, über die der erwachsene Mensch in diesem bestimmten Moment verfügt. Der Patient nimmt bei vollem Bewußtsein am Geschehen teil, er versteht, beobachtet; auf diese Weise ist es möglich „zuzulassen, daß das eigene Ich eingreift".

Zusammen mit dem synkretischen Paket „Erfahrungen des Verlassenwerdens" kann der Patient, der nun erwachsen ist, auch die leidvolle Erfahrung kombinieren, die er zumindest indirekt kennt, die seine Mutter mit großer Wahrscheinlichkeit erlebt hat, als sie sich aufgrund bestimmter Umstände gezwungen sah, ihr eigenes Kind an andere Leute geben zu müssen. Außerdem können noch andere Erlebnisse auftauchen, in denen die Mutter liebevoll und beschützend gegenüber dem Kind war.

Schließlich ist der Patient in der Lage, die „Erfahrungspakete", die nach und nach auftauchen, einen bestimmten Teil von ihnen, zu fokussieren; dies geschieht nicht aufgrund einer Technik, sondern ergibt sich spontan, ungefähr so, wie wenn man ein Zoom auf einen Wald richtet, indem man ihn von einem erhöhten Punkt, der entfernt liegt, betrachtet, oder besser gesagt, wenn man sich dem Wald nähert, wobei man aus einer höheren Lage in eine tiefere gelangt. Auf diese Weise ist es möglich, in einem praktisch homogenen Fleck den lebendigen vom toten Baum zu unterscheiden.

Auf diese Weise erlebt der Patient erneut auf emotive Weise die anfängliche Erfahrung, jetzt jedoch in völlig anderer Art. Er hat getrennt: d. h. er hat eine Synkrese analysiert.

Die schöne Erfahrung hat er von der bösen getrennt, ebenso hat er den emotiven Gehalt, der verworren war, „geordnet", „sortiert".

Der Patient gibt dem Erlebten seine ursprüngliche Farbe wieder, gleichzeitig integriert er es in und mit dem bewußten Teil seiner Persönlichkeit.

Literatur

Balbi R, Balbi R (1981) Lungo viaggio al centro del cervello. Laterza, Bari
Fretigny R, Virel A (1968) L'imagerie mentale – introduction a l'onirotherapie. Mont Blanc, Geneve
Gastaldo G (1980) Lo stato autogeno e il tiro can l'arco nello zen. Abano Terme
Gastaldo G, Ottobre M (1987) Nel labirinto con il filo di arianna lo strutturarsi delle vie dell'energia nell' età evolutiva. Piovan, Abano Terme

Gastaldo G, Ottobre M (1988) Terapia immaginativa analitica autogena (T.I.A.A.). Rassegna die psicoterapie ipnosi. Minerva 15/1

Klein M (1969a) Invidia e gratitudine. Martinelli, Firenze

Klein M (1969b) La psicoanalisi dei bambini. Martinelli, Firenze

Luthe W (1965) Autogenic therapy. Grune & Stratton, New York London

Mahler M (1978) La nascita psicologica del bambino. Boringhieri, Torino

Panfield W (1959) The interpretative cortex. Scienze 129:1719–1725

Panfield W (1985) Memory mecanism. Arch Neurol Psychiatr 67–68

Peresson L (1983) L'immagine mentale in psicoterapia. Città Nuova, Roma

Peresson L (1984) Trattato di psicoterapia autogena. Piovan, Abano Terme

Rigo L (1980) L'analisi del profondo e psicoterapia. Fuoco, Roma Firenze

Schultz IH (1971) Il training autogeno. Feltrinelli, Milano

Spiz RA (1985) Il primo anno di vita del bambino. Universo, Firenze

Wallnöfer H (1978) Tecniche analitiche nel ciclo superiore del T.A. Psicoterapie C.I.-S.P.A.T., Padova

Widman C (1980) Manuale di training autogeno. Piovan, Abano Terme

Eberhard Schäfgen, Dr. med.
Arzt für Neurologie und Psychiatrie –
Psychotherapie –,
ehemaliger Chefarzt des Brüderkrankenhauses in Saffig

Häufige Fehler bei der Vermittlung des autogenen Trainings

Zusammenfassung

Auf der Grundlage des Wissens, das uns der Begründer des AT hinterlassen hat, zeigt der Autor verschiedene Fehler auf, die sich bei der Vermittlung des AT in Kursen des öffentlichen Gesundheitswesens wie auch in privaten Institutionen einstellen. Es wird darauf hingewiesen, daß es „das Autogene" ist, was das AT zu einer individuellen Erfahrung werden läßt, eine Erfahrung, die vom Individuum selbst hervorgebracht und entwickelt wird.

Jeglicher heterosuggestive Einstieg unterbricht unvermeidlich diesen Prozeß.

Summary

Building upon the knowledge we have inherited from the founder of autogenic training, the author throws light on various mistakes that occur during courses in autogenic training organized by public health services or private institutions. It is emphasized that it is "The Autogenic" which makes autogenic training an individual experience generated by and developed through the individual him-/herself. Any heterosuggestive approach inevitably disrupts this process.

Wie ich feststellen konnte, ist das Interesse am AT außerordentlich stark gewachsen. Es gibt heute kaum eine Volkshochschule in Deutschland, die nicht das AT vermittelt; in sehr vielen Krankenhäusern, vor allen Dingen aber in Kuranstalten wird versucht, das AT den Hilfesuchenden darzustellen; es gehört überall dorthin, wo heute Gesundheitsvorsorge betrieben wird.

Natürlich ist es sehr gut und begrüßenswert, daß diese so ausgezeichnete Methode, die in genialer Weise von Schultz begründet wurde, diese Ausbreitung erfährt.

B.J.M. Diehl, Th. Miller (Hrsg.)
Moderne Suggestionsverfahren
© Springer-Verlag Berlin Heidelberg 1990

Andererseits bringt es naturgemäß die Vielzahl dieser Angebote mit sich, daß sich häufig Fehler bei der Anwendung oder Vermittlung einstellen. Schon unserem Altmeister Schultz war dies bekannt; 1950 hat er einen Vortrag bei den Lindauer Psychotherapiewochen gehalten und auf häufige Fehlerquellen bei der Anwendung der Unterstufe des AT hingewiesen. 1961 hat er noch einmal den „bedenklichen Mißbrauch des autogenen Trainings" in einer Veröffentlichung beklagt und es als unglaublich bezeichnet, wenn er von einer Patientin hören mußte, daß ein Chefarzt eine Patientin in die Mitte eines Zimmers auf den Stuhl setzte, sie die Augen schließen ließ, immer im Kreis um sie herumgegangen sei und dabei gesagt habe: „Ich bin ganz ruhig." Dies habe aber der Patientin nicht geholfen.

Hier hat der Altmeister bereits den allerhäufigsten und wesentlichsten Fehler bei der Vermittlung des AT beobachtet und angeprangert, nämlich die Anwendung einer Fremdsuggestion in der irrigen Meinung, es handle sich um das AT. Schultz hat immer wieder in seinen Veröffentlichungen den größten Wert auf die Problematik des Autogenen gelegt. Er betonte, daß es sich um eine Leistung handelt, die aus dem Selbst heraus entstehen muß, nicht etwa aus dem Ich. Das AT hat seinen Ursprung genommen in den Erfahrungen mit der Fremdhypnose.

Hier werden mit gewissen Suggestionen immer wieder bestimmte Erlebnisse bei den Patienten erzeugt. Es kommt, wie Schultz beobachtete, stets eingangs zu den Erlebnissen der Schwere und der Wärme. Und so entstand dann für Schultz die Frage, ob es nicht möglich sei, ein System von durch innere Konzentration passiver, kontemplativer Art gesetzten selbsthypnotischen Entspannungen zu entwickeln, Ansätze, die zum AT führten. So ist es also unbedingt erforderlich, daß die Versuchsperson bei sich selbst Erlebnisse empfindet, hochkommen läßt, ohne eine direkte von außen kommende Suggestion.

Es handelt sich also um eine innere Konzentration passiver, kontemplativer Art. Eine solche Einstellung für die Versuchsperson kann naturgemäß nicht dadurch vermittelt werden, daß vielleicht die Formeln des AT nun vom Übungsleiter regelrecht hergeleiert werden. Dabei bleiben die Übenden meistens gänzlich unbeteiligt; sie müssen aber lernen, zu dieser aus dem Selbst herauskommenden inneren Lösung beizutragen und damit dann schließlich zu der sog. organischen Umschaltung, die das Ziel des Trainings ist. So führt Schultz aus: „Ein fruchtbarer Verlauf des autogenen Trainings ist nur möglich, wenn der Versuchsleiter sorgfältig darauf achtet, daß jede Versuchsperson so unmittelbar, so unbeeinflußt und eigengängig sich den neuen Erlebnissen stellt, wie nur irgend möglich." Daher ist auch das Vorsprechen der einzelnen Übungsformeln falsch. Man muß sich dabei klarmachen, daß es sich eben dann um eine Fremdsuggestion handelt, daß das eigenständige Werden der inneren Empfindungen bei den Übenden gestört wird. Binder hat einmal Gruppen zunächst in völligem Stillschweigen üben lassen und hat dann in der 4. Stunde die Formel vorgesprochen; er war überrascht, wie dies störend auf die Patienten in seinen Gruppen wirkte. Ein Vorsprechen kann vielleicht nur dann als möglich erachtet werden, wenn in der 1. Stunde Anregungen zum Übungsverlauf gegeben werden. Danach hat sich der Übungsleiter unbedingt mit seinen fremdsuggestiven Einflüssen zurückzuhalten. Schultz hat immer wieder betont, daß die Übungen in völligem Stillschweigen, besonders auch von seiten des Arztes ablaufen müssen, nur unter diesen Voraussetzungen ist der Name „autogenes Training" gerechtfertigt.

Alle anderen, im wesentlichen fremdsuggestiv herbeigeführten Entspannungen dürfen diesen Namen nicht tragen.

Wiederum zitiere ich Schultz:

> Sobald der Arzt, geschieht dieses auch aus bester Absicht, die Arbeit des Patienten mit guten Reden begleitet, handelt es sich nicht mehr um autogenes Training, sondern um eine suggestiv herbeigeführte hypnotische Umschaltung. Selbstverständlich ist dagegen, was die praktische Anwendung betrifft, nichts einzuwenden, nur muß sich der Arzt darüber im klaren sein, daß er dann den Bereich des autogenen Trainings verläßt und seine Behandlung mit fremdhypnotischen Einwirkungen durchsetzt. Man sollte bei solchen Verfahren aber nicht von einer Modifikation des autogenen Trainings sprechen, sondern unumwunden zugeben, daß hier eine Mischung autogener und fremdhypnotischer Behandlung stattfindet. Nur die systematische, selbständige, im Stillschweigen durchgeführte Übung erreicht autohypnotische Umschaltung und darf als autogenes Training gelten.

Grundsätzlich ist natürlich zu fordern, daß der Übungsleiter selbst mit sich das AT durchgeführt hat und die sog. organismische Umschaltung bei sich selbst herbeiführen kann. Nur dann ist er nämlich in der Lage, in der richtigen Weise das AT zu vermitteln. Er kann auch nur dann Fragen seiner Übenden richtig beantworten; er muß eben aus eigenem Erfahrungsgut schöpfen können.

Unbedingt ist es notwendig, bei Beginn des Kurses, der wohl meist heute in Gruppen durchgeführt wird, die Teilnehmer sehr ausführlich mit den Grundproblemen des AT vertraut zu machen. Dabei sollte vor allen Dingen auch darauf eingegangen werden, daß es sich nicht um eine bloße Entspannung handelt, sondern eben um einen körperlich-seelischen Vorgang, bei dem dieses passive Sich-Hinein-fühlen in die eigenen Erlebnisse ein Grundelement darstellt. Immer wieder begegnet man dem Fehler, daß die Übenden zuviel erwarten, zu rasch irgendwelche Erlebnisse haben wollen, sich dabei innerlich ausgesprochen stark anstrengen. Sehr nützlich ist hier die Vorstellung der entspannten Gelassenheit, wie wir sie von Tieren kennen, gegenüber der angespannten Erwartung, daß jetzt nun gleich etwas geschehen müsse.

Das verhindert diese kontemplative Hingabe, von der Schultz spricht. So ist es auch in der Einleitung besonders wichtig festzustellen, daß jeder sein eigenes Erlebnis bei AT finden müsse.

Dazu sagt er:

> Nur als Ziel soll die vergegenwärtigte Übungsformel der Versuchsperson innewohnen. Man lehne daher alle Fragen, wie der Einzelne es machen soll, grundsätzlich ab und bemühe sich nur, eine völlig freie, selbstbeobachtende und spannungslos erwartende Haltung zu erzielen. Jede Versuchsperson muß das ihr gemäße autogene Training im Erleben entdecken.

In diesem Zusammenhang weist Schultz auf den großen Vorteil des Gruppenarbeitens hin: „. . . weil die ganz verschiedenen durchaus individuell gefärbten Selbstschilderungen eben für den ganz persönlichen Charakter der Einzelentwicklung Zeugnis ablegen".

So ist es also von großer Wichtigkeit, mit den Teilnehmern, um sie einzuführen, das Geschehen zu besprechen. Dadurch können Korrekturen angebracht werden, Fehler bei den Teilnehmern können nur so vermieden werden. Ein Seminar von 50 Teilnehmern, die vielleicht 2mal wöchentlich diese Übungen durchführen sollen unter regelmäßigem Vorsprechen des Übungsleiters, ist daher grundsätzlich zum Scheitern verurteilt.

Man erlebt aber nur zu oft große Enttäuschungen bei den Teilnehmern solcher Kurse, die dann das AT für sich ablehnen.

Selbstverständlich sind daher unter diesen Gesichtspunkten Vermittlungen durch Schallplatten und Kassetten grundsätzlich abzulehnen. Hier handelt es sich lediglich um eine Fremdbeeinflussung. Genauso falsch ist es, jemanden ein Büchlein in die Hand zu drücken und zu erklären: „Lesen sie sich das 'mal durch, und dann machen wir das 'mal." Wallnöfer hat in seinem Buch „Seele ohne Angst" darauf hingewiesen und erklärt: „Wenn ein Arzt nicht die Zeit aufbringen kann, seine Patienten in das von ihm vorher erlernte autogene Training einzuführen, so täte er besser daran, bei Medikamenten zu bleiben oder den Kranken weiter zu überweisen." Er zitiert Schultz, der ein kleines Übungsheft herausgebracht hat, dabei aber erklärte: „Selbstverständlich darf dieses Übungsheft nie einem Patienten oder anderen Versuchspersonen zu unkontrolliertem Alleinüben gegeben werden."

Um also eine kunstgerechte Vermittlung durchführen zu können, halten wir es in Deutschland für notwendig, daß die Ärzte, die dies mit ihren Patienten praktizieren wollen, zumindest 4 Kurse als Teilnehmer besucht haben, wobei großer Wert auf die Didaktik, auf die Diskussion der eigenen Erfahrungen mit Patienten gelegt werden muß.

Leider findet man allzu häufig Verstöße gegen die grundsätzlichen Übungen mit den 6 Zielrichtungen. Es gibt Kurse, bei denen in jeder Stunde alle 6 Übungen durchgenommen werden. Ich persönlich kann mir nicht vorstellen, wie dabei eine allmählich sich vertiefende Eigenübung zustande kommen kann. Wir finden dann auch merkwürdige Kombinationen von Einzelübungen, wobei vielleicht das Üben der Schwere mit der Wärme zusammen noch hingenommen werden kann. Warum aber die Leibwärme mit der Stirnkühle zusammen geübt wird, bleibt nicht recht verständlich.

Vor den einzelnen Übungsstufen sollte ausgiebig auf die Möglichkeit des Eigenerlebens hingewiesen werden. Wiederum wäre es völlig falsch, ganz bestimmte Vorstellungen vorschreiben zu wollen.

Die Fehler, die nun von den Übenden ausgehen, bestehen häufig darin, daß man in verkrampfter Weise zu rasch irgendetwas erwartet. Hier erinnert Schultz an die „Verspannt-Übergewissenhaften, mit meist sehr unsicherem Selbstwert". Es kommt bei solchen Menschen oft zu einer Schwierigkeit mit dem Schwereerlebnis des Armes. Er hält die, wie er sagt, „aus Ehrgeiz, Angst und Trotz gemischte, dem Menschen selbst unmerkliche Hochziehung des Schulter-Nacken-Gürtels" für eine ganz typische Fehlhaltung, und er betont: „. . . solange sie besteht, ist irgendein Schwereerlebnis im Arm unmöglich darzustellen". Und er fährt fort: „So zeigt es sich also, daß ohne nachweisbaren Fehler der inneren Einstellung der Übungsarm nicht einfach der Eigenschwere folgend hypoton niederfällt, so ist vielfach eine Schulter-Nacken-Lockerung durch vorübergehende äußere Übungen möglich."

Fehlerhaft wäre es auch, wenn Übende, vielleicht sogar mit Unterstützung des Übungsleiters, nun unbedingt versuchen, einzelne Erlebnisse bei sich wachzurufen.

Wallnöfer berichtet immer humorvoll von einer Frau, die zu ihm kam und erklärte, sie mache nun schon seit einem halben Jahr die Übungen, sie müsse doch unbedingt das Schwereerlebnis einmal haben, er solle ihr nun nach halbjährigem Üben dazu verhelfen. Sie war immer noch mit dieser ersten Übung befaßt, und auf sein erstauntes Befragen, wie es ihr denn insgesamt ergehe, erklärte sie, sie sei insgesamt ruhiger geworden und könne besser schlafen. Es zeigt sich u. U., daß letztlich das Ziel „Ich bin ganz ruhig" erreicht werden konnte, ohne daß diese Frau ein Schwereerlebnis hatte, wobei es unsicher bleibt, was sie dabei erwartete. Man sollte grundsätzlich nicht auf unbedingten Übungseffekten beharren.

Dogs hat kürzlich auf einen ganz neuen Streß hingewiesen, nämlich den Versuch, sich in verkrampfter Weise zu entspannen. Er weist eindringlich auf den Unterschied zwischen den bloßen Entspannungsübungen und der Möglichkeit der organischen Beeinflussung durch das AT hin.

Ein Mißbrauch des AT durch Lernende könnte schließlich, wie Kraft in seinem ausgezeichneten Buch über die „Methodik und Didaktik des autogenen Trainings" ausführt, darin bestehen, daß diese Übungen als ein Aufputschmittel angesehen und angewandt werden, um über die eigentlichen körperlichen und geistigen Grenzen hinauszugelangen. Hier muß betont werden, daß es sich um eine „ganz und gar physiologische Methode" handelt, die lediglich hilft, unser Leistungsvermögen voll auszuschöpfen, die darüber hinaus jedoch keine zusätzlichen Möglichkeiten eröffnet. Hier werden u. U. fehlerhafte Erwartungen geweckt, hier kann einem Mißbrauch Vorschub geleistet werden, der ganz unsinnig ist. Fehlerhaft ist natürlich auch, aus dem AT vielleicht eine Weltanschauung zu machen, vielleicht auch einen Religionsersatz. Das AT hat seine klaren Indikationen, sicherlich nicht viele Gegenindikationen. Es ist aber wichtig, sich mit der Tatsache von möglichen Grenzen vertraut zu machen.

Wir sollten uns die bescheidene Aussage unseres Altmeisters zu Herzen nehmen. Er schreibt über seine erste Begegnung mit Freud, der bei dieser Gelegenheit zu ihm prüfend sagte:

Sie glauben doch nicht, daß sie heilen können? Worauf ich erwiderte: keinesfalls. Aber ich meine doch, daß man wie ein Gärtner Hindernisse wegräumen kann, die der echten Eigenentwicklung im Wege stehen.

So aufgefaßt, wäre das AT sicherlich eine ausgezeichnete Möglichkeit.

Hans Joachim Prill, Prof. Dr. med.
Arzt für Frauenheilkunde und Geburtshilfe,
Professor an der Universität Bonn,
Chefarzt des Evangelischen Krankenhauses
Bonn-Bad Godesberg,
Ehrenpräsident der Deutschen Gesellschaft
für Geburtshilfe und Gynäkologie

Bionome Psychotherapie in der gynäkologischen Praxis

Zusammenfassung

Indem der Autor den Begriff „Bionomie" hervorhebt, weist er auf die Notwendigkeit hin, die Konflikte einer Patientin zusammen mit den biographischen und peristatischen Bedingungen zu erfassen, unter welchen sie letztlich der Patientin zur Last werden. Bionomie geht von der Annahme aus, daß bestimmte Aspekte eines individuellen Lebens von Gesetzen gesteuert werden, die uns nicht oder noch nicht bekannt sind. Während eines psychotherapeutischen Prozesses sollten daher somatische Aspekte, biologische und erbliche Parameter, Lebensereignisse sowie Phantasien und falsche Erwartungen der Klientin als ein Ganzes erfaßt werden, um so den schließlich hilfreichen Zugang zum innerpsychischen Problem der Patientin zu finden, so daß sie besser damit umzugehen lernt.

Summary

Advancing the term "bionomics," the author points out the necessity of considering a patient's conflicts in conjunction with the biographical and peristatic conditions under which these conflicts become a burden to the patient. Bionomics is based on the assumption that certain features of an individual's life are governed by laws as yet unknown to us. During a psychotherapeutic process, somatic aspects, biological and hereditary parameters, life events, and fantasies and false expectations of the client must be taken into consideration as a whole in order to find the right and ultimately helpful approach to the patient's psychic problems, which will enable her to cope with them more adequately.

B.J.M. Diehl, Th. Miller (Hrsg.)
Moderne Suggestionsverfahren
© Springer-Verlag Berlin Heidelberg 1990

Einleitung

Johannes Heinrich Schultz hat nicht nur das AT aus der Selbsthypnose entwik-
kelt, sondern er hat schon vor 70 Jahren für Ärzte in der Allgemeinpraxis und
– wie er es nannte – die Nachbarfachärzte zur Psychiatrie einen Grundriß der
universellen Psychotherapie verfaßt, den er in seinem Buch *Die seelische Kran-
kenbehandlung* umfassend erläuterte. Auf biologistischen Theorien (v. Bertal-
lanfy 1973; v. Uexküll 1963; Kraus 1919) aufbauend propagierte er für die
ärztliche Seelenkunde eine lebendige ganzheitliche Auffassung vom Menschen.
Weder das Organ macht die Funktion noch die Funktion das Organ. Beide sind
„in ihrer organismischen Funktion Ausdruck selbstschöpferischen Lebens".

Die Bionomie, d.h. die Einheit des Lebendigen, die Lebensordnung und
Lebensgesetzlichkeit müssen in der ärztlichen Seelenheilkunde v.a. auch entwicklungspsychologisch mitbedacht werden. Gegenüber den rein triebdynamischen Deutungen stellte er Reifung, Selbstgestaltung, Umweltbindung und
Sinnerfüllung in den Vordergrund seiner bionomen Psychotherapie. Bei aller
Anerkenntnis der verschiedenen tiefenpsychologischen Schulen sah er das Ziel
des „Arztes" bei der Patientin in einer erhöhten Selbsterkenntnis, Selbstbe-
herrschung und Selbstverantwortung. Durch angepaßte, individuell verschiedene wachpsychotherapeutische Verfahren soll die Patientin zu einem Umle-
ben im Sinne von „anders leben" gebracht werden. Andererseits sah er eine
starke Abgrenzung gegenüber Erziehung, Seelsorge und allgemeiner Men-
schenführung, wie sie schon damals außerhalb des ärztlichen Bereichs propagiert wurde. Diese hohen Ziele erscheinen uns heute nur noch mit einer
appellativen, psychagogischen oder suggestiven Therapie in wenigen Fällen
möglich.

Organismisch bedeutete für ihn aber auch, daß körperliche Funktion mit
ihrer Regulationsfähigkeit, der Selbststeuerung sowie der Korrektur und
Anpassung an die biologischen Vorgänge mitbedacht wird. Die von ihm
beschriebene Gleichwertigkeit von Organ und Funktion läßt dann das Seelische nicht mehr kausal erscheinen, sondern in einem Vitalzirkeleffekt wird eine
induzierende Wechselwirkung beschrieben, die v. Weizsäcker mit ganz bestimmten biologischen Leistungseinheiten, wie dem Tastakt oder den Orientie-
rungsleistungen zum Gestaltkreis weiterentwickelt hat. Damit ist eine Überwindung des psychophysischen Kausalitätsprinzips erreicht, da sich Körper und
Seele gegenseitig fördernd oder hemmend „be-wirken" und sich dabei dya-
disch, d.h. gegenseitig ständig verändernd, weiterentwickeln.

Anthropologische Betrachtungsweise

Damit sind wir von der bionomen zur anthropologischen Betrachtungsweise
gelangt. Wir verstehen in der anthropologischen Medizin den Menschen als das
handelnde Wesen. Handeln ist etwas anderes als Verhalten, der Wirkbezug des
tierischen Lebens zur Umwelt. Die Grundtatsache, daß der Mensch nicht
einfach nur lebt und sich richtig oder falsch verhält, sondern daß wir unser
Leben im Wortsinne *führen*, daß sich jeder mit sich selbst, seinen Mitmen-

schen, der Gesellschaft, mit seinen Ideen und Phantasien auseinandersetzen muß, ergibt das Humane. Mit Führung und Geleit wäre also in vielen Fällen die therapeutische Haltung des Nichtpsychoanalytikers zu umschreiben.

Der Heilungsprozeß kann durch einen personalen Faktor in Arzt und Patient ausgelöst werden. Genau wie die anthropologische Psychotherapie sah auch Schultz das Dilemma der Psychoanalyse in ihrer Annahme, alle Analyse sei Analyse der Übertragung, sei Diskussion des affektiven Verhältnisses des Kranken zum Arzt. Warum aber jenes Verhältnis zum Dauerkonflikt machen, auf das sich der seelisch Leidende zurückzieht, um seine Hauptkonflikte zu lösen? Warum eine chronische Beunruhigung provozieren, wo viele Neurotiker doch eigentlich zunächst vom Arzt Ruhe und Halt erwarten?

> Wo die therapeutische Aktion sich am Konflikt mit der Person des Arztes staut, die ganze Neurose sich in das Bett der Übertragung zu erschließen scheint und im Verhältnis zum Arzt manifest wird, da freilich muß der personale Faktor des Heilungsprozesses selbst zur Diskussion gestellt und die Beziehung zwischen Arzt und Krankem untersucht werden (v. Gebsattel 1954).

Meist ergibt sich eine Beziehungsänderung von selbst aus der Wirksamkeit der psychotherapeutischen Maßnahmen.

Oft wird erlebt, daß Patientinnen, die mit repulsiver Energie geladen in die Sprechstunde kommen, sich uns nach einer gelungenen Entspannungsübung plötzlich wie umgewandelt zugeneigt und vertrauend erschließen. In dieser Phase sollte der Arzt nicht nur zuhören, sondern Empathie (Zuneigung) entgegenbringen und positiv zur Kranken stehen. Neurotiker appellieren an unser Vertrauen oder Mißtrauen, an unsere Bejahung oder Verneinung ihrer Vorstellungen und Impulse. Unsere Einfühlung und nicht unsere Kritik müssen wir der Patientin dabei zu verstehen geben. Erst in einer Atmosphäre von Zutrauen kann sie eine Sicherheit entwickeln, die erlaubt, über sich selbst und nicht über die anderen nachzudenken. Indem sie durch Selbstmitteilungen *uns* zum Verständnis hilft, gelangt die Neurotikerin zum Verständnis von *sich selbst*. Dann gewinnt die Kranke, auf unser Verständnis gestützt, schrittweise mehr Selbsterkenntnis über ihre bisher unbekannten Triebimpulse. Ein Gefühl von Sicherheit und ein vermehrtes Selbstbewußtsein bringt sie zu Entschlüssen, zu denen ihr bisher der Mut fehlte. Opfern, von denen sie glaubte, daß sie sie „kaputt" machen würden und Handlungen, die sie erst über ihr wirkliches Können, ihre Leistungs- und Hingabefähigkeit aufklären.

Auf diesem Hintergrund von Bejahung ist die analytische Kritik des Arztes zulässig und wird fruchtbar. In Kontrollanalysen habe ich erlebt, wie durchanalytisierte Patienten alles über ihre Triebmechanismen wußten, alles mir Unwissendem über sich erklären konnten und wollten. Aber zu einer Selbst- oder Mittelpunktfindung durch eine adäquate Selbstmitteilung, zu einer Eigensynthese durch adäquates Erleben und Wiedererleben, waren sie nicht gekommen.

Bionomes Verständnis in der Gynäkologie

Schultz (1951, 1960, 1969) hat häufig darauf hingewiesen, daß wir in der Gesprächstherapie nicht nur die Triebdynamismen verständlich machen sollten, sondern daß die Lebensgesetzlichkeit in ihren Reifungsstufen vom Arzt verstanden und von der Patientin begriffen und oftmals neu erlebt werden muß.

Dabei sind die realen Entwicklungsstufen Pubertät, Koitarche, Partnerschaft, Schwangerschaft, Mutter-Kind-Beziehung, Klimakterium nicht so entscheidend wie die Vorstellungen, Erwartungen und v. a. Phantasien darüber. Gerade die bionome oder auch anthropologisch orientierte Psychotherapie fordert die Einbeziehung der oft regressiven Wünsche und Projektionen, wenn man die Triebdynamismen verstehen will.

Molinski (1972) hat dies mit den 8 Entwicklungsstufen des Bildes der Weiblichkeit – in Anlehnung an Jungs Imagobild – sehr deutlich und detailliert dargestellt. Zum psychopathologischen Prozeßverständnis ist es unbedingt notwendig, das konkrete Leben oder Nichterleben der jeweiligen subjektiven weiblichen Vorstellungen zu ergründen. Mit Recht sagt Molinski, daß das Verstehen des konkreten Erlebens vieler Frauen ohne die Kenntnis des jeweiligen Bildes der eigenen Weiblichkeit für den Arzt recht lückenhaft bleibt. Die Erarbeitung eines bestimmten Bildes der Weiblichkeit oder Mütterlichkeit ergibt in Ergänzung zur triebdynamischen Komponente bei der Neurotikerin einen viel spezifischeren Eindruck, durch den der eigentliche Konflikt erst deutlich wird. Schultz würde hier von einer Reifungsstörung sprechen, aber Realität und Bild müssen keineswegs immer durch eine Reifungsstörung bedingt sein (Abb.1).

So können wir Reifungsstörungen oder Versagenshaltungen bestimmten Symptomen oder Krankheitsbildern zuordnen, wie dies in anderen Fachgebieten zwar früher versucht worden ist, aber sich doch nicht als relevant erwies. Das Asynchrone zwischen dem Bild der Weiblichkeit und dem Stehenbleiben

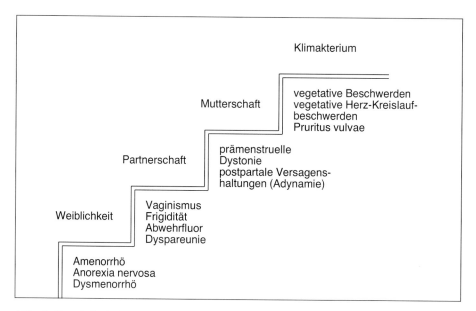

Abb. 1. Gynäkologische Symptomatik von Reifungsstörungen

auf einer früheren Stufe der Reifungsentwicklung eröffnet uns dann den Weg zu einer Konfliktkonfrontation. Nicht die triebdynamische Vergangenheit ist aufzuarbeiten – dies ist die Aufgabe der Psychoanalyse –, sondern die Denk-, Empfindungs- und Verhaltensweisen sind in bezug auf die Imagovorstellung (Bild der jeweiligen Weiblichkeit) zu erarbeiten.

Was ist Bionomie?

Schultz wählte den Begriff der Bionomie (Lebensgesetzlichkeit), weil er die Gesetzlichkeit des Organischen als etwas Primäres, als eine ureigene Geschehnisqualität ansah. Die Bionomie ist ursprungsbestimmt, planmäßig, autogen. Bionomie ist Bestimmung, also notwendig und unreif. Der Lebensplan ist in seinen großen Phasen unabänderlich festgelegt. Bionom bestimmte Vorgänge sind mit kausalgesetzlichen Mitteln und im Rahmen funktioneller Bestimmtheit geordnet.

Man spürt an diesen Aussagen von Schultz schon, wie er die Grenzen der Tiefenpsychologie aufzeigt und den an Organismus, Konstitution und Erblichkeit gebundenen Lebenslauf als wesentlich formendes Element sieht.

Bionome Psychotherapie

Als Schultz vor 35 Jahren in dem gleichnamigen Buch die Grundlinien seiner Psychotherapie erläuterte, war sein AT bereits zu einem fest fundierten Bestandteil einer aktiven klinischen Psychotherapie in der Bundesrepublik geworden. Kretschmer und Langen waren wesentliche Wegbereiter der bionomen Psychotherapie mit ihrer zweigleisigen Standardmethode gewesen. Mit Zweigleisigkeit meinen sie, daß über die Entspannung zunächst mit dem AT oder der Hypnose ein Zugang zur Patientin gefunden wird, um dann in einer fokussierten Analyse aufdeckend den Konflikt zu erarbeiten. Sind aus der Bewußtmachung der abionomen Fehlverarbeitung Handlungsfolgerungen gezogen, dann werden diese in der Oberstufe des AT zu wandspruchartigen Leitsätzen engrammiert.

Die Differenziertheit des therapeutischen Vorgehens auch mit anderen wachpsychotherapeutischen Verfahren ergibt sich aus der von Schultz angegebenen Einteilung in Fremd-, Rand-, Schicht- und Kernneurosen. Je nachdem, ob es sich um einen autopsychischen oder allopsychischen Konflikt handelt, dessen Ursache fast ausschließlich in Umweltfaktoren liegt, sind unterschiedliche Therapieverfahren erforderlich.

Da bisher noch keine Therapievorschläge aus gynäkologisch-symptomatischer Sicht erfolgt sind, werde ich dazu später einige Vorschläge machen. Zu betonen bleibt, daß jedoch die eben zitierte Neurosenstruktur stets Vorrang im therapeutischen Vorgehen behalten muß. Wir stoßen hierbei an das Problem, inwieweit Krankheitsbilder bestimmten Neurosenstrukturen entsprechen. Man kann im Gebiet der Gynäkologie nur von Wahrscheinlichkeiten hinsichtlich einer Neurosenspezifität für Symptome sprechen, etwa in dem Sinne, daß eine

Dysmenorrhö bei 16- bis 18jährigen eine Rand- oder Situationsneurose ist, während die prämenstruelle Dystonie bei einer Kinderwunschpatientin doch häufig tiefer gehende Konfliktstoffe beinhaltet.

Wenn Schultz heute auch die vielen aufkommenden neueren Therapieformen (Atemtherapie, Bildnereien u. a.) billigen würde, so bliebe er doch entschieden von der Notwendigkeit der organismischen Umstellung, wie sie am besten durch das AT erreicht werden kann, überzeugt. Deshalb wollen wir diese Therapieform in den Mittelpunkt unserer weiteren Erörterungen über die bionome Psychotherapie stellen.

Das AT in der Gynäkologie

Das Hauptindikationsgebiet im gynäkologischen Bereich sind die spastischen und neurovegetativen Störungen. Täglich wird der Arzt mit den chronisch-funktionellen Unterleibsbeschwerden konfrontiert, und wir haben auf den früheren Fortbildungstagungen schon ausführliche Vorträge über die Pelvipathia vegetativa, Parametropathia spastica oder wie immer man diese Beschwerden zusammenfassen will, gehört. Eine umfassende Diagnostik ist ebenso unerläßlich wie das Abschiednehmen von Fehldiagnosen wie der chronischen Adnexitis! Die Psychodiagnostik sollte nicht am Ende stehen. Aus psychosomatischer Sicht kann man dieses Syndrom 3 Ätiologen unterordnen:
1. Vegetative Neurosen unterschiedlicher Genese (meist Strukturneurosen),
2. Psychopathien, Hypochondrie,
3. Konstitutionelle und vegetative Labilität ohne eruierbaren Konflikt.

Jede dieser Gruppen macht etwa 1/3 der Fälle mit chronisch funktionellen Unterleibsbeschwerden aus. Bei den vegetativen Neurosen steht die fokale Gesprächstherapie im Vordergrund. Bei den jüngeren Patientinnen hängt der Konflikt meist mit dem Symptombeginn zusammen, während bei den älteren, über 35jährigen, der zurückliegende Konflikt und die abionome Fehlverarbeitung typisch ist.

Bei den konstitutionell und vegetativ Labilen, die Kretschmer auch als die psychisch Asthenischen bezeichnen würde, hat man recht gute Erfolge mit der parametranen Anästhesie oder der Soletherapie.

Folgende Übersicht faßt die Therapiemöglichkeiten noch einmal zusammen:

Pelvipathia vegetativa
– Zunächst umfassende Diagnostik erforderlich, danach differenzierte Therapie;
– biographische Anamnese, danach differenzierte Psychotherapie;
– autogenes Training bei Vorhandensein von mehreren vegetativen Symptomen;
– paramentrane Anästhesie bei Parametropathia spastica;
– Bädertherapie: Sole (da Fango- und Kalt-Warm-Bäder meist schlecht verträglich), Reflexbindegewebsmassage.

Das AT ist vor allen Dingen bei Vorhandensein von anderen vegetativen Syndromen (Herz-, Magenbeschwerden) angezeigt. Symptomheilungen – allein durch das AT – waren nur bei jeder 5. Patientin zu erreichen. Dann handelte es sich meist um vegetative Neurosen bei intakter Ich-Struktur. Bei den Besserungen, die fast jede 2. Frau betrafen, handelte es sich meist um mehrere Symptome, die entweder nur zum Teil verschwanden oder eine gewisse Zeit latent blieben, da die Ursache eine Strukturneurose war, die durch das AT nicht behoben werden kann. Im Vergleich zu anderen AT-Erfolgen bei allgemein vegetativer oder psychogener Symptomatik erreichten wir damit ein durchschnittliches Ergebnis. Über die Symptombeeinflussung hinaus sehe ich aber einen großen Vorteil in der schon erwähnten Einstimmung in viele introspektive Verfahren, wie etwa das katathyme Bilderleben, Traumbearbeitungen und Assoziationen bei tiefenpsychologisch orientierter Fokaltherapie.

Bei der Dysmenorrhö der Jugendlichen ist neben dem AT, das möglichst in Gruppen durchgeführt werden soll, auch eine Gruppenpsychotherapie von Nutzen, da in vielen Fällen doch eine Reifungsproblematik zugrunde liegt, die in der Gruppe besser aufgearbeitet werden kann. Auch die konzentrative Bewegungstherapie und andere Verfahren, die besonders auf eine neue Leibempfindung hinarbeiten, soll besonders hingewiesen werden. In kleineren Orten oder wo dieses Verfahren nicht angeboten werden kann, würde ich einen Gymnastikkurs oder den Turnverein empfehlen, in dem es vielleicht eine gymnastische Tanzgruppe gibt. Bei den Gehemmten und Ängstlichen ist es darüber hinaus wichtig, daß sie durch das Gruppenerlebnis Freundinnen bekommen, damit sie aus ihrer Introversion und Isoliertheit herauskommen. Hier aber muß der Arzt Aufklärung und Hinweise geben, da diese oft introvertierten Mädchen – vom Elternhaus zurückgehalten – keine eigenen Initiativen entwickeln. Die therapeutischen Möglichkeiten zeigt folgende Übersicht:

Dysmenorrhö
– AT Wärmeübung (oder Kälteübung ca. 10 %) auf den Unterleib;
– Symptomgruppenpsychotherapie bei Reifungsproblematik;
– Fokaltherapie (wenn Gruppe nicht möglich);
– konzentrative Bewegungstherapie.

Bei den Sexualstörungen sehe ich im Gegensatz zu anderen Autoren eigentlich nur bei Vaginismus annehmbare Erfolge. Zur Behebung des Vaginismus sollte die Patientin zunächst das AT ohne Beziehung zum Genitale weitgehend beherrschen. Eine weitere sehr wichtige Übung ist, daß sie ihr Genitale selbst entdecken lernt. In ihren Körperempfindungen ist dies häufig ein weißer Fleck, und sie hat unglaubliche Phantasien und eine große Verletzungsangst über bzw. vor dem Sexualverkehr. Ich lasse deshalb die Patientin Vulva und Vagina selbst entdecken. Die Zeichnungen der Patientinnen über ihre Vorstellungen sind mir stets eine gute Hilfe gewesen, um sie in ihren Phantasien besser zu verstehen. Werden die Grundübungen des AT beherrscht, so kann man der Patientin einen Hegar-Stift in die Hand geben, den sie selbst in die Scheide einführen soll. Erst wenn diese Selbstbewältigung krampf- und schmerzlos gelingt, kann der Penis, von ihrer Hand geleitet, langsam eingeführt werden. Man erlebt es immer wieder, daß Patientinnen ohne Anleitung einfach nur gesagt wird, sie sollten entspannen, und der Gynäkologe versucht dann mit einem Hegar-Stift oder gar mit einem Spekulum, die Vagina zu dilatieren, um ihnen die nötige Weite zu demonstrieren.

Auch beim Vaginismus gibt es oberflächliche Neurosenstrukturen, die man mit einem eingebahnten Abwehrreflex umschreiben könnte, und sehr tiefstrukturierte Neurosen, wobei dieses Symptom Ausdruck einer fehlenden weiblichen Identifikation sein kann. Es sei hierzu auf die ausgezeichnete Monographie von Friedman, *Virginität in der Ehe*, aus der Tavistock-Klinik hingewiesen, in der die Balint-Gruppenarbeit zu diesem Symptom besprochen wird. Die Ursache der sexuellen Unwissenheit wird in der Therapie mit Dornröschens Erweckung umschrieben, der Konflikt zwischen Liebe und Aggression als Brunhilds Zähmung und der Konflikt zwischen Mutterrolle und Sexualität als die Problematik der Bienenkönigin.

Nur kurz möchte ich auf das Problem der prämenstruellen Dystonie eingehen.

Die Behandlung dieser Patientinnen ist ungemein schwer. Im AT habe ich hier viele Abbrüche gehabt, weil besonders in der prämenstruellen Phase die Konzentration zum Weiterüben fehlte. Deshalb lassen Sie mich hier die konzentrative Bewegungstherapie erwähnen.

Aktive und spannungsgeladene Patientinnen lassen sich häufig nicht durch Entspannungsübung und Aktivierung beruhigen. Dagegen bietet die Atem- und Bewegungstherapie eine Möglichkeit der Spannungsentladung oder der Wiederherstellung eines gesunden Verhältnisses zwischen Spannung und Entspannung. Der Körper wird nicht nur in einzelnen Funktionskreisen entspannt, sondern er wird zum Mittel, um die Harmonisierung des ganzen Menschen zu erreichen. Spannung und Lösung, Gleichgewicht, Körpergefühl, Rhythmus, Raumgefühl und Gemeinschaftsbeziehung werden in den Mittelpunkt der Bewegungstherapie gestellt, worin sich die für psychotherapeutische Belange so wichtige bionome Auffassung dokumentiert. So bietet die konzentrative Bewegungstherapie eine gute Verbindung zwischen Psychotherapie und Leiberleben. Das Erspüren des Körpers in Ruhe und Bewegung in einer situativen oder umweltreaktiven Entäußerung führt zum Erleben des Leibes als einer unteilbaren Einheit. Es wird eine neue, vielleicht verschüttete Verbindung zum lebendigen Selbst, zum Anderen, zum Leben durch ein gestaltetes Umerleben erreicht.

Das AT in der Geburtshilfe

In den Geburtsvorbereitungskursen wird heute in etwa 60% die Grundübung des AT von Krankengymnastinnen und Hebammen eingeübt, um so über die vegetative Entspannung Geburtszeitverkürzung und Schmerzerleichterung zu erreichen.

Im Sinne von Schultz wäre aber auch hier bei den Geburtsvorbereitungskursen ein bionomes Verständnis erforderlich, indem Information und Gespräch über Befürchtungen, Ängste und neurotische Verarbeitung des Geburtserlebnisses in den Vordergrund gestellt werden. Auch das lebensgesetzlich Positive

der psychischen Reifung in Schwangerschaft und Mutterschaft sollte eingebracht, Sicherheit gegeben, Phantasie und das körperliche Mitfühlen angeregt
werden. Eine neue Leiblichkeit zu spüren, gelingt über die sog. Oberstufe des
AT. Durch die Entdeckung der schwangeren Leiblichkeit, d. h. der körperlichen und seelischen Veränderung wird der primäre Narzißmus wiederbelebt
und gestärkt. Viele vegetative Schwangerschaftssymptome sind ja im wahrsten
Sinne psychosomatisch. Durch das AT kann nicht nur eine vegetative Umschaltung mit Besserung der Symptomatik erfolgen, sondern durch das Leiberleben
wird in der Bewußtmachung eine Desomatisierung erreicht.

Literatur

Bertallanffy L von (1937) Gefüge des Lebens. Teubner, Berlin
Friedman LJ (1963) Virginität in der Ehe. Huber, Bern
Gebsattel VE von (1954) Prolegomena einer medizinischen Anthropologie. Springer, Berlin
    Göttingen Heidelberg
Kraus F (1919) Die allgemeine und spezielle Pathologie der Person. Thieme, Leipzig
Kretschmer E (1949) Psychotherapeutische Studien. Thieme, Stuttgart
Langen D (1972) Die gestufte Aktivhypnose, 4. Aufl, Thieme, Stuttgart
Molinski H (1972) Die unbewußte Angst vor dem Kind. Kindler, München
Prill HJ (1965) Die Psychosomatik in der Gynäkologie. Klinik der Frauenheilkunde und
    Geburtshilfe, Bd 4, Urban & Schwarzenberg, München Berlin, S 507
Prill HJ, Langen D (1983) Der psychosomatische Weg zur gynäkologischen Praxis. Schat-
    tauer, Stuttgart
Schultz JH (1951) Bionome Psychotherapie. Thieme, Stuttgart
Schultz JH (1960) Das autogene Training (Konzentrative Selbstentspannung), 8. Aufl,
    Thieme, Stuttgart
Schultz JH (1969) Autogenic therapy, medical applications, vol 2, Grune & Stratton, New
    York London
Uexküll T von (1963) Grundfragen der psychosomatischen Medizin. Rowohlt, Reinbek

Gisela Eberlein, Dr. med.
Ärztin – Psychotherapie –,
Gründerin und Präsidentin der Deutschen
Gesellschaft für Gesundheitsvorsorge,
Psychotherapie in eigener Praxis

Nicht mehr gesund, aber noch nicht krank

Zusammenfassung

Im Hinblick auf die praktische Anwendung des AT demonstriert die Autorin die Bedeutung der Übungen bezüglich psychosomatischer Störungen. Es werden Fälle eines auf psychischen Irritationen beruhenden somatischen Ungleichgewichts dargestellt, die nicht zu der Kategorie „Krankheit" gehören, aber auch nicht mehr gesund genannt werden können. Dieses Zwischenstadium von „nicht mehr gesund, aber noch nicht krank" stellt das eigentliche Terrain für ein erfolgreiches Praktizieren des AT dar.

Summary

The author demonstrates the usefulness of autogenic training in the field of psychosomatic disorders. Cases of somatic disequilibrium caused by psychic disturbances are discussed, which cannot be regarded as illness nor yet as a state of well-being. It is this intermediate state of "no longer healthy, but not yet ill" which constitutes the appropriate terrain for the successful practice of autogenic training.

Immer mehr Menschen sind zwar noch nicht krank, aber auch nicht mehr gesund. Sie leiden, bedingt durch unsere Art zu leben, unter gesundheitlichen Störungen – der vegetativen Dystonie, bei der das AT eine wesentliche Hilfe zur Heilung darstellt. Sie ist eine Krankheit, die mit dem AT angesprochen und bewältigt wird. Und zwar ist die Ruhe, die Ruhetönung oder auch die Ruheschwingung der eigentliche Heilfaktor, der das entgleiste vegetative Nervensystem wieder in Ordnung bringt. Nun braucht sich der Mensch nicht mehr über „die Fliege an der Wand" zu ärgern; und was noch besser ist, die nervös reagierenden sensiblen Organe werden dabei beruhigt, wie z.B. der überreizte

B.J.M. Diehl, Th. Miller (Hrsg.)
Moderne Suggestionsverfahren
© Springer-Verlag Berlin Heidelberg 1990

Magen. Die Magenschmerzen, die man bei jeder Aufregung bekommt, sind nicht die Auswirkung einer Entzündung, obwohl der Betroffene glaubte, er habe ein Magengeschwür. Wie der nervöse Magen reagiert auch das nervös übersteuerte Herz auf den formelhaften Vorsatz, über die Ruheeinstellung: „Ich bin vollkommen ruhig."

Die vegetative Dystonie ist oft mit Schlafstörungen verbunden. Mit dem AT kann man sich auf das Schlafen konzentrieren. Der Vorsatz lautet: „Vollkommen ruhig, gelöst, entspannt schlafe ich, ich schlafe gut." Diese Gedanken üben Sie am besten ein wie früher die Zahlen, womit Sie Rechnen lernten. Jetzt geht es ums Schlafen, und einen guten Schlaf kann man mit Hilfe des AT erreichen. Mit der inneren Uhr, der „Kopfuhr", kann man sich sogar auf eine bestimmte Aufwachzeit einstellen, gleich ob man um 6, 7 oder um 8.10 Uhr aufstehen möchte.

Streß stellt oft eine belastende Situation dar, die den Menschen überbeansprucht und oft auch Schlafstörungen hervorruft. Streß ist mit der „angina temporis" (Zeitnot) verbunden, die nicht selten zur „angina pectoris" führt, damit folgend zu Kreislaufstörungen und letzten Endes zum Herzinfarkt.

Eine Alltags- und Lebenshilfe ist hier auch das AT mit der positiven Einstellung, *es* zu schaffen, „über der Situation zu stehen". So wächst das Selbstvertrauen und die Lebensfreude kommt wieder auf.

„Ich freue mich". – Welch ein schöner Vorsatz, den zu erfüllen es sich lohnt; das macht gesund und froh, – ein Satz, der, aus dem Inneren kommend, den Menschen wieder aufbaut, ihn leistungsfähig macht. Er erkennt seine Aufgabe und lernt jetzt wieder, sie ruhig zu bewältigen.

„Ich bin vollkommen ruhig, gelöst, entspannt,
ich stelle mich positiv ein und sage Ja zum Leben."

Mehr als 70 % aller Herzinfarkte entstehen durch unbewältigtes Leben, wobei Streß aller Art, Aufregungen und Ärger eine Rolle spielen. Treten unkontrollierte Vorgänge wie Rauchen, zu fettreiche Mahlzeiten, übermäßig erhöhter Alkoholverbrauch hinzu, ist die Aussicht, einen Herzinfarkt zu bekommen, recht groß. Daher ist das oberste Gebot, Ruhe und Erholung im Alltag einzusetzen und damit Entspannung zu erreichen, von großer Bedeutung, zumal sich im AT die Herzübung selbst folgerichtig einfügt. Die herzspezifische Übung „Herz ruhig, gleichmäßig, kräftig, regelmäßig" läßt das Herz erfahren, das nun besser, ruhiger und gleichmäßig arbeitet. Dabei werden die freiwerdenden Schlacken wie CO_2, Milchsäure und Brenztraubensäure besser ausgeschieden, wobei das Mißverhältnis zwischen Sauerstoffbedarf und -angebot ausgeglichen wird. Die Sauerstoffzufuhr wird erhöht, und die Gefahr, einen Herzinfarkt zu erleiden, wird gemindert. Die richtige, ausgleichende Durchblutung im Körper, hier des Herzens, ist entscheidend und diese kann mit dem AT reguliert werden, wie auch jeder seine Ernährungsform finden, also Einfluß auf die Höhe des Cholesterinspiegels gewinnen kann. Ruhe, Entspannung und Durchblutungsförderung sind hier die Hauptphänomene und wesentlich für die Erhaltung der Gesundheit.

„Arme, Beine sind schwer, sie sind warm;
Herz arbeitet ruhig, kräftig, gleichmäßig, regelmäßig."

Mit dem AT ist es damit möglich, „den Herzinfarkt zu verhüten", zumindest das Risiko zu beeinflussen.

Es ist wichtig, daß die Herzübung in den Atemrhythmus eingelassen wird. In einer Minute erfolgen in Ruhe 14–16 Atemzüge, das Herz schlägt 60 bis 80mal. Diesen Rhythmus im Einklang zu spüren ist wichtig, denn er vermittelt die Ehrfurcht vor der Herzarbeit und damit die Ehrfurcht vor dem Leben. Jeder, der dieses weiß und begriffen hat, ist dankbar für seine Gesundheit, für sein Leben.

Auch bei seelischen Verstimmungen übt das AT seine Wirkung aus. „Heute bin ich so deprimiert." – Wer hat das nicht schon einmal gesagt und empfunden? Der Mensch, der deprimiert ist, ist niedergedrückt, traurig, oft negativ dem Leben, dem Tag gegenüber eingestellt. Er hat meist das Selbstvertrauen verloren, meint, daß er nichts kann und leistet. Trotzdem – er leidet noch nicht an der eigentlichen Depression, die fachärztlich behandelt werden muß; er ist mehr oder weniger niedergedrückt, verstimmt. Fragen wie „wo bin ich, wer bin ich, was kann ich leisten" kommen aus einer großen Traurigkeit, dem Niedergedrücktsein.

Der Mensch braucht Auftrieb, eine Aufgabe und mit ihr eine positive Einstellung. Er braucht Menschen, die ihm zuhören und auf diese Weise helfen. Das geschieht durch Lob zur rechten Zeit, verbunden mit Streicheleinheiten, die helfen, Minderwertigkeitskomplexe abzubauen und positive Kräfte zu wecken, die das Selbstwertgefühl anheben und Krankheiten verhüten.

„Ich bin aktiv, ich schaffe meine Aufgaben."

„Ich freue mich, daß ich lebe."

Dies sind Vorsätze, die bei der depressiven Verstimmung helfen, traurige Einstellungen zu beseitigen, um damit die aufkommende Krankheit zu verhüten.

„Ich bin ‚Ich selbst' – ruhig, konzentriert und froh."

Zu dieser Einstellung sollte der Arzt führen.

So eingestellt geht alles besser, und die depressive Phase gehört bald der Vergangenheit an; die Lebensqualität wird angehoben. Der Mensch ist wieder ruhig und gelassen, die Lebensfreude bestimmt die weiteren Wege des Menschen, der wieder „er selbst" geworden ist.

Wenn man es lernt, mit dem AT seinen Magen und Darm zu beruhigen, und zwar mit der Organübung: „Bauch oder Sonnengeflecht strömend warm", eine wesentliche Einstellung bei Magen- und Darmstörungen, erfolgen Beruhigung wie auch Durchblutungsförderung der Magen- und Darmschleimhaut. Ein Mensch, der mit seinem Verdauungssystem – hier Magen und Darm – über das vegetative Nervensystem empfindlich reagiert, entwickelt keine oder zu wenig Widerstandskraft, wie man es in der Praxis immer wieder erleben kann. Menschen, die sich täglich über andere ärgern, leben gefährlich. Mit dem AT ärgert man sich nicht mehr, bekommt auch keine Magenschleimhautentzündung, kein Magengeschwür.

„Mein Bauch, mein Sonnengeflecht ist strömend warm."

„Magen und Darm sind in Ordnung."

Das sind hilfreiche formelhafte Vorsatzbildungen, die jetzt eingesetzt werden können.

Oft fehlt auch eine positive Lebenseinstellung. Der Mensch kann sich nicht mehr freuen. Negative Haltung aber macht krank, schlägt auf Magen und Darm, nimmt dem Menschen die Ruhe und, alles in allem gesehen, ist er nervös. Mit dem AT werden die Ursachen solcher Reaktionen, der tägliche Ärger mit der begleitenden Angst erkannt und jetzt bewältigt. Magen- und Darmgeschwüre, Reaktionen im Sinne einer Neurose werden verhütet.

Eine Neurose schließt viele psychisch bedingte Störungen ein. Der Mensch hat Angst und ist unfrei.

„Ich stehe über der Situation."

„Ich schaffe meine Aufgaben."

So sollten diese Vorsätze aussehen, die im AT wirken und den Menschen dann endlich zu sich selbst kommen lassen und er so gesund wird.

„Ich habe Vertrauen, – ich habe Mut."

„Ich vertrete mein Recht."

Wer hatte nicht schon einmal Beschwerden im Bereich der Wirbelsäule, v. a. im Schulter- und Nackenfeld wie auch im Kreuzbereich gehabt? Oft ist die Bewegung eingeschränkt durch Druck und Schmerzen der Muskulatur, wobei die Halswirbelsäule meistens besonders betroffen ist. Es hat sich im Laufe der Jahre herausgestellt, daß sich viele psychosomatische Störungen hier auswirken.

In all diesen Fällen, im Hals- wie auch im Kreuzbereich, hilft das AT. Vor allem dann, wenn es sich nicht um eine Osteochondrose, also um eine Umwandlung von Knochensubstanz handelt, ist hier die beruhigende Entspannungshilfe des AT wirksam.

„Wirbelsäule ruhig, gelöst, entspannt."

„Wirbelsäule frei beweglich."

Dies sind Formeln, die zur Entspannung der Muskulatur, damit zur Lösung führen. Die Durchblutung wird gefördert, somit werden die Schmerzen deutlich gemindert, es kommt zur Lösung und Entspannung.

Schwere- und Wärmeübung im AT sind hier besonders wichtig, ggf. in Verbindung mit der Lösung innerer Spannungen und Ängste, die frei macht und Belastungen leichter ertragen läßt. Das Selbstvertrauen an die eigene Haltung und damit die Fähigkeit, seine Aufgaben zu erfüllen, wächst.

Für den praktisch tätigen Arzt ist es wichtig zu wissen, daß Bewegung eine Form der körperlichen und geistigen Entspannung ist, die im AT angesprochen und ausgetragen wird. Hier handelt es sich um eine Art innere Gymnastik. Die erzielte Entspannung wird also aus dem körperlichen Bereich übertragen und geistig fixiert, was durch die Formel: „Ich bin ruhig, mutig, gelöst, entspannt" zum Ausdruck kommt. Die entspannende Bewegung macht bereit für das Leben, auch für die Freuden des Lebens; anders ausgedrückt, gehört sie zu den positiven Kräften, zum positiven „Ja" zum Leben, zur Bereitschaft, dies zu bewältigen. Das „Ja" zum Leben sollte mit jedem Schritt an- und ausgesprochen werden.

„Ja, ich schaffe *es*" und folgend das „Om", womit das allumfassende *Es* erfaßt wird. Es geschieht etwas am und im Menschen. Das aber bedeutet Heranreifen und Wachsen der Persönlichkeit, die positiv vollkommen ruhig, gelöst und entspannt den Tag erlebt.

Um die Anwendung des AT bei Allergie zu verstehen, muß man wissen, was Allergie bedeutet. Die Menschen, die unter Allergie leiden, reagieren über ihr vegetatives Nervensystem empfindlicher und anders als normale Menschen auf bestimmte Stoffe. Die Häufigkeit der Allergie hat in den letzten Jahren deutlich zugenommen. Ursächlich handelt es sich dabei um Stoffe aller Arten. Sie können auf der Haut Reaktionen in der Art eines Ekzems (ekzematöse Dermatitis) oder Akneerscheinungen mit Rötung und Pustelbildung auslösen. Jeder Mensch reagiert anders, und genau das sagt die allergische Reaktion, die, von der Norm abweichend, also verschieden ist, aus. Wir wissen, daß das vegetative Nervensystem hier reagiert, und das kann man in der ärztlichen Praxis immer wieder beobachten. Erst seit Kenntnis der psychosomatischen Zusammenhänge weiß man auch mehr um die Auswirkung seelischer Störfaktoren auf der Haut, die im Rahmen der Allergie zum Ausdruck kommen, wie es bei der Streßreaktion abzulesen ist.

Mit dem AT bekommt der Mensch eine Hilfe für die Haut, also besonders für die Neurodermitis, eine allergisch hervorgerufene Reaktion. Da hier im allgemeinen viel zu viel Medikamente helfen sollen, ist es wichtig zu wissen, was das AT mit seinen gezielten Übungen schafft. Die Ruhe-, Schwere- und Wärmeempfindung wirken sich beruhigend auf die Haut aus.

Das AT ist auch eine Hilfe bei der Problem- und Konfliktlösung. Positive Einstellungen, der Mut zur Wahrheit, zu sich selbst, sind entscheidende Faktoren. Wie und in welcher Form man das AT hier treffend einsetzen kann, geht aus den Vorsatzhilfen, die erarbeitet werden müssen, hervor.

„Ich sehe den anderen, ich habe Vertrauen, ich höre zu."

Man lernt es, dem anderen Menschen freundlich zu begegnen.

„Ich stelle mich positiv ein, ich sehe auch den anderen."

Nur wenn das möglich ist, werden wir weniger Feindschaften, damit weniger Konflikte in der Welt haben, und das Leben ist leichter und schöner. Der Mensch, der vorher von seinen Problemen und Konflikten überwältigt wurde, ist jetzt gesund, harmonisch. Darüber nachzudenken, lohnt sich.

Wer eine Hilfe zur Konzentration und Leistungssteigerung braucht, hat sie mit dem AT. Der Patient hat festgestellt, daß er vergeßlich ist, Konzentration und Leistung lassen nach. Entscheidend helfen kann das AT, das als Methode der konzentrativen Selbstentspannung Ruhe gibt, Mut macht und die Konzentrationskraft erhöht, zumal dann, wenn man gelernt hat, sich im AT mit einer Vorsatzhilfe entsprechend zu programmieren. Für diese Programmgestaltung wurde die Praxis der Selbsthypnose nutzbar gemacht, die in der ärztlichen Praxis individuell erarbeitet werden muß und besonders im Bereich der Kopfeinstellung über die Stirnübung zum Ausdruck kommt.

„Ruhig, konzentriert erledige ich meine Aufgaben."

„Ruhig, mutig, sicher, frei und froh, ich bin konzentriert."

Das ist die abschließende Forderung eines Vorsatzes zur Konzentration und Leistungssteigerung.

Literatur

Eberlein G (1985) Autogenes Training für Kinder. Springer, Berlin Heidelberg New York Tokyo
Eberlein G (1985) Autogenes Training mit Jugendlichen. Econ, Düsseldorf
Eberlein G (1985) Autogenes Training für Fortgeschrittene. Econ, Düsseldorf
Eberlein G (1986) Autogenes Training mit der ganzen Familie. Econ, Düsseldorf
Eberlein G (1986) Gesund durch Autogenes Training. Econ, Düsseldorf
Eberlein G (1987) Autogenes Training – Lernen und Lehren. Springer, Berlin Heidelberg New York Tokyo
Eberlein G (1987) Fröhlich wollen wir den Tag beginnen. Rowohlt, Reinbek (TB)

Claude Haldimann, lic. phil.,
Klinischer Psychologe
und Psychotherapeut SPV,
Ausbildung in Verhaltenstherapie,
Sophrologie, katathymem Bilderleben,
phasischer Paar- und Familientherapie,
Streßmanagementtraining

Stationäres und ambulantes Entspannungstrainingsprogramm für offene Gruppen

Zusammenfassung

Der Autor vertritt die Meinung, daß ein Entspannungstrainingsprogramm 5 Kriterien erfüllen sollte, damit es effizient und erfolgreich im stationären oder ambulanten Bereich eingesetzt werden kann; es sollte
1. in sog. offenen Gruppen durchführbar sein,
2. bei verschiedenen Patienten mit verschiedenen Störungen und Erkrankungen anwendbar sein,
3. trotz Störungssymptomatik und Beschwerden wirken,
4. für den Alltag relevante und anwendbare Elemente enthalten,
5. Elemente enthalten, die einzeln in der Individualtherapie eingesetzt werden können.

Das vorgestellte Konzept erfüllt diese Bedingungen. Es hat sich über mehrere Jahre sowohl im stationären wie auch im ambulanten Einsatz mit verschiedenen Therapeuten bewährt.

Summary

In the author's opinion a relaxation training program should meet five criteria in order to be efficient and successful in both inpatients and outpatients. It should:
1. Be applicable to so-called open groups.
2. Be applicable to different patients with various disturbances and illnesses.
3. Be efficient in spite of a symptomatology of malfunction and ailments.
4. Contain elemtens relevant and applicable to everyday activity.
5. Consist of elements that can be used individually in the therapy of any one patient.

B.J.M. Diehl, Th. Miller (Hrsg.)
Moderne Suggestionsverfahren
© Springer-Verlag Berlin Heidelberg 1990

The program presented here fulfils these requirements. In the hands of different therapists it has proved successful over many years in both outpatient and inpatient treatment.

Steht man vor der Aufgabe, im stationären oder ambulanten Bereich zur Unterstützung einer individuellen Therapie ein Entspannungstrainingsprogramm aufzubauen, stellen sich verschiedene Probleme:

1. Aus Effizienzgründen und auch als Methode bietet sich ein Entspannungstraining zur Vermittlung in Gruppen an. Außerdem kann der Erfahrungsaustausch unter den Teilnehmern das Lernen fördern. Häufig ist es v. a. im stationären Bereich schwierig, zu jedem Zeitpunkt genügend potentielle Teilnehmer zu einer Gruppe zusammenzustellen, die über 3–6 Wochen zusammenbleiben können. Ideal wäre demnach eine offene Gruppe, die permanent angeboten wird. So können zu jedem Zeitpunkt Patienten eintreten. Nach Ablauf ihres Aufenthalts, bzw. beim Beherrschen der vermittelten Entspannungsmethode, treten sie wieder aus der Gruppe aus. Kurzfristig können so auch ehemalige Teilnehmer zur Repetition wieder an einer Trainingseinheit teilnehmen.
   Eine solche offene Gruppe für Entspannungstraining bedingt eine bestimmte Struktur der Entspannungsmethode, des Trainingsprogramms und des Aufbaus der Lektion.

2. Im klinischen Alltag ist es selten möglich, störungshomogene Gruppen von Patienten zusammenzustellen. Deshalb ist es wichtig, daß das Entspannungstrainingsprogramm breit gefächert aufgebaut ist. Es müssen verschiedene entspannungssensibilisierende und entspannungsfördernde Ebenen angesprochen werden, eine Einheit bilden bzw. sich um einen leicht erfaßbaren „roten Faden" gruppieren. So steigt die Wahrscheinlichkeit, daß verschiedene Patienten mit verschiedenen Störungen oder Erkrankungen mit der Entspannungsmethode erreicht werden und die Methode alleine, ohne therapeutische Begleitung, geübt und vertieft werden kann.

3. Die Methode sollte trotz Störungssymptomatik und Beschwerden wirken, so daß der Patient möglichst bei der ersten Lektion kleine Effekte oder Veränderungen in seiner Körperwahrnehmung erlebt.

4. Das Entspannungstraining muß – neben einer Tiefenentspannung – für den Alltag relevante und anwendbare Elemente enthalten, die dem Patienten rasch einleuchten und leicht einsetzbar sind. Nur so kann der Patient begreifen, daß Entspannungsübungen wirken können.

5. Häufig hat ein Patient neben dem Entspannungstraining auch noch eine individuelle Therapie seiner Störung oder Erkrankung. Der Gesamtbehandlungsplan wird kompakter und für den Patienten glaubhafter, wenn einzelne Elemente des Entspannungstrainings in der Individualtherapie eingesetzt werden können. Aus diesem Grund sollte ein Entspannungstrainingsprogramm aus möglichst vielen Elementen bestehen, die einzeln in der Individualtherapie eingesetzt werden können, um einzelne Störungsbereiche therapeutisch anzugehen.

Diese Forderungen an ein Entspannungstrainingsprogramm haben zur Entwicklung eines Konzepts geführt, das sowohl im stationären Bereich einer psychiatrischen Klinik wie auch in einer psychotherapeutischen Ambulanz seit mehreren Jahren erfolgreich eingesetzt worden ist.

Grundsätzlich wird davon ausgegangen, daß Entspannungstraining eine Wahrnehmungsschulung ist. Der Atmungsvorgang und die dabei entstehenden körperlichen Empfindungen und Phänomene bilden den Rahmen. Es finden wöchentliche Lektionen zu 1 1/2–2 h statt. Jede Lektion ist in 5 Abschnitte gegliedert:

a) Besprechung der Aufgaben und der Erfahrungen beim täglichen Üben.

b) Schulung der Atmung (Zwerchfellatmung) und Besprechung der Bedeutung einer natürlichen Zwerchfellatmung für das körperliche und seelische Wohlbefinden. Üben der „ganzen Atmung" (Bauch-Brust-Schulter-Atmung) als Kurzentspannungsmethode und zur Durchlüftung der Lunge.

c) Schulung der Körperwahrnehmung mit 4 spezifischen Übungseinheiten, die nacheinander über 4 Lektionen eingeführt werden (Kurzform der progressiven Muskelentspannung nach Jacobson, dynamische Bewegungsübungen im Stehen aus dem Hatayoga, statische Stellungsübungen im Sitzen aus dem Hatayoga, Körpermeditation im Liegen).

d) Tiefenentspannung mit der Atmung als „rotem Faden". Die Atmung wird an verschiedenen Körperteilen und -regionen beobachtet und wahrgenommen. Damit wird eine innere Konzentration erreicht, die eine körperliche und seelische Beruhigung bewirkt. So können die Signale von körperlicher Entspannung, also Schwere und Wärme, beobachtet werden. Mit einem an diese Phänomene anschließenden inneren Vorstellungsbild erfolgt eine mentale Beruhigung und Entspannung.

e) Nachbesprechung. Verteilen schriftlicher Unterlagen (Atmung, Körperwahrnehmungsübungen) und der individuellen Aufgaben.

Die anfänglich festgehaltenen Probleme beim Aufbau eines Entspannungstrainings sind wie folgt gelöst worden:

Zu 1: Die Gruppe kann offen geführt werden, indem jede Lektion inhaltlich gleich bleibt. Ausgenommen ist die Schulung der Körperwahrnehmung, deren Übungen über 4 Lektionen alternieren. Nach jeder Lektion erhält der Teilnehmer schriftlich fixierte Aufgaben, die der Anzahl der Teilnahmen bzw. seinem individuellen Fortschritt entsprechen. Die Tiefenentspannung wird durch diese Aufgaben in sinnvolle Lernschritte gegliedert. Dies wird durch den Aufbau des Entspannungstrainings in verschiedene Wahrnehmungselemente um die Atmung herum begünstigt. So sind die Lektionen also Lerneinheit, Repetition und Vertiefung in einem. Die Teilnehmer können ihre Erfahrungen und beim Üben entstandene Probleme und Fragen mit den anderen Teilnehmern austauschen und mit dem Trainingsleiter besprechen.

Die Erfahrung zeigt, daß eine mindestens 4malige Teilnahme notwendig ist, um einigermaßen dauerhafte Veränderungen zu bewirken. Ideal ist eine 6- bis 8malige Teilnahme. Häufig schließen Patienten nach 6 Lektionen das Training ab, um dann nach einigen Wochen oder

Monaten noch 2- bis 3mal zur Auffrischung teilzunehmen. Auch Unterbrechungen wegen Krankheit oder Abwesenheit sind aus dieser Struktur heraus möglich, was in der ambulanten Praxis immer wieder vorkommt.

Zu 2: Leitlinie oder „roter Faden" für das ganze Entspannungstrainingsprogramm ist die natürliche Atmung, die Zwerchfellatmung. Wie unter d) dargestellt, wird die Tiefenentspannung erreicht, indem die Teilnehmer dazu angeleitet werden, die Atmung an bestimmten Körperteilen und -regionen wahrzunehmen und zu beobachten. Diese Vielfalt der Übungen zur Beobachtung der Atmung erhöht die Wahrscheinlichkeit, daß ein bestimmter Patient mit einer spezifischen Störung für sich einen Ankerpunkt für die Entspannung findet.

Zu 3: Die starke Betonung der Atmung als eine Funktion des Körpers, die ständig abläuft und in jeder Lebenslage erlebbar ist, ermöglicht es auch Patienten, die durch ihre Beschwerden stark abgelenkt sind, dieses Körpersignal zu erfassen. Unterstützt wird die passive Wahrnehmung der Atmung außerdem durch überleitende und vermittelnde aktive Übungen, die bereits mit geschlossenen Augen der Tiefenentspannung vorangestellt werden. Sie ermöglicht dem Teilnehmer, der sich im Alltag bestenfalls nur über Aktivität bewußt erlebt und wahrnimmt, sein Körperbewußtsein und seine Sensibilität durch bewußt und konzentriert durchgeführte Bewegungen in innerer Versenkung aktiv zu steigern. Er nimmt bewußt Kontakt mit seinem Körper über eine ihm an sich gewohnte Form auf, nämlich über Aktivität. So kann er seinen Körper auch passiv liegend besser wahrnehmen.

Zu 4: Im Atmungsabschnitt b) wird gezeigt und geübt, wie man sich im Alltag mittels kurzfristiger Konzentration auf die Zwerchfellatmung auf sich selbst und seinen Körper zurückbesinnen und so entspannen kann. Zusammen mit der gelernten Tiefenentspannung entwickelt sich nach einiger Zeit der Übung ein Entspannungsreflex bei Konzentration auf die Zwerchfellatmung. Ergänzt wird diese Erfahrung durch eine spezifische Kurzübung, die auch auf der Atmung aufbaut. Auf diese Weise können Elemente des Programms unmittelbar in den Alltag eingebaut werden.

Zu 5: Die verschiedenen im ganzen Trainingsprogramm vermittelten Übungen und Beobachtungselemente können auch in einer dem Entspannungstraining parallel laufenden Individualtherapie einzeln bei spezifischen Störungen aufgegriffen werden und positive Veränderungen in der Störung oder Erkrankung des Patienten bewirken, z.B. Wahrnehmen des Atmungsstroms in den Nasenlöchern bei der Behandlung von Agoraphobien oder Hyperventilation, mentales Nachvollziehen der Atmung bei Schlafstörungen.

Bei der Entwicklung des vorliegenden Entspannungskonzepts wurde auf Methoden und Erfahrungen der Sophrologie, Verhaltenstherapie, Yoga und Meditation zurückgegriffen. Das Konzept wird permanent weiterentwickelt und verändert.

Literatur

Bernstein DA, Borkovec TD (1975) Entspannungs- Trainings/Handbuch der progressiven Muskelentspannung. Reihe „Leben lernen", 16. Pfeiffer, München

Fliegel ST et al. (1981) Verhaltenstherapeutische Standardmethoden. Urban & Schwarzenberg, München

Florin I (1978) Entspannung – Desensibilisierung. Urban-Tb. Nr. 293. Kohlhammer, Stuttgart

Hubert JP, Abrezol R (1985) Traité de Sophrologie/méthode et techniques. tome 2. Courier de livre, Paris

Hoffmann B (1977) Handbuch des Autogenen Trainings. dtv, München

Lazarus A (1980) Innenbilder/Imagination in der Therapie und als Selbsthilfe. Reihe „Leben lernen", 47. Pfeiffer, München

Schwaebisch L Siems M (1987) Selbstentfaltung durch Meditation. Rowohlt, Reinbeck

Harsha Adler, lic. phil., M. A.,
klinische Hypnosetherapeutin
nach Erickson,
Psychotherapie in eigener Praxis

Einführung in die prozeßorientierte Autohypnose

Zusammenfassung

Die prozeßorientierte Autohypnose ist eine revolutionäre Art der Arbeit an sich selbst. Traumkörperarbeit, ein anderer Begriff für Prozeßarbeit, enthüllt die Bedeutung der physischen oder psychischen Symptome und Körpererfahrungen, indem wir eine sinnsuchende Einstellung sämtlichen Störfaktoren gegenüber einnehmen. Die prozeßorientierte Psychologie vereint Erkenntnisse der modernen Physik mit Kommunikationstheorien, Information aus Signalen und Kanälen, z.T. sich überdeckend mit gewissen Begriffen aus der neurolinguistischen Programmierung. Darüber hinaus geht die Prozeßarbeit am Wahrnehmbaren entlang auch in die Tiefe, um dort die mythologischen Wurzeln der Phänomene zu erforschen bis hin in die Alchemie und den Taoismus. Traumkörperarbeit in der in diesem Essay vorgeschlagenen Form als Arbeit an sich selbst führt mühelos in hypnotische Zustände, in denen der Übende zu praktisch verwertbarer Selbsterkenntnis gelangt, besonders vorteilhaft verwertbar im Feld der Übertragung und Gegenübertragung. Studenten der Psychologie, Mythologie, Parapsychologie und Medizin sowie interessierte Laien können sich mit dieser Methode neue Perspektiven auf den Gebieten der Selbsthypnose, Selbsthilfe und Selbsterkenntnis erschließen.

Summary

Process-oriented autohypnosis is a revolutionary way of working with oneself. "Dream body work" – another term for processwork – reveals the significance of physical symptoms and body experiences. The basic approach is one of searching with an open mind for the hidden meaning in any element, physical or psychological, that appears as a disturbance, regardless of its nature or source. Process-oriented psychology or dream body work presents in a new and

B.J.M. Diehl, Th. Miller (Hrsg.)
Moderne Suggestionsverfahren
© Springer-Verlag Berlin Heidelberg 1990

unified paradigm concepts of modern physics and communication theories, information signals, and channels and elements of neurolinguistic programming which are shown to have ancient mythological roots in alchemy and Taoism. Dream body work in the form described in this essay leads naturally and effortlessly to hypnotic or altered states of consciousness in which the individual gains new insights and practical knowledge with regard to his inner world and its functioning. Students of psychology, mythology, parapsychology, and medicine as well as anybody interested in individuation may discover that dream body work opens up new perspectives of self-hypnosis, self-support and self-discovery.

Man mag sich zu Recht fragen, wozu wir noch eine neue Sprache, noch ein neues Paradigma brauchen, wo wir uns doch heutzutage schon in einem Dschungel von Psychotechniken bewegen, von denen jede – implizit oder explizit – den Anspruch erhebt, etwas Besseres zu bieten. Wozu noch eine neue und zudem verwirrende Sprache, die Schlüsselbegriffe wie Primär- und Sekundärprozeß umkehrt und sie so dem klassisch psychoanalytischen Gebrauch diametral entgegensetzt? Lohnt sich die Anstrengung, dieses neue Paradigma kennenzulernen?

Wir möchten Ihnen als Antwort darauf einige Einblicke in dieses neue Modell geben und auf grundlegende Unterschiede zu anderen Psychotherapieformen hinweisen, insbesondere auch die Merkmale umreißen, welche die Prozeßarbeit als eine Weiterentwicklung der Jungschen Tiefenpsychologie erscheinen lassen. Meine persönliche Erfahrung mit Prozeßarbeit ist die einer faszinierenden, dynamischen und offenstehenden Entwicklung zum vollen Menschen hin. Mein langjähriges Suchen, das mich durch die ganze Welt führte, ein Suchen nach Ganzheit sowohl in meinem „Da-Sein" als Mensch, wie auch als Wegbegleiterin für andere Menschen, hat nun seine Erfüllung gefunden. Die verhältnismäßig wenigen Grundkonzepte und Techniken, die zur Ausbildung gehören, lassen sich in etwa einem Jahr lernen; was danach kommt, ist jahrelange Verfeinerung, Reinigung und Erweiterung des eigentlichen Instruments, des Therapeuten selbst.

Der Begriff „Prozeß" ist eine Einladung, in Gegensätzen zu denken. Prozeß ist zu verstehen als das Einheit schaffende Muster, eine ganz besondere und unberechenbare Energie, die des Menschen Träume, Beziehungen, Körpersymptome, Weltbeziehungen und transpersonalen Erfahrungen belebt. Wie in der Physik können wir auch als Prozeßarbeiter nur von Tendenzen und Wahrscheinlichkeiten sprechen, wohlwissend, daß gleichzeitig jeder Makro- oder Lebensprozeß sich nach seinem ureigenen und geheimen Gesetz abspielt. Als Illustration könnten wir an das Amazonasgebiet denken: Das im Gebirge quellende Wasser fließt im Rahmen grundlegender Gesetzmäßigkeit dem Meer zu, gleichzeitig entsteht und vergeht fortwährend eine ganze Flußwelt unendlicher Möglichkeiten und Spielformen, die in ihren Einzelheiten von unberechenbarer schöpferischer Energie beseelt ist.

Die Prozeßtheorie vereint in einem Paradigma Kommunikationstheorie und die letzten Erkenntnisse der neuen Physik, schließt die neurolinguistische Programmierung mit ein und weist dabei auch auf die Zusammenhänge mit den Wurzeln des Menschseins hin, die im archetypalen und transpersonalen Bereich zu suchen sind. In diesem Sinn setzt sie die Tiefenpsychologie fort, indem Mythen, alte Wissenschaften wie Alchemie und Astrologie, Weisheitslehren wie Taoismus und die östlichen Kampfkünste miteinbezogen werden. Unsere Grundhaltung ist die der Wertschätzung jeder Erscheinung, sei es in der inneren Arbeit oder in der Beziehung zum Klienten, so daß jedes Bedrohen der Selbststruktur wegfällt und Erfahrungen, die nicht mit ihr übereinstimmen, von der Struktur des Selbst wahrgenommen und eingeschlossen werden können. Die Gefahr der Überbetonung der Kongruenz (Echtheit), wie sie mit Hinsicht auf das Modell der klientzentrierten Therapie formuliert worden ist, ist aufgehoben durch ein neues Verstehen von Übertragung und Gegenübertragung, die im Rahmen der „Traumkörperarbeit" einen ganz neuen Stellenwert bekommen. Jede Reaktion des Therapeuten auf den Klienten ist wertvolle Information und kann als solche in die Prozeßverarbeitung eingebracht werden. Der Begriff der Gegenübertragung wird erweitert und ersetzt durch den umschreibenden Begriff des Aufträumens. Der Therapeut übernimmt, indem er sich vom Klienten „aufträumen" läßt, den Persönlichkeitsanteil des Klienten, der am weitesten von seiner Identität entfernt ist. Dies verlangt vom Therapeuten Distanz seinen Gefühlen gegenüber, so daß er in eine Rolle schlüpfen kann, die Teil eines kollektiven Prozesses ist. Dieselbe seelische Wirklichkeit definieren wir von der Feldtheorie aus gesehen wie folgt: Es gibt ein universales Traumfeld. Menschliche Beziehungen – und dazu gehört die therapeutische Beziehung – werden gesehen als dynamische, nichtkausal bedingte und zielgerichtete Interaktionen. In der Jungschen Sprache würden wir sagen: Sie sind Feldaspekte des kollektiven Unbewußten. Das Traumfeld in der Prozeßtheorie stimmt mit Einsteins Meisterfeld in der Physik überein. Jeder von uns ist ein besonders intensiver und kondensierter Punkt in einem Feld mit Traumdimensionen. Noch einfacher gesagt: Wir alle sind individuelle Kanäle für einen universalen Prozeß, der nicht kausal verstanden werden darf, in dem sich aber finalistische Tendenzen abzeichnen, d.h. daß allem eine schöpferische Intelligenz innewohnt und Bewegung schafft.

In diesem Sinne rechtfertigt sich auch die neue Prozeßsprache: Durch das Einbeziehen der neuen Physik ergibt sich die Notwendigkeit, die Welt als dynamisches Geschehen zu erfassen. Die Jungschen Begriffe „bewußt" und „unbewußt" gehören noch zu einem relativ statischen Verständnis des Menschen und wurden deshalb durch Primär- und Sekundärprozeß ersetzt, was der Notwendigkeit von Flexibilität entspricht. Die Prozeßtheorie ist in ihrem Verstehen jedes Makro- und Mikroprozesses als energetisches Geschehen ganz radikal. Prozesse können beschrieben werden je nach dem wie nah oder wie weit sie von dem, was wir als unsere Identität anerkennen, entfernt sind. Es ist allgemein Gewohnheit in unseren Breiten, sich mit dem Primärprozeß zu identifizieren. Ein Beispiel dazu: Ich gehe im Supermarkt einkaufen mit einer Liste aller notwendigen Dinge. Das ist der Primärprozeß. Kurz vor Erreichen der Kasse stecke ich mit einer lässigen Geste noch eine Schachtel Schokolade in meinen Korb, schon mit einem halb ärgerlichen Gefühl, da etwas zu tun, was ich eigentlich nicht will. Dies wäre mein Sekundärprozeß, der als fremd und dem eigentlichen Ich gegenüber als störend empfunden wird. Sobald nun der Teil meiner Persönlichkeit, der Süßes braucht, erkannt und miteinbezogen wird in meine Identität, ist der Sekundärprozeß abgeschlossen, und diese Elemente gehören nun zu meinem Primärprozeß. In der Praxis mündet sehr oft ein Prozeß in einen anderen, da ständig unzählige Sekundärprozesse laufen, von denen wir im Moment gerade denjenigen erfassen, der unsere Aufmerksamkeit aus irgendeinem Grund zwingend erfordert. Jedes Individuum existiert in einer ständig sich ändernden Welt der Erfahrungen und ist seinerseits eine ständig sich ändernde Welt, in deren Mittelpunkt wir einen neutralen Beobachter, den Metakommunikator, entwickeln, der mit einiger Übung imstande ist, diese Erfahrungsquelle zu verstehen, zu ordnen, und mitarbeitet, die Teilpersönlichkeiten in einer holistischen Art und Weise ihre Rollen spielen zu lassen. Persönliche Befreiung und erhöhte Kreativität sind das Ergebnis einer wachsenden Freiheit den einzelnen Anteilen unserer Persönlichkeit gegenüber, wobei der Individuationsprozeß mit all seinen Höhen und Tiefen und Mäandern durch Licht und Dunkel als *das* Geschenk der Götter an den Menschen erlebt wird.

Die Individuation zu fördern, bedeutet, daß wir einen neutralen Beobachter entwickeln, der potentiell imstande ist, alle Teile des Prozesses wahrzunehmen. Wir sind also als Therapeuten insofern eingeschränkt, als wir unsere eigene Ladung von Komplexen und kulturellen Vorurteilen, von persönlichen Tabus und Grenzen tragen müssen, welche unsere Fähigkeit, sämtliche Teile unseres eigenen und des Klienten Prozesses wahrzunehmen, mehr oder weniger einschränken und vermindern.

Gehen wir jetzt zu einem kurzen Experiment mit innerer Arbeit über:

1. Nehmen Sie sich eine Minute Zeit und denken Sie nach über die Frage: „Wer bin ich?" Nehmen Sie die Frage leicht und schreiben Sie einfach ein paar Dinge auf, die, wie Sie finden, gut zu Ihnen passen. Sie dürfen auch Ideen bringen, wie Sie gerne sein möchten oder sein sollten.
2. Fragen Sie sich jetzt: „Welche Dinge stoßen mir in meinem Leben zu?" Denken Sie an alles, was Sie stört und ärgert, am Erreichen Ihrer Ziele hindert, was nicht in Ihr Selbstbild paßt. Haben Sie Alpträume? Welcher Art sind die Störungen in Ihrem Körper, in Ihren Beziehungen zu Mitmenschen? Was geschieht in der Welt gegen Ihren Willen?
3. Fragen Sie sich nun, wie Sie diejenigen Ihrer Erfahrungen werten, die Ihnen zustoßen oder die Sie sozusagen erleiden.

Ihre Antworten auf Frage 1 sind die Elemente Ihrer Persönlichkeit, die zum Primärprozeß gehören: Sie sind Ihnen vertraut und bekannt.

Ihre Antworten auf Frage 2 beschreiben Ihren Sekundärprozeß. Es sind Dinge, die uns zustoßen, sie sind dem Anschein nach unkontrollierbar, und wir empfinden uns oft als ihr Opfer. Wir tun uns schwer mit diesen Sekundärprozessen und lieben sie i. allg. nicht. Sie können aber auch als der Verbündete oder als der würdige Gegner erlebt werden, denn sie bringen interessante Herausforderungen und Neuheit in unser Bewußtsein. Sie sprengen die Grenzen unserer Identität und bewirken somit Bewußtseinserweiterung. In der Prozeßarbeit lassen wir uns von der Idee leiten, daß wir mehr von diesen

Elementen des Sekundärprozesses verkörpern sollten, daß sie sehr zum Vorteil des Ganzen in Verhalten umgesetzt werden können und unsere Persönlichkeit sinnvoll ergänzen. Dies ist von ganz besonderem Interesse in der Arbeit mit Symptomen; Beispiele finden Sie in den im Literaturverzeichnis aufgeführten Schriften.

In diesem Workshop gilt unsere Aufmerksamkeit hauptsächlich der inneren Arbeit und nicht der Arbeit mit Klienten und Gruppen, denen in der Praxis unser Hauptinteresse zukommt. Wir stellen hier eine neue Form von Selbsttherapie oder Selbsthilfe vor, die dem Laien in seinem Alltag behilflich sein kann, sich schnell in einer gegebenen Situation zurechtzufinden, die dem beruflich Helfenden die Möglichkeit gibt, sich wirksam mit inneren Bewegungen auseinanderzusetzen, sei es in Gegenwart des Klienten oder einer Gruppe.

Wir gehen dabei von dem Paradoxon aus, daß der Störfaktor (unter dem wir uns alles mögliche vorstellen dürfen) eine Quelle wertvoller Information für uns ist, und es deshalb von größtem Interesse ist, diesen Störfaktor zu untersuchen und in eine Beziehung zu ihm zu treten.

Hier einige kurze Beispiele: Die Vorstellung, diesen Workshop zu leiten, versetzt mich in Spannung, und diese Spannung stört mich. Bei näherer Untersuchung durch innere Arbeit erweist sich diese Spannung als ein Element, das mich ungemein wach und klar denken und fühlen macht. In der Arbeit mit Symptomen erleben wir extreme Darstellungen.

Beispiel 1:

Ein an Magenkrebs leidender Patient klagt über einen Druck, der sich anfühlt, als würde er binnen kurzem explodieren. In einem Traum erlebt er das Explodieren einer Bombe, was ihn nachhaltig beeindruckt. Die Prozeßarbeit führt zur Erkenntnis, daß er unbedingt mehr explosiv sein muß, ganz besonders in bestimmten menschlichen Beziehungen.

Beispiel 2:

Ein Patient mit multipler Sklerose leidet an starkem Zittern und Beben über dem ganzen Körper. Er versucht, das Zittern zu kontrollieren, sich steif aufrechtzuhalten, fällt aber ohne die Stütze seiner Krücken zu Boden. In der Prozeßarbeit kam zutage, daß er sich verliebt und sich sehr dagegen gewehrt hatte. Sein Symptom war ein Hinweis, Kontrolle aufzugeben und sich mehr vom Sein tragen zu lassen. Durch Amplifizieren des Zitterns gelangte er zu dem Verständnis, daß das Schütteln auf symbolischer Ebene seine starre Identität lockern und somit sein Bewußtsein erweitern könnte.

Was Primär- und Sekundärprozeß bedeuten, haben wir sicher genügend erklärt und gehen nun zu einem weiteren Schlüsselbegriff über, nämlich zum Thema „Traumfiguren". Sie gehören zu fast jeder Prozeßarbeit. Sekundärprozesse erfahren wir als etwas, was uns geschieht. Wenn wir sie nun erkannt haben, warum brauchen wir dann noch Zeit, dieses Material zu integrieren, sie in unsere Identität aufzunehmen? Weil wir alle möglichen Ideen, Wert- und Glaubenssysteme aufgebaut haben, die diese „Grenzen" schützen und uns davon abhalten, unser Potential voll auszuleben. Alles, was sich der Integration eines Sekundärprozesses entgegenstellt, fassen wir zusammen unter dem Begriff „Grenze". Wir leben mit unzähligen unsichtbaren Stopsignalen in unserem Traumkörper oder Traumfeld. Woher kommt es, daß diese „Grenzen" so mächtig sind? In den meisten Fällen finden wir eine Traumfigur oder sogar eine

Konstellation von Traumfiguren, die als Schwellenwächter fungieren. Dieser Teil der Prozeßarbeit besteht darin, die Traumfiguren zu erkennen, in eine Beziehung mit ihnen zu treten, Verhandlungen zu führen und so den Prozeß in Bewegung zu halten, in einem Fließen nach seinen eigenen Gesetzen.

Jetzt bleibt noch die Theorie der Wahrnehmungskanäle. Wir erhalten wichtige Informationen zu unseren Sekundärprozessen nicht nur über Sehen und Hören, sondern auch über Körpergefühle und Bewegung. So entwickelte sich vorerst eine Theorie mit 4 Hauptkanälen: Sehen, Hören, Fühlen und Bewegung. Etwas später kamen dazu der Beziehungskanal und der Weltkanal, und noch später erforderte die Arbeit auch einen spirituellen Kanal. Dieses Kanalsystem ist offen, und sicher wird es im Laufe der Entwicklung des Kollektivbewußtseins und der Prozeßtheorie sich noch erweitern. Traumfiguren oder Teile unserer Persönlichkeit, die unserer Identität nahestehen, besetzen Kanäle, in welchen wir uns zu Hause fühlen, die wir gut kennen. In unserer westlichen Kultur ist der visuelle Kanal meist sehr gut besetzt. Die kaum oder gar nicht besetzten Kanäle bringen die besten Informationen: nichtbesetzte Kanäle sind die Türen zu unseren Sekundärprozessen. Was dort geschieht, entzieht sich der Kontrolle und Zensur, die der Primärprozeß ausübt. Ein Beispiel dazu: Ein sehr ruhiger, introvertierter Mensch, der nie ein lautes Wort spricht, grölt plötzlich laute Lieder unter dem Einfluß von Alkohol. Wir können erkennen, ob ein Kanal besetzt oder nicht besetzt ist, indem wir auf die Verben achten, ob sie in der aktiven oder passiven Form gebraucht werden:

1. Ich wurde beobachtet (visuell ist unbesetzt), d. h. etwas außerhalb von mir beobachtet mich, d. h. es gibt eine Figur, die mich von außen anschaut und mit der ich mich überhaupt nicht identifiziere.
2. Ich saß da und fühlte mich schlecht (Fühlen, d. h. Eigenwahrnehmung ist besetzt).

Die Integration des Störfaktors ist eine ungemein belebende Geste. Die Energie wird nicht mehr darauf verwendet, den Störfaktor unter Kontrolle und möglichst am Rande des Bewußtseins zu halten, sondern wir verwenden sie während der inneren Arbeit darauf, den Störfaktor zu erweitern (Amplifikation) und dann, je nach Fall, auch in anderen Kanälen zu erfahren; und das Endergebnis ist, daß diese Energie dann frei dem Biosystem zur Verfügung steht für Kreativität statt für reaktiven Ausdruck.

Daraus entwickelt sich Selbsterkenntnis, Einsicht und Bewußtseinserweiterung. Ein weiterer Grundbegriff der Prozeßorientierung ist das Vollenden eines Prozesses. Wenn wir einen Prozeß durch Amplifizieren des Störfaktors durch alle Phasen hindurch zu Ende erlebt haben, stellt sich auf allen Ebenen Entspannung ein. Im Beziehungskanal verfeinert sich die Wahrnehmung in bemerkenswerter Weise, was in allen helfenden Berufen von größter Bedeutung ist, besonders wenn wir die neuesten Verbindungen von Psychologie und Physik in Betracht ziehen und die Wirkungen der feinstofflichen Energien wie Gedanken und Gefühle als Feldfaktoren anerkennen. Eine weitere Auswirkung besteht im Umkehren der Opferrolle in eine Rolle aktiven Mitwirkens am Lebens- und Weltprozeß. Die prozeßorientierte innere Arbeit ermöglicht dem Menschen, mit seinen Symptomen in aktiver Verbindung zu stehen und sie nicht als unveränderbare Zustände, sondern als sinntragendes Geschehen zu erleben. Prozesse sind ein dynamisches Geschehen, das in irgendeiner Form einer aktiven Intervention immer zugänglich bleibt. Durch die Arbeit an den Grenzen unserer Identität wird der Individuationsvorgang zu einem faszinierenden und fruchtbaren Unternehmen.

Die prozeßorientierte Autohypnose ist eine holistische Geste, die auch als eine besondere Form von westlicher Meditation betrachtet werden kann. Auch diese Methode geht von der Feststellung aus, wie Freud mit seinen Überlegungen zum Verdrängten oder Jung mit seiner Komplextheorie, daß verdrängtes Material nicht einfach auf die Seite geschoben und vergessen werden kann, sondern daß sich diese Energieballungen, wenn wir das Phänomen auf dieser Ebene beschreiben wollen, ständig mit neuen Energien anreichern, oft auch sich als somatische Beschwerden auf der körperlichen Ebene spiegeln und somit sich immer mehr dem Einwirken und Auflösen entziehen. Die prozeßorientierte Arbeit geht von dem Standpunkt aus, daß sämtliche Störelemente, seien es nun Beschwerden, Symptome, Beziehungsschwierigkeiten, Mitteilungen enthalten, die es zu entschlüsseln und zu integrieren gilt. Wir arbeiten mit einigen wenigen Grundbegriffen ohne vorgefaßte Strukturen.

Um diese der Prozeßorientierung sehr eigene Haltung noch besser zu beschreiben, nennen wir sie die Haltung des Anfängers: wir stellen uns sämtlichem inneren und äußeren Geschehen gegenüber neugierig ein und fragen nach dem Sinn, den wir als selbstverständlich voraussetzen. Das, was in der Ericksonschen Sprache das bewußte Mentale genannt wird, kann mit der prozeßorientierten Arbeit sehr schnell umgangen werden. Der autohypnotische Zustand stellt sich in Sekundenschnelle ein, wenn wir uns auf einen Wahrnehmungskanal einschalten. Was bedeutet also Autohypnose oder Hypnose in der Arbeit mit Klienten in diesem Modell der Prozeßarbeit? In jedem Fall stellt sich ein hypnotischer Zustand dann ein, wenn sich der Übende oder der Klient auf einen Wahrnehmungskanal konzentriert, was keinerlei Anstrengung, sondern nur bewußtes Lenken der Aufmerksamkeit voraussetzt. Dadurch nehmen wir unmittelbar Kontakt mit tieferen Bewußtseinsschichten auf. Wir schalten uns meist direkt in einen Sekundärprozeß ein, was in der Sprache von Jung einem Eintauchen in das Unbewußte gleichkäme. In der Sprache von Erickson bedeutet das, daß wir die mentale Ebene schnell umgehen, um in direkte Verbindung mit dem Unbewußten zu kommen. Unter dem Primärprozeß laufen ständig eine Vielfalt von Sekundärprozessen, in denen die Lösungen zu unseren Fragen enthalten sind. Es sind die Zonen unseres Bewußtseins, in denen die schöpferische Intelligenz in Erscheinung tritt, je tiefer, desto kraftvoller.

Spiel, Lust und Humor sind ebenfalls zentrale Begriffe in der Prozeßarbeit und gehören zur Beschreibung dessen, was uns unsere inneren Welten bieten. Mit der Haltung des Wissenschaftlers, d. h. möglichst wertfrei, beschäftigen wir uns mit allem, was sich in der inneren Welt bewegt, seien es nun Dämonen, Göttergestalten, Traumfiguren oder Menschen, die unserer Biographie angehören, Symptome oder Blockierungen.

Wir gehen nun zu den Übungen in prozeßorientierter Autohypnose über.

Übung 1

Wählen Sie einen Störfaktor in irgendeinem Wahrnehmungskanal (z. B. etwas, was Sie nicht sehen oder hören können). Bleiben Sie bei diesem Störfaktor und behandeln Sie ihn wie einen Freund. In ganz alltäglicher Sprache: Etwas stört Sie, und Sie richten Ihre Aufmerksamkeit auf dieses störende Element. Prüfen Sie jetzt nach, in welchem Kanal Sie sind: sehen Sie, hören Sie oder fühlen Sie etwas? Erweitern Sie diese Wahrnehmung: z. B. Sie hören einen störenden Lärm. Lassen Sie ihn stärker werden in Ihrer inneren Wahrnehmung. Bringen Sie diesen Lärm in einen anderen Kanal, z. B. bringen Sie ihn in den visuellen Kanal und schauen Sie, wie er aussieht, oder bringen Sie ihn in den Bewegungskanal und führen Sie diese Bewegung aus, bis Sie das Gefühl haben, sie beendet zu haben.

Wählen Sie jetzt einen Partner, und besprechen Sie mit ihm, welches Element aus dieser Erfahrung Sie in Ihrem Alltag verwenden und gut gebrauchen können.

Übung 2

Wir können sehr viel Selbstsicherheit entwickeln, wenn wir in jedem gegebenen Moment verstehen lernen, wer jetzt gerade auf der inneren Bühne auftritt. Auch mit Klienten ist dies wichtig und die Frage: „Hallo, wer ist heute zur Sitzung gekommen?" ist gar nicht so ausgefallen, wie sie klingt.

Nehmen Sie sich einige Minuten Zeit und finden Sie heraus, wer hier zu diesem Workshop gekommen ist. Ist das eine andere Person als die, die zum Kongreß kam. Wen haben Sie zu Hause gelassen?

Wenn ein Klient sagt: „Ich will mich ändern", ist es sehr ratsam zu überprüfen, wer wen verändern will, und das mit einzubeziehen in die Arbeit.

Wählen Sie dann einen Partner, und besprechen Sie kurz Ihre Erfahrung. Vielleicht spüren Sie in dieser Arbeit auch eine Grenze, nämlich einen Teil Ihrer selbst einzubringen, der nicht dem „Kongreßklima" entspricht: Falls kein Partner zur Verfügung steht, ist es hilfreich, die Erfahrungen schriftlich festzuhalten.

Übung 3 (Dauer 30 min)

In dieser Übung geht es um das „Aufräumen". Wählen Sie einen Partner. Machen Sie aus, wer zuerst als Klient sprechen will. Der „Klient" spricht nun über irgendein Problem. Der „Therapeut" hört zu. Statt zu antworten, geht der Therapeut nun in sich und richtet seine Wahrnehmung auf das Körperempfinden. Die Empfindung, die er im Körper wahrnimmt, wird nun amplifiziert. Daraus macht der Therapeut ein Bild, welches genau dieses Körpergefühl spiegelt. Dann kommt er wieder nach außen und teilt dieses Bild dem Klienten mit. Sie können das Bild beschreiben oder vorspielen, es mit Ihrem Körper sichtbar machen, und suchen Sie dann zusammen mit dem Klienten, was dieses Bild zu seinem Problem aussagt. Sie können auch den Klienten einfach fragen, ob er weiß, was dieses Bild bedeutet.

Tauschen Sie die Rollen nach 15 min.

Übung 4

Wir könnten jetzt eine Erfahrung schöpfen im Sinne der Feldtheorie. Nehmen wir an, das Feld hat jetzt das Bedürfnis, ein Experiment zu machen, und Sie sind der Kanal für dieses Experiment. In Ihrem Inneren gibt es Teile, die im Konflikt miteinander stehen und diese Teile sind Feldenergie.

Denken Sie an Ihr schwierigstes Problem. Identifizieren Sie die 2 Teile, die in Konflikt stehen. Sehen Sie den Konflikt als einen Film oder als ein Schauspiel, dessen Hersteller Sie sind.

Machen Sie nun noch einen inneren Schritt, und stellen Sie sich vor, daß Sie ein abgelöster Beobachter eines göttlichen Experiments sind. Das Feld hat Sie als Kanal für ein Geschehen gefunden.

Wenn Sie Lust haben und Ihre Erfahrung abgeschlossen ist, suchen Sie sich einen Partner, und sprechen Sie über dieses Drama, oder schreiben Sie Ihre Gedanken darüber auf.

Literaur

Adler H (1987) Processoriented psychology and Ericksonian hypnotherapy, Hypnos 7:26–30

Mindell A (1984) Dreambody. Routledge & Kegan, Boston London Melbourne Henley

Mindell A (1985a) Working with the dreaming body. Routledge & Kegan, Boston London Melbourne Henley

Mindell A (1985b) River's way, Routledge & Kegan, Boston London Melbourne Henley

Mindell A (1987) The dreambody in relationships. Routledge & Kegan, Boston London Melbourne Henley

Ernst-Eugen Eberhardt
Dipl.-Psych., ordentlicher Professor
an der CUA-NC, USA
Psychosomatik und Naturheilkunde in eigener Praxis
mit Schwerpunkt für Sprachheilkunde
Suchtbehandlung und Heilhypnose

Autogenes Training als Bestandteil des betrieblichen Ablaufs

Zusammenfassung

Das AT stellt in Verbindung mit isometrischer Gymnastik eine Möglichkeit kurzfristiger Erholung dar, die von Industriearbeitern wie von Managern gleichermaßen erzielt werden kann. Streßbedingte Insuffizienzen, Leistungsdefizit, physische und psychische Dekompensationen und nicht zuletzt psychosomatische Störungen können vermieden bzw. wesentlich gemindert werden, wenn diese beiden Übungstechniken unabhängig von den gegebenen Bedingungen, als individuelle Selbsthilfe oder im Rahmen einer Übungsgruppe, regelmäßig praktiziert werden. Die industrielle Effektivität steigt, und für den einzelnen sind die Auseinandersetzungen mit den institutionellen Hierarchien weniger belastend.

Summary

Autogenic training in combination with isometric muscle exercises represents a means of short-term relaxation practicable by industrial workers as well as members of management. Stress-related insufficiencies, deficits in productivity, physical and psychic decompensations, and last but not least psychosomatic disorders may be prevented and/or combatted by practicing these two exercises regularly regardless of the circumstances, and be it on an individual or a group level. As a consequence, industrial effenctiveness and the task of coping with institutional hierarchies become less burdensome.

Lassen sie mich bitte zu Beginn meiner Ausführungen eine Aussage zitieren, die Prof. Dr. Schultz einem Freund 1919 in einem von ihm herausgebrachten Buch als Widmung schrieb:
„Alles verstehen heißt – fast alles heilen."

B.J.M. Diehl, Th. Miller (Hrsg.)
Moderne Suggestionsverfahren
© Springer-Verlag Berlin Heidelberg 1990

In den darauffolgenden Jahren, Schultz starb 1979, machte er die Wandlung vom verstehenden Menschen zum Arzt durch. In der Mitarbeit des Patienten liegt die Grundlage der psychotherapeutischen Behandlung.

Die Richtigkeit und der therapeutische Wert der zunächst auf klinischer Beobachtung und therapeutischem Scharfsinn aufgebauten Einzelheiten der klassischen Form des AT hat sich im Laufe von Jahrzehnten durch eindrucksvolle klinische Erfolge und verschiedene, in den letzten 3 Jahrzehnten durchgeführte experimentelle Untersuchungen der Methode immer wieder bestätigt.

Beschäftigt man sich mit dem AT, so fällt auf, daß immer nur von Entspannung die Rede ist, obwohl im Bereich des Lebendigen Spannung und Entspannung immer miteinander abwechseln. Spannung und Entspannung, sagt Jaspers, „ist eine vom Biologischen bis zur Seele und zum Geist gehende Polarität", und Schultz beendet sein Übungsheft mit den Worten: „Leben verlangt Polarität". So ist die Entspannung immer nur in ihrem Wechselverhältnis zur Spannung zu sehen. Wenn nun trotzdem immer nur von einer entspannenden, dagegen nie von einer anspannenden Psychotherapie die Rede ist, so weist dies auf zeitbedingte Faktoren hin.

In unserer Industriegesellschaft kommen die Spezialisierung der Arbeit, das Hineingepreßtwerden in bestimmte künstliche Lebens- und Arbeitsformen – im Glücksfall aufgrund von Begabungen und Fähigkeiten – hinzu. Eine Manipulierung, die schon vor der Schule beginnt, außerdem eine oft als Dauerzustand bestehende Angst um den Arbeitsplatz, das Konkurrenzverhalten bis zur Vernichtung des Konkurrenten oder bis zum eigenen Untergang. Diese Belastungen führen zu immer wieder auftretenden Spannungszuständen und im Laufe der Zeit zu Dauerspannungen mit all ihren körperlichen und seelischen Folgen.

Die Anwendung und Ausweitung des AT als konzentrative Selbstentspannung nahm ihren Weg zur immer stärker werdenden Gruppenarbeit hinein in die Institutionsbereiche Sport, Beruf, der Volkshochschularbeit und natürlich die verschiedenartigsten Gesundheitsversorgungsbereiche wie Kneipp und ähnliches.

Die Zeit steht nicht still und so unterliegt auch das AT einer Wandlung in seinen Anwendungsbereichen, was bedeutet, daß eine erforderliche Differenzierung erfolgt. Dort, wo Menschen auf engstem Raum über viele Stunden ihre Zeit gemeinsam verbringen, in einem ständigen Ringen einem beruflichen Leistungsdruck und Leistungsdenken ausgesetzt sind, wird heute mehr denn je das AT in den Tagesablauf einbezogen.

Je stärker der Mensch nach einer Seite hin orientiert ist, verliert die andere Seite an Gewicht, was bedeutet, daß die Mitte einer Ausgewogenheit fehlt und sich somit die notwendige Harmonie zur Disharmonie umwandelt. Eklatante Auswirkungen dieses Geschehens zeichnen sich im Berufsleben über den Leistungsstreß immer stärker ab, was bei Groß- und Mittelbetrieben die Überlegung auslöste, einen Weg zu beschreiten, der es ermöglicht, dem vorgenannten Erscheinungsbild wirkungsvoll begegnen zu können. „Die Herrschaft über den Augenblick bedeutet die Herrschaft über das Leben." Diese Worte von Ebner-Eschenbach zeigen, wie wichtig es ist, sich selbst beherrschen zu können, die

Herrschaft über sich selbst zu haben, über sich selbst zu erlangen und zwar in jeder Situation des Geschehens.

Sicherheit und Selbstvertrauen bilden die Voraussetzung, zu einer Ausgewogenheit zu finden, um im Ringen des täglichen Bestehens die Herrschaft über den Augenblick zu bekommen.

Sie alle kennen die Bezeichnung „Managerkrankheit", eine Bezeichnung, die man eigentlich besser durch den Ausdruck „Managersyndrom" ersetzen sollte. Im weiteren Sinne werden darunter psychische und körperliche Syndrome verstanden, die als Folge von Störungen der zwischenmenschlichen Beziehungen im Beruf auftreten, soweit diese durch eine aggressive Charakterstruktur oder durch ein Konkurrenzbedürfnis gegenüber Mitarbeitern verursacht werden.

Ist z. B. das Managersyndrom durch die Aggressivität geprägt, so ist beim Abhängigensyndrom meist die Angst bestimmend, etwa Angst, entlassen zu werden, nicht beachtet oder zu gering eingeschätzt zu werden.

Ist beim Manager die Aggressivität gegen Mitarbeiter die Selbstdurchsetzung um jeden Preis – der Freund von heute kann der Feind von morgen sein – und der Ehrgeiz – wörtlich die Gier nach Wertschätzung – eine wesentliche Quelle der Störungen, so spielt beim beruflich Abhängigen die Unsicherheit, das mangelnde Selbstbewußtsein eine wichtige Rolle.

Bei diesen Gruppen werden auf der Basis einer autogenen Entspannung Vorsatzformeln wichtig sein, welche die eigene Selbstsicherheit erhöhen und die Belastungen durch die Umgebung abbauen. Hier führt das AT sicher zum Ziel. Hier wird es zum Anlaß, das Berufsleben – und nicht nur dieses – einfach neu zu gestalten.

Werks- und Betriebsärzte, Personal und Sozialeinrichtungen, Betriebe bestimmter Größenordnungen haben dies erkannt und sind bestrebt, Abhilfen zu schaffen, die heute ihren Niederschlag darin finden, daß innerhalb des Betriebs in gleichgelagertem Arbeitskreis die Kurse durchgeführt werden, um den Mitarbeitern, welche auf engstem Raum viele Stunden der Gemeinsamkeit des Tages bei der Arbeit verbringen, kommunikativ die Möglichkeit eines besseren Verstehens den rationalen Alltagssituationen gegenüber zu vermitteln.

Der Einzelne tritt dabei aus der Anonymität heraus und wird ein Teil des Geschehens des großen Gemeinschaftsdenkens. Gerade in diesem Punkt muß der Dozent ein Augenmerk auf die zwischen den Übungen liegenden Pausen der Gruppengespräche richten.

Es gehört schon etwas Mut seitens des einzelnen Teilnehmers dazu, sich vor der Gruppe beim Frage- und Antwortgeschehen der ersten Stunde zu öffnen. Von ihm zu erfahren, was ihn bewogen hat, einen solchen Kurs hier und jetzt im Kreise seiner Kollegen zu besuchen. Die Pallette reicht von der Neugierde bis zu den erstaunlichsten Allgemein- und Symptomangaben körperlich-seelischen Beschwerden. „Ein Erwachen des inneren Zustandes" – so könnte man diese Aussagen oft bezeichnen – ein Sichöffnen, sich selbst und dem Anderen gegenüber.

Voraussetzung, daß diese so wichtige erste Stunde eines Betriebskurses den richtigen Verlauf nimmt, ist, daß der Referent in seiner Vorstellung von der eigenen Person „die Tür aufmacht und Vertrauen sät", was die mitmenschliche

Beziehung betrifft. Es gibt viele Möglichkeiten, hier den richtigen Einstieg zu finden.

Lassen Sie mich an dieser Stelle anfügen, daß es ein wesentlicher Unterschied ist, gestaltend eine AT-Gruppe in extern anonymem Kreis über Volkshochschulen oder ähnliche Einrichtungen oder aber über eine intern vorhandene Betriebsgruppe zu führen, so wie auch stationäre Gruppenteilnehmer oder ambulante Einzelteilnehmer unterschiedliche Arbeitsweisen erfordern.

Die Grundform wird und sollte immer die klassische Schultz-Methode der Selbsthypnose sein und der Eigenständigkeit des Übenden überlassen bleiben, die passive Konzentrationsübung. Wie bei allen unter Anleitung gegebenen Weisungen während der gemeinsamen Arbeit mit dem Therapeuten ist es auch hier unerläßlich, daß in einer täglichen Regelmäßigkeit selbständig die Übungen zu Hause durchgeführt werden.

Unternehmen, welche aufgrund ihrer Größenordnung einen Werks- oder Betriebsarzt im Hause haben, integrieren in immer stärkerem Maße das AT in das betriebliche Ausbildungsprogramm, um an Ort und Stelle nach dem Ganzheitsprinzip der seelisch-körperlichen Seite ihre Therapie aufzubauen.

Dr. Dogs schreibt in seinem Buch *Dynamische Psychotherapie*:

Der Ausgangspunkt der dynamischen Psychotherapie ist, den Menschen dorthin zu führen, daß er sich selbst in seiner eigenen Art annimmt und zu dem Kern seines eigenen Wesens vordringt, sich selbst spürend und fühlend erlebt und von hier aus sein Leben neu aufbauend gestaltet.

Und genau diese Erfahrung erlebt der Teilnehmer des Kurses. Das AT gibt ihm die Kraft, sein seitheriges Denken zu ändern, die Schranke niederzureißen im Bewußtsein – der Weg ist frei, denn die Schranke war seine eigene bisherige Verhaltensweise, welche den Weg versperrte.

Das AT trägt also zur Persönlichkeitsentwicklung und Bewußtseinserweiterung bei. Die Persönlichkeit als solche wird, wie wir wissen, verschieden definiert; sie ist, wenn wir so wollen, die Gesamtheit aller Eigenschaften, die dem Individuum seine unverwechselbare Eigenart verleihen. Als Beweis gilt, daß der Einzelne sich selbst immer wieder erkennt und auch durch andere als derselbe wiedererkannt wird, wenn auch eine gewisse Brüchigkeit vorhanden ist; denn vielen Menschen ist es unmöglich, sich in frühere Entwicklungsstadien hineinzudenken bzw. sie nachzuempfinden. Es geht auch hier nicht um die Erbmasse, die das gesamte Leben vorprogrammiert, sondern um die dynamische Auffassung des individuellen Lebensablaufs, genauer gesagt um die Möglichkeit, Erbanlagen und frühkindliche soziale Einflüsse aufgrund von Lernprozessen abzuändern oder in einer bestimmten Richtung weiterzuentwickeln.

Das Bestimmende im Leben sind dabei nicht die großen Entschlüsse, sondern der Weg der kleinen Schritte, die kleine Arbeit tagaus, tagein. Auch negative Persönlichkeitsveränderungen gehen langsam vor sich; man denke an die Auswirkungen von Drogen, Alkohol, überhaupt von Suchtmitteln.

Der grundlegende Vorgang des AT ist die Abänderung vegetativer Funktionen, die weiter zu einer Kontrolle des emotionalen Lebens und damit zur Selbstkontrolle im psychischen und sozialen Bereich führt. Diese wiederum ermöglicht eine freiere Selbstbestimmung, Selbstverfügung und damit zusammenhängend ein spontanes, sachbezogenes und partnergerechtes Verhalten. Das bedeutet ein Höchstmaß an menschlicher Autonomie, die durch eine Beseitigung störender Faktoren gefördert wird, was wiederum über das AT erreichbar ist.

In unserer heutigen Leistungsgesellschaft treten immer stärker die Suchtmittel in den Vordergrund, um durch sie eine seelische Unausgewogenheit vermeintlich wieder in Ordnung zu bringen. Beruf und Familie treten in ein Spannungsfeld von einem Ausmaß, das nur sehr schwer in ein Gleichgewicht umgewandelt werden kann. Manch einen plagen so große Sorgen, daß er nicht mehr fähig ist, logisch zu denken; ein anderer ist so schwer vom Leben enttäuscht, daß er auf alles und jedes nur noch mit Bitterkeit reagiert. Die meisten von uns sind abgespannt, leiden an Schmerzen oder Unbehagen und regen sich wegen vieler Dinge auf, sind bis oben hin mit Besorgnissen, Befürchtungen und Ärger angefüllt. Sie haben sich in der Vergangenheit so recht und schlecht durchgequält, immer ängstlich bemüht, neuen Verwicklungen aus dem Wege zu gehen, über die sie vielleicht gerade deshalb auf Schritt und Tritt gestolpert sind. Nie konnten sie sich von Herzen über etwas freuen, verbrachten ihre Tage verbohrt in ständigen Kümmernissen, ärgerten sich viel öfter, als daß sie sich über etwas freuten, hatten immer mehr Lebensangst als Zuversicht und waren immer weit häufiger von Furcht erfüllt als von Ruhe. Sie haben das Allerwesentlichste nicht gelernt, nämlich wie man es fertig bringt, wirklich zu leben – mit sich zu leben.

Die Flucht in eine Welt der Drogen, der Resignation, der Ersatzbefriedigungen verschiedenster Art ist das Ergebnis einer Nichtbewältigung herrschender Gegensätze. Übertragen wird das Ganze dann in negativem Sinn auf Leistung und Sicherheit im Beruf und verdeckt oder offen dort zum Ausbruch gebracht. Das ist die eine Seite.

Nun findet aber das AT als Bestandteil im betrieblichen Ablauf auch dort erfolgreich Anwendung, wo es um Aus-, Fort- und Weiterbildung geht. Unabhängig von einer bestehenden hierarchischen Betriebsstruktur finden sich die Mitarbeiter aller Ebenen gemeinsam bei den Übungen ein, was sich sehr bewährt hat. Das Verständnis gegenüber bestehenden Arbeitsproblematiken wächst, das Miteinander wird gefördert.

Bei Großbetrieben ist man dazu übergegangen, nach Arbeitsbereichen die Einladungen und die Einteilung vorzunehmen, um im täglichen Miteinander fördernd wirken zu können. Ausbildungsleiter und Auszubildende erleben sich in einer Gruppe mit dem Ergebnis kommunikativen Verstehens. Gerade in dieser Zusammensetzung zeigt der noch in das Leben hineinwachsende junge Mensch erstaunliches Verständnis gegenüber der Generationsproblematik. Prüfungsausfälle schrumpfen auf ein Minimum zusammen. Das Zusammengehörigkeitsgefühl in der Gemeinschaft findet ihren positiven Widerhall im kooperativen Denken und Handeln. Ein freieres Aufeinanderzugehen macht sich bemerkbar.

Prüfungen in einem Fort- und Weiterbildungsprogramm werden leichter und erfolgreicher absolviert. Die Examensangst – seither ein Problem ersten Ranges – wird abgebaut. Eine Angst ist auch bei denen oft vorhanden, die zwar auf eine Prüfung gut vorbereitet sind, denen man trotzdem sagt, sie brauchten keine Angst vor der Prüfung zu haben. Der Prüfling entwickelt einfach aufgrund seiner Angst (Enge) bestimmte Vorstellungen, die sich auf sein Handeln und sein Erscheinungsbild entsprechend auswirken; dies um so mehr, je intensiver seine Angstgefühle, d. h. die Gefühle der Beklemmung und die Sorge über die Folgen seines Versagens zum Durchbruch kommen. Angst ist also der Glaube an das Unheil.

Wie viele Prüfungsteilnehmer schreiben ihre allgemeinen Arbeiten mit den besten Noten und versagen kläglich, wenn es in die Prüfung geht. Die Prüfer stehen nicht selten vor einem Rätsel. Ich selbst habe dies immer wieder als Beisitzer von Prüfungskommissionen erlebt. Im Vorfeld der Prüfung waren die besten Voraussetzungen für ein klares Bestehen der Prüfung gegeben und dann kam das große Versagen. Je komplexer die Leistung ist, die der Kandidat in der Extremsituation der Prüfung zu erbringen hat, um so negativer wirkt sich seine Angst, seine Enge, aus.

Dem aufgrund dieser Angst prüfungsschwachen Kandidaten im Rahmen unserer heutigen Kenntnisse mit Erfahrung und Möglichkeiten zu helfen, ist ein Problem, mit dem wir uns ernsthaft beschäftigen müssen. Über das AT mit einem Spezialprogramm in der Fort- und Weiterbildung ist der erste Schritt auf dem Wege der Lösung gegeben.

Das AT findet Einlaß in seelische Bereiche, findet den Weg zur Basis der Entstehung symptomatischer Äußerungen und körperlicher Schwächen. Latent ruhende Kräfte werden mobilisiert und die Hilfe zur Selbsthilfe ist gegeben. Betriebsärzte können ein Lied davon singen, wie eng geknüpft das Versagen im Zusammenhang mit der Unausgewogenheit „Beruf und Familie" steht. Bestehende Schwierigkeiten können nicht einfach mit den Worten abgetan werden: „Das sind eben die Nerven, oder das vegetative Nervensystem ist nicht in Ordnung."

Der Verantwortung im Zusammenspiel Familie – Beruf kann sich auch heute das Management nicht mehr entziehen, wenn ein erfolgreiches Gelingen im Leistungsdenken erbracht werden soll.

Wie schnell entsteht durch eine Unausgewogenheit ein Unlustgefühl, das zur seelisch bedingten Krankheit führt. Die meisten der seelisch bedingten Erkrankungen aber sind indessen nicht die Folge von großen, aufwühlenden Erlebnissen, ja nicht einmal von anhaltenden Schicksalsschlägen. Im Gegenteil, die meisten Fälle sind die Folge von ständigen kleinen Nadelstichen, von scheinbar unwichtigen, aber nichtsdestoweniger unerfreulichen Empfindungen; sie sind die tägliche Wirkung von Ängsten, Befürchtungen, Entmutigungen und unerfüllten Wünschen. Hier anzusetzen im Gesprächskreis zwischen den Übungen kann sehr hilfreich zum Verstehen zwischenmenschlicher Beziehungen sein.

Umstrukturierungen eingefahrener Arbeitsabläufe und ständige technische Anpassung an den Fortschritt erfordern ein Höchstmaß an Konzentration, die oft bis zur Grenze psychisch-physischer Belastbarkeit reicht. Bei Nichterfüllung der geforderten Leistung tritt dann die Versagensangst ein, und die erwähnte Entmutigung ist das Ergebnis. Unter solchen Vorzeichen finden sich dann oft die Teilnehmer betriebsinterner AT-Gruppen ein, um für ihre symptomatischen Beschwerden Hilfe zu erhalten. Magenschmerzen, Migräne, Schlaflosigkeit, Depressionen, Streßabbau sind die meistgenannten Symptome, welche zu einem Kursbesuch animieren, und natürlich die Neugierde, hinter der sich eigentlich oft tiefliegende, im Augenblick nicht nennenwollende Schwierigkeiten verbergen.

Spätestens am Ende der ersten Übungsstunde ist den Teilnehmern klar geworden, daß sie nicht allein mit *ihren* Schwierigkeiten dastehen, daß sie aber eine Änderung nur durch ein Umdenken in der Einstellung zur Sache, in der Einstellung sich selbst gegenüber erreichen können.

Das Verständnis wächst hin zur Bereitschaft, lernen zu wollen, sich anzunehmen, angenommen zu werden, um so auch annehmen zu können. Allein im Annehmen der Ruhe zeigt sich, inwieweit der Teilnehmer bereit ist, etwas geschehen zu lassen. Schultz hat immer wieder darauf aufmerksam gemacht, daß die verschiedenen technischen Maßnahmen vom Zentralpunkt des Ruheerlebnisses aus ineinandergreifen, so daß es z. B. schwer oder gar nicht zu entscheiden ist, ob es dem allgemeinen Ruheerlebnis oder mehr der speziellen Seite des Verfahrens der Wahrnehmungen und Vorstellungen zuzuschreiben ist. Wie bei jeder Handlung, so schaffen wir auch im AT bemerkt oder unbemerkt, eine Fülle von Bedingungen, deren Ineinandergreifen und Zusammenwirken zu einer Leistungserhöhung führt.

Hier dürfte auch die Bereitschaft zu finden sein, innerhalb des Managements dem AT einen beachtlichen Stellenwert einzuräumen. Ob das AT managementintern über Kliniken, Sanatorien oder andere Institutionen durchgeführt wird, die Grundregeln sind überall dieselben. Nur im systematischen Üben, ohne den Beigeschmack von sturem Üben zu haben, liegt der Erfolg. Es sollte seinen festen Platz im Tagesablauf haben – ähnlich wie bei den Mahlzeiten – um so zur Gewohnheit zu werden. Teilnehmer von Betriebsgruppen üben fast regelmäßig während der Mittagspause oder in Kurzübungen jeweils nach Bedarf. Die Dauer der Einzelübung im Betrieb am Arbeitsplatz sollte wegen der anfänglichen Aufmerksamkeitsschwierigkeiten wenige Minuten nicht überschreiten (Ruhe und Schwere). Wichtig ist einfach auch hier ein regelmäßiges und konsequentes Üben.

Bei der Gruppenübung am Abend erlebe ich es immer wieder, daß ein Großteil der Beteiligten nach kurzer Zeit, spätestens bei der Atemformel tief und fest schläft und zu einer Wachkonzentration nur sehr schwer fähig ist. Der zeitliche Zwischenraum vom Arbeitsplatz zum Übungsraum beträgt oft nicht einmal 10 min, was nach der Anstrengung des Tages bereits bei der Ruheformel ein Schlafbedürfnis auslöst. Wenn nun vor der Formelgebung eine progressive Relaxation durch Anspannung der Arme und Beine, einfach des ganzen Körpers vorgenommen wird, ergibt sich ein besonderes Einstimmen auf die Übungen mit erhöhter Aufmerksamkeit. Wie wir wissen, soll das AT in selbständigem konzentrativem Üben ohne Fremdmittel durchgeführt werden. In den Betrieben spielt sich aber folgendes ab: Ein Großteil von Teilnehmern bringt von sich aus oft die minderwertigsten angebotenen Kassetten mit und bittet um Beurteilung derselben; oder aber sie sprechen die Formel selbst in einem fürchterlichen Durcheinander auf Band mit der Begründung, nach der

Leistungsüberforderung des Tages nicht mehr in der Lage zu sein, ohne jede Hilfe die Übungen erfolgreich anzuwenden. Das Ergebnis: Die Lust am Üben geht verloren und das anfänglich so erfolgversprechende AT wird mangels Erfolg wieder einge-stellt. Anders ist die Resonanz bei den Teilnehmern, welche sich in der ersten Zeit einer Hilfe bedienen, d. h. von Übungsabend zu Übungsabend – in der Regel sind es 7 Stunden – eine Kassette heranziehen und abwechselnd ihre Übungen autogen oder mit Kassette durchführen. Das Erfolgserlebnis stellt sich ein und nach 5–7 Wochen, also noch während der Kurszeit, wird völlig auf autogenes Üben umgestellt. Diese Arbeitsweise steht zwar im Widerspruch zu den Grundregeln der Übungstechnik, doch der Erfolg für diese Übergangsregelung sollte bei der Beurteilung pro und kontra mit in Betracht gezogen werden.

In Kliniken, Sanatorien, also in Institutionen, in denen sich der Teilnehmer abgeschirmt von Streß und Leistungsforderung aufhält, täglich in Ruhe üben kann, darf eine solche unterstützende Maßnahme über Kassetten keinen Zugang finden.

Ich bin mir voll bewußt, daß diese Meinung in Fachkreisen nicht immer Zuspruch findet und doch wurden diese Zugeständnisse aus der Notwendigkeit heraus eingeräumt. Firmenärzte und Firmenleitungen des Managements stimmten dieser Regelung nach vielen Testkursen zu. Es soll aber keine Verallgemeinerung heraufbeschworen werden.

Wie das Trainieren im Liegen oder Sitzen nach beiden Richtungen erfolgen kann, so sollte dem Übenden der Freiraum belassen sein, sich der Methode zu bedienen, welche für ihn selbst von Nutzen ist.

Mit diesen Ausführungen sollte in kurz umrissener Darlegung aufgezeigt werden, wie interessant und notwendig es ist, das AT in den betrieblichen Ablauf einzubauen. Dort, wo es bereits praktiziert wird, zeigen sich die positiven Wirkungen durch Leistungsausgewogenheit sowie im besseren Verstehen bestehender hierarchischer Strukturgegebenheiten.

Eine weitere immer mehr beachtete und angewandte Möglichkeit der Entspannung bieten die isometrischen Übungen von der Anspannung zur Entspannung. Stereotype Arbeitshaltungen bewirken Verkrampfungen und Müdigkeit. Sitzende Tätigkeiten in Werkshallen und Büros, an Computern und Maschinen fördern diese Erscheinungsformen, die letztlich zu einer weittragenden Schädigung des gesamten Stützapparates führen können.

Banken, Postscheckämter, Versicherungsgesellschaften, also Einrichtungen mit überwiegend sitzenden Tätigkeiten bedienen sich der Möglichkeit, Kurzzeitentspannungspausen für ihre Mitarbeiter einzuplanen. Im Laufe der Zeit entwickeln verschiedene Schulen für Körperbewegung ständig neue Trainingsmethoden, um dem Körper einen Spannungs- und Entspannungsausgleich zu bieten. Mitte der 60er Jahre kam ein neuer „Hit" aus Amerika zu uns, der sich Isometrik nannte. Die meisten Anregungen dieser Methode kommen aus der Krankengymnastik. Die griechischen Worte „isos" (gleich) zusammen mit „metric" (messend) sollen andeuten, daß ein angespannter Muskel bei Gegendruck seine Lage nicht verändert. Dieser Stau mobilisiert schlaffe Muskelfasern zur Mitarbeit, fördert die Durchblutung und steigert die Kraftentwicklung. Wenn auch „Isometric" allein

ein Gesamtkörpertraining nicht ersetzen kann, so handelt es sich doch um ein spezielles Training von einzelnen Muskeln. In wenigen Sekunden kann mit der isometrischen Übung an Ort und Stelle am Arbeitsplatz gegen Verkrampfungen und Müdigkeit angegangen werden, was zu Frische, Leistungs- und Konzentrationssteigerung führt.

Joachim Haas, Dr. med., Arzt,
Psychotherapie in eigener Praxis

Die Fokussierung des therapeutischen Prozesses durch Wiederbelebung von Gefühlen – eine Technik der Oberstufe des autogenen Trainings

Zusammenfassung

Unter den verschiedenen Möglichkeiten, das AT in die Psychotherapie zu integrieren, gibt es eine, die auf dem psychoanalytischen Modell aufbaut. Die sog. „Oberstufe" nach Schultz wird kurz beschrieben, und es werden praktische Hinweise gegeben, wie man das Hin- und Herschwingen zwischen autogener Selbstwahrnehmung und dieser Form der Meditation bewerkstelligen kann. Dies macht es möglich, Ereignisse der Vergangenheit nachzuerleben, die zwar lange vergessen, aber therapeutisch durchaus relevant sind. In diesem Zusammenhang stellt das AT einen wesentlichen Teil des analytischen Prozesses dar, der aber der therapeutischen Unterstützung bedarf.

Summary

Among the different means of integrating autogenic training into psychotherapy, one is based on the psychoanalytic model. The so-called *Oberstufe* according to Schultz is briefly described, and practical advice is given on how to effect gravitation between autogenic self-perception and this form of meditation. This makes it possible to reexperience past events which have long been forgotten but are nonetheless therapeutically relevant. In this context, autogenic training constitutes an important part of an analytical process which requires therapeutic assistance.

Das AT ist eine Methode zur Senkung und Einengung des Bewußtseins bei Bewußtseinsklarheit, ein in sich abgeschlossenes Verfahren, das für sich allein schon zu einer konzentrativen Selbstentspannung führt, wobei der Ausdruck „Unterstufe" historisch bedingt und eher irreführend ist (Abb. 1).

B.J.M. Diehl, Th. Miller (Hrsg.)
Moderne Suggestionsverfahren
© Springer-Verlag Berlin Heidelberg 1990

Bewußtsein

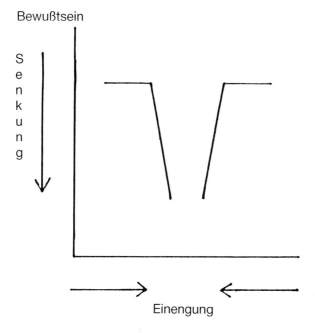

Einengung

Abb. 1. Die Wirkung des AT im Hinblick auf die Senkung und Einengung des Bewußtseins

Bewußtes

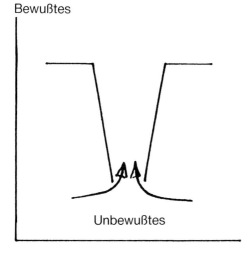

Unbewußtes

Abb. 2. Der autogene Versenkungszustand des AT und seine mögliche Wirkung auf die im Unbewußten abgespeicherten Wahrnehmungsinhalte

Genauso ist „Oberstufe" ein historischer Begriff; im eigentlichen handelt es sich dabei um eine spezielle Anwendungsform des AT – der Versenkungszustand wird genutzt, um Material an die Oberfläche des Bewußtseins kommen zu lassen und es damit der Verarbeitung zugänglich zu machen (Rosa 1975; Abb. 2).

In klarer Weise stellt sich dieses Verfahren in der Carte-blanche-Methode von Luthe (1965) dar:

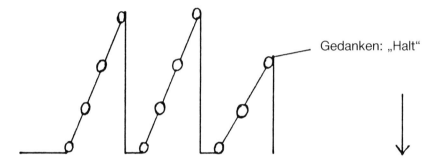

Gedanken: „Halt"

Versenkungszustand   „Mach weiter" …

Abb. 3. Der Einfluß des Tagesfilms im Sinne ablenkender Gedanken während einer Oberstufenübung

Sie stellen sich im AT eine Fläche vor und geben nur die Formel ein: „Gedanken und Bilder steigen auf" und lassen absichtslos zuschauend sich entwickeln, was sich entwickeln mag.

Nun ist es bekanntermaßen so, daß gewisse Impulse, Erinnerungen und Gefühle nicht erlebt werden dürfen, weil sie aufgrund frühkindlicher Erfahrungen als verboten und bedrohlich wahrgenommen worden waren. Im topographischen Modell von Freud (1916–1917) sorgt für deren Unterdrückung der Zensor, ein Filter, der nur durchläßt, was bewußtseinsfähig ist, weil es nicht zu große Angst macht. Dieser Filter wird im Versenkungszustand des AT durchlässiger, was in der Oberstufe des AT ausgenutzt wird.

Ich möchte Sie nun zu einem Experiment einladen: Sie gehen ins AT und es kommen die üblichen Ablenkungen (Abb. 3).

Wenn Gefühle und Bilder kommen, so lassen Sie diese ziehen; nur bei inneren Kommentaren unterbrechen Sie bewußt nach jedem Satz mit einem strengen: „Halt" – und einem sanfteren „In Ordnung, macht weiter", wobei Sie mit dem letzteren Teil dieses „Befehls" den Gedanken paradox intervenierend befehlen, fortzufahren. Besonders aufgrund dieser „paradoxen Intervention", die Sie bei sich selber anwenden, werden Sie merken, daß nach einer gewissen Zeit selbst die hartnäckigsten Sätze sich geradezu beleidigt zurückziehen. Zwischendurch kehren Sie immer wieder einmal z.B. zur Atemübung des AT zurück. Es werden jetzt mehr und mehr Bilder auftreten, die Sie kommen und gehen lassen, ganz absichtslos. Wenn Sie merken, daß Sie an einem Bild oder auch an einem Gefühl „kleben", so können Sie sicher sein, daß Sie gleichzeitig kommentieren; und diese Kommentare behandeln Sie dann wieder wie oben beschrieben (s. Abb. 3).

Mit der Zeit kommen dann die Bilder, Gefühle, auch Körpersensationen immer „kommentarloser", während Sie immer wieder parallel dazu ihren Atem bewußt wahrnehmen. Sie werden dabei merken, daß auch Gefühle an die Oberfläche treten, die bis dahin durch den Lärm innerer Kommentare und Stimmen übertönt worden waren – eine Angst, eine Trauer, eine Wut … – und sobald Sie diese spüren, suchen Sie das passende Wort und kehren zur Übung zurück.

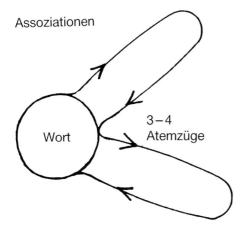

Assoziationen

Wort

3 – 4 Atemzüge

Abb. 4. Wechselwirkung zwischen der Atmung und den freien Assoziationen, zentriert um das Erleben eines Wortes (Gefühls) während einer Oberstufenübung

Sie gehen in AT und lassen Bilder und Gefühle vorbeiziehen. Nur bei Kommentaren stoppen Sie nach jedem Satz ab mit einem: „Halt – macht weiter", bis zuletzt ziemlich kommentarlose Bilder und Gefühle aufsteigen. Bei einem Gefühl, das für Sie wesentlich zu sein scheint, finden Sie ein Wort, das das Gefühl beschreibt. Zwischen diesem Wort und dem Gefühl pendeln Sie jetzt hin und her, bis Sie das subjektive Erleben haben, daß die beiden zusammenpassen.

Dies entspricht dem Pendeln zwischen implizitem „felt sense" und explizitem Symbol bei Gendlin. Doch wird dann im Unterschied zu Gendlin (1987) das Symbol (Wort) bewußt festgehalten, so daß sich daran Assoziationen festmachen können.

Dazu stellen Sie sich „Ihr" Wort geschrieben vor und warten Sie dann, was kommt, was passiert; nach 3-4 Atemzügen kehren Sie wieder zu dem Wort zurück. Dabei prüfen Sie innerlich, ob das Wort zum Wesentlichen Ihres Gefühls auch wirklich paßt (Abb. 4).

Diesen Prozeß, der die Modifikation einer buddhistischen Meditationstechnik darstellt (Lawrence le Shan 1974), behalten Sie 10–15 min bei, und Sie provozieren damit immer aufs Neue Kommentare, Bilder und Gefühle. Kommentare unterbrechen Sie wie anfangs beschrieben, Bilder und Gefühle lassen Sie aufsteigen, und es kann sehr gut sein, daß ein neues Gefühl in den Vordergrund tritt und damit ein neues Wort; und so löst ein verbalisiertes Gefühl das andere ab, es kommen immer wieder neue Assoziationen hinzu.

Bei dem gesamten Prozeß ist es wichtig, sich immer wieder des Atmens bewußt zu werden und damit den Zustand des AT aufrechtzuerhalten. Es mag auch reichen, nur das „Kühl–Warm" des Ein- und Ausatmens zu fühlen oder das „Heben und Senken" des Körpers. Weiterhin gilt es, nach spätestens 4 Atemzügen wieder zum Wort des Zentrums zurückzukehren, um das sich die Phantasien und Erinnerungen mehr und mehr kristallisieren. Dieses Wort ist der Fokus, der Brennpunkt, um den sich der therapeutische Prozeß katalysiert. Dabei findet ein Hin- und Herpendeln und ein Weiterschreiten zwischen dem

Wort und den Assoziationen statt, das Gefühl wird dadurch entschärft und so die daranhängenden pathogenen Vorstellungskomplexe neutralisiert.

Auch wenn durch das Wort, das das herrschende Gefühl ausdrückt, keine Vorstellungsinhalte angeregt werden, sondern der Patient nur etwas spürt, so ist das dennoch therapeutisch wirksam. Hier zeigt sich besonders klar das Prinzip, daß es weder auf das Wort an sich noch auf die durch das Wort provozierten Gefühle, Erinnerungen oder Assoziationen ankommt, sondern auf das Pendeln zwischen diesen Faktoren im Zustand der Entspannung (Gendlin 1978).

Indem der Übende von dem Wort (Gefühl) immer wieder zurücktritt, erfolgt eine Distanzierung von den Erinnerungen, Phantasien und Gefühlen, die dem entsprechen, was durch das Wort ausgedrückt wird. Nicht nur, daß wiedererlebt wird, ist therapeutisch wirksam, sondern besonders, wie es vom Patienten wiedererlebt wird, nämlich in einem ständigen Loslassen, indem der Patient ständig vom Material zurücktritt und es von der Zuschauerposition aus betrachtet und damit „desensibilisiert", emotional entschärft.

Abschließend darf ich darauf hinweisen, daß das Wiederbeleben von Gefühlen und dazugehörigen Erinnerungen im AT eine sehr potente Methode des Erinnerns und Wiederholens ist, der jedoch das Durcharbeiten zu folgen hat. Aus diesem Grund sollte diese Vorgehensweise auch nur im Rahmen einer Therapie kontrolliert angewandt werden.

Literatur

Freud S (1916–1917) Vorlesungen zur Einführung in die Psychoanalyse. (Gesammelte Werke, Bd 11, Fischer, Frankfurt am Main, 1966, S 305)
Gendlin ET (1978) Focusing. Bantam, New York (dt. 1981: Focussingtechnik der Selbsthilfe bei der Lösung persönlicher Probleme. Müller, Salzburg)
Lawrence SLE (1974) How to meditate. Little, Brown, Boston, Toronto (dt. 1977: Meditation als Lebenshilfe. Müller, Rüschlikon)
Luthe W (1965) Autogene Entladung während der Unterstufenübungen. In: Luthe W (Hrsg) Autogenes Training – Correlationes psychosomaticae. Thieme, Stuttgart
Rosa K (1975) Das ist die Oberstufe des autogenen Trainings. Kindler, München

Dottore Luciano Palladino

Mitglied der Italian School of Autogenic Training
and Short-term Psychotherapie und
Mitglied des Italian Committee
for the Study of Autogenic Training,
Psychotherapie in eigener Praxis

Fenomenologia del "temps vécu" durante il training autogeno di base o somatico

Zusammenfassung

Diese Arbeit beruht auf therapeutischen Erfahrungen der letzten 3 Jahre bei autogenem „Basistraining" bzw. „somatischem AT" mit Einzelpersonen oder Gruppen. Es wird versucht, anhand der Protokolle der verschiedenen Übungsstunden einige „figures temporelles" (gemäß Malinowskis Phänomenologie der „erlebten Zeit" – „temps vécu") herauszustellen, d. h. verschiedene Aspekte der Vergangenheit (Gewissenslast, Bedauern oder „rein sachliches" Erinnern), der Gegenwart (das Phänomen des „Jetzt") und der Zukunft (auf einen Punkt zusammengezogenes oder „expandierendes" Werden) darzustellen und den Unterschied zwischen „temps vécu" und meßbarer Zeit zu diskutieren.

Summary

This paper is based on therapeutic work carried out over the last 3 years involving basic or somatic autogenic training at both an individual and a group level. Referring to records gathered from those in autogenic training groups or attending individual autogenic training sessions, we have tried to identify some *figures temporelles*, as derived from Minkowski's phenomenology of *temps vécu*. In this way, various aspects of the past (remorse, regret, and simple recollection), present (the phenomenon of "now"), and future (contracted becoming and expanded becoming) are illustrated, and the difference between *temps vécu* and measurable time is discussed.

The psychiatrist and philosopher Minkowski, who is an adopted Parisian although of Polish origin, is deemed to be one of the founders of phenomenological psychopathology. Inspired by Bergson and Husserl, Minkowski has

B.J.M. Diehl, Th. Miller (Hrsg.)
Moderne Suggestionsverfahren
© Springer-Verlag Berlin Heidelberg 1990

developed his thought within the context of *Daseinsanalyse*: as a matter of fact, he extends the psychopathological sphere into the normal one, establishing first a pathological psychology and then a normal psychology. He especially reflects deeply upon man's unity and nuances, devoting himself to semantic phenomenology. Among his most important works is *Le Temps Vécu*, from which we derived the sources of our dissertation.

Within the setting of our clinical practice, over the last 3 years we have gathered many meaningful records, abstracts from autogenic training groups and individual autogenic training sessions, in which one can recognize some *figures temporelles* as postulated by Minkowski. By *figures temporelles* we mean those subjective descriptions recorded during autogenic training exercises that express a time range that can include the past, present, and future in their various aspects. Beside a measurable and verifiable time, there is indeed another time, the *"temps vécu,"* that can be captured only thanks to a penetrative effort, by means of an intuitive approach that goes beyond the causal, perceiving the essence of *Dasein*.

In relaxing, in letting it happen, in the most absolute abandonment of autogeny, our being appears at the level of consciousness or, as Minkowski puts it, in the "thickness of consciousness" in various ways that can range from the synthesis of our life to simple objective sensations we have proposed to ourselves and accomplished.

If the "record" is a particular tool in autogenic therapy, Minkowski himself seems to recognize in such an object the possibility of "knowledge." He points out that "each intimate, autobiographical diary contains an unconscious mixture of 'phenomenological deeds' and 'empirical remarks,' a relation that is present also between metalanguage and language." In agreement with Bazzi's assertion according to which "the record reflects above all the man," we have identified some "vital phenomena" that come from the depth, from the very heart of the person. The attitude of "meditation" that is assumed in the autogenic posture places the man before his own inner world, excluding any stimulus from outside, in order to let himself enjoy a vital experience, a multidimensional sphere, where the *temps vécu* is qualitatively different from the measurable time that, nevertheless, contains it.

The difference between "temps vécu" and measurable time is illustrated by the following statements by a 59-year-old tradeswoman (married with two children) referring to a solar plexus exercise: "I've succeeded in performing this exercise only once a day, and although I haven't succeeded in feeling warmth in my stomach, I've had the sensation of being, of living that moment in another dimension" and "I find the exercise very long even if, checking with my watch, it lasts no more than ten minutes." This perception of the duration catches the individual's attitude as to his experience, but in the study of vital phenomena we are interested in the general weaving of life.

"Becoming" may be an irrational phenomenon that refuses to be conceptualized but if we try to represent it, it looks in a natural way like a straight line. Accordingly we have imagined a straight line on which the phenomena ascertained by Minkowski can be shown, i.e. the past, including remorse, regret, and simple recollection; the present, including the phenomenon of "now"; and the future, in which two forms of becoming are to be distinguished, the first a contracted becoming (wait, hope, request) and the second an expanding becoming (activity, wish, ethical deed). Some examples follow.

Among the three vital aspects of the past, "remorse" is the most important as to the degree of negative temporality. It "cuts out and sets apart in this past an event, a definite occurrence; it fixes it and lets it survive."

Remorse concerns the survival of evil in a "conscious recollection," which usually is of use to "save one's face."

Record 1: "I wore an evening dress and, escorted, I entered the gallery where my paintings were being exhibited. To my great satisfaction they were selling well, and I was delighted by the comments I heard. How much support this gave me in the ugliest period of my life: the separation from my husband."

In this "precise crystallization" we can hear the plain contents of the past, of that past which was a turning point in the patient's life. Separation and later divorce had caused her a sorrow that was still present in its entire weight, but the patient was attempting to conceal this spontaneous emergence of the past with the presence of a good event.

The second aspect of the past is "regret" , which concerns less serious events.

Record 2: "In order to be successful, I concentrate on a steep track I used to go up when I was a girl, until I was 12; it was the shortcut I used to take on my way home and I remember it with longing."

This lady, a widow for 12 years who lives with her old mother and her 15-years-old daughter, "longs" for that period when she, without burdensome responsibilities, could have fun. She went on: "And then I think of carnival: we used to make big bonfires around which we sang and laughed. This was our way of having fun."

Sometimes in this phenomenon a conditional phrase such as "It would have been better that" is used, stressing the opportunity for a change that did not take place. The last years of youth can be reflected upon both as a time past and a time which held possibilities for the future, but a future now known.

When the evocation of the past is not as deep as with remorse and regret, we see the plain emergence of the "trivial or simple recollection." This is a plain reproduction of an event from the past that breaks loose from the mass of the forgotten and, deprived of its deep contents, becomes evidence of our memory.

Record 3: "I have imagined the sky-blue and the green connected with a trip in the mountains taken some years ago, one of the usual summer trips." In contrast to the two previous phenomena, the negative aspect of temporality is not evident in the recollection.

The time sphere of the vital phenomena catches in the "present" that continuous link that doesn't allow breaks in daily life. The present doesn't set apart or isolate, but integrates, spreads out, and radiates, opening the horizon of the future before us. The present has one dimension more than the past. When one goes from the past to the present, a radical change in attitude takes place.

Record 4: "I heard the birds singing and my breath was in time with them. I let myself be carried away by this melody, at the same time feeling the pulse in my head."

In the present we can allow ourselves to live. We don't need to live out a dramatic or painful situation in the present; on the contrary, we can feel calm and serenity.

Finally I would like to mention two vital phenomena from which man derives reason to live and to enjoy his own life. The first is "activity" where the direction of the future spreads before us. By means of it the living being parts from something and achieves something qualitatively different.

Record 5: "Today I did it in the open air in the mountains, among the trees and the breeze. I had a sensation as if my body were a ball; I didn't feel it any longer."

One can say that in certain moments of our life we let ourselves simply live: then the simple activity is self-sufficient.

The future reaches its highest peak, however, by means of the ethical deed. The ethical deed, according to Minkowski, enables us to grasp, in an instant, life's whole greatness, value, and richness. Only through this phenomenon do we reach the essence of our being and become conscious of ourselves.

Record 6: "On that evening I was very angry because of things that were not serious, but I succeeded in relaxing and in meditating. Afterwards I stood up and became quiet again as if nothing had happened. It was good for me and for the others around me, because I succeeded in overcoming a bad moment. Only after the relaxation exercise did I understand that the things that had irritated me weren't so important."

As this record shows, the ethical deed is linked with a positive feeling which concerns our whole being and raises us above any materiality. It is a true form of meditation, which leads to knowledge of superior powers that only occasionally show themselves.

The "comprehensive" orientation of the phenomenological school thus offers us a further approach that can rank alongside psychoanalytic reading and the various other interpretations presently used in autogenic methodology. In this sense the paper presented here is to be set within the sphere of those who, working in the field, pursue a philosophy in science more than a philosophy of science. On this subject I would like to finish by quoting Jaspers: "Metaphysics tells essential from inessential, from it rises the impulse and the finality; metaphysics is the basis of science without being, in its turn, science."

References

Bazzi T, Giorda R (1979) Il training autogeno teoria e pratica. Città Nuova, Roma
De Negri M (1986) Fondamenti fenomenologici alla psichiatria maturazionale. Piccin, Padova
Durand de Bousingen R (1985) Distensione e training autogeno, Ed. Mediterranee, Roma
Francioni M (1968) Temporalità vissuta e semantica esistenziale in E. Minkowski, Ed. di Filosofia, Torino
Giorda R, Bazzi T (1980) I nuovi orizzonti del training autogeno. Città Nuova, Roma
Hoffmann BH (1980) Manuale di training autogeno. Astrolabio, Roma
Jaspers K (1977) Orientazione filosofica nel mondo. Mursia, Milano
Minkowski E (1966) Traitè de psycopathologie. PUF, Paris
Minkowski E (1969) Filosofia, semantica, psicopatologia. Mursia, Milano
Minkowski E (1971) Il tempo vissuto, fenomenologia e psicopatologia. Einaudi, Torino
Palladino L (1986) T. A. e territorio. Cisspat, Padova (Psyche nuova n. 4)
Palladino L (1986) Fenomenologia della comunicazione nel "T.A.-Group". (Il protocollo un'espressione che riflette una parte del "Tempo vissuto", Tesi di Specializzazione des Cisspat di Padova)
Peresson L (1975) Psicoterapia autogena. Faenza, Faenza
Peresson L (1985) Trattato di psicoterapia autogena, vol 1. Piovan, Abano Terme
Rosa K (1973) Cos'è il training autogeno. Sugarco, Milano
Schultz JH (1982) Il training autogeno, vol 1 e 2. Feltrinelli, Milano
Van den Berg GH (1961) Fenomenologia e psichiatria. Bompiani, Milano

Heinrich Wallnöfer
Medizinalrat Univ.-Doz., Dr. med.,
Lehrbeauftragter für klinische Psychologie
und Psychotherapie,
N.D.C. Lewis Visiting Professor,
Psychotherapie in eigener Praxis

Aufdecken durch Gestalten vor und nach dem autogenen Training

Zusammenfassung

Es wird über ein neuentwickeltes Verfahren berichtet, das aus der Oberstufe des AT mit analytischen Überlegungen und psychodiagnostischen Möglichkeiten der Farbwahl nach Lüscher entwickelt wurde. Diese mehrdimensionale Methode ermöglicht es in manchen Fällen, mit verhältnismäßig geringem Zeitaufwand unbewußte Inhalte aufzudecken und Traumen zu verarbeiten. Sie erleichtert das nachfolgende Gespräch und macht dem Patienten häufig durch freieren Ausdruck des Gestaltens nach dem Training den Symbolcharakter des vorher Gestalteten einsichtig.

Summary

A new method relating to the *Oberstufe* of autogenic training is reported which includes psychoanalytical aspects and psychodiagnostics based on the Lüscher Color Test. This multidimensional method makes it possible to evaluate contents of the unconscious as well as traumas in a relatively short time. The ensuing psychotherapy may then commence more freely, making it easier for the patient to express his feelings, emotions, and hidden complexions through forms and colors.

Daß bildnerische Vorgänge aus dem Unbewußten gesteuert sind, unterliegt keinem Zweifel mehr. Die Existenz des Unbewußten – nunmehr auch durch Beobachtungen an Hirnoperierten nachweisbar (Benedetti 1969) – sei ebenfalls als gegeben vorausgesetzt. Bekannt sind auch viele Verfahren, durch verschiedene Arten des Gestaltens unbewußte Inhalte freizumachen. Dabei lernt der

B.J.M. Diehl, Th. Miller (Hrsg.)
Moderne Suggestionsverfahren
© Springer-Verlag Berlin Heidelberg 1990

Patient, wie z. B. bei der Bemächtigungstherapie (Derbolowsky 1968), sich des Materials zu „bemächtigen", die Welt konkret zu „be*greifen*".

Nachdem mit dem Lüscher-Test, vor und nach dem AT aufgenommen, unter anderem auch emotionelle Veränderungen gezeigt werden konnten (Wallnöfer 1969), wobei der Begriff „autogene Norm" von Lüscher geprägt wurde und im Hinblick darauf, daß z. B. beim katathymen Bilderleben (nach Leuner 1969) oder bei der visuellen Abreaktion im AT (Luthe 1965, 1969; Schultz 1970) ebenfalls unbewußte Inhalte freiwerden, lag es nahe, auch das bildnerische Gestalten vor und nach dem AT zu diagnostisch-therapeutischen Zwecken zu erproben. Um außer durch die Gestaltung auch durch die Farbwahl diagnostische Hinweise zu erhalten, wurden den Patienten Farbstifte zum Zeichnen, Farben zum Malen und Plastilin zum Formen in den 8 Lüscher-Farben oder wenigstens in 8 Farben, die den Lüscher Farben sehr nahekommen, angeboten.

Bei Vorversuchen wurde die Wirkung des AT durch Zeichnen und Malen vor und nach der Einstellung geprüft, wobei wiederum deutliche Änderungen beobachtet werden konnten (Wallnöfer 1969).

Am vorläufigen Ende dieses Weges stand der Versuch, unbewußte Inhalte durch Gestalten vor und nach dem AT, wenn möglich mit größerem Erfolg bei geringerem Zeitaufwand, aufzudecken. Das Ergebnis scheint ausreichend deutlich, um es bekanntzugeben und seine Nachprüfung anzuregen.

Das Verfahren sei an 3 Fällen beschrieben:

Fall 1

Patient, 54 Jahre alt, Angestellter, leidet unter einem Schreibkrampf, der besonders dann unangenehm stark wird, wenn er im Beisein Dritter etwas unterschreiben soll. Da er in leitender Stellung ist, muß er zu verschiedenen Ritualen greifen, um überhaupt unterschreiben zu können. Meist schickt er den Mitarbeiter oder die Sekretärin hinaus, gibt vor, die Sache noch überdenken zu müssen. Manchmal quält er sich eine gekritzelte Unterschrift ab, was nur mit großer Mühe und unter Schweißausbrüchen möglich ist.

Alle Versuche, den Hintergrund des Geschehens aufzudecken, sind bisher bei verschiedenen Therapeuten gescheitert. Das Erlernen des AT bringt einige Erleichterung, aber keine wirkliche Besserung. An Träume kann sich der Patient kaum erinnern, nur ein wiederkehrender Traum ist sofort verfügbar: Er sieht sich in einen Lichthof eingeschlossen oder sieht aus dem Fenster seiner Wohnung auf eine graue Mauer. Assoziationen dazu werden kaum gebracht. Da die Behandlung stagniert, wird ein Versuch mit „Gestalten vor und nach dem autogenen Training" durchgeführt.

Zuerst entsteht vor dem AT ein einfacher „Stab", rasch gerollt aus dem roten Block – ohne Assoziationen – „höchstens ein Bleistift". Zum Bleistift selbst völlige Sperre. Nach einer Stunde AT (Unterstufe, anschließend einfach „Schwere, Wärme, Ruhe") werden wieder Plastilinklötze in den 8 Lüscher-Farben angeboten; ohne Zögern wird der gelbe gewählt. Im Gegensatz zu vorher, wo der „Stab" rasch und eher unwillig geformt wird, um „irgend etwas" zu machen, wird nun mit großer Sorgfalt eine „Löschwiege" aus dem gelben Block gebastelt, wie man sie heute kaum noch verwendet.

„Was ist das?" „Eine Löschwiege". „Was kann man damit machen?" „Na, Ablöschen natürlich, Auslöschen!" Dieser Verwendungszweck wird sehr heftig, sehr nachdrücklich gebracht. „Auslöschen? – was wollen Sie auslöschen?" „Ja, das, was man geschrieben hat!"

Es entwickelt sich ein Gespräch darüber, daß man die Löschwiege eigentlich zum Abtrocknen der Tinte, zur Entfernung des Überschusses brauchte, der Patient bleibt aber dabei, daß *seine* Löschwiege zum „Auslöschen", zum Unkenntlichmachen dient. Bei weiteren Assoziationen taucht – unter Schweißausbruch und mit Zeichen starker emotioneller Bewegung – die Erinnerung an eine auf einem Scheck gefälschte Unterschrift und die zugehörige Szene in der

Bank auf, wo man die Fälschung des zwischen 9 und 11 Jahre alten Kindes (der genaue Zeitpunkt ist bis heute noch nicht bekannt) sofort erkannt und den Vater verständigt hatte.

Der zu Beginn „wie absichtslos", „nur um irgend etwas zu machen" fabrizierte Stab, wird zum Füllhalter, mit dem der Scheck unterschrieben wurde. Die rote Farbe erhält ebenso Sinn wie das Gelb der Löschwiege: „Der Halter brennt mir noch heute in den Fingern", sagt der Patient, Gelb ist bei Lüscher „Lösung", „Erlösung" und – wenn es abgelehnt wird – auch „Überreizung".

In der Folge löst sich der Schreibkrampf, der Patient schreibt nach eigener Angabe und nach Schriftproben „gleichbleibend gut" und bittet nun, sexuelle Probleme – die vorher nie zur Sprache kamen – therapeutisch anzugehen.

Fall 2

Patient, 40 Jahre alt, mit psychosomatischen Beschwerden im Herz-Kreislauf-Bereich. Managertyp, Existenzangst, sehr verschlossen, zurückhaltend, häufig aggressiv. Zweite Ehe, Frau berufstätig, „tüchtig", eher „harter" Typ. Auch hier nach Anfangserfolgen Stagnation, ja zum Teil Verschlechterung, die sich auch im Nachlassen der sportlichen Leistung zeigt. Mit dem AT können die anginösen Beschwerden (ohne somatischen Befund) und eine chronische Obstipation beherrscht werden; auch Schlafstörungen werden leidlich überbrückt; was bleibt, ist eine deutliche Existenzangst und die immer wieder auftauchenden – immerhin beherrschbaren – Herzbeschwerden. Die Beziehung zur Frau und die sexuelle Harmonie werden als gut bezeichnet.

Auch hier: Versuch mit bildnerischem Gestalten, diesmal werden Farbstifte in den acht Lüscher-Farben angeboten. In der Krankengeschichte ist zu dieser Zeit das neuerliche Auftreten der Obstipation vermerkt.

Bei diesem Fall ist schon die Symbolik der Erstzeichnung auffallend. Der Patient zeichnet – nach Farbproben – das Vulvasymbol, wie man es oft auf Hauswänden findet. Dazu kommen – einseitig – Striche. Dann besinnt sich der Patient, wartet und macht aus dem Gebilde ein Schiff, in das ein Mast eingezeichnet wird. Dann kommen die Segel dazu. In der Folge noch ein Dampfer und Fische. Verlegene Bemerkungen über die „kindlichen" Zeichnungen.

Die Farbwahl: Grün (Spannung), Schwarz (sich durchsetzen), Gelb (Lösung/Erlösung) und für den Fisch Braun (leibnahe vitale Bedürfnisse).

Nach einer Stunde AT greift der Patient zügig zum *braunen* Stift und entwirft, ohne zu zögern, das Bild von der Frau mit den geöffneten Schenkeln und setzt in die rechte obere Ecke ein Gebilde, das er selbst als sein Gesicht hinter dem Vorhang deutet. Er erzählt auch frei, daß er so gelöst einmal seine Frau sehen möchte, aber wahrscheinlich zum größten Teil selbst daran schuld sei, daß starke Hemmungen auf beiden Seiten vorhanden sind (vgl. Abbildung).

Nach dem Gespräch über die Bilder wird das Eheleben besser. Die Problematik der Existenz bleibt umweltbedingt, und daher persistiert auch eine sich weiterhin gelegentlich psychosomatisch auswirkende Existenzangst. Im Gespräch über das Bild kommen erstmals Wünsche nach anderen Frauen und frühe Onanieskrupel zutage.

Auch ein Zusammenhang zwischen Obstipation und Sexuellem wird bewußt. Dem Patienten fällt auf, daß das neuerliche Auftreten der Obstipation mit dem Aufgeben einer Freundin (deren Existenz er bisher verschwiegen hat) zusammenhing. Nunmehr ist es so, daß auch nur die Aussicht, eine neue Beziehung eingehen zu können – z. B. durch ein Telefongespräch zweideutigen Inhalts mit einer in Frage kommenden Frau –, eine reichliche und unbeschwerte Stuhlabgabe möglich macht. Dazu kommt gleich die Assoziation, daß die Mutter das Kind oft drängte, rasch sein „Geschäft" zu erledigen, etwa weil sie weiterarbeiten oder fortgehen wollte, der Stuhl aber erst dann kam, wenn eine Belohnung wenigstens in Aussicht stand.

Nach dem Gespräch deutliche Besserung, die sportlichen Leistungen wurden wieder gesteigert, Stimmung und Arbeitskraft sind gestiegen.

Fall 3

40jähriger homosexueller Patient mit starken psychosomatischen Beschwerden von seiten der Wirbelsäule. „Spondylarthrose" ohne wesentliche röntgenologische Veränderungen. Zweifel an einer „vollständig" homosexuellen Veranlagung hatte der Patient nie, obwohl er auch aus jüngeren Jahren über heterosexuelle Beziehungen berichtete. Trotzdem war dem belesenen und kultivierten Menschen der Rückenschmerz „verdächtig", und er nahm selbst Schuldgefühle, ein unbewußtes Sich-besonders-gerade-Halten als Abwehr gegen soziale Deklassierung, als mögliche Ursache an.

Vor dem AT entsteht „ein Bild meiner Wirbelsäule", deutbar auch als „stacheliger", „dorniger" Penis. Das Gebilde ist *grau*.

Nach dem AT entsteht aus *braunem* Plastilin ein Gefäß mit einer Schlange, vom Patienten sofort als Vulvasymbol mit Klitoris gedeutet.

Nun tauchen zum erstenmal Zweifel an der „echten" Homosexualität auf, und die Erinnerung an den letzten Koitus: dieser fand mit einer Frau statt, deren frapante Ähnlichkeit (und Altersgleichheit!) mit der Mutter dem Patienten plötzlich inter actionem bewußt wurde. Darauf sofortige Impotenz, Erbrechen und völlige Unfähigkeit, den Akt zu vollenden. Von diesem Augenblick an werden Männerbekanntschaften gesucht und homosexuelle Praktiken aus der Kindheit wieder aufgenommen.

Das Gespräch über die beiden Gebilde hat eine Traumserie zur Homosexualität zur Folge, die Muskelverspannungen im Rückenbereich sind – wenigstens vorübergehend – besser; der Patient hat den Eindruck, leichter und freier zu sprechen und einer Klärung der Frage, die erst jetzt bewußt gestellt wird – „Bin ich nun wirklich homosexuell?" – näherzukommen. (Die Therapie ist noch nicht beendet.)

So wertvoll die „saubere" Arbeit mit einem Einzelverfahren für eine klare und zielführende Therapie sein kann, so brauchbar scheint uns die Kombination mehrerer Verfahren dort zu sein, wo die Behandlung ins Stocken gerät. Sicher kann auch das „Stocken" therapeutisch wertvoll sein, vor allem, wenn es gelingt, die Hintergründe aufzudecken. Man wird aber (schon aus ökonomischen Gründen) ein solches Vorgehen nicht unbegrenzt durchhalten können. Die Lösung körperlicher Verkrampfungen im autogenen Training geht bekanntlich parallel mit der Lösung seelischer Spannungen. Wie man etwa das autogene Training im Zusammenhang mit der Psychoanalyse zur besseren Merkfähigkeit für Träume (man darf wohl auch sagen zur geringeren Verdrängung) nützen kann, eignet sich hier die ergänzende Maßnahme zum autogenen Training – ohne das autogene Training in seiner klassischen Form zu beeinflussen – als diagnostisches und therapeutisches Hilfsmittel. Die psychodiagnostischen Möglichkeiten bildnerischen Geschehens sind dabei kombiniert mit denen des Lüscher-Testes und den Hemmungen lösenden des autogenen Trainings.

Literatur

Benedetti G (1969) Das Unbewußte in neuropsychologischer Sicht. Nervenarzt 40:149

Derbolowsky G (1968) Zum Problem der Immunität von Arzt und Patient in Analysegruppen. In: Schindler R et al. (Hrsg) Abstracta Information – Rehabilitation – Psychopharmazeut ca und Techniken in Gruppenpsychotherapie. IV. Internationaler Kongreß für Gruppentherapie, Bd 2. Wiener Medizinische Akademie, Wien, S 197

Leuner HC (1969) Über den Stand der Entwicklung des katathymen Bilderlebens. Z Psychother Med Psychol 19:5

Lüscher M (1969) Der große Lücher-Test. Test-Verlag, Basel

Luthe W (1965) Correlationes psychosomaticae. Thieme, Stuttgart
Luthe W (1969) Autogenic therapy; vol 1. Grune & Stratton, New York London
Schultz JH (1970) Das autogene Training, 13. Aufl. Thieme, Stuttgart
Wallnöfer H (1969a) Seele ohne Angst, 2. Aufl. Hoffmann & Campe, Hamburg
Wallnöfer H (1969b) Die autogene Norm – ein Hilfsmittel zur Erfolgs- und Verkaufskontrolle in der Psychotherapie. Vortrag gehalten im Rahmen des Lüscher-Seminars der Psychotherapiewoche 1969. In Lüscher 1969
Wallnöfer H (1988) Seele ohne Angst, 4. Aufl. Müller Rüschlikon, Zürich
Wallnöfer H (1989) Auf der Suche nach dem Ich. Müller Rüschlikon, Zürich

Eberhard P. Müller

Stud. Professor am Sportwiss. Institut der Univ. Bonn
Praxis in der Betreuung ambulanter
Koronargruppen

Entspannungsmethoden in ambulanten Herzinfarktsportgruppen

Zusammenfassung

In der umfassenden Nachsorge von Herzinfarktpatienten spielt in den sog. Herzgruppen neben der Sporttherapie v. a. das Entspannungstraining eine wichtige Rolle. Parallel zur Steigerung der körperlichen Belastbarkeit durch Sport werden die Entspannungsmethoden genutzt, um zur Verbesserung des Wohlbefindens und des Selbstvertrauens, zur Korrektur von Verhaltensweisen und zur Reduzierung von Angst beizutragen.

Die Teilnehmer lernen die Entspannungsmethoden kennen, praktizieren sie unter Gruppenbedingungen und werden zum Transfer der Entspannung in den Alltag angeregt.

Da die Patienten in den Rehabilitationskliniken das AT oder die progressive Relaxation (PR) meist nur unvollständig erlernten, orientiert sich die anschließende Entspannungsarbeit in unseren Herzgruppen an der Wiederholung und Neueinführung. Das AT steht dabei im Mittelpunkt, wird jedoch vorbereitet und ergänzt durch die Möglichkeit einfacherer Methoden wie Gesichtsentspannung, Wanderung durch den Körper, Entspannung durch ruhiges Atmen, Entspannung durch Musik und die Methode der PR. In ihnen werden die wesentlichen Prinzipien der Entspannungsarbeit realisiert, übertragen und weiterentwickelt, z. B. die der formelhaften Wendungen, des Vorsprechens, der Generalisierung, der Eigensteuerung und Individualisierung, der Kombination von Methoden, der Übertragung in den Alltag und der Objektivierung.

Ein besonderer Stellenwert kommt den Vorsatzbildungen zu. Am Ende werden Probleme der Herzübung erörtert, und es wird dargestellt, daß sich solche kaum ergeben, da die Teilnehmer durch eine gründliche Betreuung, durch die Verarbeitung ihrer Eigenerfahrungen sowie durch spezifische Medikationen stabilisiert sind.

B.J.M. Diehl, Th. Miller (Hrsg.)
Moderne Suggestionsverfahren
© Springer-Verlag Berlin Heidelberg 1990

Summary

Sports therapy and relaxation training play an important part in the comprehensive care of cardiac patients. In addition to the improvement of physical capacity, relaxation methods are used in order to increase well-being and self-confidence, to change behavioral patterns, and to reduce anxiety.

The patients are trained in relaxation methods under group conditions and are taught to practice them every day.

Currently the teaching of autogenic training or progressive relaxation in rehabilitation centers is usually inadequate; this is why we place enphasis upon repetition and relearning of the techniques. Although autogenic training lies at the heart of the approach, it is preceded and complemented by easier techniques, e.g., facial relaxation, "walking through the body," relaxation through calm breathing, music and relaxation, and progressive relaxation (Jacobson). In this way the essential principles of relaxation work are realized and promoted, such as those regarding individual intentions, suggestions, generalizing, individualizing, combination of methods, objectivation, and transfer into daily life.

The lecture ends with problems associated with the "heart exercise" (according to Schultz). It is shown that these are problems of only minor importance as the patients are stabilized mentally and physically through their own experience, their comprehensive care, and special medication.

Im Rahmen der interdisziplinären umfassenden Nachsorge wurden in der Bundesrepublik Deutschland die sog. ambulanten Koronargruppen gebildet. Sie nehmen an Bedeutung und Anzahl zu und verbreiten sich nach zögerndem Beginn vor etwa 20 Jahren gegenwärtig als Herzsportgruppen über das gesamte Bundesgebiet. Wegen der Komplexität der Genese und der Bedingungsfaktoren des Herzinfarkts sind sie inhaltlich und in ihrer therapeutischen Absicht sowohl physisch als auch psychologisch und psychosozial orientiert und benutzen in erster Linie die körperliche Bewegung und den Sport als rehabilitatives Medium. Der Name „Herzsportgruppen" hat sich mittlerweile etabliert, und in dem Betreuungsteam arbeiten im interdisziplinären Sinne neben dem Arzt Sportlehrer, Psychologen, Psychotherapeuten, Gesundheitserzieher und Ernährungsberater.

Die folgenden Ausführungen sind als Erfahrungsbericht konzipiert und beziehen sich auf einen Zeitraum von ca. 5 Jahren, in dem Erfahrungen aus der sport- und psychotherapeutischen Arbeit mit Herzinfarktpatienten gesammelt und hier wiedergegeben werden sollen.

Die Deutsche Arbeitsgemeinschaft für kardiologische Prävention und Rehabilitation hat Ziele und Inhalte formuliert, die unsere Arbeit in den Gruppen bestimmen. Neben der durch die Sporttherapie verbesserten körperlichen Belastbarkeit sind dies v. a. die Erhöhung des Wohlbefindes, des Selbstvertrauens und des Körpergefühls, die Umstellung von Lebens- und Verhaltensweisen und die Reduzierung der Angst. Die daraus sich ergebenden Probleme hoffen wir v. a. durch das sportliche Training in Verbindung mit der Entspannungstherapie lösen zu können.

Während sich die Sporttherapie vornehmlich an der Verbesserung der organisch-körperlichen Situation (Ökonomisierung der Herz-Kreislauf-Arbeit, Verbesserung der körperlichen Leistungs- und Belastungsfähigkeit und in Verbindung damit an der positiven Beeinflussung der Risikofaktoren und der psychischen Situation) orientiert, lassen sich für das Üben und Praktizieren von Entspannungsmethoden vergleichbare Lernziele formulieren, die in ähnlicher Weise körperliche, affektive, kognitive und soziale Aspekte betreffen.

Auch die Entspannungsmethoden tragen dazu bei, in Verbindung mit dem Koronarsport ein neues Verhältnis zum Körper zu entwickeln und die Fähigkeit wiederzuerlangen, den Körper in seinen Teilen und als Ganzes wahrzunehmen und Spannungen abzubauen. Damit erhöht sich die Fähigkeit zur Toleranz von Alltagsbelastungen. Selbstvertrauen und psychische Stabilität verbessern sich und tragen zu einem neuen Wohlbefinden bei. Die Freude am gemeinsamen Üben wird zum tragenden Element der Gruppenarbeit. Daneben erwirbt der Übende Wissen, Informationen und Einsichten über physiologische und psychosoziale Zusammenhänge innerhalb des Entspannungstrainings. Er erlangt Kenntnisse über das Verhältnis von Spannung und Entspannung, über Streß- und Angstmechanismen. Wohlbefinden strahlt aus der Entspannungsgruppe, zu einem Gefühl der Gemeinsamkeit und des Zusammengehörens.

Insgesamt hat der Teilnehmer der Entspannungsgruppe die Möglichkeit
– Entspannungsmethoden kennenzulernen und zu praktizieren,
– die Methoden mit ihren Effekten in den Alltag zu übertragen,
– Wissen zu erwerben, das sich auf veränderte Verhaltensweisen und Einstellungen auswirken kann,
– sich emotional-affektiv zu stabilisieren und u. U. Ängste abzubauen.

In unserem Verein existieren 4 Herzgruppen (2 Trainingsgruppen, 2 Übungsgruppen), die von 12 Ärzten und 4 Sporttherapeuten betreut werden. Es werden 4 Trainingszeiten für den Sport angeboten und 1 Übungsdoppelstunde für die Entspannung.

Die Anfänger in unseren Entspannungsgruppen bringen ein sehr unterschiedliches Ausgangsniveau bezüglich der Entspannungsfähigkeiten und -fertigkeiten und der entsprechenden Wissensgrundlagen ein. In den Rehabilitationskliniken, aus denen sie zu uns entlassen wurden, existieren unterschiedliche Behandlungspläne und Durchführungsmöglichkeiten im Bereich des organisierten Entspannungstrainings. Viele Teilnehmer kennen lediglich das AT oder die progressive Relaxation; und nur wenige führen ihre Entspannungsübungen zu Hause weiter fort, wenn sich die unmittelbaren Bedrohungen durch die Krankheit reduziert haben und sich der Gesundheitszustand verbessert. Der Teilnehmer muß folglich zunächst von der Notwendigkeit des Entspannungstrainings wieder überzeugt werden. In Verbindung mit der Teilnahme am Koronarsport gelingt dies zumeist.

Entspannungsinhalte und -methoden in den Herzsportgruppen

Viele der weniger systematisch und oberflächlich entwickelten Entspannungs-programme versagen häufig. Nicht nur wegen ihres Ansatzes oder der Methode sind sie schwer einzubringen, sondern weil anfangs der unmittelbare, spürbare, objektive Trainingseffekt kaum erreicht wird oder schwankt. Und wenn keine Veränderungen im Sinne selbstinduzierter Effekte auftreten, eben einen Ent-spannungszustand zu bewirken, können sich kaum Motivationen stabilisieren oder dauernde Wirkungen aus einer etablierten Entspannungsmethode erreicht werden.

Im Mittelpunkt unserer didaktischen Orientierung steht zwar das AT, wel-ches methodisch aufbereitet in enger Anlehnung an Schultz gelehrt und geübt wird, doch beginnen wir mit vorbereitenden Entspannungsbereichen, die in sich schon selbst als Entspannungsübung wirken und jeweils ähnliche Entspan-nungseffekte hervorrufen wie die etablierten Methoden. Wir öffnen mit ihnen in unterschiedlicher Weise und Intensität die Tore zu Entspannungsmöglichkei-ten, die vorher nicht bewußt waren.

Entspannungssysteme müssen beginnen mit Übungen, die die Wahrnehmung von Spannung und Entspannung schulen, den Körper insgesamt oder Körper-teile wahrnehmend einbeziehen (Körperempfindung), die Atmung, Schwere und Wärme erleben lassen und zu bestimmten Wohlbefindlichkeiten führen (Musik). Nach dem didaktischen Prinzip „Vom Leichten zum Schweren" beginnen wir zuerst mit der Gesichtsentspannung.

Gesichtsentspannung

Der Mensch als „Gesichtswesen" ist zumeist an seinem Gesicht orientiert, und im Gesicht spiegelt sich das Innere des Menschen, auch Spannung oder Entspannung. Gesichtsentspannung wird induziert durch bewußte Hinwen-dung auf das eigene Gesicht. Es wird versucht, es als Ganzes oder in sei-nen Teilen zu spüren. Vor allem soll erreicht werden, das entspannungs-wirksame „Hängenlassen" des Gesichts zu suchen oder eine angenehme Glätte zu finden. Für viele ist das „Gang-raus-Nehmen" zunächst schwer zu realisieren, weil man immer sein „Gesicht aufsetzt", und zwar meist so, wie man es für die Öffentlichkeit haben möchte. Der Ausdruck "relaxation mask", der in der amerikanischen Literatur auftaucht, soll hier nicht nega-tive Assoziationen andeuten, meint aber in unserem Sinne dieses ent-spannte Anderssein des Gesichts, das sich durchaus auf innere psychische Zustände ausbreitet und physisch sich auf weitere Körperbereiche transfe-riert (Generalisation).

„Wanderung durch den Körper"

Der Einstieg in die Entspannung läßt sich erweitern zu einer „Wanderung durch den Körper", in der die konzentrative Hinwendung auf bestimmte Körperteile geübt wird. Die kinästhetische Information über die Lage der Körperteile zueinander und über den Spannungsgrad der Muskulatur, die der Organismus über entsprechende bewegungs- und haltungsempfindliche Analysatoren (Propriorezeptoren) erlangt, wird zum Ausgangspunkt von Entspannungsmöglichkeiten. Dieses passive Orientieren – z. B. im Liegen – ist sicherlich durch Üben beeinflußbar und entwickelt sich mit Vorstellungen vom eigenen Leib auf der Grundlage von Erfahrung und Wissen. Körpererfahrung ist immer Selbsterfahrung.

Aus dem AT wissen wir, daß die Hinwendung auf bestimmte Körperteile Veränderung im Spannungszustand der Muskulatur und der Gefäße bewirken kann, die dann subjektiv als Schwere und Wärme erfahren werden. Den Teilnehmern wird immer wieder bewußt gemacht, daß dort Eigenschwere und Eigenwärme existieren, die es aufzuspüren und zu fühlen gilt. Wer seine Eigenschwere und/oder -wärme spürt, ist auch entspannt. Es geht schon hier, wie später bei der TME[1], um Sensibilisierungsprozesse. Das Entspannungsüben beginnt in den Fingern, läuft weiter über Arme, Schultern, auch Körpermitte, Beine und Füße, oder bezieht wiederum das Gesicht mit ein. Möglich ist auch hier schon die Einbeziehung des entspannenden Atmens. Probleme bei der „Wanderung durch den Körper" schien es anfangs bei der Einbeziehung des Brustkorbs zu geben. Negative Erfahrungen (Herzinfarkt) schienen in Form von Schwere- oder Druckempfindungen durchzubrechen; deswegen wurde dieser Körperbereich ausgespart. Insgesamt kann dieser Ansatz zu den Entspannungsmethoden des sog. Psychohygienetrainings nach Lindemann ausgeweitet und über längere Zeiträume (1/2 Jahr) geübt werden.

Entspannung durch ruhiges Atmen

Viele Entspannungsmethoden nutzen die Atmung. Herzpatienten haben oft psychisch bedingte Beeinträchtigungen der Atmung. Über den Sport und über die Hinwendung auf den Körper in Entspannungshaltungen lernen sie, die Veränderungen des Atmens an sich wahrzunehmen. In unseren Gruppen wird lediglich versucht, das natürliche Atmen in die Entspannungsansätze einzubeziehen. Als Vorteil muß hier die Tatsache angesehen werden, daß durch den Koronarsport die Atemmuskulatur und -hilfsmuskulatur durch Dehnungs-, Lockerungs- und Koordinationsgymnastik optimiert wird. Entspannung durch bewußte Atmung heißt bei uns: Einleitung durch Atmungsgymnastik und Hinwendung auf natürliches Atmen. Natürliches Atmen meint Hinwendung auf das Atmen (etwa 3–5 min) in der Entspannungshaltung. Dabei wird versucht, das Atmen nicht zu beeinflussen, sondern es laufen zu lassen, zu empfinden, daß „mich etwas atmet", „Es atmet mich" nach Schultz. Es ist nicht leicht, den eigenen Atem zu beobachten, ohne ihn zu stören, ohne *lenkend einzugreifen*. Sobald die Aufmerksamkeit sich auf ihn wendet, verändert sich der Ablauf. Darin liegt die Schwierigkeit dieser Entspannungsmöglichkeit. Den Teilnehmern wird jedoch bewußt gemacht – und dieses müssen viele lernen – die

---

[1] Progressive Relaxation wird häufig als Tiefenmuskelentspannung (TME) bezeichnet

Ausatmung „liegen zu lassen", evtl. zu verlängern und warten zu können, bis die Einatmung selbstgesteuert einsetzt.

Dieses Üben entwickelt Sensibilitäten auch für den Alltag mit den dort auftretenden belastenden und atmungsbeeinträchtigenden Situationen, denen auch der Koronarpatient ausgesetzt ist. Dann hilft die Rückerinnerung an das geübte natürliche Atmen. Probleme sind: Preßatmung, Hyperventilation und Flachatmung. Es wurde beobachtet, daß Teilnehmer der Herzsport-gruppe besonders zu Leibatmung (negative Erfahrungen mit dem Brust-raum) neigen.

Entspannung mit Musik

Als weitere sowohl eigenständige als auch entspannungsinduzierende und auf andere Methoden anwendbare Möglichkeit empfiehlt sich die Entspannung mit Musik. Dem Musikerleben sind individuelle Züge eigen, doch allgemein ist die Wirkung auf die Psyche und auf das Vegetativum des Menschen. Musik kann anregen und beruhigen, wirkt sympathikoton oder parasympathikoton, treibt bis zur Ekstase oder gleitet ab ins Nirwana. Musik kann regelrecht körperlich empfunden werden oder setzt psychische und emotionale Prozesse in Gang. Die Wirkung ist individuell, doch generell lassen sich ähnliche Effekte beob-achten wie bei Entspannungsmethoden. Wir gehen in der Anwendung von Musik von folgenden Zielen aus:
- Entwicklung und Vertiefung von Entspannungszuständen (Abbau von Span-nungen und Unruhe, Milderung von Reizzuständen, Lösung von Verkramp-fungen),
- Entwicklung von Gefühlen und Emotionen, die das allgemeine Wohlbefin-den bessern,
- Anregen und Entwickeln der Phantasie.

Musik, Körper, Empfindungen und Gedanken führen komplex zu Entspan-nungszuständen, die wir nutzen. Das Üben der Musikentspannung geschieht entweder
1. in Verbindung mit einer Entspannungsmethode oder
2. als eigenständige Musikentspannung.

Zu 1: Musik in Verbindung mit einer Entspannungsmethode kann die Effekte derselben erhöhen. Man kann sie von Anfang an als Einleitung benut-zen, kann sie durchlaufend wirken lassen oder nur am Ende im „Hypnoid" einbauen. Eigene Befragungen ergeben Bevorzugungen der letzten Möglichkeit. Musik erleichtert die konzentrative Hinwendung auf den Körper und auf übungsspezifische Aufgabenbereiche.
Zu 2: Musik hören ohne jegliche Verbindung zu einer Entspannungsmethode ist eine ideale Möglichkeit, bekannte Effekte zu erreichen. Der Teilneh-mer kann sie v. a. auch privat nutzen und „seine" Musik in der gewohn-ten Entspannungshaltung hören. Musik umhüllt den Übenden und schirmt Außenreize ab. Musik ist sowohl einleitend als auch fort-

laufend unterstützend möglich, sie ist aber v. a. als eigenständiges Entspannungsmedium praktikabel.

Nach allen Formen der Musikanwendung muß wie üblich zurückgenommen werden. Ideal ist hierbei, wenn die Musik überleitet in anregende rhythmische Ausprägungen (in unserer Gruppe: Dixieland, Märsche, Volkslieder), die auch weiter animieren zu körperlicher Aktivierung (kreisende, lockernde, streckende Arm- und Beinbewegungen im Stand und im Gehen). Die Art der Musik ist wesentlich für die Effekte. Vokalmusik wird allgemein als störend empfunden (menschliche Stimme, inhaltsbezogen). Orchestermusik ist neutraler in der Entspannungswirkung. Positiv sind Holzblasinstrumente und tiefe Saiteninstrumente bis zur Synthesizermusik. Genutzt wird ruhige Musik vom Barock über Klassik bis zu moderner oder fernöstlicher Musik. Musik ist immer dabei, ist Bestandteil jeder Entspannungsstunde.

Progressive Relaxation nach Jacobson

Das Prinzip der Körperorientierung und des bewußten Abbaus von Spannungen wird besonders positiv verwirklicht in der Methode der progressiven Relaxation (TME) nach Jacobson. Herz-Kreislaufpatienten sind häufig in ihrem Körperempfinden beeinträchtigt, und wenn die bisher genannten Entspannungsmöglichkeiten mißlingen, greift v. a. die TME nach Jacobson, da der Übende hier gezielt einwirken kann und über das Prinzip von Spannung und Entspannung (Kontraktion und Dekontraktion) diese Zustände bewußt durchlebt.

Wir gehen sowohl partiell (z. B. beim rechten Arm) als auch komplex (Arme, Beine und Gesicht) vor und zielen v. a. auf die erlebte Spannungsminderung. Die gezielte Spannungsreduktion setzt systematisches Üben voraus, und unser zeitlicher Aufwand dafür ist beträchtlich. Positiv empfinden die Teilnehmer die Tatsache, aktiv zur Entspannung beitragen zu können.

Probleme sind: gleichmäßige Atmung, Gefahr der Preßatmung, Frage der Spannungsintensität (50 %), Nichteinbeziehung der Thorax- und der Oberkörpermuskulatur.

Autogenes Training

Die bisher genannten Verfahren sind zunächst als eigenständig anzusehen, sind aber auch geeignet, inhaltlich und methodisch das AT, das im Mittelpunkt unserer Übungsstunden steht, vorzubereiten. Nun kann der Übende schon Eigenerfahrungen einbringen und grundlegende Prinzipien realisieren. Schon bei der relativ einfachen Gesichtsentspannung wurde deutlich:
– das Prinzip des Vorsprechens aus methodischen Gründen,
– das Prinzip der formelhaften Wendungen,
– das Pars-pro-toto-Prinzip,
– das Prinzip der Generalisierung (Transfer),

- das Prinzip der Konditionierung (Wort, Formel, Entspannungshaltung als Auslöser bzw. Reiz),
- das Prinzip der Eigensteuerung (autogene Selbstregulation – Faustballen),
- das Prinzip der Individualisierung (Effekte jeweils individuell und subjektiv),
- das Prinzip der Objektivierung,
- das Prinzip der Kombination von Entspannungsmöglichkeiten,
- das Prinzip des Lernens unter spezifischen Bedingungen (Üben unter gleichen oder ähnlichen Bedingungen),
- das Prinzip der Übertragbarkeit in den Alltag.

Das AT selbst wird entsprechend den methodischen Vorgaben und sachlichen Inhalten in enger Anlehnung an Schultz durchgeführt. Diese Folgerichtigkeit ermöglicht sowohl einen späteren Einstieg bei vorherigem Üben in Fremdgruppen als auch die Fortsetzung bei anderen Kursleitern und v.a. einen geregelten Lernprozeß. Geübt wird vorwiegend in der Rückenlage. In den ersten 6–8 Übungsstunden unterstützt der Kursleiter durch Vorsprechen. In der Praxis hat sich das Begleitsprechen bewährt, obwohl Schultz solches ablehnte. Viele Teilnehmer brauchen diese Hilfen und können sich im häuslichen Üben dann besser an Formelinhalte und Abläufe erinnern. Allzu suggestives Sprechen sollte jedoch vermieden werden, damit sich keine Abhängigkeiten entwickeln, ebenso das Üben mit dem Kassettenrecorder. Für das eigene lautlose, häusliche Üben wird die Anlehnung an die rhythmischen Abläufe der Atmung empfohlen oder wiederum die positive Nutzung von Musik. Ein und dasselbe Musikstück kann hier im Sinne bedingt-reflektorischer Abläufe die Entspannungseffekte begünstigen.

In den Herzgruppen wird ausschließlich die Unterstufe des AT geübt. Versuche, die Oberstufe einzubauen, wurden abgebrochen, da vorwiegend herzinfarktbezogene Reaktionen auftraten, die einer eingehenden, sachgerechten psychotherapeutischen Behandlung bedürfen und die in einer Anfängergruppe von ca. 20 Teilnehmern nicht gewährleistet werden kann.

Die Ablösung vom Begleitsprechen in der Gruppe durch den Kursleiter kann erfahrungsgemäß ohne Probleme durch den Einbau der komparativen Methode vollzogen werden.

In Anlehnung an die ruhigen Abläufe der Atmung werden dabei in der Vorstellung und der Hinwendung auf Arm (Schwere), Arm (Wärme), Sonnengeflecht (Wärme) und Schulter-Nacken-Bereich (Wärme) die Effekte systematisch gesteigert: schwer – schwerer – ganz schwer, warm – wärmer – strömend warm. Mit dieser Form wird meist der Durchbruch zu einem intensiven Körper- und Entspannungsgefühl und zu den Effekten Schwere und Wärme erreicht. Versuche, diese komparative Methode (steigernde Methode) schon von Anfang an zu nutzen, waren durchaus positiv.

Probleme bei der Herzübung

Die Literatur warnt durchweg vor der Nutzung der Herzübung bei Infarktgeschädigten; sie bietet jedoch kaum negative Fallbeispiele. Müller-Hegemann verweist auf die positive Wirkung der Wärmeübung auf pektanginöse Zustände. Insgesamt muß das gesamte Gefäßtraining durch AT positiv gesehen werden. Erfährt der Teilnehmer durch ausführliche Erklärungen, daß sich die Gefäßdilatation über die Arme bis in den Thorax und im Idealfall bis in die Herzkranzgefäße fortsetzen kann und daß die gesamte Entspannungssituation in der Körperperipherie die Herzarbeit erleichtert, dann setzt er zumeist zu große Erwartungen in diese Übung, und es kann zu gestörten Effekten (Herzkühle) kommen.

In den Anfängen wurde die Herzübung von uns völlig negiert. Über die Atemübung wurde sodann einschleichend die Formel „Puls ruhig und gleichmäßig" mit einbezogen und schließlich vollwertig verwendet. Gelegentlich wurde auch die Herzübung durch eine Schulter- und Nackenübung (Wärme) ersetzt. Die anfängliche Vermutung, daß schon durch die bloße Erwähnung des Herzens und durch die formulierte Herzübung sich Zwänge und Probleme einstellen würden, konnte sich nicht bestätigen. Die Teilnehmer scheinen durch ihre negativen Erfahrungen „abgehärtet" zu sein und gelangen nicht, wie z. B. die Teilnehmer in Volkshochschulkursen, zu Frequenzerhöhungen, verstärktem Herzklopfen oder zu Herzängsten. Bei unseren Herzgruppenteilnehmern wirkt sich sicherlich die gezielte Medikation stabilisierend aus. Insgesamt scheint die Schwereübung besonders positiv auf die Herzübung zu wirken, wir schalten sie bewußt auch zwischen spätere Formeln.

Negative Empfindungen und Entwicklungen wie Unruhezustände, starke Palpitationen oder Extrasystolen werden zunächst mit der Formel „Puls ruhig und gleichmäßig" behandelt oder schließlich zurückgenommen. Danach richtet sich der Teilnehmer über die Seite (Flanke) auf, um nicht pressen zu müssen (bei frontalem Aufrichten). Die Formeln „Herz schlägt ruhig und kräftig" oder „... ruhig und langsam" werden nicht verwendet.

Einen besonderen Stellenwert nehmen die formelhaften Vorsätze (Vorsatzbildung) ein. Ausgehend von der Theorie des Herzinfarkts als psychosomatisches Geschehen, für dessen Entwicklung nicht ausschließlich somatische Faktoren verantwortlich gemacht werden, steht das Bemühen zu Verhaltensänderungen im Vordergrund (Abbau von Risikofaktoren, A-Typ-Verhalten). Hier zeigen Infarktpatienten mehr Stetigkeit, Interesse und Bereitwilligkeit, sich zu verändern als andere Gruppen. Erfahrung und Wissen entwickeln Bedürfnisse. Pauschal gesehen kann man die Formelinhalte generell mit dem Abbau des A-Typ-Verhaltens in Verbindung bringen („Ich setze meinen Ehrgeiz ein, um meinen Ehrgeiz abzubauen", gestand ein Teilnehmer). Andere Bezugsfelder sind das Wettbewerbsverhalten, Aggression, Ungeduld, psychomotorische Unruhe, Neigung zu perfektionistischen Verhaltensweisen, Dominanzstreben u. a. Allgemein dominieren Vorsätze, die Ruhe und Gelassenheit, das Ernährungsverhalten, das Sozialverhalten, das Bewegungsverhalten, emotionale Labilitäten und v. a. Ängste (Reinfarkt) ansprechen. Nach den Übungen wird reflektiert, berichtet, gefragt und diskutiert. Es ist jedoch völlig zwecklos, direkt nach den Inhalten der Vorsätze zu fragen. In den Diskussionen und Erzählungen tauchen immer, mehr oder weniger offen, Herzinfarkterfahrungen auf. Hier muß der Kursleiter sein pädagogisches Einfühlungsvermögen beweisen und warten können, bis die Gruppenmitglieder von sich aus kommen.

Dies sind im wesentlichen die in unseren Gruppen genutzten Entspannungs-ansätze: AT im Mittelpunkt und die anderen genannten als vorbereitende oder Auswegmöglichkeiten.

Wir beobachten gegenwärtig einen relativ sorglosen und freien Umgang mit dem AT in Entspannungsgruppen und Ausbildungskonzepten und plädieren daher für eine enge Anlehnung an das traditionelle Verfahren von Schultz. In unseren Gruppen haben wir lediglich solche Weiterentwicklungen benutzt, die von Schultz ausgehend, bewährte Teilnehmerformulierungen einbringen, wie z. B. die von Oderich oder von Müller-Hegemann.

Literatur

Brenner H (1982) Entspannungstraining für alle. Humbold, München

Buchmann KE (1974) Tiefmuskelentspannung (TME) – ein Verfahren für die Selbstentspannung. Sportunterricht 8:85

Halhuber C (1980) Rehabilitation in ambulanten Koronargruppen. Springer, Berlin Heidelberg New York

Hoffmann B (1977) Handbuch des autogenen Trainings. dtv, München

Jacobson E (1968) Progressive relaxation. University of Chicago Press, Chicago

Lindemann H (1984) Einfach entspannen – Psychohygienetraining. Mosaik, München

Middendorf I (1984) Der erfahrbare Atem. Jungfermann, Paderborn

Müller E (1978) Entspannungsmethoden in der Schule. Prax Leibesübungen 2:23–25

Müller E (1978, 1979) Stressbewältigung durch Entspannungstraining. Prax Leibesübungen 1:6; 10:183–185; 11:211–212; 12:226–228

Müller E (1984) Bewegung und Gesundheit unter psychohygienischen Aspekten. Physik Ther Theor Prax 3:137–140; 4:192–194

Müller E (1985) Entspannung in der Physiotherapie. Physik Ther Theor Prax 5:239–243

Müller E (1985) Entspannungsmethoden in der Ambulanten Herzgruppe. Sport Gesundh 2:28–29; 3:30–32

Müller E (1986) Entspannung mit Musik in der Herzgruppe. Herz Sport Gesundh 3:40–41; 4:18–19, 48

Müller E, Hoff HG (1986) Aspekte der Arbeit in Ambulanten Koronargruppen. Sportther Theor Prax 4:5–7

Müller E (1987) Entspannungsmethoden in der Rehabilitation. Wege der Patientenführung Bd 8. Perimed, Erlangen

Müller E (1986) Von der Trainingslehre zur Entspannung. Spitzer G (Hrsg) Hajo Bernett und das Sportwissenschaftliche Institut Bonn. Eigenverlag des Sportwiss. Instituts, Bonn S 159–170

Müller E (1988) Die Position des Sporttherapeuten in der Herzgruppe. Herz Sport Gesundh 2:608–610

Müller-Hegemann E (1981) Autogene Psychotherapie. Rowohlt, Reinbek

Oderich P (1984) Lebe ich richtig. Deutscher Verlag der Wissenschaften, Berlin

Pahlen K (1973) Musiktherapie. Heine, München

Schultz JH (1976) Das Autogene Training. Thieme, Stuttgart

Schwabe C (1978) Regulative Musiktherapie. Fischer, Jena

Konrad Kals
Pädagoge

Alkoholprophylaxe und autogenes Training

Zusammenfassung

Alkohol ist und bleibt Droge Nr. 1. Leider werden in der heutigen Zeit Alkoholabhängige und -gefährdete immer noch als „zweitklassiges Gesindel" behandelt und, so einfach und billig wie nur möglich, von der Gesellschaft gemieden, isoliert oder in Versorgungsheime gesteckt. Zu oft wird von „sozialer Solidarität" nur geredet, aber nicht danach gehandelt.

Es wäre gerade für die Suchtgefährdeten so wichtig, daß sie als Teil der Nachbetreuung eine Hilfe hätten, die das Selbstvertrauen stärkt, die Gedanken ordnet, den Lebenswillen fördert und viel Kraft gibt. AT als Hilfe zur Selbsthilfe gäbe die Möglichkeit, effiziente Selbsttherapien als Nachbetreuung zu praktizieren. Auch wenn sich die Kirche vielfach dagegen wehrt, wird auch diese einmal begreifen müssen, daß AT nichts mit Spiritualismus, Kult und Sektentum zu tun hat, sondern ureigen menschlich und daher „gottgewollt" sein muß.

Noch besser allerdings als AT zur Nachbetreuung in der Suchtproblematik wäre AT in der Prophylaxe einzusetzen. Wie einfach wäre es doch, schon den Kindern und Schülern die Mittel an die Hand zu geben, mit Hilfe des AT Selbstachtung zu erlangen, sich die Fähigkeit anzueignen, Kleinigkeiten und Minderwertigkeiten zu akzeptieren und nicht nur die physische, sondern auch die psychische Fitneß zu stärken.

Es ist wichtig, die Masse unserer Gesellschaft nicht mit „Moralapostelung", „0,0-Promille-Predigten" oder ähnlichen Bevormundungen zu reizen und damit das Gegenteil zu bewirken, sondern eine echte Lösung aufzuzeigen, verständlich, logisch, vernünftig und einfach!

B.J.M. Diehl, Th. Miller (Hrsg.)
Moderne Suggestionsverfahren
© Springer-Verlag Berlin Heidelberg 1990

Summary

Alcohol must be regarded as the number one drug. Alcohol addicts and people with alcohol consumption problems are unfortunately treated like social outcasts, disregarded by society and isolated in public health institutions for so-called rehabilitation. People keep talking about "social solidarity," but they don't act accordingly. Especially alcohol addicts need some kind of assistance to improve their self-confidence and vitality.

Autogenic training constitutes one of the many ways to acquire this kind of self-support. Although institutions like the Church are still fighting against this psychotherapeutic technique, everyone will have to realize, sooner or later, that autogenic training has nothing to do with spiritualism or sects but rather.

Moreover, it is advisable not only to apply autogenic training in the treatment of drug addiction and drug dependence but also to make use of its prophylactic value. It may be taught in schools in order to improve pupils' self-esteem and self-confidence, thus strengthening their physical and mental condition.

It is important to promote a true solution to the problem of alcoholism, a solution that is understandable, logical, reasonable, and simple, rather than sermons and other measures which may, by alienating people, have precisely the opposite effect to that intended.

Selbstverständlich werde ich nicht als Fachmann für AT reden, sondern als praktizierender Laie. Mehr Ahnung habe ich schon vom Alkoholismus, erlebte ich doch über Jahre hinweg alle Höhen und Tiefen dieser Krankheit mit. Nun bin ich schon seit einigen Jahren ein sozusagen „gut getrockneter Alkoholiker".

Ich kann die lapidare Frage nicht übergehen, wieso es soweit kommen kann, daß soviele Leute, immerhin jeder 8. Erwachsene in der Schweiz, in diese Suchtproblematik abrutschen.

Oft und oft habe ich mir diese Frage gestellt, warum es zu einem ständigen Alkoholmißbrauch kommt. Diese einfache Frage ist zugleich aber auch die schwierigste Frage, für die es keine katalogisierende Antwort geben kann. Es ist niemals nur ein einzelner Grund, sondern stets sind es mehrere Komponenten, die in den verschiedensten Zusammensetzungen aufeinandertreffen und den Auslöser spielen. Da nun jeder Mensch irgendwo Unterschiede zu einem anderen aufweist, sind diese Zusammensetzungen so verschieden, so viele Menschen es gibt.

Natürlich lassen sich gewisse Gründe grob aufzählen: psychische Leiden, körperliche Abnormitäten, prekäre soziale Verhältnisse, ebenso familiäre; oft hört man, Vererbung sei auch schuld, was ich allerdings sehr bezweifle. Verhaltensformen werden nicht vererbt, sondern anerzogen. Pauschal kann man vielleicht davon ausgehen, daß besonders gefährdet jene Leute sind, die sich in irgendeiner Beziehung schlechter oder minderwertiger fühlen als die Mitmenschen. Nach der Einnahme von Alkohol erwartet man eine Linderung, Vergessen, Entspannung und Verbesserung und findet diese auch. Zum größten Teil wird dieses Erfolgserlebnis schon sehr früh ausgelöst. In der Nachpubertät ist dieser Griff zu Hilfsmitteln aber nicht schon unbedingt ein Weg in die Sucht. Dem Großteil der Jugendlichen gelingt es nach wie vor, aus dieser Zeit der Selbstfindung problem- und schadlos auszusteigen. Mit der Eingliederung in unsere kulturellen Gewohnheiten, in die Gesellschaft, wird das richtige Maß gefunden. Mit dem Wandel vom Jugendlichen zum Erwachsenen verschwinden auch viele psychische und körperliche Mängel, die in der Nachpubertät auftraten und eben für diese Minderwertigkeiten sorgten, die mit Konsum von Alkohol überdeckt wurden. Doch bei zu vielen bleiben diese Minderwertigkeitsgefühle. Sie haben nicht gelernt, damit umzugehen, sie zu akzeptieren. Und mit ihnen bleibt die Sucht nach Linderung. Immer wieder erinnern sie sich an die Erfolgserlebnisse nach dem Genuß von Alkohol. Übergangslos verwandelt sich die Sucht nach Linderung in die Sucht nach Alkohol!

Einen Hauptgrund glaube ich allerdings in der Geschichte von Walt Disneys *Die Wüste lebt* zu finden:

> In diesem einmalig schönen Film wird von der paradiesischen Oase mitten in der Wüste berichtet, hervorgerufen durch einen Fluß, der plötzlich im Sand versiegt. Rund um diese Oase leben alle möglichen Tierarten, gibt es eine zauberhafte Vegetation, und die Viecher leben in Saus und Braus. Alle sind vollgefressen und degeneriert, da niemand ums Überleben kämpfen muß. Jedes Jahr nun passiert es einmal, daß gewisse Baumfrüchte überreif zu Boden fallen. Zu dieser Zeit kommen alle Tiere von weit her, um an diesem Fest teilzunehmen. Dann fressen die Tiere die überreifen und schon gärenden Früchte. Elefanten stoßen gegen die Bäume, damit noch mehr Früchte zu Boden fallen. Im Magen gärt es weiter, und die Viecher sind total besoffen. Es ist ein Vergnügen zuzusehen, wie die Affen übereinanderpurzeln, wieder versuchen aufzustehen, sich gegenseitig halten müssen, um sofort wieder umzufallen. Die Elefanten und Giraffen torkeln durch die Gegend, einen Schritt vorwärts, zwei zurück, einen auf die Seite. Andere liegen in total verdrehten Positionen auf dem Boden und schlafen ihren Rausch aus. Das wiederholt sich jedes Jahr zu gleichen Zeit.

Auch diese Tiere sind auf eine Art Alkoholiker oder zumindest Gewohnheitstrinker. Ich bin sicher, daß diese Tiere öfter gärende Früchte essen würden, wenn diese mehr als einmal im Jahr unter den Bäumen lägen.

Das zeigt doch, daß der Alkohol auch den tierischen Instinkt manipuliert. Nicht nur wir denkenden Menschen werden von der Wirkung des Alkohols angezogen, auch unbewußt wirkt seine Kraft. Anders ausgedrückt könnte man sagen, die Natur – man könnte auch irgendeinen Schöpfer meinen – hätte den Lebewesen einmal im Jahr eine große Sauforgie erlaubt, ein Abschalten, Ausrasten, ein Ausflippen. Leider haben wir, wie so oft, der gut eingerichteten Natur ins Werk gepfuscht. Weil man aber das nicht mehr rückgängig machen kann, wie jedes andere angeeignete Wissen und Erforschte, müssen wir lernen, damit umzugehen.

Was wird nun aber in Wirklichkeit getan, um uns diesen Lernprozeß zu erleichtern? Wenig bis nichts! Wir werden auf die Welt gestellt und sind mehr oder weniger hilflos den Gefahren ausgesetzt, die in eine Sucht führen können. Das beginnt doch schon in der Erziehung.

Zumindest in unseren Breitengraden, mit unserer Mentalität und Lebenseinstellung spielen 2 Erziehungsmethoden eine entscheidende Rolle:

1. Die zu freie, auf totale Selbständigkeit der Kinder ausgerichtete Erziehung und
2. die übervorsichtige, verweichlichende Erziehung.

Zu 1: Zu oft neigen Eltern wegen Egoismus, der Einfachheit halber zu einer gewissen Vogel-Strauß-Politik den Kindern gegenüber oder einfach infolge einer Unkenntnis der Folgeerscheinungen. Oft kommen solche Kinder früh in ein soziales Umfeld, das die Suchtgefährdung mit sich bringt.

Zu 2: Durch dieses ständige Fernhalten und das Abschirmen von Gefahren bekommen diese Kinder nie die Gelegenheit, sich die „Hörner" abzustoßen. Sie werden sozusagen mit einer gewissen sozialen Immunschwäche von einem Augenblick zum anderen in ein selbständiges Leben getaucht, wobei sie mehr oder weniger hilflos den verschiedenen Konflikten ausgesetzt sind und daran schier zerbrechen. Der Schritt in eine Sucht ist so fast vorprogrammiert.

Ganz abgesehen davon, daß Liebe, Zärtlichkeit und Zuneigung oft gerade bei diesen „behüteten" Kindern zu kurz kommen. Nicht selten resultiert diese übertriebene Fürsorge nämlich nicht aus den oben genannten Gefühlen heraus, sondern aus Schuldgefühlen, die wiederum hervorgerufen werden als Kompensation eben dieses Liebesmangels.

Ein Beispiel dafür ist Thomas, dessen Geschichte in einer Broschüre der Schweizerischen Beratungsstelle für Alkoholprobleme aufgezeichnet wurde.

Thomas leert sein zweites Glas Gin und in seinem Kopf beginnt sich langsam alles zu drehen. Der 13jährige trinkt zum erstenmal Alkohol. Rolf von nebenan hat ihn dazu überredet, der ist 15. Aber dieses Berauschtsein ist Thomas gar nicht unangenehm. Nein, er fühlt sich gut, irgendwie fröhlich und befreit und bringt Rolf dauernd zum Lachen. Er kennt sich selbst nicht mehr, denn normalerweise ist er schüchtern und ängstlich und hat auch mit seinen Klassenkameraden kaum Kontakte.

Thomas Berger ist ein wohlbehütetes Einzelkind, seine Mutter umsorgt ihn aufopfernd und ermahnt ihn immer wieder achtzugeben, daß ihm nichts passiere. Bereits im Kindergarten fiel ihm der Umgang mit Gleichaltrigen schwer. Während die anderen sorglos spielten, war er von dem Gedanken besessen, daß er brav sein mußte und nur ja nichts falsch machen durfte. Er entwickelte eine übertriebene und unbegründete Angst vor Autoritätspersonen, und die Schule ist ihm daher ein Greuel.

Am nächsten Tag probiert Thomas die Wirkung des Alkohols an der elterlichen Hausbar aus. Einen Schluck nimmt er nur; aber das genügt, merkt er, um diese neue Selbstsicherheit zu erlangen. Er setzt den Alkohol von nun an immer häufiger ein, wohldosiert wie ein Medikament. Und seine Schulkameraden stellen mit Staunen fest, daß dieser Thomas eigentlich ein toller Kerl ist.

Das geht bald 2 Jahre lang so. Bier und Gin versteckt er zu Hause hinter den Schulbüchern. Die Alkoholfahne vertreibt er mit Pfefferminze. Er muß mit der Zeit aber immer öfter und immer größere Mengen trinken, damit sich das Hochgefühl einstellt. Die Eltern merken nichts. Es fällt ihnen allerdings auf, daß ihr Sohn nur noch schlechte Noten nach Hause bringt. Die Lehrer beklagen sich. Thomas döst während des Unterrichts vor sich hin, hat Mühe, den Lehrstoff zu begreifen, weiß manchmal am nächsten Tag schon nicht mehr, was sie durchgenommen haben.

Dann kommen die Angstzustände wieder, aber viel stärker als früher, sein Leben scheint Thomas völlig sinnlos. Er trinkt noch mehr, jetzt auch in der Schule, und dabei erwischt ihn sein Klassenlehrer. Die Eltern werden informiert und sind entsetzt. Aber sie suchen umgehend eine Beratungsstelle mit ihrem Sohn auf.

Thomas erfährt, daß Schlaflosigkeit, Depressionen und Lernstörungen Folgen des Alkoholmißbrauchs sind. Die Ursachen für seine Abhängigkeit, seine Schüchternheit und seine Ängste, können in einer Gruppentherapie erfolgreich behandelt werden.

Soweit die Geschichte von Thomas, die uns mit aller Brutalität und ohne die üblichen Verniedlichungen einen typischen Start in eine Alkoholikerkarriere aufzeigt.

Gerade solche Jugendliche setzen eben den Alkohol als Sorgenbrecher ein, um Mängel oder Minderwertigkeitsgefühle auszugleichen, um Schwierigkeiten zu entfliehen.

Nun, für beide Punkte gilt, daß es ungleich schwerer bis unmöglich ist, die Erziehungsmethoden der Eltern zu verändern; weil es keine Allgemeinmethode gibt! Ich würde ja nicht mal sagen können, diese Methoden wären falsch, denn niemand kann sich in diesem Bereich das Recht herausnehmen, gültige Wertungen aufzustellen.

Um so mehr ist es die Aufgabe, den Kindern zu helfen, mit den später auftretenden Folgen und Schwierigkeiten zurechtzukommen, noch viel besser, diesen Folgeerscheinungen zuvorzukommen. Am einfachsten gelänge das mit Hilfe des AT.

Dieses ist schon für Kinder die einfachste und beste Methode, Selbstachtung zu erlangen, sich die Fähigkeit anzueignen, Kleinigkeiten und Minderwertigkeiten zu akzeptieren. Die Erfolge, die sich damit einstellen, sind unvorstellbar für diejenigen, die diese Chance nicht nutzen.

Miller schrieb einen Leserbrief auf einen Artikel von mir in einer Zeitung, in dem ich AT schon in der Schule verlangte.

In einer äußerst vernünftigen, verständlichen und liebenswerten Art und Weise erklärte sie darin die Kraft des AT für die Kinder und das Recht der Kinder darauf. Sie beginnt mit der Frage: „Was tun wir eigentlich für die psychische Gesundheit unserer Kinder?" und fährt dann fort:

Soviel ich weiß, ganz wenig bis nichts! Das ist eigentlich widersinnig, denn die meisten Störungen unserer Kinder an den Schulen sind ja psychisch bedingt, d. h. psychosomatische, Verhaltens- und neurotische Störungen überwiegen doch bei weitem die körperlichen Probleme! Auch würde gewiß niemandem einfallen, mit Turnen gegen Drogensucht anzukämpfen! Was bisher unternommen wurde, erschöpft sich in der Information über Drogen und Warnungen. Aus Erfahrung in anderen Ländern kann man behaupten, daß diese Art der Drogenprophylaxe nichts gebracht hat! Vergleichen Sie es mit dem Rauchen: Welcher Raucher weiß nicht, daß sein Hobby schädlich ist für seine Gesundheit – die Information ist also da, ebenfalls die Abschreckung durch Lungenkrebs, Raucherbeine etc. Aber allein deswegen hat kaum ein Raucher sein Laster aufgegeben! Ein weiteres Beispiel: Da, wo man die Autofahrer auf Straßen allzu drastisch vor Gefahren gewarnt hat mit Bildern von Unfällen, häuften sich auf der folgenden Strecke die Unfälle überzufällig. Warnen und Abschrecken bringt kaum etwas, Verbieten das Gegenteil! Wir können doch höchstens unsere Kinder impfen, imprägnieren, stark machen dadurch, daß wir ihnen Methoden beibringen, die entstressen, entlasten, beruhigen, das Selbstvertrauen stärken, ganz wichtig, entängstigen, die alle ihre körperlichen und geistigen Fähigkeiten verbessern, die ihnen gestatten, zu lernen, wie man sich auch in schwierigen Situationen körperlich entspannen und geistig beruhigen kann, mit denen sie lernen können, sich wohl in ihrer Haut und selbstsicherer zu fühlen. Wer solcherart vorbereitet wird, braucht keine Drogen mehr, keine Aufputsch- und Zumachmittel; er kann sich seine Hochs selbst schaffen, lernt seine Tiefs besser zu verdauen, ohne die trügerische Hilfe irgendwelcher Drogen, zum Beispiel Alkohol.

Das Autogene Training ist eine sehr einfache, systematische, sachlich und wissenschaftlich fundierte Selbsthilfe-Methode zur körperlichen Entspannung, welche die Psyche beruhigt, den Charakter stärkt, das Selbstvertrauen hebt, die Gesundheit verbessert etc. Es ist unklug, dieses Mittel erst dann einzusetzen, wenn der Schaden bereits voll da ist. Kinder lernen viel schneller und leichter, weil sie noch nicht so stark und chronisch verkrampft sind.

Soweit Miller. Wie gesagt, besser und deutlicher kann man das gar nicht beschreiben. Vor allem aber stehen da Worte, die jeder versteht.

Alles, was für AT notwendig ist, wäre der Wille, der Glaube daran, ein wenig Zeit und etwas Durchhaltevermögen. Erfolgserlebnisse kommen mit Sicherheit, manchmal braucht es eben etwas länger. Positive Vorstellungen bedeuten Erfolg! Wer sich ständig mit den Gedanken martert: „Das kann ich nicht! Das hilft bei mir nicht! Mir nützt das nichts! Wieso immer die anderen?" usw., wird logischerweise den Erfolg gar nicht sehen, auch wenn er ihn hätte. Diese ständigen Abwertungen, diese negativen Vorstellungen machen krank!

Es gibt natürlich noch eine ganze Reihe anderer Behandlungsmethoden und -therapien, die, mehr oder weniger fundiert, das gleiche Ziel verfolgen. Dabei ist es selbst für hochgraduierte Leute schwer, Empfehlungen oder Verwerfung zu statuieren. Es gibt immer irgendwelche Leute, die auf die verschiedensten, noch so verrückten Methoden positiv reagieren. Ich glaube fast, daß hier keiner ein allgemeingültiges Urteil abgeben kann. So wäre eigentlich jeder aufgefordert, die für ihn beste Methode und Therapie zu suchen. Da das jedoch rein „organisatorisch" nicht möglich ist, ist es mehr als berechtigt, AT als die doch einfachste und zugleich vielfältigste Methode zu forcieren.

Jeder, der in der Suchtprophylaxe mithelfen will und kann, muß immer und überall darauf drängen, daß AT in die Schulen kommt.

Als ich mir den Titel für dieses Referat überlegt hatte, wollte ich zuerst einen anderen nehmen: Alkoholismus und AT. Alkoholismus jedoch ist eher ein Wort, das die akute Krankheit beschreibt. AT aber, so weiß ich aus eigener Erfahrung, läßt sich kaum oder nur sehr schwer im Zustand der akuten Trunksucht einsetzen.

Ich selbst habe beide Phasen „probiert", als Alkoholiker mit AT zu arbeiten: Vor Jahren als feuchter Alkoholiker, besuchte ich in einem Anfall der totalen Resignation einen Kurs und erhoffte mir Wunder. Doch mir fehlten der Wille, die Einstellung und u. a. die Zeit. Auch war der Abwehrmechanismus zu stark; ich glaubte, weitertrinken zu können, bis die Erlösung von selber eintrete. Der Alkohol jedoch neutralisierte, ja vernichtete alle Erfolgserlebnisse, so daß ich nach einiger Zeit frustriert und erst recht am Boden zerstört aufgab.

Das größte Problem ist bei feuchten Alkoholikern, einen Grund für's Aufhören zu sehen. Selbst in den katastrophalsten Zuständen und Situationen sieht man alles noch durch eine rosarote Brille, hält sich die längste Zeit mit Selbstlügen, z. T. raffiniert und wirklich glaubhaft konstruiert, über Wasser. Deshalb braucht es schon sehr oft einen Zwang oder einen Druck von irgendwoher, um mit einer Therapie zu beginnen. Sofort aber ist dieser Teufelskreis wieder geschlossen, denn es ist enorm schwer, unter Zwang einen Entzug durchzustehen.

Das zweite Mal machte ich die Erfahrung mit AT während meiner Entziehungskur. Da waren dann die Voraussetzungen ganz andere: Ich war schon ein halbes Jahr trocken, wollte mittlerweile ehrlich weg von der Sucht und hatte eine gute Therapeutin. Erst jetzt konnte ich mich fallenlassen, konnte und wollte an- und aufnehmen und zulassen. Ich lernte, meine Probleme zu akzeptieren, arbeitete ziemlich schnell mit formelhaften Vorsätzen und bin bis jetzt noch staubtrocken.

Deshalb glaube ich, daß man AT erst nach erfolgtem Entzug oder, noch besser, zur Suchtprophylaxe einsetzen sollte. Ich wage fast zu behaupten, daß diese Art der Selbsthypnose als Mittel zum eigentlichen Entzug eher wirkungslos ist.

Um so hilfreicher und wirkungsvoller wäre AT für die Suchtprophylaxe, respektive -prävention. Wie aus der Beschreibung von Miller klar hervorgeht, ließe sich damit in der Schule größtmögliche psychische Fitneß mit geringstem Zeitaufwand erreichen. Ich habe das Jahr nach meiner Kur, in dem ich noch unterrichten durfte, mit meinen Zweitklässlern eine Vorstufe des AT probiert. Es war herrlich, die Unbefangenheit dieser Kinder zu erleben, die fast sichtbare Kraft und das Selbstvertrauen, die sie aus diesen wenigen Übungen schöpfen konnten. Allerdings trug es mir einen Rüffel einer religiös-fanatischen, bezirksschulrätlichen Visitatorin ein. Das war übrigens meine erste Begegnung mit der ambivalenten Einstellung christlicher Mitmenschen gegenüber einer Stärke des Menschen, die doch ureigen menschlich und somit gottgewollt sein muß.

Meine zweite Begegnung war dann, als ich meinen Verlag gründete und mein erstes Buch: *„Ein Weg zurück…" aber: 0,0 Promille ist nicht die Lösung* – in die Buchhandlungen bringen wollte, sowieso ein sehr schweres Unterfangen.

Ich bekam also von 2 religiösen Buchhandlungen das Buch zurückgeschickt. Beide lehnten das Kapitel „Hilfe durch Autogenes Training" ab. So schrieb einer folgendes:

> Sehr geehrter Herr Kals,
> das zugesandte Buch enthält positive Aspekte der Suchtbekämpfung. Wie Sie jedoch im Untertitel richtig ausführen: 0,0 Promille ist nicht die Lösung! Insbesondere sind wir mit dem Beitrag auf Seite 49–53 nicht einverstanden. Wir haben Einblick in die immer häufiger auftretenden Probleme von Leuten, die sich mit Autogenem Training beginnend, mit Yoga und Meditation befassen, dann beim Spiritismus landen und den Ausweg nicht mehr finden. Wir sind der Meinung, daß eine echte Hilfe, die auch *Bleibendes* schafft, nur durch den Glauben an Christus geschieht. Dazu haben wir viele Zeugnisse. Wir legen Ihnen ein Johannes-Evangelium bei. Wenn Sie dieses durchlesen, werden Sie Feststellungen machen, die das Leben eines jeden *ehrlich* Lesenden verändern können; und somit auch echte Bewältigung seiner Probleme.
> Wir wünschen Ihnen Gottes Segen beim Lesen und grüßen Sie freundlich…"

Ich sehe hier einfach den Zusammenhang nicht! Man wird die Kirche überzeugen müssen, daß eine positive Kraft aus dem eigenen Körper doch von einem Schöpfer gewollt und deshalb auch geschaffen wurde! Jede andere Auffassung wäre ja absurd! Aber die Angst, daß die eigene Kraft zu stark werden könnte, ist halt schon groß. Wer aber stark und damit unabhängig wird, hat eher Zweifel an Dingen, die er nicht sehen und greifen kann, wo also der Glaube anfängt.

Verstehen Sie mich hier bitte nicht falsch. Ich habe nichts gegen die Kirchen und dergleichen. Im Gegenteil, ich finde es vernünftig, daß es so viele verschiedene Bewegungen gibt, so daß eigentlich alle Menschen das Passende finden können. Aber es ist für jede Gruppierung schlecht, festgefahren und unbeweglich zu sein.

Ich schätze auch religiöse Gruppierungen, die in der Suchtproblematik tätig sind, so z. B. das Blaue Kreuz, die Guttempler oder auch die AA, die hier an manchen Orten doch sehr religiös angehaucht sind. Im Prinzip spielt es gar keine große Rolle, warum oder mit wessen Hilfe man mit dem Saufen aufhört. Diese Beweggründe können vielfältig und sogar komisch sein. Sei es den Eltern zuliebe, für die Freundin oder den Freund, sei es wegen des Arbeitgebers oder wegen des Geldes, sei es wegen oder mit Hilfe des Glaubens. Auch Kondition, sportliche Aspekte oder ein Hobby können die Gründe sein, natürlich auch die Gesundheit.

Im Laufe der Zeit muß und wird man eine egoistische Veränderung durchmachen. Nichts auf der Welt existiert, für das es sich lohnt, mit dem Trinken aufzuhören, als das eigene Ich. Nur wer so weit kommt, daß er wegen seiner eigenen Person nicht mehr säuft, hat die Idealbedingungen erreicht. Denn alles andere kann sich verändern, die eigene Person bleibt existent.

AT in der Alkohol-, oder überhaupt in der Suchtprophylaxe, versuchte ich weiter oben zu erklären. Wie kann ein trockener Alkoholiker AT nach erfolgreichem Entzug einsetzen, speziell seine Problematik betreffend?

Es gibt in den Jahren, glaube ich, eines jeden trockenen Alkoholikers unzählige Momente und Situationen, in denen er so seine Assoziationen zu seiner Trinkerzeit hat. Zum Teil sind diese mit gedanklichen Bildern verbunden, die irreführend sind, lässig, sozusagen Querschläger auf die „trockene" Psyche.

Ich werde das am besten an Beispielen von mir erklären: Ich stehe in der Nacht auf, weil ich Durst verspüre, gehe in die Küche und trinke Mineralwasser. Das Bild entsteht in der Erinnerung, wie ich das gleiche machte, allerdings mit einem mordsmäßigen Kater. Zugleich verstricke ich mich in Gedanken, wie es zu diesem postalkoholischen Zustand kam, damals. Natürlich erscheinen nur die Bilder von lässigen Stammtischrunden, von Festen mit Bekannten und Freundinnen, schön und anmachend.

Früher klingelten da bereits alle Alarmglocken. Damals überlegte ich fieberhaft, was ich tun könnte, um diesem verdammten Absturzgeier zu entkommen. Ja manchmal redete ich schon mit ihm. Die Angst vor einem Rückfall wurde noch verschlimmert, wenn ich daran dachte, daß in der Wohnung genug alkoholische Getränke standen, die ausreichen würden, die größte Lust zu befriedigen. Die Magen- und Darmnerven begannen zu reagieren. Plötzlich stach und zog es in der Magengegend, und der Pulsschlag schnellte in die Höhe. „Mein Gott", dachte ich, „jetzt bin ich erst 32 und bin erst so kurze Zeit trocken. Da kommen noch so viele Jahre, dieser Druck ist ja nicht zum Aushalten!" Ich versuchte es mit Arbeit. Ich stürzte mich geradezu auf das Papier, doch es nützte nichts. Noch einmal versuchte ich, mir alles Schöne, Positive, Angenehme und Lebenswerte in meiner momentanen Lage vor Augen zu führen. Ich ging in Gedanken zur Schule, ließ die Blicke in der hübschen Wohnung umherschweifen. Ich hatte ja alles, was man zum Leben braucht. Vielleicht lag gerade hier der Hase im Pfeffer! Ich malte mir aus, wie es wäre, wenn ich jetzt einfach 2, 3 Bier trinken würde. Schon in Gedanken blieb es nicht bei diesen.

Heute weiß ich, wie phantastisch es ist, mit Hilfe des AT solche Tiefs zu neutralisieren. Momentan ist es leicht für mich, dem Absturzgeier die Flügel zu stutzen!

Gründe für solche geistigen Abstürze gibt es güngend. Schon öfters haben mir Serviertöchter, wirklich unabsichtlich, ein falsches Bier gebracht. Man kann sich vorstellen, wie schwierig es manchmal ist, ein solches zurückzuweisen. Solange es einem gut geht, ist das kein Problem, zumindest ein kleineres. Wenn aber ausgerechnet dieser Tag dumm läuft, alles mögliche zusammenkommt, wird's haarig.

Sehr oft genügt es schon, in einem von früher her bekannten Restaurant zu sitzen mit Bekannten oder Freunden, die genüßlich trinken und nicht saufen. Auch hier kann der Druck enorm werden, wenn man nicht gelernt hat, diesen abzustellen, bevor er sich entfalten kann.

Mit AT lassen sich solche Situationen sehr gut meistern. Meistens genügen schon die ersten kurzen Beruhigungsformeln, und schnell verschwinden diese Gedankenbilder. Natürlich hilft es auch, wenn man sich bewußt in diese Assoziationen einschaltet und sich die katastrophalen Zustände früherer Zeiten zurückholt. Ich habe die Erfahrung gemacht, daß es mit AT schneller und v. a. nachhaltiger geht.

Es ist klar, daß es immer Alkoholiker geben wird, genauso wie es in absehbarer Zukunft immer umweltverschmutzende und -gefährdende Leute, immer geld- und machtgeiernde und genauso kranke Leute geben wird. Gerade deshalb wäre es wichtig, die Masse nicht mit Moralapostelung, 0,0-Promille-Predigten oder ähnlichen Bevormundungen zu reizen und damit das Gegenteil zu bewirken, sondern eine echte Lösung aufzuzeigen, verständlich, logisch, vernünftig und einfach. Wenn es gelingen würde, kontrolliertes Trinken in Verbindung mit AT modern zu machen, wäre ein großer Schritt getan. Jeder einzelne, dem damit geholfen werden könnte, würde ein weiterer sein, dem viel erspart bliebe, wenn man die möglichen Folgeerscheinungen dieser Krankheit in Betracht zieht: Auto- und Arbeitsunfälle, Familientragödien, Beschaffungskriminalität von Tötung bis Mord, Selbstmord, um einige Beispiele zu nennen.

Lassen Sie uns mit und für die Masse der Leute arbeiten, für die Totalabstinenz kein Ziel sein kann. Da muß man der Jugend, ja einer ganzen Generation beibringen, mit dem Stoff Alkohol umzugehen, das Maß zu finden, die schlummernden Kräfte im Körper mit Hilfe des AT zu motivieren und zu aktivieren!

Es betrifft ja nicht nur die Alkoholproblematik, diese ist nur Ausgangspunkt für Elend, Verzweiflung, Hoffnungslosigkeit, härtere Drogen. Es betrifft die ganze Degeneration, Resignation, Haltlosigkeit und überhaupt die psychische und physische Überbelastung in der heutigen Gesellschaft.

Und ich erlaube mir auch zu fragen: „Was wird dagegen getan?" Ämter, Verbindungen und Institutionen gäbe es genug, die eigentlich für Prophylaxe und Prävention zuständig wären, und das Geld wäre auch vorhanden. Aber bis auf wenige Ausnahmen hockt jeder auf dem Geld, mit dem er arbeiten sollte, wie die Glucken auf den Eiern, als ob es aus dem eigenen Geldsäckel wäre.

Am Schluß des Jahres zählt nicht, was damit erreicht wurde, sondern um wieviel mehr zusammengekratzt und aufgestockt werden konnte. Es fehlt jeglicher Mut zum Risiko, neuen Ideen werden keine Chance gegeben, denn „es fehlt an Geld, und gesetzliche Grundlagen gibt es auch nicht, oder...?" Alles läuft weiter auf festgefahrenen Schienen, auffällige und unangenehme Alkoholiker werden versorgt, diese Versorgungsheime ein bißchen gesponsert, um das Gewissen zu beruhigen, sinnvolle Vorbeugungsmaßnahmen schubladisiert. Was man nicht kennt, frißt man nicht! Kurzsichtigkeit ist leider sehr verbreitet, weil auch einfacher, gefahrloser und ohne scheinbar mögliche Schwierigkeiten.

Es ist wie ein Kampf gegen Windmühlen!

Ich will am Schluß noch einige Zahlen repetieren, wie sie oft und oft zu lesen sind: 160 000 Schweizer sind vom Alkohol abhängig, 750 000 Schweizer konsumieren ihn in Mengen, welche die Gesundheit schädigen können. 10 % der Verkehrsunfälle werden durch Alkohol verschuldet und 18 % der Verkehrstoten. Insgesamt sterben in der Schweiz jährlich rund 1000 Menschen an den Folgen von Alkoholmißbrauch. Eine Langzeitstudie der Schweizerischen Bundesbahnen hat gezeigt, daß Alkoholkranke 2,5mal häufiger pro Jahr an der Arbeitsstelle fehlen als andere Mitarbeiter. Unter Alkoholeinfluß passieren 3,5mal mehr Betriebsunfälle. Außerdem können viele Alkoholkranke nicht mehr 100%ig ihrer Arbeit nachgehen. Der volkswirtschaftliche Schaden des Alkoholmißbrauchs beträgt in der Schweiz über 2 Mrd. Franken pro Jahr. Dabei kann noch kein Mensch die unzähligen Leute sehen, die zu viel Alkohol trinken, aber in keiner Weise auffallen und damit anonym bleiben. Das Problem bei diesen ist, daß sie mit ihren Schwierigkeiten allein leben müssen, zum Vegetieren gezwungen, ohne Hilfe zu erlangen. Da wäre es wichtig, diese Leute überzeugen zu können, wie nützlich und einfach es ist, durch eine Selbsttherapie mit Alternativgetränken in Verbindung mit AT, wie ich es im Buch „*Ein Weg zurück...*" beschrieben habe, zu einem Erfolgserlebnis zu kommen, das notwendig ist, um den Kampf gegen den Alkokhol aufzunehmen. Diese Leute müßten sich die Chance geben zu erleben, daß es ohne oder mit weniger Alkohol besser geht.

Ich weiß es aus eigener Erfahrung nur zu gut, wie furchtbar es ist, wenn einen die Resignation überholt, wenn man in ein tiefes, dunkles Loch fällt, ohne Halt und ohne Ende. Alles wird traurig, feindselig. Man sieht nur noch die Grausamkeiten dieser Welt, die Ungerechtigkeiten, Verderben, Neid, Haß, Gier, Soldaten und Krieg, Krankheit und Tod. Jegliche Hoffnung auf Besserung bewegt sich schier uneinholbar fort, erstickt in diesem dichten, negativen Nebel von Mitleid und Selbstaufgabe.

Helfen wir diesen Leuten, einen Weg aus der Sucht zu finden, helfen wir aber v. a., einen Weg in die Sucht zu verhindern, in dem z. B. das AT in den Schulen praktiziert wird.

Überzeugen wir die Behörden, die Krankenkassen, die zuständigen Institutionen und schließlich auch die Kirche, daß „Vorbeugen besser ist als Heilen". Überzeugen wir auch die Medien, damit sie einsteigen und mithelfen, eine Grundwelle zu beschleunigen.

Literatur

Kals K (1987) „Ein Weg zurück..." – aber 0,0 Promille ist nicht *die* Lösung. „alternativverlag kaschmi", 8892 Berschis/Schweiz

Kals K (1988) „...zurück in die Freiheit!" „alternativverlag kaschmi", 8892 Berschis/Schweiz

IV. Autogenes Training
mit Kindern, Tanztherapie etc.

Michael Eberlein
Arzt, Trainer für autogenes Training
mit Schwerpunkt AT für Kinder,
Mitglied der Deutschen Gesellschaft
für Gesundheitsvorsorge

Angst, Konzentration, Leistung – Das Kind im Brennpunkt

Zusammenfassung

Der Autor beschreibt in Kürze die Bedeutung des AT in der Behandlung und Prävention von Verhaltensauffälligkeiten, die häufig bei Schülern zu beobachten sind. Demzufolge sind streßbedingte psychosomatische Störungen ebenso wie Verhaltensabweichungen leicht zu überwinden, indem man Schüler zusammen mit ihren Eltern und Lehrern in den Prozeß des AT integriert. Methodisch sollte das AT den jeweiligen Altersgruppen der Schüler angepaßt sein.

Summary

The author briefly outlines the usefulness of autogenic training in the treatment and prevention of behavior disorders commonly observed among pupils. He advances the idea that stress-related psychosomatic disturbances as well as deviant behavior may be coped with easily by involving pupils, their parents, and their teachers in the autogenic training. The age of the pupils necessitates minor methodological alterations during the process of learning the exercises.

Was ist bloß mit unseren Kindern los? Diese Frage stellen sich immer häufiger Eltern, Lehrer und Ärzte.

Die Zahl sog. Verhaltensauffälligkeiten nimmt rapide zu, eine Statistik besagt, daß heute jedes dritte Kind in der Bundesrepublik verhaltensauffällig ist! Von dieser noch zu beschreibenden Verhaltensauffälligkeit ist es dann oft nur noch ein kleiner Schritt zur Verhaltensstörung, zur Krankheit im psychosomatischen Umfeld. „Mein Kind könnte in der Schule das Beste sein – wenn es sich nur besser konzentrieren könnte." Ein Satz, den viele Eltern im Gespräch mit Erziehungsberatern, Psychologen und Ärzten nur allzuoft aussprechen –

B.J.M. Diehl, Th. Miller (Hrsg.)
Moderne Suggestionsverfahren
© Springer-Verlag Berlin Heidelberg 1990

ein Satz, der diesen Berufsgruppen nur zu bekannt ist. Konzentration, aufmerksam zuhören, aufnehmen – verbunden mit lernen – behalten! Etwas, das für viele Kinder immer schwieriger wird. „Wibbelig, unruhig – oft unausgeschlafen – unkonzentriert", so urteilen viele Lehrer über ihre Schulkinder, und begegnen dieser Tatsache oft mit Resignation und/oder übertriebener Strenge und eigener Gereiztheit, die sich dann wieder auf die Kinder überträgt.

Wann aber ist ein Kind verhaltensauffällig? Eine Frage, die wir uns schon oft gestellt haben. Wenn ich „wir" schreibe, meine ich damit Ärzte, Psychologen und Pädagogen, die in den vergangenen 18 Jahren im Rahmen der Deutschen Gesellschaft für Gesundheitsvorsorge sich intensiv um diese Kinder im „Vorfeld der Erkrankung" gekümmert haben und in der Therapie Kinder behandelt und geheilt haben, die verhaltensgestört, die seelisch und/oder körperlich krank zu uns kamen.

Aber noch einmal zurück, was ist verhaltensauffällig?

Ist ein Kind, das dauernd „auf dem Stuhl rumrutscht, frech ist, am Bleistift nuckelt" schon auffällig – und wenn ja –, wo ist die Grenze zur Verhaltensstörung? Wortstreitereien bringen wenig – die Tendenz ist oben beschrieben, das Kind „stört" den Unterricht, ist „schwierig" zu Hause, die Leistungen lassen nach. Ein Alarmsignal, ein Grund für viele Eltern, mit ihrem Kind, für ihr Kind etwas zu unternehmen, ein positiver Ansatz.

„Mein Kind könnte das Beste sein...", und im nächsten Atemzug „Wieweit kann das autogene Training, das Sie ja seit langem mit Kindern durchführen, helfen?"

Wieweit aber kann AT verhaltensauffälligen Kindern helfen? AT, eine Methode der konzentrativen Selbstentspannung, erlebte in den 60er und 70er Jahren beim streßgeplagten Erwachsenen eine neue Blüte.

In Leverkusen setzen wir seit über 15 Jahren AT bei Kindern ein, in erster Linie als Konzentrationshilfe und nicht leistungsorientiert – obschon infolge der deutlich gesteigerten Konzentrationsfähigkeit sich auch oft die schulischen Leistungen schnell bessern. Aber: Nur AT wie es bei Erwachsenen oft durchgeführt wird, hat sich als nicht ausreichend erwiesen. Wir verbinden daher das AT mit sog. Randaktivitäten, die man auch Zentralaktivitäten nennen könnte.

Es ist zwar gut und schön, Kinder mit Hilfe des AT zu entspannen, „zu lösen", doch was hilft das alles, wenn im Anschluß an die Gruppenstunde das Kind in jenes soziale Umfeld (Elternhaus/Schule) zurückkehrt, das eigentlich für die Verhaltensauffälligkeit oder Störung verantwortlich ist!

Das „soziale Umfeld – das Spannungsfeld des Kindes"!

Sicher ist, daß unsere hektische Lebensform sich schon früh – in den prägenden Jahren des Kindes (intrauterin bis zum 4. Lebensjahr) – auf das Kind überträgt. Wenn das Fernsehen zum Babysitter wird, der heute in aller Mund befindliche (Dis)streß die Oberhand gewinnt, dazu noch Spannungen zwischen Vater und Mutter kommen, begleitet von den negativen Errungenschaften unserer Zivilisation, wie Lärm und Reizüberflutung allgemein, dann kann dies eine sehr ungünstige Ausgangssituation sein. Daher steht das orientierende, klärende Gespräch mit beiden Elternteilen, sofern irgendwie möglich, immer im Vordergrund. Oft kommt dabei schon eine übertriebene Erwartungshaltung des Erwachsenen zu Tage. So spielen die Kinder im Rollenspiel überhäufig

„Zum-Mittagessen-nach-Hause-kommen" und die erste Frage der Mutter lautet: „Na, Arbeit geschrieben oder zurückbekommen?"

Im Gruppengespräch mit den Kindern (das innerhalb jeder AT-Stunde stattfindet) spielen bei den schönen und schlimmen Ereignissen der Woche anfangs die Noten immer die Hauptrolle, verbunden mit der Angst – Angst, bestraft zu werden, Angst, die „Eltern zu enttäuschen", Angst vor Liebesentzug. Überhaupt die Angst oder viele undefinierbare Ängste spielen eine Hauptrolle auf dem Grat zwischen Auffälligkeit und Störung, zwischen Gesundheit und Krankheit.

Darüber sprechen – oder noch besser, sich davon freispielen, die Angst bewältigen, eine positive, lebensbejahende Einstellung zu finden – ist daher ein wichtiges Ziel der Randaktivitäten. Die Mutter, der Vater – die Eltern –, sie reden oder schreiben sich ihren Kummer von der Seele und werden nicht in irgendein Fragebogenschema eingezwängt. Das Kind spielt sich frei, spielt den Lehrer nach, vor dem es Angst hat, spielt „Mit-einer-schlechten-Note-nach-Hause-Kommen", es überwindet die Angst.

Frage an eines unserer Kinder im Wochengespräch: „Wie ist das denn jetzt bei dir, Klaus, wie geht's denn so in der Schule?" Darauf Klaus strahlend: „Meine Noten sind noch nicht besser, aber meine Eltern regen sich nicht mehr so auf!" Ein kleiner – und doch für dieses Kind so wesentlicher Erfolg. Deswegen ist die Eltern/Kind und ggf. Lehrer einschließende Therapie so bitter notwendig. Wichtig ist es, nach keinem monotonen Schema vorzugehen, sich selbst und die Gruppenarbeit immer wieder kritisch zu überprüfen, Spiele anzubieten, die Freude machen, das AT „kindgerecht" zu gestalten.

„Das autogene Training ist meine schönste Erholungsstunde", sagte ein Mädchen unserer Gruppe. Erholung, Entspannung finden – etwas, das alle Kinder durchweg positiv aufnehmen, wenn es eben nur mit Freude und Faszination verbunden ist.

Wir erreichen dies, indem wir vor dem eigentlichen AT die oben genannten Aktivitäten anbieten, dazu je nach „Bedarf" Malen, freies Musizieren mit Orffschen Instrumenten und immer wieder vor dem AT Bewegungs- und Tobespiele – laufen, rennen, schreien. Warum nicht?

Dann das AT selbst – in seinen Grundzügen nach Schultz unverändert bei Kindern meistens in der Liegehaltung d. h., die Kinder liegen ruhig, gelöst, entspannt auf dem Boden, hören konzentriert die Stimme des Übungsleiters (eines Arztes) – Suggestivtraining oder üben selbst – ein jedes Kind für sich – autogen, unter Kontrolle und mit Erfahrungsaustausch!

Was aber ist „kindgerechtes autogenes Training"?

Unserer Erfahrung nach ein AT, das altersgerecht abgestimmt ist. Es wird bei 7- bis 8jährigen (Untergrenze für die Gruppentherapie) naturgemäß anders aussehen als bei 14jährigen. Für kleinere Kinder hat sich das spontan erfundene Märchen, in dem gewisse Stereotypen immer wiederkehren – mutig, positiv, konzentriert – hervorragend bewährt. Aus der Spannung des Tages wird über die Spannung der Geschichte (die eine Gedankenflucht verhindert und dadurch die Konzentration steigert) in die Entspannung des AT übergeführt – vollkommen ruhig – gelöst – entspannt – die wohltuende, beruhigende, entkrampfende Einstimmungsformulierung in das autogene Training.

Ältere Kinder lehnen Märchen oft als „albern" ab, für sie reicht eine gewisse Einstimmung in die Ruhe des AT, ein sog. Einstimmungsbild, das Ruhe und Geborgenheit vermittelt, z.B. Meeresstrand mit sanft bewegter See, Wald, Blumenwiese usw. aus.

Ergebnis nach einjähriger Gruppenarbeit:

Kinder, die jederzeit „abschalten" können, für die (und deren Eltern) die Welt nicht anläßlich einer schlechten Schulnote zusammenbricht, die mutig, selbstbewußt und konzentriert sich auch unbequemen Anforderungen stellen, auch wenn das dann nicht immer vom Erfolg gekrönt ist. „Kopf hoch, Claudia", dieser schlichte Vorsatz für ein 12jähriges Mädchen half, verbunden mit anderen Maßnahmen und dem AT dem Mädchen aus einer Depression zu finden, den „Mut zum Leben" zurückzugewinnen.

Hier sind wir an der Schwelle zur Krankheit – an dem Punkt, wo der Körper reagiert, wo seelische Mißhandlung sich in der Krankheit manifestiert, wo Sucht, Suizid und andere Gefahren lauern. Angst macht eng – eng im Herzen – eng im Bauch – Angst macht krank. Einnässen, vegetativ bedingtes Erbrechen, Magenkrämpfe, Kopfschmerzen bis hin zu migräneartigen Anfällen, Sprach- und Sprechstörungen – nur eine kleine Auswahl aus der Skala körperlicher Erkrankungen, die ihren Ursprung im psychovegetativen Bereich haben können. Bei der Therapie dieser und ähnlicher Krankheiten gilt immer: Zuerst eine sorgfältige ärztliche Abklärung des Beschwerdebildes. Erst dann, wenn die organische Abklärung primär ohne Befund bleibt, stehen eine Reihe von psychotherapeutischen Verfahren zur Wahl. AT und – besonders bei kleineren Kindern – ein spezielles Suggestivtraining können hier erfolgreich eingesetzt werden.

Zusammenfassend kann das autogene Training in seiner um den Bereich der Randaktivitäten erweiterten Form eine wesentliche nicht medikamentöse therapeutische Hilfestellung bei der Behandlung psycho-vegetativer Befindlichkeitsstörungen sein. In der immer wichtiger werdenden Prävention im Sinne von Erst-Prävention zur Verhütung von Krankheit werden psycho-vegetative Entspannungsverfahren in der Zukunft eine Schlüsselstellung erlangen; eine von Langen (Mainz) geforderte Psychohygiene ist mit diesem Verfahren in die Praxis des Alltags integrierbar und stellt für Therapeuten einen wichtigen Therapiefaktor dar.

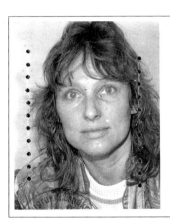

Gabriela Mauermann
Dipl.-Päd. mit Schwerpunkt
Heilpädagogik in eigener Praxis

Autogenes Training für Kinder mit Märchen

Zusammenfassung

Kinder mögen i. allg. das AT; aber es fällt ihnen bisweilen schwer, ruhig zu sein und sich nicht zu bewegen. Sie alle lieben Phantasien und Märchen. Das fördert den Trainingserfolg.

Mit Phantasien kann man in den Himmel fliegen und in den tiefen Ozean eintauchen. Märchen spiegeln auf der anderen Seite typische Konfliktsituationen, die Kinder sehr gut verstehen können.

Es ist diese Kombination von Märchen und AT, die die Erfordernisse einer kindgerechten Psychotherapie erfüllt.

Summary

Children usually like autogenic training, but it may be rather difficult for them to be quiet and not to move. They all love fantasies and fairytales, which can contribute towards the success of the training.
- Fantasies can create islands of deep quietness and relaxation, distant to the troubles children have. With fantasies one can fly high above sorrows, and dive into deep blue oceans of peace. In a daydream one can think over and find solutions to problems.
– Fairytales, on the other hand, reflect typical human conflicts in a symbolic way. Children understand them very well. Fairytales give confidence! The message of many fairytales is: Trust in yourself, trust in your own power. If you don't avoid the problems of life, if you try to find solutions and go your own way, if you have faith in yourself, you will succeed!

This combination of fairytales and autogenic training satisfies the requirements of a form of psychotherapy suitable for children.

B.J.M. Diehl, Th. Miller (Hrsg.)
Moderne Suggestionsverfahren
© Springer-Verlag Berlin Heidelberg 1990

Ich arbeite mit Kindern und – wo nötig – mit deren Eltern in einer Kombination klientenzentrierter Methoden (Gestalt-, Spieltherapie, klientenzentrierter Beratung) und dem AT mit Märchen nach den Grundgedanken der humanistischen Psychologie.

Beides, das AT und das Märchenerzählen, hat in meiner Familie eine lange Tradition. So nimmt es nicht Wunder, daß ich auf diesen Bereich den Schwerpunkt meiner Arbeit lege, weiß ich doch selbst, wie wichtig und schön diese Erfahrungen für Kinder sind!

Während des AT, wie ja inzwischen glücklicherweise bekannt ist, zu mehr Ruhe, Gelassenheit und Selbstvertrauen führt, vertiefen Märchen und Traumreisen den Erfolg.

Kinder identifizieren sich mit den Märchenfiguren, die gerade im Volksmärchen typische Konflikte von Sozialisations- und Reifungsprozessen erleben! Sie fühlen sich nicht mehr so allein, jemand hat die gleichen Probleme wie sie und bewältigt sie. Wenn der das schafft, dann können sie es auch. Märchen machen Mut!

Traumreisen stellen eine notwendige Distanz zum Alltag und seinen Problemen her, manchmal sogar einen dringend benötigten Schutzraum, bis das seelische Gleichgewicht wieder hergestellt ist und die Realität bewältigt werden kann.

Eine Reise auf dem fliegenden Teppich läßt alles auf der Erde unwichtig erscheinen, nur die Sonne wärmt, und ihre Wärme durchströmt den Reisenden mit dem Gefühl von Glück, Geborgenheit und tiefer Gelassenheit.

Dies ist etwas, was alle Kinder unseres Kulturkreises dringend brauchen können, da sie einer Flut von Außenreizen und Leistungsanforderungen ausgesetzt sind, die die wenigsten verkraften, während Traditionen und Techniken der Ruhe, der Meditation, des Träumens und des Zu-sich-Kommens immer mehr in Vergessenheit geraten. He-man ist ein schlechter Ersatz!

Kinder lieben das AT mit Märchen, und wenn man sie läßt, suchen sie genau die Geschichte aus, die sie brauchen.

Wie bereits erwähnt, arbeite ich auf der Basis der humanistischen Psychologie, d. h., ich gehe davon aus, daß jeder Mensch, jedes Wesen die Tendenz hat, sich optimal zu entwickeln, wenn die Voraussetzungen gegeben sind. Ich vertraue auf die Kraft des inneren Wachstums.

Konkret für die Arbeit heißt das: Ich versuche, eine Atmosphäre der Wärme und Geborgenheit herzustellen. Ich hole die Kinder ab, wo sie sind, Widerstände werden grundsätzlich respektiert. Erst wenn die Klienten sich selber akzeptieren, können sie sich verändern.

Ich versuche, die Selbstheilungskräfte der Kinder zu unterstützen und ihnen ihre Phantasie als Kraftquelle deutlich zu machen.

Die Spieltherapie ist nicht das eigentliche Thema; aber es sei kurz erklärt, daß Kinder mit Hilfe des Spiels ihre Konflikte darstellen und bearbeiten können. Im Spiel geben sie ihren Problemen, Ängsten und Gefühlen eine Gestalt. Kinder haben andere Denkstrukturen als Erwachsene. Sie denken magisch, animistisch, nicht logisch. Darauf beruht auch der Gedanke der Arbeit mit Märchen.

Der heilende Einfluß des AT ist inzwischen zur Genüge bekannt. Bei Kindern kommt er genauso zum Tragen wie bei den Erwachsenen, nur schneller, denn sie haben gewöhnlich weniger intellektuelle Blockaden im Kopf. Wenn eine Beziehung zum Therapeuten besteht, lassen sie sich bereitwillig auf die Übung ein.

Fast alle Kinder machen unter diesen Bedingungen das AT gerne und mit Erfolg, so daß sie ruhiger, gelassener, konzentrierter werden, aber auch selbstbewußter und konfliktfähiger. Das AT sollte nie dazu mißbraucht werden, Konflikte zu unterdrücken! Kinder mögen das AT, v. a., wenn sie die Erfahrung machen, daß es ihnen wirklich hilft. Sie sind oft fasziniert von der Erfahrung, daß ihre Fähigkeiten sehr viel weitreichender sind, als sie dachten.

Kombination der Verfahren: Die Wirkung des AT muß allerdings unbefriedigend bleiben, wenn wesentliche Konflikte und Streßursachen nicht bearbeitet werden können. Hier setzt die Spieltherapie ein, bei größeren Kindern die klientenzentrierte Beratung, die ihnen helfen soll, Gefühle und Konflikte auszudrücken und zu verarbeiten.

Reicht dies nicht aus und sind die Eltern (oder manchmal auch Großeltern oder Lehrer) dazu bereit, können in Form von gemeinsamen Gesprächen auch familiäre oder schulische Ursachen von Problemen herausgefunden und verändert werden.

Zur Funktion von Märchen: Kinder mögen also das AT sehr, aber sie sind lebhafter als Erwachsene. Manchen fällt es schwer, sich auf die Ruhetönung einzulassen. Alle Kinder lieben aber Märchen und Phantasiegeschichten. Das kann man sich bei der Arbeit zunutze machen, ja sogar den Erfolg vertiefen.

– Phantasiereisen können Inseln der Ruhe herstellen, Distanz zu Alltagssorgen schaffen. Man kann sich über die Dinge stellen oder in einen Ozean der Ruhe tauchen. Man kann Probleme und Problemsituationen im Traum erleben und in der Phantasie Lösungsmuster ausprobieren.

– Märchen stellen typische Konflikte der menschlichen Entwicklung dar. Sie bedienen sich der Vorstellungswelt der Kinder.

Märchen machen Mut! Fast alle Märchen vermitteln die Botschaft: Vertrau dir, vertrau auf deine Kraft! Wenn du dich den Problemen des Lebens stellst, ihnen nicht ausweichst, sondern ihnen mit Zuversicht und Mut begegnest, bekommst du auch Hilfe. Du wirst nicht nur siegen, sondern sogar reich!

Märchen geben den Kindern Identifikationsmuster, Lösungsstrategien und das Gefühl, tief verstanden zu werden und mit ihren Problemen nicht allein zu sein. Sie drücken ihre geheimsten Ängste und Gefühle aus und machen sie für die Kinder handhabbar.

Literatur

Bettelheim B (1977) Kinder brauchen Märchen. Deutsche Verlagsanstalt, Stuttgart
Eberlein G (1984) Autogenes Training mit Kindern. Econ, Düsseldorf
Eberlein G (1985) Autogenes Training für Kinder. Springer, Berlin Heidelberg New York Tokyo

Kast V (1987) Wege zur Autonomie, 3. Aufl. Walter, Olten Freiburg
Kast V (1986) Märchen als Therapie, 2. Aufl. Walter, Olten Freiburg
Kast V (1986) Wege aus Angst und Symbiose, 8. Aufl. Walter, Olten Freiburg
Müller E (1984) Hilfe gegen Schulstreß. Rowohlt, Reinbek
Müller E (1988) Auf der Silberlichtstraße des Mondes, 4. Aufl. Fischer, Frankfurt am Main
Müller E (1988) Du spürst unter deinen Füßen das Gras, 6. Aufl. Fischer, Frankfurt am Main
Oaklander V (1988) Gestalttherapie mit Kindern und Jugendlichen, 4. Aufl. Klett, Stuttgart
Rozman D (1979) Mit Kindern meditieren. Fischer, Frankfurt am Main

Wally Kaechele

Tanz- und Ausdruckstherapeutin,
Dance-Alive-Specialistin, Direktorin der „Dietrich-
Langen-Schule für Tanztherapie", Vorsitzende des
Bundesverbandes für Tanztherapie (BVT),
Vorstandsmitglied des Berufsverbandes der Tanz-
therapeuten und Vorstandsmitglied der Internatio-
nalen Gesellschaft für Kunst, Gestaltung und Therapie

Einführung in Theorie und Praxis der Tanztherapie

Zusammenfassung

Die Autorin beschreibt in Kürze den historischen Ursprung des Tanzes als einer der elementaren Therapieverfahren des Menschen. Die Entwicklung während der letzten Jahrzehnte führte schließlich zur allgemeinen Integration der Tanztherapie in die aktuelle Psychotherapie; so ist die Tanztherapie in der Bundesrepublik Deutschland heute im stationären wie im ambulanten Bereich zugänglich und wird in Rehabilitationskliniken wie in Gesundheitsvorsorgezentren gleichermaßen angeboten. Die eigenständige Berufsausübung des Tanztherapeuten in der Bundesrepublik Deutschland setzt die abgeschlossene Berufsausbildung als Arzt, Psychologe oder Heilpraktiker voraus.

Summary

The author gives a brief description of the historic origins of dance as one of the basic therapeutic means of man. The developments of recent decades finally led to the general integration of dance therapy into advanced psychotherapeutic interventions; dance therapy in the Federal Republic of Germany is presently available to inpatients and outpatients in rehabilitation centers as well as in health care institutions. In order to become a dance therapist in the Federal Republic of Germany, completed training as a general practitioner, psychologist, or nonmedical practitioner *(Heilpraktiker)* is necessary.

Die Tanztherapie als eine recht neue Form der Psychotherapie in der Bundesrepublik wird in den USA bereits seit 1940 praktiziert und seit 1970 an den Universitäten als Ausbildungsgang angeboten. Die Idee der Tanztherapie ist nicht aus der Psychotherapie, sondern aus dem Tanz als künstlerischem Aus-

B.J.M. Diehl, Th. Miller (Hrsg.)
Moderne Suggestionsverfahren
© Springer-Verlag Berlin Heidelberg 1990

druck erwachsen. Strömungen, wie „modern dance" und Ausdruckstanz, hatten die konventionelle Tanzszene bereits wesentlich beeinflußt, als Tänzerinnen mit diesem Hintergrund die Idee tänzerischer Bewegungen als therapeutisches Medium entwickelten. Nach und nach, aufgrund zunehmender Erfahrung mit dieser Vorgehensweise in psychiatrischen Kliniken und Privatpraxen, entstanden so mehrere, psychologisch unterschiedlich beeinflußte und inzwischen theoretisch fundierte Richtungen der Tanztherapie (Langen-Institut 1989).

In den USA hat sich die Tanztherapie inzwischen als Form der Psychotherapie weitgehend etabliert und findet nun auch in der Bundesrepublik, ähnlich wie andere körperorientierte Therapieformen, zunehmend Beachtung.

Ungeachtet der Tatsache, daß es nicht *die* Tanztherapie gibt, lassen sich einige grundlegende gemeinsame Merkmale anführen: Allen tanztherapeutischen Richtungen ist die Verwendung von Tanz und Bewegung als primäres Mittel der Veränderung gemeinsam. Die Tanztherapie geht von einer psychophysischen Einheit des Menschen aus; dies bedeutet, daß sich die Persönlichkeit eines Klienten auch in seiner körperlichen Erscheinung, seiner Haltung, Mimik, Gestik, Gangart und seiner Bewegung zeigt.

Tanz ist eine der ältesten Formen des menschlichen Ausdrucks. Die Sprache der Gebärden, des Tanzes ist weit älter als unsere Alltagssprache. Konfuzius (550 v. Chr.) hinterließ uns folgendes Zitat: „Wenn wir keine Worte finden, so tanzen wir." Tanz als Ausdruck innerer Befindlichkeit, das zeigen uns noch heute die Naturvölker, wo jedes Ereignis, sei es Geburt, Tod, Hochzeit, Erntedank, Heilung von Krankheiten oder Krieg und Frieden, im Tanz gestaltet und ausgedrückt wird.

„Der Tanz ist so alt wie das Verlangen der Menschen, sich mitzuteilen, seinen Freuden und Sorgen Ausdruck zu verleihen mit dem, was ihm unmittelbar zur Verfügung steht, mit seinem Körper" (Sorell 1985, 1986).

Alles, was wir tun, ist Ausdruck unserer Gefühle, Gedanken und Empfindungen und wird nach außen durch unsere Körpersprache sichtbar. Wir teilen uns ständig mit, bewußt oder auch unbewußt, ganz gleich, ob wir fröhlich, traurig, wütend, ängstlich oder glücklich sind. Wir können mit Worten lügen, jedoch mit dem Körper nicht. Viele Menschen haben verlernt, ihre Gefühle zu zeigen, können oder wollen sie nicht mehr zeigen, dabei geht mit zunehmendem Alter die Ausdrucksfähigkeit immer mehr verloren.

Gefühle und Empfindungen nicht mehr zuzulassen, sie zu verstecken, heißt aber auch, die Bewegungen einzuschränken, und das wiederum bedeutet sehr oft, körperlich zu erkranken.

Die Möglichkeit, direkt auf einer vorsprachlichen Ebene zu intervenieren, ist insbesondere dort von großer Bedeutung, wo Klienten aufgrund von massiven psychischen Problemen oder Entwicklungsrückständen nicht oder nur schwer in der Lage sind, sich sprachlich mitzuteilen oder dort, wo sich diese Probleme deutlich in ihrem Körper manifestieren, z. B. bei psychosomatischen Krankheitsbildern.

Die Tanztherapie als Erlebnistherapie unterscheidet sich von anderen Tanzanwendungen wie Kunsttanzformen, Gesellschaftstanz und Tanztechniken durch ihre Prozeßorientierung. Den Menschen dort abzuholen, wo er steht, seine Sprache zu sprechen, sein Bewegungsverhalten aufzunehmen, ist für den Tanztherapeuten der erste Schritt zu einer therapeutischen Beziehung.

Die Aktionen, Reaktionen und Interaktionen wahrzunehmen, ist für ihn ebenso wichtig wie die Beobachtung des Patienten, wie er sich bewegt, welche Bewegungen er bevorzugt und wiederholt, welche er wegläßt, d. h., wo Bewegungsblockaden auftreten.

Im Tanz, in der Bewegung lernt der Patient, seine Gefühle zu zeigen, sie auszudrücken und zu gestalten, sich dabei mit ihnen auseinanderzusetzen und neue Bewegungsmöglichkeiten zu entdecken.

Therapeutische Arbeit, die z. B. auf die Erweiterung des Bewegungsrepertoires des Klienten abzielt, bewirkt somit nicht nur eine Veränderung des Bewegungsverhaltens, sondern eine Erweiterung emotionaler und kognitiver Erfahrungsmöglichkeiten. Somit kann die Tanztherapie definiert werden als die psychotherapeutische Verwendung von Bewegung als Prozeß, der die physische und psychische Integration des Individuums zum Ziel hat.

Trudi Schoop, eine Pionierin der Tanztherapie, schrieb 1971 folgendes Zitat: „Wenn die Psychoanalyse innere Haltungen ändert, sollte sich auch äußerlich eine Veränderung in der körperlichen Haltung zeigen. Wenn eine Tanztherapeutin Veränderungen im körperlichen Verhalten erzielt, müßte sich auch gleichzeitig eine innere Veränderung ergeben. Beide Methoden erstreben eine Wandlung des gesamten körperlichen und geistigen Seins."

Diese ganzheitliche Sichtweise ist charakteristisch für alle tanztherapeutischen Ansätze. Genau wie jeder Arzt sich mit den Beschwerden seiner Patienten befaßt, um eine Diagnose zu stellen, muß der Tanztherapeut das Körperbild seiner Patienten diagnostizieren.

Die von den meisten Tanztherapeuten angewandte Beschreibungsmethode beruht auf einem Konzept der Bewegungstheorie von Rudolf von Laban, der sagt, nicht *was* der Mensch tut, sondern *wie* er es tut, ist wichtig.

Er teilt das Bewegungsverhalten in 2 Grundkategorien ein, „effort" und „shape". „Effort" als eine Betrachtungsweise des Energieumsatzes. Die Energie und Dynamik eines Menschen, die Art und Weise, *wie* er seine Bewegungsqualitäten einsetzt, ist hier gemeint, wobei Rudolf von Laban die Qualitäten mit dem Überbegriff Raum, Zeit, Kraft und Fluß bezeichnet. Für den Tanztherapeuten ist es wichtig zu sehen, wie der Mensch seine Energie in den Raum steuert, kürzester oder veränderbarer Weg, direkt, zielbewußt oder indirekt, ziellos; wahrzunehmen, wie er mit seiner Zeit umgeht, d. h. zu sehen, wieviele Bewegungsimpulse innerhalb einer gewissen Zeitspanne stattfinden, ob ein Impuls mehr oder weniger Zeit in Anspruch nimmt, schnell oder langsam, z. B. zügig, eilig, flink, ungenau oder gemütlich, bedächtig, pedantisch, kontrolliert ist; zu beachten, wie er seine Kraft einsetzt, sein Gewicht mehr oder weniger betont, d. h. leicht, locker, beschwingt und mühelos oder aber stark, schwer, sicher, selbstbewußt und kraftvoll einsetzt; wahrzunehmen, wie ist sein *Fluß*, ungebunden und frei oder gebunden und begrenzt; wie hält er seine Impulse zurück, lenkt und steuert sie, oder läßt ihnen freien Lauf, nicht gelenkt und nicht gesteuert, zu sehen, wie beendet er die Energie oder mobilisiert sie. Dabei wird der Begriff *Fluß* als Basis der anderen Begriffe gesehen.

Alle Gegensätze enthalten hier je nach Ansicht positive wie negative Bedeutung.

„*Shape*" beschreibt die Form der Bewegung im Raum, z. B. eckige oder runde Luft- und Bodenmuster, umgebungsorientierte (vom Körper weg) oder körperorientierte (zum Körper hin) Bewegungen.

Bewegungs- und Empfindungsphantasie sind eng miteinander verbunden und nicht voneinander zu trennen. Viele Störungen, die sich in Krankheitsbildern zeigen, entwickeln sich aus Problemen und Konflikten, die aus der Nichterfüllung eigener Bedürfnisse entstehen. Wünsche, Hoffnungen und Träume, die im Tanz, in der Bewegung erlebt, durchlebt und oft erfüllt werden können, helfen, Lösungsmöglichkeiten zu finden.

Der Tanztherapeut ist als Mittänzer, Kontratänzer, Beobachter, Analytiker und Spiegel, Begleiter und Helfender auf dem Weg zu Selbsthilfe.

Das Berufsbild des Tanztherapeuten

Das breite Spektrum der tanztherapeutischen Arbeitsweisen ermöglicht deren Anwendung sowohl in unmittelbar therapeutischen als auch in prophylaktischen und pädagogischen Bereichen. Der Tanztherapeut arbeitet in Bereichen von Medizin, Psychologie, Psychotherapie, Sozialarbeit, Heil- und Sonderpädagogik, Beratung in Einrichtungen medizinischer, sozialer und therapeutischer Ausrichtung sowie stationärer und ambulanter Rehabilitation, in Programmen der Beratungsstätten und in der Randgruppenarbeit. Struktur und Inhalt von Tanztherapie variieren dabei je nach der spezifischen Problematik der jeweiligen Klientengruppe. Entsprechend der aktuellen Rechtslage der Bundesrepublik müssen Tanztherapeuten, die eigenständig werden wollen, zusätzlich eine Ausbildung in Medizin oder Psychologie oder die Erlaubnis zur nichtärztlichen Ausübung der Heilkunde (Heilpraktikerprüfung) erwerben.

Ansonsten können sie tanzheilpädagogisch oder im Delegationsverfahren mit einem ärztlichen Psychotherapeuten zusammenarbeiten (Langen-Institut Monheim).

Literatur

Laban R von (1987) Die Kunst der Bewegung. Heinrichshofen, Wilhelmshaven
Laban R von (1988) Der moderne Ausdruckstanz. Heinrichshofen, Wilhelmshaven
Langen-Institut (1989) Ausbildungsunterlagen selbstdruck. Langen-Institut, Monheim
Schoop T (1985) Komm' und Tanz' mit mir. Pan AG, Zürich
Sorell W (1985) Der Tanz als Spiegel der Zeit. Heinrichshofen, Wilhelmshaven
Sorell W (1986) Geschichte des Tanzes. Heinrichshofen, Wilhelmshaven

Margarethe Langen, Social Worker
Dance-Alive-Specialist, Ehrenmitglied der
Internationalen Mediziner-Arbeitsgemeinschaft,
Mitglied des Bundesverbandes
für Tanztherapie (BVT),
Vorsitzende der Interessengemeinschaft
der Dance-Alive-Specialisten (IGD)

„Dance Alive" – Heilpädagogischer Tanz

Zusammenfassung

Die Charakteristika des „Dance Alive" werden beschrieben, seine Ursprünge auf die klassische Tanztherapie zurückgeführt und die verschiedenen Anwendungsmöglichkeiten aufgezeigt.

Darüber hinaus nimmt die Verfasserin Bezug auf die eigenen praktischen Erfahrungen und verweist auf die therapeutische Effizienz des Dance Alive in Kombination mit Gruppentherapie und AT, besonders im Hinblick auf die öffentliche Gesundheitsvorsorge und Rehabilitation.

Summary

The characteristics of "Dance Alive" are outlined. Its origin from classic dance therapy is described and its applications are listed.

In addition, the author refers to her own practical experience and points to the therapeutic effectiveness of Dance Alive in combination with group therapy and autogenic training, in particular with regard to public health care and rehabilitation.

Was ist Dance Alive?

Dance Alive ist ein Konzept, das sowohl gesunden als auch kranken und behinderten Menschen Freude an der Bewegung vermittelt mit dem Ziel, den authentischen Bewegungsfluß zu entwickeln, zu stärken und das Selbstwertgefühl zu steigern. Dance Alive kann im kreativen Einzeltanz, partnerbezogen oder auch in der Gruppe erlebt werden. Es ist genau wie Tanztherapie nur im Selbsterleben zu erfahren.

B.J.M. Diehl, Th. Miller (Hrsg.)
Moderne Suggestionsverfahren
© Springer-Verlag Berlin Heidelberg 1990

Woher kommt Dance Alive?

Julianna Lau, Lehrstuhlinhaberin für Tanztherapie an der York-Universität in Toronto, Kanada, hat aus ihren langjährigen Erfahrungen in der Behandlung von kranken, behinderten, bewegungsverarmten und alten Menschen „Dance Alive" neu entwickelt. Ihre Forschungsarbeit mit autistischen Kindern und der Vergleich mit den ritualisierten Wiederholungsgesten jugendlicher Diskobesucher zeigte ihr, wie wichtig für jeden Menschen eine Erweiterung seines Bewegungsrepertoirs ist.

Was erlebt man in einer Dance-Alive-Stunde?

Zunächst einmal sind alle Bewegungen in jeder Form richtig, natürlich auch im eingeschränkten Umfang einer Behinderung. Es gibt kein Falsch, und es geht hier nicht um das Nachahmen vorgegebener Bewegungen, wie beim Gesellschaftstanz oder anderen festgelegten Tanzformen. Der eigene Körperrhythmus, der Bewegungsfluß und die Wahrnehmung der inneren Befindlichkeit führt zu eigenem freiem Tanzausdruck, wobei die Musik ein hilfreiches Medium ist. Jede spontane Bewegung des Teilnehmers wird vom Dance-Alive-Specialisten akzeptiert. Es gilt: „Nur nichts wollen – sondern zulassen – geschehen lassen – losgelöst von Leistungsdruck und Wertung."

Ganz gleich, wie die Bewegungen sein mögen, sie sind immer Ausdruck eines bestehenden Zustands im Hier und Jetzt. Bewegungserlebnisse korrespondieren immer mit Gefühlserlebnissen. Im Gruppengespräch wird dann von den Teilnehmern über die persönlichen Bewegungsmuster berichtet.

In die Stunde eingebaut wird eine Musikentspannung oder das AT, das die Teilnehmer vom Dance-Alive-Specialisten erlernen.

Warum Gruppengespräch?

Dieses Gruppengespräch unterstützt die Kommunikation, macht eigene Gefühle deutlicher, kann das Verständnis für eigenes und fremdes Verhalten vertiefen und fördert die Selbständigkeit.

Wie arbeitet der Dance-Alive-Specialist?

Er muß in der Lage sein, die Bewegungen seiner Teilnehmer zu analysieren, auszuwerten und daraus Vorbeugungs- und Besserungsprogramme aufzubauen und durchzuführen. Weiter muß er Stimulation und Integration von kognitiven, physischen und emotionalen Fähigkeiten der Teilnehmer fördern. Er muß z. B. auf die Teilnehmer eingehen können, muß die Atmosphäre der Gruppe abschätzen, soll bei Kindern die Phantasie besonders anregen, eine feinfühlige Einstellung den Senioren gegenüber entwickeln, Jugendliche verstehen, ihnen wirklich zuhören, angebotene Motive für den Stundenablauf sofort aufnehmen und umsetzen können. Er muß den intellektuellen, den kinetischen, den emotiven Ansatz erkennen, muß Bewegungen improvisieren und komponieren.

Neben Theorie und Praxis des Dance Alive lernt er Rollenspiel, Psychodrama, Pantomime, Musikentspannung, Atemschulung; Anatomie, Stundenplanung und -gestaltung sowie Gesprächsführung sind wichtige Unterrichtsfächer. Das AT soll jeder Dance-Alive-Spezialist beherrschen, anwenden und weitervermitteln.

Wo kann Dance Alive eingesetzt werden?

In Vor- und Nachsorge-, Freizeit-, Urlaubs-, und Fitneß- und Gesundheitszentren, in Schulen, Seniorenheimen und allen Rehabilitationseinrichtungen.

Wer kann Dance-Alive-Specialist werden?

Voraussetzung ist eine abgeschlossene Ausbildung aus den Bereichen Medizin, Pädagogik, Sport, Tanz, Bewegung oder einem sozialen Fach.

Es gibt eine schulische Vollausbildung, die 26 Wochen dauert, und eine berufsbegleitende Ausbildung, die sich bis auf 3 Jahre erstrecken kann.

Die Bezeichnung „Dance-Alive-Specialist" und das Dance-Alive-Emblem sind gesetzlich geschützt. Nur wer die Ausbildung absolviert und nach bestandener Abschlußprüfung das Zertifikat erhalten hat, darf den Titel führen. In Kanada ist Dance Alive ein anerkanntes Berufsbild und wird an der Universität als Studiengang angeboten.

Was sagen Dance-Alive-Schüler?

Bereits im Jahre 1978 wurde die Tanztherapeutin Wally Kaechele von Frau Professor Julianna Lau, York-Universität Toronto, Kanada, zur Dance-Alive-Dozentin für Europa ernannt. Inzwischen hat sie mit ihren Mitarbeitern weit über 100 Dance-Alive-Specialisten ausgebildet. Von ihren Schülern stammen folgende Antworten auf die Frage: „Was ist Dance Alive"?

I. K.: „Verschüttete, authentische Bewegungen kommen lassen, das Bewegungsrepertoir damit erweitern, besseren Umgang mit mir selbst und meinen Mitmenschen gewinnen, das ist Dance Alive."

A. D.: „Dance Alive ist die ganzheitliche Verbesserung der Lebensqualität durch Tanz."

G. L.: „Dance Alive ist Bewegung, Bewegung ist Leben. Leben heißt fühlen – denken – tun oder erleben – erkennen – benennen."

K. M.: „Dance Alive ist eine Bewegungsreise, auf der Geist, Körper und Seele in Einklang gebracht werden."

Was bewirkt Dance Alive?

Ziel ist es, das Körper- und Bewegungsbewußtsein zu fördern. Durch die neuen oder wiedergewonnenen Bewegungsvariationen verstärkt sich die Ausdrucksfähigkeit, die Körpersprache. Dance Alive vermittelt ein höheres Selbstwertgefühl, neue Entfaltungsmöglichkeiten der Persönlichkeit, bessere Reaktionen auf die Umwelt. Menschen, auch im fortgeschrittenen Lebensalter, werden aus ihrer Isolation befreit, ihre Bewegungsarmut verwandelt sich in einen lockeren, authentischen Bewegungsfluß. Dance Alive fördert die Spontanität, die Phantasie, den Einfallsreichtum.

Durch stärkeres Erleben und Empfinden verbunden mit dem selbstbestimmten Leistungsvermögen und der neu gewonnenen Kreativität wird der Mensch in ein gesundes Gleichgewicht gebracht.

So gesehen ist Dance Alive in Verbindung mit dem AT ein wirkungsvoller Weg der Gesundheitsvor- und Nachsorge.

Christine Schäfgen
Dance-Alive-Specialist

Tanz und Meditation – Trancezustände und deren Nutzung

Zusammenfassung

Tanztherapie mag als etwas völlig Neues, die Psychotherapie Revolutionierendes angesehen werden. Doch es gibt eine ganze Reihe von prähistorischen, ägyptischen und biblischen Dokumenten, die beweisen, daß dem Tanzen ursprünglich religiöse und therapeutische Bedeutung zukam. In der Kombination mit anderen psychotherapeutischen Maßnahmen zeigt sich die Tanztherapie als eine effektive Methode, die verborgene Erfahrungen und Erinnerungen mobilisiert, die zu dem Puzzle von bisher mißgedeuteten Lebensereignissen passen. Indem die Autorin Augustinus zitiert, unterstreicht sie die historische Bedeutung des Tanzes und des Tanzens allgemein.

Summary

Dance therapy might be considered something entirely new, revolutionizing psychotherapy. However, there are many documents, prehistoric as well as Egyptian and biblical, which prove that dancing originally was of religious and therapeutic relevance. In combination with other psychotherapeutic interventions, dance therapy may turn out to be an effective method of mobilizing hidden experiences and memories that fit into the puzzle of thus far misinterpreted life events. Quoting Augustinus, the author underlines the historic importance of the dance and of dancing in general.

Es gibt nicht eine Tanztherapie schlechthin, sondern viele tanztherapeutische Ansätze. Wenn die Tanztherapie als ein junger Ast im Baum der Körpertherapien angesehen werden kann, so ist der meditative Tanz als Therapieform noch ein neuerer Weg. Nun ist es natürlich so, daß Tänze mit meditativem Charak-

B.J.M. Diehl, Th. Miller (Hrsg.)
Moderne Suggestionsverfahren
© Springer-Verlag Berlin Heidelberg 1990

ter keineswegs neu sind, sie werden schon in vorchristlicher Zeit als Kult- und Tempeltänze beschrieben, als solche auch bildnerisch überliefert. Neben Jagd- und Waffentänzen war wohl die häufigste Motivation religiöse Bestätigung. Laban beschreibt sie „als erhöhte Begeisterungsspanne, die den Andächtigen erfüllt. Dieses darf man nicht als ein bloßes Anregungs- und Rauschmittel denken, sondern als starkes, kraftvolles Gebet, als Überhöhung jenes religiösen Urgedankens, daß der Mensch sich dem Ideal in bestimmter Verfassung nähern und angleichen kann."

Im Buch von Hoffmann (1988) „Tanz, Trance, Tanzformation" finden wir die Beschreibung vom tanzenden Christus. Er soll am Gründonnerstag mit seinen Aposteln einen Reigen aufgeführt haben, von einem rhythmischen Wechselgesang begleitet. Die einfachen eindringlichen Sätze hatten sicher eine hypnotische Wirkung. Nicht der Bibel, sondern dem geheimen Johannes-Evangelium entnommen, soll der Ausspruch von Christus sein: „Nur wer tanzt, erkennt" – und an anderer Stelle: „Die Gnade tanzt den Reigen, flöten will ich, tanzet alle, Amen ."

In vielen Religionen findet sich immer wieder der Wunsch, im heiligen Tanz die Gottheit zu erleben, mit ihr eins zu werden durch trunkenmachende Bewegungen. Hierher gehören die Derwischtänze, die Tänze der Schamanen, die Anbetung von Schiwa, Tänze auf Bali, der Dionysuskult.

Auf einer Grabinschrift eines Pharao findet sich der Wunsch, im nächsten Leben als Tanzzwerg geboren zu werden, womit man annimmt, daß hier die kindliche Seligkeit oder heilige Verzauberung beim Tanz eines Pygmäen gemeint ist.

In Deutschland wird dagegen im Mittelalter eine Tanzsucht beschrieben, die besonders nach den Pestepidemien in Form von Geißlerumzügen stattfand. Krampfartige Erregungszustände, Hüpfen, Schütteln, das Ausstoßen gleichmäßiger Töne lösten eine suggestive Massenreaktion aus, die in England um 1760 Springekstase, in Süditalien Tarantismus (daher stammend die Tarantella) und in Deutschland die Tanzwut genannt wird. Es entwickelten sich Hexentänze und Tänze auf dem Friedhof, die von der Kirche als ein Machwerk des Teufels verboten wurden. Interessant ist, daß der heilige St. Vitus, einer der 14 Nothelfer, hier um Heilung angerufen wurde. So entstand die Bezeichnung Veitstanz im Volksmund für die neurologische Erkrankung, die durch abrupte unwillkürliche Bewegungen gekennzeichnet ist, dabei im weitesten Sinne an einen Tanz erinnernd.

In unserer Zeit tauchen seit den Beatles und den darauffolgenden Rockkonzerten bei den Jugendlichen wieder rauschhafte Zustände auf. Auch hier ist es die Masse, die ansteckt, die Lichteffekte, der stimulierende Rhythmus der Musik. Das Sichmitbewegen bis zur Erschöpfung, das Hineingerissensein, die Dynamik, rufen meist glückhafte, manchmal aber auch ängstliche Zustände hervor. Teilnehmer können sich dabei körperlich aus der Kontrolle verlieren, wir finden Weinen und Lachen in raschem Wechsel, es kommt mitunter zu Aggressionen, zur Zerstörungswut. So sagt ein Jugendlicher: „Auch ohne Alkohol fühle ich mich wie besoffen, ich vergesse alles um mich herum."

In vielen heutigen Tanzformen begegnen wir der Ekstase im Sinne des Außersichseins, der Entrückung und Verzückung oder den ins Extrem gesteigerten Affekt. Diesem Begriff der Ekstase stellten Lander und Zohner (1987) in ihrem Buch *Meditatives Tanzen* die „Entstase" gegenüber: „Entstase dürfte der Verinnerlichung der sich konzentrierenden Ruhe, der ruhevollen Entspannung, des verinnerlichten Seins nahekommen." Aus dieser Entstase, wie Lander es bezeichnet, ergibt sich nun sicherlich die Möglichkeit der Meditation. *Meditari* heißt „nachsinnen", die besinnliche Betrachtung, das Hinüberwechseln in eine andere Dimension. Damit verbunden ist das Sicherkennen, das Durchstoßen zum Ich.

Wie ist dieses aber nun mit Tanz und Bewegung möglich, da man sich wohl meditierende Menschen nur im absoluten Ruhezustand vorstellt?

Voraussetzung dazu ist, daß man bei dem Tanz nicht mehr über einzelne Tanzschritte, über technischen Ablauf nachdenken muß und sich darauf konzentriert, daß vielmehr durch häufige Wiederholungen einfacher Folgen der Bewegungen ein automatischer Vorgang abläuft. Das Ziel müßte sein, vom bewußten Tun ins Geschehenlassen überzugehen. Das gilt für strukturierte Tänze wie für die freie individuelle Bewegung nach einem Thema.

Diese Form des Meditierens kommt einem Trancezustand gleich. Erickson, der sich außerordentlich stark mit diesen Problemen beschäftigt hat, beschreibt die Trance als einen innerlich gelenkten Zustand, in dem die vielen Brennpunkte der Aufmerksamkeit, die typisch sind für das Alltagsbewußtsein, auf relativ wenige innere Wirklichkeiten beschränkt werden. Trance bedeutet damit eine Entrückung, ein nicht mehr im Hier- und Jetztsein. In einem solchen veränderten Zustand können dann primär-prozeßhaft, wie man es entwicklungspsychologisch nennt, Dinge aus dem Unterbewußtsein aufsteigen, sie können dadurch kognitiv umgesetzt werden.

Meditation oder Trance ist also hier nicht mit einer Flucht aus dem Alltag zu vergleichen, sondern sie dient der Problembewältigung, dem Sicherkennen als Lebenshilfe.

Wosin hat den therapeutischen Wert des meditativen Tanzes besonders betont. Eibach zitiert ihn: „Es ist ein Schreiten in die Stille, ein bewegter Einstieg in die Meditation mit der Möglichkeit zur Imagination. Die begriffbildende Funktion der Sprache, z.B. Ehrfurcht, Dankbarkeit, Freude, kann wieder verkörpert, emotional eingebunden und ausdrucksfähig gestaltet werden. Der Tanzende oder Sichbewegende soll im Um-schreiten, Um-fassen, Um-kreisen zum ganzheitlichen Erleben kommen, es soll ihm die Möglichkeit gegeben werden, Begriffliches und Unbegriffliches zugleich zu erleben, symbolisch zu gestalten, eingebunden in Raum und Zeit."

Es ist durchaus einleuchtend, daß eine solche Möglichkeit des besonderen Erlebens gerade einen therapeutischen Wert auch für psychisch Kranke haben muß. Durch eine körperliche Selbstdarstellung kann es zu einer Selbstfindung kommen. Speziell die sog. psychosomatisch Kranken haben eine gestörte Beziehung zu ihrem Leib. Das Körpererleben in Bewegung beim Tanzen kann zum Aufbau eines besseren „Körper-Ich", zu einer neuen positiven Beziehung zum Körper führen. Eibach hat eine tiefenpsychologische Betrachtensweise des meditativen Tanzes gegeben. Sie stellt fest, daß die mitunter gestörte Bindung sensorischer Erlebnisse an Gefühlszustände tanzend intensiv wiederbelebt werden kann. Hand- und Hautkontakte ermöglichen es dem Tanzenden, grundlegende Erfahrungen wieder wachzurufen. Man kann etwas von den eigenen Beziehungen zur Welt erfahren, das persönliche Selbst kann verstärkt erlebt werden, einerseits durch das Getrenntsein, andererseits aber auch im Einssein. So kann es im meditativen Tanz zur körperlichen Selbstdarstellung kommen, also zu einem Weg zur Selbstfindung, „...ich bin auf dem Wege zu mir." Andererseits wird aber intensiv das Eingebundensein in die Gemeinschaft erlebt, ich als ein Glied einer langen Kette, ich auf dem Weg zum Ganzen.

So möchte ich etwas über meine Erfahrungen im therapeutischen Einsatz des meditativen Tanzes in einer psychiatrischen Klinik berichten:

Nach einer ganz ruhigen Musik und einer suggestiven Ruheeinstimmung im Liegen sollte das Thema „Kindheitserlebnisse" die Teilnehmer beschäftigen, sie sollten daraus eine Bewegung entstehen lassen, die dann durch häufiges Wiederholen weitere Zusammenhänge erkennen lassen sollte. So spürte ein Teilnehmer plötzlich: „Ich fahre als Kleinkind mit dem Holländer, es ist sehr anstrengend, ich ließ daher das Fahrzeug einfach weit weg vom Haus stehen. Weinend kam ich zur Mutter, sie strafte mich nicht." Diesem Patienten war plötzlich durch dieses Erlebnis die Erinnerung an seine gute Mutter gekommen, die bei anderen Erfahrungen in der Psychotherapie sozusagen verschüttet worden war. Ein anderer Patient kam zu einer Schaukelbewegung, die durch die Kindheitserinnerung ausgelöst wurde. Er fühlte sich dabei sichtlich wohl und erlebte noch einmal das Gefühl des Schaukelns im Garten, wo sein Vater ganz für ihn alleine eine Schaukel gebaut hatte. Er vermochte es plötzlich, diesen Vater als liebevoll sorgend zu verstehen.

Bei einer anderen Stunde ging es um das tänzerische Erlebnis eines Traums. Ein Teilnehmer führte dabei langsame, mühsame Bewegungen mit den Beinen aus, und er erklärte dazu:

„Ich sah eine schwere Krankheit bei einem mir nahestehenden Menschen. Ich möchte etwas für ihn tun. Die Füße versuchen sich zu bewegen, aber sie stecken wie im Moor – einer festhaltenden Masse. Ich kann nicht gehen, ich kann nicht helfen – es kommen mit den Armen Schwimmbewegungen dazu, die mich aber auch nicht aus der Hilflosigkeit herausbringen. Erst als sie sich nach oben zentrieren in die Höhe, kann ich sie als Bitt- und Dankbewegungen erleben."

Alle Vorstellungen bedürfen eines ruhigen, meditativen Einstiegs. Es können aber auch Erlebnisse ausgelöst werden ohne Bewegung, nur stimuliert von Musik. Ich habe immer wieder Patienten gesehen, die unter einer großen Hemmung leiden, vielleicht auch stark unter Medikamenteneinfluß standen. Ich denke an einen älteren Mann, der mit einer starken Rückgradverbiegung als einziger in der Gruppe körperbehindert war. Er wurde ganz glücklich mit der Flötenmusik „Song of the Seashore". Er stellte sich eine Möwe vor, die frei und leicht über Meere und Klippen schwebte, er konnte sich dabei aus seiner eigenen Körperlichkeit lösen und das Gefühl von unbeschwerter Leichtigkeit erleben. Auch bei anderen Musikstücken fühlte er sich frei wie ein Luftballon, erlebte dabei glückhafte Zustände, die zu einer Aufhellung seiner im Grunde sehr ängstlich-depressiven Stimmung führen konnten.

Zu sehr vielseitigen erstaunlichen Erlebnissen führte die wunderbare Musik von Vivaldi in einem Gesang „Nisi dominus". Hier können Themen angesprochen werden wie: sich öffnen, bei sich sein, herauswachsen, sich ausdehnen, den Raum ausfüllen. Wir beginnen eine solche Übung immer im Stehen mit geschlossenen Augen und entwickeln zu der sich steigernden Musik Bewegungen. Themen werden dabei vorgegeben, z. B. „Baum". Bei einer solchen Gelegenheit konnte man vom Fenster aus verschiedene Bäume sehen, die stark vom Sturm bewegt wurden, dies verstärkte die Übung offensichtlich nach dem Öffnen der Augen, und eine Frau sagte: „Ich fühlte mich im Leben immer wie ein schwaches Bäumchen, das vom Sturm zuweilen gebeutelt wird, das eine Stütze braucht, angebunden werden muß, Halt benötigt. Jetzt spüre ich, daß ich fest verwurzelt bin. Ich kann mich aber auch biegen, kann dann wieder aufrecht stehen und stark sein."

Aus weiteren Gesprächen ergab sich an anderer Stelle, daß sie sich in dieser Zeit emanzipierte, Selbstbewußtsein bekam und in ihrer Ehe nicht mehr so abhängig war.

Für einen sehr autistisch gehemmten jungen Mann war das Erlebnis „Ich vermag mich zu öffnen", das er in immer kraftvolleren Bewegungen zum Ausdruck brachte, ungeheuer wichtig.

Das Erlebnis, als Mensch immer ein Teil einer Gemeinschaft zu sein, kann natürlich in der Gruppe beim Tanzen besonders verstärkt werden.

In der Psychotherapie wird gerade auch dieses Gruppenerlebnis ein tragendes Element. So kann wiederum gerade das Tanzen in der Gemeinschaft ein wesentlicher Förderungsfaktor in diesem Prozeß sein.

Nach einer Musik von Pachelbel soll das Thema „Sich begegnen" erlebt werden. Dabei bedarf es teilweise einer Überwindung, den Blick des Gegenüber auszuhalten. Hier kommt es zu einem Lern- und Erfahrungsprozeß; damit ist die Anregung verbunden, diesen Blickkontakt im Alltag öfters zu praktizieren, damit Zuwendung und Aufmerksamkeit zu geben. Es beginnt also mit einer Begrüßung, einer Verbeugung, einer damit ausgedrückten Ehrerbietung; dann geht man aufeinander zu, um sich für eine Weile in die Augen zu schauen, wobei die Hände ineinandergelegt werden. Nachdem man sich wieder getrennt hat, wird mit einer Armbewegung nach oben angedeutet „Ich habe jetzt dein Bild in mich aufgenommen", und nach einer verabschiedenden Verbeugung geht man zum nächsten Teilnehmer.

Das *zweite Thema* soll darstellen „das Begleiten, Begleitetwerden". Ich kann begleiten oder auch mich begleiten lassen. Was fühle ich dann, und wie fühle ich mich, wo bin ich nehmend oder gebend?

Das *dritte Thema* zeigt „Einer trage die Last des anderen". Hier geht es besonders darum, die Gemeinschaft zu erleben, das Geborgensein, die Wärme, das Nichtalleinsein. Dazu sagte eine Patientin mit einer depressiven Phase während einer Zyklothymie: „Ich kann meine Probleme jemand anderes anvertrauen, bin aber auch für die anderen da." Gerade dieses letzte Erlebnis scheint mir für die Überwindung der Isolation in der depressiven Phase besonders bedeutungsvoll zu sein.

Den Abschluß findet dieser Tanz in einem Dichtzusammenstehen, Rücken an Rücken oder Schulter an Schulter; bei einer gemeinsamen Wiegebewegung kann man dann entspannen und die Nähe erleben.

Das *vierte Thema* soll eine Blüte versinnbildlichen, die sich aus der Knospe mehr und mehr entwickelt, Innen- und Außenblätter zeigt, mit Musik aus „Taizé" „adoramus".

Den Abschluß bildet dann die Verabschiedung mit dem Thema: „Ich bringe Licht, es werde licht, ich bin Licht und ein Glied der Gemeinschaft, ich bin auch ich selbst."

Für die Meditation eignet sich aber nicht nur feierliche, langsame Musik. Um Lebensfreude zu tanzen, bietet sich vor allen Dingen eine stimulierende, temperamentvolle griechische oder mexikanische Musik an. Hier kann es ein Stampfen sein, ein Hüpfen, im Kreis gemeinsam laufen. Die Mimik, der Körper und alle Sinne werden angesprochen. Auch diese Begeisterung ist anstekkend und läßt die Gruppe danach noch „keuchen", schnell atmen vor Anstrengung, wenn sie auf den Bänken sitzt, aber strahlend angeregt. Dann kann man wohl sagen, daß es hier trotz der Erschöpfung zu einer Entspannung gekommen ist und neue Energie aufgenommen worden ist. Sicherlich werden Menschen mit depressiven Störungen hiervon wesentlichen Nutzen haben.

Voraussetzung ist natürlich für alle Tänze und Bewegungen, bei denen eine Meditation angeregt werden soll, daß man nicht unter Leistungsdruck stehen darf, es sollen keinerlei Frustrationserlebnisse kommen, weil man vielleicht mit der Schrittfolge nicht zurechtkommt. Deswegen sind ganz einfache Strukturen wichtig, die so oft wiederholt werden, daß ein Darübernachdenken nicht mehr nötig ist.

Meditatives Tanzen kann natürlich auch sehr stark unter einer religiösen Motivation erfolgen. Ich habe es bisher selber in der Klinik nicht gewagt, religiöse Motive mit Patienten zu gestalten, weil ich die Einwände einiger junger Patienten gefürchtet habe, die sich vielleicht nicht in die Kirche versetzen lassen wollen. Ermutigend müßten aber die Erfahrungen der Musiktherapeutin Loos (1983) sein, die mit Patienten Teile aus dem Weihnachtsoratorium von Bach tanzte. Sie war selbst über ihren Mut erstaunt, aber auch über die Erlebnisse der Teilnehmer, die sich von den weihnachtlichen Gesängen außerordentlich angesprochen erlebten.

Ganz wichtig ist es natürlich, mit den Teilnehmern einer solchen tanztherapeutischen Aktion abschließend kurz zu sprechen. Vieles kann in dieser Gruppe nur angedeutet werden, es muß dann Eingang finden in die therapeutische Einzelarbeit bzw. in das Gruppengespräch. So treffe ich mich nach einem Tanzvormittag mit den anderen Therapeuten und kann über Verhalten und Äußerungen der Patienten berichten. Sehr hilfreiche Aufschlußmöglichkeiten ergeben sich auch für das therapeutische Team aus den Aufzeichnungen mit der Videokamera. Gerne sehen sich übrigens die Patienten selbst bei ihren Bewegungen und können wiederum wichtige Erkenntnisse sammeln.

Lassen Sie mich abschließend eigene Erlebnisse aus Kursen mit meditativem Tanz schildern:

Nach den ersten 2 Tagen eines kürzlich erlebten Seminars fragte ich mich, wo hier wohl die Meditation bleibe; ich war nämlich angestrengt, konzentriert, fast verkrampft, weil ich mir unbedingt die Schrittfolge von 14 Tänzen merken wollte, dabei auch im Hintergrund die Frage hatte, wie gebe ich es weiter, wenn ich überhaupt selbst Schwierigkeiten habe, die Dinge zu verstehen. Die Tochter von Prof. Wosin, die diesen Kurs leitete, sagte einmal, einen Tanz vormachend: „Es tanzt mich." Bei mir entstand dabei sofort ein Widerstand: „Mich tanzt es noch nicht." Aber am Schluß des Kurses konnte ich doch nachvollziehen, was gemeint war. Die ständige Wiederholung schaffte die Fähigkeit, nicht mehr über die Technik nachdenken zu müssen; damit wurde ich frei für aufsteigende Gedanken und Gefühle, für die Symbolgehalte. So konnte ich erst den Tanz genießen, mich in eine andere Bewußtseinslage versetzen, die Erkenntnisse daraus als Nutzen schöpfen.
Sehr eindrucksvoll war für mich auch ein Erlebnis in einem Kursus in Lübeck im Nebenraum des Domes. Mit einer einzelnen Einstimmung von freier Bewegung nach Vivaldis „Nisi dominus" und anschließend dem gemeinschaftlichen Tanz sagte eine Teilnehmerin in der Nachbesprechung: „Ich ertappte mich dabei, daß ich 'mal wieder an der Wand meinen Platz

hatte und nicht frei im Raum in der Gruppe sein konnte. Bei einem recht befreienden Ausweiten, Öffnen, berührte ich mit geschlossenen Augen plötzlich eine große kalte Grabsteinplatte, die in die Wand eingelassen war. Es war wie eine plötzliche, schockhafte Begegnung mit dem Tod, dadurch waren weitere Bewegungen im Augenblick ganz erstarrt. Es war nicht die Angst vor dem eigenen Tod, sondern vor dem eines vertrauten Menschen. Nur zagend gab ich mich in den darauffolgenden Gruppentanz ein, bei dem jeder die rechte Hand auf die Schulter des Vordermannes legt, bei diesen Wiegeschritten (jeweils 4 Schritte nach vorne und 2 zurück) löste sich plötzlich die Verkrampfung.

Ich empfand die Gemeinschaft, die Wärme der Mitmenschen und spürte, es wird immer Schicksalsschläge geben, die einen zurückgehen lassen. Dennoch geht das Leben weiter nach vorne, es ist eine Sinngebung da, andere können einem weiterhelfen, wenn man sich ihnen anschließt, der Vorwärtsschritt überwiegt."

Kein geringerer als der große Kirchenlehrer Augustinus hat über das Thema folgendes gesagt:

„Ich lobe den Tanz.
Er befreit den Menschen von der Schwere der Dinge.
Bindet den Vereinzelten zur Gemeinschaft.
Ich lobe den Tanz,
Der alles fordert und fördert,
Gesundheit und klaren Geist
und eine beschwingte Seele.

Tanz ist Verwandlung
des Raumes, der Zeit, des Menschen,
der dauernd in Gefahr ist,
zu zerfallen ganz Hirn,
Wille oder Gefühl zu werden.
Der Tanz dagegen fördert den ganzen Menschen,
der in seiner Mitte verankert ist,
der nicht besessen ist
von der Begehrlichkeit
nach Menschen und Dingen
und von der Dämonie
der Verlassenheit im eigenen Ich.

Der Tanz fordert
den befreiten, den schwingenden Menschen
im Gleichschritt aller Kräfte.

Ich lobe den Tanz,
oh Mensch lerne tanzen,
sonst wissen die Engel im Himmel mit dir
nichts anzufangen."

Literatur

Hoffmann K (1988) Tanz, Trance, Transformation. Knaur, München (TB)
Lander HM, Zohner MR (1987) Meditatives Tanzen. Kreuz Stuttgart
Loos G, Eibach H (1983) Der meditative Tanz. Musiktherapeutische Umschau 4:281–290

Bernd Voigt, Dr. med.
Arzt, Psychotherapie
niedergelassen in Praxisgemeinschaft mit Tanztherapie,
Familientherapie und Psychoanalyse

Autogenes Training in Verbindung mit Tanztherapie als Psychotherapie mit psychotischen Menschen

Zusammenfassung

Anhand der Beschreibung der ärztlichen Arbeitssituation auf einer geschlossenen Akutstation an der Rheinischen Landesklinik in Bonn wird die Entwicklung eines Therapieprogramms veranschaulicht, in das auf tiefenpsychologischer Basis AT und Tanztherapie in die Gruppentherapie einer geschlossenen Station integriert werden. Es wird aufgezeigt, daß AT und Tanztherapie keine Kontraindikationen bei akut psychotischen Erkrankungen darstellen. Vielmehr regen die Angebote die Patienten zu einer neuen Auseinandersetzung mit ihren Körperbildern an. Durch die Wechselwirkung zwischen Besinnung auf das eigene innere Geschehen und Bewegung als nach außen hin wirksamer Prozeß entsteht eine Belebung, durch die neue Möglichkeiten des Umgangs zwischen den Patienten und zwischen Patienten und Therapeut eröffnet werden.

Summary

The article illustrates the fact that autogenic training in combination with dance therapy may be easily and effectively integrated into the different psychiatric and psychotherapeutic interventions as practiced routinely on the closed ward of an acute psychiatric medical institution. It is shown that on a group level neither autogenic training nor dance therapy is contraindicated in acutely psychotic patients. Instead, it was observed that these two therapeutic techniques stimulated the patients to confront their bodily self-perception. Through emotional self-reflection and self-perception, on the one hand, and movement as a formal expression of emotions, on the other, a process of vitalization is initiated which opens up new paths of communication between patients and therapists.

B.J.M. Diehl, Th. Miller (Hrsg.)
Moderne Suggestionsverfahren
© Springer-Verlag Berlin Heidelberg 1990

Die Psychotherapie der Psychosen ist heute ein Gebiet, das sich – zumindest was die Schizophrenie und ihre Grenzformen betrifft – in vielen wissenschaftlichen Publikationen dokumentiert. Veröffentlichungen zum Thema „Anwendung des AT bei akut psychotischen Menschen" sind bisher nicht erschienen. Wenn ich zunächst einmal das Grundanliegen dieses Referats auf eine kurze Formel bringen darf, so möchte ich dies folgendermaßen beschreiben: Mein Hauptanliegen ist es, eine genauere Beschreibung der „therapeutischen Kleinarbeit" in der Landesklinik in Bonn zu geben. Ich habe dort im Verlauf von ca. 4 1/2 Jahren ein Therapieprogramm schrittweise entwickelt, das auf tiefenpsychologischer Basis AT und Tanztherapie in die Gruppentherapie einer geschlossenen Aufnahmestation mit vorwiegend akut psychotischen Menschen integrierte.

Die gegenwärtige psychiatrisch-klinische Praxis ist in hohem Maße von einem oft notwendigen Pragmatismus gekennzeichnet und die relativ gespannte Situation auf einer geschlossenen akut-psychiatrischen Aufnahmestation läßt in der Regel wenig Zeit zu konzeptioneller Reflexion und Neugestaltung.

Ohne eine genaue quantitative Analyse der Ergebnisse oder Erfahrungen geben zu können, möchte ich hier einen Eindruck von den Möglichkeiten eines Therapiekonzepts vermitteln, in dem es in erster Linie um eine Erweiterung des Körperbewußtseins geht. Es ist mir weiterhin daran gelegen, hervorzuheben, daß auch eine akute psychotische Erkrankung keinesfalls zwangsläufig eine Kontraindikation zur Anwendung von AT darstellt.

Zur Struktur der Station

Die Station ist eine geschlossene Aufnahmestation, gemischt geschlechtlich für akut-psychiatrisch erkrankte Patienten. Aufnahme finden Patienten mit Psychosen aus dem schizophrenen oder zyklothymen Formenkreis, Patienten mit neurotischen Erkrankungen v. a. reaktiven Depressionen, Patienten mit exogenen Psychosen und Patienten nach Suizidversuchen. Die Patienten werden in der Regel von außerhalb des Hauses aufgenommen. Die Station ist mit ihrer Abteilung für einen geographisch klar umrissenen Aufnahmebezirk zuständig.

Der Stellenplan der Station umfaßt 2 Ärzte, einen Psychologen, einen halben Sozialarbeiter, 9 examinierte Pflegekräfte und 2–4 Krankenpflegeschüler. Die Station ist fast immer vollständig mit 20 Patienten belegt.

Die Verweildauer der einzelnen Patienten ist außerordentlich unterschiedlich, dürfte jedoch bei ca. 75% der Patienten ungefähr bei 3 Monaten liegen.

Es besteht ein festgelegter Tagesablauf, in den jeder Patient je nach Zustand, Befinden und Fähigkeit integriert wird. Konzentrationspunkt dieses Tagesablaufs sind die täglich stattfindenden Stationsgruppen. Daneben wird jeder Patient von einem Arzt bzw. einer Ärztin oder einem Psychologen behandelt und betreut. Je nach individuellem Therapieplan, Bereitschaft und Vermögen machen die Patienten zusätzlich Gebrauch von beschäftigungstherapeutischen Angeboten des Hauses. Ständiger Ansprechpartner im Tagesablauf ist das Pflegepersonal für die Patienten.

Zu den wichtigsten Grundsätzen der Arbeit gehört ein stets aufeinander abgestimmtes Arbeiten aller Teammitglieder. Hierzu ist ein ständiger Informationsaustausch unerläßlich. Im allgemeinen war bei den Patienten keine oder nur geringe Therapiemotivation vorhanden. Oftmals waren sie aufgrund ihres akuten Zustandes auch zu keiner realitätsorientierten Handlung fähig. Durchgehend war ein hohes Angstniveau vorhanden.

Aus diesen Strukturen ergab sich für mich eine wichtige Aufgabe, nämlich den Patienten der Station innerhalb der Stationsgruppen Möglichkeiten zu geben, Kommunikation untereinander aufzunehmen. Sind die Kommunikationsblockaden etwas gelockert, ist es später dann oft möglich, auf einzelne Themen zu fokussieren. Die große Streubreite der Krankheitsbilder von psychoneurotischen Krisen bis chronischen Psychosen erschwerte es, ein korrektes Abstraktions- bzw. Reflexionsniveau für die Stationsgruppen zu finden. Dies und die hohe Fluktuation erforderten eine ständige situative Neueinschätzung der Gruppe.

Konkrete Anwendungen der Gruppenangebote für AT und AT in Verbindung mit Tanztherapie

Die Gruppenteilnahme erfolgte nach dem Prinzip der Freiwilligkeit. Es war jedem Patienten freigestellt, an den Gruppen teilzunehmen oder nicht. Wegen Nichtteilnahme erfolgten keinerlei Sanktionen, auch keine indirekten wie Ausgangssperre, Einschränkungen des Ausgangs usw.

Ich selbst forderte die Patienten auf, an den Gruppen teilzunehmen, teilte jeweils mit, „die Gruppe werde gleich stattfinden", fragte bei einzelnen Patienten nach. Dieses Vorgehen erwies sich zumindest in der Anfangsphase und bei der Etablierung der Institutionen „AT" und „AT in Verbindung mit Tanztherapie" als dringend notwendig: oft waren die Patienten aufgrund ihrer Störungen nicht in der Lage, eigenständig Termine einzuhalten.

Ich mußte allerdings darauf achten, eine genaue Balance zwischen notwendiger Strukturierungshilfe und Gewährung eines Freiraums zur Entwicklung der Selbstverantwortlichkeit zu finden. Jeden Morgen von 8.30–9.00 Uhr wurde AT angeboten. Die Gruppengröße bewegte sich zwischen 6 und 18 Personen. Dienstags und donnerstags von 15.30–16.30 Uhr gingen die Patienten geschlossen zur Tanztherapie in die Turnhalle der Klinik. Im Anschluß daran trafen wir uns alle, d.h. alle, die noch wollten, für ca. 45 min zu einem Gespräch im Tagesraum der Station.

Auf 2 Aspekte mußte, so stellte sich zu Beginn der Arbeit heraus, besonderer Wert gelegt werden. Das war zum einen Kontinuität, zum anderen Flexibilität. Zur *Kontinuität:* Der Zeitplan wurde, soweit irgend möglich, eingehalten, d.h., die Stunden wurden nicht wegen anderer Stationsbelange abgesagt, die Regelmäßigkeit des Angebots war garantiert. Dies bedeutete, die Gruppen auch durchzuführen, wenn sich einmal nur 3 oder 4 Teilnehmer einfanden. Morgens erfolgte die Ansprache der Patienten durch das Pflegepersonal. Die Patienten wurden daran erinnert, daß nach dem Frühstück AT stattfand. Es wurde versucht, alle, auch die neuaufgenommenen Akutpatienten, z.B. auch akut-manische Patienten, in die Gruppe zu integrieren. Nach einer kurzen Vorstellung der neuen Patienten begann ich mit einführenden Übungen zum AT. Anfangs beschränkte ich mich meist auf Konzentrationsübungen, Wahrnehmungsübungen, auf einzelne Körperteile bezogen oder einfach Übungen zum Ruhigwerden. Jeder konnte den Raum verlassen oder selbständig auf die Durchführung des AT verzichten und zuschauen. Am Schluß der Übungen erfolgte ein Nachgespräch.

Bei den Nachmittagsgruppen, in denen AT mit Tanztherapie verbunden wurde, sollte die Phaseneinteilung der Sitzungen prinzipiell gleichbleibend sein:
Erwärmung durch Bewegung mit Musik
Entspannung durch AT,
thematische Improvisation durch Bewegung und Tanz,
anschließende *Strukturierung* im Partner- oder Gruppengespräch bzw.
Aufarbeitung im gemeinsamen Gespräch nach der Praxisstunde.

Dadurch sollte den Patienten ein Gefühl der Kontinuität und Sicherheit gegeben werden.

Zur *Flexibilität:* Da es sich um eine halboffene Gruppe handelte und da die Krankheitsbilder so weit streuten, mußte das jeweilige richtige Gespür für das geeignete situative Vorgehen und die Erkenntnis unterschwellig akuter Themen jeweils neu erfolgen. Auch die Balance zwischen nonverbalen Aktionen und verbaler Aufarbeitung war jeweils neu herzustellen. Dies galt sowohl für die tägliche AT-Stunde als auch für die 2mal wöchentlich stattfindenden AT- und Tanztherapiestunden. Ein konfrontatives Vorgehen erwies sich i. allg. als nicht hilfreich, wenig sinnvoll und wurde in der Regel nicht durchgeführt. Es stellte sich auch hier das Problem der Balance zwischen zu viel laisser-faire und zu starker Strukturierung. Die Interventionen beschränkten sich aufgrund der Schwere der Störungen überwiegend auf Strukturierungshilfen, Schutzgewährung und Reorganisation.

Die eigentliche Arbeit als Wahrnehmung des Körpers durch AT und Tanztherapie

Über das AT kann in grundlegender Weise eine Beziehung zum eigenen Körper hergestellt werden. Die Grundqualitäten von Schwere, Wärme, Herz- und Atemrhythmus können auch von psychotischen Menschen als den eigenen Körper strukturierend erlebt werden. Die physiologischen Veränderungen korrespondieren mit psychischen Umschaltprozessen, legt man als Tatsache die Körper-Geist-Seele-Einheit zugrunde.

Zuerst fokussiert der Übende seine Aufmerksamkeit auf seinen inneren Raum, der systematisch durchforscht wird, indem Muskeln und Gefäße angesprochen und in ihrem „Sosein" mit dem „inneren Auge" angesehen werden.

Diese stark strukturierte Selbstbesinnung, welche aufgrund rationaler Vorsätze erfolgt, darf nicht als „Flucht in unverbindliche Formulierungen" abgleiten, wie Haring kritisch anmerkt (Haring 1979). Der Patient könnte dann anstelle von Sensationen oder Gefühlen, die er fürchtet, Wörter setzen, an die er sich klammert, deren Bedeutung er aber nicht in die durch AT zu erreichenden Entspannungszustände überführt.

Meine Aufgabe sah ich nun genau darin, den Patienten von Beginn an systematisch zum Fühlen und nicht zum Formulieren anzuleiten. AT ist vom Anspruch her, den ich vertrete, eine Methode, mit der Gefühlsqualitäten zutage gefördert werden können. Durch die muskuläre Entspannung kann es zu Wohligkeit kommen. Durch die wärmende Durchblutungsveränderung kann es zu Grundsensationen der Zufriedenheit kommen. Dies kann zur grundlegenden Akzeptanz des „Soseins" des eigenen Leibes in seiner Ganzheit aus Soma und Psyche beitragen.

Ich vertrete – gestützt auf eigene Erfahrungen mit akut-psychotischen Patienten – die Meinung, „daß jedes Stück gespürten Leibes fester Boden ist, der der Psychose entrissen wird" (Pankow 1984). Nicht über Bewußtseinsänderungen sollen psychotherapeutische Effekte erlangt werden, vielmehr soll das AT aus der rein rationalen Ebene herausgelöst werden. Nicht die stützenden Formeln sind therapeutisch wirksam, sondern die Einstellung, die es zu provozieren gilt, das Hypnoid zu erreichen. Das im psychotischen Erleben *real* „Daseiende" soll erspürt, etwas „Leibhaftiges" soll erlebt werden, etwas „Innewohnendes" kennengelernt und vielleicht wieder entdeckt werden als das „Eigene, Strömende, Pulsierende und Lebendige". Diese Basissensationen ermöglichen den Aufbau eines positiv besetzten Körperbildes.

> Wenn nach mühevoller Arbeit am Leibe des Patienten ein Teil des Leibes als Teil eines differenzierten Körpers anerkannt werden kann, ist der Kranke fähig, räumliche Strukturen zu verstehen. Damit wird er erreichbar für eine analytische Psychotherapie, die auf der Dialektik zwischen dem Teil und dem Ganzen aufgebaut ist (Pankow 1984).

Das schrittweise Akzeptieren seines „Soseins" kann dazu führen, daß der Patient die Erfahrung macht, daß z. B. Ängste bezüglich eines wahnhaften Seins während des AT nicht auftreten. Seine Überflutung durch psychotische Ängste wird wenigstens kurzfristig unterbunden. Es können durch die Wahrnehmungen und die Akzeptanz der nicht von außen gesetzten, sondern vom Selbst erlebten und nicht zufällig entstehenden, sondern vom Selbst vorgegebenen inneren Sensationen Bilder und Gedanken aufsteigen, welche authentische und gesunde Gefühle enthalten. Diese wiederum können im Verlauf des Therapieprozesses aufgefangen und bearbeitet werden. Das bedeutet: über die Wahrnehmung des Körpers durch AT kann es zu einer Wahrnehmung des Ich in seinen basalen gesunden Anteilen kommen.

Zur Verbindung von Tanztherapie und AT

Tanztherapie setzt mit ihren Interventionen ebenfalls am Körperbild an, so wie andere Psychotherapiemethoden am Selbstbild des Individuums ansetzen. Wie oben ausgeführt, setzt auch das AT am Körperbild an.

Besuden (1983) nennt 3 Aspekte des Körperbildes:
– unbewußtes Körperbild,
– bewußtes Körperbild,
– Fremdbild des Körpers.

Eine Wechselwirkung der 3 Körperbildbereiche wird vorausgesetzt.

In der Tanztherapie sollten u. a. die unbewußten Anteile des Körperbildes erfahrbar gemacht werden. Durch das Manifestieren der unbewußten Anteile des Körperbildes werden Energien freigesetzt, die Raum zu neuem Erleben und neuen Erfahrungen bieten. Bei der Arbeit mit dem AT wird vor allen Dingen am bewußten Körperbild angesetzt. Das bewußte Körperbild kann reale und irreale Anteile enthalten. Bei Psychotikern liegen fast immer verzerrte, fragmentierte oder undeutliche Wahrnehmungen des Körperbildes vor.

Das Körperbild des schizophrenen Menschen ist v. a. durch Ausgrenzung und Abspaltung einzelner Teile gekennzeichnet. Zudem ist das Zuordnen und Zugehörigkeitsgefühl eigener Körperteile wie der Hände, Füße, Wirbelsäulenbeweglichkeit und Haltung oft nicht vorhanden. Ebenso werden Herzschlag oder Atemtätigkeit nach außen verlagert und nicht als zugehörig, vielmehr z. B. als bedrohliche Stimmen wahrgenommen.

Im AT bezieht sich der Patient vornehmlich auf seinen inneren Raum. Durch die Wahrnehmung des inneren Raumes können die gesunden Anteile im Erleben gestärkt werden. Somit ist diese Arbeit mit der Methode des AT als grundlegender Versuch zu sehen, über eine konsequente tiefe Selbstbesinnung erste Zugänge zu realistischen Wahrnehmungen von sich selbst über realistische Wahrnehmungen des eigenen Körperbildes zu gewinnen. Wenn eine realistischere Selbstwahrnehmung entsteht, können durch die resultierende Stärkung des Selbst auch Kontakte nach außen aufgenommen werden.

Schilder (1923) geht davon aus, daß die Erfahrung der eigenen Körperlichkeit die Erfahrung eines dreidimensionalen Bildes von sich selbst ist, die durch eine ständige Auseinandersetzung mit der Umwelt von Geburt an ausgebildet wurde. Das Körperbild des Individuums ist immer von den Körperbildern anderer Menschen abhängig und die Beziehung der Körperbilder untereinander ist bestimmt durch die körperliche Nähe und Distanz und durch emotionale Beziehungen zwischen Menschen. Das bewußte Körperbild ist von Fremdbewertungen abhängig. Für die Selbstbewertung und Selbsteinschätzung einer Person ist es entscheidend, in welcher Weise sie dem Körper positive oder negative Eigenschaften zuschreibt, ob sie z. B. von außen einwirkende Bewertungen überstark mitberücksichtigt oder davon mehr oder weniger unabhängig ist.

Eine erlebnisorientierte Methode, in der Selbsteinschätzungen oder Selbstbewertungen mit Fremdeinschätzungen und Fremdbewertungen auf der körperlichen Ebene verglichen werden können, stellt nun die Tanztherapie dar. Geht es bei der Arbeit mit AT vornehmlich um eine Konzentration auf den inneren Raum, so habe ich versucht, mit Methoden der Tanztherapie, die Konzentration auf den äußeren Raum zu richten.

Bernstein (1975) stellt in ihrem Tanztherapiekonzept auch eindeutig eine Verbindung zwischen Körperbildarbeit und raumbezogener Arbeit her. Sie unterscheidet 5 Stufen von tanztherapeutischer Arbeit im Zusammenhang mit Körperbildaspekten, die als übergeordnete Zielsetzungen auch in meine Arbeit eingegangen sind:

1. die Investition positiver Aspekte in den eigenen Körper,
2. die Differenzierung des eigenen Körpers von der Umwelt,
3. die Erkenntnis von eigenen Körperteilen und ihrer Beziehung zueinander,
4. die Bewegung des Körpers durch den Raum,
5. die Etablierung einer persönlichen Identität.

Wird beim AT auf die Wahrnehmung des inneren Körperraums focussiert, so verlagert sich beim tanztherapeutischen Vergehen die Aufmerksamkeit auch auf die Kinesphäre und den äußeren Raum. Grundlegende Themen wie Nähe und Distanz, Enge und Weite, Getrenntheit und Geborgenheit, Loslösung und Individuation treten durch Bewegung im Raum zutage.

Folgende Erfahrungen habe ich bei dieser Kombination von AT mit tanztherapeutischer Arbeit gemacht: Durch die Wahrnehmung des inneren Raumes beim AT und die Überführung von räumlichen Erlebnissen nach außen konnten andere neue, lebendigere Kontakte zu Mitpatienten aufgenommen werden. Die Wechselwirkung zwischen Besinnung auf das eigene innere Geschehen und Bewegung als nach außen hin wirksamer Prozeß erwiesen sich als ein belebendes Prinzip, durch das neue Möglichkeiten des Umgangs miteinander eröffnet wurden. Dadurch konnten psychotherapeutische Gespräche an direktes Erleben anknüpfen, ohne daß wahnhafte Überflutungen ständig neu erlernte Kommunikation störten.

Klinisch-tanztherapeutische Arbeit in Verbindung mit AT verstehe ich als einen relativ kurzzeitigen Kontakt mit dem Patienten im Sinne eines bewußten kontrollierten Einflusses auf seinen Wahrnehmungsprozeß. Der Patient soll befähigt werden, seinen Integrationsprozeß wieder selbständig in Gang zu bringen. Der therapeutische Prozeß sowohl als Makroeinheit als auch als Mikroeinheit ist zu verstehen als eine zwischenmenschliche Kontaktsituation mit möglichst vielen sichernden, fördernden, stabilisierenden und akzeptierenden Komponenten. In diesem Kontakt soll eine vorhandene Stagnation in der Identitätsentwicklung des Patienten diagnostiziert, erkundet und wahrgenommen werden. Ich versuche weiterhin, eine Bewegung, ein Bewegtsein des Patienten zu „provozieren". Der Patient sollte wiederum seine Bewegtheit, seine Bewegungsmöglichkeiten wahrnehmen, körperlich und emotional darauf eingehen. Jede verlebendigende Veränderung im Bewegungsverhalten des Patienten ist hierbei für mich bedeutungsvoll und stellt einen Fortschritt im Integrationsprozeß des Patienten dar.

Ich vertrete die Auffassung, daß es zuerst einmal und v. a. im Umgang mit psychotischen Menschen notwendig ist, die Wahrnehmung zur Wirklichkeit zu festigen, ohne eine verbale Repräsentation hierüber vom Patienten zu fordern.

Es bleibt sicherlich zukünftiger Forschung vorbehalten, die Effizienz dieser Verbindung von AT und Tanztherapie zu erkunden und wissenschaftlich zu evaluieren.

Literatur

Bernstein PL (1975) Theory and methods in dance-movement therapy, Kendall/Hunt, Dubuque

Besuden F (1983) Das Körperbild als Matrix des Körpererlebens. Ärztliche Praxis und Psychotherapie 5/4:7–10

Haring C (1979) Lehrbuch des autogenen Trainings. Einführung in die Erfahrung des autogenen Trainings. Enke, Stuttgart

Laban R von (1981) Der moderne Ausdruckstanz, Heinrichshofen, Wilhelmshafen

Müller-Hegemann D (1981) Autogene Psychotherapie. Weiterentwicklung des autogenen Trainings. Rowohlt, Reinbek

Pankow G (1984) Gesprengte Fesseln der Psychose. Aus der Werkstatt einer Psychotherapeutin. Fischer, Frankfurt

Schilder P (1923) Das Körperschema. Ein Beitrag zur Lehre vom Bewußtsein des eigenen Körpers. Berlin

Schultz JH (1980) Übungsheft für das autogene Training. Konzentrative Selbstentspannung, 19. Aufl. Thieme, Stuttgart

Secord P, Jourdard S (1953) The appraisal of body cathexis: body cathexis and the self. J Consult Clin Psychol 17:343–347

Boris Luban-Plozza, Prof. Dr. med., Dr. h. c.
ehemaliger Präsident der
Europäischen Union für Sozialmedizin,
Dozent an den Universitäten von Mailand
und Fribourg, Honorarprofessor an der Universität
Heidelberg, Schwerpunkt psychosomatische und
psychosoziale Medizin und Psychohygiene
Wissenschaftlicher Leiter der Internationalen
Balint-Treffen in Ascona (Schweiz)

Das dritte Ohr – Wege zur Musiktherapie

Zusammenfassung

Bereits bei den alten Ägyptern und Griechen war Musik als Therapeutikum in der Behandlung von Patienten bekannt. Die vorliegende Arbeit beschreibt die verschiedenen Aspekte der Musiktherapie, die auf einer wissenschaftlichen Basis aufbauend seit mehr als 50 Jahren in die auch Körperbezogene Psychotherapie integriert ist. Ihre Effektivität hinsichtlich des Hervorrufens von Emotionen, die in Zusammenhang stehen mit verborgenen und daher unbekannten Affekten des Patienten, beweist, daß die Musiktherapie besonders in der Behandlung psychosomatischer Störungen eine recht zuverlässige Methode darstellt. Wenngleich die Wirkung der Musik auf den Menschen anscheinend bekannt und von nahezu jedem akzeptiert, wenn nicht sogar anerkannt wird, muß man feststellen, daß Musiktherapie noch immer nur mit Vorbehalten in den therapeutischen Konzepten Aufnahme findet.

Summary

Since the times of the ancient Egyptians and Greeks, music has been used in the treatment of patients suffering from various diseases. The paper describes in detail the different aspects of music therapy, which has been integrated into psychotherapy on a scientific basis for the last 50 years. Its effectiveness in provoking emotions related to hidden and therefore unknown affections of patients proves music therapy to be a reliable method especially in the treatment of psychosomatic disorders. Although the effects of music upon man appear to be known to and accepted if not appreciated by almost everyone, music therapy is included in psychotherapeutic approaches rather reluctantly.

Es ist die Vorstellung von Wirksamkeit der Musik von Johann Walther, dem Freund Martin Luthers, vor 450 Jahren.

B.J.M. Diehl, Th. Miller (Hrsg.)
Moderne Suggestionsverfahren
© Springer-Verlag Berlin Heidelberg 1990

Die moderne Tiefenpsychologie deutet die 3fache Musikwirkung, nämlich den affektiv-erregenden, den dynamisch-mitreißenden und den gruppenbildenden Effekt, durch eine emotionale Resonanz. Aber es bestehen wenig Untersuchungen darüber; es gibt überhaupt wenig Literatur zu diesem Thema.

Die Musik beeinflußt die psychophysische Gesamtheit des Zuhörenden. Dieser empfindet ihre Wirkung umfassend, sowohl körperlich als auch geistig. Über die Musik kann man auch die eigene Persönlichkeit erfahren. Und Kreativität ist zur gesunden Entwicklung des Menschen unabdingbar wie eine physiologische Grundlage.

Die Kunsttherapie will den gestörten, leidenden Menschen helfen, sich entfremdete Wesensseiten wieder zu eigen werden zu lassen. Der höchste Stellenwert, den man dem Kunstschaffen und Kunsterleben zugestehen kann, entspricht der Überwindung der alten dualistischen Spaltung Geist–Materie, Leib–Seele, Innenwelt–Außenwelt. Descartes sprach von *res cogitans* (Mensch) und *res extens* (Natur).

Zur Verbindung zwischen Kunst und Therapie gehören Musiktherapie, Maltherapie, Gestalten, Tanztherapie, Literaltherapie usw. Nicht alles können wir rational erfahren. Der bekannte englische Leonardo-Experte Sir Kenneth Clark beschreibt das Gemälde der Anna Metterza „Heiliger Familie Selbstdritt" von Leonardo da Vinci mit klärenden Worten: „Es ist unerschöpflich *wie ein Meisterwerk von Bach*", und kommt letztlich zu dem Schluß, man tue gut daran, „diese seltsame Mischung von Mysterium und Zärtlichkeit, von Menschlichem und Außermenschlichem als Geheimnis zu belassen".

Wie Johann Walther sich ausdrückte: „*...im Leibe alles hüpfen tut...*". Gemeinsames Singen, überhaupt jede Art von Musik kann auch Leistungen steigern, nicht nur beim Marschieren und Wandern, auch bei der Arbeit; besonders bei rhythmischen Arbeitsgängen. Denken wir an die bekannten Lieder der Wolgaschlepper, an die „Plantation Songs" der baumwollpflückenden Südstaatenneger oder auch an die jüngsten Versuche der amerikanischen Industrie mit Werkmusik, welche die rhythmische Fließbandarbeit fördern soll.

Das musikalische Erleben kann nicht als einfache Reaktion auf musikalische Reize angesehen werden. Wir sprechen vom Erleben – neben dem Begriff Leben –, was bedeutet: vollständig miteinbezogen werden mit dem ganzen Leben. Oft entsprechen die Reaktionen nicht den Reizen. Bei Personen, die für Musik völlig unempfänglich sind, beschränkt sich die Musik darauf, einen Komplex physischer und psychischer Reize abzugrenzen. Die Klangphysiologie handelt von der Wechselwirkung zwischen Aktivität, die den Reiz umfaßt, mit ein, formt sie und wandelt sie.

Das Kind kommt schon mit einem Ton – nämlich seinem Schrei – zur Welt: es ist notwendig, die Tönung seiner Äußerung rechtzeitig zu verstehen, zu differenzieren und entsprechend zu beantworten. Musik wird deshalb zu einer der wichtigsten Formen der seelischen Ernährung, und die Eltern tragen hier eine ganz besondere Berufung bzw. Verantwortung. Die Stimme des Menschen ist eine Ehe zwischen Ton und Sprache, d. h. zwischen Gefühl und Verstand.

Das Musik-Erleben – wir können vielleicht auch von Erleben sprechen – kann sich durch Ausdrucksbewegungen kund tun. Ähnlich haben wir bei Tanzweisen das Gefühl, daß sich unser Fuß ganz von selbst „zum Tanze hebt".
O MENSCH.
LERNE TANZEN.
SONST WISSEN DIE
ENGEL IM HIMMEL
NICHTS MIT DIR
ANZUFANGEN (St. Augustinus)
Bei Musik, Lust und Bewegung stellt unser Körper körpereigene Stoffe (sog. Endorphine), die gegen Schmerz und Depression wirken können, bereit.

Wo Sprache aufhört ...

„Dort, wo die Macht der Worte endet, beginnt die Musik."
„Ich kann den Geist der Musik nicht anders fassen als in Liebe."
Diese von Richard Wagner geschriebenen Worte beziehen sich auf die Elemente der Sprache, die das Symbol bilden. Sie enthüllen den pulsierenden Gehalt dieses Symbols.
Auf diesem Niveau der künstlerischen Ausarbeitung ist das musikalische Phänomen angesiedelt: Schöpfung und Ausdruck eines nonverbalen oder präverbalen Symbolismus in Verbindung mit dem viszeralen, dem limbischen Gehirn. Dieses Phänomen bietet auch Hilfe für eine, auf sprachlicher Ebene identifizierbare und qualifizierbare Symbolisation an. Die akustische Welt, in der auch der verbale Ausdruck seinen fundamentalen, kommunikativen Ausdruck findet, ist die wesenhafte Realität der Musik. Aber die erste Begegnung findet nur auf dem Niveau der bestimmenden Elemente, eben der Töne statt; das Auseinanderstreben beginnt unmittelbar danach, und die Perspektiven gehen auseinander.
Die Musik gebraucht den Klang als zentrale Einheit, während ihr die Sprache als Gerüst dient, als Unterstützung eines Sinnes, der nur indirekt an seine akustische Wertigkeit gebunden ist (wie z. B. im Falle der Lautmalerei). Die Musikalität der Worte ist eine Möglichkeit, die nur bei einer auf die Spitze getriebenen Ausarbeitung Wirklichkeit werden kann; dies v. a. dort, wo die poetische Form selbst – neben rein rethorischen und inhaltlichen Elementen – zum Träger wird: phonetisch, rhythmisch und das Timbre betreffend.
Die Musik lebt von der Ausarbeitung des klanglichen Materials und von dem, was auf sprachlicher Ebene als Artikulation, Verfeinerung und Verstärkung einem Beziehungssystem entspricht. Auch im Gesang, wo sich eine enge und andauernde Verbindung zu zeigen scheint, bleiben die beiden Elemente – Klang und Sprache – letztlich getrennt und verschieden; sie stützen sich gegenseitig wie in einer Symbiose, in der das Sprachliche und das Musikalische sich austauschen, aber nicht verschmelzen können.
Die Musik gehört zur Kategorie der psychischen Fähigkeiten, der geistigen Konstruktionen, durch die das Individuum ein Absichtsverhalten kontrolliert und stimuliert. Das Problem der Klassifizierung des musikalischen Verhaltens

als dialogische Brücke verknüpft sich mit dem Problem der Semantik oder Asemantik der musikalischen Sprache. Die Untersuchungen über Übereinstimmungen zwischen Melodien, Rhythmen und Akkorden einerseits sowie geistigen Verfassungen andererseits, haben nie zum Erlangen eines Ergebnisses einer sicheren und allgemeinen Beziehung zwischen den einen und den anderen geführt. Es ist auch schwer zu beweisen, daß die musikalische Gestaltung mit ihren Gesetzen den emotionalen Ausdruck nachahmt. So wird beispielsweise behauptet, daß Haydn für seine Symphonien die Durtonart bevorzugt hätte, weil diese dem Sinn für Klarheit, Perfektion und Gleichgewicht am Fürstenhof von Esterhazy entsprach.

Wahrscheinlicher ist das Gegenteil, daß nämlich Klarheit, Perfektion und Gleichgewicht von manchen Kritikern der Durtonart zugeschrieben werden, weil Haydn (und Mozart) sie in ihren Symphonien eben in diesem Sinne gebraucht haben. Auch wenn unsere traditionelle Instrumentalmusik analoge Eigenschaften zur Vokalmusik – Sätze, expressive Modulation – enthält, so belassen ihr ihre Regeln einen erheblichen Freiraum. Abgesehen von kleinen, konventionellen, lautmalerischen Formeln – die „Seufzer" in der barocken und klassischen Musik, und von den Bach-Symbolismen ist die Musiksprache, – zumindest im großen Rahmen – nicht an klangliche Ausdrucksformen gebunden; die musikalische Syntax ist weit weniger zwingend als die sprachliche.

In der Tat gibt es kein Wörterbuch, das einem musikalischen Satz eine spezielle oder präzise Bedeutung zuordnet. Dies ist für den therapeutischen Gebrauch der Musik sehr wichtig. Es heißt bei Ringel (persönliche Mitteilung):

Sind die Gefühle ungehemmt, so formen sie die „Stimmstütze"; wird daraus eine tönende Flut mit Resonanz, entsteht die kostbarste Melodie, die der Mensch sein eigen nennt: die Sprachmelodie ... Woran liegt es, daß bei ... Menschen die Stimme, das gefühlsmäßige Denken und die Kreativität verkümmern? ... haben die Eltern nicht genügend Zeit und Kraft für die so wichtige „musische Ernährung" ... und von allen Künsten kommt dabei der Musik die größte Bedeutung zu, weil sie – wie nichts sonst auf der Welt, – imstande ist, Emotionen zu wecken und aus der tiefsten Tiefe unserer Seele emporzureisen ...

Menschheitsgut der Seele

Die Musik ist nach meiner Auffassung „Menschheitsgut der Seele". Besonders wenn wir mit unserem „dritten Ohr" nach innen lauschen. Diese Dimension könnte man als „Tiefendimension" bezeichnen, weil die Musik wahrscheinlich – wie sonst nichts auf der Welt – geeignet ist, Gefühle zu erwecken und aus unbewußten Tiefen zum Bewußtsein zu führen.

Eine andere Dimension könnten wir – nach Ringel – als „horizontale Dimension" bezeichnen. Die Musik ist die Sprache der Liebenden, der Leidenschaftlichen, sie ermöglicht eine Kommunikation über die Sprache hinaus und ist daher die einzig wirklich internationale Verbindung. Haydn hat dies wunderbar mit den Worten ausgedrückt: „Meine Sprache versteht die ganze Welt." Weiter ist noch jene Dimension zu erwähnen, in der die Musik hinaufführt zum „Göttlichen", was besonders in der Orgel symbolisiert ist.

Wir weisen auf die beiden unterschiedlich arbeitenden Gehirnhälften hin, deren eine dominant ist (beim Rechtshänder ist dies die linke Hemisphäre).

Die dominante, rechte Gehirnhemisphäre arbeitet analytisch, reduktiv, zerlegend, rational, verbal, zeitorientiert und diskontinuierlich. Wie eine Computer verarbeitet sie Informationen linear. Für Kreativität und Intuition müssen wir vermehrt die linke anregen.

Wir sehen uns in der Psychoanalyse angesichts der Musik ihrer üblichen punktuellen Bezugspunkte beraubt. Freud betont, „daß die Natur des künstlerischen Schaffens sich der Analyse entzieht". Weiter erzählt er beim Schreiben über Michelangelos Moses, daß Kunstwerke ihn stark beeindrucken, besonders die Literatur und die Bildhauerkunst, weniger die Malerei. Er mußte Bilder lange betrachten, um sie verstehen zu können. „Hingegen kann ich mich über Musik fast nicht freuen. Eine rationale oder vielleicht analytische Disposition kämpft in mir gegen die Emotionen, wenn ich sie nicht analysieren kann ..."

Es sind tatsächlich nicht analysierbare Emotionen. Es handelt sich bei Freud um eine besondere Amusikalität. Er hatte eine sehr musikalische Mutter, die selbst Musikerin war. Denkbar wäre auch, daß Freuds negative Einstellung zur Musik darauf zurückzuführen ist, daß seine Schwester im Nebenzimmer ständig am Klavier übte und ihn bei seinen Studien störte. Wahrscheinlich ist dies aber eine zu oberflächliche Erklärung.

Die totale und absolute Verweigerung ist die Gleichgültigkeit. Freud spricht von einem Kampf zwischen seiner strengen Gesinnung und einem starken emotionalen Einfluß, dem er sich zu entziehen versucht. Es geht um Arbeiten und Phantasieren, behutsam handeln und frech denken.

> Jung erklärt: Was die Musik durch Töne ausdrückt, entspricht dem, was Phantasien und Visionen durch Bilder ausdrücken ... Ich kann nur darauf hinweisen, daß die Musik Bewegung, Entwicklung und Wechsel der Motive des kollektiven Unterbewußtseins darstellt ... Die musikalische Form ist Ausdruck des zyklischen Charakters der unterbewußten Prozesse. ... Nur ein Musiker mit psychologischen Kenntnissen wäre – vielleicht – in der Lage, die Psychologie des Kontrapunktes zu beschreiben ...

Hermann Hesse schrieb in *Magie der Farben:*

> Jeder Mensch hat etwas zu sagen. Aber es ist nicht zu verschweigen und nicht zu stammeln, sondern es auch *wirklich zu sagen*, sei es nun mit Worten oder mit Farben oder mit Tönen, darauf einzig kommt es an!

Um auf die subsemantische Bedeutung verschiedener Musikformen zurückzukommen: Was geschieht, wenn wir versuchen, bestimmte Kategorien nicht auf die Masse, sondern auf das Individuum anzuwenden?

Mahler liefert uns dutzende Beispiele von beeindruckender Deutlichkeit: Die militärischen Melodien aus der Kaserne seiner Geburtsstadt, „wie alle anderen gemacht, um das individuelle Bewußtsein der Hörer zu schwächen", formen sich in gefühlvolle Zärtlichkeit; das freudige „Bruder Jakob" (Frère Jacques, in der 1. Symphonie) wird zum Trauermarsch. Darüber hinaus ist die Semantik der Melodie und der Bewegungen des Trauermarsches für den, der die traditionelle Bedeutung kennt, festgelegt; auf einen Indianer könnte er vielleicht erheiternd wirken.

Hieraus geht hervor, daß sich die von der Musik überbrachte Botschaft je nach der Epoche und je nach dem kulturellen Umfeld – die Botschaft wird anders wahrgenommen und anders verstanden – wandelnd entschlüsselt. Bei Mahler erkennen wir die Absicht zu paradoxer Gegenüberstellung, die in seine musikalische Semantik einfließt. Viel schwerer aber wird das Entschlüsseln der semantischen Botschaft, wenn sie das weit labilere, musikalische Bewußtsein des normalen Zuhörers betrifft, der es auf den Notenlinien nicht wieder umkehrt, sondern lediglich erlebt!

Die subsemantische Botschaft kann leicht ihre von sich aus schon labile Eindeutigkeit verlieren, wenn sie nicht durch Entsprechungen oder Hinweise im Unbewußten unterstützt wird. Alles wird noch komplizierter, wenn das jeweilige Musikstück sich nicht für Veränderungen oder Deutungen eignet, nicht einmal in Richtung auf allgemeine Inhalte. Als Beispiel stehe eine Kammermottete ohne Höhepunkte, dialektische Gegensätze, dynamische oder rhythmische Kontraste, ganz ausgerichtet auf die endlose Beziehung zwischen Konsonanz und Dissonanz, zusätzlich für uns noch fremd und exotisch wegen ihrer Entstehung in einem fremden Jahrhundert.

Auch als Zuhörer kreativ

Jeder Mensch bevorzugt eine besondere Art von Musik. Jeder von uns kann Musik für sich „einsetzen", auch im Sinne einer „eigenen" Musiktherapie. Wie?

Die *Auswahl eines Musikstückes* kann bestimmt sein:
- von der augenblicklichen Gemütsverfassung: Ich identifiziere mich in einer situativen Gestimmtheit mit einem bestimmten Motiv (analoge Funktion) oder jenes Motiv begleitet mich, hilft mir zu leben (komplementäre Funktion). So fühlen wir uns im Zustand tiefer Traurigkeit zu solcher Musik hingezogen, die Mühsal, Schmerz und Leid ausdrückt. Bei Mahler z. B.: Die Symphonie als Verstärker. Es geht darum, eine nostalgische Harmonie in uns aufzunehmen und sich ausbreiten zu lassen (Grundstimmung). Wenn man sich jedoch in tiefer Depression befindet, kann die Musik auch Angst machen, indem sie noch mehr verletzt, beleidigt und kränkt. Wichtig ist daher die Auswahl des Stückes, besonders in der Musiktherapie.
- vom Bedürfnis, ein Problem zu überwinden. Die „Champagner Arie" (*Don Juan*) kann in trauriger Stimmungslage eine aufbauende Fröhlichkeit vermitteln, wenn auch nicht in jedem Fall.

Was bewirkt dieses Musikstück in mir? Auf diese Frage antwortet jeder auf andere Weise. Wenn es mir gelingt, mir darüber klar zu werden, dann kann meine Gefühlswelt sich weiterentwickeln; dies kann mich dazu anregen, meine Emotionen freier zu leben. Die Welt der Musik kann uns helfen, ein neues Bewußtsein zu entdecken. Erkenne dich selbst . . .:

Die Musik als Surrogat dient zum Ausfüllen einer Leere, zur Überbrückung momentan schwieriger Stimmungen, besser gesagt Verstimmungen. Die von einem ausgewählten Musikstück erweckten Gefühle können bewirken, uns

„gehen zu lassen", nicht mehr zu intellektualisieren, auf diese oder jene Analysierung zu verzichten.

Eine Patientin schrieb – fast im Sinne der eigentlichen Musiktherapie –: „Es scheint mir, nichts anderes zu empfinden, als die riesige Freude, Musik zu hören ... und damit basta!"

Besonders schön empfinde ich die Sequenzen mit der Klaviermusik von Federico Mompou (1896–1987) *Musica callada – Geschwiegene Musik,* mit dem Text von Rainer Maria Rilke aus *„Das Stundenbuch":*

> Ich lebe mein Leben in wachsenden Ringen
> Ich liebe meines Wesens Dunkelstunden
> Mein Leben ist nicht diese steile Stunde
> Ich finde dich in allen diesen Dingen
> Ich liebe dich, du sanftestes Gesetz
> So viele Engel suchen dich im Lichte
> Was wirst du tun, Gott, wenn ich sterbe ...

Körperliche, psychische Resonanz weckt vielleicht den Wunsch mitzutönen, im Ausatmen die Stimmbänder mitschwingen zu lassen. Es geht nicht darum, den richtigen Ton zu treffen, sondern sich selbst durchtönen zu lassen; mit sich selbst stimmig zu werden (*Personare* heißt, die Stimme durchtönt die Maske, die die Schauspieler tragen).

So fing ich an, italienische Lieder zu singen, aber auch singen zu lassen. Der Chor bedeutete für mich bewußte Wahrnehmung von Stimme und Atem und machte mich durchlässiger für den akustischen Aspekt.

Einen Versuch starteten wir im Februar 1978 in Lugano: die Orchestra della Radiotelevisione Svizzera Italiana, unter der Leitung von Marc Andreae, führte einige Stücke aus, und das Publikum konnte mit uns Empfindungen und Anregungen diskutieren. Gerade bei Tschaikowskys Konzert für Klavier und Orchester Nr. 1 war die Begeisterung ebenso groß wie unsere „Enttäuschung", als der Pianist selbst beim scherzoartigen Prestissimo („Il faut s'amuser, danser et rire", mit überschwenglicher russischer Folklore) erklärte: Musik sollte man nur hören, ja nicht beschreiben ...

Wir wissen, daß Musik eigentlich nicht zu messen, nicht zu erzwingen ist. Ohne Musik zu beschreiben, ohne sie zu deuten, ohne sie zu erklären ist es aber schwer, die musikalische Sprache zu vermitteln und Musikgeschichte zu verstehen. Gefährlich wird es, wenn Musik begründet werden muß, was bei vielen Autoren unserer Zeit geschieht: Oft sind die Begründungen länger zu lesen als die Musikstücke dauern!

Musik spricht gerade latente Kräfte an, nicht bloß das Ohr und das Gefühl. „Von den moralischen Kräften der Musik" heißt eine prachtvolle kleine Schrift des Dirigenten Bruno Walter. Es bestehen Zusammenhänge zwischen Auswahl der Musik und Charakter. Zur Struktur des Menschen gehört der „Musikgeschmack", mit tiefen kulturellen Beziehungen. Nach Danilo Dolci lieben beispielsweise die Bauern Siziliens besonders die Musik aus dem 18. Jahrhundert. Diese Wahl ist für sie ganz selbstverständlich.

Voraussetzung der „gefühlsmäßigen" Musikalität ist die Veranlagung zu ästhetisch-emotionellen Erlebnissen. Musik kann als wesentlicher Ausdruck der Gefühle empfunden werden. Hier gibt es verschiedene Grade der Ansprechbarkeit. Es gibt Menschen, neben denen z. B. im Radio Beethoven oder Bach in hervorragender Wiedergabe erklingt, und sie „hören" es nicht.

Ihnen entspricht nicht die kreative Tätigkeit des „Betrachters" bzw. Hörers, wie sie auch von Cesar Bresgen hervorgehoben wurde. Vielleicht gelingt es dem Menschen nur in der Musik, als Zuhörer kreativ zu sein!

Der Mensch ist oft entmutigt, wenn er das nicht „kann". Auch bei Volksmusik kann durchaus aktives Tun ausschlaggebend sein.

„Musikgenießer" und Musikkenner

Der „Musikgenießer" ist dem Reich der Töne zugetan. Irgendwann in seinem Leben – vielleicht im Elternhaus schon, vielleicht erst durch einen Besuch eines fähigen Musiklehrers in der Schule, vielleicht beim ersten Besuch einer Opernvorstellung oder eines öffentlichen Konzerts – hat sich diesem Menschen die Welt als Quelle der Freude und Erbauung, als Mittel zur Entspannung und Erholung, als Stimulans für Phantasie und schöpferische Impulse erwiesen.

Da mögen sich seine Meinungen wandeln. Er kann sich vom Wagner-Verehrer zum Wagner-Gegner entwickeln oder umgekehrt!

Wer also als „Musikgenießer" lebt und nicht gerade an der Oberfläche sinniger „schöner" Melodien hängen bleibt, der wird fast unvermeidlich sich auf dem Weg vom „Musikgenießer" zum Musikkenner befinden, wobei die Grenzen immer fließend sind. Der Musikgenießer, der zum Musikkenner geworden ist, genießt darum die Musik nicht weniger, wohl aber anders.

Die Entwicklung vom Nur-Musikgenießer zum Schon-Musikkenner setzt etwa in dem Moment ein, da der Musikgenießer entdeckt, daß Musik nichts Fixiertes ist. Ein musikalisches Werk wird durch den nachschöpferischen Prozeß der Interpretation zu immer neuer, immer wieder anderer Klanggestalt kreiert.

Erst durch die Erkenntnis der Vielfalt möglicher Interpretationen durch die Verfeinerung des Hörens, erschließen sich dem werdenden Musikkenner die Lebendigkeit der Musik sowie Tiefe und Spannweite der verschiedenen Werke.

Menschen mit beiderlei Merkmalen – „Intellektualität" und „Gefühlsmäßigkeit" – können reine, absolute Musik „genießen", etwa Bach. Dabei besitzt die Musik Befreiungsfähigkeiten, in der Musik kann man Befreiung sehen und erleben. Doch wohlgemerkt nicht die höchste, die letzte, die absolute Befreiung.

Bach muß einer sehr entspannten, Sicherheit spendenden Weltanschauung teilhaftig gewesen sein, die vom tiefen, ehrlichen Glauben kam. „Ich kenne keinen Musiker, der so Entgültiges, so uneingeschränkt Harmonisches, der so rein Geistiges mit derart konkret-soliden Bauelementen hat darstellen können" (De Stoutz). Hier herrscht Ordnung, strenge Regeln, quasi im Sinne von

Autorität, die sonst nicht angenommen würde. Aber am Irrationalen kann man auch zugrunde gehen.

Musik als therapeutische Brücke

Die Beziehungen zwischen Medizin und Musik gehen so weit zurück, daß man sie schon im frühen Altertum immer wieder nachweisen kann. Es ist bekannt, daß schon bei den alten Griechen der Gott der Musik und der Gott der Heilkunst in einer Person verehrt wurden. Das nicht umsonst, weil bekanntlich die Griechen bereits ihre Kranken z. T. mit Musik behandelt haben.

Es wurden damals v. a. 2 Instrumente herangezogen: Das eine war der Aulos, ein etwa unserer Oboe vergleichbares Instrument, der die depressiven, melancholischen Patienten aus ihrem Zustand herausholen sollte, und auf der anderen Seite war es die sanfte Lyra, die mit ihren eher zarten Tönen die manischen Patienten – es handelte sich also hauptsächlich natürlich um psychische Störungen – wieder von ihrem Zustand befreien sollte. Man hat seinerzeit im Altertum geglaubt, daß die Schwingungen und Bewegungen etwa der Gestirne, die Bewegungen des Pulses im Menschen und die Schwingungen, die durch das Spiel von Instrumenten bzw. durch Gesang, also ganz allgemein durch Musik, ausgelöst werden, daß diese Schwingungen alle gleiche Gesetze haben müßten. Man sprach deshalb im Altertum von einer „musica mundana", also der Musik im Weltall, von einer „musica humana", d. h. also einer Musik im menschlichen Organismus, und einer „musica instrumentalis", also eben der uns geläufigen Musik.

Es werden sehr viele Untersuchungen gemacht, um die Auswirkung des Musikerlebens auf den menschlichen Körper und die menschliche Seele festzustellen und wissenschaftlich auch zu belegen. Dabei ist ein gutes Beispiel, daß sich Herbert von Karajan mit seinem Orchester zur Verfügung gestellt hat; er hat sich mit EKG und Elektroenzephalogramm, also einem Hirnstrombildmesser, und anderen Instrumenten während des Abspielens – während einer Orchesterprobe – untersuchen lassen.

Dabei hat sich gezeigt, daß die musikalische Arbeit des Dirigenten und auch der Musiker selbst einen ungeheuren Einfluß auf Blutdruck, Pulsbeschleunigung, Atmung, Häufigkeit der Atmung, usw. hat; und das ist dann auch bei Musikhörenden untersucht worden.

Es ist ganz interessant bei diesen Untersuchungen mit Herbert von Karajan, daß sich etwas zeigte, was gar nicht so erwartet wurde. Das Dirigieren selbst und das Spielen, also dieser enorme Energieaufwand, zeigten sich gar nicht so sehr in den Messungen als besonders verändert im vegetativen System, sondern z. B. die Erwartung früher, die Erwartungsspannung, vergleichbar vielleicht mit Lampenfieber auch, aber doch anders. Wenn dann dirigiert wurde und etwas ablief, dann war das eigentlich mehr eine entspannende Lösung, eine Lösung der Spannung, die sich auch in den Untersuchungen zeigte.

Die Musiktherapie wird überwiegend in Gruppentherapie, in Gruppenformen, also gruppentherapeutischen Formen angewandt. Natürlich auch in Einzeltherapie, aber im Gruppenerleben ist es ganz besonders wichtig, weil sie gerade bei kranken Kindern und auch überhaupt kranken Menschen mit Kontaktstörungen und ähnlichem sehr wirksam ist. Autistische Kinder, also Kinder, die eigentlich so in ihrer eigenen Welt völlig von der übrigen, von unserer Welt ausgeschlossen sind, auch gar nicht fähig sind, mit dieser Welt Kontakt aufzunehmen, oft gar nicht sprachlich ansprechbar sind, ohne daß sie taub oder stumm sind, sondern einfach vom Psychischen her, kann die Musik sehr viel lösen und sehr viel völlig versandete Kontaktformen ansprechen, so daß hier in der Einzeltherapie bei autistischen Kindern mit der Musiktherapie sehr viel erreicht werden kann.

Musiktherapie bei Sprechgestörten anzuwenden ist sicher sehr sinnvoll, weil die Musik irgendwo ja auch eine Sprache ist. Musik hat ihre eigene Sprache, und ich kann mir sehr gut vorstellen, daß Menschen untereinander einen Dialog führen können mit Musik. Es ist für uns Hörende sicher sehr schwer, uns das genau vorzustellen, wie Taubstumme Musik erleben, aber sie haben einen Ausgleich in ihren anderen Sinnen. Und bei diesen anderen Sinnen ist es sicher das Vibrationsgefühl, das Tastgefühl, das in einer Weise die von Musik ausgehenden Schwingungen erfaßt, die mehr vermitteln als nur den Rhythmus, sondern ein melodisches Erleben möglich machen.

Gerade psychosomatisch Kranken fällt es äußerst schwer, ihre Gefühle sprachlich auszudrücken. Verständlicherweise muß man daher gerade für diese Patientengruppe nach nonverbalen Methoden suchen, mit dem Ziel, diese Menschen zu entemotionalisieren und damit die Somatisierung ihrer Gefühle in der Form von körperlichen Erkrankungen zu verhindern oder zu unterbinden. „Ich bin daher der Überzeugung," sagte Ringel, „daß die Musiktherapie ein obligater Teil des therapeutischen Gesamtkonzeptes bei psychosomatisch Erkrankten sein sollte."

So wird die Musik konkret verwendet, um schwere Hemmungen und Ausdrucksschwierigkeiten zu lösen oder als Vorbereitung zu einer Gesprächstherapie, darüber hinaus um Entspannung und Sedierung bei Angstzuständen zu bewirken. Die Verbindung mit Gesprächsmethoden und autogenem und psychosomatischem (atemzentriert!) Training ist besonders wichtig.

Für den ängstlich-unruhigen Kranken empfiehlt sich zum Beispiel „Les pas sur la neige" und „La fille aux cheveux de lin" von Claude Debussy; auch „Impresiones intimas", „Charmes" von Federico Mompou sowie „Pur endormir la souffrance", „Pour pénétrer les âmes" und „Pur inspirer l'amour" – Trösterin Musik.

Die Musik von Bach hat allgemein eine entspannende, beruhigende Wirkung, v. a. bei depressiven Kranken. Andres Segovia bezeichnet sie als apollinisch; dionysisch wäre hingegen die Folkloremusik. Die musikalische Sensibilität des (geistig) behinderten Kindes, des verhaltensgestörten Kindes, des autistisch-psychotischen Kindes kann mit individuellen Musiktherapieprogrammen beeinflußt werden.

Beispiel

Ein junges, psychotisches Mädchen verschließt sich – nach wiederholten Suizidversuchen – völlig und lehnt jeden Kontakt mit Familienangehörigen ab. Nichts interssiert sie mehr; in 20 Sitzungen psychotherapeutischer und auch psychopharmakologischer Hilfe kommt es zum Abklingen der psychotischen Symptomatik. Bach und Tschaikowsky sind die „Zauberer ihrer Erlösung". Während des Präludiums der „Im Wald eingeschlafenen Schönen" von Tschaikowsky – in der 18. Sitzung – springt das Mädchen plötzlich auf und schreit: „Ich will tanzen!" Sie war gerettet; von diesem Zeitpunkt an war sie wie wiedergeboren und zugänglich für gezielte Verwendungsmöglichkeiten der Musik.

Eine unserer Patientinnen, 60 Jahre alt, aus der psychosomatischen Abteilung, begann während ihres Aufenthaltes im Krankenhaus wieder Klavier zu spielen. Seit 32 Jahren hatte sie nicht mehr spielen können, aber mit ihrer Heilung entschloß sie sich, wieder Musikstunden zu nehmen.

Musik fördert Erholung und Entspannung, richtet sich an Körper und Geist in infraverbaler und archaischer Weise, über intellektuelle Widerstände hinauswirkend; Musik stabilisiert die biologischen Grundrhythmen und erleichtert eine tonisch-emotionale Kontrolle. Musik kann Wohlbefinden hervorrufen und macht so bereit zu einer authentischeren und besseren zwischenmenschlichen Beziehung.

Jung sagte zu einer Musiktherapeutin aus San Francisco:

> Das eröffnet eine ganz neue Forschungsrichtung, von der ich mir nie hätte träumen lassen. Das, was Sie mir heute gezeigt haben – nicht nur das, was Sie gesagt haben, sondern vor allem das, was ich konkret gefühlt und erlebt habe – läßt mich fühlen, daß Musik von jetzt an ein wesentlicher Bestandteil einer jeden Analyse sein müßte. Sie gelangt zu tiefem archetypischen Material, zu dem wir in unserer analytischen Arbeit mit Patienten nur selten gelangen. Dies dünkt mich äußerst beachtenswert.

Aber weiter:

> Ich kenne die ganze Literatur – ich habe alle Werke und auch alle großen Musiker gehört, aber jetzt höre ich keine Musik mehr. Sie erregt und erschöpft mich zu sehr...

Psychosomatik und Musik

Musik scheint sehr gut geeignet, bei der Therapie psychosomatisch Kranker angewendet zu werden. Diese psychosomatisch Kranken sind schon als „emotionale Analphabeten" bezeichnet worden, weil sie in einer rein rationalen Welt feststecken und fast nur ihre symbolische Organsprache, auch Symbolsprache (im Gegensatz zur Körpersprache) genannt, gebrauchen.

Diese Kranken sind aber gewöhnlich keine „Musikanalphabeten", auch wenn sie häufig gewisse Töne als schrill empfinden, was oft Gesunde nicht verstehen und für nicht gerechtfertigt halten. Sie können durchaus gefühlsmäßige Musikalität aufweisen. Da aber die Musik den Körper mit erfaßt, können sie auf dieser Ebene eine adäquate Ausdrucksform finden.

Die Akademie für Rehabilitation der Universität Heidelberg hat in einer Studie auf die Notwendigkeit hingewiesen, eine größere Anzahl von Musiktherapeuten bei einer Vielfalt von schwerwiegenden Syndromen mit einzubeziehen, sowohl für Psychosen und Neurosen als auch für die neurologische Rehabilitation.

Es könnte bald heißen:

„Bitte, Herr Doktor, spielen Sie nochmals das *DNA-Schlafliedchen*"!

Eine Melodie – nach dem Modell der in DNA befindlichen Stickstoffbasen als Aufbaustoffe – hat in einer japanischen Schule diese in den Nachmittagsschlaf gebracht. Laut Mitteilung des Pflegepersonals an der „Tachibana nursery School" in Kitakami, Präfektur von Iwate, hatte diese Melodie, die von einem in den Vereinigten Staaten lebenden japanischen Forscher entwickelt wurde, eine höchst beruhigende Wirkung auf die Kinder. Sie stützt sich auf die verschiedenen Muster, welche die 4 DNA-Stickstoff-Basen bindet und ihre Riesenmoleküle formt. Dr. Susumu Ono, Forscher am City of Hope Institut für medizinische Forschung in den Vereinigten Staaten, dem es gelungen war, die Beobachtung zu machen und das Informationsmuster in Musiknoten umzuwandeln, stellte seine Entdeckung auf einer Konferenz in Sendai vor. Nachdem Masako Suzuki einen Artikel über die Erfindung gelesen hatte, bestellte er bei einem einheimischen Organisten ein 3 min dauerndes Band und ließ das Wiegenlied in Klassen mit Kleinkindern vorspielen. Wie Suzuki bestätigt, „handelt es sich um eine wirklich wunderbare Melodie, welche nicht nur die Kinder, sondern auch die Lehrer der Schule beruhigt und fast einschlafen läßt...".

Das japanische Beispiel könne als wissenschaftliches Experiment darauf hinweisen, daß eine Art biologische Beeinflussung durch Musik möglich ist, so wie „im Leibe alles hüpfen tut". Wenn auch noch geheimnisvoll, besteht hier wiederum eine Brücke zwischen Psychischem und Somatischem, die wir nie vernachlässigen sollten. Es geht um eine wunderbare, vielleicht neue Entdeckungsreise.

Beim Anblick der faszinierenden Kulisse eines Wolkenkratzers in Boston sagte Herbert von Karajan: „Der Urgrund jeder Kunst ist und bleibt eben die Übersetzung des Realen in die Welt des Vergeistigten; für den einen ist es Walhall, für den anderen ein gigantischer Verwaltungsturm, aber ebenfalls durchpulst von der verewigenden Magie der Harmonie". Selbst ein musikalisches Wunder hat der Maestro auch geschrieben: „Die Musik ist eine leibgeistige Realität im doppelten Sinne und kann über das Erleben hinaus in der Reflexion und im wissenschaftlichen Experiment zum Objekt des Erkennens gemacht werden..." So gibt es also nicht nur „Kunst als Therapie", sondern auch „Therapie als Kunst" als gemeinsame Bemühung.

Literatur

Delli Ponti M, Luban-Plozza B (1990) „Il terzo orecchio" – Musica e psiche, 3ªedizione. Centro Scientifico Torinese, Torino

Luban-Plozza B, Knaak L (1988) Satyriasis im Operngewand. In: Götze H, Simon W (Hrsg): Wo Sprache aufhört (Festschrift für H. v. Karajan zum 80. Geburtstag). Springer, Berlin Heidelberg New York Tokyo, S 69–76

Luban-Plozza B, Delli Ponti M, Dickhaut HH (1988) Musik und Psyche – Hören mit der Seele, Birkhäuser, Basel Boston

Luban-Plozza B, Pöldinger W, Kröger F (1989) Der psychomatische Kranke in der Praxis. 5., neubearb. u. erw. Aufl., XV, 277 S. Locarno Basel Heidelberg

Luban-Plozza B, Knaak L, Dickhaut HD (1990) Das therapeutische Bündnis mit dem Patienten. 5. vollständig neu überarb. Aufl., 190 S. Taschenbuch

V. Biofeedback

Gunther Haag, Prof. Dr. med., Arzt, Dipl.-Psych.,
Abt. f. Rehabilitationspsychologie
der Universität Freiburg mit Forschungsschwerpunkt
psychosomatische Störungen und
Biofeedbackanwendung

Biofeedback bei psychosomatischen und neuromuskulären Störungen

Zusammenfassung

Die therapeutische Rückmeldung von Körpersignalen (Biofeedback) hat sich in vielen Studien als eine erfolgversprechende, wenn auch nicht unumstrittene Behandlungsmethode erwiesen. Die Vorteile des Verfahrens bestehen in der Nutzung lernpsychologisch-verhaltensmedizinischer Aspekte, der Objektivierung physiologischer Vorgänge, der steigernden Wirkung auf die Motivation vieler Patienten und in einer Verbesserung der Wahrnehmungsfähigkeit für physiologische Prozesse. Vor allem bei Spannungskopfschmerzen, Migräne und neuromuskulären Störungen ist beim derzeitigen Stand der Forschung die Anwendung von Biofeedback im Rahmen eines Gesamtbehandlungsplans indiziert. Daneben eignet sich das Verfahren sehr gut zur Anwendung bei Entspannungstherapien.

Summary

Many studies have proved the therapeutic effectiveness of biofeedback technology even though it remains questionable to some researchers. The advantages of this method comprise the utilization of elements of learning and behavioral psychology, the possibility of objectifying physiological alterations, the improvement of many patients' motivation, and the increased perceptibility of physiological processes. In cases of tension headaches, common migraine and neuromuscular disorders, the application of biofeedback techniques appears to be a useful complement to the overall set of therapeutic interventions. In addition biofeedback techniques may be applied generally as a form of relaxation therapy.

B.J.M. Diehl, Th. Miller (Hrsg.)
Moderne Suggestionsverfahren
© Springer-Verlag Berlin Heidelberg 1990

Bei der Biofeedbacktherapie handelt es sich um ein seit etwa 30 Jahren v. a. in den USA systematisch erprobtes und eingesetztes therapeutisches Verfahren, das in den deutschsprachigen Ländern bisher noch eher vernachlässigt wird. Es handelt sich dabei um eine Methode, bei der biologische Vorgänge, die nicht oder nur schwer wahrnehmbar sind, in gut wahrnehmbare optische und/oder akustische Signale umgewandelt und somit der bewußten Wahrnehmung durch systematisches Feedback zugänglich gemacht werden. Durch diese Bewußtmachung kann ein gewisses Maß an willentlicher Beeinflussung und Kontrolle der jeweiligen Körperfunktionen erlernt werden.

Mit Hilfe der Biofeedbacktechnik können muskuläre, zentralnervöse, vegetativ-autonome sowie hormonelle Prozesse Patienten rückgemeldet werden. Die Beispiele für die mit Biofeedback in therapeutischen Studien rückgemeldeten Körperfunktionen sowie die Liste der mit Biofeedback bisher behandelten Störungen sind zahlreich (s. folgende Übersichten, die jedoch keinen Anspruch auf Vollständigkeit erheben; Literatur s. bei Kröner-Herwig u. Sachse, 1988; Miltner et al. 1986).

Beispiele für mit Biofeedback rückmeldbare Körperfunktionen
Vasokonstriktion und -dilatation
Hautwiderstand bzw. elektrische Hautleitfähigkeit
Gehirnaktivität (EEG)
Herzrate
Muskelaktivität (EMG)
Blutdruck
Speichelfluß
Magenmotilität
Hauttemperatur
Peniserektion etc.

Beispiele für mit Biofeedback behandelte Störungen
Spannungskopfschmerz
Schmerzen allgemein
Migräne
Hypertonie
Morbus Raynaud
Herzrhythmusstörungen
Schlafstörungen
Asthma bronchiale
Epilepsie
Ulcus ventriculi und duodeni
Stuhlinkontinenz
Neuromuskuläre Störungen
Angst etc.

Zur Erreichung von therapeutischen Effekten genügt es dabei offensichtlich, Patienten den Auftrag zu geben, das rückgemeldete Körpersignal in die therapeutisch erwünschte Richtung zu verändern. Auf welche Weise diese Effekte hervorgerufen werden, konnte bisher nicht eindeutig geklärt werden. Die Erklärungsmodelle reichen von der Wirkung kognitiver und motivationaler Faktoren, einer allgemeinen sympathischen Desaktivierung über die Annahme eines operanten Lernens am Erfolg bis hin zur Vermutung, daß es sich lediglich um ein technisches Plazebo handle.

Zu den wichtigsten Anwendungsbereichen des Biofeedbackverfahrens gehören psychosomatische sowie neuromuskuläre Störungen.

Zu den psychosomatischen Störungen im weiteren Sinne liegen bisher v. a. Erfahrungen bei der Behandlung von Kopfschmerzen, Bluthochdruck sowie Asthma bronchiale vor.

Bei der Behandlung vieler psychosomatischer Störungen ist Entspannungstherapie sozusagen als Basisbehandlung indiziert. Hierfür eignet sich die Biofeedbacktherapie ganz besonders.

Entspannung kann dabei sowohl über die Rückmeldung der Muskelspannung (Elektromyographie, EMG) als auch der elektrischen Hautleitfähigkeit (psychogalvanische Reaktion, PGR) hervorgerufen werden. Ziel ist die Verminderung muskulärer Verspannungen bzw. der sympathischen Aktivität. Bewährt hat sich auch die Kombination von Entspannungsverfahren wie der muskulären Relaxation nach Jacobson oder dem AT mit Biofeedback. Aufbauend auf der noch eher unspezifischen Entspannungstherapie können dann bei den jeweiligen psychosomatischen Syndromen weitere therapeutische Strategien eingeschlagen werden.

Kopfschmerzen

Bei den Kopfschmerzsyndromen wird u. a. zwischen Spannungskopfschmerz und Migräne unterschieden, auch wenn die Übergänge oft fließend sind und bei vielen Patienten eine Kombination der beiden Störungsbilder vorliegt.

Spannungskopfschmerzen gelten zurecht seit vielen Jahren als ein klassisches Indikationsgebiet für den Einsatz von EMG-Biofeedback. Dabei wird meist über ein Oberflächen-EMG die Aktivität der Stirnmuskulatur (M. frontalis), in einigen Studien auch der Nackenmuskulatur, abgeleitet. Die vielen bisher vorliegenden Ergebnisse sprechen dafür, daß die Anwendung von EMG-Biofeedback bei Spannungskopfschmerzen i. allg. zu deutlichen Erfolgen führt. Ob die Erfolge über lange Zeiträume, d. h. mehrere Jahre anhalten und ob sie diejenigen anderer Entspannungsverfahren (s. oben) eindeutig übertreffen, ist derzeit noch nicht eindeutig zu beurteilen. Sinnvollerweise sollte das EMG-Biofeedback durch andere therapeutische Strategien wie muskuläre Relaxation nach Jacobson oder Methoden zur besseren Bewältigung belastender Alltagssituationen (Streßbewältigungstraining) ergänzt werden.

EMG-Biofeedback mag nach den bisherigen therapeutischen Studien auch bei manchen Patienten mit Migräneattacken als prophylaktische Therapie sinnvoll sein, v. a. wenn es sich um eine Kombination von Migräne und durch Muskelverspannungen bedingte Kopfschmerzen handelt. Migränespezifischer ist das sog. Vasokonstriktionstraining der A. temporalis superficialis. Dabei wird die Pulsvolumenamplitude der Temporalisarterie der Patienten plethysmographisch gemessen und optisch sowie akustisch rückgemeldet. Ziel ist dabei das Erlernen einer willentlichen Vasokonstriktion, um der gemäß der Wolff-Dreiphasentheorie im Migräneanfall vorliegenden überschießenden

Vasodilatation entgegenzuwirken. Dieser Wirkmechanismus entspricht demjenigen der zur Kupierung von Migräneattacken üblichen ergotaminhaltigen Präparate. Zu dieser Technik liegen aus den letzten Jahren mehrere methodisch gut kontrollierte Studien vor, deren Ergebnisse eindeutig für die Wirksamkeit des Verfahrens sprechen, wenn es über 10–15 Sitzungen zu je 30–40 min angewandt wird. Diese Erfolge haben beispielsweise dazu geführt, daß das Vasokonstriktionstraining in den Therapierichtlinien der Deutschen Migränegesellschaft als eine indizierte nichtmedikamentöse Therapie empfohlen wird.

Bluthochdruck

Die essentielle Hypertonie gehört zu den Krankheitsbildern, bei denen in den letzten 20 Jahren sehr häufig Biofeedbacktechniken eingesetzt wurden. Neben den eher auf eine sympathische Desaktivierung bzw. Entspannung ausgerichteten Verfahren wie EMG- und PGR-Feedback wurde v. a. die direkte Rückmeldung des Blutdrucks angewandt. Diese ist allerdings auf unblutige Weise technisch schwierig und mit methodischen Problemen behaftet. Am häufigsten erfolgt diese Rückmeldung über Anlegen eines konstanten Manschettendrucks am Oberarm und Messung der Korotkoff–Geräusche. Mit dieser Methodik wurden in einigen Studien Blutdrucksenkungen von durchschnittlich mehr als 10 mmHg systolisch erzielt, doch blieben die Ergebnisse klinisch insgesamt noch eher unbefriedigend. In den letzten Jahren wurde diese Methode daher meist nur in Kombination mit anderen therapeutischen Strategien (medikamentös wie nichtmedikamentös) angewandt. Die besten Ergebnisse wurden dabei von Patel et al. (1985) mit einer Kombination verschiedener Biofeedback- und Entspannungsmethoden erreicht, wobei gleichzeitig noch weitere kardiovaskuläre Risikofaktoren (z. B. Cholesterin) reduziert wurden. Durch solche und andere verhaltensmedizinischen Programme dürften in den kommenden Jahren noch weitere Fortschritte in der Behandlung der Hypertonie zu erwarten sein. Noch zu wenige Studien liegen über die Rückmeldung der Pulswellengeschwindigkeit vor, einem mit dem arteriellen Blutdruck relativ hoch korrelierenden Parameter. Hier muß sich in den kommenden Jahren zeigen, ob damit die technischen Probleme der Blutdruckrückmeldung zumindest verringert und damit die therapeutischen Möglichkeiten verbessert werden.

Asthma bronchiale

Bei Patienten mit Bronchialasthma wurde mit verschiedenen Biofeedbackmethoden versucht, dauerhaft klinisch bedeutsame Erfolge zu erzielen. Rückgemeldet wurden u. a. Atemfrequenz, Atemwiderstand sowie die Spannung des Stirnmuskels. Allerdings sprechen die bisherigen Ergebnisse nicht für eine generelle Indikation einer dieser Techniken bei Bronchialasthma. Lediglich bei Kindern scheint ein durch EMG-Biofeedback unterstütztes Entspannungstraining die therapeutischen Erfolge zu verbessern.

Neuromuskuläre Störungen

Einen weiteren Interessenschwerpunkt der Biofeedbackforschung bilden die therapeutischen Möglichkeiten bei den sog. neuromuskulären Störungen sowie chronischen Schmerzsyndromen. Unter neuromuskulären Störungen seien hier Lähmungen nach apoplektischen Insulten, Torticollis spasticus, Kreuzschmerzen, Bruxismus und temporomandibuläre Dysfunktion zusammengefaßt. Bei der Rehabilitation von Patienten nach Apoplex sind es v. a. 3 Symptome, die mit Hilfe eines EMG-Feedbacktrainings erfolgreich behandelt werden können (Basmajian 1983): der Spitzfuß, die Schultersubluxation sowie die eingeschränkte Funktionsfähigkeit der Hand. Beim Spitzfuß wird durch eine Aktivierung des M. tibialis anterior und Tonussenkung des M. gastrocnemius mit EMG-Biofeedback evtl. wieder eine Dorsalflexion ermöglicht. Bei der Schultersubluxation kann durch Training des M. trapezius und des M. deltoideus Kontrolle und Kraft dieser Muskeln und damit auch die aktive Beweglichkeit des Schultergürtels verbessert werden. Die nach Schlaganfällen häufig eingeschränkte Funktion der Hand kann durch Training der Unterarmflexoren und -extensoren verbessert werden.

Manche Studien sprechen dafür, daß möglichst bereits in den ersten 3 Monaten nach Eintritt des Apoplexes mit einer Biofeedbacktherapie begonnen werden sollte, doch haben sich auch dann noch Erfolge gezeigt, wenn seit dem Schlaganfall bereits mehr als 12 Monate vergangen waren. Leider gibt es bisher kaum Studien zur Biofeedbackanwendung nach Apoplex aus dem deutschen Sprachraum. Besonders zu erwähnen sind jedoch zum einen ein Erfahrungsbericht aus krankengymnastischer Sicht (Druschky 1983) sowie eine neuere Arbeit von Gerber u. Holzapfel (1988), die bei Einzelfällen Fortschritte in der Behandlung spastischer Hemiplegiker mit EMG-Biofeedback erzielten. Beim Schiefhals (Torticollis spasticus), dessen Genese unklar ist, sind die Halsmuskeln einer Seite hyper-, die Antagonisten dagegen hypotrophiert. Diese Störung belastet die Patienten meist körperlich und in ihren psychosozialen Auswirkungen sehr stark. Ziel einer Biofeedbacktherapie ist es, die Spastizität in den hypertrophen Muskeln zu vermindern und die Aktivität der hypotrophierten Muskeln zu erhöhen. Die Anzahl der bisher mit Biofeedback behandelten Schiefhalspatienten ist noch zu gering, um klare Erfolgsaussagen zuzulassen, doch sprechen die vorliegenden Ergebnisse und die Erfolglosigkeit anderer therapeutischer Maßnahmen für eine Indikation zur Biofeedbacktherapie. Auch bei der sehr heterogenen Gruppe der Patienten mit Kreuzschmerzen konnten mit EMG-Biofeedback im Vergleich zu anderen Therapien erstaunliche und dauerhafte Effekte erzielt werden (Flor et al. 1983, 1986). Abgeleitet wird dabei meist die Spannung des M. erector spinae oder des M. trapezius.

Biofeedback wird außer bei Kopf- und Kreuzschmerzen auch noch bei einigen weiteren chronischen Schmerzsyndromen erfolgreich angewandt (Tabelle 1). Es sollte daher bei der Behandlung chronischer Schmerzzustände jeweils in Betracht gezogen werden, ob die Anwendung von Biofeedback in den Gesamtbehandlungsplan integriert werden kann.

In den letzten Jahren stärker ins Interesse gerückt sind die Behandlungsmöglichkeiten des Bruxismus (chronisches übermäßiges Aufeinanderpressen bzw.

Tabelle 1. Biofeedbacktherapie bei chronischen Schmerzen

Schmerzsyndrom	Biodfeedbackmodalität
Spannungskopfschmerzen	EMG
Migräne	Plethysmographie
Gesichtsschmerzen	EMG
Rückenschmerzen („low back pain")	EMG
Rheumatische Arthritis	EMG, Hauttemperatur
Dysmenorrhö	EMG, Hauttemperatur
Verbrennungsschmerzen	Hauttemperatur

Knirschen der Zähne) sowie der temporomandibularen Dysfunktion (Schmerzhafte Störung in den Kiefergelenken). Bei beiden Störungen wurde bisher v. a. das EMG-Feedback vom M. masseter eingesetzt. So wird z. B. bei der Therapie des nächtlichen Bruxismus der Patient beim Überschreiten einer bestimmten Muskelkontraktionsschwelle geweckt. Insgesamt lassen auch hier die Studien noch keine abschließende Bewertung zu, doch muß betont werden, daß bei diesen gesundheitspolitisch bedeutsamen Störungen (hohe Kosten durch Kiefergelenksveränderungen, Zerstörung der Zahnsubstanz etc.) die Mehrzahl der therapeutischen Alternativen wenig erfolgversprechend ist.

Beim jetzigen Stand der Forschung und klinischen Erfahrung ist eine allgemeine Einschätzung der Bedeutung von Biofeedbacktherapie kaum möglich; vielmehr ist eine sehr differenzierte Betrachtungsweise notwendig. Allgemeine Vorteile einer Biofeedbackanwendung können je nach Störungsbild und Patient in folgenden Aspekten liegen:

- Durch die Einführung von Biofeedback in die Therapie kann bei vielen Patienten die Motivation gesteigert werden.
- Körperliche Vorgänge sowie Therapieverlauf und -erfolg können objektiviert werden.
- Die bei vielen Patienten unterentwickelte Wahrnehmungsfähigkeit für physiologische Funktionen und deren Veränderung kann geschult werden und so das rechtzeitige Erkennen unphysiologischer Zustände (z. B. Verspannung) ermöglicht werden.
- Die Eigenverantwortlichkeit des Patienten kann in der Therapie verdeutlicht und gefördert werden („Biofeedback ist keine Heilmethode sondern ein Werkzeug, das der Patient benützen kann, um z. B. so viel Muskelfunktion wie möglich wiederzuerlangen.").
- Lerntheoretisch wirksame Aspekte (z. B. Erfolgserlebnisse durch das Erreichen von Ziel- oder Schwellenwerten) können intensiv in die Therapie eingebaut werden.
- Biofeedbackgeräte sind als psychophysiologische Meßgeräte gleichzeitig bestens für eine psychophysiologische Diagnostik und z. B. für das Verdeutlichen psychophysischer Zusammenhänge geeignet.

Bei vielen Patienten können durch die genannten Vorteile oft deutlichere und/oder raschere Erfolge als ohne den Einsatz von Biofeedback erreicht werden. Betont werden muß jedoch, daß gerade bei der mit teilweise hohem technischen Aufwand arbeitende Biofeedbacktherapie die Beziehung zwischen Therapeut und Patient eine entscheidende Rolle spielt, der Patient also nicht an das Gerät angeschlossen und dann seinem Schicksal überlassen werden sollte.

Unter Berücksichtigung der genannten Aspekte wäre es wünschenswert, wenn auch im deutschsprachigen Raum die Möglichkeiten der Biofeedbacktherapie in Forschung und klinischer Praxis intensiver als bisher überprüft würden. Beim derzeitigen Forschungsstand ist von einer Indikation zum Biofeedbackeinsatz neben der Anwendung als Entspannungsmethode v. a. bei Spannungskopfschmerzen, Migräne und neuromuskulären Störungen auszugehen.

Literatur

Basmajian JV (1983) Biofeedback: Principles and practice for clinicians. Williams & Wilkins, Baltimore

Druschky C (1983) Die Biosignalkontrollmethode – eine wertvolle Hilfe bei der krankengymnastischen Behandlung. 35:85-88

Flor H, Haag G, Turk DC (1986) Long-term efficacy of EMG-biofeedback for chronic rheumatic back pain. Pain 27:195–202

Flor H, Haag G, Turk DC, Koehler H (1983) Efficacy of EMG-biofeedback, psychotherapy and conventional medical treatment for chronic rheumatic back pain. Pain 17:21–31

Gerber WD, Holzapfel HM (1988) Neuromuskuläre Reedukation bei Patienten mit spastischer Hemiplegie. Prax Klin Verhaltensmed Rehabil. 1:122–127

Holzapfel HM, Gerber WD, Heinle T (1987) Sensorische EMG-Biofeedback-Therapie bei spastischer Bewegungsstörung. Krankengymnastik 39:458–466

Kröner-Herwig B, Sachse R (1988) Biofeedbacktherapie. Kohlhammer, Stuttgart

Miltner W, Birbaumer N, Gerber WD (1986) Verhaltensmedizin. Springer, Berlin Heidelberg New York Tokyo

Patel C, Marmot MG, Terry DJ, Carruthers M, Hunt B, Pater M (1985) Trial of relaxation in reducing coronary risk. Four years follow-up. Br Med J 290:1103–1106

Donald E. O'Hair, Ph. D.

Klinischer Direktor des Centre
for Stress Studies of San Diego,
Wissenschaftlicher Koordinator
des Mercy Hospital Heart Institutes,
Vorsitzender des Board
of the Discrete Data Systems Inc.
Klinischer Psychologe in eigener Praxis

Multimodal Afferent Sensory Stimulation Enhancement Through Biofeedback

Zusammenfassung

Das Biofeedback dient neben seiner praktischen Anwendung im Entspannungstraining auch der Objektivierung von Entspannungszuständen. Manchen Patienten fällt es jedoch schwer, „Entspannung" als inhaltliches Erleben zu erlernen. Zur Induktion der Entspannung kann man in solchen Fällen eine Elektronarkose verwenden, wobei eine Mikroelektrostimulation einen transkraniellen Reiz niedriger Spannung von Ohr zu Ohr auslöst. Zusätzlich ist eine neue, vielversprechende technische Errungenschaft in den Vordergrund getreten, die unter dem Begriff „Synchro-Energizer" bekannt wurde. Mit diesem Gerät wird zeitgleich ein optisches Signal auf beide Augen und ein akustisches Signal auf beide Ohren vermittelt, um Tiefentspannung zu erreichen. Wie niemals zuvor stehen heutzutage einem Arzt mehrere Möglichkeiten zur Verfügung, um einem Patienten zur Tiefenentspannung zu verhelfen.

Summary

Biofeedback can be used not only to teach people to relax but also as an *objective measure* of relaxation. However, for some patients, learning relaxation procedures is difficult. For these individuals it is possible to induce the relaxation response through the use of electronarcosis using a low level, microelectronic stimulator from earlobe to earlobe transcranially. In addition, a new and promising technology has appeared with the use of the "Synchro-Energizer." This instrument uses pulsing light in each eye and sound in each ear to promote deep relaxation. Today the doctor has available many resources to help patients reach new levels of deep relaxation never before attainable.

I will first discuss how relaxation can be measured and tested using biofeedback, and secondly, how relaxation can be accomplished without effort –

B.J.M. Diehl, Th. Miller (Hrsg.)
Moderne Suggestionsverfahren
© Springer-Verlag Berlin Heidelberg 1990

especially by people who have difficulty achieving a deep relaxed or hypnotic or meditative state.

Within this context I will discuss the use of three instruments: the Alpha Stim electrostimulatur, the "Synchro-Energizer" stimulator, and the Biopro 4 channel clinical computer-assisted biofeedback system. But first I would like to give some details of my background. As a psychologist, for the past 11 years I have used biofeedback in my clinical practice. In addition, I have used Ericksonian hypnosis, progressive relaxation, and autogenic therapy. I believed that all of these procedures were effective in helping patients gain self-control over their stress and anxiety. But how could I be sure that my interventions were really working? Something may not be true just because I believe it or the patient believes it. I needed some objective verification that the patient was indeed relaxing.

One day I realized how I could tell if the therapy I was doing was effective. This is what happened.

Six years ago, a young male patient came to my office to deepen his meditation skill. He told me that he could easily relax. I believed him until I connected him to biofeedback electromyograph (EMG) to monitor his frontalis and trapezius muscles. I was surprised as I began to see high microvoltages of EMG coming from his tense muscles. He was tense, not relaxed as he believed. What kind of meditation was this? As he began to meditate there was no noticeable decrease in his muscle tension.

We discussed this finding after the session. I asked if he felt relaxed and he said he did. I then asked why his muscles displayed such high tension on the EMG instrumentation if he was, in fact, relaxed. He could not answer me. The answer is obvious. He was not relaxed.

His thoughts and beliefs about relaxation and the electrical muscle signals in his body did not correspond to each other. It was as if his brain did not know what his body was experiencing.

It was from this experience that I realized I could know how my therapy was working. I could measure it with biofeedback! Why not? I had always used biofeedback to tell the patient how he was doing. Now the biofeedback information could be used to provide objective information on how deeply a patient relaxed. If a patient is relaxed then I expect to see a low EMG microvoltage from those muscles; I expect to see a lowered heart rate; I expect to see slowed respiration; I expect to see warmer hands and a lower electrodermal response on the palm of the hand. These are the signs of relaxation which are experienced by the patient. These are the signals of the body. It is the signal of biofeedback that can tell the level of relaxation.

In addition, I could present to the patient stressors such as mathematical tests and difficult mental tasks to see how the patient reacts to the stress as measured on the biofeedback and then see how long it takes for the patient to return to a normal, nonstressed level of functioning after the mental stressor is removed.

The second event which shaped the way I do relaxation therapy happened 5 years ago. It took place when a colleague of mine referred a patient to me for the treatment of tension headaches. I began by teaching him to relax his frontalis muscle. However, while he was doing this I noticed that the temperature of his hand began to decrease, caused by vasomotor constriction, an indication of sympathetic outflow of neural activity from the autonomic nervous system. This vasoconstriction in the periphery of the body was indicative that he was "trying too hard" to relax his central nervous system (CNS). Something was wrong. He was defeating his own purpose of relaxation. After the session he commented how difficult it was for him to relax – he said he had to *force* himself to relax.

Obviously, this person had no idea what relaxation was all about. He had never experienced it; therefore, he could not know what relaxation felt like. His goal of relaxation was not a response he knew about. Was there something that could teach or make this patient relax?

There was! It was the "Alpha Stim." The Alpha Stim has been described extensively in the book entitled *Megabrain* by Hutchisom. It is capable of producing a low level microamperage and voltage to be used transcranially, from earlobe to earlobe. The process has been called electrosleep and electronarcosis.

The Alpha Stim passes an infinitesimal amount of electric current through the head. How does this cause relaxation? There are several possible explanations. First, the current pulsing at 0.5 Hz can act like a pacemaker to the brain, and slows down the higher beta rhythms to slower alpha rhythms. Or, the current may block the neural flow in the ascending reticular activating system. Or lastly, the electrical current may trigger the release of the beta-endorphins, thereby promoting a sense of relaxation and well-being. Any one or all three of these processes may be taking place. In any event, it does work.

I attached this unit to the patient, explaining to him that the Alpha Stim might help him achieve a deeper state of relaxation. He was quite willing to use the unit. I connected a clip to each earlobe, set the Alpha Stim to 50 μA at 16 V at a frequency 0.5 Hz for 10–15 min. He perceived no electrical stimulation. At the same time, I was monitoring his frontalis muscle tension. After 4 min of treatment his muscle tension began to drop from the usual readings of 15–16 μV to 10 μV and, more importantly, his hand temperature did not decrease – in fact it began to increase.

After 20 min, the patient was extremely relaxed. He commented to me after the session that this was the first time he ever felt so relaxed without "trying to relax." Please understand, the relaxation he experienced now for the first time was a result of passive volition and not active volition. This is a very important distinction.

I was fascinated by this patient's response to the Alpha Stim. I found it had similar effects with about 85 % of the other patients I used it on. The relaxation effect would take place after 5–15 min, depending on the patient. It usually took even less time with females to achieve the deep relaxation.

I wanted to research further the effects of the Alpha Stim. The research was done in 1984 with 64 subjects who reported feelings of generalized anxiety. They were randomly assigned to two groups. One group received the transcranial stimulation and the other group did not. Since the stimulation cannot be felt, neither group could tell if they were receiving the stimulation or not. The subjects were monitored pre- and post-treatment with both the State-Trait-Anxiety Inventory and with the physiological measurement of the frontalis EMG microvolts. On both measures subjects who received the electrostimulation were more relaxed than those who did not receive the stimulation at the 0.001 level of statistical confidence.

Now I was able to demonstrate that it was possible to drive or pace a person into relaxation. I was able to pace the brain at a slow rate in order to increase or enhance the relaxed alpha state.

Biofeedback monitoring can enhance the relaxation process not only by giving information back to the patient but by showing the effect of the alpha pacing. Biofeedback is then like looking at the tachometer on the dashboard of a car to determine how slow or how fast you are going. With the Alpha Stim I have an engine which can propel the car – something which moves the tachometer back and forth. I can now watch the result of the change of engine speed on the tachometer of biofeedback.

I would now like to turn to the "Synchro-Energizer". About 3 months ago I used the "Synchro-Energizer" for the first time, although it was originally developed 16 years ago. The Synchro-Energizer is discussed in one entire chapter in the book *Megabrain*.

The Synchro-Energizer is a unit which uses pulsing light in each eye and sound in each ear to help produce deep relaxation by allegedly synchronizing the left and right hemisphere of the brain. The Synchro-Energizer can flash or strobe at any frequency between 0.5 and 40 Hz. The range obviously covers the four known ranges of brain wave: delta, theta, alpha, and beta. Both the frequency and the intensity of the light may be varied.

The Synchro-Energizer is similar to the Alpha Stim except that it uses light and sound instead of electric current. The Synchro-Energizer has two modes for visual pacing: the focussed mode, in which the pacing is the same in each eye and in each ear and therefore equal to each hemisphere of the brain. This mode is useful for helping persons to focus on specific tasks, such as to increase learning skill. Or it can be used on the expanded mode, in which the flashing is back and forth between each eye and each ear for the sound. This setting is useful for persons who may concentrate too much and who need to relax by "letting go" in a relaxed, nonfocussed manner.

As mentioned above, with the Synchro-Energizer it is possible to pace the brain at any of the four frequency ranges – delta, theta, alpha and beta. For instance, if I want to promote relaxation, I set the frequency between 8 and 12 Hz. Some people find that frequency range bothers them. They are often persons who are tightly organized and compulsive and who need to maintain a sense of vigilance. They usually respond to the photic stimulation either by experiencing discomfort or by going to sleep to avoid conflict.

Again, if I want to promote sleep, I would use frequencies around 4 Hz. It has been shown that photic stimulation lower than 8 Hz can increase the theta range, which can trigger childhood and early memories. Theta waves themselves decrease the ability of persons to be vigilant; therefore, the person may express ideas without the monitoring of more thoughtful brain processes. The use of the Synchro-Energizer in psychotherapy could be used to help uncover buried feelings that a patient has difficulty remembering. However, care should be taken not to stimulate more feelings than a person can integrate into the personality.

Not only can the visual display be changed but likewise the auditory output changes with the visual frequency. The Synchro-Energizer produces a heart beat sound, the imitation of the mother's heart beat in the womb. There is a "surf" sound, a click sound, and a variable tone sound. All of these sounds vary with the visual display frequency.

The Synchro-Energizer is not so unusual or radical. For many years we have known that the amplitude and frequency of the brain of a person can be affected by sensory stimulation. In 1930 Berger discovered that the "Berger rhythm" or the alpha rhythm, as we call it now, decreases with visual stimulation, i.e., when the eyes are opened. For instance, a strobe light set for about 10–12 Hz is used to precipitate the diagnosis "epilepsy".

We also know from our own experience the wonderful feeling that comes from the gentle rhythmic music such as that found in the Brandenburg concertos. Or to sit in front of a fireplace and watch the everchanging rhythm of the flames. It almost creates a hypnotic trance.

There has been much research conducted with visual stimulation since Berger. Four years later, in 1934, Adrian and Matthews showed that the EEG pattern could be changed by repetitive visual stimulation of a known frequency. The brain would respond with a rhythm at the frequency of the stimulation or at a frequency related to the harmonic of the fundamental frequency. There have been studies in which a slowly flashing light was used to regulate heart beat. EEG findings show that the used of strobe lights can increase the balance between the left and right hemispheres of the brain.

In 1975, Fukushima at the University of Berlin reported that visual stimulation does not seem to work with everyone. His study demonstrated that 86% of normal individuals respond to some frequencies of photostimulation in the range from 4 to 24 Hz. Fourteen percent of the sample did not respond to any of the frequencies. Pacing responses were observed in 78% of subjects in the alpha and beta range; response to pacing was rare below 5 Hz. However, the same is true about hypnosis; not everyone can reach the same deep state of trance.

The Synchro-Energizer is different from the Alpha Stim. The Synchro-Energizer not only can promote relaxation but appears to facilitate a balancing or synchronizing of the two brain hemispheres. The Synchro-Energizer has two sets of goggles, two headphones, and is battery operated. In addition, it has audio inputs for a microphone and for stereo music. This audio is superimposed over the tones produced by the Synchro-Energizer. The Synchro-Energizer also has a timer which can set the duration of the session. The unit is portable.

Besides spending years learning deep meditation or practicing biofeedback or autogenic training techniques, there appears to be another way of promoting synchronized brain activity. Multimodal sensory afferent stimulation perhaps can elicit these same effects.

The Alpha Stim and the Synchro-Energizer can work like biofeedback in training persons to achieve brain integration without stress in one-tenth of the normal time of biofeedback and meditation techniques.

I want to speak briefly about computerized biofeedback. To my knowledge, I was the first to put together the first computerized biofeedback system in the United States in 1976 – 12 years ago. At that time, I was using a Motorola 6800 microprocessor with graphic video output. It was at this time Apple Computer Company produced the first Apple II computers. I was so impressed with the Apple II back then that I changed my design and adapted the Apple to operate the new biofeedback system. Since that time I have utilized not only the Apple II but also the Commodore 64 computer and the IBM-PC. The cost of biofeedback systems has dramatically decreased over the past 5 years in the United States. Today, the system I presented at the symposium sells for $2850.00 US dollars or 3900 SFr without the computer. With this computerized system one is able to monitor two channels of EMG, skin temperature, and electrodermal response (GSR) – a total of four channels. There is also a six-channel model if a clinician wants to measure heart rate and finger pulse volume.

The system can monitor frontalis and trapezius muscles along with the hand temperature of the patient and the electrical activity of the skin. The display is presented on color television monitor for feedback to the patient. In addition, when a printer is attached to the computer, it will display on paper a graph of how the patient has progressed over the session. Furthermore, all of the data can be saved on a floppy disk, if so desired.

I am currently in the process of developing an integrated system of the Synchro-Energizer and biofeedback through an IBM computer. The biofeedback or physiological monitoring will determine how tense or relaxed an individual may be and then will automatically set the frequency rate on the Synchro-Energizer to enhance the alpha state. If a particular frequency does not work for a patient, then the computer will determine that and set the Synchro-Energizer for another frequency and/or intensity. What we are developing is an automated relaxation system based on physiological parameters.

Using an IBM computer, the biofeedback signals are processed and displayed on the monitor along with the frequency and mode of the Synchro-Energizer. The input from the biofeedback is continually updating the Synchro-Energizer. The effect the Synchro-Energizer is having on a patient is changing the biofeedback.

All of this may sound like we are attempting to mechanize relaxation therapy. On the contrary, the computer can allow us to spend more time with patients related to interpersonal issues. The advent of the computer has revolutionized health care. We can provide better care to patients and at the same time collect data for research.

References

Bernstein DA, Borkovec TD (1973) Progressive relaxation training: A manual for the helping professionals. Research Press, Chicago

Brown BB (1977) Stress and the art of biofeedback. Harper & Row, New York

Diamond S, Medina J, Diamond-Falk J, DeVeno T (1979) The value of biofeedback in the treatment of chronic headaches: A five year retrospective study. Headache 19:90–96

Fisher-Williams M, Nigl AJ, Sovine DL (1981) A textbook of biological feedback. Human Sciences, New York

Fuller GD (1977) Biofeedback: Methods and procedures in clinical practice. Biofeedback Press, San Francisco

Hiebert A, Fitzsimmons GA (1981) A comparison of EMG feedback and alternative anxient treatment programs. Biofeedback Self Reg 6/4:501–516

Hutchisom M (1986) Megabrain. Ballantine Books (Random House, Inc.), New York

Jones GE, Evans PA (1981) Effectiveness of frontalis feedback training in producing general body relaxation. Biol Psychol 12:313–320

Newland AJ (1977) Electro-medical Therapeutics: A Guide to its Clinical Application. Century Medical Distributors

Olton DS, Noonberg AR (1980) Biofeedback: Clinical applications in behavioral medicine. Prentice-Hall, Englewood Cliffs/NJ

Peper E, Ancoli S, Quinn M (eds) Mind/body integration, Plenum Press, New York

Schriber WJ (1973) A manual of electrotherapy. Lea-Febiger, Philadelphia, Febiger

Schultz JH, Luthe W (1969) Autogenic therapy vol 1: Autogenic methods. Grune & Stratton, New York

Schwartz BE, Shapiro D, Tursky B (1972) Self-control of patterns of human diastolic blood pressure and heart rate through feedback and reward. Psychophysiology 9:270

Shirley MC, Burish TG, Rowe C (1982) Effectiveness of Multiple-site EMG Biofeedback in the reduction of arousal. Biofeedback Self-Reg 7/2:167–184

Smith RB, O'Neill L (1975) Electrosleep in the management of alcoholism. Biol Psychiatry, 10:675-690

Yates AJ (1980) Biofeedback and the modification of behavior. Plenum Press, New York

Susan B. Shor, C.S.W.
Assoziierte Direktorin der Bio-
feedback & Stress Management
Clinic of Manhattan

Lester G. Fehmi, Ph.D.,
Direktor der Behavioral
Medicine and Biofeedback
Clinic of Princeton

Open Focus:
The Attentional Foundation of Health and Well-being*

Zusammenfassung

EEG-Biofeedback-Untersuchungen haben bestätigt, daß Aufmerksamkeit in der Tat die Basis für die Optimierung menschlichen Verhaltens darstellt. So haben beispielsweise Menschen, die gewöhnlich mit gezielter Orientiertheit an neue Aufgaben herangehen, große Schwierigkeiten, das angestrebte Ziel zu erreichen, wobei sie gleichzeitig nur langsame Fortschritte machen. Das „Open-Focus"-Programm ist daher um eine gelassene Orientiertheit gegenüber der Biofeedbackaufgabe so wie jeder anderen Aktivität, die im Wachzustand erfolgt, bemüht. Wünschenswert ist, daß man dabei seine Wahrnehmung erweitert, um gleichermaßen alle dem Nervensystem wahrnehmbaren Ereignisse zu umfassen. Experimentell wurde festgestellt, daß Menschen, die über Konzentrationsschwierigkeiten, Desinteresse, verminderte sexuelle Aktivität, Minderung der Arbeitsleistung und Depression klagen, ihre Fähigkeit zu konzentrierter Aufmerksamkeit wiedererlangen, nachdem sie eine Weile „Open Focus" praktiziert haben.

Ein Beispiel für eine solche „Open-Focus"-Übung ist im Anhang zu diesem Artikel wiedergegeben, damit interessierte Leser diese praktizieren können.

Summary

Open Focus attention training and brain wave synchrony training combine to impact a process which is fundamental to every aspect and function of our lives,

---

* Adapted and reprinted from a paper by L. Fehmi and G. Fritz by the same name published in *Somatics* Spring 1980, USA

B.J.M. Diehl, Th. Miller (Hrsg.)
Moderne Suggestionsverfahren
© Springer-Verlag Berlin Heidelberg 1990

that is, *how* we pay attention. The *way* one pays attention is directly correlated with brain wave activity, and both significantly impact experience and performance: „in-to-it," broad-scoped attention is associated with brain wave synchrony and effortless performance; remote, narrow-focused attention is associated with desynchronized brain wave activity and effortful performance. Attention training and brain synchrony biofeedback training guide one toward an awareness which is immersed in experience at the same time that it is objectively witnessesing that experience; an awareness that is narrowed on detail, simultaneously panoramic in scope and bathed in an effortless sense of this moment. Recent research shows that Open Focus and biofeedback training, individually and together, improve concentration, increase intellectual and athletic performance, and reduce a variety of stressrelated physical symptoms. An example Open Focus exercise is presented in the appendix so that interested readers may practice the technique.

Over the last dozen years, research evidence and clinical observation have led us to a unique appreciation of attentional variables as determinants of health and well-being (Fehmi 1979a; 1979b; 1980; Fehmi & Selzer, 1980). Beginning with a series of serendipitous observations regarding the attentional strategies effective in the development of control of EEG biofeedback signals, our thinking has now evolved to the conviction that attention is in fact fundamental to the optimization of human behavior. An attentional perspective seems to clarify theoretical models of stress, relaxation, altered states of consciousness, integrated functioning, and optimum performance, as well as matters of ultimate concern including transpersonal and interpersonal issues. The purpose of this article is to sketch the outlines of the relevance of attentional behavior to such issues as well as to provide an occasion for the reader to directly experience the possibilities inherent in attention training.

After training thousands of individuals to control EEG and other physiological processes it has become apparent that to be successful, trainees must learn to give up their effortful orientations to the biofeedback task. This aspect of biofeedback training is demonstrated by the finding that, after succeeding in the biofeedback training, many trainees report that they had proceeded to the point in training at which they had given up on the task altogether, only to discover that the feedback tone would occur even more frequently after they had stopped actively trying. In the particular modality of multichannel and phase sensitive EEG training, as well as peripheral skin temperature and other physiological feedback processes, persons who habitually approach new tasks with an effortful orientation have great difficulty and progress slowly (Fehme, 1978). This state of affairs indicates a need for the development and use of attentional techniques to circumvent the trainees' initial narrowly focussed and tense goal orientation towards the subtle task of producing the appropriate feedback.

A series of exercises, called Open Focus Training, was devised to guide biofeedback trainees to adopt the attentional disposition or style required in order to increase the occurrence of the physiological concomitants of physical well-being and relaxation (Fehmi, 1975). Open Focus has as its goal an effort-less orientation to the biofeedback task, as well as to any wakeful activity. Since narrowness and exclusivity of attention require effort and tension, the prerequisite for establishing this state of open focus involves dropping one's habitual orientation to narrowly focus on certain internal or external events to the exclusion of other events. Ultimately, every perceptible event, whether internal or external, is represented in the nervous system. To achieve the open focus state, one must allow his awareness to broaden to simultaneously include all those perceptible events which are salient in the nervous system.

The experiences reported by Open Focus trainees, as they generalize open focus strategies to various life situations, suggest that attention is typified in part by two styles which represent the extreme positions on a continuum of attending. The usual, most habitual, and most generally reinforced attentional mode in our society is narrow focussed attention. This refers to the wakeful state in which mental effort ist expended to exclude certain aspects of experi-ence through a narrowing or constriction in the scope of attention. The reader may observe, for instance, that at this moment various perceptions, including somatic sensations, peripheral visual stimuli, sounds, tastes, thoughts, emo-tions, and images are being excluded in order to grasp the sense of these printed words. An alternative inclusive style of paying attention and reading these words, however, involves dropping the effort ordinarily necessary for selecting and sorting out experience. The central portion of awareness may be absorbed with reading and understanding these words while simultaneously peripheral awareness reflects the existence of other modalities of perception and sensation.

The strategy of narrow focus may take the form of either obsessive-compul-sive attention or denial. In other words, narrow focus "on" or narrow focus "away from" environmental and psychological events constitute the basic cop-ing strategies of most individuals. As persons relate to stress, the obsessive and hysteric styles of coping generally seem to be the only alternatives. Stress syndromes are characterized either by intrusive, repetitive, thoughts and/or by denial and numbing (cf Horowitz et al., 1980).

The Open Focus strategy offers the occasion for a fundamental break in the vicious circle of stress – obsessive or hysteric coping strategies – accumulated stress. The narrow focussed concerns of the individual, e.g. physical symptoms, pain, anxiety, fear, etc., are simply included in the Open Focus attentional process. In this way, the tension expended to brace against a narrowly focussed and thus, amplified concern is dissolved. In our work, it is precisely this tension which appears to inhibit the organism's progress toward healthful homeostasis. Dissolution of this tension through attention ("a-tension") training has been the most important ingredient in our therapeutic work. It is our observation that attention training is the most effective intervention because it leads to the optimization of function and the associated remission of symptoms.

The reader can experiment with developing a more inclusive attentional orientation even while continuing to be engaged in the act of reading. Is it possible for you now to permit your various somatic sensations to be also present in your awareness while you read? That is, can you imagine yourself reading and also *simultaneously* experiencing the volume of your whole body? Perhaps you will need to pause for a moment to allow your body feelings to emerge in your field of attention. Can you imagine, however, that you can proceed with reading and simultaneously attend to these body feelings? Can you imagine that when you feel a sense of effortlessness about reading with your whole body that you can then gradually expand your attention to include any thoughts, emotions, peripheral visual experiences, tastes, smells, and sounds which may be simultaneously occurring as you read? Can you image that you need not scan in an effortful or sequential fashion among your various experiences in order to attend to them? Is it possible for you, while allowing your attentional field to broaden to include simultaneously occurring experiences, to attend *equally* or without any particular bias to the various experiences surrounding the act of reading? That is, can you permit your attention to be equally and simultaneously spread out among body feelings, thoughts, emotions, sounds, etc., while you continue to read?

In order to facilitate *simultaneity* and *equality* of attention we have found the image of "space" to provide a three-dimensional context for the inclusion of all on-going experience. You might, for instance, imagine your whole body and spaces around, beneath and above the body. Simultaneously and equally attending to the body and other percepts, and to the space out of which experience emerges and into which it recedes, facilitates the ascendancy of right hemispheric information processing. The usually dominant left hemispheric processes can now be integrated with the gestalt orientation of right hemispheric processes.

We have attempted here to provide the reader with an opportunity to attend in an Open Focus style while engaged in functional behavior. For most individuals, generalization of the Open Focus strategy to functional states follows upon some period of formal Open Focus practice while quietly sitting or standing. An example of such an Open Focus exercise is presented in an appendix to this article so that interested readers may practice in this way.

It needs to be emphasized that simultaneous access to Open Focus, while at the same time rendering order out of the chaos of sensation, facilitates healthful and productive attentional behavior. Release of a rigidly apprehended focus of attention is associated with higher amplitude of EEG activity, as exemplified by alpha waves, and by greater phase agreement or synchrony between the activity occurring at all lobes. Open focussed attention is also associated with effortlessness and softening of goal-oriented behavior. Concomitant with Open Focus are moments of greater unself-consciousness, feelings of release of energy ("aha" experiences), more creative thoughts and associations, a greater sense of unity or well-being, a lack of criticalness or judgementalness, and a more general or integrated awareness of all of one's experience *simultaneously*.

As illustrated in Figure 1, an attentional model of awareness includes three parameters: intensity or energy; a continuum of open focus and narrow focus; and intuitiveness, in-to-itness, unity versus objectivity, out-of-itness, separateness. The narrow focus-objectivity quadrant (quadrant A) represents the attentional style most dominant in our society, a civilization disposed to the overuse of left hemispheric or linear information processing skills. Whereas rapid and

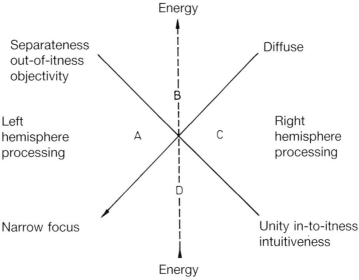

Fig. 1. An attentional model of awareness

complete attentional focus is necessary for optimal attentional effectiveness, there is in our day an unfortunate and prevalent tendency toward over-use and consequent rigidity of narrow attentional processing. The extreme case of temporary attention fixation occurs in conditions of great fear where the act of objectifying the fear-object brings about a catatonic-like rigidity of focus and directional orientation. A less extreme but more enduring example is obsessive worry and preoccupation with recurrent thought. A more common example is the inertia and irritation experienced when one is distracted or interrupted from a task in which one is deeply involved.

The open focus-intuitiveness quadrant (quadrant C) represents the release from a narrow attentional focus, a release which is necessary for optimal attentional effectiveness and flexibility. Extreme flexibility and unity is associated with lapses of self-consciously directed attention, and is shown in the effortless performance of well-learned or instinctive behavior. The effortless, creative performance of an art form or athletic event serves as an example. Indeed, in our biofeedback laboratory, accomplished artists, athletes and meditators demonstrate flexible control over the dimensions of attention described above and their associated EEG parameters.

The open focus-objectivity mode (quadrant B) is one in which many functional behaviors may be performed. The performance or behavior represents a narrow focussed activity which hangs like a tether in the midst of a more general open focus. Reading this article, writing a report, playing a sport, giving a speech, doing therapy or driving a car – these are among the activities for which an appropriate attentional strategy can be open focus-objectivity.

The narrow focus-intuitiveness quadrant (quadrant D) includes absorptive modes such as intellectually interesting or emotionally and physically pleasant activities which one wishes to amplify with narrow focus and which one wishes to move experientially closer to in order to savor the event. One may observe the narrow focus-in-to-it look on the face of an enraptured concert-goer or someone experiencing deep muscle massage or other sensuous physical activities. It would seem, indeed, that part of the attraction of certain cultural and artistic and physical events is to provide an occasion for becoming absorbed, involved and without self-consciousness.

The attentional flexibility requisite for moving freely among attentional states is the ultimate goal of Open Focus training. It is possible to attend to any given content in a variety of ways. However, by training and habit we usually attend to similar situations identically. The capacity to objectify is perhaps the most developed in our society. Yet many still need some prop in the form of a cigarette or cup of coffee in order to muster the attentional energy necessary for narrow focus-objectivity. The capacity for sensate focus as in sexual experience, meanwhile, presents difficulties for many individuals. Narrow focus-intuitiveness development seems called for in such cases. Both open focus-separateness and open focus-intuitiveness are necessary for the optimization of functioning and as an antidote to the overused narrow focus states. This need is demonstrated by the many workshops for "burned out" members of the business, therapeutic, and educational community.

The tension which results from the exclusion of the peripheral attentional field in narrow focus through the habitual use of obsession and denial can accumulate and represents a significant source of physiological stress. We have found that attention training for Open Focus processing promotes renewed capacity for narrow focussing. Persons complaining of an inability to concentrate, listlessness, diminished sexual activity, diminution of work productivity and depression find their narrow focus skills returning after some period of Open Focus practice (Valdez, 1988). By releasing the effort associated with chronic narrow focus, narrow focussed activities can be renewed with clarity, enthusiasm, and diminished stress.

There has been much speculation in recent years regarding the concept of stress. Biological, psychological, and social factors have been implicated in the etiology of distress and disease. An attentional perspective suggests that the "automatic" triggering of the "fight or flight" response actually presumes the attentional mode of narrow focus-separateness. Stressful life events take their toll in accumulated tension, it seems, precisely because they elicit narrow focussed, obsessive, or denying modes of attending. Negative cognitions or a poor self-image, like goal-oriented behavior in general, are dependent upon narrow focus-separateness, which leaves the organism stressed by the amount of attentional effort and mental tension habitually expended. Thus, those activities which habitually elicit narrow focus-separate modes of attending promote type A personalities, loneliness, and humorlessness, and overburden marital relationships and family life.

In our clinic we rarely advise clients regarding any changes in the content or "what" of their lifestyle or responsibilities. Nor do we actively initiate cognitive restructuring or other psychological approaches to stress management. The successful treatment and thorough reintegration of stress-related symptoms appears rather to be directly related to changing "how" individuals attend, rather than what or to whom they attend.

There is also an attentional orientation toward Open Focus and flexibility implicit through the standard relaxation therapies currently in use. The goal of progressive relaxation, for instance, in which muscles are alternately tensed and relaxed, is to experience the states associated with tension and relaxation. Our position is that it is this attentional process and consequent attentional flexibility which then generalizes to other physiological and mental processes. Similarly, in meditation, relaxation response practice, autogenics, and self-hypnosis, it seems to be the attentional flexibility fostered by these processes which elicits the functional benefits. It is the commonly held position that attentional focus upon an invariant target of perception results in change in awareness (cf Naranjo & Ornstein, 1971). Our contribution is to elucidate the mechanism for this change, that is, the development of attentional flexibility and the corresponding release of psychophysiological stress. The maintenance of an invariant narrow focus upon a target of perception leads to an awareness of the psychophysiological effort involved and to its subsequent release. Entering into the experience of relaxation and diffusing one's attention so as to appreciate the subtle phenomena associated with relaxation lead one naturally into an Open Focus-intuitive attentional processing of neuromuscular and other events. Experimental data suggest, moreover, that direct attention training in the form of Open Focus practice is experienced as promoting a more profoundly altered state of consciousness than, for example, relaxation response practice.

Parenthetically, it is reasonable to attribute the efficacy of traditional verbal therapies to attentional veriables. The range of therapies from psychoanalysis to behavior therapy includes interventions which, while modifying certain attitudes and behaviors, primarily depend upon an experience and developed capacity for the release of attentional focus and improvement of attentional flexibility. Whether the technique involves renewed access to subconscious material or the shaping of operant behaviors, the salient feature of effective therapy may be the modification of attentional propensities for exclusivity, rigidity, and effortfulness.

In our clinical experience trainees often indicate that the motivation for participation in the attention and biofeedback training program extends beyond remission of stress-related symptoms to self-actualization and optimization of performance. As it happens, both goals can be met concurrently. The remission of symptoms is seen by us as a side-effect of optimization of attentional function. It is not unusual that certain physical symptoms which were not previously considered by the trainee to be stressrelated (asthma, allergies, listlessness, sleep disorders, substance abuse, etc.) respond to the training. So too, previously stressed individuals notice that remission of symptoms is accompanied by renewed energy, productivity, enhanced relationships, and improved athletic performance.

As part of a double-blind study, a group of middle-management executives interested in increased functional capacity experienced significant changes in self-perception after 20 sessions of EEG biofeedback synchrony training.

Learned increase and decrease of alpha wave synchrony was associated with more calmness, less depression greater ability to concentrate, more self-initiation, more detachment from experience, and being more observant, more personal (as opposed to formal), and more in oneness with life. Notice that the participants experienced themselves as "more detached" from experience and "more in oneness" with experience *simultaneously*. Such a result suggests the increased flexibility of attending associated with learned increase and decrease of EEG synchrony. An executive with heart palpitations and another with frequent headaches also experienced dissolution of their psychosomatic symptoms (Fehmi, 1974).

World class athletes chosen by the Olympic Development Committee, were another group of individuals seeking optimization of function who were exposed to Open Focus and biofeedback training in a 3-day workshop format. Despite superb conditioning, these athletes displayed common symptoms of accumulated stress, including cold, clammy hands, muscle tension, and performance anxiety. With biofeedback training, however, a number of the athletes were able to develop control of physiological systems manifesting stress, as well as to release the mental tensions associated with prolonged narrowly focussed, goal-oriented behavior. Attentional release was observed by several participants to correspond to states of awareness which they had experienced in an accidental fashion during training and competition (several athletes reported the accidental induction of Open Focus attentional states permitting simultaneous and in-to-it experience of many modalities of sensation and accompanying release phenomena, e.g. nausea, to be associated with performance optimization). Learning to move flexibly and deliberately between narrow focus and open focus, or even to use them simultaneously, fosters the sense of unselfconscious flow of experience which athletes often report to accompany outstanding performances. Perhaps the truly great world class athlete is one who can develop and maintain both the narrow focussed attentional skills requisite to training and refinement of physical skills and the open focus attentional states associated with optimization of performance.

Just as stressmanagement and optimization of function represent overlapping goals of attention training, so too it is apparent that Open Focus is both a way of releasing experience and a behavioral strategy for managing release phenomena (Fritz et al., 1980). Open Focus may be seen as an altered state of awareness in which denial processes are dropped, thus promoting alert tranquility, physiological normalization, and optimization of performance. At the same time, Open Focus, which permits the release and diffusion of learned experience into an expanded field of awareness, is a self-regulation strategy, the psychological effects of which are experiential integration, relaxation, desensitization, and coping in situ with life's demands. With the use of Open Focus, one has the option of diffusing experience as opposed to amplifying experience with narrow focus. As a state of awareness, Open Focus offers the permissive conditions for the phenomenological experience of a qualitatively different wakeful state and requires no special conditions for its invocation or practice. As a self-regulation strategy, Open Focus is an active coping skill which, unlike other available techniques, has no content as such, other than "how" one attends. The generalization of Open Focus experience to daily life situations proceeds both as an unself-conscious transformation of the ordinary wakeful state and as a purposive exercise in self-regulation. The individual discovers himself "in" Open Focus more often and also discovers more situations for deliberately applying the Open Focus strategy. One gradually becomes less vulnerable to the characteristics of persons and situations which seem to demand narrowly focused attention and associated overreactivity.

As individuals progress in a program of attention and biofeedback training, certain psychophysiological events may occur which accompany the release of tension. Such release phenomena may take the form of perceptual anomalies, shooting pains, jerks, tremors, numb or tingling feeling, perspiration, blood pressure changes, thoughts, memories, or emotional experiences which spontaneously come into consciousness. Although representing a release of attentional focus, these events often precipitate renewed narrow focus. Integration of the release phenomena is facilitated, therefore, by an attentional strategy of distributing awareness over all available experience simultaneously, leading to the establishment of new, more optimally functional patterns of attention (Fritz, et al., 1980).

Other experiences which typically elicit narrow focussed attention include physical and emotional pain. Conversely, pain states seem to be amplified and perpetuated by chronic narrow focus upon the pain. It has been our experience that pain, whether originating from organic disease process or psychophysiological stress or tension, is amplified or exacerbated by narrow focus. The release of this narrow focussed attention upon pain can result in the reduction or complete alleviation of pain. Numerous clinical experiences have demonstrated to us the value of attention training techniques in pain control. A notable example occurred at a one and an half hour attention training session at a pain clinic in Indianapolis directed by J. Wesch, Ph. D. A woman who had suffered severe pain since internment in an concentration camp during World War II experienced a complete dissolution of her pain, which with further practice was maintained.

The same attentional foundations which underlie the concept of stress, the relaxation response, altered states of consciousness, psychophysical integration, and optimization of performance also serve to elucidate issues of ultimate concern (Fehmi & Selzer, 1980). One of our clients, a middle-aged woman with Raynaud's disease, recently reported warming her hands with Open Focus techniques while attending a Sunday church service. Her intention was merely to relieve the discomfort in her hands as she sat chilled in the church pew. Allowing herself to sit in Open Focus, she found that not only did her hands warm nicely, but that the minister's sermon reached her in a profound way. Such was her surprise at this occurrence that she was quite shy in reporting this "spiritual" application of Open Focus. Nevertheless, she reported a resolve to henceforth pray, read Scripture, or to participate in church services while *simultaneously* attending in Open Focus.

Similar clinical reports are common. Individuals report an intuitive sense of their unique personhood as facilitated by release of narrow attentional focussed habits. The negative cognitions, poor self-image, irrational beliefs, poor nutritional habits, and lack of physical exercise which are often part of an individual's profile seem all to be affected by the more basic alteration in habitual attentional strategies. A sense of well-being emerges which often finds a transpersonal referrent. This seems to occur even though the Open Focus exercise is a fully secular technique without judgements relating to the content of one's perceptual field and thus, compatible with any belief system which values psychophysiological flexibility, health, and well-being.

The interpersonal applications of Open Focus training are significant. Open Focus training has potential in facilitating empathic communication (Fritz, Note 1). Clients report more intuitive and more intimate communication with loved ones, including enhanced sexual experience when attending in Open Focus. Therapists, meanwhile, find the Open Focus technique usefully employed during the therapeutic hour to keep the therapist in the moment and alert to all modalities of communication and experience. The feeling as it is expressed by two persons who are producing large amplitude and in-phase brain wave rhythms is that they are directly and appreciatively experiencing each other's experiences without the intermediary of verbal communication. The attentional dimension of interpersonal behavior, as in other applications, reveals attention to be a fundamental behavior of man.

Appendix: Open Focus Exercise

The OPEN FOCUS exercise questions may be read or heard and experienced sequentially with a 15 second interval between them. This interval is important in order to experience the beneficial effects. Allow the experience associated with previous questions to remain present in the surrounding background of awareness while current experience of space in response to the most recent question occupies the foreground-center of attention. Contact the authors for more complete instructions.

Is it possible for you to imagine or can you imagine:

the space between your eyes...ears...
throat... shoulders... hips... thumbs
and first finger on each hand... first and middle finger on each hand...middle and fourth finger on each hand...
the space between all your fingers simultaneously...
that your thumbs are filled with space...
that your first fingers... middle fingers... fourth fingers... little fingers...
hands and fingers are filled with space...
that the region between the rips of your fingers and your wrists... between

---

[1] The reader may wish to participate experientially in the exercise. If so, in order to experience beneficial effects, it is important to allow at least 15 s for each image. For instance, can you imagine the space between your eyes... (15 s)... ears... (15 s)... throat... (15 s)... etc.

your wrists and your elbows . . . between your elbows and shoulders . . . between your shoulders is filled with space . . .

that the space inside your throat is co-extensive with the space between your shoulders and in your shoulders and arms, hands, and fingers . . .

that the regions inside your shoulders, and the regions between your shoulders and fingertips are simultaneously filled with space . . .

the space between your toes . . .

that your toes are filled with space . . .

that your feet and toes . . . the region between your arches and your ankles . . . between your ankles and your knees . . . between your knees and your hips . . . between your hips is filled with space . . .

that your buttocks are filled with space . . .

that your buttocks and the region between your hips and your legs and feet and toes are simultaneously filled with space . . .

that your genitals are filled with space . . .

that the region between your genitals and your anus is filled with space . . .

that your lower abdomen . . . lower back is filled with space . . .

that your body from the diaphragm down is filled with space, including your diaphragm, your genitals, your anus, and your feet and toes . . .

the space inside your bladder

that the region between your kidneys . . . inside your kidneys . . . between your navel and your backbone . . . inside your stomach . . . inside your rib cage . . . between your ribs . . . between your shoulder blades . . . inside your breasts . . . between your breast bone and your backbone . . . between your shoulders and your ribs . . . inside your neck . . . between your shoulder blades and your chin is filled with space . . .

the space inside your lungs . . . inside your bronchial tubes as you inhale and exhale . . .

the space inside your throat . . . your nose as you inhale and exhale . . .

the space between the rip of your chin and the inside of your throat . . . between the space inside your throat and the space inside your ears . . . between the space inside your throat and the top of your head . . . between the space inside your throat and the space behind your eyes . . .

that your jaw . . . cheeks and mouth . . . tongue . . . teeth and gums . . . lips are filled with space . . .

the space between your upper lip and the base of your nose . .

that the region around your eyes and behind your eyes is filled with space . . .

that your eyes . . . eyelids . . . nose and sinuses . . . the bridge of your nose is filled with space . . .

that the region between your eyes and the back of your neck . . . between the bridge of your nose and back of your head . . . between your temples is filled with space . . .

that your forehead . . . brain . . . spine is filled with space . . .

that your whole head is simultaneously filled with space . . .

that your whole head and your face are simultaneously filled with space . . .

that your whole head, face, neck and your whole body, including your hands, genitals, and feet are simultaneously filled with space . . .

that your whole being fills with air when your inhale and your whole being is left filled with space when you exhale...

at the same time that you are imagining the space inside your whole body, is it possible for you to imagine the space around your body, the space between your fingers and toes, behind your neck and back, the space above your head and beneath your chair, and the space in front of you and to your sides...

that the boundaries between the space inside and the space outside are dissolving and that the space inside and the space outside become one continuous and unified space...

that this unified space, which is coextensive inside and outside, proceeds in three dimensions, front to back, right to left, and up and down...

that, at the same time you imagine this unified space, you can simultaneously let yourself attend equally to all the sounds that are available to you, the sound of my voice, the sounds issuing from you (and other members of the audience), and any other sounds that you may be able to hear...

that these sounds are issuing from and pervaded by unified space...

that, at the same time you are attending to the space and the sounds you can also attend simultaneously to any emotions, tensions, feelings, or pains that might also be present...

that these sensations and perceptions are permeated by space...

that, at the same time you are aware of the space, the sounds, emotions, and other body feelings, you can also be simultaneously aware of any taste, smells, thoughts, and imagery that might be present...

that you can now admit also to awareness of any sensation or experience which may have been inadvertently omitted thus far, so that you are now simultaneously aware of your entire being, of all that is you...

that all your experience is permeated and pervaded by space...

that, as you continue to practice this Open Focus exercise, you will increase your ability to enter into Open Focus more quickly and more completely and more effortlessly...

that, as you continue to practice this Open Focus exercise, your imagery of space will become more vivid and more pervasive...

that, as you continue to practice this Open Focus exercise, your ability to imagine space permeating all of your experience will continue to become more vivid and ever-present...

References

Fehmi LG (1974) Effects of biofeedback training on middle management executives. Paper presented at the annual meeting of the Biofeedback Research Society in Colorado Springs, Colorado

Fehmi LG (1975) Open Focus training. Paper presented at the annual meeting of the Biofeedback Research Society in Monterrey, California

Fehmi LG (1978) EEG Biofeedback, Multichannel Synchrony Training and Attention. In A. Sugerman (Ed.) Expanding Dimensions of Consciousness, Springer Press, New York, 1978, 155–182

Fehmi LG (1979a) Biofeedback Attention, and a Concept of Man. Presidential address presented at the annual meeting of the Biofeedback Society of New Jersey at Rutgers Medical School, Piscataway, New Jersey

Fehmi LG (1979b) Integration of Biofeedback with Psychotherapy: Training for Effective Preventive Mental Health Care. Paper presented at the anual meeting of the American Psychological Association, New York, New York

Fehmi LG (1980) Winning By Not Trying: Dissolving Attentional Inflexibility in Psychotherapy. Paper presented at the annual meeting of Division 29 of the American Psychological Association

Fehmi LG, Selzer FA (1980) Attention and Biofeedback Training in Psychotherapy and Transpersonal Growth. In: Boorstein S, Speeth K (Eds.) Explorations in Transpersonal Psychotherapy. Janson Aronson, Inc., New York

Fritz G, Selzer FA, Fehmi LG (1980) Psychophysiological Release Phenomena in the Clinical Application of Biofeedback and Attention Training. Paper presented at the annual meeting of the Biofeedback Society of America in Colorado Springs, Colorado

Horowitz MJ, Wilmer N, Kaltreider N, Alvarez W (1980) Signs and Symptoms of Posttraumatic Stress Disorder. Archives of General Psychiatry, 37, 85–92

Naranjo C, Ornstein RE (1971) On The Psychology Of Meditation. New York, Viking Press

Valdez, MR, A Program of stress Management in a college setting. Psychotherapy in private practico, 1988, Vol. 6(2), 24–30

Wolf-Rainer Krause, Dr. med.
Arzt für Neurologie und Psychiatrie,
Psychotherapie –
mit Schwerpunkt auf Schmerzbehandlung

„Gerätesystem FEW" – Eine Neuentwicklung in der Biofeedbacktechnik der Deutschen Demokratischen Republik

Zusammenfassung

Seit über 20 Jahren werden Biofeedbackgeräte weltweit produziert. Dabei hat die kommerzielle Nutzung z. T. die weitere wissenschaftliche Grundlagenforschung überholt. Ausgereifte Geräte aus der DDR-Produktion standen bisher nicht zur Verfügung.

Die Gerätetechnik des von uns entwickelten Klinik- und des Patientengerätes (Hautwiderstand, -temperatur) sowie deren praktische Anwendung werden vorgestellt.

Die breite Anwendung des feedbackunterstützten AT wird aufgrund der eigenen Erfahrungen unterstützt.

Summary

For more than 20 years biofeedback equipment has been manufactured on a worldwide scale. Commercial interest have picked up, partly hampering further scientific research. Reliable equipment has so far not been produced in the GDR.

The paper presented describes the technology of the system we developed, which is applicable to both inpatients and outpatients. With regard to autogenic training, this biofeedback technology (skin resistance and skin temperature) may be employed on a wide scale in order to improve therapeutic success.

Das Biofeedback (BF) der verschiedensten physiologischen Parameter ist seit über 20 Jahren vielfach beschrieben und untersucht worden (Shapiro et al. 1981; Kröner u. Sachse 1981; Krause 1986). Trotzdem überholte eine Flut von

B.J.M. Diehl, Th. Miller (Hrsg.)
Moderne Suggestionsverfahren
© Springer-Verlag Berlin Heidelberg 1990

Geräteentwicklung, die vornehmlich kommerziellen Interessen nützten, eine weite wissenschaftliche Grundlagenforschung.

Bereits in der klassischen Hypnoseliteratur wurde die Wichtigkeit eines zunächst lokalen Wärmegefühls wiederholt zur Herbeiführung eines Versenkungszustandes erwähnt. Dieses Phänomen wurde von Schultz (1976) in den entsprechenden Übungen des AT wieder aufgegriffen. Diese weltweit angewandte Methode der Selbstentspannung hat aber den Nachteil, daß die Lernenden häufig „lange nichts gemerkt haben" und aus diesem Grunde das Erlernen abbrachen (Salz u. Eichhorn 1982). Gerade bei diesen „AT-Versagern" kann ein Biofeedback der Hauttemperatur sinnvoll eingesetzt werden (Krause 1986). Der Parameter Hauttemperatur läßt sich außerdem relativ kostengünstig rückmelden und ein therapeutischer Einsatz, z. B. bei der Migräne (Krause 1988) und beim Morbus Raynaud erscheint erfolgversprechend. Gleichzeitig können Biofeedbackgeräte mit Hauttemperaturanzeige auch zu diagnostischen Zwecken eingesetzt werden.

Hautwiderstandsmessungen werden in der Psychophysiologie seit fast 100 Jahren durchgeführt, ohne daß bisher klar ist, was sie genau wiedergeben (Hume 1979). Im AT fehlt auch eine direkt korrelierende Übung für den Hautwiderstand. Vermutlich wegen der kostengünstigen technischen Lösung und weil es sich wohl um ein „Lieblingsindex der Psychologen" (Hume 1979) handelt, sind Geräte auf der Basis dieses Parameters weit verbreitet, wobei jedoch eine fast unüberschaubare Vielfalt verschiedener Varianten gefunden wurde (Shapiro u. Watanabe 1972). Ein Vorteil gegenüber der Hauttemperatur besteht in einem Wegfall der zeitlichen Anpassungsphase, die dort durch die Wärmeträgheit der Sensoren bedingt ist. Untersuchungen über Korrelation beider Parameter erscheinen besonders interessant. Beim Hautwiderstand gilt es jedoch, zunächst einheitliche Ordnungsprinzipien, beginnend bei den physikalischen Maßeinheiten und Auswertverfahren, zu finden. Zur Festlegung der Meßbereiche für Temperatur und Widerstand verwandten wir neben den Literaturangaben eigene Untersuchungen an 160 Versuchspersonen. Als Elektrodenmaterial kamen verschiedene Werkstoffe zum Einsatz. Den Durchmesser variierten wir zwischen 1 und 10 mm.

Folgende Ergebnisse wurden erzielt:
– Der Logarithmus des gemessenen Anfangswiderstandes ist normal verteilt.
– Für alle Elektrodenflächen ist der Logarithmus des Anfangswiderstands normal verteilt.
– Die Änderung des Anfangswiderstands bei Reizeinwirkung oder Wegfall der Reizeinwirkung ist relativ konstant.

Gerätetechnik

Das Gerätesystem besteht aus einem batteriegespeisten Patientengerät (Abb. 1) und einem Klinikgerät (Abb. 2) mit Schreiber- und Netzanschluß. Im Normalfall ist die Anwendung des Patientengeräts für das Erlernen und Trai-

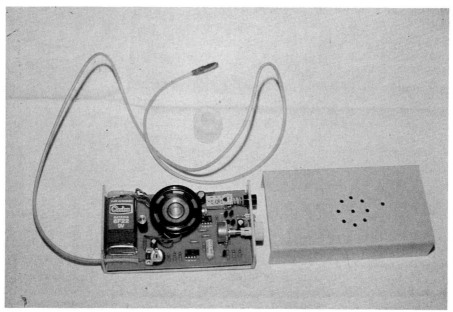

Abb. 1. Ansicht des Patientengeräts nach Entfernung der Schutzhaube

nieren der Wärmeübung bei AT vorgesehen.Es meldet qualitativ bei einer angenehmen Mittelfrequenz von ca. 800 Hz die Temperaturerhöhung zurück (Talke u. Krause 1985).

Mit dem Klinikgerät sind folgende Betriebsarten möglich:
- absolute Hauttemperaturmessung (Anzeige °C) $\pm$ 0,1 °C,
- absolute Differenzhauttemperatur (Anzeige K) $\pm$ 0,1 K
- relative Hauttemperaturmessung (Anzeige K) $\pm$ 0,1 K
  (mit Vorgabe eines beliebigen Anfangswertes),
- relative Differenzhauttemperaturmessung (Anzeige K) $\pm$ 0,1 K,
- alle relativen Messungen mit hoher Verstärkung (Anzeige K) $\pm$ 0,01 K
- Hautwiderstandsmessung (Anzeige dB k Ω) $\pm$ dB,
- relative Hautwiderstandsmessung (Anzeige dB kΩ) $\pm$ 0,1 dB,
- relative Messung mit hoher Verstärkung (Anzeige dB kΩ) $\pm$ 0,01 dB.

Für das Klinikgerät sind zunächst die auch für das Patientengerät bereits genannten Anwendungen möglich. Allerdings bietet sich hier die Möglichkeit der genau determinierten Registrierung von Meßwerten an. Zusätzlich ist dieses Gerät einsetzbar
- mit Differenztemperaturmessungen als Diagnostikhelfer bei Gefäßverschlüssen oder allgemein als thermodiagnostisches Hilfsmittel,
- als Therapiehilfe bei Migräne (Handwärme und Differenzmessung),
- für weitere AT-Übungen.

Da im Klinikgerät gleichzeitig der psychogalvanische Hauteffekt in Form des Hautwiderstands und von Hautwiderstandsänderungen genau meßbar und als

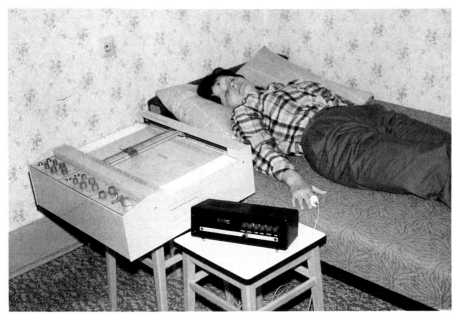

Abb. 2. Patient, der an das Klinikbiofeedbackgerät angeschlossen ist, in Verbindung mit einem XY-Simultanschreiber

Biofeedback in Form von Tonfrequenzänderungen wirksam ist, sind vergleichende Untersuchungen bei der Nutzung mehrerer Geräte zwischen Temperatur- und Widerstandseffekten möglich und sogar quantitativ auswertbar.

Das Gerät ist in der Betriebsart „Hautwiderstandsmessung" einsetzbar für:
– Entspannungstraining nach den Erkenntnissen der Psychophysiologie,
– Korrelationsuntersuchungen zum Hauttemperatureffekt,
– Korrelationen zu Persönlichkeitsmerkmalen,
– Korrelationen zu Stimuli jeglicher Art,
– weitere nicht einzugrenzende Untersuchungen zu Problemen der Psychophysiologie.

Eigene Erfahrungen und Diskussion

Wiederholt erlernten die AT-Versager mit unserem Gerätesystem die Wärmeübung, allerdings einige erst, nachdem von 0,1-K-Feedback auf 0,01 umgeschaltet wurde. Im weiteren Verlauf war dann eine Realisierung auch ohne Biofeedback reproduzierbar. Wir halten vor dem Einsatz von Biofeedback in großem Umfang weitere grundlegende Untersuchungen für angezeigt.

Unser Gerätesystem soll der Ausgangspunkt für eine eigenständige Entwicklung auf diesem zukunftsträchtigen Gebiet sein und auch zur technischen Optimierung beitragen.

Literatur

Hume WI (1979) Biofeedback. Huber, Bern Stuttgart Wien

Krause WR (1986) Biofccdback – Eine Bereicherung der nichtmedikamentösen Therapie. Heilkunst 99:520–526

Krause WR (1986) Autogenes Training und thermales Feedback. Physiother (Leipzig) 38:195–200

Krause WR (1988) Psychotherapeutische Methoden in der Kopfschmerzbehandlung. Ärztl Fortbild 24:1255–1257

Kröner B, Sachse R (1981) Biofeedbacktherapie. Kohlhammer, Stuttgart

Salz M, Eichhorn H (1982) Zur Anwendung des Biofeedback beim Entspannungstraining. Probl Erg Psychol 80:69–74

Shapiro D, Watanabe T (1972) Reinforcement of spontaneaus electrodermal activity. Psychophysiologie 9:340–344

Shapiro D et al. (1981) Biofeedback and behavioral medicine 1979/80. Aldine, New York

Schultz JH (1976) Das Autogene Training – Konzentrative Selbstentspannung, Versuch einer klinisch-praktischen Darstellung Thieme, Stuttgart

Talke, W, Krause WR (1985) Anordnung zur Messung der Hauttemperatur. Patentschrift. DD 217 420 A1 16.01.85

Hanscarl Leuner, Prof. Dr. med.
Arzt für Neurologie und Psychiatrie,
Psychotherapie, Psychoanalyse –
ehemaliger Leiter der Abteilung für
Psychotherapie und Psychosomatik der
Universität Göttingen, derzeit in freier Praxis

Das respiratorische Feedback (RFB) – Physiologie und Klinik einer schnell wirkenden Entspannungsmethode

Zusammenfassung

Das respiratorische Feedback gehört der Gruppe atembezogener Entspannungsverfahren an wie z. B. der Relaxation response (Benson 1975). Die Rückmeldung der Atmung an den Patienten nach dem Biofeedback-Prinzip führt schnell zu einer generalisierten Relaxation, die sich physiologisch in einem ausgeprägten zentralnervösen Hypoarausal darstellt. – Die Anwendung ist bemerkenswert einfach und die Compliance gut. RFB vermeidet lange Übungszeiten und kann ad hoc und zur Krisenintervention wirksam sein. Sein Indikationsspektrum entspricht anderen übenden Methoden, d. h. der Palette psychovegetativer und psychosomatischer Störungen ebenso wie neurotischer Symptomatik bis hin zu Phobien.

Summary

Respiratory feedback belongs to the group of relaxation techniques for breathing, such as the relaxation response (Benson 1975). The feedback from the effect on breathing to the patient as a whole according to the biofeedback principle quickly leads to a generalized relaxation that is manifested physiologically in a pronounced hypoarousal of the central nervous system. The use of this technique is remarkably simple and the compliance is good. Respiratory feedback avoids long training periods and can be effective ad hoc in combatting crises. The spectrum of its indications is the same as for other procedures, namely the entire range of psychovegetative and psychosomatic disorders and neurotic symptoms, including phobias.

Ausgehend von den in den USA entwickelten Biofeedbackverfahren und von dem Wissen über die Bedeutung von Atemübungen bei Meditationstechniken

B.J.M. Diehl, Th. Miller (Hrsg.)
Moderne Suggestionsverfahren
© Springer-Verlag Berlin Heidelberg 1990

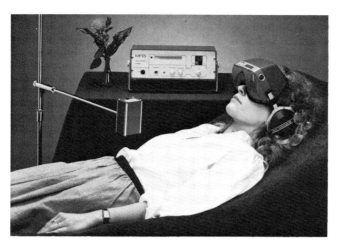

Abb. 1. Technik des RFB. Patient in entspannter Ruhelage, berührungsloser Sensor etwas 20 cm über dem Abdominalbereich, Steuergerät zur Verarbeitung der Signale mit Leuchtskala zur Beobachtung des Atemhubes, Signalkappe mit Lampen und Kopfhörer, auch zur Abschirmung gegen Außenreize

habe ich in den frühen 70er Jahren die Rückmeldung der Atemexkursion an den Patienten erprobt. Ich ging von der Hypothese aus, daß damit die von Schultz (1973) für das autogene Training (AT) postulierte, neurophysiologisch jedoch nicht nachgewiesene „zentrale Umschaltung" schnell und intensiv erreicht wird.

Als Rückmeldesignale wurden eine mild durch die Augenlider scheinende Lampe und ein Dreiklangton gewählt, die trotz der zu erwartenden Veränderung des Wachbewußtseins gut wahrgenommen werden und keinen Störreiz bilden. Bei der Einatmung des Patienten werden die Signale stärker, bei der Ausatmung schwächer (Abb. 1: verwendete elektronische Einrichtung). Erste orientierende Versuche unternahm mein Mitarbeiter Schroeter (persönliche Kommunikation, 1970) an 22 Patienten mit psychoneurotischen und psychosomatischen Symptomen. Das Ergebnis war ermutigend. Wir hatten den Eindruck, daß sich die Patienten sehr schnell und tief entspannten und ihre Beschwerden deutlich nachließen. Die an den Patienten zurückgemeldeten eigenen 15–16 Atemzüge pro min sind ein langsamer, träger Rhythmus, der – wie rhythmische Reize überhaupt (Dittrich 1985) – zu einem ausgeprägten bewußtseinsveränderten Zustand, oft als Hypnoid bezeichnet, führt.

Elektrophysiologische Untersuchungen an einer Gruppe von 10 mit dem RFB eingeübten Personen am Neurobiologischen Laboratorium der Universität Göttingen zeigten interessante EEG- und EMG-Veränderungen. Die Versuchspersonen (Vpn) waren ihre eigenen Kontrollen im Vergleich zu a) 20 min einfacher Ruhelage und b) einer Entspannungshypnose. Während einer Entspannungsübung mit dem RFB wurden EEG, EMG, Herzfrequenz und Atemfrequenz abgeleitet. Die Ergebnisse wurden inzwischen von Schmeichel (persönliche Kommunikation, 1986) bestätigt. In der 10. Übung war im EEG die Aktivität der α-Wellen leicht, die der β-Frequenzen signifikant reduziert. Die Tätigkeit der langsamen ϑ- und der extrem langsamen δ-Wellen war hingegen

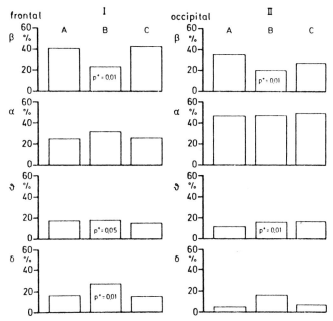

Abb. 2. Prozentualer Anteil der einzelnen Wellentypen im EEG (Anzahl der Nulldurchgänge, die Amplitude blieb aus technischen Gründen unberücksichtigt), Mittelwert von 10 Vpn an dem gesamten Wellenspektrum des EEG
I. Ergebnisse der frontotransversalen Ableitungen von 10 Vpn (bei C von 8 Vpn)
II. Ergebnisse der parietookzipitotransversalen Ableitungen, sonst wie bei Gruppe *I*
A: Nach 20 min Ruhelage; *B:* nach 20 min Feedback; *C:* während der Leerhypnose
 Erläuterungen: Die β-Wellen (14–40 Hz) zeigen bei der frontalen und okzipitalen Ableitung gleichermaßen eine hochsignifikante Reduktion; die α-Wellen (8–13 Hz) zeigen einen kontinuierlichen Trend zur Reduktion, sind aber diskontinuierlich von langsamen Wellen superponiert; die ϑ-Wellen (4–7 Hz) zeigen frontal eine signifikante und okzipital eine hochsignifikante Zunahme; die δ-Wellen (0,5–3 Hz) nehmen frontal hochsignifikant zu und sind niederamplitudig bis herab zu 1 Hz; okzipital besteht keine Signifikanz, da 2 Vpn Störimpulse zeigten; die Frequenz reicht linear bis 0,5 Hz mit großer Amplitude bis 50 mV, z.T. amorph und steilschenklig; pathologische Kurvenbilder treten nicht auf, ebenso keine schlafspezifischen Wellen wie Vertikspikes oder K-Komplexe. Die Verteilung innerhalb des α-Wellenspektrums wurde nicht berücksichtigt

im Vergleich zur Ausgangslage und zu den Kontrollversuchen signifikant erhöht (Abb. 2). Diese Befunde sprachen eigentlich für einen Schlafzustand. Jedoch fehlten die schlaftypischen Zeichen der K-Komplexe und Schlafspindeln im EEG. Die Vpn konnten auch überzeugend nachweisen, daß sie äußere Reize wahrgenommen hatten. Ein Schlafzustand konnte damit ausgeschlossen werden. Der Befund spricht für eine beträchtliche Senkung der zerebralen Aktivität, d.h. für eine Vigilanzsenkung mit außergewöhnlich verändertem Wachbewußtsein. Gleichzeitig, und das ist das Bemerkenswerte, waren im EMG die Muskelaktionspotentiale im Vergleich zu den Kontrollübungen und der Ausgangslage um 30% herabgesetzt als Ausdruck eines Entspannungszustands der Skelettmuskulatur analog dem autogenen Training (Abb. 3). Weni-

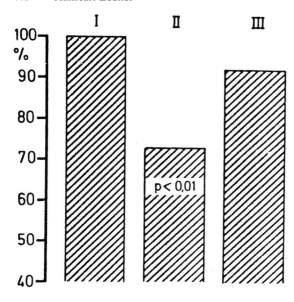

Abb. 3. Veränderungen der Amplitude des Summenaktionspotentiales im EMG des M. frontalis; Mittelwerte von 10 Vpn. *I* Amplitude in Ruhelage; *II* Amplitude nach 20 min Feedback, sie zeigt eine Reduktion um 27 %; *III* Amplitude während der Hypnose (Vergleich der Werte untereinander mit Hilfe des Wilcoxon-Tests)

ger einheitlich war die Reduktion von Herz- und Atemfrequenz (Leuner 1973). Diese Korrelation von Reduktion der Gehirntätigkeit mit einer Herabsetzung des Muskeltonus bestätigt offensichtlich die Hypothese von der zentralnervösen Wirkung des RFB durch Hypoarousal.

Bekanntlich bedienen sich alle Biofeedbackmethoden eines elektronischen Gerätes. Der psychotherapeutische Relaxationszustand des RFB wird aber nicht, wie gelegentlich fälschlich angenommen, durch das Gerät selbst hervorgerufen, sondern ist das Produkt des an den Patienten rückgemeldeten eigenen Atemrhythmus (Abb. 1).

Das RFB erreicht bei Patienten mit neurotischen, psychosomatischen und psychovegetativen Störungen tatsächlich einen ausgeprägten Entspannungszustand des gesamten Organismus. Durch Beschwerdenlisten und Testverfahren objektiviert, zeigten 65,5 % der 110 Probanden eine klinisch befriedigende Reduktion ihrer Symptome (Tabelle 1). Das betrifft auch Psychoneurosen bis hin zu Angstneurosen und Phobien. Eine Placebowirkung konnte durch eine kontrollierte Studie von Jung u. Klapsing-Hessenbruch (1978) ausgeschlossen werden (Abb. 4 und 5).

Die Vorteile der Methode liegen in der sehr einfachen Anwendung auch in der ärztlichen Praxis und in der schnellen Wirkung, so daß selbst in akuten psychovegetativen Krisen schon nach einer Sitzung eine spürbare Erleichterung erfahren und nach 10–12 Sitzungen eine wesentliche Besserung des Zustandes erreicht werden kann. An zweiter Stelle stehen klinisch gravierende internistische Krankheitszustände, auch solche, die auf eine medikamentöse Therapie einschließlich hoher Kortisondosen nicht ansprechen. Das RFB scheint hier eine Art von Triggereffekt zu erreichen, so daß die Patienten nunmehr auf die Medikation ansprechen. Ähnliches erreicht keine der bekannten übenden Entspannungsmethoden, deren Einfluß bekanntlich erst nach Wochen bis Monaten der Einübung wirksam wird. Das RFB ist damit die erste schnell einsetzbare,

Tabelle 1. Klinische Ergebnisse an 110 unausgeglichenen Patienten, geordnet nach Syndromen der Gießener Beschwerdenliste (faktorenanalytisch in Anlehnung an Zenz 1971)[a]

Syndrome	1 ver- schlechtert	2 unver- ändert	3 ge- bessert	4 gesamt
1. Sympathikotones Herz-Kreislauf- Syndrom	2	7	20	29
2. Parasympathikotones vegetatives Syndrom	–	8	19	27
3. Erschöpfungssyndrom	4	6	16	28
4. Magen-Darm-Syndrom	1	3	10	14
5. Muskel-Gelenksyndrom	–	5	5	10
6. Sexualstörungen, Schlafstörungen	–	2	2	4
Gesamt	7	31	72	110
[%]	6,3	28,2	65,5	100

[a] Zusammengestellt von Dipl.-Psych. F. Jung

Abb. 4. Herabsetzung von Ängstlichkeit und neurotischer Gestörtheit von 24 Patienten einer RFB-Gruppe, verglichen mit 24 Patienten einer Placebogruppe (Selbsteinschätzung, testpsychologische Veränderungen im MAS und E-N-Nr-Fragebogen)

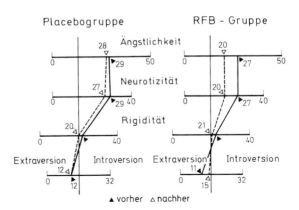

klinisch relativ stark wirkende Relaxationstechnik. Kombinationen mit häuslichen Selbstübungen, auch mit Suggestivmethoden oder Psychopharmaka, haben sich bewährt (Leuner 1977, 1984; Mader u. Leuner 1986; Wätzig 1989).

Offen bleibt zunächst die Frage, ob der Grad der physiologischen Veränderungen direkt mit der klinischen Wirkung korreliert. Dafür besteht Evidenz, denn weder das EEG-Biofeedback noch die Hypnose oder Meditationstechniken erreichen eine zerebrale Vigilanzsenkung vom Ausmaß des ϑ-δ-Wellen-Status bei erhaltenem Wachbewußtsein wie das RFB.

Die Physiologie von Hypoarousalzuständen ist fast zur gleichen Zeit von anderer Seite unabhängig erforscht und methodisch bearbeitet worden. Die

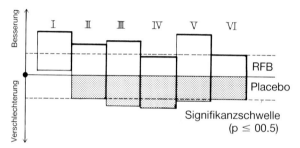

Abb. 5. Klinisches Behandlungsergebnis bei einer RFB-Gruppe (n = 24, ☐) verglichen mit einer Placebogruppe (n = 24, ▨). Die Veränderungen wurden nach der Gießener Beschwerdenliste im Präpost-Vergleich (nach Jung u. Klapsing-Hessenbruch 1978) festgestellt. Es handelte sich um folgende Syndrome: *I* Erschöpfung, *II* Herz-Kreislauf-Beschwerden, *III* Magen-Darm-Beschwerden, *IV* Beschwerden des Bewegungsapparates, *V* vegetative Beschwerden, *VI* Schlafstörungen und sexuelle Störungen. Die Beschwerdenkomplexe Depression („Erschöpfung"), Herz-Kreislauf-Beschwerden, Magen-Darm-Beschwerden und vegetative Beschwerden sind signifikant herabgesetzt. Nach einfacher Ruhetherapie (Placebo) sind die Werte teils zufällig, teils erhöht

Hauptstichworte sind: „wakeful, hypometabolic state" (Wallace et al. 1971) und „relaxation response" (Benson 1974). Diese, sich bis in die 80er Jahre erstreckenden Forschungen weisen in vielfältigen physiologischen Untersuchungen und statistischen Ergebnissen darauf hin, daß bei atemzentrierter Methode ein dem RFB analoger Zustand mit Reduktion der zentralen Erregung bei verändertem Wachbewußtsein und Herabsetzung der Innervationen autonomer Systeme wie Herz-Kreislauf, Atmung, Muskeltonus und Durchblutung erreicht wird. Diese konvergierenden Ergebnisse stützen unsere Ergebnisse als Beiträge zur Grundlagenforschung des RFB. Dabei zeigen sich enge Beziehungen zu dem von Hess (1949) aufgrund seiner hirnphysiologischen Untersuchungen bei Katzen gefundenen trophotropen Zustand, einer Gesamtumschaltung des Organismus in Richtung Passivität, Vagotonie, Erholung und Restitution. Im Kontrast dazu stehen die sog. Notfallfunktion von Cannon (1920) und die bekannte Einstellung des Organismus zur Streßbewältigung (Selye 1950).

Das RFB ist seit 1975 in die ärztliche Praxis und Klinik eingeführt worden. Es hat sich gemäß dieser Ergebnisse und denen nachprüfender Untersucher und Institutionen weitgehend eingebürgert (mehr als 800 Patienten in 22 Studien). In der Bundesrepublik Deutschland und in den angrenzenden deutschsprachigen Ländern wird das Verfahren inzwischen in schätzungsweise 3000 ärztlichen Praxen und darüber hinaus in Kliniken angewandt. Vergleiche mit anderen Verfahren wie autogenes Training usw. sind angestellt worden (Mader u. Leuner 1986). Mehr als 50 Berichte und Publikationen liegen vor. Eine umfassende Monographie des Autors ist in Vorbereitung.

Literatur

Benson H, Beary JF, Carol MP (1974) The relaxation response. Psychiatry 37:37–46

Benson H (1974) The relaxation response. William Morrow, New York

Cannon WB (1920) Bodily changes in pain, anger, fear and rage. Appleton-Century, New York

Dittrich A (1985) Ätiologie-unabhängige Strukturen veränderter Wachbewußtseinszustände. Enke, Stuttgart

Hess WR (1949) Das Zwischenhirn. Schwabe, Basel

Jung F, Klapsing-Hessenbruch A (1978) Vergleichende Studie der therapeutischen Ergebnisse zwischen respiratorischem Feedback (RFB) und einer Placebo-Behandlung, Z Psychosom Med Psychoanal 24:36

Leuner H (1973) Polygraphische Untersuchungen eines respiratorischen Biofeedback-Systems am Menschen. Medizinische Dissertation, Göttingen

Leuner H (1977) Selbstkontrolle vegetativer Funktionen durch Biofeedbackmethoden. Therapiewoche 27:5512

Leuner H (1984) Zur Indikation und wissenschaftlichen Fundierung des respiratorischen Feedback (RFB). Allgemeinarzt 6:344

Mader FH, Leuner H (1986) Gegenüberstellung zweier Methoden der Entspannungstherapie – Respiratorisches Feedback (n. Leuner) und autogenes Training (n. Schultz), ihre Gemeinsamkeiten und Unterschiede. Allgemeinarzt 8:568

Schultz JH (1973) Das autogene Training. Thieme, Stuttgart

Selye H (1950) The physiology of exposure to stress. Acta Inc., Montreal

Wallace R, Benson H, Wilson AF (1971) A wakeful hypometabolic physiologic state. Am J Physiol 221:795

Wätzig H (1988) Das respiratorische Feedback. Psycho 14:67

Zenz ZH (1971) Empirische Befunde über die Gießener Beschwerdenliste. Z Psychother Med Psychol 21:7

André Martin, Dr. med.

Arzt mit Forschungstätigkeit
im Laboratoire d'Explorations fonctionelles
psychosomatiques und dem
Laboratoire de Recherches chirurgicales,
Facultés de Médecine de Tours

Electrogastroenterographic Biofeedback

Zusammenfassung

Die Technik und die klinische Anwendung der Elektrogastroenterographie werden vorgestellt, um die Effizienz und Zuverlässigkeit dieses Verfahrens in der Diagnose und Therapie verschiedener gastrointestinaler Störungen zu demonstrieren. Der Autor verweist auf eigene Untersuchungen, die beweisen, daß die Elektrogastroenterographie auch ohne die Anwendung von Medikamenten bei der Beseitigung derartiger Störungen hilfreich sein kann.

Summary

The technology and clinical application of electrogastroenterography are described with the aim of demonstrating the effectiveness and reliability of this method in the diagnosis and treatment of various gastrointestinal disorders. The author refers to investigations by himself and his co-workers, proving that electrogastroenterography may help the patient to overcome his troublesome disorder without the use of drugs.

Electrogastroenterographic biofeedback is the leading method for controlling voluntarily the gastric motor function in normal humans as well as in functionally disturbed patients. It enables drug dosages to be reduced and allows better comportment in social, familial, and professional life.

Electrogastroenterographic biofeedback is achieved by recording variations in electrical potentials through skin electrodes according to the physiological basis of electrogastroenterography; the recordings are processed and transformed into sound or light signals for the patient's use.

B.J.M. Diehl, Th. Miller (Hrsg.)
Moderne Suggestionsverfahren
© Springer-Verlag Berlin Heidelberg 1990

History and Classical Technique of Electrogastroenterography

The first attempts to record gastric motor activity were made by Alvarez (1922); Davis et al. (1957), Sobakin et al. (1962), Martin et al. (1967), and Martin and Thillier (1971) made later attempts. Stern and Davis (1982) carried out electrogastroenterographic studies, and Stern and Koch (1985) also investigated their application.

The demonstration of a gastric electrical axis helps to resolve the uncertainty concerning the placement of electrodes: three-dimensional recordings from abdominal and lumbar sites always take into account the axis perpendicular to the organ's electrical field. In classical recordings, a polygraph is used with a time constant of 3–6 s; paper speed ranges from 9 to 12 cm/min, the electrocardiogram being leveled by a passive filter of 1 Hz. Recordings include gastric motor activity as well as bowel movements, pulmonary excursions, and electrocardiogram frequency (as a dot corresponding to the P, QRS, and T waves because of the slow paper speed). Electrogastroenterograms are organized in sequences a round the clock (Fig. 1a, b) according to meals, which are responsible for most reflexes, such as the gastrobowel and gastrocolic. Relative rest phases are observed at the end of the morning, the end of the afternoon, and during the night; during these periods, migrating motor complexes from the small bowel appear. The vesicocolic reflex, as well as motor colonic activity, is demonstrated when the bladder in filled. The stomach has no continuous motor activity like the heart; thus gastric biofeedback must normally take place 15–20 min after a standard meal. But such a meal should be to the patient's taste; if it is not, it may lead to inhibitory effects.

From a practical point of view, it is necessary to cleanse the skin with a silicium paste in order to obtain a low resistance of at least 5 k Ω. Even more important is the need for similar electrical resistance of all electrodes used.

In such conditions the biofeedback recording is related only to contractions of the stomach. Itabisashi and Matsumoto (1966), Drieux et al. (1979), and Ecarlat et al. (1976) actually demonstrated that electrogastroenterographic waves correspond to muscular gastric contractions linked to spikes and gastric slow waves almost permanently present. Slow waves are not shown on ordinary electrogastrograms except with the appearance of waves smaller than 5 μV at gastric rest.

Computerized Electrogastroenterography

The first computerized electrogastroenterograph (Marquis 1987) (Fig. 2) records the analogic classical signals, transformed by the fast Fourier transform in almost real time. Every minute a frequency spectrum (0–0.25 Hz) corresponds to motor digestive activity. For a given frequency, for example 0.05 Hz or 3/min, the gastric frequency appears. The computer calculates the maximum crossed spectral activity and prints it. Computerized recordings give overall results immediately after each session (Fig. 3).

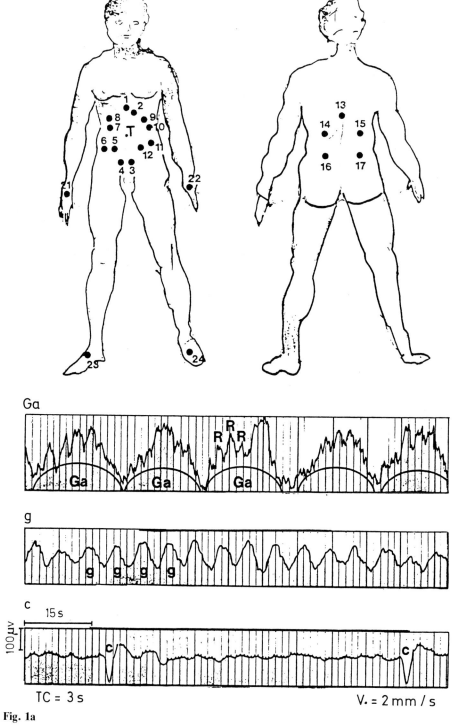

Fig. 1a

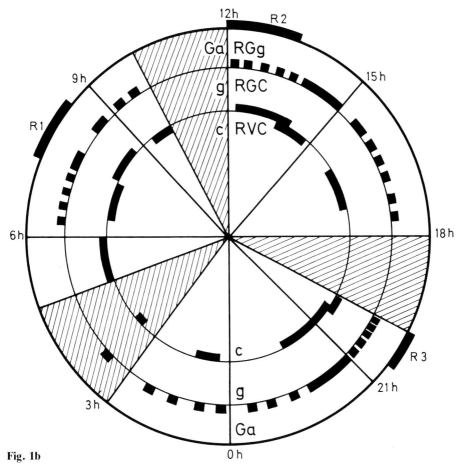

Fig. 1b

Fig. 1a, b. a Position of electrodes (in computerized electrogastrography only fire electrodes are necessary: ankles and wrists with perioumbilical reference; *T* French "terre", ground); **b** timing of normal activity during day and night. *GA*, stomach; *g*, small intestine; *c*, large bowel; *RGC*, gastrocolic reflex; *RGy*, gastrointestinal or entericreflex; *RVC*, bladder-colonic reflex (when the bladder is filling, full specific colonic activity occurs); *TC*, time constant

Gastric Biofeedback

The ability to observe the real gastric signals has been demonstrated by classical methods in normal patients (Duriot, 1987; Martin et al., 1987). Fifteen had a highly significant voluntary increase ($p < 0.01$, Student's-t-test) and 15 had a significant voluntary decrease ($p < 0.05$) (Figs. 4, 5).

The effectiveness of biofeedback interventions was demonstrated in a group of 12 patients suffering from dyspeptic and/or gastroduodenal dyskinesia, in six

Fig. 2. Computerized electrogastroenterograph (32 × 26 × 18) with printing and computer units

patients with symptoms of irritable colon, and in three patients suffering from constipation due to dyskinesia. The positive results attained lasted 5–7 years. In most cases, medication was no longer required.

Practice of Biofeedback

Some simple rules have to be followed:
1. Start of biofeedback: 15–20 min after a normal meal or in normal resting periods. Any modification has to take into account physiological modifications of gastric timing.
2. No more than 30 min of recording are necessary, especially after a light meal.
3. Rub the skin until it is reddish in order to obtain a resistance of less than 5 kΩ and test the resistance of all skin electrodes.
4. Four electrodes are necessary to avoid errors due to the coincidence of the gastric electrical axis and the axis between electrodes. Three electrodes are placed abdominally between the right subcostal quadrant and the epigastrium, 3–4 cm apart at right angles, linked with a fourth one in the right

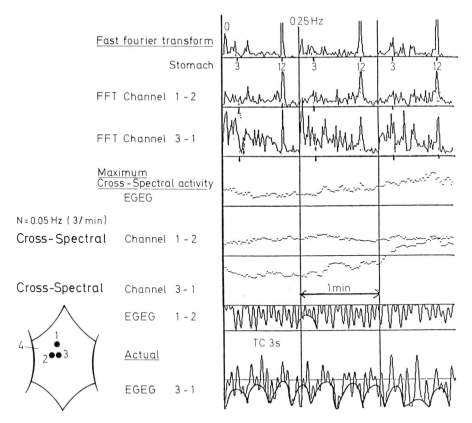

Fig. 3. Computerized electrogastroenterography *(EGEG)*. The electrogastroenterograph chooses two channels from four (with five electrodes). For each channel, it gives the analog EGEG, the power spectrum for each frequency between 0 and 0.31 Hz, and the maximum spectrum of activity for a frequency. The last two channels are the most important: The crossed fast Fourier transform (FFT), which is calculated each minute, and the maximum cross-spectral activity for one frequency (stomach, for example 3 on 3 à 5/min). There is a mathematical means of eliminating all artifacts, polarization of electrodes

lumbar area. An alternative three-dimensional placement is on the wrist and on the ankles. The computerized electrogastroenterograph automatically prints the best recordings, but may be modified manually. The indifferent electrode is always placed subumbilically.

5. Treatment: The first session is used for a comportmental analysis and psychological tests so as to understand better the background to the functional digestive disorders. A first electrogastroenterographic recording is made before, during, and after the meal in order to confirm the clinical diagnosis and to observe the timing and other aspects of digestive transit.

1. The subsequent sessions constitute an apprenticeship in biofeedback: 6–12 sessions are necessary over a 2–months period. Between the sessions, the patient learns to evaluate his disease with the help of the responsible. After

Onde GASTRIQUE
Date: 7/1/1989   5h 19min

Nom   :
Prenom :

Examen No: 06
Duree Examen : 44
Gain   : 1

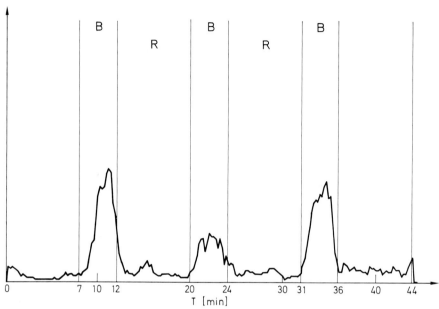

Fig. 4. Increasing biofeedback in the normal patient *(R,* rest; *B,* biofeedback)

each session, the results are analyzed and discussed in order to reinforce the effect of the sessions. The patient has to learn how to modify the sound and/or light signals by cognitive, affective, or psychological means related to conscious or less conscious memory of past experiences (Fig. 6).

6. After the completion of all sessions a second comparative recording is performed, when the patient has mastered the causal effects of his troubles.

Thus biofeedback may result in an increase or, if necessary, decrease in gastric motor activity. The indications and techniques have been described by Martin et al. (1985).

Other Uses of Electrogastroenterography

1. Colonic biofeedback: Maximum crossed spectrum of colonic origin is generally found for a frequency of 0.03 Hz. Modification of colonic activity may be obtained directly or by modification through gastric biofeedback (by gastrocolic reflex).
2. Help in diagnosis of dyskinesia or motor disorders as found in duodenal ulcers with usual increase of motor activity before and after meals (Murat et al. 1975).

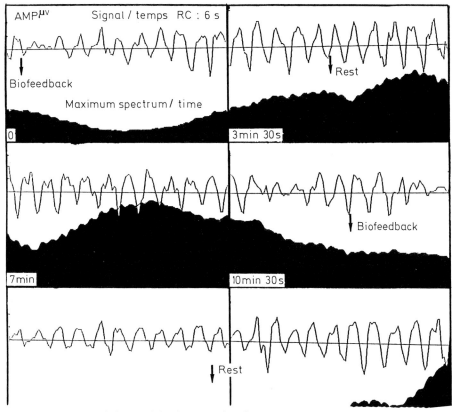

Fig. 5. Decreasing biofeedback in the normal patient

↑ BFB 5min ↑   Rest 8min   ↑   BFB 5min   ↑

Fig. 6. Decreasing biofeedback with intervening rest period

3. Postoperative monitoring and control: applied to bowel movements in postoperative periods. Other experiences in a group of vagotomized patients show the return to normal of gastric activity (Murat et al. 1975).
4. Pharmacodynamic studies in experimental animals and in humans; metoclopramide (Primperan, Delagrange) and metopimazine (Vogalene, Théraplix) show in vivo digestive effects. In a similar way the inhibitory action of atropinic agents N-butylhyoscine (Buscopan, Delagrange) or stimulating agents (Debridat, Jouveinal) have been tested with various levels of action.

References

Alvarez WC (1922) The electrogastrogram and what is shown. Am J Physiol 78:1116–1119

Davis RC, Garafolo L, Gault RF (1957) An exploration of abdominal potentials. J Comp Physiol Psychol 50:519–523

Drieux C, Garnier D, Martin A, Moline J (1979) Correlations between variations of electrical field on the body surface and contractions of the stomach in guineapig. J Physiol (Paris) 74:703–707

Duriot JF (1987) La biorétroaction électrogastrographie. Analyse statistique chez 12 sujets normaux et 6 atteints de syndrome dyspeptique. Thèse Méd Tours, vol 1, pp 131 ff

Ecarlat B, Rouleau P, Moline J, Murat J, Martin A (1976) Corrélations radioélectrogastrographiques. J Radiol Electro 57:321–329

Itabisashi T, Matsumoto H (1966) Electrophysiological studies on the movement of the ruminant stomach. Nat Inst Anim Quart Health 6:43–55

Marquis G (1987) Etude et réalisation d'un prototype d'appareil de biorétroaction lié à l'activité gastrique. Thèse CNAM, Tours

Martin A, Thillier JL (1971) L'électrogastroentérographie (E. G. E. G.). Techniques et résultats. Presse Méd 79:1235–1237

Martin A, Thouvenot J, Touron P (1967) Variations périodiques de potentiels cutanés abdominaux en relation avec l'activité gastrique. CR Soc Biol 161:2595–2600

Martin A, Deroche D, Ormieres D, Murat J, Fourre L (1985) Le biofeedback pour qui? Psychol Méd 17/10:1529–1534

Martin A, Murat J, Duriot JF (1987) Gastric biofeedback by means of electrogastrography; Statistical study on 30 normal subjects. Congress of the 1st Intern. Conf. on Bio-Beh. Selfr. and Health, Nov. 18–20, Honolulu, Hawai

Murat J (1975) Apport des enregistrements électriques digestifs dans la chirurgie de l'ulcère duodénal. In: Murat J, Dobrev J, Vaur JL, Nicolov N (eds) Enregistrements électriques de la motricité digestive. Applications médico-chirurgicales. C. R. Symposium Franco-Bulgare, vol 1, pp 253–256

Schneider CJ (1987) Cost effectiveness of biofeedback and behavior. Medicine treatmens: A review of the literature. Biofeedback and Self Regulation, vol 12, N° 2, pp 71–92

Sobakin MA, Smirnov IP, Mishin LN (1962) Electrogastrography, IRE trans. Biomed. Electr, BME 9:129–132

Stern RM, Davis CM (1982) Gastric motility: selectively annotated bibliography. Hutchinson Ross Publishing, New York, vol 1, pp 190 ff

Stern RM, Koch KL (1985) Electrogastrography. Methodology, validation and application. Praeger Press, New York, vol 1, pp 227 ff

VI. Neurolinguistisches Programmieren (NLP)

Vivienne Rauber-Decoppet, Dipl.-Psych.,
Schwerpunkt Kurzzeittherapien
bei psychosomatischen Beschwerden

NLP nach Bandler und Grinder

Zusammenfassung

Der Artikel beschreibt die Grundlagen des NLP als eine besondere Form von Hypnotherapie, die eine Weiterentwicklung der nondirektiven Hynotherapie nach Erickson darstellt. NLP unterscheidet sich von der klassischen Hypnotherapie und der Psychoanalyse insofern, als sich der therapeutische Ansatz primär mit dem Prozeß der Umdeutung eines gegebenen Problems befaßt; dabei gilt die Aufmerksamkeit nicht dem vorliegenden Symptom, sondern seiner Psychodynamik, so daß sich der therapeutische Prozeß auf Wegen abspielt, die häufig den Patienten wie dem Therapeuten verschlossen bleiben.

Summary

The article describes the basics of NLP as being a particular kind of hynotherapy derived from nondirective Ericksonian hypnotherapy. NLP differs from classical hynotherapy and psychoanalysis in so far as the therapeutic intervention per se focusses primarily on the process of reframing a given problem; in this context, most of the attention is not payed to the given symptom but to its psychodynamics causing the therapeutic process to follow ways often undiscoverable to patient an therapist.

Das „Reframing" des NLP nach Bandler und Grinder (Schüler von Erickson) empfinde ich als einen Mittelweg zwischen den symptomorientierten und analytischen Methoden, d. h. es wird dem Unbewußten überlassen, ob die Therapie „aufdeckend" oder „nur symptombehandelnd" sein soll.

B.J.M. Diehl, Th. Miller (Hrsg.)
Moderne Suggestionsverfahren
© Springer-Verlag Berlin Heidelberg 1990

Das Unbewußte bekommt den Auftrag, den Grund für das Symptom zu suchen und kreativ eine andere, unschädliche Möglichkeit zu finden, die dasselbe Ziel erreicht, das mit dem Symptom angestrebt wurde.

Dieser Methode liegt der Glaube zugrunde, daß der Mensch im Grunde gut ist, daß das Symptom etwas Gutes und Wichtiges erreichen will und daß das Unbewußte kreativ genug ist, selbst einen anderen Weg zur Erreichung seines Ziels zu finden. Es wird angenommen, daß das Unbewußte besser als das Bewußte weiß, was für den Betreffenden gut ist. Es wird dem Unbewußten überlassen, ob es das Bewußtsein wissen lassen will, was sein Anliegen ist. Und falls es das Bewußtsein wissen läßt, ist es immer noch Sache des Klienten, ob er es dem Therapeuten sagt.

In einem NLP-Hypnosekurs mußten wir zu zweit das „Reframing" üben. Ein 39jähriger Psychologe, der seit seiner Kindheit Nägel biß, sich – wie er sagte – nach seiner 4jährigen Lehranalyse psychoanalytischer Richtung „durch und durch" kannte und trotzdem weiter Nägel biß, bearbeitete in einer 1/2stündigen Sitzung dieses Problem in einer „Geheimtherapie", d. h. der Teil, der für sein Nägelbeißen verantwortlich war, war nicht gewillt, ihm zu sagen, was er damit erreichen wollte. Der kreative Teil zeigte ihm viele abstrakte, farbige Bilder, geometrische Figuren als neue Lösung. Das ganze schien recht merkwürdig. Aber – seit 5 Monaten beißt er keine Nägel mehr!

Ich möchte anschließend 2 der wichtigsten Techniken ausführlich darstellen.

NLP: Umdeuten (Reframing)

1. *Teil, der für das Problem verantwortlich ist,* ansprechen.
   a) Fragen, ob er gewillt sei, sich mitzuteilen.
   Die Antwort kann auf 3 Arten erfolgen:
   – verbal (man hört eine Stimme),
   – in Bildern,
   – in einem Körpergefühl, z. B. Herzklopfen. Um sicher zu sein, kann man sagen: Wenn die Antwort ja sein soll, wird das Herzklopfen stärker, wenn sie nein sein soll, geht es weg.
   Wenn die Antwort nein ist:
   Fragen, ob dieser Teil gewillt sei, auf der unbewußten Ebene weiterzumachen (das kann einen Prozeß in Gang bringen, der aber unbewußt bleibt).
   Wenn die Antwort immer noch nein bleibt, das akzeptieren und aufhören. Dann ist die Zeit nicht reif.
   b) Ihn bitten, dem Bewußtsein mitzuteilen, was er Positives erreichen will, wie er mit diesem Problem der Person helfen will.
2. *Kreativen Teil ansprechen.*
   Er soll mindestens 3 Alternativen suchen, um auf andere Weise das zu erreichen, was der für das Problem verantwortliche Teil erreichen will.
3. *Den für das Problem verantwortlichen Teil bitten, die Alternativlösung des kreativen Teils zu prüfen, ob sie annehmbar seien.*
   Wenn nein: Den kreativen Teil nach weiteren Alternativen fragen.

Wenn ja:

4. *Fragen, ob irgend ein anderer Teil irgend einen Einwand hat.*
Wenn ja: Den kreativen Teil bitten, seine Alternativlösung entsprechend abzuändern.
Wenn nein:

5. *Sich das neue Verhalten in der Zukunft konkret vorstellen.*

Ich möchte einen mit Reframing behandelten Fall wörtlich wiedergeben. Es handelt sich um eine Klientin (K), die abnehmen will und es nicht fertigbringt.

1. Geh in dein Inneres und sieh nach, spüre nach, höre darauf, welcher Teil von dir für dein Essen verantwortlich ist.

   a) Und wenn du ihn gefunden hast, frage diesen Teil, ob er gewillt ist, sich dir mitzuteilen.
   (lange Pause)
   Hast du ihm dafür gedankt, daß er sich bis jetzt bemüht hat, dir zu helfen? Danke ihm dafür und sage ihm, daß du es schätzst, daß er sich so um dich bemüht.
   (keine Antwort)

   b) Bitte diesen Teil, danach zu suchen, was er mit dem Essen erreichen will, wie er dir helfen will. Wenn er will, kann er es auf der unbewußten Ebene machen. Es ist wirklich eine hübsche Sache, daß man die Dinge auch ganz unbewußt tun kann. Dein Bewußtsein kann in der Zwischenheit ganz andere Dinge tun, z. B. dem Verkehrslärm zuhören, während dein Unterbewußtsein trotzdem arbeitet.
   Wenn dein Unbewußtes damit fertig ist, sich zu besinnen, was es mit deinen Eßgewohnheiten erreichen will, kannst du es uns signalisieren, indem du die Augen öffnest.
   K: Ich fühle mich um den Mund herum sehr entspannt.
   T: Geh wieder zurück in dein Inneres und frage den Teil, ob er mit seiner Suche nach den Gründen fertig ist und bitte ihn, dieses Gefühl der Entspannung um den Mund zu intensivieren, wenn er ganz fertig ist.
   (Nach einer Weile sieht man, wie sich der Mund weiter entspannt.)

2. Denk an eine Situation zurück, als du sehr kreativ warst und damit erfolgreich warst... Und wenn du dort bist, dann bitte den kreativen Teil von dir mindestens 3 neue Alternativen zu suchen, die das gleiche Bedürfnis erfüllen wie das Essen. Finde mindestens 3, es mag ein Dutzend geben.
Wenn du 3 Alternativlösungen gefunden hast, kannst du es uns signalisieren, indem du mit dem Kopf nickst.

3. Nun bitte den Teil, der für das Essen verantwortlich ist, diese 3 neuen Lösungen zu prüfen, um zu sehen, ob einer der 3 annehmbar ist.
Sie lacht und lacht und schüttelt den Kopf.
Schaue in deinem Innern nach. Gibt es sonst einen Teil, den du um Hilfe bitten kannst?
(Keine Reaktion)
Manchmal funkt das Bewußtsein dazwischen und stört. Manchmal will das Unbewußte sich nicht mitteilen.
Aber es ist wie ein Schneeball, der zur Lawine wird. Es braucht Zeit. Und dein Unbewußtes wird heute oder morgen oder Ende der Woche oder Ende des Monats eine Lösung finden. Und vielleicht wird dein Bewußtsein nichts davon wissen. Und plötzlich merkst du, daß du abnimmst, ohne zu wissen warum.

In diesem Transkript eines „Reframing" kam eine ideomotorische Antwort: Entspannung um den Mund. Es wurde zu einer „Geheimtherapie", d. h. das Unbewußte teilte seine Beweggründe nicht mit. Es war auch eine „unvollständige" Arbeit, indem der kreative Teil wohl 3 Alternativen brachte, die aber vom das Problem verursachenden Teil nicht angenommen wurden. Posthypnotische Suggestionen sollen das Unbewußte anregen, weiter nach Lösungen zu suchen, die das Abnehmen möglich machen.

In einer solchen Therapie, wo das Unbewußte Antwort geben soll, wird häufig mit ideomotorischen Zeichen gearbeitet: Körpersignale wie Herzklopfen, Druckgefühle, Bewegung eines Fingers oder Fußes oder was gerade kommt. Der Klient hat aber auch die Wahl zu sprechen.

Was mich an dieser Methode fasziniert, ist, daß *Heilung auf* dem Bewußtsein unerklärliche und dadurch *schmerzlose Weise geschieht.* Es ist nach dieser Theorie nicht nötig, die schmerzlichen Kindertraumen mit all ihren Gefühlen von Angst, Wut, Trauer wiederzuerleben, um sie zu erledigen. Bandler und Grinder schreiben:

„Beinahe jede Psychotheologie, die ich kenne, impliziert die Notwendigkeit eines Bewußtseins für eine Veränderung und das ist absurd" (Bandler u. Grinder 1984, s.196). Sie glauben, daß Heilung darum schmerzlos geschehen kann, weil im hypnotischen Zustand, wenn das Wachbewußtsein in den Hintergrund tritt, andere Wahlmöglichkeiten zur Verfügung stehen und die Selbstheilung aktiviert wird.

„Das Gute an einem veränderten Bewußtseinszustand ist, daß die Person, die sich in ihm befindet, mehr und ganz andere Wahlmöglichkeiten zur Verfügung hat als in ihrem normalen Wachbewußtsein" (Bandler u. Grinder 1984, S. 218); und: „In einem veränderten Bewußtseinszustand hat man nicht sein normales Modell der Welt, und deshalb verfügt man über eine unendliche Anzahl von Möglichkeiten" (Bandler u. Grinder 1984, S. 196).

Bandler und Grinder haben die Grundlagen zu dieser Therapieform von Erickson übernommen und weiterentwickelt. Es ist Ericksons wichtige Entdeckung, daß ein Symptom und das zugrundeliegende Problem auf der unbewußten Ebene behandelt und zum Verschwinden gebracht werden kann. Er schreibt in „Hypnotherapie":

Dieser Fall wirft somit faszinierende Fragen hinsichtlich der Möglichkeit der Hypnotherapie auf, die auf der Nutzung des eigenen kreativen Potentials des Patienten anstelle der älteren Tradition der Hypnose als einer Form von direktiver Suggestion beruht. Wir stellen fest, daß es möglich ist, das kreative Potential eines Patienten in einer solchen Weise freizusetzen, daß ein Problem tatsächlich gelöst werden kann, ohne daß Patient oder Therapeut genau wissen, warum, d. h. die Dynamik der Heilung durchschauen (Erickson u. Rossi 1981).

Die Vorstellung einer einfachen „Symptombeseitigung" ist eine krasse Übersimplifizierung dessen, was eine solide Hypnotherapie zu leisten vermag. Der Hypnotherapeut ist vielmehr an einem umfassenderen Programm zur Förderung einer kreativen Reorganisation der inneren Psychodynamik des Patienten beteiligt, was dessen Lebenserfahrung steigert und die Symptombildung überflüssig macht (Erickson u. Rossi 1981, S. 186).

Die moderne psychosomatische Medizin ist grundsätzlich der Auffassung, daß Symptome Formen von Kommunikation sind. Als solche sind Symptome häufig Anzeichen oder Hinweise auf Entwicklungsprobleme, die im Begriff sind, ins Bewußtsein zu treten. Was Patienten noch nicht in Form von kognitiven oder emotionalen Einsichten klar artikulieren können, findet somatischen Ausdruck als körperliches Symptom. Der konventionelle psychoanalytische Zugang zu solchen Problemen ist die Förderung von „Einsicht", damit die Sprache der Körpersymptome in kognitive und emotionale Erkenntnis umgesetzt werden kann. Es stellt sich manchmal heraus, daß Patienten, wenn sie über Probleme mit emotionaler Einsicht sprechen können, nicht mehr ihrer körperlichen Symptome bedürfen. ...

Ericksons gewichtiger Beitrag auf diesem Gebiet ist die Entdeckung, daß die Förderung emotionaler Einsicht zwar gewöhnlich eine sehr wünschenswerte Methode zur Lösung psychosomatischer Probleme ist, daß sie jedoch keinesfalls den einzigen Weg darstellt. Er hat Möglichkeiten entwickelt, wie symptomatisches Verhalten „direkt auf einer unbewußten Ebene" gelöst werden kann. Das heißt, Symptome können beseitigt werden, indem man mit der Psychodynamik eines Patienten dergestalt arbeitet, daß das Bewußtsein nicht weiß, warum das körperliche Symptom verschwindet. Darüber hinaus wird auch das entwicklungsbedingte Problem, das sich in dem Symptom äußerte, auf scheinbar spontane Weise aufgelöst. Die Patienten sind gewöhnlich angenehm überrascht. Sie sagen, sie seien sich gar nicht bewußt gewesen, daß der Therapeut ihre sexuellen Probleme, ihre Erziehungsprobleme oder was auch immer bearbeite (Erickson u. Rossi 1981, S. 181).

Erickson erklärt sich die Wirksamkeit einer solchen „Geheimtherapie" folgendermaßen:

Symptome sind Äußerungen der nichtdominanten rechten Gehirnhemisphäre. Das Unbewußte spricht direkt diese Gehirnhälfte an und löst das Problem dort. Intellektuelle Bewußtwerdung, eine Leistung der linken dominanten Gehirnhemisphäre ist unnötig.

Neuere Forschungen über die Funktion der Hirnhemisphären (Gazzaniga 1967; Sperry 1968, Galin 1974; Rossi 1977) deuten darauf hin, daß die Effektivität dieser Ansätze in ihrer Wirkung auf der rechten oder nichtdominanten Gehirnhälfte beruhen könnte. Während die linke oder dominante Hemispähre in erster Linie verbale Kommunikationen intellektueller oder abstrakter Art verarbeitet, eignet sich die rechte Hemisphäre besser zur Verarbeitung von Eindrücken optisch-räumlicher, kinästhetischer, bildlicher oder mythopoetischer Natur. Da die rechte Hemisphäre auch enger mit emotionalen Vorgängen und dem Körperbild verbunden ist (Luria 1973; Galin 1974) hat sich die Auffassung entwickelt, daß sie auch für die Bildung psychosomatischer Symptome verantwortlich sei. Diese Symptome sind Äußerungen in der Sprache der rechten Hemisphäre. Unsere Benutzung von mythopoetischer Sprache kann somit ein Mittel zu direkter Kommunikation mit der rechten Hemisphäre in deren eigener Sprache sein. Dies steht im Gegensatz zum konventionellen psychoanalytischen Vorgehen, die Körpersprache der rechten Hemisphäre zuerst in die abstrakten Kognitionsmuster der linken Hemisphäre zu übersetzen, die dann wieder irgendwie auf die rechte Hemisphäre rückwirken muß, um das Symptom zu verändern. Diese Methode funktioniert zwar manchmal, aber sie ist offensichtlich umständlich und zeitraubend. Nur zu häufig entwickelt der Patient eine hervorragende intellektuelle Einsicht, doch das körperliche Symptom bleibt bestehen. Selbst wenn die intellektuelle Einsicht in die linke Hemisphäre richtig ist, kann sie von den Quellen der Symptombildung und -erhaltung der rechten Hemisphäre abgeschnitten bleiben. Während Erickson also die Methode der zweischichtigen Kommunikation lange vor den heutigen Kenntnissen über die Spezialisierung der linken und rechten Hemisphäre entwickelt hat, glauben wir inzwischen, daß dieses „direkte Arbeiten mit dem Unbewußten" ein Mittel der direkten Kommunikation mit der rechten oder nicht-dominanten Hemisphäre sein könnte, die wahrscheinlich für die psychosomatischen Symptome verantwortlich ist (Erickson u. Rossi 1981, S. 182).

Umwandlung der persönlichen Geschichte nach NLP (History Change)

Diese Technik des NLP bezweckt durch Assoziationen die persönliche Geschichte zu „verändern", d. h. die Erinnerung an vergangene Erlebnisse mit all ihren negativen Gefühlen ins Positive zu wandeln. Es werden negative Erinnerungen mit positiven gekoppelt und dadurch verändert.

1. Als erster Schritt macht man einen Vertrag mit dem Klienten, was für ein Gefühl er verändern möchte (z. B. das Gefühl, immer allein zu sein, unge-

liebt zu sein, zu kurz zu kommen etc.), was für ein Gefühl er loswerden möchte und was er stattdessen empfinden möchte.

2. Dann läßt man den Klienten sich in Hypnose eine Situation vorstellen, wo er dieses Gefühl kürzlich erlebt hat. Wenn man ihm ansieht, daß er dieses Gefühl erlebt, berührt man ihn z.B. am Arm, um dieses schlechte Gefühl mit einem Körpereindruck zu koppeln. Man nennt dies „ankern".
Dann läßt man ihn zu einer früheren Situation vor einigen Jahren zurückgehen, als er dieses selbe Gefühl hatte. Dann regrediert man in die Pubertät, dann in die Kindheit, so weit wie möglich zurück. Manchmal kommt man so zum Schlüsselerlebnis. Gewöhnlich läßt man ihn 3–4 solche Erinnerungen kurz durcherleben und „ankert" sie jedesmal an der gleichen Körperstelle.

3. Nun läßt man den Klienten aus diesem schlechten Gefühl herauskommen. Man spricht über den erwünschten Zustand. Der Klient sucht eine Erinnerung, wo er diesen erwünschten Zustand erlebte. Man läßt ihn ganz in die Situation hineingehen (sich darin sehen, spüren, hören) bis man am gelösten Gesichtsausdruck sicher ist, kann man ihn fragen, ob er noch mehr hineinkommen möchte. Dann ankert man dieses positive Gefühl, d.h. man berührt den Klienten an einer anderen Körperstelle, um das positive Gefühl mit einem Körpergefühl zu assoziieren.
Falls der Klient kein solches erwünschtes positives Gefühl erlebt hat, kann er eine entsprechende Situation phantasieren. Vielleicht kennt er jemanden, der in einer solchen Situation auf positive Art reagiert. Er soll genau beschreiben, wie und was der andere macht und sich dann mit ihm identifizieren.

4. Dann läßt man den Klienten mit diesem guten Gefühl in die Situation mit dem schlechten Gefühl zurückgehen. Der Therapeut hält mit je einer Hand den positiven und den negativen Anker. Erstaunlicherweise überlappen sich dann beide Gefühle, das negative Gefühl wird positiver, man sieht andere Bilder, sieht, wie es anders hätte sein können.
Man geht immer wieder zurück ins positive Gefühl und hält nur den positiven Anker, bevor man weiter zurück zum nächsten negativen Erlebnis geht und beide Anker drückt. Man wiederholt das, bis zum jüngsten Lebensalter. Wichtig ist, daß man dem Klienten genug Zeit läßt, seine positiven Gefühle aufzutanken.

5. Dann erkundigt man sich beim Klienten wie es war. Erstaunlicherweise verändern sich die negativen Gefühle in positiver Weise. Häufig gibt es Aha-Erlebnisse: „Das hätte doch gar nicht so sein müssen. Ich hätte das anders auffassen können. Blöd!"

6. Um dieses positive Gefühl auch in Zukunft zu erleben, wird eine zukünftige Begebenheit vorgestellt, wie man jetzt neuerdings reagiert mit diesem positiven Gefühl in einer ganz spezifischen Situation.

7. Man sucht nach dem Signal, das anzeigt, daß man bald in dieses bekannte negative Gefühl fallen wird und einem anzeigt, daß man das positive Gefühl als Ressource braucht. Es hilft, dann die Körperstelle zu berühren, wo der positive Anker gedrückt wurde.

Literatur

Bandler R, Grinder J (1984) Neue Wege der Kurzzeittherapie, Neurolinguistische Programme. Junfermann, Paderborn

Erickson MH, Rossi EL (1981 Hypnotherapie: Aufbau – Beispiele – Forschungen. Pfeiffer, München

Galin D (1974) Implications for psychiatry of left and right cerebral specialisation. Arch Gen Psychol 31:527–583

Gazzaniga M (1967) The split brain in man. Sci Am 217:24–29

Luria A (1973) The working brain. Basic Books, New York

Rossi E (1977) The cerebral hemispheres in analytical psychology. J Anal Psychol 22:32–51

Sperry R (1968) Hemisphere disconnection and unity in conscious awareness. Am Psychologist 23:723–733

*Manuela
Brinkmann-Hartmann*
Dipl.-Psych.
NLP-Therapeutin in eigener Praxis

Udo Hartmann
Dipl.-Sozialwissenschaftler
Praxis für Psychologische Beratung
und Personaltraining

NLP – Eine wirksame Kurzzeittherapie

Zusammenfassung

Im vorliegenden Artikel wird eine vernünftige Kombination von Rolfing – einer Art körperlicher Übung – und Neurolinguistisches Programmieren (NLP) vorgestellt, die dazu beitragen soll, die Kurzzeiteffekte in der Streßbekämpfung zu verbessern. Besonders betont wird die Tatsache, daß jegliche Art von Streß früher oder später unsere geistigen, psychischen, rationalen, emotionalen und körperlichen Sphären beeinträchtigt. Folglich sollte sich die Psychotherapie mit allen diesen verschiedenen Aspekten auseinandersetzen, um die Probleme der Patienten holistisch anzugehen. Die beschriebene Kombination stellt eine von mehreren möglichen Wegen dar.

Summary

The article presents a combination of Rolfing – a particular kind of body exercise – and neurolinguistic programming (NLP) which has the aim of improving stress reduction in the short term. Major emphasis is placed on the fact that stress of any kind may eventually impair our intellectual, psychic, rational, emotional, and somatic spheres. As a consequence, psychotherapy should be concerned with all these different aspects, taking a holistic approach to patients' problems. The described combination constitutes one of several possible methods appropriate in this sense.

Wie gestaltet sich eine Beratung?

NLP ist eine Kurzzeittherapie. Also werden je nach Situation des Klienten eine kleine Anzahl von Sitzungen (z. B. 5–10) von ca. 50 min Dauer vereinbart.

B.J.M. Diehl, Th. Miller (Hrsg.)
Moderne Suggestionsverfahren
© Springer-Verlag Berlin Heidelberg 1990

Um in dieser kurzen Zeit sinnvolle Veränderungen zu erreichen, wird größtenteils prozeßorientiert gearbeitet. Das bedeutet, der Klient berichtet soviel über sein Erleben und seine Probleme, daß ich in der Lage bin, ihm die Hinweise zu geben, die er benötigt, um seine Probleme innerlich zu lösen. Zusätzlich gehört zu jeder NLP-Sitzung eine Vorbereitung auf den Alltag, die sicherstellt, daß die erarbeiteten inneren Veränderungen im „normalen Leben" in Taten umgesetzt werden.

Worum geht es beim NLP

Beim NLP geht es darum, Verhalten konkret zu verändern. Mit Verhalten ist dabei äußerlich sichtbares und inneres Verhalten gemeint, also die persönliche Art zu Denken und Wahrnehmungen zu organisieren in inneren Bildern, Tönen und Körpergefühlen, Geruchs- und Geschmacksempfindungen.

„Verhalten verändern" beinhaltet außerdem immer eine Verhaltenserweiterung, da beim NLP davon ausgegangen wird, daß jedes Verhalten für sich betrachtet, sinnvoll ist. Fraglich ist nur, ob ein bestimmtes Verhalten zu oft, zu selten oder in wenig nützlichen Zusammenhängen erscheint und sich somatisch auswirkt und krank macht.

Über Veränderung von aktuellem, kurzfristigem Verhalten hinaus geht es beim NLP um die Arbeit mit tieferliegenden bzw. weiterreichenden Persönlichkeitsanteilen. Dies betrifft beispielsweise die Veränderung von Glaubenssätzen, die bewußt und oft unbewußt große Teile unseres Verhaltens beeinflussen. Solche Sätze beinhalten meistens starke Verallgemeinerungen, wie „Alle Frauen/Männer sind...", „Ich muß immer...", „Ich darf nie...", und schränken damit die Vielfalt unserer Verhaltensmöglichkeiten ein.

Ein zweiter weitreichender Problemkomplex ist der Umgang mit Konflikten. Dabei wird unsere Vorliebe, in Gegensätzen zu denken, wie gut – böse, erlaubt – verboten, moralisch – unmoralisch usw. beeinflußt. Dazu wird in einem dialektischen Prozeß zwischen den widerstreitenden Teilen verhandelt, um festzustellen, wie die beiden Teile sich unterstützen und balancieren. Wird dieser Prozeß in der Therapie einmal, gegebenenfalls auch öfter, bewußt und entspannt durchlaufen, so wird dies zu einer Fähigkeit, die bei neu auftauchenden Konflikten ohne weitere Therapie selbständig vom Klienten genutzt werden kann.

Was sind die Methoden, mit denen der/die NLP-Berater/in arbeitet?

Ich achte darauf, wie der Klient wahrnimmt, wenn er sich mit Problemen beschäftigt. Dabei unterscheide ich deutlich zwischen Hören, Sehen, Fühlen, Riechen und Schmecken. Dadurch kann ich gezielt auf die persönliche Welt des Klienten eingehen und gleichzeitig herausfinden, in welchen Bereichen der Wahrnehmung Schwierigkeiten und neue Lern- und Problemlösungsmöglichkeiten bestehen. Dabei frage ich während des Gesprächs sehr genau nach, um möglichst schnell zum Kern der Schwierigkeiten vorzudringen.

Zielorientiertes Vorgehen ist ebenfalls wichtig, um schnell die „richtigen" Problembereiche zur Klärung auszuwählen. Besonders wenn es um die Ziele der Beratung geht, wird darauf geachtet, daß der Klient genau weiß und beschreibt, was er will. Dafür werden alle Verneinungen (nicht mehr leiden, streiten, rauchen) durch Beschreibungen des Gewünschten ersetzt.

Neben solche klaren und ordnenden Gesprächen kann auch mit Entspannungstechniken gearbeitet werden, wenn die Situation zu schwierig oder anstrengend ist, um alles mit bewußtem, logischem Denken zu lösen. Dabei ergeben sich oft einfache, überraschende und spielerische Lösungen von Schwierigkeiten.

Schließlich wird zu Beginn jeder Beratung ein Vertrauensverhältnis zwischen Berater und Klient hergestellt, da Vertrauen und Sicherheit die Grundlagen zur erfolgreichen Klärung von Problemen sind.

Wie erkennt man beim NLP, daß die Arbeit erfolgreich ist?

Ausschlaggebend ist die Physiologie des Klienten. Das bedeutet, der Klient soll möglichst „gut aussehen" im Sinne von gelöst, entspannt, lebendig und gut gelaunt bzw. im Vollbesitz aller Kräfte und Fähigkeiten. Äußerlich sichtbare Zeichen dafür sind: die Atmung, die Symmetrie der Körperhaltung, die Gesichtsfarbe und vieles mehr.

Therapieerfolg ist außerdem dann gegeben, wenn sich die geistige und verhaltensmäßige Flexibilität des Klienten erhöht; beispielsweise, wenn er in bisher ausweglosen Situationen neue Wege gefunden hat, auf einfache Weise durch diese Situationen zu gehen; und/oder wenn es ihm gelingt, ein neues, erleichterndes und klärendes Verständnis von bisher unerträglichen Erlebnissen zu erlangen.

Langfristig betrachtet ist ein Klient nach NLP-Kriterien erfolgreich, wenn er mit Leichtigkeit zwischen Inneren und äußeren Wahrnehmungen hin und herpendeln und zwischen beiden klar unterscheiden kann. Gleichzeitig kann die Person sich bewußt entscheiden, in innerer oder äußerer Wahrnehmung zu verweilen. Das bedeutet, sie kann sich gut auf das konzentrieren, was ihr gerade wichtig ist.

Weiterhin geht sie bewußt und flexibel mit ihren verschiedenen Wahrnehmungsweisen, nämlich Sehen, Hören, Fühlen, Riechen und Schmecken um und behält diese Flexibilität auch in schwierigen Situationen oder entscheidet sich rechtzeitig, sich in einen angenehmen Zusammenhang zu begeben.

Zum Schluß ein paar Grundannahmen beim NLP. Es gibt ein Unbewußtsein, und das weiß und kann mehr als das Bewußtsein, besonders, wenn letzteres in ein Problem verstrickt ist. Außerdem hat das Unbewußte nur positive Absichten, die manchmal allerdings vom Bewußtsein nicht verstanden werden. Daher geht es beim NLP oft darum, das Bewußtsein mit dem Wissen des Unbewußten in Einklang zu bringen und zu erweitern.

Jedes Verhalten, und scheine es auch noch so falsch oder absurd, hat ebenfalls positive Absichten und Gewinne. Mit NLP werden neue sinnvolle Verhaltensweisen zur Erreichung dieser positiven Absichten und Gewinne gesucht.

Für mich persönlich ist die Arbeit mit NLP eine ständige, heilsame Herausforderung an meinen Lebenswillen, meinen Optimismus und meine Liebe.

Rolfing – eine strukturelle Integration

Die Rolfing-Methode, in den USA im Laufe von mehreren Jahrzehnten von Ida Rolf[1] entwickelt, ist ein System zur „Ausbalancierung" der körperlichen Struktur des Menschen, zu dessen struktureller Integration. Rolfing ist eine tiefe Bindegewebsfaszienmanipulation sowie eine damit einhergehende Erziehung und baut auf der Tatsache auf, daß der Körper plastisch, d. h. veränderbar ist. Diese Eigenschaft der Plastizität ermöglicht es, den menschlichen Körper anatomisch so auszurichten, daß er länger wird und näher um seine vertikale Achse zentriert ist. Der Mensch erhält so eine gelöste und aufrechte Haltung im Schwerfeld der Erde.

Stellen Sie sich eine Lotlinie vor, die – von der Seite gesehen – senkrecht durch Ohr, Schultern, Hüftgelenk und Fußknöchel fällt. Ein vorgeschobener Kopf kann z. B. in diesem Modell nur durch muskuläre Anstrengung gehalten werden. Wenn jedoch der Kopf durch die Schultern unterstützt wird, die Schultern durch den Rumpf, der Rumpf durch das Becken usw., dann kann durch die Schwerkrafteinwirkung indirekt eine balancierte Körperstruktur hervorgerufen werden. Die Schwerkraft ist nach Rolf die mächtigste Kraft, die den menschlichen Körper belastet, wenn sich dieser nicht mehr in der vertikalen Anordnung befindet.

Eine vertikale Körperhaltung ist für den Durchschnittsmenschen nicht möglich, da die Faszien (eine Bindegewebsart) die Struktur sozusagen festhalten und den Körper immer wieder in das alte, unbalancierte Muster zurückziehen. Es ist unmöglich, eine schlechte Körperstruktur allein dadurch auszugleichen, daß man willentlich versucht, sich aufrecht zu „halten" (!); zumal dies immer verloren geht, wenn man aufhört, sich auf die aufrechte „Haltung" zu konzentrieren. Diese Unfähigkeit wird durch verdickte Faszien verursacht, die zusammenkleben, um die zu stark belasteten Muskeln eines Bereiches zu unterstüt-

---

[1] Ida Rolf wurde 1896 in New York geboren. 1920 bekam sie den Doktortitel in Biochemie und Physiologie. In den 20er Jahren begann sie sich intensiv mit klassischer und homöopathischer Medizin, Osteopathie und Yoga zu beschäftigen. Bald begann sie ihre eigene Methode, die strukturelle Integration, zu entwickeln; eine Körperarbeit, die den Körper als Weg, nicht als Ziel der persönlichen Entwicklung des ganzen Menschen betrachtet.
Das Rolfing, wie es bald genannt wurde, erfuhr aber erst Mitte der 60er Jahre eine größere professionelle Verbreitung, als Ida Rolf Fritz Perls (Begründer der Gestalttherapie) behandelt hatte und am Esalen Institut in Kalifornien ihre ersten Schüler ausbildete. Anfang der 70er Jahre gründete sie das Rolf Institute in Boulder/Colorado, USA, wo sie bis zu ihrem Tod 1979 arbeitete, lehrte und ihre Methode weiterentwickelte.
Das Rolf Institut ist Ausbildungsstätte und Berufsorganisation der „Certified Rolfer". Diese bleiben in einem dauernden Fortbildungsprozeß, so wie sich das Rolfing als Methode ständig weiterentwickelt

zen. Die unausgeglichenen Spannungsmuster bleiben auch dann bestehen, wenn die Ursachen der schlechten Körperhaltung längst vergessen sind.

Körperliche Verletzungen, Krankheiten, chronische emotionale Verspannungen und anerzogene Bewegungs- und Haltungschemata tragen zur Verkürzung und Verdickung des Bindegewebes bei. Verdickungen in einem Teil des Körpers veranlassen andere Teile zu entsprechenden Kompensationen. Sie hindern den Körper daran, die Freiheit und den Fluß seiner Bewegungen sowie der damit in Zusammenhang stehenden Gefühle wiederzufinden. Körper und Gesamtpersönlichkeit werden gleichermaßen unbeweglich, es entstehen Energieblockierungen.

Die Rolfing-Technik ist ein Ausbalancieren des Fasziennetzwerks, wobei dessen Fähigkeit ausgenutzt wird, eine durch Druckanwendung herbeigeführte Form beizubehalten. In einer sorgfältig entwickelten Sequenz von 10 Sitzungen befreit und bewegt der Rolfer Gewebe zu mehr Symmetrie und Balance, nach der die Architektur des Körpers so deutlich verlangt. Jede Sitzung dauert ca. 1 h. Der zeitliche Abstand zwischen einzelnen Sitzungen – gewöhnlich 1/2–2 Wochen – richtet sich nach individuellen Bedürfnissen.

Was können Sie erwarten, wenn Sie gerolft werden?

Rolfer(innen) sind darin ausgebildet, die strukturelle Organisation eines Körpers zu sehen. Zu Beginn der Sitzung wird der Körper des Klienten begutachtet. Vor der Behandlung werden Fotos gemacht – von vorn, hinten und beiden Seiten –, um die Ausgangsposition zu dokumentieren, bevor das Rolfing beginnt. Zum Ende der Behandlung werden auch die Ergebnisse im Foto festgehalten.

Der Klient liegt auf einem halbhohen Massagetisch, während der Rolfer Hände, Knöchel und gelegentlich einen Ellbogen benutzt, um bei der Befreiung und Reorganisation von Gewebe zu helfen. Bewegungsabläufe und Atmung werden bewußt miteinbezogen. Es kann zu Schmerzen kommen, die mit der Befreiung verspannter Strukturen verbunden sind. Diese hören jedoch auf, sobald das Gewebe losgelassen wird. Gefühle und emotionale Erinnerungen können diesen Prozeß begleiten, bei dem das Lösen chronischer Körperspannungen auch einen seelisch befreienden Effekt hat. Der Rolfer unterstützt den Klienten beim Erleben und Verarbeiten seiner psychischen Reaktionen, damit die gemachten Erfahrungen ins Leben integriert werden können.

Subjektive Berichte über Rolfing sind von Person zu Person verschieden. Allgemein gesprochen fühlt sich der Mensch „emporgehoben" beziehungsweise empfindet eine Leichtigkeit des Körpers; Kopf und Brust kommen nach oben,... der Rumpf wird länger, und das Becken kommt in eine mehr horizontale Lage. Knie- und Fußgelenke führen eher geradeaus nach vorne, und die Fußsohlen haben einen stabileren Bodenkontakt. Gelenke des ganzen Körpers gewinnen ihre Bewegungsfreiheit wieder. Das Körpergewicht wird beim Gehen weniger emporgehoben. Die dadurch gesparte Energie ist für andere Zwecke verfügbar. Die verschiedenen Systeme des Organismus (Atmung, Stoffwechsel, Kreislauf usw.) funktionieren besser. Neben einer Steigerung und Verfeinerung des Körperbewußtseins und -empfindens berichten Menschen oft vom Schwinden körperlicher Symptome, wenn diese Folgen einer mangelhaften Struktur sind.

Viele Leute erlebten durch die 10 Rolfing-Sitzungen psychologische und emotionale Veränderungen: mehr Lebensenergie, ein verändertes und positiveres Bild von sich und der Welt, eine neue Leichtigkeit in zwischenmenschlichen Beziehungen, gesteigertes Selbstbewußtsein, ein erstmals erlebtes Gefühl von Ganzsein.

Die Wirkungen des Rolfing tragen sich noch über Monate nach der Behandlung im Körper aus. Die Resultate sind erfahrungsgemäß dauerhaft. Die Qualität des „Dauerns" hängt jedoch auch vom Einzelnen und seiner Behandlung des eigenen Körpers ab. Da durch die Körperarbeit das Unterscheidungsvermögen für positive und negative Kräfte, die auf Körper, Seele und Geist wirken, verfeinert wird, erscheint die gerolfte Person in der neuen Struktur gefestigt.

Rolfing ist u. a. geeignet für
– Menschen, die sich aus dem Gleichgewicht oder chronisch verspannt fühlen durch Folgen von Unfällen, Krankheit, emotionalen Erschütterungen, Körpermißbrauch usw.,
– Menschen, die glauben, daß sie unter ihrem Energiepotential leben,
– Menschen, die sich körperlich betätigen in Sport, Yoga, Tanz, Schauspiel usw.,
– Menschen, die sich aus den verschiedensten Gründen als körperlich unbeweglich erleben,
– Menschen, die meinen, daß ein ausbalancierter, lebendiger Körper Grundlage ist für die volle Entfaltung und das Wachstum ihrer emotionalen und geistigen Persönlichkeitsbereiche,
– Menschen jeder Altersgruppe – von Babies bis zu Großmüttern und -vätern.

Patrick Miller
NLP-Master-Practitioner,
Suggestopäde/SKILL-Institut,
diplomierter Hypnosetherapeut/IATH,
Seminarleiter für autogenes Training

„Augen lügen nicht ..., oder?" – Augensuchmuster im NLP

Zusammenfassung

Dieses Referat will den Wahrheitsgehalt des alten Sprichwortes „Augen lügen nicht" anhand der Augensuchmustertheorie des NLP ergründen. Vielleicht können Sie einige interessante Erkenntnisse für Ihr „diagnostisches Alltagsrepertoire" entnehmen und sich anschließend noch besser in Ihre Mitmenschen einfühlen als vorher.

Summary

This article attempts to find out whether the old saying "eyes don't lie" is true or not by applying the eye-accessing pattern theory of NLP. The findings provide some useful information for daily work with clients and everyday communication with people. Better rapport can be developed by observing more nonverbal signals.

Die Menschen sind seit Anbeginn ihrer Geschichte – wie alle Lebewesen auf unserem Planeten – gezwungen, sich untereinander zu verständigen. Zuerst genügten einige wenige Gesten und Wörter, um eine zufriedenstellende Kommunikation zu ermöglichen. Dies waren einfache Konstruktionen für Dinge wie Nahrung, Unterkunft, Gefahr, etc. Als sich aber das menschliche Leben komplizierte, unendlich viele Facetten annahm, mußten immer mehr und schwierigere Satzgebilde erfunden werden, um mit der steigenden Informationsflut Schritt zu halten. Aber mit der Zahl der Ausdrucksmöglichkeiten stieg auch die Zahl der möglichen Interpretationen – und dadurch natürlich auch die der Fehlinterpretationen!

B.J.M. Diehl, Th. Miller (Hrsg.)
Moderne Suggestionsverfahren
© Springer-Verlag Berlin Heidelberg 1990

Betrachtet man die Menschen nun als eine Vielzahl einzelner Teile, die in ständiger Kommunikation miteinander und mit der Außenwelt stehen, sieht man gut, daß die Chancen für Mißverständnisse sehr groß sind. Damit sind Streß, psychisch-körperliche Probleme, Partnerschaftskrisen etc. gemeint.

Es gibt nun eine große Anzahl unterschiedlicher Therapiemethoden, die solche Probleme aus verschiedenen Richtungen angehen. Eine der neueren und vielversprechendsten ist das NLP. NLP ist ein von Bandler (Mathematiker) und Grinder (Sprachwissenschaftler) entwickeltes Modell der Kommunikation. Ursprünglich für psychotherapeutische Indikationen gedacht, hat es sich inzwischen auch als wirkungsvolles Hilfsmittel in den Bereichen Kommunikation, Lehren und Lernen, in der Wirtschaft (vorwiegend Management- und Verkaufstraining) und der Persönlichkeitsentwicklung erwiesen.

Ende der 70er Jahre haben Bandler und Grinder die bewußten und unbewußten Verhaltensweisen von berühmten Therapeuten wie Erickson (Arzt und Hypnosetherapeut), Satir (Familientherapeutin) und Perls (Begründer der Gestalttherapie) untersucht. Ihr Ziel war es, die Vorgehensweisen dieser „Zaubertherapeuten" jedermann zugänglich zu machen. Sie vereinigten die herausragendsten Elemente der Methoden dieser Therapeuten zu einem hochwirksamen Modell für konstruktive Veränderungsarbeit in fast allen Bereichen menschlichen Lebens. Der Begriff NLP weist auf den Zusammenhang zwischen den körperlichen (neurophysiologischen) Zuständen, der Sprache (Linguistik) und internen Denkprozessen hin.

Kommunikation

Da Körper und Geist in einem unendbaren Wechselspiel stehen, ist es wichtig, die Zeichen, die unser Körper gibt, zu erkennen und zu verstehen. Vielfach bietet uns ein Klient einfach durch die Art und Weise, wie er sitzt, den Kopf neigt, durch seine Wortwahl und andere subtilere Signale den universellen Schlüssel zu seinem Inneren und damit zu den Lösungen seiner Probleme.

Bandler und Grinder gehen – wie Erickson – davon aus, daß der Klient stets über alle Ressourcen verfügt, um mit seinen Problemen fertig zu werden; der Klient ist nur momentan nicht in der Lage, frei über diese Kräfte zu verfügen. Die Rolle des Beraters ist es sozusagen, den „Mann mit der Laterne" zu spielen und dem Klienten diese Wege aufzuzeigen. Das Beobachten und Verstehen dieser Signale wird im NLP „kalibrieren" genannt.

Kommunikation erfolgt auf bewußter und unbewußter Ebene. Zumeist sind die unbewußt abgegebenen Zeichen („minimal cues", wie sie im NLP genannt werden) weitaus aufschlußreicher als die bewußt abgegebenen. Zu dieser Kategorie gehören auch die „Augensuchmuster".

„Repräsentationssysteme"

Es ist offensichtlich, daß der Mensch in der Lage ist, mit seiner Umwelt durch 5 verschiedene Sinneskanäle zu kommunizieren, also über den

visuellen (in der westlichen Welt scheint das Sehen der bevorzugte Sinneskanal zu sein),
auditiven (Hören),
kinästhetischen (hiermit meint man das ganze Spektrum körperlicher Gefühle),
olfaktorischen (Geruchssinn) und den
gustatorischen (Geschmackssinn) Sinneskanal.

Je nach Anlage und Umwelt eines Menschen wird dieser z. B. dazu neigen, ein System zu bevorzugen. Ein vorwiegend visuell orientierter Mensch wird in der Lage sein, Informationen besser durch die Augen aufzunehmen, als eine vorwiegend auditive Person. Umgekehrt wird er viel weniger auditive Signale bemerken, als ein vorwiegend auditiv strukturierter Mensch. Diese 5 Sinne werden im NLP als „Repräsentationssysteme" bezeichnet.

Zu wissen, welches Repräsentationssystem wann und von wem benutzt wird, ist für den Berater natürlich eine enorme Hilfe, da es ihm erlaubt, kreativ auf den Klienten einzugehen. Es gibt verschiedene Möglichkeiten, um herauszufinden, welches Repräsentationssystem ein Mensch gerade benutzt – aber einer der schnellsten und wichtigsten Wege sind zweifellos die „Augensuchmuster".

„Augensuchmuster"

Bandler und Grinder haben schon früh in ihren Studien gesehen, daß ein Zusammenhang zwischen den Augenbewegungen und dem Wiederaufruf von *gespeicherten* oder *konstruierten* Informationen besteht. Dies hängt damit zusammen, daß die Augenbewegungen unsere 2 Hirnhälften aktivieren und uns den Zugang zu den dort abgespeicherten Informationen geben. Die Bewegung nach rechts oben aktiviert z. B. unsere linke Hirnhälfte und somit *konstruierte* Bilder.

In der nachfolgenden Skizze sind die möglichen Augenstellungen abgebildet (aus der Sicht des Beobachters dargestellt):

Diese Aufzeichnung gilt für einen rechtshändigen Menschen. Bei Linkshändern sowie oft bei auf Rechtshändigkeit umtrainierten Linkshändern gilt meistens genau das Umgekehrte. Man muß aber sowohl bei Rechtshändern wie auch bei Linkshändern zuerst beobachten, bevor man sich festlegt.

Laut Bandler und Grinder sind diese Muster universell. Die einzige Ausnahme, die bisher gefunden wurde, stellt das Volk der Basken (Spanien) dar.

Um die obige Skizze etwas zu erläutern: Wenn ein Mensch sich visuell an ein Ereignis *erinnert,* so wird er diese Erinnerung mit seinen Augen gemäß Skizze oben rechts „abrufen", z. B. auf die Frage: „Wie hat Ihre Lehrerin in der 8. Klasse ausgesehen?" Müßte er ein Bild *erfinden*, z. B. „Wie hätte Ihre Lehrerin in der 8. Klasse mit dem Kopf einer Maus ausgesehen?", so würden seine Augen nach oben links (kreative rechte Hirnhälfte) gehen. Es ist auch möglich, daß er zuerst eine Weile nach den erinnerten Bildern von Lehrerin und Maus suchen müßte (also zuerst oben rechts) und sie dann verknüpfen würde (oben

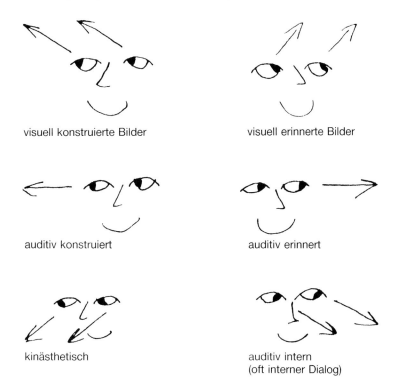

visuell konstruierte Bilder   visuell erinnerte Bilder

auditiv konstruiert   auditiv erinnert

kinästhetisch   auditiv intern
                                     (oft interner Dialog)

links). Zum Visuellen muß man noch sagen, daß der *starre* Blick nach vorne (nicht auf der Skizze) auch ein visueller Zugriff ist und der *starre* Blick nach rechts bzw. links ist auditiv intern.

Der kinästhetische Zugriff betrifft nicht nur physische Empfindungen wie Temperatur, Berührung, Bewegung etc., sondern auch Gefühle wie Freude, Angst etc. und ist oft begleitet von einem gesenkten Kopf (Depressionen, Schmerzen). Schließlich ist der Blick nach unten links der Zugang zum internen Dialog (wie z.B. das gedankliche Abwägen von verschiedenen Möglichkeiten in Dialogform).

Die Augensuchmuster werden benutzt, um die Qualität der Kommunikation mit einer Person zu steigern und erlauben somit dem Berater, besser auf seinen Klienten einzugehen (der Therapeut wird sozusagen die Sprache des Klienten sprechen). Dies wiederum sorgt dafür, daß der Klient sich verstanden fühlt. Die Augensuchmuster finden auch bei vielen NLP-Methoden direkten Einsatz, um eine Intervention zu erleichtern.

Es gibt Leute, die sagen, daß man die Augensuchmuster als eine Art „Lügendetektor" benutzen kann. Es stimmt zwar, daß man sehen kann, ob ein Mensch gerade etwas erfindet, oder ob er es tatsächlich aus dem Gedächtnis abruft. Trotzdem sollte man mit allzu schnellen Schlußfolgerungen vorsichtig sein und nicht eine einzelne Information als der Weisheit letzter Schluß betrachten.

Blinzelrate, -dauer und plazierung

Nicht nur die Augensuchmuster und die zahlreichen anderen minimalen Hinweise (die „minimal cues" aus dem NLP) können etwas darüber aussagen, was in uns vorgeht, sondern auch das scheinbar zufällige Blinzeln unserer Augen. Diese Erkenntnisse stammen allerdings nicht von Bandler, Grinder und Dilts, sondern von vom NLP unabhängigen Wissenschaftlern.

Das Blinzeln erfüllt mehrere Funktionen: die offensichtlichsten sind wohl die Schutz- und Reinigungsfunktionen. Für diesen Zweck aber benötigt das Auge höchstens 1–2 Blinzelbewegungen pro 2 min. Jede darüber hinausgehende Bewegung, abgesehen vom Blinzeln beim Erschrecken, hat andere Gründe. Dies betrifft selbstverständlich nur die spontanen Blinzelbewegungen und nicht die bewußt herbeigeführten.

Durch verschiedene Biofeedbackinstrumente, Kameras etc. ist es möglich, die Blinzelrate und Dauer exakt zu messen sowie festzustellen, wann und unter welchen Umständen wir blinzeln. Solche Forschungen zeigen, daß das Blinzeln stark von unserem Gemütszustand und von der internen Informationsverarbeitung abhängt.

Bereits 1920 haben sich 2 schottische Wissenschaftler von der Universität Edinburgh dafür interessiert und herausgefunden, daß die Frequenz des Blinzelvorgangs direkt mit der psychischen Erregung zunahm. Dies haben sie v. a. dadurch beobachtet, daß sie sich unauffällig in Gerichtssäle setzten und die Blinzelrate bei den Angeklagten beobachteten. Im Kreuzverhör nahm die Blinzelrate jeweils dramatisch zu. Diese Forscher interessierten sich damals nur für die Frequenzen, die sie zählten und analysierten. Ihre Forschungen stießen allerdings nicht auf größeres Interesse anderer Wissenschaftler.

Seit dem 22. 8. 1973, als Präsident Nixon an einer vom Fernsehen übertragenen Pressekonferenz hochnotpeinliche Fragen zum Thema „Watergate" über sich ergehen lassen mußte, faszinierte die Blinzelforschung John A. Stern von der Washington University St. Louis, weil ihm auffiel, wie drastisch sich die Blinzelrate von Präsident Nixon bei heiklen Fragen veränderte. Während normale Erwachsene höchstens 10- bis 20mal pro min. blinzeln (und das wäre schon außerordentlich viel), blinzelte Nixon während der ganzen Zeit durchschnittlich 30- bis 40mal pro min. und bei den unangenehmsten Fragen flatterten seine Augenlider buchstäblich. Seither befaßt sich Stern ganz besonders intensiv mit dem Wann, Wie und Warum des Blinzelns.

Er entdeckte durch seine Forschungen, daß wir nie per Zufall blinzeln; abgesehen vom Reinigungs- und Schutzblinzeln, das eben nur sehr selten nötig ist, hat unser Blinzeln ganz spezifische Funktionen, die mit unserer Informationsaufnahme, -speicherung und -wiedergabe sowie mit unserer Aufmerksamkeit, mit Streß, Aufregung oder Angst zu tun haben.

So blinzeln wir z. B. weniger oft, wenn wir sehr aufmerksam sind; und wir blinzeln öfters, wenn wir aufgeregt, gestreßt oder ängstlich sind. Wenn wir müde sind, verläuft unser Blinzeln deutlich langsamer. (Kommt wohl daher die Bezeichnung aus dem Volksmund: „Schlafzimmeraugenaufschlag"?) Wenn wir wichtige Informationen erwarten oder verarbeiten, unterdrücken wir unbewußt das Blinzeln, nicht aber bei der Wiedergabe von Informationen. Eine Ausnahme gibt es: Man fand heraus, daß Visuelle nur selten blinzeln, wenn sie eine Antwort formulieren, weil sie so versuchen, die Antworten in einer bildlichen Vorstellung „einzufrieren". Im hypnotischen Zustand ist das Blinzeln ebenfalls drastisch verändert – sehr selten und stark verlangsamt.

Piloten, welche Verantwortung für ihr Flugzeug und den Flug haben, blinzeln weniger oft als ihre Kopiloten. James Miller, Physiologe in der Forschungsabteilung der Edwards Air Force Base in Kalifornien hofft, durch Fortschritte in der Blinzelforschung möglich zu machen, die Ermüdung von Piloten durch spezielle Instrumente, die in den Helm eingebaut werden könnten, sofort zu erkennen und den Piloten durch einen Alarmton zu warnen. Man hat sogar die utopisch anmutende Vision, daß dasselbe bei Autofahrern erreicht werden könnte durch ein Licht auf jedem Autodach, das sofort zu rotieren beginnt, sobald der Fahrer im jeweiligen Auto unaufmerksam oder müde geworden ist, so daß die anderen Verkehrsteilnehmer gewarnt wären und ausweichen könnten.

Wir blinzeln auch, wenn etwas psychologisch wichtig ist (!); nach Fragen blinzeln wir, wenn die Frage verstanden wurde bzw. wenn die Suche nach einer Antwort im Gehirn beginnt, und blinzeln dann wieder, wenn die Antwort gefunden wurde. Das Blinzeln scheint also so etwas wie eine Art Punkt oder Komma darzustellen, ein „Satzzeichen", das einen Denkvorgang beendet oder unterbricht, um längere Informationen in kleinere Portionen zu unterteilen, die dann gespeichert werden. Wenn wir uns z. B. viel Information merken müssen, wie z. B. 6 Zahlen anstatt nur 2, blinzeln wir bei 6 Zahlen später als bei nur 2 Zahlen.

Weit davon entfernt, zufällig zu passieren, ist das Blinzeln also präzise plaziert und steht direkt in Zusammenhang mit dem, was im Gehirn passiert. Genau wie die Augenbewegungen anscheinend nötig sind, um gewisse Informationen im Gehirn abrufen zu können, wird durch das Blinzeln die Informationsaufnahme bzw. die Informationssuche strukturiert. Das Blinzeln bedeutet dann jeweils, daß die Information im Kurzzeitgedächtnis gespeichert wurde bzw. daß der Prozeß des Abrufens begonnen hat.

Es ist also dem aufmerksamen Beobachter möglich, durch das Miteinbeziehen des Blinzelns seines Gesprächspartners zu erkennen, ob dieser zugehört und verstanden hat, wobei das Verstehen oft bereits passiert und damit das Blinzeln auslöst, noch bevor die Frage ganz ausgesprochen wurde. Wenn Versuchspersonen wissen, daß ihr Blinzeln beobachtet wird, blinzeln sie zuerst häufiger; dies gibt sich aber, sobald sie durch das Gespräch abgelenkt sind. Damit diese Tatsache die Untersuchungsergebnisse nicht beeinflussen konnte, wurde den Versuchspersonen in Sterns Forschungslaboratorium mitgeteilt, es würden nur die Augapfelbewegungen gemessen.

Praxis des „In-den-Augen-Lesens"

Was machen wir nun mit all diesen verheißungsvollen neuen Erkenntnissen? Neben unserer ethischen und menschenfreundlichen Einstellung braucht es, um sie zum beiderseitigen Nutzen z. B. im therapeutischen Setting anwenden zu können, viel Training! Am Anfang kann man nämlich nur entweder dem Gespräch folgen *oder* die Augensprache beobachten... Am besten trainieren Sie die neuen Fähigkeiten bei politischen Diskussionen, Live-Interviews und Gruppengesprächen über Themen, die die Emotionen anregen, am Fernsehen! Da haben sie die Gesichter der Sprechenden häufig in Großaufnahme vor sich und sind selbst im Gespräch nicht involviert, d. h., Sie können sich ganz auf Ihre Beobachtungen konzentrieren. Später integrieren Sie Ihr neues Verhalten in die Gespräche mit Freunden und Kollegen, und erst wenn Sie sich sehr routiniert fühlen, sollten Sie das bei Patienten und Klienten anwenden. Am besten wäre es, sich für eine ausführliche Ausbildung mit Supervision in NLP-Techniken zu entschließen; denn die Möglichkeiten sind natürlich mit den in diesem Artikel erwähnten Einzelheiten noch keineswegs erschöpft; außerdem ist es immer günstig, wenn man von erfahrenen Lehrern in den ersten solchen „Gehversuchen" begleitet wird.

Literatur

Bandler R, Grinder J (1975) The structure of magic I. Science and Behaviour Books, Palo Alto/CA, USA

Bandler R, Grinder J (1981) Neue Wege der Kurzzeittherapie, neurolinguistische Programme. Junfermann, Paderborn

Bandler R, Grinder J (1982) The structure of magic II. Science and Behaviour Books, Palo Alto/Ca, USA

Bandler R, Grinder J (1985) Reframing – ein ökologischer Ansatz in der Psychotherapie (NLP). Junfermann, Paderborn

Cameron-Bandler L (1983) Wieder zusammenfinden, NLP – neue Wege der Paartherapie. Junfermann, Paderborn

Dilts R (1985) Strukturen subjetiver Erfahrung, ihre Erforschung und Veränderung durch NLP. Junfermann, Paderborn

Gordon D (1986) Therapeutische Metaphern. Junfermann, Paderborn

Grinder J, Bandler R, Cameron L (1976) Neuro-linguistic Programming, vol I. Meta Publications, Cupertino

Grinder J, Bandler R (1984) Therapie in Trance. Hypnose: Kommunikation mit dem Unbewußten. Klett-Cotta, Stuttgart

Lankton SR (1980) Practical magic. Meta, Cupertino

Lewis BA, Pucelik F (1982) Magic demystified. Metamorphousm Portland

Stern JA (1988) In the blink of an eye. Science (Nov/Dez)

Yeager J (1985) Thinking about thinking with NLP. Meta, Cupertino

Ingrid Derra-Wippich
Dipl.-Psych., Ausbildung in NLP/NLS

Hypnotherapie und neuro-linguistische Selbstorganisation mit Kindern, Jugendlichen und Familien

Zusammenfassung

Dieser Artikel beschreibt die psychotherapeutische Arbeit in einer kinder- und jugendpsychiatrischen Ambulanz anhand verschiedener Fallbeispiele. Der therapeutische Ansatz ist eine Kombination von Erickson-Hypnotherapie mit NLP/NLS auf der Basis eines systemischen, personenzentrierten Standpunkts. Als Beispiele der Vielfalt von Erickson-Hypnotherapie werden folgende Strategien herausgestellt: Rapport und Repräsentationssysteme. Ankern, Reframing (Neurahmen), Aufbau von Ressourcen, Utilisation im Kontext der Familie.

Summary

This article describes psychotherapeutic work in a psychiatric outpatient department for children and youths. The therapeutic approach is a combination of Ericksonian hypnotherapy and NLP/NLS on the basis of a systemic, person-centered perspective. The following strategies are discussed as examples of the diversity of Ericksonian hypnotherapy: rapport and representational systems, anchoring, reframing, construction of resources, and utilization in the context of the family.

Die von Milton H. Erickson entwickelte Form der indirekten Induktion sagt dem Klienten nicht, was er tun soll, sondern setzt eine Reihe innerer Reaktionen und Suchvorgänge in Gang, um den Klienten bzw. sein Unbewußtes mögliche Lösungen selbst finden zu lassen. Die Autonomie des Menschen und die Möglichkeit seiner individuellen Kreativität werden damit respektiert und gefördert. Die Arbeit des Unbewußten ist etwas Spielerisches, vergleichbar mit

B.J.M. Diehl, Th. Miller (Hrsg.)
Moderne Suggestionsverfahren
© Springer-Verlag Berlin Heidelberg 1990

dem Spiel der kleinsten Teilchen im Mikrokosmos, im Spiel der Sonne auf einer Wasseroberfläche oder dem Spiel des Kindes ohne Selbstzweck.

Im folgenden einige Ideen zur Psychotherapie Ericksons:
- Hypnose ist Beziehung/Interaktion.
- Hypnose ist Kommunikation mit Ideen.
- Jede Person hat viele Ressourcen/Schätze/Kraftquellen.
- Jede Person ist ein einzigartiges Ganzes.
- Trance potenziert eigene Ressourcen.
- Trance ist ein natürliches Phänomen (Alltagstrance).
- Trance ist biologisch bedeutsam, wesentlich.
- Das Unbewußte eines Kindes kann autonom und kreativ arbeiten.
- Mythos der Suggestibilität: Es wird nicht davon ausgegangen, daß ein Klient willenlos und passiv ist.

Veränderung ist oft lediglich die Verschiebung vorhandener Teile eines Ganzen in ihrer Beziehung zueinander.

Ohne dessen bewußt zu sein, erleben wir alle die „gewöhnliche" Alltagstrance: Momente innerer Träumerei, in Gedanken versunken bei Perioden täglicher Routine, automatische Tätigkeiten. Währenddessen erleben wir uns tiefer, wir entwickeln vielleicht sogar eine neue Perspektive, haben ein „Aha-Erlebnis" oder lösen dabei ein wichtiges Problem. Im klinischen Bereich ist Trancearbeit eine Möglichkeit, aufnahmebereiter für unser inneres Erleben und für unsere unverwirklichten Möglichkeiten zu werden. Dabei sind wir sehr empfindsam, Änderungen entstehen oft überraschend, oft nach vorübergehender Verwirrung/Konfusion (Chaosmodell, nach Satir 1980).

Mit Hilfe der Suggestionen (Vorschläge) des Therapeuten können diese Möglichkeiten erforscht und weiterentwickelt werden. Hypnose kann einem Menschen nichts Wesensfremdes hinzufügen, Trance ist eine zeitlich begrenzte Umverteilung von Kontrollinstanzen; sie führt unter Umständen zur Neuorganisation. Wichtig: Die Induktionen sollten Bestandteile der eigenen Erlebniswelt enthalten. Der Hypnotiseur hat keine mystischen Kräfte. Eine Zusammenarbeit zwischen Therapeut und Klient auf bewußter und unbewußter Ebene (Rapport) ist unbedingt notwendig.

Systembegriff, Werte und Ideologien

Bizarres Verhalten des Kindes kann festgefahrene Strukturen der Familie reproduzieren. Das Kind flüstert, will etwas nicht sagen. Das kann heißen: „Die Familie weigert sich, auf bestimmten Ebenen in Außenkontakt zur sozialen Umwelt zu treten!"

Persönliches Wertsystem: Elternhaus – Schule – Kirche

Kinder haben noch kein entwickeltes Wertsystem, das in ihre eigene Person integriert ist. Probleme entstehen oft daraus, daß die verschiedenen Systeme

Elternhaus – Schule z. B. unterschiedliche Wertmaßstäbe darlegen. Für Kinder ist diese Tatsache dann sehr verwirrend und oft beängstigend.

Kerstin (Vorstellungsgrund: Sexuelle Verwahrlosung) lebt in einem Heim mit kirchlichem Träger, wo die Definition „sexuelle Verwahrlosung" zu einer sich selbst erfüllenden Prophezeiung werden kann ... – (Geheimsprache der Kinder untereinander – Subsystem).

Sandra geht auf eine Nonnenschule und ist von katholischen Eltern adoptiert worden. Vorstellungsgrund: Aggressive Verhaltensstörung. Umgangssprachliche Kraftausdrücke tragen ihr in der Schule Strafen ein, während im Elternhaus trotz gleicher Konfession ein eher „lockerer" Umgangston herrscht. (Systeme gehorchen bestimmten Ideologien und Riten.)

Kinder wissen (kognitiv) nicht so viel. Sie können sich deshalb besser auf ihre Sinne verlassen, nehmen viel mehr Einzelheiten wahr, die wir als Erwachsene übersehen, überhören und nicht mehr fühlen. Kinder brauchen nicht viel Material, um kreativ und phantasievoll sein zu können. Ein Stoffetzen kann ihnen eine wunderschöne bunte Phantasiewelt erschließen. Trance ist bei Kindern ein natürliches Phänomen, welches nichts mit Unbeweglichkeit zu tun hat. Es ist eine Form innerer Konzentration auf eigene Bilder, Melodien und Gefühle. Kinder haben eine eigene Welt. Sie sind keine kleinen Erwachsenen. „Kinder brauchen Platz, Dinge, Zeit und Menschen, mit denen sie aktiv umgehen können" (Whitley 1975/1924).

„Kinder sind anders", so drückt Montessori die Tatsache aus, daß Kinder die Regeln des gesellschaftlichen Zusammenlebens noch nicht vollständig beherrschen und sich im Prozeß der Sozialisation befinden. Kinder handeln nach anderen Relevanzkriterien und sind deshalb für Erwachsene in gewisser Weise unberechenbar. Für sie ist ihr Umgang mit der Umwelt, der in den Augen der Erwachsenen „unfertig" ist, der einzig mögliche. Aus der Unkenntnis dessen, was auf sie noch zukommt, ergibt sich die Selbstverständlichkeit ihres Tuns. Indem sie „kindtypisch" handeln, ignorieren sie Regeln, Normen und Werte der Erwachsenenwelt. Diese Andersartigkeit setzt Nutzungs- und Handlungsspielräume in der Umwelt voraus und erfordert Zugeständnisse und Toleranzen.

„Thomas": Die Welt des Vaters ist völlig verschieden von der Welt des Sohnes, beide können nur dadurch vertrauter werden, „das Feindbild abbauen", indem sie Boten austauschen.

Wie können wir Erwachsene wieder lernen, wie Kinder zu denken und etwas Kreativität wieder zu erlangen?

Erickson gab häufig die Anweisung: „Beobachte kleine Kinder, wie sie Bilder malen ... ist dies eine Scheune? Nein, es ist eine Kuh. Nein, es ist ein Baum. Das Bild stellt einfach das dar, was sie sich wünschen." Die meisten kleinen Kinder haben eine gute eidetische Vorstellungskraft und einige haben imaginäre Spielkameraden; sie können einen Kaffeeklatsch in ein Spiel im Obstgarten verwandeln und dann dieses Spiel im Obstgarten in eine Suche nach Ostereiern. Kinder wissen nicht viel, daher haben sie viel Spielraum, um die Dinge zu verändern.

Kinder sind sehr aufrichtig: „Ich mag dich nicht!" heißt in unserer Erwachsenensprache: „Ich freue mich, sie kennenzulernen." Man hält sich im sozialen

Bereich an eine sorgfältige Routine, ohne sich darüber bewußt zu sein, wie man sein Verhalten einengt. In hypnotischem Zustand ist man gewissermaßen frei und verfügt über eine Vielzahl von Gehirnzellen, die man normalerweise nicht benutzt. Erwachsene neigen dazu, sich Beschränkungen aufzuerlegen und durch Routine ihren Geist zu verschließen.

Kinder sind oft Symptomträger der Familie (z. B. Suizidalität bei Kindern als Ausdruck der Angst vor Nähe bei den Erwachsenen). Kinder haben oft keinen eigenen Leidensdruck: Motivation kann durch den Rapport mit dem Therapeuten entstehen. Besonders häufig bei Scheidungskindern zu beobachten ist, daß die Therapiesituation vorübergehend zur neuen Ressource wird.

Die Kommunikation mit Kindern wird erleichtert durch ein Medium: Spielzeug, Puppen, Tiere etc. Das Einrichten einer Hilfsfigur kann spezifischen therapeutischen Zwecken dienlich sein.

Im Unterschied zur klientenzentrierten Spieltherapie ist hier das Utilisationsprinzip – die Arbeit mit Metaphern – der Leadinggedanke zu nennen.

In ökologischen Systemen kann kein Teil sich wandeln, ohne daß alle anderen Teile in ihrer Beziehung zueinander sich wandeln. Satir hat einmal das Beispiel eines Mobile gebracht, an dem alle einzelnen Teile in einem fein abgestimmten Verhältnis zueinander stehen. Jeder trägt dazu bei, das System so zu erhalten, wie es ist. Seinen eigenen Anteil zu entdecken (an diesem System, zu einem bestimmten Zeitpunkt) kann sehr aufregend sein. Jedes Familienmitglied hat einen individuellen Platz. Keines bewegt sich, ohne das andere zu beeinflussen. Wichtig ist es, möglichst viele Wahlmöglichkeiten zu finden, um das Gleichgewicht wiederherzustellen („Choice", Flexibilität). Ferguson sagt: „Was immer auch der Preis sein mag, den wir in persönlichen Beziehungen zu bezahlen haben: wir entdecken, daß unsere höchste Verantwortung letztlich und unvermeidbar in der Verwaltung unseres eigenen Potentials steht – alles zu sein, was wir sein können.‘

Innerhalb einer Partnerschaft oder Familie kann ich mein Verhalten nicht unabhängig vom Partner ändern. Buber, einer der großen Begegnungsphilosophen des 20. Jahrhunderts, sagt: „Das Ich bildet sich am Du, Beziehung ist Gegenseitigkeit."

Ein System ist ein aus dem Zusammenspiel seiner Teile organisiertes Ganzes mit der Fähigkeit zu weitgehender Selbstregulation. Innerhalb des Systems wird jeder Teil von den anderen Teilen beeinflußt und beeinflußt selbst diese Teile.

Lebende Systeme sind in mehr oder weniger hohem Maß nach außen offen. Sie stehen in jedem Fall in ständigem Austausch von Materie, Energie und Information. Sie erhalten einen quasi stationären Zustand, ein Fließgleichgewicht aufrecht (Status quo). Ein lebendes System hat zudem die Fähigkeit, sich selbst zu reparieren, aber auch sich selbst zu reproduzieren, d. h., ähnliche Systeme aus sich hervorgehen zu lassen. Aufbauende (anabolische) und abbauende (katabolische) Prozesse laufen ständig gleichzeitig ab, die Struktur eines Systems ist dabei nicht statisch, sondern muß immerfort neu geschaffen werden. So wird z. B. eine Zelle unablässig erneuert und besteht nicht über längere Zeit aus denselben Molekülen. Alle 5 Jahre hat sich die Materie unseres Körpers völlig erneuert. Die Struktur bleibt erhalten. Ein sog. autopoietisches System hat trotz aller Interdependenz die Fähigkeit zu einer gewissen Selbstbestimmung. Die chilenischen Biologen Maturana und Varela prägten 1973 den Begriff der Autopoiesie oder Selbstorganisation, womit sie die Eigenschaft lebender Systeme meinen, sich ständig zu erneuern und diesen Prozeß so zu regeln, daß die Integrität des Organismus gewahrt bleibt.

Der Pädagoge Hentig (1976) stellt fest, daß Kinder heute mit einer erschrekkend unentwickelten Fähigkeit zur Solidarität in die Schule kommen, zu der das Bedürfnis nach Geborgenheit, Zugehörigkeit und Verläßlichkeit in einem umgekehrten Verhältnis steht. Seiner Meinung nach sollten Kinder erfahren können, was starke, bleibende Beziehungen und selbstgeschaffene Ordnungen in Gruppen vermögen. Nicht so sehr Bildung und Bildungschancen, nicht Aktivität und Wissenschaftlichkeit, sondern Verlaß und Freundlichkeit, das sind die Grundbedürfnisse der heutigen Kinder, denen wir uns zuerst widmen sollten. In den psychotherapeutischen Ambulanzen und Praxen wird seit Jahrzehnten ein Wandel an Krankheitsbildern festgestellt, der die gesellschaftliche Situation widerspiegelt: Sucht, Magersucht, Bulimie und Borderline. Diese Patienten vermeiden oft jede Bindung, da sie darin eine Form von Ausbeutung und Auslieferung vermuten. Lieber haben sie gar keine Beziehung, als sich dem Risiko von Verlassenwerden, Enttäuschung und Verletzung auszusetzen. Sie flüchten bis zur Selbstdestruktion in den Rückzug auf sich selbst. Dieser Rückzug auf sich selbst dient dem Selbstschutz in einer immer mehr und mehr entfremdeten Umwelt.

Rogers (1973) führt in seinem Werk „Entwicklung der Persönlichkeit" folgende Ziele an, um zu seinem eigenen Selbst zu kommen:
– weg von Fassaden,
– weg vom „eigentlich sollte ich . . .",
– weg vom Erfüllen kultureller Erwartungen,
– weg davon, anderen gefallen zu wollen,
– Entwicklung zur Selbstbestimmung,
– Entwicklung zum Akzeptieren der anderen,
– Entwicklung zum Selbstvertrauen.

Kinder werden oft nicht um ihrer selbst willen geliebt, sondern wegen ihrer Fähigkeit, die Erwartung ihrer Eltern zu befriedigen (Kartenspruch: Du aber liebe mich, auch wenn ich schmutzig bin. Denn wenn ich weiß gewaschen wäre, liebte mich doch jeder!").

Menschliche Beziehungen sind ökologische Systeme, die aus Regelkreisen bestehen. Systeme können ihre Organisationsform wechseln. Ihre Verarbeitungs- und Wandlungskapazität hat jedoch Grenzen.

Manipulation

Erickson betont die Notwendigkeit zur Manipulation in allen Situationen. Watzlawick (1978) wies in „The Language of change" darauf hin: Man kann nicht *nicht* beeinflussen. Jede Kommunikation muß Reaktionen hervorrufen und ist daher eine Manipulation. Jede Mutter manipuliert ihr Baby, wenn sie möchte, daß es überlebt. Wenn dem so ist, dann sollte man auch schon wirkungsvoll, sinnvoll und konstruktiv manipulieren.

Erickson gibt Beispiele für die Manipulation von der Geburt bis zum Tod. Er schließt den Kreis durch eine weitere Geburt, und der Zyklus geht weiter. Er erzählt seiner Tochter Roxy, die früher mit Worten spielte, sie könne immer noch spielerisch Worte manipulieren, wenn sie ihrem Kind einen Namen gibt. Und er erzählt ihr und uns, wir sollten nicht das Spielerische und die Spontanität der Kinder verlieren.

Erickson gab Therapeuten Anleitungen, wie man Geschichten aufbaut. Er sagte: „Eine Sache, die ich meinen Studenten beibringe, ist dies: Nimm' ein neues Buch von einem Autor, den du gut findest. Lies' zuerst das letzte Kapitel. Spekuliere über den Inhalt des vorhergehenden Kapitels. Spekuliere in allen möglichen Richtungen. Bei vielen deiner Spekulationen wirst du falsch liegen. Lies' das vorletzte Kapitel und dann spekuliere über das Drittletzte. Du liest ein gutes Buch vom Letzten bis zum Ersten Kapitel, wobei du die ganze Zeit spekulierst." –

Erickson meint, dies sei nicht nur eine gute Art zu lesen, wie man eine Geschichte aufbaut, sondern es sei auch eine wirkungsvolle Methode zu lernen, wie man frei spekuliert – in alle Richtungen. „Und du durchbrichst dein starres Denkmuster. Es ist äußerst hilfreich." –

Durch seine humorvollen Geschichten vermittelt er den Eindruck, wir, die Leser, könnten unsere Ziele bestimmen und dann Strategien entwerfen, um diese Ziele zu erreichen, und weist eine optimistische Sicht des Lebens auf.

Gedanken zur neurolinguistischen Selbstorganisation (NLS)

Wenn wir von NLS sprechen ist es, als ob man sich mit Gesundheit beschäftigt anstatt mit Krankheit. Ein Ziel dabei ist, herauszufinden wie Menschen Dinge gut tun und wie sie diese Fähigkeiten sich und anderen wieder zugänglich machen. Jeder Mensch hat Kraftquellen in sich, an die es gilt heranzukommen. NLS ist ganz persönliche subjektive Erfahrung. Es ist kein Nachdenken oder Erstellen einer Theorie über die Erfahrungen, sondern lediglich ein Gerüst oder ein Modell von Möglichkeiten, Erfahrungen weiterzugeben. Es ist eine Gesamtheit von Erfahrungsprozeduren, die für das ganz persönliche Wachstum nützlich sein können. In keiner Weise versteht es sich als allgemeingültige Wahrheit, somit auch nicht als eigenständige Therapieform.

„Wer heilt, hat recht" (Hole 1986, persönliche Mitteilung). Wichtig ist das, was funktioniert und nützt. Im NLS ist eines der Ziele, soviele Wahlmöglichkeiten (Varianz) wie möglich zu schaffen. Das Modell von der Welt soll erweitert werden. Krankmachende Normen sollen aufgehoben werden.

Die Philosophie ist: Das Ganze ist mehr als die Summe seiner Teile. Logik gibt konservierte Wahrheit weiter, konservierte Erkenntnis. Wahlmöglichkeiten schaffen bedeutet, logische Begrenzungen zu überwinden. Der Ort der Kontrolle wird nach innen verlegt. Jeder psychologische Vorgang enthält sein Gegenteil in sich.

Spezifisches in der Hypnotherapie und NLS mit Kindern

Sehr wesentlich bei der Therapie mit Kindern ist die Herstellung des therapeutischen Rapports. Der Therapeut wird mit dem Klienten auf allen Sinnesebenen mitgehen, seine Wahrnehmung orientieren, dabei vielleicht etwas Unerwartetes tun etc.. Das Prinzip des Mitgehens und Führens (Pacing und Leading) ist sehr bedeutsam. (Beispiel des 5jährigen Mutisten Marko. Mitgehen auf der nonverbalen Ebene. Hier braucht es längere Zeit, um einen tragfähigen Rapport aufzubauen. Im therapeutischen Prozeß gelingt es, Situationen herzustellen, in denen er überrascht ist und Laute von sich gibt, danach einzelne Worte und schließlich einen ganzen Satz.)

Rapport und Repräsentationssysteme

Oft ist eine besondere familiäre Belastung des auditiven Kanals festzustellen (die schrille Stimme der Mutter verfolgt manchen bis ins Erwachsenenalter, der Junge hört einfach nicht, er gehorcht nicht). Beschimpfungen werden in Worte digitalisiert, „auditiver Zivilisationsmüll" – Reizüberflutung führt bei vielen zu Angst vor absoluter Ruhe, z.B. im Hochgebirge). Auch die Verarbeitung traumatischer Erlebnisse wird sinnesspezifisch sehr individuell repräsentiert [visuell: z.B. die Szene der eigenen Vergewaltigung – das „sich durch die Augen der anderen Leute" sehen, das Hören des Geräusches beim Aufprall des Autos beim lange zurückliegenden Unfalltod der Mutter (auditive Repräsentation)].

Psychosomatische Störungen als kinästhetische Repräsentation (Colitis ulcerosa, Asthma, Engegefühl).

   Als interessantes Beispiel im Bereich der olfaktorischen Repräsentation der Welt kann der Roman von Süßkind „das Parfum", die Geschichte eines Mörders, genannt werden.

   Auch hier gilt wieder, daß eine vollständige Repräsentation der Welt auf allen Sinnesebenen anzustreben ist und ungeahnte Möglichkeiten durch Umschalten oder Wechseln in ein anderes Repräsentationssystem entstehen (Balance als therapeutisches Ziel).

Eine 17jährige z.B., die die Trennung von ihrem 24jährigen Freund nicht verkraftet hatte und suizidal wurde, fand für sich heraus, daß es, nicht wie sie dachte, das Gefühl des Alleingelassenseins war, das ihr zu schaffen machte (kinästhetisch), sondern ein am Telefon geäußerter Satz: „Ich komm gleich 'mal schnell vorbei" (auditiv). Diese Worte blieben ihr bis über ein Jahr nach der Trennung unverständlich. Sie waren geankert. Es war nicht seine Gewohnheit „kurz vorbeizukommen", und so hörte sie an diesem Satz auf einer unbewußten Ebene bereits heraus, daß er sich von ihr trennen würde. Ich bat sie, diese Worte noch einmal innerlich anzuhören und sich dann vorzustellen, daß unten auf der Straße während dieses Anrufs ein Leierkastenspieler sei – sie habe das Fenster offen und diese Leierkastenmusik sei recht laut. Sie nahm diese skurile Idee an und fing auf einmal laut an zu lachen, dann bat ich sie, sich visuelle Vorstellungen dazu einfallen zu lassen, und sie sagte spontan: „Ja, ich hab's, „fahrendes Volk' sehe ich vor mir", und mit meiner Hilfe baute sie die Vorstellung eines bunten Schaustellervölkchens auf, das nur eine gewisse Weile in einer bestimmten Stadt seine Kunststücke aufführt, um dann weiterzuziehen. Sie ließ sie ziehen, bis sie ganz klein in der Ferne entschwunden waren. Und als sie aus der Trance erwachte, sagte sie: „Ja, jetzt habe ich ihn wirklich gehen lassen."

Interessant ist auch der Fall einer 3-köpfigen Familie, wo der Sohn wegen aggressiver Verhaltensstörungen vorgestellt war. Die Mutter beklagte sich beim ersten Gespräch, daß sie einfach nicht verstünde, wieso ihr Sohn so sei, frech und aufsässig und ihr gar nicht mehr gehorchen würde. Es könne doch über alles geredet werden und er würde doch auf alles eine Antwort bekommen. Beim zweiten Termin kam zutage, daß Mutter und Sohn wahre Sprach-künstler waren, die sich ein argumentatives Wortgefecht lieferten, das seinesgleichen sucht, der Ost-West-Dialog war nichts dagegen. Beim dritten Termin kam der Vater mit hinzu und man höre und staune, dieser Vater stotterte und brauchte sehr lange, um einen vollständigen Satz herauszubringen. In diesem Fall zeigte sich eine starke Koalition zwischen Mutter und Sohn, die offensichtlich gleich mächtige Partner waren. Tatsächlich stellte sich heraus, daß der Vater schon einige Jahre nach der Geburt seines Sohnes eine Freundin hatte, die Mutter wollte sich daraufhin von ihm trennen – tat das dann aber nicht um des Kindes willen. Der Sohn wurde jedoch zum Komplizen der Mutter, was sich hörbar in der Art des Dialoges zwischen den beiden äußerte. Die Mutter hatte ihn zu einem gleich mächtigen Partner herangezogen, der sich nun aggressiv gegen sie wandte, um den Vater wieder in die Familie zu integrieren. Mit dem Älterwerden des Sohnes nahm auch die Angst der Mutter vor der Auflösung der Familie zu, da ja der Grund des Zusammenseins – ein hilfloses kleines Kind – nicht mehr gegeben war. Und so bekämpfte sie alle seine Schritte zur Selbständigkeit mit ihren Mitteln des verbalen Wortgefechts. Sie hatte dabei übersehen (visuell), daß der Vater schon längst wieder bereit war, sich voll in die Familie integrieren zu lassen, sich nur abgestoßen fühlte durch die Art der auditiv-sprachlichen familiären Auseinandersetzungen. Er hatte eine warme, ruhige und liebevolle Ausstrahlung und viele kinästhetische Ressour-cen, die dem Jungen jetzt erst neu eröffnet werden konnten.

Reframing

Whitaker, ein bekannter Familientherapeut, beginnt viele seiner Manöver innerhalb einer Sitzung mit dem Reframing: „Gott sei Dank..." oder „Wie Sie das schaffen..."

Ergebnis dieses Manövers ist

1. die Unterbrechung des alten Musters oder Rituals, weil diese Antwort so unerwartet kommt,
2. das Ingangsetzen innerlicher Suchprozesse, welche Möglichkeiten es wohl geben könne, sich über dieses Verhalten zu wundern oder zu freuen und
3. positive Würdigung des eigenen Anteils, der das Verhalten so organisiert, wie es sich darstellt.

Einige Beispiele aus meiner Praxis:

1. „Nixda"

Am späten Nachmittag rief mich unser damaliger Oberarzt in meinem Therapiezimmer an und meinte zögernd, es gebe da ein kleines Problem, man sei gerade in der Aufnahmeunter-suchung eines 4 1/2jährigen Jungen, der sich auf ganzer Linie weigere. Er sei noch nicht einmal bereit, in eines der Untersuchungszimmer hineinzugehen, und die Mutter sei in Tränen ausgebrochen. Ich sagte, ich könnte nichts versprechen, aber ich wollte mir das Geschehen einmal ansehen. Draußen auf dem Stationsflur hörte man schon die Bescherung, der 4jährige Stefan stand wie ein bockender Esel mitten im Gang mit einem sehr entschlosse-nen Gesichtsausdruck. Umringt wurde er von 2 Ärzten und einer Schwester, die ihm mit einschmeichelnder Stimme „angeblich motivierende" Fragen stellte: Wieso magst du mir denn deinen Namen nicht nennen? Geh' doch in das Zimmer mit dem freundlichen Doktor! Dir passiert doch dort nichts! Aber auf alle diese Fragen und Motivierungsversuche kam von dem Jungen nur ein entschiedenes: „Nixda!" Es ging weiter, „nun komm doch, schau' deine Mutter weint schon!" – Der Junge schaute sich nicht einmal um und sagte wieder: „Nixda." Ich tauchte auf dem Gang auf und er würdigte mich nicht einmal eines Blickes, senkte den Kopf, so daß er von den Erwachsenen rundherum wirklich nur noch die Fußspitzen wahrnehmen konnte. Ich ging in die Knie hinunter, so daß ich mit ihm auf gleicher Höhe war und fragte mit der Klarheit seiner Stimme: „Wie heißt du?" Unweigerlich kam: „Nixda" – ich brach in Entzücken aus und sagte: „Ahh, du bist also der Nixda, – ein wundervoller Name!" Er wechselte seine Gesichtsfarbe, ließ sein Stofftier fallen und starrte mich entgeistert an! Nachdem das Stofftier mir sozusagen in die Hände gefallen war, nahm ich es auf und sprach zu dem Stofftier: „Aha, du heißt wahrscheinlich auch Nixda, obwohl zu dir der Name gar nicht so gut paßt..."

Der Junge hatte inzwischen seine Fassung wieder und meinte zornig: „Mensch biste blöd, das ist Freddy, mein Lieblingsbär!"

Ich intensivierte meine Freundschaft zu Freddy, dem Bär, der natürlich alle meine Fragen und Vorschläge willig bejahte, da er in meiner rechten Hand ruhte! Und ich fragte „Freddy-den-Bär", ob er Lust hätte, einen anderen Bären kennenzulernen, der in meinem Zimmer rechts auf dem Gang wohnte, und Freddy nickte begeistert mit dem Kopf, wandte sich dann an den 4jährigen Stefan und sagte mit seiner wohlbekannten Bärenstimme und vorgehaltener Pfote: „Komm' mit, du, den müssen wir uns 'mal angucken!"

Stefan, der den Alleingang seines Lieblingstieres zunächst fassungslos und mit leicht geöffnetem Munde verfolgt hatte, verstand sich nun offensichtlich als Komplize seines Bären „Freddy" und tappte hinterher ins Spielzimmer. Dort schloß er die Tür und meinte „die andern dürfen aber nicht rein!". Ich beruhigte ihn und sagte: „Nein Nixda, – dieses Zimmer ist jetzt nur für die Bären und für uns da!" Im Spielzimmer stand er dann wieder mitten im Raum und schaute sich das weitere Geschehen an, – natürlich schloß Freddy, der Bär, mit dem Spielzimmerbär innige Freundschaft und wandte sich ab und an zu Stefan mit den Worten: „He du, das ist ein starker Typ, mit dem solltest du auch 'mal spielen!"

Während ich zu Stefan im Verlauf der Stunde immer wieder betonte: „Ach Nixda, ich bin ganz sicher, daß du keine Lust hast, dich in diesem Zimmer umzuschauen und daß dich die vielen Zeichnungen an der Wand auch überhaupt nicht interessieren, die von den vielen anderen Kindern stammen, die auch hierhergekommen sind. Und Nixda, weißt du was, ich mag eigentlich auch gar keine Kinder, die dauernd zu irgendetwas Lust haben, die in einer Stunde dies und das und jenes machen wollen, so daß einem hinterher die Zunge zum Halse heraushängt. – Laß' doch die beiden Bären miteinander spielen, wir setzen uns einfach auf einen Stuhl, und tun nichts..."

Nixda war offensichtlich verwirrt, setzte sich aber willig auf einen Stuhl, ließ die Bären Bären sein und beobachtete mich konzentriert. Ich nickte mit dem Kopf – wie meine eigene Großmutter – und brummte vor mich hin, daß Nichtstun etwas Herrliches sei.

Irgendwann begann Nixda unruhig zu werden, tappte zum Sandkasten, fragte, ob er damit spielen könne. Ich sagte: „Ach Nixda, ich glaube nicht, daß es wirklich Spaß machen wird, in diesem Sandkasten zu spielen und ein Indianerfort zu bauen wie all die andern Kindern. Nein, Nixda!"

Da kam der Junge auf einmal mit energischen Schritten auf mich zu, wechselte alle seine Gesichtsfarben und sagte: „Ich heiß' nicht Nixda, ich heiß' Stefan Maier! – und ich will jetzt bitte im Sandkasten spielen!"

Von diesem Zeitpunkt an waren wir die besten Freunde! und alles begann mit einem Einsatzreframing.

In diesem Beispiel gibt es eine ganze Menge an nützlichen Strategien und Interventionen in der Arbeit mit Kindern zu beobachten. *1. Pacing:* Körperhaltung, Art des Gehens oder Stehens, Tonalität der Stimme und Ausdrucksweise. Wichtig bei Kindern: Versuchen Sie, die gleiche Körperebene wie das Kind einzunehmen, um Rapport zu kriegen. Gehen Sie in die Hocke, lassen Sie das Kind auf einen Stuhl steigen oder ähnliches (stellen Sie sich einmal vor, einem Riesen gegenüber zu stehen, der Ihnen unverständliche Fragen stellt und immer wieder betont, daß Sie keine Angst haben müssen. Und bei Ihnen kommt nur das Wort „Angst" an, und Sie haben einfach Erfahrungen mit Riesen, ... aus Märchen, aus Filmen, aus Büchern, die mit ihrer Kraft nicht umgehen können und vor denen man sich tunlichst hüten sollte ...).

Ein anderes Element ist *2. das „Anker-stehlen":* Mit dem Wort „nixda" hat das Kind einen Zustand verankert, indem im wahrsten Sinne des Wortes nichts mehr geht. Nimmt man nun diesen tonalen Anker und gibt ihm eine andere Bedeutung, *(3. Reframing),* dann ist eine Chance gegeben, daß das Kind seinen Zustand verändert. In diesem Beispiel habe ich noch etwas getan, ich habe ihm einen sehr mächtigen Anker geklaut, nämlich den Bären Freddy. Dies ist eine weitere Möglichkeit, Rapport zu dem Kind herzustellen, das mit der dyadischen Situation zunächst überfordert ist. Mit vielen Kindern kann man Rapport über ein Medium herstellen, sei es ein Stofftier, sei es eine Puppe oder ein Haustier, das das Kind mitbringt, oder die Utensilie eines Kaufmanns-ladens (Geruchs- und Geschmacksanker).

2. „Fabian"

Eine schöne Möglichkeit für Tranceinduktionen sind auch Glaskugeln und Seifenblasen: Fabian, ein 5 1/2jähriger Junge, der mit der Diagnose „aggressive Verhaltensstörung", in unserer ambulanten Behandlung war, hatte sich im Beisein seiner Mutter einen Finger gequetscht und saß nun lauthals brüllend im Warteraum. Ich setzte mich mit meinen Seifen-blasen bewaffnet neben ihn, ließ ihn einfach weiter brüllen und pustete ein paar Seifenblasen so in die Luft, daß er sie sehen konnte. Dabei sagte ich: „Tränen sehen aus wie Seifenblasen; ... und Tränen und Seifenblasen zeigen uns, wenn man sie genau beobachtet, die Farben des Regenbogens und ich weiß nicht, ob du alle Farben des Regenbogens wirklich kennst ..."

Und ich zählte alle Farben des Regenbogens auf, während Fabian nur noch leise vor sich hin wimmerte. Seine Augen hafteten schon aufmerksam an den Seifenblasen.

Und ich redete weiter über Seifenblasen, Farben des Regenbogens, darüber, daß der Regenbogen hoch oben am Himmel zu sehen ist und daß der Regenbogen besonders schön und eindrucksvoll an den Niagarafällen zu beobachten ist. Ja der Regenbogen komme überhaupt sehr viel herum in der Welt und wenn man ihn genauer betrachte, könne man sich wünschen, einen Blick in irgendein fernes Land dieser Welt zu tun und der Regenbogen würde über dieses Land berichten können.

Fabian war völlig verstummt, die Tränen auf dem Gesicht angetrocknet und seine verletzte Hand griff nach den Seifenblasen. Fast eine ganze Stunde lang, ging er mit mir auf eine Reise um die Welt und hatte seine Schmerzen vergessen. Erst nach dieser Stunde, als er wieder in den Warteflur hinausging, erinnert er sich für einen kurzen Moment seines Schmerzes, begann ein wenig zu weinen und fing sich dann wieder. Strahlend sagte er dann zu seiner Mutter: „Beim nächsten Mal mach' ich wieder eine Weltreise!"

3. „Florian"

Ein 9jähriger Junge aus einer angesehenen Architektenfamilie wurde wegen massiver Verhal-tensstörungen mit affektiven Ausbrüchen, jähzornigem Verhalten und Ängsten in der Schule vorgestellt. Impulsive Affektausbrüche treten v. a. beim und nach dem Essen auf. Er verwei-gert das Essen und bricht in laute Schimpfkanonaden aus, auch ist eine Enuresis nocturna bei dem 9jährigen gehäuft zu beobachten gewesen. Einer stationären Aufnahme stand die Fami-lie im höchsten Maße ablehnend gegenüber. Bei einem Erstinterview war meine Eingangs-frage: „Was ist im Moment das größte Problem?" Florian brüllte daraufhin gleich los: „ ... daß sie so laut schreit und die Suppe versalzt."

Seine Mutter, eine äußerst differenzierte und intelligente Frau, mit dem Kommunikations-stil eines Beschwichtigers (nach Satir ist ein Beschwichtiger ein Mensch, der allem zustimmt, zu vermitteln versucht und sich für alles entschuldigt), war sichtlich entsetzt, sagte aber sofort: „Ja, ich bin sicher an allem schuld."

Die Mutter hatte sehr ästhetische Erziehungsziele (Waldorfpädagogik) und kümmerte sich nach Aufgabe ihrer Berufstätigkeit nur um die Erziehung des Kindes. Aber ebenso wie ihr das Rollenklischee der kochenden Hausfrau offenbar nicht so ganz gelang, „versalzte" sie auch ihre Erziehung.

Festzustellen war: Eine auditive Belastung der ganzen Familie. Die Mutter empfand das Geschrei des Sohnes kinästhetisch schmerzhaft, besonders schlimm für sie war eine neue Variante, nämlich daß er in der Nachbarschaft herumlief und überall lauthals verkündete: „Meine Mutter ist eine alte Sau!" – Es war in der Familie üblich, daß derjenige Gehör fand, der am lautesten brüllte. Andererseits war die Familie hochmusikalisch, der Junge spielte Flöte und beide Eltern Gitarre.

Interessant war, daß Florian die meiste Angst vor einem bestimmten Lehrer hatte, der mit den Kindern schrie...

Das erste Ziel in diesem Fall konnte nur sein, das häusliche Erziehungsmilieu so zu verändern, daß wieder ein konstruktives Miteinander möglich war. Hierzu war es zunächst wichtig, daß der Sohn Bestätigung erfuhr, mit dem Ziel eine Therapiemotivation aufzubauen: Kein Kind kommt zu einer Therapie, wo es wittert, daß ihm etwas weggenommen werden soll, was ihm bequem ist oder seiner Macht dient. Und hier wurde der sekundäre Gewinn, den Florian aus all seinen Verhaltensweisen zog, sehr schnell deutlich.

Ich sagte also zur Mutter gewandt: „Wissen sie, daß sie einen Sohn haben, der sich mit seinen empfindlichen Geschmacksnerven zu einem außergewöhnlichen Gourmet entwickeln kann?" oder „Haben sie schon einmal beobachtet, welche ungeheuren Energien in ihrem Sohn frei werden, wenn er seinen Emotionen freien Lauf läßt?" Florian ließ seine Zustimmung durch leichtes Kopfnicken erkennen und meinte dann mit einem leisen wohlwollenden Unterton. „Na ja, eine Sache kocht sie ja wirklich ganz gut, und das ist mein Lieblingsessen: Holunderbeersuppe", und dabei verzog er genüßlich das Gesicht. Die Mutter bekam daraufhin einen weichen, dankbaren Gesichtsausdruck, und wir machten einen Termin nur mit ihr alleine aus, um Formalitäten zu regeln.

Bei diesem Termin entwarfen wir einen Schlachtplan, wie sich die im Moment brisantesten Situationen im häuslichen Alltag zwischen Mutter und Sohn in den Griff kriegen ließen. Bei einer Familie, deren Schwierigkeiten sich so eindeutig in einer Sinnesmodalität äußern, ist oft ein Wechsel im Repräsentationssystem angebracht: Wir überlegten also, ob es möglich ist, daß sie ihn während seiner Ausbrüche einfach still festhielt (kinästhetisch). Aber sie hatte Angst davor, daß er körperlich bereits stärker sei als sie, und er habe sie auch schon einmal mit dem Messer bedroht, so daß sie sich in bestimmten Momenten einschließe.

So überlegten wir gemeinsam, ob es visuelle Möglichkeiten gibt, und ich gab ihr die Aufgabe, ein großes weißes Blatt zu nehmen und darauf in großen roten Buchstaben zu schreiben: Meine Mutter ist eine alte Sau! Sie schluckte, aber ich sagte: „Sie wissen, daß sie ihn bis heute nicht daran hindern können, diesen Satz in alle Welt hinauszuposaunen, aber sie haben die Chance, ihn davon zu überzeugen, daß er sehr viel an Stimmkraft für andere, wichtigere Dinge einsparen kann, wenn er diesen Zettel hinten auf seinem Ranzen anbringt, so daß alle Leute es sehen können. – Es leuchtete ihr irgendwie ein, daß dies die bessere von 2 möglichen Alternativen sein könnte. Und sie versprach, diese Aufgabe zu erfüllen.

Nach etwa einer Woche rief sie aufgeregt an: Was war passiert? Sie hatte tatsächlich alles genauso getan, wie ich gesagt hatte, einen großen weißen Zettel genommen und in großen roten Buchstaben diese bedeutenden Worte verfaßt und hatte dann überlegt, daß sie sich für den Abend Ruhe nimmt, um es mit Florian durchzusprechen. Aus diesem Grunde ließ sie den Zettel in der obersten Schublade des Küchenschranks verschwinden.

Florian, der an diesem Tage früher aus der Schule heimkam und gleich anfing zu toben, warum denn das Essen noch nicht fertig sei, riß im Verlauf seiner Aktivitäten auch diese Schublade auf, und zwar so stürmisch, daß dieses Blatt hinausrutschte..., und was er da sah, ließ ihn erstarren: Er stockte augenblicklich in seinem Gebrüll und mußte diese, seine Worte nun rot auf weiß lesen.

Die Mutter berichtete, daß er es ab dann vermieden habe, laut brüllend durch die Gegend zu rennen (eine menschliche Fähigkeit, die das möglich macht, ist das Generalisieren, das Verallgemeinern von einmal gemachten Erfahrungen).

4. „Janosch, der gute Geist"

Therapeutisches Nützen positiver Erfahrungen des Patienten (Aufbau von Ressourcen durch Utilisation)

Ein Beispiel für das Einführen eines inneren Ratgebers oder Beschützers ist das Beispiel des 6jährigen Michael, der mit der Diagnose Pavor nocturnus zu mir kam, seine nächtlichen Ängste ließen sich bis in das frühe Kindesalter zurückverfolgen, meist vermutete er irgend jemand unter dem Bett oder hatte ängstigende Träume, in denen böse Geister oder Tiere eine Rolle spielten. Vorausgegangen war der Tod der kleinen Schwester an einem Kleinhirntumor und der Tod des Großvaters väterlicherseits, an dem er sehr hing. Die Mutter berichtete über noktambule Zustände, wo sie Michael kniend angetroffen habe oder einmal vor seinem Zimmer stehend, wo er nicht mehr ansprechbar war. Am nächsten Morgen konnte er sich an diese Zustände nicht mehr erinnern. Als Michael zum ersten Mal kam, flüsterte er nur. Wichtig war in diesem Fall für den Rapport, das Flüstern ebenfalls zu übernehmen und seine Ressourcen herauszufinden. Wieder einmal gab es ein Lieblingstier, das die Mutter schon oft wegwerfen wollte, da es kaum noch zu erkennen war. Michael berichtete mir flüsternd, daß dieses Tier einen Namen habe, den niemand wissen dürfe. Ich akzeptierte das. Er sollte mir nur irgendeinen Fabelnamen sagen, damit wir uns über dieses Tier unterhalten konnten; er wisperte „Janosch". Ich erzählte ihm dann einige Geschichten von guten Freunden, die sich gegenseitig in Gefahren beschützen und helfen, und so wurde bei Michael das Lieblingstier auch zu einem Beschützer seiner nächtlichen Angstträume vorbereitet. Mittels Visualisierung gelang es, einige Angstträume in der kontrollierten Spieltherapiesituation nachzuerleben und dabei „Janosch" als guten Geist wirken zu lassen, der überdies sehr mächtig war, mit den anderen Ungeistern fertig zu werden.

Ein Begriff des NLP ist das „future Pace" (Ausblick in die Zukunft): Michael stellte sich also vor, in den nächsten Tagen oder Wochen die nächtlichen Geister auf eine andere Art und Weise zu begrüßen als bisher, und zwar mit Hilfe seines guten Freundes „Janosch". Und tatsächlich, es wirkte. Die Mutter berichtete, daß Michael zu Hause viel weniger über Angstzustände klagte und das Bett nicht mehr so verschwitzt sei wie früher und der Junge nur noch ab und an in das elterliche Bett zum Schutze ging. Mittlerweile ist Michael eingeschult, kann sich gut konzentrieren und hat die nächtlichen Angstzustände überwunden.

Abschließend ein paar grundlegende Überlegungen: Wichtig ist, daß Kinder und Jugendliche als handelnde Partner akzeptiert sind. Dazu ist es oft hilfreich, ein Stück eigener Kindheit hervorzuholen, um sich daran zu erinnern, daß das Kind, das wir vor uns haben, seine eigene Wirklichkeit hat.

Kinder können sich durch Sprache noch nicht schützen (der Gebrauch von Konjunktiven oder bestimmten Worten erfolgt erst viel später). Sie sind auf Verstandenwerden angewiesen und oft allen Gefühlen viel konkreter und direkter ausgeliefert. Der Mensch ist eines der wenigen Lebewesen, die bei der Geburt nur in geringem Maße festgelegt, also reizoffen und verletzbar sind. [„Over arousal" – Übererregbarkeit als grundlegender Mechanismus bei einigen psychotischen Zustandsbildern – aggressive Verhaltensstörungen bei Kindern, die sehr häufig als Begleiterscheinung von Schlafstörungen auftreten, korrespondieren oft mit langen Zeiten der Reizüberflutung (Williams 1978)].

Ich habe Kinder erlebt, die bereits im zarten Babyalter 6–8 h vors Fernsehen geschoben wurden. Mit dem 7. Lebensjahr wurde der Betreffende dann wegen aggressiver Verhaltensstörungen, Zappeligkeit, Jaktationen (Schaukeln), Einnässen und Einkoten bei Tage hier vorgestellt.

Wichtig ist, daß wir lernen, mit dem Kind zu kommunizieren und nicht über das Kind. Erwachsensein muß nicht natürlicherweise zum Hindernis in der Begegnung zu einem Kind werden.

Wichtig ist auch, nicht für das Kind zu handeln, weil es so klein ist, oder das Kind unter den dauernden Zwang des Wertzuwachses zu stellen. In die meisten Kinder heutzutage wird investiert: Sie haben sich ordentlich zu entwickeln, sie sollen es einmal besser haben, sie sollen einen vernünftigen Beruf ergreifen usw. und so fort... Wichtig ist der Hinweis auf die Begegnungsebene zwischen Subjekt und Subjekt (Buber). Im Gegensatz dazu steht die Subjekt-Objekt-Ebene, wo über das Kind berichtet wird, wo über den Patienten geredet wird. Meist werden Kinder nach einer sog. Idealnorm beurteilt, das ist ein von der Gesellschaft oder bestimmten sozialen Gruppen erhobenes Ideal „sozial erwünschten Verhaltens" und richtet sich nach der Hoffnung, den Wünschen, den Erwartungen und Einstellungen der Eltern. Hierbei ist zu beachten, daß ein Extrem oft das andere provoziert.

Zum Beispiel Diagnose „Hyperaktivität" bei Thomas, Einzelkind sehr ruhiger und älterer Eltern. Oder Gabi, die sich immer gesund ernähren mußte, obgleich sie kein Müsli mochte, und mit dem 14. Lebensjahr äußerte: „Ich möchte 'mal ein Wurstbrot essen." – Oder die Atheisteneltern, deren Kind auf einmal unbedingt in die Kirche möchte... Der Vielfalt ist kein Ende.

In unterschiedlichen Kontexten gelten unterschiedliche Verhaltensregeln. Verhalten, dem wir üblicherweise das Etikett psychische Störung geben, resultiert meist aus einer Verwirrung darüber, welche kontextuellen Regeln gerade gelten. Die gerade hier so wichtige Kontextmarkierung bezeichnet den Prozeß des Signalisierens, welcher Kontext gerade gilt.

Erickson weist darauf hin, daß Realitätsbezug, Sicherheit und die Bestimmung von Grenzen und Einschränkungen wichtige Überlegungen bei der Erweiterung des Verstehens in der Kindheit darstellen... wenn man klein, schwach und intelligent ist und in einer undefinierten Welt intellektueller und emotionaler Veränderungen lebt, versucht man zu lernen, was wirklich stark, fest und sicher ist.

Literatur

Axline V (1983) „DIBS". Knaur, München

Brouck J van den (1982) Handbuch für Kinder mit schwierigen Eltern. Klett, Stuttgart

Boszormenyi-Nagy I (1981) Unsichtbare Bindungen. Klett-Cotta, Stuttgart

Bandler R (1985) Using Jour brain – for a change. Real People Press, Box F. Moab, Utah 84532

Bandler R, Grinder J (1975/76) Patterns of the hypnotic technics of M. H. Erickson. M. D., vol I, II. Meta-Pub., Cupertino/CA, USA

Bandler R, Grinder J (1984) Neue Wege der Kurzzeittherapie. Neurolinguistische Programme. Junfermann, Paderborn

Bandler R, Grinder J (1981/1984) Die Struktur der Magie I. Metasprache und Psychotherapie. Junfermann, Paderborn

Bandler R, Grinder J (1985) Reframing. Ein ökologischer Ansatz in der Psychotherapie (NLP). Junfermann, Paderborn

Bandler R, Grinder J, Satir V (1979) Mit Familien reden. Pfeiffer, München

Bateson MC (1986) Mit den Augen einer Tochter. Erinnerungen an Margret Mead und G. Bateson. RoRoRo, Reinbek

Cameron-Bandler L (1983) Wieder zusammenfinden. NLP – Neue Wege der Paartherapie. Junfermann, Paderborn

Dilts R, Bandler R, C-Bandler L, Delozier J (1985) Strukturen subjektiver Erfahrung. Ihre Erforschung und Veränderung durch NLP. Junfermann, Paderborn

Erickson MH, Rossi EL (1981) Hypnotherapie: Aufbau – Beispiele – Forschungen. Pfeiffer, München

Gilligen SG (1987) Therapeutic trances. The cooperation principle in Ericksonian hypnotherapie. Brunner & Mazel, New York

Grinder J, Bandler R (1984) Therapie in Trance. Hypnose: Kommunikation mit dem Unbewußten. Klett-Cotta, Stuttgart

Grinder J, Bandler R (1982) Die Struktur der Magie II. Kommunikation und Veränderung. Junfermann, Paderborn

Gordon D (1978) Therapeutic metaphors. Meta-Pub., Cupertino/Ca, USA

Haley J (1978) Die Psychotherapie M. H. Ericksons. Pfeiffer, München

Haley J (1979) Direktive Familientherapie, 2. Aufl. Serie Leben lernen. Pfeiffer, München

Hentig H von (1976) Was ist humane Schule? Hauser, München

Lankton S, Lankton C (1983) The answer within. A clinical framework of Ericksonian hypnotherapy. Brunner & Mazel, New York

Lankton S (1980) Practical magic: The clinical application of neurolinguistic programming. Meta-Pub., Cupertino/CA, USA

Lempp R, Harbauer H, Nissen G, Strunk P (1971) Lehrbuch der speziellen Kinderpsychiatrie. Springer, Berlin Heidelberg New York

Leuner HC (1977) Katathymes Bilderleben mit Kindern und Jugendlichen. Reinhardt, München Basel

Maturana H (1985) Reflexion über Liebe. Z System Ther 3:129–131

Maturana H (1982) Erkennen erkennen. Viehweg, Braunschweig

Maturana H, Varela F (1987) „Der Baum der Erkenntnis". Scherz, Bern München Wien

Minuchin US (1981) Psychosomatische Krankheiten in der Familie. Klett-Cotta, Stuttgart

Nickel H (1975) Entwicklungspsychologie des Kindes- und Jugendalters. Huber, Bern

Oakländer V (1981) Gestalttherapie mit Kindern und Jugendlichen. Klett-Cotta, Stuttgart

Olivieri M, Enders W (1985) Der große Punkt „Impulsgeschichten für erwachsene Kinder". Studienhaus St. Blasien

Perrez M, Minsel B, Wimmer H (1985) Was Eltern wissen sollten. O.-Müller, Salzburg

Peter B (Hrsg) (1985) Hypnose und Hypnotherapie nach Milton H. Erickson. Pfeiffer, München

Rogers CR (1973) Die Entwicklung der Persönlichkeit (deutsche Ausgabe). Klett, Stuttgart

Rosen S (1985) Die Lehrgeschichten von Milton H. Erickson. Isko-Press, Hamburg

Satir V (1980) Selbstwert und Kommunikation. Pfeiffer, München

Schmidtchen S (1974) Klientenzentrierte Spieltherapie. Beltz, Weinheim

Schmidtchen S (1978) Handeln in der Kinderpsychotherapie. Kohlhammer, Stuttgart Berlin

Scholz W (1986) Taoismus und Hypnose. Der Weg Milton H. Ericksons. AV-Verlag, Augsburg (Reihe Wissenschaft)

Stahl T (1983) Interventionsmuster des NLP in der Familientherapie. In: Schneider K (Hrsg) Familientherapie in der Sicht psychotherapeutischer Schulen. Junfermann, Paderborn

Stahl T (1981) Das Konzept „Widerstand" in der Psychotherapie M. H. Ericksons, in der Kommunikationstherapie und im neurolinguistischen Programmieren. In: Petzold H (Hrsg) Widerstand, ein strittiges Konzept in der Psychotherapie. Junfermann, Paderborn

Tomatis AA (1987) Der Klang des Lebens. Rowohlt, Reinbek bei Hamburg

Watzlawick P (1978) The language of change. Elements of therapeutic communication. Basic Books, New York

Whitley MT (1975) The active nature and needs of childhood. In: O'Shea MV (ed) The child: his nature and his needs (first 1924). Arno Press, New York Valparaiso Chicago, pp 52–71

Willi J (1987) Ko-evolution. Die Kunst gemeinsamen Wachsens. Rowohlt, Reinbek bei Hamburg

Williams M (1978) Hirnschäden. Beltz, Weinheim Basel

Wippich J (1975) Begegnung. Arbeitsgrundlagen des personenzentrierten Handelns und neurolinguistischen Programmierens zur komplexen Psychotherapie Milton H. Ericksons. Rößler, Konstanz

Wippich J (1986) Hypnotherapie. In: Seifert T, Waiblinger A (Hrsg) Therapie und Selbster-
fahrung. Kreuz, Stuttgart
Wippich J (1985) Lebende Systeme – Gedanken zu den Arbeiten A. Maturanas, M. H.
Erickson u. a. Theorie und Praxis. Z Syst Ther 1/2:95–109
Wippich J (1986) Neurolinguistische Selbstorganisation/Neurolinguistisches Programmieren.
In: Seifert T, Waiblinger A (Hrsg) Therapie und Selbsterfahrung. Kreuz, Stuttgart
Zeig J (Hrsg) (1985) Meine Stimme begleitet Sie überallhin. Ein Lehrseminar mit M. H.
Erickson. Klett-Cotta, Stuttgart

Bertold Ulsamer, Dr. jur.
Jurist, Dipl.-Psych.,
Ausbildung in NLP mit Schwerpunkt im Management-
Training,
Personal- und Organisationsentwicklung

NLP im Management

Zusammenfassung

Neuro-Linguistisches Programieren (NLP) erweist sich als wertvoll und hilfreich für die Anforderungen, die an das Management und an Führungskräfte
gestellt werden.

Im Bereich des Management-Trainings fördert NLP ein günstiges Lernklima
und bietet die besten Voraussetzungen für erfolgreiche Verhaltensänderungen
nach dem Seminar. Die Zusamenhänge zwischen Sprache, Körpersprache und
den inneren Denkprozessen werden dafür genutzt, daß jeder Teilnehmer für
seine Schwierigkeiten die eigenen individuellen Lösungen erarbeiten kann.

Summary

Neuro-Linguistic Programming (NLP) is demonstrated as valuable in helping
those in management and other positions of responsability to cope with the
demands placed upon them.

Immer wieder greift die betriebliche Praxis zur Förderung von Führung und
Kommunikation auf Erkenntnisse der Psychologie zurück. Maslows Motiva-
tionstheorie, Lewins Gruppendynamik und Bernes Transaktionsanalyse sind
Beispiele.

Eine neue psychologische Methode aus den USA gewinnt im Moment
zunehmend auch in Deutschland an Bedeutung: das NLP.

In den 70er Jahren fanden sich in Kalifornien 2 junge amerikanische Wissenschaftler zusammen, der Gestaltpsychologe und Computerfachmann Richard
Bandler und der Linguist und Sprachforscher John Grinder. Gemeinsam stu-
dierten sie eine Reihe der bedeutendsten amerikanischen Therapeuten (Erick-

B.J.M. Diehl, Th. Miller (Hrsg.)
Moderne Suggestionsverfahren
© Springer-Verlag Berlin Heidelberg 1990

son, Perls, Satir). Sie beobachteten sie bei der Arbeit und analysierten Video- und Tonbandaufnahmen bis ins kleinste Detail. So fanden sie – ohne vorgefaßte Meinungen und Konzepte – pragmatisch heraus, wie diese Könner in der Kunst der Führung und Kommunikation auf andere eingingen und wie sie bei ihrem Gegenüber Veränderungen im Denken und Verhalten erzielten. Diese Forschungen erweiterten sich auf andere Spitzenkönner in ihrem jeweiligen Bereich, sei es als Verkäufer, Jurist oder Künstler.

Die Fragen, die dabei gestellt werden, sind: Was machen diese Menschen intuitiv richtig? Und was machen andere, erfolglosere, falsch? Gibt es bestimmte Gesetzmäßigkeiten in diesem intuitiven Vorgehen, und lassen sich diese Regeln erkennen und vermitteln?

Die Ergebnisse dieser Forschungen, die Regeln und Techniken bilden das NLP. Dieses Kunstwort vereinigt die ursprünglichen Schwerpunkte, bei denen die Zusammenhänge zwischen körperlichen (neurophysiologischen) Zuständen, Sprache (Linguistik) und inneren Denkprogrammen untersucht werden.

Der ursprüngliche Ansatz hat sich inzwischen in viele Richtungen weiterentwickelt. Im Unterschied zu anderen Schulen gibt es kein abgeschlossenes einheitliches Konzept. So werden immer wieder neue Schritte herausgearbeitet, wie gewünschte Veränderungen erzielt und wie die eigenen Ziele besser erreicht werden können.

NLP ist also aus der Praxis geschöpftes Wissen um menschliche Veränderung, theoretisch untermauert und erweitert.

Schwerpunkte von NLP sind Forschungen,
- welche speziellen Fähigkeiten, die besonders Erfolgreichen (sei es als Manager, Verkäufer, Techniker, Lehrer, Therapeut, Künstler) besitzen,
- wie diese Fähigkeiten strukturiert sind,
- wie diese Fähigkeiten anderen vermittelt werden können.

Grundlagen dazu sind Erkenntnisse,
- nach welchen Mustern erfolgreiche Kommunikation abläuft,
- wie Sprache wirkt und funktioniert,
- wie innere Denkprogramme aussehen.

Im Managementtraining ist NLP der bisher umfassendste Ansatz, die Kommunikation mit anderen zu verbessern und die eigenen Fähigkeiten weiterzuentwickeln.

Zentral ist dabei, daß in erster Linie nicht die Inhalte wichtig sind. Es gibt keine Regeln, wie jemand sich zu verhalten hat, um andere zu führen, besser zu verkaufen oder den eigenen Streß abzubauen.

Statt dessen arbeitet NLP an der Struktur, wie solche und andere Fähigkeiten zu erreichen sind. Wie lassen sich unser Gehirn und die inneren Abläufe besser verstehen und nutzen? Wie sehen die eigenen inneren Programme aus und welche neuen Schritte lassen sich einbauen? Nach Bandler geht es darum, ein Benutzerhandbuch des Gehirns zu schaffen.

So ist viel von dem unter dem Wort NLP zusammengefaßten Wissen nichts grundlegend Neues. Denn NLP enthält nichts anderes als das, was besonders Erfolgreiche schon immer – nur eben intuitiv – richtig gemacht haben. Man kann das, wie Birkenbihl, in dem Bild beschreiben, daß Bandler und Grinder zunächst alte Schläuche mit ausgezeichnetem Wein aus den verschiedensten Herkunftsgebieten sammelten. Den Wein leerten sie in ein großes Faß und brauten daraus einen hochprozentigen Cognac. Diesen füllten sie in neue Schläuche und vermarkten ihn jetzt höchst erfolgreich.

Vielleicht kann ein anderes Bild noch deutlicher vermitteln, was hinter NLP steckt und warum viele sich so schwer tun, NLP jemandem zu beschreiben, der zum ersten Mal davon hört.

Da gibt es ein neues, schon bald wegen seiner neuartigen Konstruktion berühmtes Architekturbüro. Das Team arbeitet vorzüglich zusammen. Die Materialabteilung hat alle bekannten guten Baumaterialen und Bausteine aufgelistet. Das eigene Labor hat darüber hinaus noch einige zusätzliche Materialien, die dem neuesten Stand der Technik entsprechen, entwickelt.

In der Statikabteilung haben einige sehr begabte Techniker herkömmliche Gesetze der Statik so umformuliert, so daß sie weit eleganter, präziser und einfacher als die bisher bekannten sind. Mit diesen Gesetzen und den alten oder auch neuen Bausteinen schafft das Architekturbüro jetzt höchst praktische, formschöne und für den jeweiligen Zweck genau passende Gebäude. Außerdem sind die Kosten erheblich niedriger als bei den bisherigen umständlicheren Ausführungen.

Manchmal kommen junge Architekten ins Büro für Öffentlichkeitsarbeit und fragen, was denn so Großartiges an dieser neuen Richtung sein soll. Die meisten Bausteine waren schon vorher bekannt, und die neuformulierten Gesetze sind einfach und einleuchtend.

Am Schreibtisch lassen sie sich nicht überzeugen. Erst wenn sie an die frische Luft geführt werden, die neuen Bauwerke sehen können, in ihnen herumgewandert sind, erkennen sie den großen Unterschied zur herkömmlichen Bauweise. Denn die Kombination der Grundsätze mit der Vielfalt an Bausteinen schafft kreative Lösungen für viele herkömmliche Bauprobleme.

Ähnlich schwierig ist es zu vermitteln, was NLP ist. Die Regeln und Grundsätze sind einfach, viele der Bausteine sind bekannt. Aber die Kombination aus beidem schafft überraschend wirksame und hilfreiche Lösungen. So breitet sich der gute Ruf von NLP nicht so sehr über die theoretische Literatur aus, sondern über die Zufriedenheit und Überzeugung derjenigen, die praktische Erfahrungen damit gesammelt haben.

Im Management ist NLP hilfreich im Bereich der Organisationsentwicklung, um Unternehmensziele zu entwickeln, anzusteuern und zu erreichen. Beim Coaching, der individuellen Beratung von Führungskräften bei Führungsproblemen und eigenen Schwierigkeiten, kann vielfältig geholfen werden. Schließlich ist die firmeninterne Weiterbildung in den Bereichen von Führung, Verkauf, Teamarbeit, Streß und Selbstmanagement mit NLP effektiv und wirksam.

Im folgenden wird exemplarisch dieser Bereich, NLP im Managementtraining, beschrieben.

In NLP-Trainings sind 3 Probleme gelöst, die herkömmliche Trainings oft zum Scheitern bringen.

Das Lernklima

Ein gutes Seminarklima ist eine wichtige Voraussetzung für die Aufnahme von neuem Lernstoff und für das Gelingen eines Seminars. Je entspannter die Teilnehmer im Seminar sind und je mehr sie sich für den Lernstoff interessieren, desto mehr nehmen sie auf und mit nach Hause. Neue Lernsysteme (wie z. B. Suggestopädie und Superlearning) nutzen diese alte Weisheit mit neuen Methoden wieder.

Was für das rein intellektuelle Wissen gilt, gilt noch in weit höherem Maß für das Lernen, das Verhalten ändern soll. Dies ist insbesondere im Training von Kommunikationsfähigkeiten wichtig. So sollen Führungskräfte lernen, Konflikte kooperativer als bisher auszutragen. Beim Verkaufstraining lernt der Außendienst, wie man selbstsicherer und gleichzeitig aufmerksamer auf den Kunden zugeht.

Das eigene Verhalten ist aber oft sehr widerstandsfähig gegenüber Änderungsversuchen. Es ist ein starres System aus Reaktionen, die sehr tief sitzen und lange eingeübt sind. Wir sind vertraut mit den Reaktionen und fühlen uns sicher damit. Mit dem im Seminar vorgestellten Verhalten kommen wir in Neuland. Und da taucht ganz allein Vorsicht auf: Vielleicht zeigen wir irgendwelche Blößen und erleiden Nachteile. Vielleicht sind wir ungeschickt und blamieren uns. Es ist eine sinnvolle natürliche Reaktion, dort, wo wir vielleicht angegriffen werden, uns möglichst gut zu schützen. Deshalb bringt mancher Trainer die Teilnehmer nur mit großem Druck dahin, daß sie widerwillig das zeigen und ausprobieren, was von ihnen verlangt wird. Nach dem Seminar vergessen sie es so schnell wie möglich.

Ein Grundsatz, der das Lernklima aufwärmt und die Lerninhalte bereichert, ist:

Jeder Mensch hat alle nötigen Fähigkeiten und Erfahrungen, gewünschte Veränderungen zu erzielen.
Es ist sinnvoll, mit diesen Stärken und positiven Seiten eines Menschen zu arbeiten – anstatt zu versuchen, seine Schwächen zu bekämpfen.

Wie können die Stärken der Teilnehmer praktisch im Seminar genutzt werden?

Als Seminarleiter ist ein möglicher Schritt, eine Entspannungsübung mit inneren Bildern, ein sog. mentales Training, anzubieten.

Wie Teilnehmer in einem Seminar dazu bringen, sich zu entspannen? Der einfachste Weg ist es, sie zunächst auf den eigenen Körper aufmerksam zu machen, z. B. wie sie dasitzen, ob aufgerichtet oder angelehnt... immer genauer Hinspüren, wie ich auf meinem Stuhl sitze... und ob irgendwo im Körper Spannungen zu spüren sind... und auf den Atemrhythmus... auf das Einatmen... und auf das Ausatmen... und ihnen sagen, daß Sie meine Stimme hören... Was geschieht, wenn ich das in einem Seminar mache, ist, daß Teilnehmer ganz unmerklich anfangen, sich zu entspannen... in einen angenehmen Zustand von Entspannung gehen... mit dem Gefühl nichts tun zu müssen... sondern einfach nur dasitzen und loslassen... Und daß dann angenehme innere Bilder aufsteigen können, ... vielleicht Erinnerungen an einen besonders wichtigen beruflichen Erfolg, ... einen Erfolg, der mich sehr zufrieden gemacht hat ... und aus dem ich noch irgendetwas Neues lernen kann, das für meine jetzige berufliche Situation sehr wichtig ist ... Und manchmal braucht man mehr Zeit dazu, als gerade zur Verfügung steht ... und es ist gut zu wissen, daß jeder von uns einen Teil hat, der im Unbewußten an dieser neuen Einsicht weiterarbeiten kann ... so daß ich vielleicht irgendwann später oder auch morgen früh, wenn ich nach einem erfrischenden Schlaf aufwache, plötzlich etwas besser und deutlicher verstehe, etwas, das für mich nützlich ist ... so daß ich jetzt wieder ganz wach, frisch, aufmerksam, erholt und interessiert dem Weiteren folgen kann.

Dies war ein Beispiel, wie jemand seine wertvollen Erfahrungen aus der Vergangenheit so nutzen kann, daß sie ihm in schwierigen Situationen besser zur Verfügung stehen. Nach dem gleichen Muster kann ich für jede Problemsituation eigene Hilfen aus der Vergangenheit herholen. Bei aktuellen Entscheidungsschwierigkeiten helfen z. B. die Erinnerungen an erfolgreiche Entscheidungen. Dadurch werden die inneren Programme aufgerufen, die einer solchen guten Entscheidung zugrunde liegen. Neue Wege aus Sackgassen bieten sich so an.

Ein anderer Grundsatz wird in seiner ganzen Auswirkung ebenfalls erst dann spürbar, wenn er praktisch angewendet wird.

> Jedes Verhalten hat eine positive Absicht und einen bestimmten Nutzen für die betreffende Person oder Gruppe.
> Das gilt auch für Verhalten, das jemand bei sich und anderen als „Fehler" bezeichnet.
> Es ist sinnvoller, die verborgene Absicht herauszufinden und mit anderen Mitteln zu befriedigen, anstatt den „Fehler" ausmerzen oder den Störenfried beseitigen zu wollen.

Wesentlich für den ganzheitlichen Ansatz des NLP ist der Weg, alle Teile der Persönlichkeit zu integrieren.

Das unterscheidet sich stark von anderen Richtungen, in denen „positive" und „negative" Seiten der Persönlichkeit unterschieden werden.

Da ist beispielsweise ein Abteilungsleiter, der in Konferenzen immer stur auf seinen eigenen Vorstellungen beharrt. In vielen Trainings wird danach gesucht, wie dieses Verhalten unterdrückt und durch passendere Umgangsarten ersetzt werden kann. Der Betreffende faßt dann gute Vorsätze, in Zukunft nicht mehr stur zu sein. Mit dem Vorsatz setzt er die eigene Kraft ein, um das neue Verhalten zu verwirklichen und das alte auszumerzen. Er bindet eigene Kraft und eigenes Potential im Kampf mit sich selbst. Denn eine innere Spannung und Spaltung muß ständig aufrechterhalten bleiben. Sonst würde sich das störende Verhalten sofort wieder durchsetzen.

NLP geht anders vor. Sogenannte „Fehler" werden vorurteilslos betrachtet. In jedem dieser Fehler steckt ein Stück von uns, das wertvoll ist, eine Kraft oder Fähigkeit, die in anderen Situationen von Nutzen sein kann. Die scheinbaren Fehler haben wir entwickelt, weil sie uns in einem größeren Zusammenhang nützen und schützen.

In der Sturheit des Abteilungsleiters steckt eine wichtige Fähigkeit, die es erst einmal zu sehen und anzuerkennen gilt. Der Abteilungsleiter hat die Fähigkeit, seinem eigenen Urteil zu vertrauen. Diese Eigenschaft ist wichtig und wertvoll. Was ihm fehlt und was er lernen sollte, ist mehr Flexibilität und die Fähigkeit zu unterscheiden, wann seine Sturheit sinnvoll und wann ihr Gebrauch störend ist. Dort, wo sie stört, ist es nützlich, zusätzliche Möglichkeiten zu haben, kooperativ zu arbeiten und sich gleichzeitig sicher zu fühlen.

Es wird also stufenweise vorgegangen. Die Fähigkeit wird formuliert, ein passender Rahmen gefunden, in dem sie sinnvoll ist, und schließlich werden Alternativen überlegt für die Situation, in der die Anwendung dieser Fähigkeit unangebracht ist. Durch dieses stufenweise Vorgehen wächst die Bereitschaft, etwas dazuzulernen.

Diese intelligente und kreative Art mit Fehlern, Schwächen und Schwierigkeiten umzugehen, ist für den einzelnen sehr entlastend und befreiend. Der große Druck, sich ändern zu müssen, weil man sich in bestimmten Situationen „falsch" oder „schlecht" verhält, fällt weg. Zunächst wird das Wertvolle und Nützliche anerkannt, so daß Schuldgefühle überflüssig sind. Entgegen einer weit verbreiteten Auffassung tragen nämlich solche negativen Haltungen nicht dazu bei, besser und flexibler zu handeln.

Dieser Wahrheit trägt ein anderer Grundsatz Rechnung:

> Die meisten Menschen sind bereit dazuzulernen, wenn jemand ihnen zeigt, daß neues Wissen und Verhalten sie reicher macht. Fast alle leisten aber offen oder versteckt Widerstand, wenn sie sich verändern „sollen".

Denn verändern möchte sich im tiefsten Innern kaum jemand von uns. Das zeigen die vielen guten Vorsätze, die ins Leere laufen. Aber zu dem ehrlichen Angebot dazuzulernen, um sein Leben flexibler und erfolgreicher zu gestalten, sagen die meisten gerne „ja".

Voraussetzungen für dauerhafte Verhaltensänderung

Wenn jemand ein Stück Brot herunterschluckt, fängt der Magen an, das Ganze aufzulösen und die Nährstoffe herauszufiltern. Was unverdaulich ist, wird ausgeschieden. Anders ist es, wenn aus Versehen ein Pfirsichkern verschluckt ist. Der liegt auch eine Zeitlang im Magen, aber die Magensäfte können ihn nicht auflösen, er ist zu hart, zu fremd. Und nach einiger Zeit befreit sich der Körper auch von ihm, allerdings etwas mühsam.

Viele Trainings sind wie Pfirsichkerne, unverdaulich. Die Teilnehmer erhalten einen Kern und nehmen ihn mit nach Hause. Manchmal denken sie, der Kern sei der Pfirsich selbst; sie sind begeistert und warten darauf, das Neue auszuprobieren. Dann sieht das Verhalten, das der Trainer auf der Seminarbühne so großartig vorgemacht hat, in ihrem Alltag plötzlich ganz anders aus. Ehe sie sich versehen, greifen sie wieder auf ihr altbewährtes Verhalten zurück. Es ist zwar nicht so erfolgreich, aber zumindest vertraut und sie fühlen sich sicher damit.

Etwas Wesentliches wird nämlich häufig vergessen: Was für einen gut ist, ist noch lange nicht für alle gut. Und was beim einen natürlich ist und Erfolg bringt, wirkt beim anderen künstlich und falsch. Wenn beispielsweise ein bestimmter Verkaufsstil nicht der Art des Verkäufers entspricht, wirkt er aufgesetzt und unecht. Die Wirkung ist unglücklich sowohl für den Verkäufer wie für den Kunden.

NLP geht vom Grundsatz aus:

Jeder Mensch ist einzigartig.
Es ist wichtig, ihm Gelegenheit zu geben, seine besonderen Fähigkeiten zu entwickeln, anstatt ihm ein Idealbild vorzugeben und ihn mit Tricks und Techniken anzutreiben, dieses Bild zu verwirklichen.

Es gibt deshalb keine Lehrbuchweisheiten im NLP, was richtig oder falsch ist. Immer wieder wird der einzelne Teilnehmer angeregt, seine eigenen Beobachtungen und Forschungen anzustellen. Fragen werden nicht vom Katheder aus beantwortet. Denn auf die Frage: „Was muß ich da machen?", „Wie gehe ich mit diesem schwierigen Kunden um?", antwortet der NLP-Trainer nicht, sondern führt den Betreffenden mit den richtigen Fragen und zusätzlichen Techniken dahin, seine eigene Antwort zu finden.

Die Fähigkeiten, genau zu beobachten, werden in den Trainings sehr geschult. Dennoch werden keine Schemata vermittelt, wie Körpersprache zu lesen ist. Statt dessen wird immer wieder gezeigt, wie unterschiedlich und individuell die jeweilige Körpersprache ist. Es gilt, die Einmaligkeit des anderen zu entdecken und neugierig zu sein auf genau dessen spezielle Reaktionen.

Ein anderer Grundsatz zeigt, was das Wachstum der Persönlichkeit beinhaltet.

Die Richtung einer sinnvollen Entwicklung geht dahin, Neues zu integrieren und das Vertrauen ins eigene Wachstum und das der anderen zu stärken, anstatt eine möglichst perfekte Beherrschung und immer mehr Kontrolle auszuüben.

Auf Dauer wirksame Änderungen im eigenen Verhalten müssen in die Persönlichkeit integriert werden. Hier scheitern viele Weiterbildungsseminare. Denn sie zeigen nur reines Verhalten, ohne daß die Möglichkeit besteht, es zu verdauen und aufzunehmen.

Der Vorgesetzte, der eine positive und konstruktive Grundhaltung gegenüber den Mitarbeitern lernen will, wird dies selten lediglich durch neues intellektuelles Wissen schaffen. Die Verhaltensanweisungen des Seminarleiters erreichen oft nicht die Wurzeln des bisherigen Verhaltens.

Das Verhalten bleibt auf der Denkebene, an der Oberfläche. Die frühere Einstellung ist immer noch im Hintergrund vorhanden und sabotiert von dort aus die guten Vorsätze. Die Mitarbeiter spüren das, empfinden den Versuch des Vorgesetzten, mit ihnen anders umzugehen, als „Trick" und Manipulation und wehren sich. Das Ergebnis ist dann enttäuschend für beide Teile und schnell wird etwas an und für sich sehr Wertvolles wieder über Bord geworfen. Denn neue Gedanken sind nur *eine* Voraussetzung für neues Verhalten. Über die Gedanken hinaus spielen Einstellungen, Überzeugungen, Gefühle und eigene Erfahrungen eine wichtige Rolle. Deshalb sind Möglichkeiten zur Erfahrung „am eigenen Leib", wie sie z. B. das Rollenspiel bietet, so wichtig.

NLP unterscheidet verschiedene Ebenen der Persönlichkeit: Es gibt den Kern der Persönlichkeit, die *Identität*. In diesem Bereich ist der Widerstand gegen Änderung am hartnäckigsten. Dann trägt jeder eine Reihe von – meist unbewußten – *Überzeugungen* mit sich, die ihn fördern oder behindern können. Beispiele für Überzeugungen sind: Ich erreiche das, was ich will. Oder: Ich bin handwerklich ungeschickt usw. ...

Als nächstes kommt die Ebene der *Fähigkeiten,* die jemand aktuell zur Verfügung hat. Dann kommt das tatsächliche *Verhalten,* das jemand zeigt. Alles zusammen ist eingebettet und abhängig von der *Umwelt,* in der jemand lebt.

Häufig beruht gegenwärtiges störendes Verhalten auf alten schlechten Erfahrungen, die in vielen therapeutischen Richtungen erforscht und aufgearbeitet werden.

Nun ist ein Fortbildungsseminar für die Teilnehmer aber keine Therapie. Das ist weder die Zielsetzung von Unternehmen noch von Teilnehmern. Dazu fehlt häufig der nötige Rahmen von Intimität und Vertrauen. Die Gefahren, daß beunruhigte Teilnehmer mit nur halbbearbeiteten Problemen nach Hause gehen, ist immer wieder gegeben.

Dem NLP gelingt es, mittels eines wichtiges Grundsatzes diesen Gefahren aus dem Weg zu gehen:

> Es ist effektiver, den Blick auf das gewünschte Ziel zu richten und seine Kraft dafür einzusetzen, anstatt nach rückwärts zu schauen und die Ursachen von vergangenen Problemen zu bekämpfen.

Der NLP-Trainer legt das Schwergewicht seiner Aufmerksamkeit nicht auf das Problem und seine vielschichtigen Ursachen, sondern auf das gewünschte Ziel. Der sog. Zielrahmen legt fest, wie ein Ziel formuliert sein muß, damit es erreichbar ist. Steht das Ziel fest, dann werden die eigenen Kräfte und Erfahrungen, die sog. Ressourcen mobilisiert, um das gewünschte Ziel zu erreichen.

So sucht ein Geschäftsführer im folgenden Beispiel Hilfe, weil er jedesmal Herzklopfen und Schweißausbrüche bekommt, wenn er zum Aufsichtsrat gerufen wird.

Nachdem das Ziel, ruhig und sicher aufzutreten, genau beschrieben ist, sucht der Trainer mit folgenden Vorgehen nach den Ressourcen: „Erinnern sie sich an eine Situation, in der sie ganz und gar sicher und ruhig waren. Eine von den ganz seltenen Ausnahmesituationen, die aber jeder Mensch ab und zu erlebt. Erleben Sie die Situation noch einmal, als wäre sie jetzt gegenwärtig, und nehmen Sie die gleiche Körperhaltung ein."

Der Trainer beobachtet die kleinen Veränderungen, die jetzt geschehen, im Blick, in der Haltung, im Gang, beim Atmen usw. Er sucht dabei nach einer besonders wichtigen körperlichen Veränderung.

In dem Moment, da sich der Geschäftsführer ganz sicher und ruhig fühlt, läßt er die Schultern sinken und atmet tief aus. Diese Bewegung wiederholt er nun auf Anweisung des Trainers bewußt mehrmals und beobachtet die positive Wirkung, die sie auf ihn hat. Im nächsten Schritt stellt er sich die nächste Begegnung mit dem Aufsichtsrat vor und bei dieser Vorstellung läßt er die Schultern sinken und atmet tief aus. Die Sicherheit und Ruhe aus der Bewegung fließt plötzlich in die belastende Situation. Er kommt in Kontakt mit seinen Ressourcen und findet in der Phantasie erfolgreiche neue Verhaltensmöglichkeiten. Diese Bewegung hilft ihm auch in Zukunft, wenn er in ähnliche

Situationen kommt. Er kann sich sozusagen am eigenen Schopf aus dem Sumpf ziehen.

Ein Prinzip des NLP wird erkennbar: das Positive, die Ressourcen, werden in die blockierende Situation gebracht, um die Blocks aufzulösen. Ein Hineintauchen und Untergehen in vergangenes Leiden und schlimme Erfahrungen wird so vermieden.

Ein anderes Beispiel zeigt, wie vielfältig anwendbar dieses Prinzip ist: Abteilungsleiter Schmidt ist im „totalen Streß". Aktenberge türmen sich auf seinem Schreibtisch. Angespannt und angestrengt macht er sich an die Arbeit, den Berg zu bewältigen. Jeden Abend kommt er abgekämpft und unzufrieden nach Hause. Er fühlt sich körperlich abgeschafft und überbeansprucht. Die Arbeitskollegen und die Familie beginnen unter ihm zu leiden. – Der gleiche Herr Schmidt hat als Hobby das Bergsteigen. In seinem Urlaub sucht er schwierige Alpentouren heraus und geht bis an die Grenzen seiner körperlichen Leistungsfähigkeit. Er genießt das als Ausgleich zur Büroarbeit. Jeden Abend ist er erschöpft, aber ausgeglichen und zufrieden. Gut erholt, mit neuem Schwung kommt er aus dem Urlaub zurück.

Zwei Berge, die Herr Schmidt zu bewältigen hat: zu Hause die Akten, im Urlaub die Alpen. Die Anstrengung ist ähnlich. Was macht den Unterschied?

Die Alpen erlebt Herr Schmidt als persönliche Herausforderung, auf deren Bewältigung er stolz ist. Er spürt die eigenen Kräfte und hat Spaß daran. Diese Einstellung fehlt ihm, wenn er vor seinem Aktenberg sitzt.

Gelingt es, die Einstellung „Spaß an der Herausforderung" von den Alpen auf die Akten zu übertragen, dann wird aus der mühseligen, widerwillig vorgenommenen Aktenerledigung plötzlich eine befriedigende Aufgabe, deren rasche Erledigung das eigene Können zeigt.

Das NLP hat eine Reihe von Techniken entwickelt, solche Einstellungen aus der ursprünglichen Situation heraus zu lösen und in andere Situationen hinüber zu nehmen.

Der Transfer in den Alltag

Trotz vieler positiven Erfahrungen im Seminar versickert der Schwung nach dem Seminar oft sehr schnell. Was im Schutzraum des Seminars ganz leicht und einfach aussah, wird im Alltag plötzlich viel schwieriger, manchmal zu schwer.

In NLP-Seminaren fehlen die vorgegebenen Patentrezepte, die hinterher allzuoft verpuffen. Die Fähigkeiten und Erfahrungen der Teilnehmer werden mobilisiert und individuelle Lösungen, die dem Einzelfall gerecht werden, selbst gefunden. Eine eigene Lösung wird mit viel mehr Einsatz angegangen als die fremde. Erstaunlich ist im Seminar das Engagement der Teilnehmer, wenn sie entdecken, daß sie genügend Wissen in ihrem bisherigen Leben gesammelt haben, um die neuartigen Seminarfragen selbst zu beantworten. Es gibt hier kein richtig oder falsch, sondern nur verschiedene Möglichkeiten, die ausprobiert werden müssen. Denn letztes Kriterium, ob eine Einsicht stimmt, ist nur, ob das Ziel erreicht wird.

Ein Grundsatz lautet:

Jedes Verhalten des Gegenüber ist ein *Feedback* für das eigene Verhalten.
Wenn Sie vom Gegenüber eine andere Reaktion bekommen als die, die Sie wünschen, ist die Erklärung nutzlos, daß der andere „nicht will".
Sein Verhalten ist ein Hinweis darauf, daß *Sie* flexibel und kreativ neue Möglichkeit suchen müssen, *sich selbst* anders zu verhalten.

Wenn nämlich eine andere Reaktion des Gegenüber erfolgt als die, die erwünscht oder erwartet wird, ist flexibel neues Verhalten auszuprobieren.

Ein Verkäufer mit einem schwierigen Kunden hat sich im Seminar einen Weg zurechtgelegt, wie er sich besser auf ihn einstellen kann. Wenn er damit scheitert, ist das ein Feedback durch den Kunden „ so nicht". Das war also nicht der richtige Ansatz. Kreativ und flexibel wird der Verkäufer jetzt neue Wege ausprobieren. Mit dieser Einstellung wird schon im Seminar der Grundstein gelegt, aus Rückschlägen zu lernen, statt enttäuscht aufzugeben.

Die größte Hilfe für den Transfer in den Alltag bietet das *mentale Training*. Spitzensportler haben es inzwischen immer mehr zu einem notwendigen Teil ihres Trainings gemacht. Vor dem inneren Auge lassen sie in einem entspannten Zustand die geistige Vorstellung von dem gelungenen Wettkampf ablaufen.

Das NLP setzt diese Methode gezielt ein, um neues Verhalten für den Alltag zu üben. Zunächst wird der Entspannungszustand erlernt. Den meisten gelingt das unter fachmännischer Anleitung sehr schnell. In der Entspannung kann das gewünschte Verhalten ausprobiert, geübt und verbessert werden. Dieses Training ist eine gute Vorbereitung für den Ernstfall. Kritische Situationen und ihre Bewältigung können schon in der Phantasie vorweggenommen werden. Neue eigene Möglichkeiten können in diesem Zustand entdeckt und integriert werden.

Die oben genannten Grundsätze und Methoden, um ein günstiges Lernklima, Voraussetzungen für dauerhafte Verhaltensänderungen und den Transfer in den Alltag zu erreichen, können in jedes Seminarthema übernommen werden. Der Trainer, der mit NLP arbeitet, kann dies überall einfließen lassen. Er kann z. B. ein Kommunikationsseminar mit der Transaktionsanalyse abhalten. Äußerlich wird er wenig ändern, lediglich einige andere Schwerpunkte setzen und zusätzliche kleine Übungen aufnehmen. Er setzt seine Fähigkeiten ein, sich auf die einzelnen Teilnehmer einzustellen. Durch diese äußerlich kleinen, aber entscheidenden Änderungen wird das bisherige Seminar wirksamer und angenehmer. Bei all dem braucht das Wort NLP kein einziges Mal zu fallen.

Nachdem nun wesentliche Grundsätze beschrieben worden sind, ist es Zeit, auch einige der Inhalte und Bausteine zu erwähnen, die das NLP neu beschrieben und zusammengefaßt hat.

Inhalte

NLP setzt sich pragmatisch mit den Beziehungen zwischen Wahrnehmung, ihrer Verarbeitung durch Denken und Fühlen sowie der Veräußerung durch Sprache und Körpersprache auseinander. Zwischen allen diesen Faktoren bestehen Wechselwirkungen, die in keiner anderen psychologischen Richtung so gründlich untersucht und erforscht wurden. Fragen, die dabei auftreten und für die das NLP interessante neue Antworten gefunden hat, sind beispielsweise:

– Wie beeinflußt Körpersprache guten Kontakt?
– Wie beeinflußt Sprache das eigene Denken?
– Wie beeinflußt jemand mit Sprache positiv die eigenen Gefühle und die der anderen?
– Wie sieht Denken aus, daß unmittelbar zum Handeln führt?
– Welche Körpersprache fördert konstruktives Denken und konstruktive Gefühle?

Körpersprache

Die Basis für jede partnerschaftliche Einwirkung auf den anderen ist ein guter aktueller Kontakt, der sog. Rapport. Dies gilt genauso für den Trainer im Seminar wie für den Chef mit seinen Mitarbeitern oder den Verkäufer beim Kunden.

Durch Beobachten, Zuhören und Verhaltensanalysen wurde herausgefunden, daß die wichtigste Unterstützung für den guten Kontakt ist, sich ganzheitlich auf den anderen einzustellen. Dies geschieht auf der inhaltlichen und der sprachlichen Ebene und bezieht als wichtige Neuerung die Körpersprache mit ein. Ganz pragmatisch wird deshalb im Seminar geübt, wie guter Kontakt durch ähnliche Körpersprache, ähnlichen Bewegungsrhythmus und ähnliche Sprechweise gefördert wird. Dabei wird darauf hingewiesen, daß man diese Übung dort vergessen kann, wo der Kontakt schon gut ist. Wichtig ist die Aufmerksamkeit aber dort, wo ein neuer Kontakt hergestellt wird oder wo ein schwieriges Gespräch in Aussicht ist.

Grundlage für das Eingehen auf den anderen ist die verfeinerte Wahrnehmung. Mit der geschulten Wahrnehmung wird auf eine Fähigkeit hingewiesen, die für jeden Trainer, jede Führungskraft und jeden Verkäufer von enormer Bedeutung ist.

Wie scharf Wahrnehmung werden kann, zeigt eine Übung aus einem NLP-Training: Der eine Partner fragt den anderen einfache Fragen, die mit „Ja" und „Nein" beantwortet werden können, z. B.: „Sind Sie verheiratet?", „Haben Sie ein Auto?" Während der andere verbal antwortet, achtet der Fragende auf alle körperlichen Reaktionen, die das „Ja" und „Nein" begleiten. Zustimmung und Ablehnung haben in der Mimik des Partners minimale, bei genauem Hinsehen aber deutlich sichtbare Auswirkungen. Sie können bei jedem etwas anderes sein, aber jeder hat eine Fülle eindeutiger, individueller Signale. Manche Leute spannen spontan und unbewußt ihre Kiefernmuskeln an, wenn Sie „Nein" meinen, manche werden bei „Ja" etwas rötlicher im Gesicht usw.

Sobald in der Übung der Fragende die körperlichen Signale des anderen für „Ja" und „Nein" kennt, antwortet der Partner nicht mehr, sondern die Antwort soll nur über die nonverbalen Reaktionen abgesehen werden. Der Partner sagt nichts – und der andere weiß trotzdem, ob die Antwort auf eine Frage „Ja" oder „Nein" ist. Gedankenlesen wird durch diese Übung plötzlich nicht mehr Hexerei, sondern das Ergebnis aufmerksam trainierten Beobachtens.

Wenn dann beispielsweise ein Direkter seinem Vorstandsgremium aus leitenden Direktoren ein Konzept unterbreitet, kann die Wahrnehmung der nonverbalen Ja- und Neinreaktionen helfen, genau zu beurteilen, wann er die Abstimmung über sein Konzept herbeiführen soll. Er sagt: „Nun stellt sich die Frage: Ist dieser Vorschlag sinnvoll für unser Unternehmen?" Dann macht er eine Pause und beobachtet genau, ob die Mehrheit der Mitglieder eine Ja-Reaktion signalisiert. Wenn das der Fall ist, läßt er sofort abstimmen. Wenn nicht, führt er die Diskussion über das Konzept weiter, bis er die Möglichkeit sieht, einen gemeinsamen Standpunkt zu finden.

Mit dieser Fähigkeit zur genauen Beobachtung wird die Zusammenarbeit leichter und flüssiger. Je genauer und subtiler jemand wahrnimmt, desto erfolgreicher und flexibler wird er mit anderen umgehen können.

Im Seminar macht der Trainer einem Teilnehmer einen bestimmten Vorschlag. Wie reagiert dieser darauf, wenn er das hört? Lacht er verlegen? Verspannt er sich? Oder atmet er tief und erleichtert aus?

Je nachdem welche Reaktion beobachtet wird, ist unterschiedliches Vorgehen angebracht. Vielleicht braucht der andere noch Zeit zum Verdauen. Vielleicht ist es wichtig, ihm den gleichen Inhalt in Worten wiederzugeben, die seinem Verständnis entsprechen. Nur wer genau das Verhalten des Gegenübers beobachtet und auf seine Worte und deren Tonfall hört, entdeckt sofort, in welchen Bereichen er mehr Mühe aufwenden muß, um verstanden zu werden.

In NLP-Seminaren werden diese Fähigkeiten geschult und gezielt trainiert, so daß der einzelne auch nach dem Seminar genügend Anregungen hat, auf eigene Faust seine Wahrnehmung zu verbessern.

Die unterschiedlichen Sprachebenen

Viele Mißverständnisse rühren daher, daß jeder seine Sprache nach seinem eigenen Weltbild verwendet. Menschen unterscheiden sich darin, wie sie die Welt erleben und verstehen. Jeder einzelne hat im Laufe seines Lebens unterschiedliche Erfahrungen gemacht und die Erfahrungen unterschiedlich verarbeitet. Er konstruiert sich seine persönliche „Landkarte" der Welt und orientiert sich nach ihr.

Um flexibel und verständnisvoll mit anderen umzugehen, muß der Teilnehmer im Seminar anfangen, die eigene Landkarte, d. h. die eigene Sichtweise und die eigene Beschreibung bewußt zu registrieren. Mit diesem Wissen lassen sich dann auch die Sichtweise und die Worte der anderen leichter erfassen und verstehen. Viele Mißverständnisse, aber auch trügerische Übereinstimmungen rühren daher, daß wir uns auf einer zu allgemeinen Ebene verständigen. So reden 3 Angestellte in einem Unternehmen vom „schlechten Arbeitsklima", das hier herrscht. Der Abteilungsleiter meint damit: Schon 3mal wollten Mitarbeiter keine Überstunden machen. Der Personalchef dagegen: Der Krankheitsstand ist um 5 % höher als zu dieser Jahreszeit üblich. Für Mitarbeiter Müller: Beim letzten Betriebsausflug hat er Streit mit der Sekretärin bekommen.

Das NLP hat herausgearbeitet, in welchen Situationen welcher Grad von Konkretheit und Allgemeinheit nützlich ist. Darüber hinaus werden die Sätze und Fragen gelehrt, mit denen die jeweils richtige Sprachebene erreicht wird. Störungen, die den Denk- und Kommunikationsfluß blockieren, können so durch die richtigen Fragen beseitigt werden. Störungen sind z. B.: wesentliche Teile des Satzes werden unbewußt ausgelassen (Tilgung), Handlungen werden ihres Prozeßcharakters entledigt und als unumstößliche Fakten behandelt (Verzerrung) oder Erlebnisse werden in unzulässiger Weise verallgemeinert (Generalisierung).

Innere Prozesse

Die innere Verarbeitung, das Erinnern, Vorstellen und andere Vorgänge, die man landläufig als „Denken" bezeichnet, sind ein unübersehbares Forschungsgebiet. „Denken" läuft in ähnlicher Weise wie die äußere Wahrnehmung über die verschiedenen Sinneskanäle, Sehen, Hören, Fühlen ab.

Wahrgenommen werden innere Bilder, Stimmen und Körperempfindungen. Bilder und Stimmen können aus der Vergangenheit erinnert oder neu konstruiert werden. Konstruiert man neu, dann sieht oder hört man in der Phantasie etwas, das man in der Realität noch nie erlebt hat.

Die inneren Vorgänge geschehen im Alltag blitzschnell und werden meist nicht bewußt registriert. Mit Unterstützung des Trainers, Aufmerksamkeit und Geduld, lassen sie sich jedoch bewußt machen. Sie sind vielfach ineinander verschachtelt und haben für jeden typische Verlaufsformen, sog. internale Strategien.

Nehmen wir als kleines Beispiel, daß Sie sich im nächsten Monat für Ihr Abendessen entscheiden müssen. Und zwar haben Sie die Wahl zwischen Filet und Forelle blau. Wofür entscheiden Sie sich? ... Die interessanten Fragen sind jetzt: Wie sind Sie zu dieser Entscheidung gekommen? Woher wußten Sie, was Sie essen wollen? Denn irgendwie müssen Sie ja innerlich geprüft und abgewägt haben.

Verschiedene Entscheidungsstrategien werden deutlich. Der eine holt sich 2 Bilder von Filet und Forelle her, sieht sie nebeneinander an und folgt dann seinem Gefühl. Oder jemand holt die bildhaften Erinnerungen an die letzten Mahlzeiten und spürt den Geschmack im Mund. Der dritte spürt seinen Magen. An diesem Beispiel wird sichtbar, wieviele unterschiedliche Strategien denkbar sind. NLP-Seminare schulen die Fähigkeit, die inneren Prozesse bei anderen wahrzunehmen und zu berücksichtigen. Weiterhin wird geübt, die eigenen Strategien kennenzulernen und zu verbessern. Eine Strategie wird verbessert, indem einzelne Schritte oder Inhalte, die einen ungünstigen Einfluß auf eine sachgerechte Entscheidung haben, verändert werden.

Gefahren und Nutzen

Zusammenfassend sollen noch einmal die Möglichkeiten von NLP-Seminaren wiedergegeben werden:
In NLP-Seminaren lernen Sie,
- Ihre Fähigkeiten zu erweitern, in erfolgreichen Kontakt mit anderen zu treten,
- Ihre Beobachtungsgabe zu verfeinern, um so angemessener und flexibler auf ihr Gegenüber zu reagieren,
- die Stärken Ihrer Mitarbeiter, Kollegen und Kunden besser zu nutzen,
- sicherer und entscheidungsfreudiger aufzutreten,
- Ihre Schwierigkeiten und Probleme erfolgreich zu bewältigen,
- Ihre Pläne und Wünsche in die Tat umzusetzen.

Zum Schluß soll eine Frage erörtert werden, die immer wieder gestellt wird. Ist NLP mit der Vielzahl seiner hochwirksamen Techniken nicht gefährlich und leicht zu mißbrauchen?

NLP ist eine Weiterentwicklung vergleichbar mit der Fortentwicklung der Pkw. Wenn man den Mercedes oder BMW von 1960 neben das neueste Modell stellt, sind viele Unterschiede deutlich. Die neuen Modelle sind eleganter, schneller, bequemer und sie brauchen weniger Energie. Man kann mit ihnen sein Ziel schnell und auf angenehme Weise erreichen. Aber man kann auch auf der Autobahn das Rasen anfangen, andere Verkehrsteilnehmer zur Seite drängen, mit der Höchstgeschwindigkeit schwere Unfälle verursachen und andere überfahren.

Ein sinnvoller Gebrauch des Instrumentariums, das NLP bietet, besteht darin, in jedem Seminar eine Mischung aus trainierbaren Fähigkeiten und persönlichen Zielen anzubieten. Wer rast und andere rücksichtslos von der Straße drängt, macht dies nicht nur aus Anspannung, Ärger und Frustration, sondern mit einem für ihn sinnvollen Zweck. Vielleicht ist die positive Absicht Selbstbehauptung und der Beweis eigener Stärke. Mittels der Entspannungstechniken, die die eigenen Kräfte mobilisieren, wird ein einfacherer und partnerschaftlicherer Weg aufgezeigt, die eigenen Stärken zu finden und zu spüren.

Dabei entwickelt NLP sinnvolle Kriterien dafür, was persönlichen Erfolg ausmacht. Wenn jemand mit dem Ziel kommt, schnell Millionär zu werden, wird der NLP-Trainer als erstes fragen: „Wenn Sie nun Millionär geworden sind, was versprechen Sie sich davon? Mehr Anerkennung? Mehr Genuß? Oder was sonst genau? – Er wird den Betreffenden weiter fragen, ob es für ihn nötig ist, den Umweg über den Millionär zu gehen, um die wichtigen Ziele, die dem Millionärswunsch zugrunde liegen (Anerkennung, Genuß usw.) zu erreichen. Beide werden Wege suchen, diese Ziele vielleicht auf andere Weise schneller und leichter zu erreichen.

Wer einen Esel zum beharrlichen Ziehen eines Wagens bringen will, hängt ihm am besten eine Karotte vor die Nase. So weit weg, daß er sie nicht fassen kann, aber doch so nah, daß er ständig vorwärts geht, um sie zu schnappen. Für manchen ist „Erfolg" eine derartige Karotte, die ihn zwar den Wagen ziehen läßt, die er aber nie erreicht, um sie genußvoll und in Ruhe zu verspeisen. Wer mit Scheuklappen nur nach der unerreichbaren Karotte stiert, wird sich in fruchtloser Hetze danach frustrieren.

Dabei hilft NLP die Scheuklappen abzulegen und erreichbare, befriedigende Ziele wahrzunehmen und zu erreichen. Dazu gehören Fähigkeiten, die mit Leistung und beruflichem Erfolg zu tun haben. Gerade wenn NLP im Management angeboten wird, spielt das eine wichtige Rolle. Denn wer sich unterfordert und seine Anlagen und Fähigkeiten nicht entwickelt, wird schwerlich zufrieden werden. Hand in Hand gehen damit jedoch andere menschliche Eigenschaften: Offenheit, Kontaktfähigkeit, Zufriedenheit, Spaß am Neuen. Damit verwirklicht sich eine bestimmte *Qualität* im Leben. Weit weg von dem gejagten „Erfolgstyp", hinter dessen Bürotür der Herzinfarkt lauert, ist hier der Nährboden, auf dem gesunder Erfolg gedeiht.

Literatur

Bandler R (1987) Veränderung des subjektiven Erlebens. Fortgeschrittene Methoden des NLP. Junfermann, Paderborn

Bandler R, Grinder J (1981a) Neue Wege der Kurzzeit-Therapie. Neurolinguistische Programme. Junfermann, Paderborn

Bandler R, Grinder J (1981b) Metasprache und Psychotherapie. Die Struktur der Magie I. Junfermann, Paderborn

Bandler R, Grinder J (1985) Reframing. Ein ökologischer Ansatz in der Psychotherapie (NLP). Junfermann, Paderborn

Blickhan C, Ulsamer B (1985a) NLP: Kürzel für verschärfte Wahrnehmung. Neuer Merkur, München. (Congress & Seminar, November 1985)

Blickhan C, Ulsamer B (1985b) NLP: Methode für Manager, die sich fordern. (Congress & Seminar, Dezember 1985)

Birkenbihl V, Blickhan C, Ulsamer B (1987) NLP. Einstieg in die Neuro-Linguistische Programmierung. Gabal, Speyer

Cameron-Bandler L (1983) Wieder zusammenfinden. NLP – neue Wege der Paartherapie. Junfermann, Paderborn

Cameron-Bandler L, Gordon D, Lebeau M (1985a) Know how: Guided programs for inventing your own best future. FuturePace, San Rafael

Cameron-Bandler L, Gordon D, Lebeau M (1985) The Emprint method: A guide to reproducing competence. FuturePace, San Rafael

Cameron-Bandler L, Lebeau M (1986) The emotional hostage. Rescuing your emotional life. FuturePace, San Rafael

Dilts R, Bandler R, Grinder J et al. (1985) Strukturen subjektiver Erfahrung. Ihre Erforschung und Veränderung durch NLP. Junfermann, Paderborn

Gordon D (1984) Therapeutische Metaphern. Jungermann, Paderborn

Grinder J, Bandler R (1982) Kommunikation und Veränderung. Die Struktur der Magie II. Junfermann, Paderborn

Grinder J, Bandler R (1984) Therapie in Trance. Hypnose: Kommunikation mit dem Unbewußten; Klett-Cotta, Stuttgart

Grinder J, Bandler R, Satir V (1978) Mit Familien reden. Pfeiffer, München

Laborde G (1987) Influencing with integritiy. Management skills for communication and negotiation, Syntony, Palo Alto

Lankton S (1980) Practical magic. A translation of basic neuro-linguistic programming into clinical psychotherapy. Meta, Cupertino

Ulsamer B (1987) Neuro-Linguistisches Programmieren – Konzentration auf das Wesentliche. Welche Therapie? Thema: Psychotherapie heute. Beltz, Weinheim Basel

Rolf Ruhleder
lic. oec., Volks- und Betriebswirt,
Geschäftsführer des Managements Instituts Ruhleder

Rhetorik im Management und ihre Problemstellung

Zusammenfassung

Die Bedeutung der Gesprächsführung im Management nimmt ständig zu, da es nicht die Fakten sind, die uns den Disput gewinnen lassen, sondern die Art und Weise, wie diese vorgetragen werden. Vor diesem Hintergrund listet der Autor eine ganze Reihe unterschiedlicher Fragemöglichkeiten auf, die sich auf bestimmte Umstände und Problemstellungen beziehen. Im gleichen Zusammenhang zeigt er, wie man auf die sog. „unfaire Dialektik" reagieren kann. Schließlich werden die optimalen Bedingungen und Umstände beschrieben, die im Hinblick auf jedwede Konferenzsituation berücksichtigt werden sollten, sofern eine der beteiligten Parteien diese für besonders wichtig halten sollte.

Summary

Oral skills among members of management are very important since it is not the facts which help us win an argument but the way they are presented. With this in mind, the author offers a list of modalities for the formulation of different kinds of questions related to particular circumstances and problems. In the same context, examples are given of how to react to and counteract what is called "unfair dialectics." Finally, optimal conditions and circumstances are described which need to be borne in mind in any kind of dialogue which one of the participating parties considers to be of major importance.

Die Fragetechnik – die Königin der Dialektik

Was nutzt es, wenn Sie argumentieren können, wenn Sie rhetorisch begabt sind und Überzeugungskraft haben? Trotzdem werden Sie in Gesprächen und Ver-

B.J.M. Diehl, Th. Miller (Hrsg.)
Moderne Suggestionsverfahren
© Springer-Verlag Berlin Heidelberg 1990

handlungen nicht den gewünschten Erfolg erzielen, wenn Sie nicht auf dem Instrumentarium der Fragetechnik spielen können. Also: Versuchen Sie, in Zukunft weniger festzustellen und zu behaupten, sondern mehr zu fragen. Schon Sokrates (469–395 n. Chr.) war von der Bedeutung der Fragetechnik überzeugt. Wird doch noch heute eine der aufgezeigten Frageformen die „sokratische Frage" genannt.

Die Vorteile dieser Technik liegen auf der Hand:
Die Fragetechnik
– gibt dem Gesprächspartner das Gefühl, daß wir ihm interessiert zuhören,
– erleichtert uns, die Gesprächsrichtung zu ändern,
– hilft uns, im Verkaufsgespräch Kaufmotive aufzubauen,
– befähigt uns, Gegenargumente schneller zu erkennen,
– ermöglicht ein diplomatisches Korrigieren des Gesprächspartners,
– schafft die nötige Vertrauensbasis beim Partner,
– hilft, den Gesprächspartner leichter einzuschätzen,
– baut Aggressionen ab,
– macht es einfacher, unfaire Angriffe zu parieren,
– gibt uns Zeit, die nächsten Gedanken zu formulieren.

Wir aktivieren den Gesprächspartner, ohne daß wir die Gesprächsführung aus der Hand geben. Wie sagte schon Pascal:

> Man läßt sich gewöhnlich leichter durch Gründe überzeugen, die man selbst gefunden hat, als durch solche, die anderen zu Sinn gekommen sind.

Mit einer gekonnten Fragetechnik motivieren Sie den Gesprächspartner. Denn: Jeder ist davon überzeugt, der Mittelpunkt der Welt zu sein.
Unglücklicherweise gibt es zwischenzeitlich schon mehr als 4,5 Mrd. Mittelpunkte!

Die 2 Fragemethoden

Grundsätzlich unterscheiden wir zwischen geschlossener und offener Frage. Bei der geschlossenen Frage kann der Gesprächspartner nur mit „ja", „nein" oder „vielleicht" antworten. Sie beginnt mit einem Hilfsverb oder Verb.
Beispiel:
„Entspricht dieser Artikel Ihren Erwartungen?"
Die offene Frage dagegen beginnt immer mit einem Fragewort:
„Aus welchen Gründen interessiert Sie dieser Artikel?"
Selbst die kürzeste Antwort wird – wenn der Gesprächspartner höflich ist – aus einem vollständigen Satz bestehen. Es ist deshalb sehr oft ratsam, offene Fragen zu stellen, weil der Gesprächspartner meist detailliertere Auskünfte geben wird. Außerdem gewinnen Sie Zeit zum Überlegen.
Noch ein Tip: Ersetzen Sie das Fragefort „warum" durch die Formulierung „aus welchen Gründen". Es wirkt verbindlicher und „erschlägt" den Gesprächspartner nicht. Gleichzeitig geben Sie ihm die Gelegenheit, mehrere Möglichkeiten und Gründe zu nennen.

Formulieren Sie statt:
 „Warum sind Sie gestern zu spät gekommen?"
besser:
 „Aus welchen Gründen sind Sie gestern zu spät gekommen?"

Die 10 Fragearten

Sie werden feststellen, daß bei den nachfolgenden Fragemethoden auch die geschlossene Frage auftaucht. Es handelt sich hier jedoch jeweils um den Einsatz der geschlossenen Frage als Mittel zur Erreichung einer konkret gewünschten Antwort.

1. Informationsfrage

Natürlich wollen Sie mit jeder offenen und geschlossenen Frage im weitesten Sinne eine Information erhalten. Bei dieser Frageform beabsichtigen Sie jedoch wirklich nur, Ihr Wissen über eine Person, Sache etc. zu vertiefen. Diese Frageart zeichnet sich durch kurze und knappe Formulierungen aus. Die Informationsfrage sollte nicht mehr als 5–9 Worte umfassen. Sie soll den Hintergrund ausleuchten.
 „Welche Tageszeitung lesen Sie?"
 „Wie fühlen Sie sich?"
 Stellen Sie nicht zu viele Informationsfragen hintereinander, sonst fühlt sich der Gesprächspartner verhört und in die Ecke gedrängt.

2. Alternativfrage

Geben Sie Ihrem Gesprächspartner (besonders bei Verkaufsgesprächen) nicht die Wahl zwischen einer positiven und einer negativen Möglichkeit. Zeigen Sie ihm stets 2 positive Möglichkeiten auf. – Im Hotel beim Frühstück:
 Der Ober fragt nicht:
 „Wünschen Sie ein Ei?"
 (positive Möglichkeit: ein Ei,
 negative Möglichkeit: kein Ei), sondern:
 „Wünschen Sie das Frühstücksei weich oder hart?" (4 oder 7 Minuten; 2 positive Möglichkeiten).

3. Suggestivfrage

Diese Frageform will den Gesprächspartner beeinflussen und in eine bestimmte Richtung drängen. An der wahren Meinung des Gesprächspartners sind Sie wenig interessiert. Sie sollten sie dann einsetzen, wenn Feststellungen unvermeidbar erscheinen.
 Bestimmte Füllwörter – etwa – sicher – doch – auch nicht – wohl – werden in die geschlossene Frage eingebaut.
 „Sie sind *doch auch* der Meinung, Herr Kollege, daß wir durch dieses Gespräch einen bedeutenden Fortschritt erzielt haben?"

4. Fangfrage

Sie wird auch als indirekte Frage bezeichnet, da Sie die Antwort nicht direkt erfragen können. Sie ziehen andere Rückschlüsse als derjenige, der Ihnen die Antwort gibt, vermutet.
Beispiel:
Sie haben als Personalchef bei der Abfassung einer Stellenanzeige die Angabe „Führerschein Klasse 3 Bedingung" vergessen.
Wenn Sie herausfinden wollen, ob ein Bewerber einen Führerschein hat, so fragen Sie ihn beiläufig:
„Haben Sie einen guten Parkplatz gefunden?"
oder:
„Welchen Wagen fahren Sie?"
Mit großer Wahrscheinlichkeit können Sie aus der Antwort folgern, ob der Partner eine Fahrerlaubnis besitzt.

5. Rhetorische Frage

Eine Frage, auf die man keine Antwort erwartet oder auf die keine Antwort nötig ist. Sie eignet sich besonders bei Vorträgen und Festreden. Sie setzt voraus, daß die Zuhörer die Fakten kennen bzw. gleicher Meinung sind.
„Wer von Ihnen, meine Damen und Herren, hat noch nichts von der Firma Wirbel gehört?"
„Wer kann heute diese Erkenntnisse ablehnen?"
Diese Frage trägt wesentlich zur Belebung eines Vortrages bei!

6. Gegenfrage

Sie bringt Hintergrundinformationen bzw. oft (Teil-)Revision der ersten Aussage.
Beispiel:
„Wie meinen Sie das?"
„Wie darf ich das verstehen?"
Der Gesprächspartner ist gezwungen, seine Aussage zu präzisieren. Nur in den seltensten Fällen gelingt es ihm, die Frage exakt zu wiederholen. So können Sie sich zwischenzeitlich eine Antwort zurechtlegen.
Sehr oft gibt der Gesprächspartner auch selbst die Lösung auf seine Frage, die er ursprünglich von Ihnen hören wollte.

7. Motivierende Frage

Sie regt den Gesprächspartner an, aus sich herauszugehen, sich „zu öffnen". Sie erzielen damit eine besonders positive Stimmung.
Beispiel:
„Was sagen Sie als Fachmann zu der von mir entwickelten Marketingkonzeption?"

8. Schock- oder Angriffsfrage

Sie können mit dieser Frageform zwei Fliegen mit einer Klappe schlagen. Sie können Ihren Gesprächspartner aus der Reserve locken, und er läßt sich häufig zu unbeabsichtigten Äußerungen hinreißen. Es bleibt jedoch eine sehr gefährliche Frageart, da die positive Stimmung – Grundvoraussetzung für jedes Gespräch und jede Verhandlung – stark darunter leidet.

„Wollen oder können Sie mir keine klare Antwort geben?"
„Sind Sie von Ihrer Äußerung wirklich überzeugt?"

9. Kontroll- oder Bestätigungsfrage

Es ist meist eine geschlossene Frage, mit der Sie das Interesse des anderen überprüfen oder eine Bestätigung Ihrer Meinung suchen. Sie erfahren gleichzeitig, ob er Ihnen überhaupt noch zuhört. Die Kontrollfrage ist sehr oft auch eine Suggestivfrage.

„Stimmen Sie meinen Überlegungen zu?"
„Bestätigen Sie nicht auch ...“

10. Ja-Fragen-Straße (sokratische Frage)

Wollen Sie zu dem Ergebnis kommen, daß der Gesprächspartner mit „Ja" antwortet, so formulieren Sie 3–5 geschlossene Fragen, die der Gesprächspartner mit „Ja" beantworten wird (sokratische Fragen). Dies muß natürlich durch den vorhergehenden Gesprächsverlauf sichergestellt sein. Auch müssen die Fragen logisch aneinandergereiht werden (Frageketten). In 70–90 % aller Fälle wird er bei der (entscheidenden) letzten Frage, die er normalerweise mit „Nein" beantwortet hätte, auch hier mit „Ja" antworten. Voraussetzung ist, daß der Gesprächspartner unentschlossen ist.

Beispiel:

Verkauf von Sicherheitsschuhen	Antwort des Kunden:
1. „Wollen Sie mehr Umsatz erzielen?"	„Ja"
2. „Sind Sie daran interessiert, Kosten zu sparen?"	„Ja"
3. „Müssen Sie dann Ihre Mitarbeiter vor Unfallgefahren schützen?"	„Ja"
4. „Haben Ihre Mitarbeiter schon öfters Fußverletzungen gehabt?"	„Ja"
5. „Darf ich Ihnen dann für Ihre Mitarbeiter die Sicherheitsschuhe ‚Zeitz' vorschlagen?"	„Ja"

Wir haben die 10 entscheidenden Fragearten behandelt, die Sie zukünftig einsetzen sollten (Abb. 1). Beachten Sie jedoch, daß Sie nicht in das andere Extrem verfallen und in Zukunft alles erfragen. Selbstverständlich darf der Verhandlungs- und Diskussionspartner nicht den Eindruck bekommen, daß Sie selbst nicht bereit sind, Rede und Antwort zu stehen.

Der gezielte Einsatz der Fragetechnik hilft Ihnen, in jeder Verhandlungsrunde und Gesprächssituation einen Vorsprung ins Feld zu führen, der vom Gesprächspartner meist nicht mehr eingeholt werden kann.

Es liegt mehr als nur ein Körnchen Wahrheit im chinesischen Sprichwort:

„Wer fragt, ist für fünf Minuten dumm, wer nicht fragt, bleibt ein Leben lang dumm."

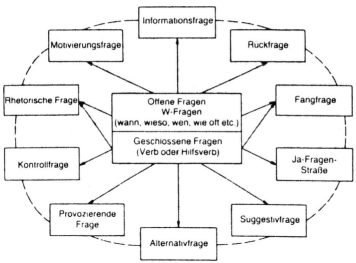

Abb. 1. Graphische Darstellung unterschiedlicher Fragetypen unter Vermeidung jeglicher Rangordnung

22mal unfaire Dialektik – und ihre Begegnung

Die Methoden fairer Dialektik sind durch zahlreiche Artikel zwischenzeitlich hinreichend bekannt. Über unfaire Dialektik, die auf jeden Fall abzulehnen ist, gibt es jedoch kaum Veröffentlichungen. Doch wie wollen Sie sich gegen jene Taktiken wappnen, die Sie nicht – oder nur zu spät – erkennen? Wie entscheidend ist es doch, unfaire Partner in Verhandlungen und Diskussionen in den Griff zu bekommen!

Hier nun die 22 Methoden unfairer Dialektik und – viel wichtiger – ihre Begegnung mit 2 praktikablen Lösungsvorschlägen A und B.

Lösung C sollte Sie nachdenklich stimmen: Es ist ein weiterer Vorschlag aus dem Bereich der unfairen Dialektik.

1. Wissenschaftstaktik

Der Gesprächspartner arbeitet mit Lehrmeinungen: Er zitiert Mao, Lenin, Böll. Noch gefährlicher: Er zitiert absichtlich falsch und fragt Sie, ob Ihnen nichts aufgefallen ist. Wer kennt schon die Formulierungen bestimmter Persönlichkeiten im einzelnen!

Begegnung:
A. Fragen Sie nach seiner Meinung. Noch besser: Geben Sie offen zu, daß Sie dieses Zitat nicht kennen.
B. „Ich könnte Ihnen genügend Gegenzitate nennen."
C. Bereiten Sie sich gut vor, und behaupten Sie, daß Sie auf dieses Zitat schon lange gewartet haben, und fahren Sie dann fort.

2. Ad-personam-Taktik

Eine der bekanntesten Methoden der unfairen Dialektik: Nicht die Sache, sondern die Person angreifen. Der Gegner bringt keine sachlichen Argumente, sondern wird persönlich, z. B.: „Die Farbe Ihres Jacketts entspricht auch Ihrer geistigen Haltung" (Grau in Grau)

Begegnung:
A. Weisen Sie den persönlichen Angriff auf das entschiedenste zurück.
B. „Wenn es der Diskussion nutzt, ziehe ich gern mein Jackett aus." – „Glauben Sie, daß Ihre Meinung zu meinem Jackett zur Klärung des Sachverhalts beiträgt?"
C. „Wußten Sie eigentlich, daß ich nur meinen Anzug täglich wechsele?"

3. Laientaktik

Er spielt den Ungläubigen. Wie leicht werden wir alle verwirrt, wenn Ihr Gegenüber feststellt: „Das verstehe ich nicht, können Sie das bitte noch einmal erklären?"

Begegnung:
A. Kommen Sie später darauf zurück. Verweisen Sie – wenn möglich – auf nachfolgende Äußerungen.
B. Fragen Sie: „Ist das allgemein nicht verstanden worden?" (Sie müssen jedoch sicher sein, daß alle anderen Sie verstanden haben.)
C. „Daß Sie nichts hören, liegt an mir, daß Sie nichts verstehen, liegt an Ihnen!!!"

4. Verschleierungstaktik

Der Gesprächspartner beginnt seine Worte mit der Äußerung: „Fassen Sie es bitte nicht als Kritik an Ihrer Person auf." Sie können versichert sein, daß es sich dann um eine persönliche Kritik handelt. Im Gegenteil: Die Zuhörer werden sogar direkt darauf hingewiesen, daß Sie jetzt kritisiert werden.

Begegnung:
A. „Ich bin Ihnen dankbar für diese Stellungnahme, jedoch..."
B. „Halten Sie Ihre Äußerung in diesem Rahmen für angebracht?"
C. „Warum sind Sie nicht ehrlich und sagen offen, was Sie denken?"

5. Vorwurfstaktik

Ihr Gesprächspartner überhäuft Sie mit Vorwürfen; meist handelt es sich um eine Aneinanderreihung von Warum-Fragen. „Warum haben Sie...", „Warum wollen Sie..."

Begegnung:
A. „Darf ich eine Frage nach der anderen beantworten?"
B. „Glauben Sie, daß diese Fragen hierher gehören?"
C. „Aus welchen Gründen wagen gerade Sie, mir diese Fragen zu stellen?"

6. Unterbrechungstaktik

Ihr Gegenüber zermürbt Sie durch laufende Unterbrechungen: „Sie wiederholen sich", „Wo haben Sie das aufgeschnappt?"

Begegnung:
A. Appellieren Sie an die Fairness, und erinnern Sie an die allgemeinen Spielregeln.
B. Machen Sie eine lange Pause, und fragen Sie dann, ob Sie fortfahren dürfen.
C. Sagen Sie: „Man kann es nicht oft genug – für Sie – wiederholen."

7. Großzügigkeitstaktik

Begründen wir unsere wohlüberlegte Meinung mit genauem statistischem Material, so bezeichnet er uns als „Pfennigfuchser" und als „kleinkariert", oder er sagt: „Man muß doch an die Gesamttendenz, an die große Linie denken, Herr Kollege."

Begegnung:
A. „Auch ein Mosaik, Herr Kollege, setzt sich aus vielen kleinen Steinchen zusammen."
B. Fragen Sie, ob er den exakten Zahlen etwas entgegensetzen könne. Nur anhand dieser Informationen ließe sich eine klare Linie aufzeigen.
C. „Halten Sie es für zulässig, wichtige Details wegzulassen?"

8. Genauigkeitstaktik

Umgekehrt: Sind Sie großzügig und legen nur Wert auf die große Linie, so kommt blitzschnell die Frage, ob Sie auf Einzelheiten keinen Wert legten. „Der Teufel steckt bekanntlich im Detail, darum..."

Begegnung:
A. Stellen Sie fest, daß Sie die Details ebenfalls im einzelnen geprüft haben, Sie jedoch nur das Wichtigste vortragen wollten.
B. „Darf ich begründen, warum ich nur die große Linie aufzeigen will?"
C. Erklären Sie, daß die Einzelheiten für den Gesamtablauf keinerlei Aussagekraft hätten.

9. Zuordnungstaktik

Der Gegner ordnet Sie einer bestimmten Gruppe zu und verallgemeinert unfair. „Alle leitenden Angestellten haben doch nur das eine Ziel...", „Alle Unternehmer sind gleich..."

Begegnung:
A. „Sind Pauschalurteile nicht gefährlich?"
B. „Essen wirklich alle Deutschen Sauerkraut und sind ehrlich?"
C. „Zu welcher Gruppe zählen Sie sich...?"

10. Fremdworttaktik

Ihr Gegenüber benutzt einen Begriff, der Ihnen nicht bekannt ist, um sein Fachwissen zu beweisen. Oder er überschüttet Sie mit einem Schwall von Fremdworten.

Begegnung:
A. „In unserer aller Interesse sollten Sie uns doch sagen..."
B. „Lassen Sie uns doch unsere Muttersprache pflegen..."
C. „Glauben Sie, daß Sie mit Ihrem Wirbel an Fremdwörtern unseren Zuhörern imponieren können?"

11. Phrasentaktik

Sollten andere Methoden versagen, so versucht er, Sie durch schöne Redensarten zu umgarnen. Er spricht von höheren Werten wie Vaterland, Mutterliebe, Großmut, Ehre und sozialer Gerechtigkeit. Diese Worte verfehlen bei den Zuhörern selten ihre Wirkung.

Begegnung:
A. „Gute und bewährte Tugenden. Auf der Basis dieser Tugenden..."
B. „Habe ich behauptet, daß diese Werte für uns nichts mehr bedeuten? Im Gegenteil..."
C. „Dürfen Sie überhaupt über diese hohen Werte sprechen?"

12. Theorie-/Praxistaktik

Der Gesprächspartner gibt Ihnen recht und sagt, daß Ihre Aussage „in der Theorie sehr gut klingt, aber in der Praxis nicht durchführbar ist".

Begegnung:
A. „Nichts ist besser für die Praxis als eine gute Theorie."
B. „Wo ziehen Sie hier die Grenze?"
C. „Bisher war nur diese Theorie gut, jetzt kommt noch die Praxis hinzu..."

13. Hauptsache-/Nebensachetaktik

Diese Methode wird benutzt, um Nebensächlichkeiten hochzuspielen, damit die Hauptsache (das wahre Ziel) nicht erkannt wird.

Beispiel:
Frage: „Erhält ein Nachtwächter Rente, wenn er tagsüber stirbt?"
Antwort: „Nein. Was nützt einem toten Nachtwächter die Rente? Höchstens seiner Frau..."
Auch hier wird die „Nebensache" zur „Hauptsache" gemacht.

Begegnung:
A. „Interessant, jedoch lassen Sie uns zum Ausgangspunkt zurückkommen."
B. „Darf ich Sie bitten, zum Thema zurückzukehren?"
C. „Wissen Sie, daß Sie am Thema vorbeireden?"

14. Induktionstaktik

Er geht von einem zugkräftigen Einzelbeispiel aus und hält Ihnen dieses als allgemein gültige Aussage entgegen.

Begegnung:
A. „Eine Schwalbe macht noch keinen Sommer."
B. „Ein Beispiel beweist noch nichts."
C. Weisen Sie ihm nach, daß dieses Beispiel total an der Gesamtaussage vorbeigeht.

15. Verunsicherungstaktik

Er schaut Sie besonders kritisch an und stellt schwierige Gegenfragen. Er bringt durch seine Körperhaltung (z. B. verschränkte Arme, zurückgeneigter Oberkörper) seine Mißbilligung gegenüber Ihnen zum Ausdruck.

Begegnung:
A. „Was haben Sie nur gegen mich?"
B. „Seien Sie doch nicht so böse zu mir."
C. „Wem wollen Sie damit eigentlich etwas beweisen?"

16. Schweigetaktik

Er hört nur zu und läßt alle Äußerungen an sich abgleiten oder fällt plötzlich in das andere Extrem: Er fertigt Sie lautstark ab und schweigt dann urplötzlich wieder.

Begegnung:
Bei Schweigen:
A. „Was meinen Sie als Fachmann..."
B. Bei lautstarken Äußerungen:
   „Wie darf ich das als Fachmann verstehen?"
C. „Ich sehe, wir haben alle Verständnis für Ihre gefühlvolle Erregung."
   oder:
   „Was haben Sie gesagt?"

17. Verwirrungstaktik

Der Gesprächspartner benutzt die Redewendungen von Ihnen in einem anderen Sinn, als Sie es meinen. Er zieht andere unbequeme Schlußfolgerungen und versucht damit, die Unbrauchbarkeit Ihrer Worte zu beweisen.

Begegnung:
A. „Ist das von Ihnen auch so verstanden worden...?"
B. Ich habe mich bestimmt undeutlich ausgedrückt, meine Meinung ist..."
C. „Wurden meine Äußerungen von allen falsch verstanden?"

18. Diversionstaktik

Der Gesprächspartner wechselt unauffällig das Thema (Schopenhauer nannte dies „Diversion"). Er bringt etwas Neues, das insbesondere das Interesse der Zuhörer erregt.

Begegnung:
A. Bitten, zur Tagesordnung zurückzukehren, oder Aufforderung an den Diskussionsleiter oder die Konferenzleitung, sich nicht vom Thema abbringen zu lassen.
B. Betonen Sie, daß Ihnen dieses Thema ebenfalls sehr wichtig erscheint. Kommen Sie dann auf die Ausgangslage zurück.
C. Klarstellen, daß Ihnen dieses Thema sehr wichtig ist, doch von dem Gesprächspartner hier nur vorgeschoben wurde, um von den eigentlichen Problemen abzulenken.

19. Entweder-oder-Taktik

In hitzigen Streitgesprächen und bei betont emotionalen Äußerungen benutzt Ihr Gegenüber nur extreme Standpunkte. Goebbels sprach in seiner – hinreichend bekannten – Rede im Berliner Sportpalast nur von der Kapitulation oder dem totalen Krieg. Wer sieht hier (nachträglich) nicht, daß dies nur 2 Enden einer langen Geraden sind?

Begegnung:
A. „Halten Sie nicht die Extremlösung für eine Notlösung?"
B. „Können Sie mir Vorschläge unterbreiten?"
C. „Warum können Sie keinen Kompromißvorschlag akzeptieren?"

20. Aufschubtaktik

Der Gesprächspartner will erst später zu einem Problem Stellung nehmen oder gewinnt Zeit durch Rückfragen.

Begegnung:
A. „Besteht nicht der allgemeine Wunsch..."
B. Sofortige Stellungnahme fordern, da Ihnen gerade dieser Gedankengang besonders wichtig im Sinne der Zuhörer erscheint.
C. „Müssen Sie unbedingt dieser Frage ausweichen?"

21. Kompetenztaktik

Bei *jüngeren* Gesprächspartnern werden sachlich richtige Argumente zurückgewiesen: „Ihre Lebens- und Berufserfahrung ist einfach zu gering..." Bei *älteren* Gesprächspartnern wird kategorisch festgestellt, daß „diese Meinung einfach nicht mehr zeitgemäß ist".

Begegnung:
A. „Mozart schrieb mit 8 Jahren seine erste Symphonie; Adenauer war mit 90 Jahren noch Bundeskanzler!"
B. „Das Wissen verdoppelt sich alle 7 Jahre."
C. „Erfahrung ist der Name, mit dem viele ihre Dummheit bezeichnen" (so Oscar Wilde).

22. Widerspruchstaktik

Statt konkret auf die Aussagen von Ihnen einzugehen, verweist er auf die Widersprüche früherer Aussagen, die u. U. schon Jahre zurückliegen können. Daraus folgert der unfaire Dialektiker Charakterlosigkeit, Hemmungen, Wankelmut etc.

Begegnung:
A. „Reißen Sie das bitte nicht aus dem Zusammenhang heraus."
B. „Der arbeitende Pflug blinkt, das stehende Wasser stinkt."
C. „Ich werde täglich gescheiter, vor 8 Jahren war ich noch Ihrer Meinung."

Nochmals: Der Lösungsvorschlag C war meist der unfairen Dialektik entnommen.

Natürlich kann man auch einmal bei einem unfairen Angriff mit einer unfairen dialektischen Methode „zurückschießen". Doch dies sollte die große Ausnahme bleiben.

Typisch, daß die Beispiele C in einer Vielzahl von Dialektikseminaren von den Teilnehmern vorgeschlagen wurden. Es ist einfach leichter, unfaire Methoden zu entwickeln und einzusetzen. Sie sollten jedoch versuchen, immer fair zu bleiben. Selbst wenn Sie jetzt einen kurzfristigen Sieg verbuchen können, so gibt es bei einem Sieg auch immer einen Verlierer.

Merke: Wir wollen in jeder dialektischen Situation gewinnen, ohne jedoch zu siegen.

Noch ein Satz zum Schluß:
Wer nicht gut genug ist, mir zu nutzen, ist mindestens noch gut genug, um mir zu schaden.

Allein dies sollte ein Grund sein, mehr mit fairen Methoden der Dialektik umzugehen, als sich auf das gefährliche Glatteis der unfairen Dialektik zu begeben.

Die Kunst zu überzeugen

Sie waren von Ihrer Meinung überzeugt und sind sich auch sicher, die richtigen Sachargumente vorgebracht zu haben; dennoch hat die Verhandlung nicht den gewünschten Verlauf genommen. Was haben Sie falsch gemacht? Recht haben und recht behalten können 2 ganz verschiedene Dinge sein! Wie oft hatten Sie schon in Ihrer täglichen Praxis recht und haben sich trotzdem nicht durchgesetzt?

Nachfolgend 14 Vorschläge, die Ihnen helfen, überzeugender zu wirken und damit den Gesprächsverlauf entscheidend beeinflussen zu können.

Sammeln Sie – vorher – alle Argumente!

Eine der wichtigsten Voraussetzungen für ein erfolgreiches Gespräch und eine gewinnbringende Verhandlung ist die gute Vorbereitung. Sammeln Sie alle Argumente, die für Ihre Aussagen sprechen und – mindestens genauso wichtig – die Argumente, die von Ihrem Gesprächspartner entgegengesetzt werden könnten.

Sprechen Sie diese Punkte auch einmal mit einer dritten Person durch; denn jedes Gespräch können Sie unter verschiedenen Blickwinkeln und Gesichtspunkten sehen. Sie werden erstaunt sein, wie oft ein unabhängiger Gesprächspartner die Thematik von einer ganz anderen Warte aus betrachtet.

Kontrollieren Sie das Umfeld!

Wenn die Rahmenbedingungen nicht stimmen, so werden Sie sich in jeder Verhandlung schwerer tun, Ihre Meinung durchzusetzen. Zu den äußeren Bedingungen gehören die Lichtverhältnisse (der Gesprächspartner sollte nicht geblendet werden), die Temperatur (zu kalt/zu warm), die Sitzmöbel (zu hoch/zu niedrig). Auch die gesamte Einrichtung sollte der Erwartung Ihres Gegenübers entsprechen.

Beispiel: Ein futuristisches Büro mit Neonlicht paßt nicht als Umgebung, wenn ich in einem Antiquariat über einen wertvollen Schrank aus dem Jahr 1850 verhandle!

Zum Umfeld gehört auch, daß Sie Störungen durch Mitarbeiter – zum Beispiel eine Sekretärin, die eine Unterschriftenmappe hereinreicht – vermeiden. Auch Telefongespräche sind möglichst zu unterlassen.

Nehmen Sie sich Zeit!

Eine Verhandlung unter Zeitdruck ist eine schlechte Verhandlung. Unterschätzen Sie Ihren Gesprächspartner nicht! Auch er merkt, wenn Sie in Eile verhandeln. Dies führt zur Stärkung seiner Position und damit auch seiner Argumentation.

Es ist auch eine Abwertung Ihres Verhandlungspartners, wenn Sie ihm nicht genügend Zeit widmen: „Wenn jemand sagt, er hat keine Zeit, dann bedeutet das nur, daß andere Dinge für ihn wichtiger sind." Darf dies Ihr Gesprächspartner wirklich fühlen?

Zeigen Sie echte Alternativen auf!

Bieten Sie Ihrem Gesprächspartner 2 realistische Lösungsvorschläge an. Zeigen Sie beispielsweise auf, welche positiven Konsequenzen es hat, wenn Sie 2 neue Außendienstmitarbeiter einstellen, und die weitaus geringeren Vorteile, wenn Sie nur einen Verkäufer einsetzen. Oder: Erläutern Sie als Einkaufsleiter, weshalb es zweckmäßig ist, gleich 2 neue Schreibmaschinen zu ordern, statt nur eine zu bestellen.

Freuen Sie sich jedoch auch, wenn Sie nur einen Außendienstmitarbeiter einstellen können oder der Auftrag nur für eine Schreibmaschine erteilt wird!

Zeigen Sie unechte Alternativen auf!

Geben Sie einen realistischen und einen für Ihren Gesprächspartner unrealistischen Vorschlag vor. Sie werden erstaunt sein, wie oft der Teilnehmer bei 2 Lösungsvorschlägen den für Sie günstigen und realistischen wählen wird.

Allerdings ist es eine Frage der „Verpackung", wie Sie diesen – Ihren echten – Lösungsvorschlag präsentieren. So ist es zweckmäßig, in Ihrem Lösungsvorschlag die Suggestivwörter „doch", „auch", „nicht" einzubauen.

Beispiel: Frage der Sekretärin an den Chef, der – unbedingt – wieder das Stadthotel buchen soll, dem jedoch ein neues Hotel angeboten wurde. „Wollen Sie das neue Hotel wählen, oder sind sie auch der Meinung, daß Sie mit dem bewährten Stadthotel bisher sehr gut gefahren sind?"

Für welches Hotel wird sich der Chef wohl entscheiden?

Lassen Sie Ihre Lösung durch den Gesprächspartner finden!

Pascal hat einmal gesagt: „Man läßt sich gewöhnlich leichter durch Gründe überzeugen, die einem selbst zu Sinn gekommen sind, als durch solche, die anderen zu Sinn gekommen sind."

Versuchen Sie, dem anderen Ihren Lösungsvorschlag in den Mund zu legen. Das heißt, auch hier müssen Sie einen für beide Seiten akzeptablen Lösungsvorschlag präsentieren, damit Ihr Gesprächspartner selbst einen Ansatz für seine Lösung erarbeiten kann.

Setzen Sie Spezialisten ein!

Wenn Sie im Rahmen Ihrer Argumentation weitere Gutachter und Fachleute heranziehen können, die auch Ihr Gegenüber akzeptiert – oder akzeptieren soll –, so wird dies Ihren Verhandlungsspielraum entscheidend erhöhen. Auch anerkannte Persönlichkeiten zu zitieren kann schon der erste Schritt zu einem verbesserten Verhandlungsspielraum für Ihre Person sein.

Motivieren Sie Ihren Gesprächspartner!

Stellen Sie die Glaubwürdigkeit Ihres Gesprächspartners heraus und zeigen Sie ihm, welch großes Vertrauen Sie zu ihm haben.

Wenn Sie Ihrem Gesprächspartner skeptisch gegenüberstehen, so werden Sie dies auch ausstrahlen. Dies bringt Sie auf jeden Fall in eine schwächere

Verhandlungsposition. Sprechen Sie von seinen Hobbies und seinen Erfolgen. Sie können versichert sein, daß er sich öffnen wird.

Loben Sie Ihren Verhandlungspartner und zeigen Sie ihm, wieviel Ihnen an seiner Person gelegen ist. So schaffen Sie eine gute Voraussetzung für den späteren Verhandlungserfolg. Denn erst wenn man gesät hat, darf man auch ernten!

Formulieren Sie positiv!

Alles, was Sie negativ ausdrücken, können Sie auch positiv sagen; denn noch immer bleibt das „halbleere" Glas auch „halbvoll". Und der „Konkurrent" ein „Mitbewerber".

Statt: „Da haben Sie mich falsch verstanden..." sagen Sie ab sofort besser: „Da habe ich mich bestimmt undeutlich ausgedrückt." Statt: „Folgender Einwand gegen Ihre Lösung..." besser: „Folgende Frage hierzu..." Statt: „So können wir es nicht lösen..." besser: „Was halten Sie von folgender Idee..."

Dies sind nur einige Beispiele, wie Sie aus dem Minus ein Plus machen können.

Hören Sie aktiv zu!

Aktiv zuhören beinhaltet nicht nur ein deutliches Nicken mit dem Kopf in – fast – allen Gesprächssituationen, sondern schließt sogar verbale Kommentare ein. Hierzu gehören Äußerungen wie „richtig", „habe ich auch gedacht", „stimmt", ‚hhmm'. Auch ein Verstärker, wie es in der Fachsprache heißt, kann von Ihnen eingesetzt werden.

Ein Beispiel hierfür: „Der Gesprächspartner sagt zum Schluß seiner Ausführungen: „...dafür sehe ich nun keine Chance..." Sie wiederholen: „Sie sehen hier also keine Chance?"

Dieses Wiederholen des letzten Teiles des Satzes Ihres Gegenübers führt sehr oft dazu, daß er sich öffnet und Ihnen vieles in detaillierter Form schildern wird. Dies gibt Ihnen einen guten Ansatzpunkt zu einem fruchtbaren Gesprächs- und Verhandlungsverlauf.

Suchen Sie vorher das Einzelgespräch!

Versuchen Sie, die Gesprächspartner, die nicht Ihrer Meinung sind, öfter in einem persönlichen Gespräch für Ihre Zwecke zu gewinnen. Dies gilt insbesondere bei größeren Konferenzen und wichtigen Teamverhandlungen. Achten Sie jedoch darauf, daß dies nicht als Komplott von Ihrer Seite ausgelegt wird.

Gehen Sie auf den Menschentyp ein!

Einen schüchternen Menschen müssen Sie anders behandeln als einen draufgängerischen Choleriker. Achten Sie auf die Stimmung und die Gefühlslage Ihres Gesprächspartners: Holen Sie ihn dort ab, wo er gerade steht.

Einen traurigen, deprimierten Gesprächspartner können Sie nicht mit Ihrer lustig-fröhlichen Art überzeugen. Ein Alles- oder Besserwisser kann sich nur schwerlich mit der Pedanterie eines „Krümelmenschen", der ihm gegenübersitzt, anfreunden!

Strahlen Sie Zuversicht aus!

Sie können nicht überzeugend wirken, wenn Sie selbst von Ihren Argumenten nicht überzeugt sind. Wie sagte schon Augustinus: „In Dir muß brennen, was Du in anderen entzünden willst."

Achten Sie auch auf Ihre Mimik; denn ein zu ernstes und verbissenes Gesicht wird nur sehr selten zum Verhandlungserfolg führen. Das gilt insbesondere, wenn Sie auch noch Wirkung auf Dritte erzielen wollen.

So hatte Jimmy Carter im Wahlkampf 1980 – wenige Tage vor der Wahl – im letzten Fernsehduell sehr schlechte Karten. Er versuchte mit Kritikermiene, Ronald Reagan ein für allemal als gefährliches Sicherheitsrisiko abzustempeln, was ihn zusätzlich noch verkrampft erscheinen ließ. Die ruhige, humorvolle Art von Ronald Reagan stach dagegen sichtlich ab. Wer die Wahlen am 4. November 1980 gewonnen hat, ist hinreichend bekannt...

Auch wenn es in Ihren Verhandlungen nicht um die Wahl zum Präsidenten der Vereinigten Staaten geht, bin ich sicher, daß Sie gerade diese Regel für Ihre Praxis verwenden können; denn: „Sehr oft ist nicht der Standpunkt entscheidend, sondern nur die Art, wie man ihn vertritt" (Fontane).

Geben Sie dem Partner ein Gewinnergefühl

Wenn Sie Ihr Ziel erreicht haben, können – und sollten – Sie nachträglich großzügig sein. Geben Sie Ihrem Gegenüber zumindest auch das Gefühl des Gewinnens. Wer garantiert nämlich, daß wir sonst den heutigen „Verlierer" nicht einmal gestärkt vorfinden... und er uns – im wahrsten Sinne des Wortes – alles zurückgibt.

Ich wünsche Ihnen, daß Sie Ihre Verhandlungen gewinnen, ohne dabei zu siegen. Denn bei einem Sieger gibt es meist auch einen Verlierer.

Margret Rihs-Middel, Dr. phil.

Verhaltenstherapeutin,
Lektorin am Psychologischen Institut
der Universität Freiburg/Schweiz

Kurzentspannung gegen Streß

Zusammenfassung

Die Autorin präsentiert eine Liste von Faktoren, die sich schädlich auf unsere
Copingmechanismen auswirken können, und zwar besonders auf solche, mit
denen wir Streßreaktionen und streßbedingtes Versagen zu antagonisieren versuchen. Der Ursprung des Streß ist offensichtlich in jeder Umgebungskonstel-
lation zu suchen, welche u. a. von Desorganisation, Durcheinander, Zeitdruck
und emotionalem Druck, Versagen, aber auch von der Neigung zu Perfektionismus geprägt ist. Indikatoren einer beginnenden Streßreaktion und aller
ihrer Nachteile sind Müdigkeit, Nervosität, Hetze, Körperspannung etc. Ein
möglicher Ausweg besteht in der Durchführung einer einfachen Atemübung,
die kurz beschrieben wird.

Summary

The author presents a list of factors which have a detrimental effect on the
coping mechanisms with which we try to combat stress reactions and stress-
related failures.
The origin of stress must be looked for in every constellation in which there is
disorganization, disarray, pressure of time and emotions, failure, or striving for
perfection. Indicators of the onset of a stress reaction with all its disadvantages
are tiredness, nervousness, agitation, body tension, etc. A brief description is
given of an exercise based on a simple respiration technique, which offers a
way of coping with stress.

Wenn wir in der Umgangssprache von Streß sprechen, meinen wir im allgemeinen Überlastung. Wir meinen also nicht, daß Streß etwas Positives, Ange-

B.J.M. Diehl, Th. Miller (Hrsg.)
Moderne Suggestionsverfahren
© Springer-Verlag Berlin Heidelberg 1990

nehmes ist, etwas, das es uns ermöglicht, uns weiter zu entwickeln, sondern wir meinen damit Einflußfaktoren, die stören, die uns niederringen oder Krankheiten verursachen.

Das muß aber nicht so sein. Ich möchte gleich von Anfang an klarstellen, daß Streß wünschenswerte Aspekte aufweist. Es gibt in unserer Gesellschaft kaum etwas psychisch Destruktiveres als ein anforderungsarmes Leben, ein Leben ohne Streß also. Das kann man bei Pensionären gut beobachten.

Kurz nach der Pensionierung, wenn die Menschen sich eines Großteils ihrer Belastungen entledigen können, tritt ein disproportional hoher Anteil an Todesfällen, Selbstmorden und psychosomatischen Problemen auf. Streß als Belastung ist eigentlich genau das, was wir gerne möchten, nämlich ein Leben führen, das gewissen Herausforderungen Rechnung trägt, das anforderungsreich ist und das uns erlaubt, angemessen zu handeln.

Betrachten wir anhand der nachfolgenden Übersicht zunächst die Belastungsfaktoren:

Belastungsfaktoren

1. Umgebungseinflüsse
2. Kritische Lebensereignisse
3. Tägliche Reibereien

4. Selbstzuspruch
5. Vorstellungsbilder
6. Rituale

---

1. Wenn wir nun von Belastungsfaktoren sprechen, die auf uns einströmen, so muß man sich klar vor Augen führen, daß die *Umwelt* einen nicht zu vernachlässigenden Belastungsfaktor darstellt; und zwar Umwelt im Sinne von physischer Umwelt, d. h. wenn Sie z. B. durch eine vielbefahrene Straße gehen und dort die Abgase einatmen müssen. Umwelt aber auch im Sinne von psychischer Umwelt, d. h. wenn Sie z. B. vom tragischen Untergang eines mit Menschen überfüllten Schiffes hören, können Sie zwar nachher problemlos zur Tagesordnung übergehen und Ihr Abendessen genießen, aber irgendwo stellt das auch eine Belastung dar. Unsere Kommunikation mit dem, was auf der ganzen Welt passiert, weitet unseren Horizont, aber belastet uns auch mit Problemen, zu deren Lösung wir unmittelbar überhaupt nichts beitragen können.

Umgebungseinflüsse durch die Menschen, mit denen Sie direkt interagieren, können Ihnen entweder Mut machen, die Probleme anzugehen, oder es kann Ihnen jeder Mut und jede Tatkraft genommen werden, so daß Sie ganz auf sich selbst gestellt sind. Vielleicht wird Ihnen sogar gesagt, diese Krankheit ist unheilbar, Sie haben nur noch 3 Monate zu leben. Damit wird Ihnen durch Fremdsuggestion eine Schwerstbelastung suggeriert, der Sie erliegen können, oder gegen die Sie sich zu immunisieren versuchen können, mit der Sie sich aber in jedem Fall auseinandersetzen müssen.

Wenn ich hier versuche, die zu diskutierende Kurzentspannung in einen weiteren Rahmen zu stellen, so möchte ich damit zeigen, daß Streß nicht einfach nur durch gelegentliches richtiges Atmen zu bewältigen ist, sondern daß Streßbearbeitung eine Aufgabe ist, die eine veränderte Einstellung zum Leben impliziert.

Wie kann man sich nun gegen Umgebungseinflüsse schützen?

Zunächst kann man sich schädigenden Umgebungseinflüssen psychischer und physischer Natur schlicht und einfach entziehen. Man kann aber auch versuchen, aktiv einen Beitrag zu deren Verringerung zu leisten. Selbst wenn Sie nur ihre Aluminiumpapiere aufbewahren und irgendwo in eine Sammlung geben, kann das bereits ein Beitrag zu Ihrer subjektiven Entlastung sein.

Es ist also psychologisch gesehen wichtig, sich gegenüber belastenden Einflüssen nicht einfach wehrlos zu verhalten, sondern sich dagegen zu schützen, selbst wenn diese Handlungen lediglich Symbolcharakter haben.

2. Kritische Lebensereignisse, wie sie eigentlich alle Ereignisse im Leben eines Menschen darstellen, die ein „Ausbrechen" aus dem gewohnten Gleis beinhalten, stellen weitere wichtige Belastungsfaktoren dar. Zu kritischen Lebensereignissen zählt man z. B. Wechsel des Arbeitsplatzes, Verlust des Arbeitsplatzes, Eheschluß, aber auch Ehescheidung, Ferien oder überhöhte Schulden. Aus dieser Aufzählung wird deutlich, daß auch positive Erfahrungen Beeinträchtigungen der Belastbarkeit nach sich ziehen. Belastbarkeit ist hier definiert als die Fähigkeit, sich an Veränderungen der Umgebung anzupassen und dabei situationsangemessen handeln zu können.

Wenn Sie bei diesem Anpassungsprozeß nicht über genügend Routine, nicht über genügend Fertigkeiten verfügen, dann wird er für Sie zu einer Belastung und kann unter bestimmten Bedingungen auch zu einer Überlastung führen.

Wie können Sie sich gegen kritische Lebensereignisse vorsehen?

Es gibt natürlich oft keine Möglichkeiten, kritische Lebensereignisse sozusagen vorzuplanen; aber es gibt eine Möglichkeit, gerade die Ereignisse, vor denen Sie besonders Angst haben, im voraus als „Notstandsplan" durchzuspielen, diesen „Notfallplan" wirklich bis zu Ende durchzudenken und ihn dann sozusagen zu den Akten zu legen, damit Sie das Gefühl haben: „Wenn mir irgend etwas zustößt, dann reagiere ich gelassen."

Je mehr Sie also Probleme, die Sie ängstigen, bis zur letzten Konsequenz durchdenken, damit meine ich auch Verlust des Partners oder Verlust des Arbeitsplatzes, und sich vorstellen, wie Sie sich in einer solchen Situation angemessen verhalten können, um so eher werden Sie gewappnet sein, wenn Ihnen tatsächlich einmal so etwas passiert.

Aber wenn Sie einen solchen Plan bis zu Ende durchgedacht haben, sollten Sie es auch damit bewenden lassen. Damit meine ich, daß Sie sich nicht ständig mit Sorgen und Ängsten quälen sollten, was Ihnen nun alles zustoßen könnte. Aber es könnte durchaus sinnvoll sein, vorbeugende Maßnahmen zu ergreifen.

Eine große, starke Motivation kann daraus erwachsen, daß Sie sagen, „Was kann ich dazu tun, daß bestimmte Ereignisse verhindert werden?"

3. Ein weiterer Aspekt der Belastungen verursacht, im allgemeinen aber unterschätzt wird, sind die *täglichen Reibereien.* Das Zuspätkommen, der Ärger mit dem Kollegen usw., alle die kleinen Dinge, die eigentlich so unwichtig sind, daß man kaum ihrer eingedenk ist, können einen wichtigen Aspekt der Gesamtbelastung darstellen.

Bei diesen täglichen Reibereien ist es zunächst einmal ganz wichtig, daß man sich überlegt: „Was belastet mich denn eigentlich? Was geht mir auf die Nerven?" und versucht diese Einflußgrößen systematisch auszuschalten oder zu reduzieren. Dafür ist eine tägliche Checkliste hilfreich, die betitelt ist: „Was geht mir heute auf die Nerven", und es ist durchaus möglich, das Ausmaß dieser kleineren Reibereien durch sinnvolle Organisationsmaßnahmen zu reduzieren.

4. Ein „heimlicher" Belastungsfaktor ist die Art, wie man mit sich selbst spricht, also der *Selbstzuspruch*, v. a. der negative Selbstzuspruch.

Die Art, wie man mit sich umgeht, wie man mit sich selbst spricht, kann in einem Ausmaß destruktiv und belastend sein, daß Sie sich quasi selbst amputieren. Sie können z. B. sagen, das ist mir „zu hoch". Wenn Sie zu oft einfach sagen „ich komm da nicht raus", garantiere ich Ihnen, Sie kommen dann wirklich „nicht raus".

Diese Art, negativen Selbstzuspruch zu betreiben, die sehr häufig praktiziert wird, stellt einen ganz wichtigen und nicht zu vernachlässigenden Faktor im allgemeinen Lebensstreß dar, und diese sich selbst suggerierte Belastung ist oft psychosomatisch relevanter als die objektive Belastung.

Ein wirksames Mittel, solche destruktiven Autosuggestionen zu überwinden, besteht darin, seine negativen Selbstzusprüche zunächst zu akzeptieren und ernst zu nehmen, um sich anschließend selbst mit guten Argumenten zuzureden und von einer etwas milderen Sicht der Dinge zu überzeugen.

5. Ein ähnlicher Belastungsfaktor sind *Vorstellungsbilder*. Mit Vorstellungsbildern meine ich hauptsächlich die angstbesetzten Vorstellungen, (man stellt sich sehr viel häufiger vor, wie die Dinge schiefgehen können, als das Gegenteil). Dabei spielen die visuellen Vorstellungen eine nicht zu vernachlässigende Rolle bei der Steuerung der subjektiven Belastung. Um solch negative Vorstellungsbilder zu überwinden, ist es oft sinnvoll, zunächst diese negativen Vorstellungen zu akzeptieren, um sich dann ebenso plastisch das Gelingen eines Vorhabens auszumalen und dieses positive Vorstellungsbild in der Zukunft weiter zu pflegen und auszubauen.

6. Auch *Rituale*, d. h. gewohnheitsmäßige, ritualisierte Handlungen, an denen man aus irgendwelchen Gründen hängt, die aber möglicherweise völlig dysfunktional geworden sind, können belastungserzeugend wirken. Bestimmte Zeremonien beispielsweise, die man von seinen Eltern übernommen hat, die aber in die jetzige Situation nicht hereinpassen; aber auch Rituale, die man nicht mehr praktiziert, die einem vielleicht zu Entspannung und zu Momenten der Ruhe verholfen haben, wie der abendliche Spaziergang mit der Partnerin, der durch Fernsehen verdrängt wurde, können Belastungen darstellen.

Ich möchte jetzt gemäß nachfolgender Übersicht auf die Faktoren eingehen, die konventionell mit Streß – und ich meine jetzt Streß im Sinne von Überlastung – in Verbindung gebracht werden.

Überlastungsfaktoren

1. Desorganisation	7. Somatische Faktoren
2. Zeitdruck	8. Reizüberflutung
3. Arhythmie	9. Reizverarmung
4. Inkompetenz	10. Angst vor Kontrollverlust
5. Emotionaler Druck	11. Perfektionismus
6. Ernährung	

Diese Untersuchungen gehen weitgehend zurück auf das sog. „Burn-out-Syndrom" d. h. Verhaltensweisen, die in der Folge von Überlastungen auftreten, wenn Menschen in bestimmten Lebenssituationen nicht mehr in der Lage sind, die an sie gestellten Anforderungen zu realisieren.

1. Eine der wichtigsten „objektiven" Voraussetzungen für Überlastung ist *Desorganisation*, d. h., wenn jemand nicht mehr vorhersagbar planen kann, was in der nächsten halben Stunde oder in den nächsten Tagen auftreten wird. Menschen, die in derartig desorganisierten Berufen arbeiten oder die sich in einer völlig neuen Umgebung zurechtfinden müssen, leiden sehr häufig unter starken Streßsymptomen.

2. Zeitdruck, ist ein wichtiger Beitrag zur generellen Überlastung. So konnte in einer Reihe von Untersuchungen gezeigt werden, daß Studenten in Prüfungen ohne Zeitdruck in der Regel bessere Leistungen erbringen. Ein Durchkämmen der Todesanzeigen der Tageszeitungen deutet darauf hin, daß für Menschen, die durch ihren beruflichen Einsatz im Management unter ständigem Zeitdruck leiden, diese Hetze tödlich werden kann.

3. Ein weiterer Aspekt, der zur Überlastung eines Menschen beiträgt, ist das, was man als *Arhythmie* bezeichnet, d. h. ein Mensch, der dem Rhythmus seines Körpers nicht Rechnung trägt oder nicht tragen kann, weil er einen entsprechenden Beruf ausübt (z. B. Schichtarbeiter, Krankenschwestern, Nachtarbeiter). Aber auch das regelmäßige Leben während der Woche, das scharf mit langem Aufbleiben und Ausschlafen am Wochenende kontrastiert, stellt eine solche Arhythmie dar.

4. Inkompetenz in bestimmten Situationen: d. h. neue, ungewohnte Situationen (z. B. die Anpassung an ein neues Computersystem) führt zu Überlastung. Dabei sei ein Loblied auf die Routine gesungen. Je mehr Dinge Sie routiniert erledigen können, um so mehr Kapazität bleibt Ihnen frei.

5. Ein weiterer Faktor ist *emotionaler Druck*, der Druck, dem Sie durch sich selbst oder durch Ihre Partner ausgesetzt sind, liefert einen ganz wichtigen Beitrag dazu, ob Sie sich ausgelaugt oder ausgepumpt fühlen. Emotionale Belastung entsteht v. a. durch negative Gefühle, die aufgestaut werden. Aufgrund eigener Untersuchungen zur Rückfälligkeit von Alkoholikern, weiß ich, daß die Partner von Alkoholikern oft dann zusammenbrechen, wenn es diesen etwas besser geht.

6. Die *Ernährung* spielt eine weitere wichtige Rolle, weil viel mehr Leute auf bestimmte Nahrungsbestandteile allergisch reagieren, als im allgemeinen angenommen wird. Die sog. „Standarddiät" trifft für einen gewissen Prozentsatz der Menschen auf bestimmte allergische Abwehrreaktionen. Also Ernährung nicht nur im Sinne von „zu viel, zu fett, zu zuckerig, zu salzig", sondern auch im Sinne individueller Empfindlichkeit auf gewisse allergene Substanzen, reduzieren Ihre Fähigkeit, adäquat auf ihre Umgebung zu reagieren.

7. Somatische Faktoren, damit sind alle Faktoren gemeint, die Ihre Gesundheit beeinträchtigen, können allein oder in Verbindung mit anderen Faktoren zu Überlastung führen. So konnte gezeigt werden, daß bereits der Kampf gegen die ubiquitären Grippeviren, die Leistungsfähigkeit stark beeinträchtigt, ohne daß die Versuchspersonen Anzeichen einer Grippe aufwiesen.

8. Reizüberflutung ist ein wichtiges Kriterium für die Streßüberlastung. Damit meine ich an erster Stelle den Fernsehkonsum; wenn z. B. jemand täglich 2 Stunden vor dem Fernseher sitzt und 3 Stunden zusätzlich am Computer arbeitet, dann ist sein Informationsverarbeitungssystem so belastet, daß er nicht anders als gestreßt reagieren kann. Reizüberflutung v. a. durch übermäßigen Fernsehkonsum, aber auch in einer Großstadt durch zu viele unterschiedliche Reize, die nicht angemessen verarbeitet werden, können zu einem Zusammenbruch der Informationsverarbeitung führen.

9. Das Gegenteil der Reizüberflutung, nämlich *Reizverarmung*, ist genauso belastend. Bei Gefängnisinsassen zeigen sich z. B. alle Anzeichen einer extremen Streßreaktion; also auch da gilt es, sein Optimum herauszufinden.

10. Ein weiterer Streßfaktor, der extrem häufig ist, und meiner Ansicht nach in der Literatur nicht genügend berücksichtigt wird, ist die *Angst vor Kontrollverlust*. Damit ist gemeint, daß viele Menschen versuchen, in jeder Lebenssituation, alles im Griff zu behalten. Wenn eine solche Haltung zur Gewohnheit wird, ist der Herzinfarkt vorprogrammiert. Aus dem Bedürfnis, alles unter Kontrolle zu behalten, entsteht oft auch die Abhängigkeit von Substanzen wie Alkohol oder Medikamenten. Wenn man seine unangenehmen Gefühle ständig zu kontrollieren versucht, dann ist der Griff zur Flasche oder zur Pille nur folgerichtig, geht aber von falschen Voraussetzungen aus und muß daher scheitern.

11. Eng mit der Angst vor Kontrollverlust ist der Hang zum *Perfektionismus* verbunden, der vom Ehrgeiz getragen ist, alles richtig zu machen und auf jedem Gebiet „top" zu sein. Das ist bei vielen berufstätigen Frauen und Müttern zu beobachten, die beruflich Karriere zu machen versuchen, gleichzeitig aber den Ehrgeiz haben in bezug auf Kindererziehung, Haushaltsführung, Partnerbeziehung und Sozialkontakten, den Nur-Hausfrauen in nichts nachzustehen. Dabei bleiben Lebensqualität und Lebensfreude oft auf der Strecke.

Nun kann jeder an seinen eigenen Reaktionen erkennen, ob er/sie belastet oder überlastet ist. Die wichtigsten dieser Indikatoren sind in der nachfolgenden Übersicht aufgeführt.

Überlastungsindikatoren
1. Aufregung über Umgebungseinflüsse	7. Körpersymptome
2. Mißgeschicke	8. Ineffizienz
3. Abgehetztheit	9. Grobkategorisierung
4. Negative Emotionen	10. Terminalreaktionen
5. Müdigkeit	11. Regression
6. Körperspannung	

---

1. Ein Indikator für Überlastung ist gegeben, wenn man sich über *Umgebungseinflüsse* aufregt, auf die man keinen Einfluß hat, z. B. wenn jemand schimpft, weil die Ampel auf rot gesprungen ist.

2. Kleine *Mißgeschicke* (sich in den Finger schneiden, sich stoßen, stolpern, etwas nicht finden, wichtige Termine vergessen, fahrige, meist größer werdende Schrift) deuten auf eine allgemeine Überbeanspruchung hin.

3. Ständig pressiert sein, häufig zu spät kommen, schnell noch etwas dazwischen quetschen wollen, stellen einen weiteren wichtigen Indikator dar.

4. Das Überwiegen von *negativen Emotionen* im Tagesablauf wie Selbstzweifel, „die Nase voll haben"; Vorwürfe gegen andere müssen oft keine

tiefschürfende seelische Ursache haben, sondern stellen lediglich Alarmsignale für Überlastung dar.

5.–7. Müdigkeit, Körperspannung, Körpersymptome sind Warnungen unseres Organismus an uns, den Bogen nicht zu überspannen.

8. Ineffizienz bei der Arbeit – dazu gehören Gedächtnis- und Konzentrationsstörungen – sollten einen dazu veranlassen, nicht noch mehr zu tun, um die Fehler zu korrigieren, sondern den Anstoß zu einer Entlastung geben.

9. Grobkategorisierungen, d. h. die Welt in Schwarz und Weiß, Gut und Böse einzuteilen und dazu überzugehen, die Komplexität einer Aufgabe nach der „Hau-ruck-Methode" zu erfassen, sind deutliche Anzeichen für Überlastung.

10. Terminalreaktionen sind eng mit dem Problem der Grobkategorisierung vernetzt und stellen die Lösung von Problemen nach der Totalmethode dar, d. h. nicht mehr angemessen und „kühlen Kopfes" auf die Problemstellung reagieren, sondern durch Angriff, Vermeidung oder Resignation die Auseinandersetzung mit der Problemstellung abbrechen.

11. Ein weiteres Anzeichen für Überlastung ist das, was man in der Psychologie allgemein als *Regression* bezeichnet, d. h. das Zurückgreifen auf relativ rudimentäre, automatisierte und oft wenig situationsangepaßte Handlungsschemata und Handlungsmuster.

Diese Kategorien können nun auf klinischer Ebene als Raster verwendet werden; man kann dann für jeden Tag auf einer Zehnpunkteskala auftragen, wie stark dieser Faktor diese Person an einem bestimmten Tag be- oder überlastet hat. Wenn das der Fall ist, dann ist eine erste Möglichkeit gegeben, diese Probleme angemessen zu bewältigen.

Anhand des in Abb. 1 dargestellten Feedbackmodells soll veranschaulicht werden, wo die Streßbewältigung einsetzen kann.

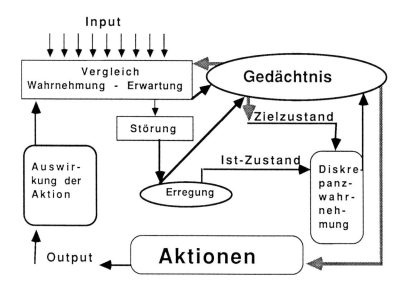

Abb. 1. Feedbackmodell der psychosomatischen Verarbeitung

Wenn wir uns vorstellen, daß alle Erfahrungen, die auf uns einströmen, mit unseren Erwartungen verglichen werden und daß unsere Erwartungen ganz selten unserer Wahrnehmung entsprechen, daß also Wahrnehmung und Erwartung in der Regel zu leichten Diskrepanzen führen und diese leichten Diskrepanzen nun bestimmte physiologische Zustände im Körper hervorrufen, dann können wir sehen, daß wir in vielen Bereichen Schritte unternehmen, um wieder das Gleichgewicht herzustellen zwischen einem erwünschten Zustand und einem beobachteten Zustand.

Bei der Auseinandersetzung mit Streß bestehen viele Möglichkeiten der Beeinflussung, wie z. B. die Veränderung der Erwartungen, das Ausrichten der Wahrnehmung auf die angenehmen Seiten des Lebens usw. Eine weitere Möglichkeit der Bearbeitung von Streßreaktionen besteht im bewußten Einsatz von Entspannungstechniken.

Das Ziel einer Entspannungstechnik kann nun zum einen darin bestehen, die Schwelle für diese Diskrepanz zu erhöhen: d. h. daß Sie sich nicht bei jeder Kleinigkeit aufregen; zum anderen können Entspannungsübungen auch dazu dienen, konkret als Handlungsalternativen eingesetzt zu werden, um einen erwünschten Zustand herzustellen oder um sich mindestens eine genügend große Pause zu gönnen, um relativ gelassen überlegen zu können, welche Handlung nun als nächste in Angriff zu nehmen ist.

Solche Kurzentspannungstechniken können zu einer bestimmten Wirkung führen, die wiederum von Ihrem Wahrnehmungssystem aufgenommen wird; und so können Sie mit Hilfe von einfachen Methoden relativ effizient in der Situation selbst ihren allgemeinen physiologischen Zustand verändern. Entspannungstechniken dienen einerseits als Maßnahme, um auf den Zustand selbst einzuwirken, aber auch als Möglichkeit, genügend Zeit zu haben, über geeignete weitere Maßnahmen in der Spannungssituation nachzudenken.

Aus Abb. 2 ist zu ersehen, wie Sie zusätzlich zu der Kurzentspannung auf Ihre Erwartung und auf Ihre Wahrnehmung Einfluß nehmen können.

Auf Ihre Wahrnehmung können Sie insofern Einfluß nehmen, als bestimmte Gedächtniskategorien dazu führen, daß Sie in bestimmter Art und Weise bestimmte Dinge wahrnehmen; wenn Sie kein Chinesisch können, können Sie auch kein Chinesisch verstehen. Sie können also mit Hilfe Ihrer Erwartungen sozusagen bereits steuern, auf welche Art und Weise Sie in der Lage sein werden, mit einer bestimmten Situation umzugehen. Ich habe hier eine Reihe von Kategorien aufgezählt, die auf kognitiver Ebene bedeutsam sind, um angemessen mit Situationen umgehen zu können, und zwar in der Situation selbst.

Viele Entspannungstechniken gehen davon aus, daß man sich zurückzieht, um in einem ruhigen Raum Entspannung praktizieren zu können. Dieser Kontext ist sehr häufig nicht gewährleistet, wenn Sie in einer Überlastungssituation stehen. Es müssen also bestimmte kognitive Voraussetzungen geschaffen werden, um diesen Rückzug zu erleichtern.

Dabei spielt es einmal eine Rolle, welchen situativen Rahmen Sie in Angriff nehmen, aber auch, welche Lebensprinzipien Sie sich setzen, welche Ergebnisse Sie erwarten, wie Ihre Effizienz in der jeweiligen Situation ist, welche Zielkontrolle Sie vornehmen und welche allgemeinen Referenzwerte Sie auf

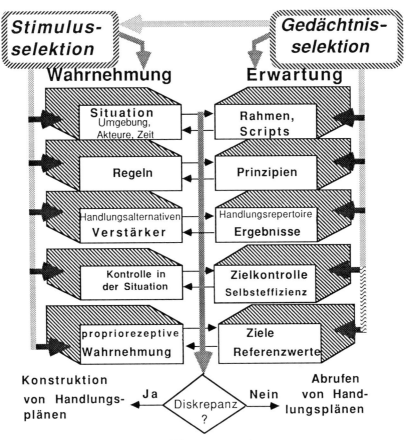

Abb. 2. Vergleich von Wahrnehmungs- und Erwartungsstrukturen

physiologischer Ebene haben. Mit Referenzwerten meine ich, daß jeder Mensch physiologisch anders organisiert ist. Jeder Mensch hat also eine andere Art, auf bestimmte Voraussetzungen zu reagieren, und diesen unterschiedlichen Gegebenheiten muß man Rechnung tragen. Dessen ungeachtet kann jedoch jeder aus Entspannungsübungen Nutzen ziehen; er wird sie jedoch möglicherweise aufgrund anderer Referenzwerte in anderen Situationen einsetzen als sein Kollege.

Die Anwendung einer regelmäßigen einfachen Entspannungsübung, die wir nachfolgend kurz vorstellen wollen, bietet neben der Möglichkeit, in belastenden Situationen gelassen zu reagieren, auch den Vorteil, einmal durch wiederholte Übung die Entspannungsreaktion „auf Lager" zu haben, wenn es darauf ankommt, und zum anderen für belastende Situationen stärker sensibilisiert zu werden. Dies geschieht durch eine Umpolung des Reaktionsmusters, wie aus der nachfolgenden Tabelle 1 deutlich wird.

Diese kurze Entspannungsübung besteht zunächst darin, sich von der Quelle der Bedrohung durch das Richten der Aufmerksamkeit auf einen bestimmten Punkt abzuwenden. Danach geht es darum, sich die bereits einsetzende

Tabelle 1. Gegenüberstellung von Streßreaktion und Beruhigungsreflex

Alarmreaktion	Beruhigungsreflex
Bedrohung	Bedrohung
Fokus: Bedrohung	Fokus: Umgebung
Gesicht: verspannt	Spannung bewußt halten
Atem: Stop	Lächeln
Zähnefletschen	Unterkiefer lose
Zirkulation reduziert	Selbstzuspruch
Puls erhöht	Ruhige Atmung
Blutdruck erhöht	Sauerstoff erhöht
Blutverdickung	Entspannung
Abgabe/Blutzucker	Schwere/Wärme
Negative Stimmung	Gelassenheit

Anspannung bewußt zu machen und diese zu übertreiben; dies geschieht durch das Zusammenbeißen der Zähne. Danach erfolgt eine bewußte Entspannung der Gesichtsmuskeln durch Lächeln. Die physiologische Einflußnahme wird durch den positiven Selbstzuspruch „wacher Geist, ruhiger Körper" vervollständigt. Danach wird eine ruhige Atemsequenz eingeschaltet. Durch die Nase einatmen, den Bauch dabei vorwölben, dann die Luft etwas anhalten und fein und ruhig ausatmen.

Diese Sequenz ist antipodisch zu der üblichen Reaktion auf Streß und kann durch Übung, die zur Automatisierung führt, die Alarmreaktion mit der Zeit ersetzen.

So wird durch ganz einfache Atemübungen eine entscheidende Verbesserung der emotionalen Befindlichkeit erreicht. Diese Übung kann auch auf belastende Gedanken angewendet werden, z. B. für den Abbau von Schuldgefühlen, indem Sie nämlich bei Gedanken, die für Sie mit Schuldgefühlen verbunden sind, versuchen, sich jedesmal in dieser Weise zu entspannen.

Auf der Ebene des Gedächtnisses bedeutet das, daß Sie durch solche regelmäßige Entspannung gleichzeitig mit dem negativen Gedanken auch ein allgemeines Gefühl des Wohlbefindens assoziieren, und mit der Zeit werden dadurch diese sehr negativen und belastenden Gedanken verändert, und sie belasten Sie nicht mehr so, daß sie in Ihr tagtägliches Denken und Handeln zu stark eingreifen können.

Wenn Sie diese Entspannungsübung regelmäßig durchführen, dann haben Sie es nicht mehr nötig, auf die richtige Stimmung zu warten, um bestimmte Dinge zu erledigen. Das heißt, Sie können sehr rasch Ihren inneren Zustand umstellen und sich dann in der richtigen Stimmung befinden. Sie können auch sehr rasch unangenehme Dinge speditiv angehen und jedes Mal, wenn Sie etwas, das für Sie unangenehm ist, erledigt haben, haben Sie damit etwas zur Streßreduktion getan.

Aber auch die positiven Aspekte des Lebens können nicht genug für die Reduktion des allgemeinen Streßniveaus betont werden, d. h. Träume wagen, lachen, sich amüsieren. Um aber auf derartig gute Ideen zu kommen, ist ein Moment des Innehaltens, des sich Besinnens nötig. Dies wird durch diese

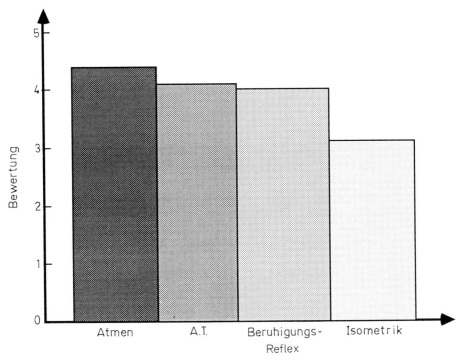

Abb. 3. Vergleich der individuellen Nützlichkeit verschiedener Entspannungstechniken durch 41 Stunden der Eidgenössischen Technischen Hochschule Lausanne

kurze Pause, durch dieses kurze Distanznehmen durch den Beruhigungsreflex auch eher möglich.

Ich möchte noch auf eine Untersuchung eingehen, die ich an der ETH Lausanne durchgeführt habe, im Rahmen derer ich verschiedene Entspannungstechniken miteinander verglichen habe (Abb. 3). Nach einem einsemestrigen Kurs von 2 Semesterwochenstunden bewerteten 41 Studenten verschiedene Entspannungstechniken auf einer Fünfpunkteskala nach ihrer Nützlichkeit, wobei 5 Punkte die Höchstwertung darstellte.

Bei diesem Vergleich schien die isometrische Jacobson-Methode den Studenten für ihre persönliche Streßbewältigung weniger nützlich als die Atemtechnik, das AT und der Beruhigungsreflex. Das mag darauf hindeuten, daß einfache, kurzfristig einsetzbare Methoden der Entspannung vermutlich größere Chancen haben, im Alltag Anwendung zu finden und zu einer Streßreduktion beizutragen als Methoden, die in der Situation selbst eher komplex in der Anwendung sind.

Literatur

Rihs-Middel M (1985) Den Alltagsstreß gelassen meistern. O. Muller, Salzburg

Sachverzeichnis – Subject Index

A

Namenverzeichnis – Name Index